中央财政支持地方高校发展专项资金资助项目成果

Evolution of Criminal Justice

刑事司法进化论

姚建龙 主 编
王 娜 副主编

北京大学出版社
PEKING UNIVERSITY PRESS

图书在版编目(CIP)数据

刑事司法进化论/姚建龙主编. —北京:北京大学出版社,2017.1
ISBN 978-7-301-27840-6

Ⅰ.①刑… Ⅱ.①姚… Ⅲ.①刑法—司法制度—研究—中国 Ⅳ.①D924.04

中国版本图书馆 CIP 数据核字(2016)第 304099 号

书　　　名	刑事司法进化论 XINGSHI SIFA JINHUALUN
著作责任者	姚建龙　主编
责 任 编 辑	朱梅全　黄蔚
标 准 书 号	ISBN 978-7-301-27840-6
出 版 发 行	北京大学出版社
地　　　址	北京市海淀区成府路 205 号　100871
网　　　址	http://www.pup.cn
电 子 信 箱	sdyy_2005@126.com
新 浪 微 博	@北京大学出版社
电　　　话	邮购部 62752015　发行部 62750672　编辑部 021-62071998
印 刷 者	三河市北燕印装有限公司
经 销 者	新华书店 787 毫米×1092 毫米　16 开本　30.75 印张　655 千字 2017 年 1 月第 1 版　2017 年 1 月第 1 次印刷
定　　　价	78.00 元

未经许可,不得以任何方式复制或抄袭本书之部分或全部内容。
版权所有,侵权必究
举报电话:010-62752024　电子信箱:fd@pup.pku.edu.cn
图书如有印装质量问题,请与出版部联系,电话:010-62756370

主 编 简 介

姚建龙 现为上海政法学院刑事司法学院院长、教授、博士生导师,团中央权益部副部长(挂职),《预防青少年犯罪研究》杂志副主编,全国青联委员,法律界别工作委员会副秘书长,上海市青联委员。曾为重庆市劳教戒毒所管教民警、上海市长宁区人民检察院副检察长、华东政法大学教授、《青少年犯罪问题》杂志主编、北京师范大学刑事法律科学研究院博士后等。

主要学术兼职有中国行为法学会越轨预防与矫治研究会副会长、中国预防青少年犯罪研究会常务理事、中国犯罪学学会常务理事、中国行为法学会金融法律行为研究会常务理事、中国刑事诉讼法学研究会理事、中国监狱协会理事、中国法学期刊研究会理事、上海市法学会未成年人法研究会会长、上海市法学会禁毒法研究会会长、上海市预防青少年犯罪研究会执行会长、国际刑法协会会员等,复旦大学、华东政法大学、中国政法大学、南京大学、鲁东大学等十余所高校兼职教授、博导、硕导、特邀研究员。

受聘为最高人民检察院"全国检察机关未成年人检察工作顾问"、中央综治委全国重点青少年群体教育帮助和预防犯罪试点工作指导专家及课题领导小组专家、国际救助儿童会中国项目顾问、瑞典隆德大学 Raoul Wallenberg Institute 中国项目顾问,以及北京、上海、广东、山东、河北、福建等多省市政法、教育、共青团、妇联等部门咨询专家,如北京市高级人民法院审委会咨询专家、上海市未成年人保护工作咨询专家等。

已出版《长大成人:少年司法制度的建构》《少年刑法与刑法变革》《超越刑事司法》《权利的细微关怀》《少年法院的学理论证与方案设计》《青少年犯罪与司法论要》《禁毒法与戒毒制度改革研究》等个人专著七部,法律童话《呼噜噜与独角兽的幸福生活》一部,随笔《法学的童真》一部,主编、副主编、校勘、合著《刑法学总论》《刑法学分论》《中华刑法论》《刑法思潮与理论进展》《校园暴力控制研究》《中国青少年犯罪研究综述》《中国少年司法研究综述》《禁毒学导论》《禁毒刑法学》《矫正学导论》《合适成年人与刑事诉讼》《女性性犯罪与性受害》《中国刑罚改革研究》等著作二十余部;在《中国法学》《青年研究》等刊物发表论文百余篇;主持国家社科基金项目、司法部项目、中国博士后科研基金项目、上海市哲社项目、上海市曙光项目等多项国家级、省部级课题。科研成果获首届"全国刑法学优秀学术著作奖(1984—2014)"一等奖、中国犯罪学学会"五年优秀犯罪学科研成果奖"论文类一等奖、中国青少年研究会优秀论文一等奖、上海市法学优秀成果奖等十余次。

曾获上海市十大杰出青年(第十八届)、上海市优秀中青年法学家(第五届)、上海市杰出青年岗位能手(第十二届)、上海市禁毒先进工作者、上海市曙光学者、上海市教学成果一等奖等荣誉。

前　言

上海政法学院刑事司法学院始建于1989年,2011年4月经上海市司法局批准,由原刑事司法系更名为刑事司法学院。自学院建立以来,始终坚持以行业优势为支撑,以社会需求为导向,培养应用型实践型的政法人才,开创具有自身特色的创新发展之路,为社会培养了一大批优秀的毕业生。近年来,学院确立了"学科完整、重点突出、特色鲜明、错位竞争"的发展思路,影响力持续提升。

学院现下设刑法学、犯罪学、禁毒(反恐)、监狱学、社区矫正、警务训练试验实训中心七个教研室,并设有法学(刑事司法方向)、监狱学、监狱学(社区矫正方向)等专业,在校本科生(包括四年制普通本科和两年制专升本)1300余人。学院为中央政法委政法干警试点班(监狱学)及上海市司法行政系统监狱、戒毒人民警察学员的培养单位,干警班学员在校着警服,实行警务化管理。

学院刑法学专业是上海市教委重点学科,监狱学为国家特色专业建设点,社区矫正专业方向是国内最早设置的本科专业方向,青少年犯罪学学科在国内居于领先地位,刑事司法专业方向为上海高校本科教育高地建设项目,禁毒学是校级重点培育学科,反恐学是学院重点打造的学科。尤其值得一提的是,学院所设置的监狱学专业不仅是我校学科建设的重点和特色,也是上海高校中唯一、全国高校中为数不多的本科特色专业,同时也是上海市一流学科、上海市高原学科的重要专业方向。

学院现有专职专业教师39名,其中正教授8名,副教授13名,大部分都有实务部门工作或者挂职经历,以及出国留学、访学经历。学院多位教师在中国刑法学研究会、中国刑事诉讼法学研究会、中国犯罪学学会、中国预防青少年犯罪学会、中国监狱协会、中国行为法学会、上海市监狱学会、上海市预防青少年犯罪研究会、上海市法学会等全国性、地方性学术团体中担任副会长、会长、常务理事、理事等职务。

近年来,学院教学与科研并重发展,承担国家哲学社会科学基金项目、省部级项目及其他重大课题50多项,出版专著近200部,发表论文500余篇,并获得多项国家级、省部级以及其他各类奖项,还与近50家司法单位签定了教研实习基地的共建协议,与国外10余所大学建立了合作关系。

学术讲座的数量与质量是衡量大学院系品位的重要标尺。学院高度重视学术讲座建设,自2012年以来形成和打造了五大系列讲堂——名家讲堂、百家讲堂、学子成才讲堂、刑事法专题讲堂和刑事法前沿讲堂。

"名家讲堂"邀请的演讲者都是国内外著名学者以及有全国性影响力的实务部门著名专家,旨在让学生感受大家风范,迄今已举办二十余讲。

"百家讲堂"邀请的演讲者都是非法律类背景的知名演讲者,旨在弥补专业性学院学生知识体系单一的不足,拓展学生的知识面,扩大学生的视野,迄今已举办十余场。

"学子成才讲堂"主要服务于学生的课程学习与成长发展需求,主要由学工系统教师负责组织邀请与安排演讲者直接服务于学生的需求,迄今已举办十余场。

"刑事法专题讲堂"主要邀请的是演讲者国内外知名的中青年刑事法学者,旨在让学生能感受最经典的刑事法理论和最新的学术动态,迄今已举办十余讲。

"刑事法前沿讲堂"主要邀请刑事司法实务部门专家与学生面对面交流,让学生感受刑事司法的前沿信息,迄今已举办二十余讲。

五大系列讲堂,已经成为刑事司法学院人才培养的特色性第二课堂。有的同学通过听讲座结识了演讲名家,获得了出国留学以及其他进一步深造的机会,还有的获得了工作的机会。更多的同学通过听讲座,扩大了视野,夯实了专业知识。刑事司法学院的讲座是开放的,经常吸引周边司法实务部门同志的参与,得到高度评价。

本书精选汇编的主要是学院自 2012 年以来所举办的各类学术讲座的讲稿或录音整理稿,收录的讲座绝大多数属于刑事司法学院名家讲堂、专题讲堂、前沿讲堂、百家讲堂、成才讲堂等五大系列讲堂的内容。只有个别讲座内容属于校学术活动月或者科研处等主办的刑事司法相关讲座,经征得演讲者同意后收录进本讲座集。需要说明的是,为了更加准确地反映演讲者的演讲内容,编者在编辑时尽可能收录的是演讲者的书面讲稿或者相关学术论文,录音整理稿选取得较少。让我们特别感动的是,有的讲稿是演讲者通过回忆的方式专门撰写的。主讲人的职务、单位,本书以来校讲座时为准。由于诸种原因,此次汇编仍然有较多精彩讲座内容未能收入,期待汇编第二辑《刑事司法进化论》时能够弥补。

本书的出版获得了中央财政支持地方高校发展专项资金资助项目的支持,副主编王娜副教授协助主编进行了讲稿汇编与编辑工作,我的学生孙鉴协助进行了校对、编辑工作,特此说明并致谢忱。

上海政法学院刑事司法学院院长、教授、博士生导师

姚建龙

2016 年 8 月 20 日

目 录 | Contents

刑法学

赵秉志：当代中国重大刑事法治事件评析 / 003

- 003 | 一、前言
- 004 | 二、中国死刑制度的改革
- 012 | 三、新疆"7·5"事件的法治启示
- 016 | 四、危险驾驶及肇事行为的治理
- 022 | 五、中国足坛反"假赌黑"风暴
- 028 | 六、结语

刘宪权：论互联网金融刑法规制的"两面性" / 030

- 031 | 一、刑法规制必要性：互联网金融存在较大的刑事风险
- 034 | 二、刑法规制限度性：互联网金融创新不应阻滞
- 038 | 三、刑法规制路径：互联网金融刑法规定理应限缩
- 043 | 四、结语

刘仁文：论我国赦免制度的完善 / 045

- 045 | 一、为何赦免重新受到关注
- 049 | 二、我国现有赦免制度的不足
- 051 | 三、赦免制度的实体完善

| 056 | 四、赦免制度的程序完善
| 060 | 五、死刑案件特别赦免程序之构想
| 063 | 六、结语：制定《中华人民共和国赦免法》的建议

杨兴培：对"性贿赂"是否需要入罪的理性思考 / 066

| 066 | 一、导言
| 067 | 二、性的社会意义和历史发展
| 070 | 三、"性贿赂"的历史考察和现实概览
| 073 | 四、性贿赂应当入罪的主要理由概览
| 075 | 五、性贿赂不应当入罪的理由辩述
| 079 | 六、余论

黄祥青：盗窃罪的认定思路与要点 / 081

| 081 | 一、盗窃罪的处罚根据
| 085 | 二、盗窃罪的数额标准
| 087 | 三、盗窃罪的既未遂形态

钱叶六：贪贿犯罪立法修正释评及展望
——以《刑法修正案（九）》为视角 / 091

| 091 | 一、贪贿犯罪立法修正述评
| 097 | 二、贪贿犯罪的立法展望
| 101 | 三、结语

张建：强索高利贷行为的刑法分析 / 102

| 102 | 一、刑法规范视野下的高利贷和强索高利贷
| 104 | 二、强索高利贷行为犯罪化的理论与实务
| 106 | 三、强索高利贷行为犯罪化既有路径的反思
| 110 | 四、强索高利贷行为的类型化及其准确定性
| 112 | 五、结语

犯罪学

曹立群:法学和犯罪学在美国的不了情 / 117

- 117 | 一、市场与法律体系
- 119 | 二、犯罪学在美国的遭遇
- 123 | 三、法学和社会学学科对犯罪学的影响
- 125 | 四、结语

张旭:犯罪学、刑法学与刑事政策的关系梳理 / 129

- 129 | 一、问题的提出
- 132 | 二、对刑事政策、刑法学和犯罪学三者关系的梳理
- 137 | 三、由刑事政策、刑法学和犯罪学三者关系引发的思考

蔡宏光:对现代城市轨道交通安全的理性思考 / 140

- 140 | 一、确定"防控第一"的警务安全理念
- 141 | 二、用信息化推动城市轨道交通的安全防控
- 142 | 三、建立应急联动一体化的指挥与处置机制
- 144 | 四、结束语

王良:美国和欧盟反恐怖主义法的主要内容分析及比较 / 145

- 145 | 一、美国反恐法的主要内容
- 148 | 二、欧盟反恐法的主要内容
- 150 | 三、欧美反恐法的异同

刑事政策

贾宇:从"严打"到"宽严相济"
——盛世气象 和谐要求 / 159

- 159 | 一、从"惩办与宽大相结合"到"严打"的蜕变——累年严打,欲罢不能!
- 163 | 二、对"严打"理论根据的批判——乱世重典,重刑威慑?

| 171 | 三、"宽严相济"刑事政策的提出——盛世气象,和谐要求!
| 177 | 四、"宽严相济"刑事政策的解读——宽严得当,以宽济严

卢建平:死刑政策的科学表达 / 184

| 184 | 一、政策梳理
| 187 | 二、政策分析
| 189 | 三、政策重述
| 191 | 附:一个法官的自白:死刑复核,灵魂折磨

孙万怀:宽严相济刑事司法政策的错误"背书"与归正 / 197

| 198 | 一、宽严相济刑事司法政策的"背书"背离及理解乱象
| 205 | 二、在追根溯源中对宽严相济刑事司法政策作出合理定位
| 213 | 三、"宽严相济"作为司法政策的法律逻辑和形式逻辑
| 219 | 四、结语:谁有权解释政策?

刑事司法

郭建安:关于我国国际刑事司法合作制度的几个问题 / 225

| 225 | 一、国际刑事司法合作概述
| 238 | 二、我国刑事司法合作制度的产生与发展
| 239 | 三、面临的主要问题
| 241 | 四、展望

谢佑平:科学刑事司法模式的基本要求 / 243

| 243 | 一、控辩平等
| 251 | 二、控审分离
| 259 | 三、审判中立

张绍谦:刑事判决者必须直面律师辩护 / 270

| 272 | 一、在法院之外,必须切断各种权力或力量操控法院审判权的渠道,营造保障法院依法独立审判的司法环境

274 | 二、在法院内部,切断庭外权力干预法庭审理的渠道,真正实现案件审、判合一,判者权、责一致

张凌:公法契约观视野下的刑事和解协议 / 276

276 | 一、刑事和解协议的宏观定位
279 | 二、刑事和解协议的微观解读
286 | 三、刑事和解协议的效力

王申:法官德性是为法治之力量 / 291

292 | 一、法官道德是现实生活中司法状况的真实反映
297 | 二、司法伦理与法官职业道德存在密切联系
300 | 三、法官职业道德的司法保障
302 | 四、结语

向泽选:检察权内部独立行使的模式选择 / 304

304 | 一、其他国家检察权内部独立的模式
306 | 二、检察官独立行使检察权的模式
309 | 三、下级检察院独立行使检察权的路径

阮祝军:检察视域下非法证据排除的适用难点与对策思考 / 313

313 | 一、我国检察机关在非法证据排除中的地位
315 | 二、非法证据排除中检察监督权适用之难点
317 | 三、非法证据排除中检察监督权的有效适用

少年司法

徐建:我国少年犯罪与少年法研究发展浅论 / 323

323 | 一、少年法学是法学的创新,是对传统刑事法学的挑战
325 | 二、创新挑战的历史回顾
327 | 三、中国特色社会主义少年法还不完善,也未真正形成体系
329 | 四、任重道远

| 330 | 五、未来若干年"研究课题指南"设计与总体顶层视野下的战略思考 |

阿利斯泰尔·弗雷泽:街头惯习:格拉斯哥的帮派、地域及社会变迁 / 332

332	一、引言
334	二、帮派、地域空间与街头惯习
334	三、地域空间与"帮派"身份
336	四、街头惯习
338	五、蓝威尔社区及其内部的男孩们
340	六、街头惯习和蓝威尔社区的社会变革
343	七、街头惯习、地域空间和社会变革
346	八、结论

牛凯:我国未成年人犯罪及预防 / 348

348	一、充分认识我国未成年人犯罪预防的重要性、紧迫性
349	二、我国未成年人犯罪的基本特点
353	三、我国未成年人犯罪的主要原因
355	四、我国未成年人犯罪预防的对策与建议

朱妙:少年司法视野中的未成年人犯罪 / 358

358	一、未成年人犯罪趋势
360	二、未成年人犯罪案件特点
361	三、未成年罪犯特点
362	四、未成年人犯罪原因
363	五、少年法庭的教育感化挽救工作
365	六、防控未成年人犯罪的对策建议

宋英辉:涉罪未成年人审前非羁押支持体系实证研究 / 367

368	一、调查地点与研究方法
370	二、运行状况
375	三、效果分析
381	四、存在问题与建议

樊荣庆：刑事诉讼法修改视野下的未检工作 / 386

386 | 一、未成年人特别诉讼程序的组织保证：未成年人刑事检察机构专业化建设

388 | 二、未成年人特别程序模式延伸：捕诉监防一体化职能的拓展

392 | 三、未成年人特别程序的人权保障：未成年人特殊检察制度的完善

396 | 四、未成年人特别程序的社会支撑：少年司法辅助体系的构建

矫正学

姜爱东：我国社区矫正工作的改革发展 / 401

401 | 一、我国社区矫正工作发展形势

408 | 二、社区矫正工作存在的主要困难和问题

409 | 三、关于健全社区矫正制度的思考

411 | 四、社区矫正法制化建设

吴宗宪：中国社区矫正立法的基本状况与问题探讨 / 416

416 | 一、我国社区矫正立法的基本状况

418 | 二、社区矫正法立法相关问题探讨

戴艳玲：我国监狱行刑发展趋向之若干思考 / 425

425 | 一、宽严相济刑事司法政策在监狱行刑领域的实践方向

430 | 二、逐步推进监狱戒备等级制度

432 | 三、监狱工作对于促进社区矫正的积极作用

435 | 四、监狱体制改革下劳动改造工作的改进和发展

439 | 五、罪犯教育社会化实践拓展

442 | 六、监狱行刑领域"个案管理"的一些基本问题

王毅：上海监狱的现状和趋势
——以南汇监狱为视角 / 447

447 | 一、基本概况

| 450 | 二、南汇监狱工作特点
| 455 | 三、结语

法学方法

何勤华：论法律至上 / 459

陈金钊：法治思维与法律方法 / 461

| 461 | 一、法治思维的内涵及特征
| 467 | 二、法治思维对法治中国建设的积极意义
| 469 | 三、法律方法是法治思维的技术支撑

刑法学

当代中国重大刑事法治事件评析[*]

主讲人:赵秉志,中国刑法学研究会会长、教育部"长江学者"特聘教授、北京师范大学刑事法律科学研究院暨法学院院长、博士生导师

主持人:闫立,上海政法学院副校长、教授、博士生导师

时　　间:2012年9月18日下午

一、前　　言

　　法治的发展是一个渐进的过程。新中国成立以来,我国刑事法治建设事业取得了巨大进步。这其中,既包含党和国家决策领导层的政治智慧,也凝聚了民众、学者参与的力量;既体现了我国民主法制建设的发展步伐,也反映了我国公民权利意识的日益觉醒和人权保障观念的不断加强。在我国刑事法治建设发展的进程中,一些具有重大影响的刑事法治事件扮演着重要角色。这些刑事法治事件,有的体现为个案(如林彪、江青反革命案),有的则体现为一类案件(如危险驾驶及肇事行为),有的则体现为相关立法行为和政治决策。

　　与一般案件相比,刑事法治事件具有两个方面的明显不同:一方面,刑事法治事件通常都是具有重大社会影响的公共事件。由于多涉及公民的自由、公正等基本权利或者某种敏感的社会心理、社会现象,经由媒体报道后,刑事法治事件往往都会产生广泛的社会影响,进而上升为社会公共事件。另一方面,刑事法治事件的内容并不局限于案件本身,它还包括了国家立法、司法、行政等机关和部门所采取的立法反应、司法对策和行政措施。因此,对刑事法治事件的理性处理,不仅有利于解决具体的个案,而且还能推动我国刑事法治甚至整个法治与社会的进步。

　　在我国刑事法治建设发展的过程中,这些刑事法治事件犹如铺路石,不断地铺就我国刑事法治建设事业不断发展的光明大道;亦如沧海中的明珠,不断折射出现代刑事法治的理性之光。在此,拟就当前我国发生的死刑制度改革、新疆"7·5"事件、危险驾驶及肇事行为的治理、足坛反"假赌黑"风暴等热点刑事法治事件,予以简要评析。

---

[*] 本讲稿由主讲人提供,参见赵秉志主编:《刑法论丛》(第23卷),法律出版社2010年版。

二、中国死刑制度的改革

(一) 事件回顾

死刑改革问题是当前我国刑法立法、司法面临的一个重大现实问题。切实推进死刑制度的改革,首先关乎我国社会文明发展、人权事业进步和刑事法治完善的自身需要,我国 1997 年刑法典虽然规定了 68 种犯罪的死刑,但很多都是备而少用或者基本不用,并且限制、逐步减少死刑已经成为国内法律理论界和实务界的普遍共识,我国死刑制度亟须因应法治与社会的发展作出相应的调整。其次,进行死刑制度改革也是国际大势所趋;据统计,截至 2009 年 6 月 30 日,世界上超过三分之二的国家和地区已经在法律上或事实上废止了死刑,其中,废止所有犯罪死刑的国家和地区多达 95 个,废除了普通犯罪死刑的国家和地区为 8 个;事实上废止死刑的国家和地区为 35 个(以过去 10 年未执行一例死刑并表示今后也不执行死刑为标准)。也就是说,在法律上或事实上废止死刑的国家和地区已多达 138 个。[①] 在死刑改革的这种国内动因暨国际背景的综合作用、影响下,因应死刑制度改革的现实需要,近年来,我国采取了一系列措施推动死刑制度的改革,取得了显著成效。

1. 死刑复核权收归最高人民法院统一行使

新中国成立后,死刑复核制度作为一项重要的刑事法律制度很早即被立法所确认;同时,由于对死刑复核权的性质及归属存在不同的认识,因而在一系列的法律文件中,死刑复核权的归属曾在最高人民法院与高级人民法院之间来回交接。

1978 年我国恢复重建社会主义法制以后,1979 年的刑法典和刑事诉讼法典均规定由最高人民法院统一行使死刑案件的复核权。然而,由于改革开放以后我国社会治安的严峻形势及对之的严重关注,死刑案件复核权几经演变:(1) 全国人大常委会分别于 1980 年、1981 年两次作出决定,批准最高人民法院可以在一定的时间内授权省、自治区、直辖市的高级人民法院行使部分死刑案件的复核权。(2) 随着 20 世纪 80 年代初期"严打"斗争的展开,全国人大常委会出台相关法律,为"严打"斗争提供法律根据。1983 年 9 月 2 日第六届全国人大常委会第二次会议通过的《关于修改〈中华人民共和国法院组织法〉的决定》对该法第 13 条进行了修改,规定"杀人、强奸、抢劫、爆炸以及其他严重危害公共安全和社会治安判处死刑的案件的核准权,最高人民法院在必要的时候,得授权省、自治区、直辖市的高级人民法院行使。"以此为根据,1983 年 9 月 7 日最高人民法院发出了《关于授权高级人民法院核准部分死刑案件的通知》,授权各省、自治区、直辖市高级人民法院和解放军军事法院核准杀人、强奸、抢劫、爆炸等严重

---

① 参见〔英〕罗吉尔·胡德、卡罗琳·霍伊儿:《死刑的全球考察》(第 4 版),曾彦等译,中国人民公安大学出版社 2009 年版,第 1 页。

危害公共安全和社会治安犯罪死刑案件。如此,即形成大部分普通犯罪案件死刑复核权由最高人民法院和高级人民法院共同执掌的局面。(3)进入20世纪90年代以后,为打击越来越猖狂的毒品犯罪,1991年至1997年间,最高人民法院又陆续授权云南、广东、广西、四川、甘肃、贵州等六省、自治区的高级人民法院对毒品犯罪的死刑案件行使核准权,如此又形成全国范围内的同种案件之死刑复核权因省区的不同而分别由高级法院和最高法院分掌的格局。(4)经全面修订的1996年新刑事诉讼法典、1997年新刑法典再次确认了死刑案件应统一由最高人民法院行使复核权。但是,最高人民法院于1997年9月26日又下发《关于授权高级人民法院和解放军军事法院核准部分死刑案件的通知》,仍以前述1983年修正的《人民法院组织法》为法律根据,继续维持二元制,即由最高人民法院和省级高级人民法院共同行使死刑核准权的死刑复核体制。不过,长期的司法实践检验和相关理论研究表明,这种二元制的死刑复核体制具有种种无法克服的弊端,如各高级人民法院死刑适用标准不统一以及死刑二审程序与复核程序合而为一,造成死刑案件把关不严,案件质量得不到保证,甚至出现少数冤假错案等,因而使得死刑复核程序对死刑适用的实际控制效果大打折扣,人权保障功能难以真正发挥,而且与"国家尊重和保障人权"的我国宪政原则发生直接冲突。

有鉴于此,在长期酝酿准备和中央司法体制改革决策的基础上,2006年10月31日,第十届全国人大常委会第二十四次会议通过了《关于修改〈中华人民共和国人民法院组织法〉的决定》,将《人民法院组织法》原第23条修改为第12条,即"死刑除依法由最高人民法院判决的以外,应当报请最高人民法院核准。"该决定自2007年1月1日起施行。至此,历经27年的沧桑,承受了多年的质疑,被称为"中国司法体制改革中最勇敢的一步"终于坚定地迈出了。死刑复核权走过了27年漫长的下放之旅而终于得以回归最高人民法院,从而为中国法治史留下了一段回味无穷的特殊记忆。在某种意义上,可以说,漫漫27年的下放与回归,使得死刑复核权成为考察中国法治改革、人权状况和社会发展的一个特殊标本。

2. 出台《关于办理死刑案件审查判断证据若干问题的规定》和《关于办理刑事案件排除非法证据若干问题的规定》两个司法规定性文件

关于证据制度,我国1996年新刑事诉讼法典的规定只有八条,原则、笼统,操作性不强。为此,最高人民法院、最高人民检察院、公安部先后于1998年、1999年出台了一些具体的规定,从而在一定程度上充实了刑事诉讼证据规则。但总体上看,我国的刑事证据制度仍缺乏系统性和完整性,难以满足司法实践的需要。与此同时,自2007年1月1日最高人民法院统一行使死刑案件核准权以来,虽然各地公检法机关和广大刑事辩护律师严格依照法定程序和标准办案,侦查、起诉和刑事审判案件质量总体是好的,但因制度不完善、执法标准不统一和办案人员素质参差不齐,案件质量也出现了一些不容忽视的问题。[①]

死刑案件人命关天,在认定事实和采信证据上绝对不容许出任何差错。为了能从源头和基础工作上切实把好事实关、证据关,根据中央关于深化司法体制和工作机制改革的总体部署,最高人民法院会同最高人民检察院、公安部、国家安全部和司法部总结近年来的司法实践经验,特别是办理死刑案件的实际,针对办案中存在的证据收集、审查、判断和非法证据排除尚有不尽规范、不尽严格、不尽统一的问题,经过充分调研,广泛征求各方面意见,联合制定了《关于办理死刑案件审查判断证据若干问题的规定》和《关于办理刑事案件排除非法证据若干问题的规定》,并于2010年6月13日公开发布。

这两个证据规定的颁行是我国刑事司法制度改革的重要成果,是我国深入实施依法治国方略的重要举措,也是刑事诉讼制度进一步民主化、法治化的重要标志。因此,可以说,这两个证据规定对政法机关办理刑事案件特别是死刑案件提出了更高的标准、更严的要求,对于完善我国刑事证据制度,提高执法办案水平,推进社会主义法治建设,具有十分重要的意义。

3.《刑法修正案(八)(草案)》取消了13种经济性、非暴力犯罪的死刑并免除年满75周岁老年人的死刑

2010年8月23日提请第十一届全国人大常委会第十六次会议审议的《刑法修正案(八)(草案)》由于修法内容重要、修法幅度较大,引起了社会各界的广泛关注和热烈讨论。其中,尤为引人注目的是《刑法修正案(八)(草案)》关于死刑制度的两个方面的改革。

首先,《刑法修正案(八)(草案)》明确规定取消了13种经济性、非暴力犯罪的死刑。根据《刑法修正案(八)(草案)》的规定,这13种死刑罪名主要可分为三类:一是破坏社会主义市场经济秩序罪9种,分别是走私文物罪,走私贵重金属罪,走私珍贵动物、珍贵动物制品罪,走私普通货物、物品罪,票据诈骗罪,金融凭证诈骗罪,信用证诈骗罪,虚开增值税专用发票、用于骗取出口退税、抵扣税款发票罪,伪造、出售伪造的增值税专用发票罪;二是侵犯财产罪1种,即盗窃罪;三是妨害社会管理秩序罪3种,即传授犯罪方法罪,盗掘古文化遗址、古墓葬罪,盗掘古人类化石、古脊椎动物化石罪。

从总体上看,《刑法修正案(八)(草案)》取消的13种死刑罪名主要具有两个特点:第一,从法律性质上看,均属于经济性、非暴力犯罪。在《刑法修正案(八)(草案)》取消的13种死刑罪名中,前10种犯罪既属于经济性犯罪,也属于非暴力犯罪;后3种犯罪虽然不属于经济性犯罪,但属于非暴力犯罪。事实上,由于经济性、非暴力犯罪侵害的客体与死刑所剥夺的生命权之间不具有对称性,因此废除经济性、非暴力犯罪是国际的大趋势。《刑法修正案(八)(草案)》的这一改革,也体现了我国对废止死刑国际潮流

[①] 参见《就〈关于办理死刑案件审查判断证据若干问题的规定〉和〈关于办理刑事案件排除非法证据若干问题的规定〉答记者问》,http://www.5186law.com/fazhi-news/3839_2.html,2012年5月2日访问。

的顺应。第二,从司法适用上看,这些犯罪的死刑均属于备而少用、基本不用。司法实践表明,《刑法修正案(八)(草案)》取消的13种犯罪都属于司法实践中较少适用死刑的犯罪,其中有些犯罪,如传授犯罪方法罪、盗窃罪,自1997年全面修订刑法典之后,基本就没有被适用过。

其次,《刑法修正案(八)(草案)》明确规定年满75周岁的老年人免死。《刑法修正案(八)(草案)》第3条规定:"已满七十五周岁的人,不适用死刑。"①《刑法修正案(八)(草案)》的这一规定,意义重大。这是因为,与一般成年人相比,老年犯罪人的智力和控制力明显下降,人身危险性程度较低,一般不会再去实施严重犯罪,且他们年事已高,对其适用死刑既不人道,意义也不是很大。同时,我国自西周至民国数千年的刑法史中一直有老年人犯罪从宽乃至免死的法律文化传统;当代世界上某些保留死刑的国家(如俄罗斯)或者地区(如我国台湾)的刑法也明确规定对达到一定年龄的老年人不适用死刑,联合国《公民权利和政治权利国际公约》等国际公约也积极倡导对老年人不适用死刑。并且,在司法实践中,对高龄老年人适用死刑的情形也往往会引起社会的争论。因此,《刑法修正案(八)(草案)》适应当前我国社会发展的现实需要,规定对高龄老年人不适用死刑,是值得充分肯定的。

(二) 法理评析

1. 死刑制度改革意义重大

死刑制度改革是中国社会主义法治建设不断进步的一个重要标志,是国家提出的"以人为本"理念在刑事法治建设中的一项基本体现。因此,无论从维护我国社会主义法治的角度,还是从有利于维护死刑案件当事人基本人权和合法诉讼权利、促进死刑立法和司法发展的角度,我国当前进行的死刑制度改革都具有重要意义。

第一,有利于在全国范围内统一死刑的适用标准。

法制统一是现代法治国家的必然要求。死刑适用,"人命关天",因而在一个崇尚公正的法秩序的现代法治社会里,保证死刑适用标准的统一是当然的选择。中国幅员辽阔,各地经济、文化发展很不平衡,司法者对于死刑制度的理解及对死刑适用条件的把握必然在相当程度上存在差异。各地对死刑案件适用法律的实体标准和证据标准在掌握上也难免产生不一致。例如,由各省、自治区、直辖市高级人民法院来行使死刑复核权,本地区社会及政治层面的考虑必然会成为一个重要的(甚至是决定性的)因素;而如果从全国范围考虑,其适用死刑的条件则可能掌握得不够严格和妥当。因此,我国将死刑案件的核准权统一收归由最高人民法院行使,并专门针对死刑案件中的证据适用等问题出台《关于办理死刑案件审查判断证据若干问题的规定》和《关于办理刑

---

① 2011年2月25日全国人大常委会通过的《刑法修正案(八)》将此规定改为已满75周岁的人原则上免死。其第1条规定:"在刑法第十七条后增加一条,作为第十七条之一:'已满七十五周岁的人故意犯罪的,可以从轻或者减轻处罚;过失犯罪的,应当从轻或者减轻处罚。'"

事案件排除非法证据若干问题的规定》,规范刑事案件特别是死刑案件证据的收集、审查和采信。这对于在全国范围内统一死刑案件适用法律的实体标准和证据标准,具有重要意义。

第二,有利于加强对死刑案件被告人的权利救济。

死刑制度改革,保障人权是基础。当前,我国进行的死刑制度改革也具有保障死刑案件被告人人权、强化死刑案件被告人权利救济的重要作用。这主要体现在两个方面:

一是有利于充分发挥最高法院对地方法院审理死刑案件的监督作用,进而有助于促进对死刑案件被告人的人权保障。死刑复核程序的存在,为死刑实际适用设立了一道有力的屏障,可以有力地防止死刑被滥用或者被错用。2004 年 3 月 10 日,时任最高人民法院院长肖扬在其所作的《最高人民法院工作报告》中提到,最高人民法院"全年共审结死刑复核案件和刑事再审案件 300 件,同比上升 16.28%。其中,维持原判 182 件、改判 94 件、指令下级法院再审 24 件。"改判和指令再审的案件占全部审结案件的 39.33%。可见,最高人民法院对下级法院的监督力度是非常大的。由最高人民法院统一行使死刑复核权,会对下级法院审理的死刑立即执行案件形成切实有效的监督。对于被判刑人而言,无疑意味着在其生死关头,仍有一道屏障来救济其权益,避免错杀无辜。

二是有利于避免死刑案件取证中的不法行为,保障死刑案件被告人的人权。《关于办理死刑案件审查判断证据若干问题的规定》和《关于办理刑事案件排除非法证据若干问题的规定》系最高司法机关专门针对刑事案件特别是死刑案件的证据适用问题而作的司法解释。其中,《关于办理死刑案件审查判断证据若干问题的规定》共 41 条,内容涉及证据裁判原则、程序法定原则、证据质证原则和死刑案件的证明对象、证明标准以及证据的分类审查与综合认定等。《关于办理刑事案件排除非法证据若干问题的规定》共 15 条,主要包括实体性规则(主要是对非法证据特别是非法言词证据的内涵和外延进行界定)和程序性规则(包括具体审查、排除非法证据的程序和对证据合法性的证明责任、证明标准及侦查人员出庭作证问题)。从内容上看,这两个证据规定对我国进一步加强死刑案件的证据审查,排除刑事案件中的非法证据,切实保障死刑案件被告人的合法权益,具有重要作用。

事实上,自死刑复核权收归最高人民法院统一行使以来,全国死刑案件的适用标准得到了统一,死刑案件的审批质量也得到极大的提高,判处死刑(立即执行)的数量大幅减少,大大加强了司法领域的人权保障。时任最高人民法院院长肖扬 2007 年 11 月 23 日在全国法院司法改革工作会议上就表示,该年判处死缓的人数,第一次超过了多年来判处死刑立即执行的人数,进一步体现了慎用死刑的政策。[①] 另据最高人民法院审判委员会专职委员黄尔梅大法官作客人民网与最高人民法院新闻办、中国法院网

[①] 参见田雨、邹声文:《今年我国判处死缓人数首次超过死刑人数》,载《人民法院报》2007 年 11 月 23 日。

联合举办的两会访谈,同网友进行在线交流时透露,2007年最高人民法院收回死刑复核权以来,因原判事实不清、证据不足、量刑不当、程序违法等原因而不核准的案件占复核终结死刑案件的15%左右,也就是说,有一成半的死刑犯在最后关头被最高法院"刀下留人",挽回了生命。①

第三,有利于推动我国死刑立法的进一步改革,从立法上减少死刑的罪名数量。

在立法上,我国1997年刑法典规定了多达68种死刑罪名。立法上的死刑罪名过多给我国刑法抹上了重刑化的色彩,并因此受到许多国际人士的诟病。也正是考虑到我国死刑罪名过多的现状,我国《刑法修正案(八)(草案)》对死刑制度进行了改革,不仅取消了13种经济性、非暴力犯罪的死刑,取消死刑罪名的比例超过当前我国死刑罪名总数的19%,而且还规定免除已满75周岁老年人的死刑。如果《刑法修正案(八)(草案)》的这些规定最终能够获得通过,将不仅意味着我国成规模地从刑法立法上减少了死刑的罪名数量,而且也必将有利于进一步推动我国死刑立法的完善,同时也有助于推动与这13种被取消死刑的犯罪相近似的其他犯罪的死刑废止。

事实上,我国刑法典中与上述13种被取消死刑的犯罪性质相近似的死刑罪名还有相当的数量,如集资诈骗、组织卖淫、运输毒品等。如果《刑法修正案(八)(草案)》中的13种死刑罪名能被取消,那么必将有利于推动与这些犯罪相近似的其他犯罪的死刑废除。实际上,在《刑法修正案(八)(草案)》的研拟过程中,已有最高司法机关和部分专家学者提出,应当将与《刑法修正案(八)(草案)》中13种死刑罪名相近似的其他数种犯罪(如集资诈骗罪、组织卖淫罪、运输毒品罪、伪造货币罪等)的死刑也取消,此种主张也引起了立法机关的重视并表示应积极研究。事实上,这些犯罪,除了它们都属于非暴力犯罪,其侵害的客体与死刑所剥夺的生命权不对称外,其中一些犯罪还具备取消死刑的特殊理由。例如,集资诈骗罪属于智能犯罪,通常被害人也有一定的过错,并且在《刑法修正案(八)(草案)》取消了其他所有金融诈骗罪死刑的情况下,单纯保留集资诈骗罪的死刑难以体现立法的平衡;组织卖淫罪从犯罪性质和危害程度上看对人身权利的侵害并不明显,不符合刑法典总则规定的"罪行极其严重"的死刑适用标准;运输毒品罪本身也不属于最严重的犯罪,并且在实践中,运输毒品者通常是一些被利用者且多为偶犯,而非毒品犯罪中最危险、最严重的罪犯。因此,对这些犯罪都不应当保留死刑。我们相信,《刑法修正案(八)(草案)》关于死刑规定的最终通过,将有助于推动集资诈骗罪、组织卖淫罪、运输毒品罪等与《刑法修正案(八)(草案)》中所取消死刑犯罪相近似的其他犯罪的死刑废止。

第四,有利于提升国家和政府形象,促进社会主义和谐社会建设。

客观地讲,中国目前还不具备全面废止死刑的条件,但大幅度地限制、减少死刑适用是符合中国目前社会发展的实际需要的。这是因为,死刑适用过多,不仅不符合社会主义国家刑罚之改造人、教育人的宗旨,也不利于缓和社会矛盾而形成"和谐社会"

---

① 参见《最高法:2007年15%死刑案经复核被驳回》,http://society.people.com.cn/GB/42735/6979308.html,2012年5月20日访问。

的有利氛围,更有损国家和政府的形象。因此,将死刑案件的复核权全面收归最高人民法院行使,严格死刑案件的证据适用,并从立法上切实减少死刑罪名的数量,对于提升国家和政府保障人权、慎用死刑的国际形象,以赢得国际社会对我国社会主义法治建设的支持,积极推动我国社会主义和谐社会的建设,具有十分积极的政治意义。

2. 关于进一步深化死刑制度改革的构想

尽管当前我国死刑制度改革的成效显著,但综合现阶段我国社会发展进步的需要和相关国际背景来衡量,我国死刑制度改革仍有待于进一步深入。

关于如何切实推进我国现阶段的死刑制度改革,包括刑事法律界在内的社会各阶层提出了不少看法,其中,"保留死刑,逐步削减,最终废止"的观点得到了普遍赞成,为大多数人和司法实践所接受。以此为基础,中国死刑制度改革,应在现阶段保留死刑制度的基础上,分阶段、分步骤、分类型地逐步废止死刑罪名。在具体步骤上,可以考虑先废止非暴力犯罪(包括经济犯罪)的死刑,接着废止非致命性暴力犯罪的死刑,在条件成熟时再废止致命性暴力犯罪的死刑,从而达到彻底废止死刑的目标。而当前,如何有效地严格限制死刑的适用,逐步、分批并成规模地废止非暴力犯罪的死刑,乃是中国死刑制度改革的当务之急。

进言之,在当前社会背景下,我国应重点采取以下措施进一步改革、完善我国的死刑制度:

(1) 严格限制死刑适用的对象范围

关于死刑禁止适用的范围,我国刑法典第49条规定了两种,即犯罪时不满18周岁的人和审判时怀孕的妇女。从我国古代限制死刑适用的文化传统和死刑适用的国际标准看,我国现行刑法典禁止适用死刑的范围显然有些狭窄,有待于进一步拓展。

目前,正在审议的《刑法修正案(八)(草案)》将年满75周岁的老年人纳入禁止适用死刑的对象范围。这是我国死刑立法改革的一个积极探索。不过,在审议过程中,也有不少人对之有不同意见:其一,应否对老年人禁止适用死刑?一些人担心对老年人禁止适用死刑会破坏适用刑法平等原则,可能导致老年人大量实施严重犯罪;但更多的人认为,对老年人禁用死刑,符合刑法人道主义精神,并且也不违背惩治和防范老年人犯罪的现实要求。其二,应对什么年龄段的老年人禁止适用死刑?对此,有人认为将免死的老年人年龄确定为年满70岁比较妥当,也有人认为应规定为年满75岁。在世界上其他国家或者地区中,有的规定为60岁(如蒙古),有的规定为65岁(如俄罗斯),也有的规定为70岁(如菲律宾),还有的规定为80岁(如我国台湾地区)。其三,对老年人不适用死刑的年龄是指犯罪时的年龄还是指其被追诉、判决时的年龄,认识不一。其四,对老年人不适用死刑是否应当排除某些犯罪(如故意杀人罪),人们的认识也不一致。

对于上述这些争论,我和其他一些学者认为,我国应当对判决时年满70周岁的老年人一概不适用死刑。这是因为,一方面,这符合当前社会条件下我国对老年人年龄界定的通常认识和我国社会的实际。据有关统计,当前我国男性公民的平均年龄是

72周岁,将老年人免死的年龄限定为75周岁,受益范围太小。另一方面,这也能充分地体现我国历史上对老年人犯罪从宽处理的"恤刑"传统,并有助于贯彻当前我国确立的宽严相济的基本刑事政策。

除了老年人,按照有关国际公约的要求和其他一些国家的立法经验,不宜适用死刑的对象还有其他一些,如新生儿的母亲、精神障碍人等,对此也需要积极研究和实践探索,待条件成熟时予以立法贯彻。

(2) 尽可能逐步、成规模地减少非暴力死刑罪名的数量

当前,全面废止死刑在中国现实情况下难以一蹴而就,中国死刑制度改革只能逐步推进。

其一,可考虑尽快取消那些适用相对较少的非暴力犯罪的死刑。我国现行刑法典分则所规定的非暴力死刑罪名,有很多是经济性的,在司法实践中适用较少;有的尽管不是经济性的,但也很少适用死刑,甚至从未适用。《刑法修正案(八)(草案)》所选择删去死刑的13种罪名,均是如此。不过,我认为,除了《刑法修正案(八)(草案)》选定的13种基本不用或者非常少适用的非暴力犯罪,对于其他一些适用相对较少的犯罪也应当考虑尽快取消其死刑。

其二,对其他非暴力犯罪的死刑也可考虑逐步废止。有一些犯罪虽然是非暴力犯罪,但因其性质恶劣、危害严重、社会关注高,民众对其保留死刑的呼声很高,如贪污罪、受贿罪。对这些犯罪,如立即取消死刑,在社会上遇到的阻力可能会比较大,但从死刑制度的长远发展来看,我国也应当逐步推进这些犯罪的死刑废止。如关于贪污罪、受贿罪的死刑问题,《刑法修正案(八)(草案)》虽未涉及,但在立法审议时,一位全国人大常委会委员提出了当前应当研究废止贪污受贿犯罪死刑的见解,引起社会各界的广泛争议。凤凰卫视中文台"一虎一席谈"栏目播出了近一个小时的、以"贪官免死可不可行"为题的专题讨论节目,备受关注。我本人也应邀作为对谈嘉宾参加了这个节目的讨论。在相关的研讨中,有人认为,这两类犯罪的死刑适用在数量上并不是很大,世界各国惩治贪污受贿也并不以死刑为必要手段,因而可考虑予以废止;但也有很多人认为,对贪污贿赂犯罪废止死刑,并不符合我国当前的国情民意,可能在一定范围内造成某种司法不公,并为民众所强烈反对。不过,在我看来,不管是历史经验还是当前国内国际的司法实践都充分表明,对贪污罪、受贿罪适用死刑缺乏内在的合理性和根本的有效性,有必要随着社会的进一步发展予以废止。

(3) 充分发挥我国死缓制度的功效

死缓制度是我国刑法的独创。根据我国刑法典第48条的规定,死缓是死刑的执行方式之一,在性质上仍属于死刑的范畴。但实际上,适用死缓与适用死刑立即执行,二者的效果却是"生死两重天"。考虑到死缓与死刑立即执行的适用对象相同同时具有减少死刑立即执行的作用,因此死缓通常被认为具有替代死刑立即执行的积极功效,受到刑事法理论界和实务界的普遍重视。在死刑制度改革中,从限制、减少死刑立即执行适用的角度,对于当前不宜废止死刑的一些犯罪,如致命性暴力犯罪等,可以考

虑充分发挥死缓对死刑立即执行的替代作用。

对此,我国有必要从以下两个方面最大限度地发挥死缓的功效:一方面,要重视依法加强死缓的适用,尽可能采用死缓来替代死刑立即执行的适用,以有效限制和减少死刑立即执行的适用数量;另一方面,为了充分发挥死缓的功效,防止死缓犯过早出狱,影响罪责刑相适应原则的适用,有必要延长死缓的实际执行期限,以强化死缓的刑罚惩罚严厉性。在这方面,《刑法修正案(八)(草案)》不仅限制了死缓的减刑,对死缓犯在二年期满后应减为无期徒刑或者 20 年有期徒刑及死缓累犯的进一步减刑作了限制,而且对死缓的假释也作了限制,规定死缓犯假释的实际执行刑期必须达到 20 年以上或者 18 年以上。这具有十分重要的意义。

三、新疆"7·5"事件的法治启示

(一) 事件回顾

2009 年 7 月乌鲁木齐发生骚乱,亦称"7·5"事件。从刑法学的角度看,"7·5"事件是指在境外三股势力的组织、煽动下,于 2009 年 7 月 5 日起在我国新疆地区发生的一系列犯罪活动的总称,是典型的境外指挥、境内行动,有预谋、有组织的打砸抢烧杀暴力犯罪活动,并具有鲜明的恐怖主义色彩。

2009 年 6 月 26 日,广东省韶关市一家玩具厂的部分新疆籍员工与该厂其他员工发生冲突,数百人参与斗殴,致 120 人受伤,其中新疆籍员工 89 人,2 名新疆籍员工经抢救无效死亡。事件发生后,境外三股势力大肆炒作,借机对中国进行攻击,煽动上街游行示威;境内敌对势力与其遥相呼应。2009 年 7 月 5 日晚 20 时左右,一些人在乌鲁木齐市人民广场、解放路、大巴扎、新华南路、外环路等多处猖狂地打砸抢烧杀。当晚就造成多名无辜群众和 1 名武警被杀害,部分群众和武警受伤,多部车辆被烧毁,多家商店被砸被烧。7 月 6 日凌晨,乌鲁木齐市政府发布维护社会正常秩序紧急通告。截至 7 月 12 日,在"7·5"事件中,暴力恐怖分子砸烧公交车、小卧车、越野车、货车、警车等共计 627 辆,其中 184 辆车被严重烧毁;共导致 633 户房屋受损,总面积达 21353 平方米,其中受损店面 291 家,被烧毁的房屋 29 户,共计 13769 平方米。截至 7 月 16 日,乌鲁木齐"7·5"事件死亡人数已升至 197 人,直接经济财产损失达 6895 万元人民币。2009 年 8 月 20 日以后,一小撮暴力恐怖分子在境内外敌对势力的策动下铤而走险,连续用针状物刺伤无辜群众,陆续有部分乌鲁木齐市民在公共场所被针状物刺伤,引发了群众的恐慌和不满。上述事件发生后,党和政府依法采取各种有效措施,运用法律手段惩治各类犯罪分子,使新疆地区的稳控和各项善后处理工作及时有序地进行,总体形势趋好,各族群众生活趋于平静,社会秩序逐渐恢复正常。①

(二) 法理评析

1. "7·5"事件的特点

经分析归纳,可以发现"7·5"事件具有以下新的特点:

(1) 关于犯罪目的

目前,我国刑法并未明确"恐怖主义"的概念,但根据我国于2001年6月15日签署的《打击恐怖主义、分裂主义和极端主义上海公约》,恐怖主义是指"致使平民或武装冲突情况下未积极参与军事行动的任何其他人员死亡或对其造成重大人身伤害、对物质目标造成重大损失的任何其他行为,以及组织、策划、共谋、教唆上述活动的行为,而此类行为因其性质或背景可认定为恐吓居民、破坏公共安全或强制政权机关或国际组织以实施或不实施某种行为,并且是依各方国内法应追究刑事责任的任何行为。"近年来,境外三股势力迫于国际反恐的大背景,开始宣称自己是"非暴力""与恐怖主义毫无牵连"的团体,以人权、民主、维护少数民族权利的幌子掩盖其分裂的本质。然而,从"7·5"事件来看,"疆独"犯罪活动谋求国家分裂的政治企图没有变,血腥暴力的恐怖主义本质也没有变。

(2) 关于犯罪手段

为揭露"疆独"势力的暴力恐怖本质,我国公安部曾于2003年、2008年分两批认定了"东突厥斯坦伊斯兰运动"等4个恐怖组织和19名恐怖分子。而在"7·5"事件中,以民族分裂分子热比娅为首的"世界维吾尔代表大会"成为主要策划者,该"大会"通过互联网等多种渠道煽动闹事"要勇敢一点""要出点大事"。"7·5"事件甚至出现了境外指挥、境内外同时行动的新型犯罪方式:在境内,为避免被贴上人人喊打的恐怖主义标签,"疆独"势力的行动方式从过去的恐怖袭击,演变为煽动、胁裹多人实施打砸抢烧,此举可能导致民族关系恶化,从而实现策划者的罪恶目的;在境外,中国驻荷兰使馆和驻慕尼黑总领馆均遭到"东突"分子的袭击。应该说,"疆独"势力在我国境内外同时实施暴力犯罪,表明其组织、协调能力得到提升,这种犯罪手段的变化应当引起注意。

(3) 关于犯罪结果

"7·5"事件发生在2009年6月25日"韶关事件"之后、新中国成立60周年大庆之前,这充分表明,"疆独"势力精心选择了活动的时机,具有极强的预谋性。"7·5"事件造成逾千人死伤,制造了较大范围的社会恐慌和恶劣的国际影响,是新中国成立以来新疆发生的性质最恶劣、伤亡人数最多、财产损失最严重、破坏程度最大、影响最坏

---

① 值得注意的是,"7·5"事件之后,新疆又相继发生了多起规模不等的恐怖事件,如2011年7月30日和31日两天,新疆喀什市连续发生两起严重暴力恐怖犯罪案件;2012年发生"6·29"劫机事件;2013年发生"4·23"新疆巴楚暴力恐怖事件。

的一次暴力犯罪事件。此外,"7·5"事件与随后的针刺案件引起了乌鲁木齐市各族群众的极大愤慨,特别是"针扎事件"引发大规模的群众聚集游行,受害人及部分汉族群众对实施针扎行为的犯罪嫌疑人进行围殴,进一步加剧了社会矛盾和民族矛盾。

2. "7·5"事件对我国法治过程的启示

新疆"7·5"严重暴力犯罪事件震惊了中国乃至全世界。在境内外"三股势力"的精心准备、策划下,暴徒们在有着两百多万人口的新疆维吾尔自治区首府乌鲁木齐市大肆打砸抢烧,造成重大人员伤亡和经济损失,也让世人再次见证了"三股势力"的血腥与残忍。对于新疆"7·5"事件的本质,我们应当具有清醒的认识:这次事件既不是民族问题,也不是宗教问题,而是一系列有预谋、有组织的严重暴力犯罪事件,具有反国家、反民族、反人类之性质。新疆"7·5"事件对于我国刑事法完善乃至整个法治建设具有以下几点重要启示:①

(1) 应当尽快加强社会安全预警立法

种种迹象表明,境外三股势力对"7·5"事件进行了较长时间的精心准备。"世界维吾尔代表大会"利用互联网和手机等现代通信工具,在境外遥控指挥境内的民族分裂分子,利用网络散播谣言,迅速聚拢起大批不明真相的群众上街聚集,导致事态迅速扩大升级,酿成骚乱。如此规模的准备,很难做到"神不知鬼不觉",但"7·5"事件前,社会公众可以说是没有防备的,这也反映出我国社会安全预警体系的缺失。根据我国突发事件应对法的规定,突发事件包括自然灾害、事故灾难、公共卫生事件和社会安全事件等四种类型,该法仅明确了前三者的预警体系,确定了相应的发布主体、预警级别和后续措施,但对社会安全事件的预警体系尚缺乏规定。事实证明,由于我国社会安全预警体系尚不够完善,使得情报研判与应急处置之间缺乏过渡,形成立法和工作机制的空白地带。当社会安全事件发生时,处置力量依据具体指令展开行动,通常缺乏充分准备和预防措施;社会公众作为潜在的被袭击对象,更是缺乏足够的警惕和防范,进而导致极其严重的后果。当然,"7·5"事件的规模和危害的不确定性很强,时间、地点和方式也很难预测,这也是事件造成严重后果的重要原因。因此,要有效防范日益猖獗的"疆独"犯罪活动,必须注重敌情预警,提高情报分析的准确性和预警体系的完备性。我们建议,应尽快加强社会安全预警立法,建立和完善监测、预测、预报、预警体系,对可能发生的社会安全事件尤其是恐怖袭击进行预警,不断提高预警的准确度和时效性。

(2) 完善关于恐怖活动犯罪的刑法规范

在"7·5"事件中,我国高度重视以刑事制裁手段打击犯罪分子,严格依法"从重从快"惩处肇事者,以维护社会稳定和法律尊严。根据我国刑法规定,暴徒们聚众打、砸、抢、烧的行为涉嫌触犯刑法规定的危害国家安全罪、危害公共安全罪、侵犯公民人身权

---

① 值得注意的是,2011年10月29日,第十一届全国人民代表大会常务委员会第二十三次会议通过《全国人大常委会关于加强反恐怖工作有关问题的决定》。

利和民主权利罪、侵犯财产罪、妨害社会管理秩序罪,具有极强的刑事违法性和社会危害性。新疆"7·5"事件引发了对我国刑法规定的反思:我国1997年刑法典规定了第120条"组织、领导、参加恐怖组织罪",2001年《刑法修正案(三)》集中对刑法典中的相关罪名进行了修改补充,增设了"资助恐怖活动罪"等一系列反恐内容。但是,我国刑法并未明确什么是恐怖活动,而是规定了其他大量可能用来实现恐怖主义目的的具体犯罪,这些犯罪多散见于刑法典分则第二章危害公共安全罪、第四章侵犯公民人身权利、民主权利罪、第五章侵犯财产罪、第六章妨害社会管理秩序罪中。由于我国刑法缺乏专门的反恐罪名,致使对于暴徒们在"7·5"事件中具有恐怖主义色彩的杀人、伤害、放火等暴力犯罪活动,只能按照普通罪名定罪量刑,难以体现反恐怖法治的特殊性。我们建议,将暴力破坏的犯罪类型从刑法典分则各章节中分列出来,结合恐怖主义目的,合并设置为专门罪名"恐怖活动罪",为反恐怖斗争提供有力的法律依据,彰显我国在反恐方面的决心和力度,同时与国际接轨。

(3) 必须切实贯彻宽严相济的基本刑事政策

在果断处置"7·5"事件的同时,当地政府还组织警力依法留置、审查打砸抢烧犯罪嫌疑人一千余名。尽管"7·5"事件造成极为严重的后果,但公安、司法机关在处理这一事件时,同样应贯彻宽严相济的基本刑事政策,不能受非理性因素影响而违反法律规定。

宽严相济是我国现行的基本刑事政策,它对刑事司法活动具有重要的指导意义,对维护社会稳定和国家安全具有重大的影响。具体来说,公安、司法机关应甄别不同的犯罪人类型,区别对待:对于在事件中起组织、策划作用的犯罪分子,实施严重打砸抢烧杀行为的犯罪分子,应依法及时处置,给予严厉打击,这体现了宽严相济的刑事政策之"严"的一面;对于在事件中被煽动、蛊惑甚至被裹胁的犯罪分子,没有实施严重打砸抢烧杀行为的,应本着教育、感化的方针,从而体现宽严相济的刑事政策之"宽"的一面。同时,还应根据局势变化对宽严相济刑事政策之"宽"和"严"的幅度与比例进行合理调整,适时强调打击和感化,切实达到"相济"的要求,以收到良好的法律效果、社会效果和政治效果。我们应该清楚地认识到,"7·5"事件中的少数犯罪分子大肆杀人、纵火,侵害包括老弱妇孺在内的无辜平民,其行为与民族习惯、宗教信仰、生产生活方式并无联系,而是违背了现代法治社会乃至人类共同的伦理价值。对于那些手段残忍、甚至具有恐怖主义色彩的犯罪分子,应根据其社会危害性与人身危险性,依法及时从严惩处。

(4) 应高度重视善后恢复立法

"7·5"事件的直接后果是重大人员伤亡和财产损失,但对社会来说,其最大的危害莫过于社会秩序遭到破坏,以及由此带来的社会心理恐惧。此外,"疆独"势力还企图通过此次暴力犯罪事件,制造民族间的隔阂与矛盾。为消除此次事件带来的危害和影响,当地政府迅速组织各部门维护各民族群众生活秩序,采取各方面的措施,保证了生活必需品的供应和调运。同时,事件的善后工作也得以迅速开展,除了鉴别死者身份之外,乌鲁木齐市政府还准备了1亿元的抚恤资金,对受害人的人身、财产损失进行弥补。目前,我国针对严重暴力犯罪的善后恢复立法还处于空白状态,没有建立稳定的长效机制。应该说,在类似事件发生之后,完善的法律机制可以使恢复工作迅速有序地展开,弥补各民族群众的物质损失与精神创伤,确保社会秩序的稳定和社会正常生活的连续性。我们建议,应建立健全善后恢复立法,保证国家、地方财政的必要支出,为受害人和参与处置任务的军警等专业力量提供各种形式的社会援助,例如心理、医疗、法律、就业、住房和日常生活等方面的援助等。如此,不仅受害人或其家属能得到经济上的补偿,政府也能更充分地发挥在政治、经济、文化等领域的管理职能,动员全社会力量的参与,尽快营造正常的生产、生活和法律秩序以及和谐的民族关系。

四、危险驾驶及肇事行为的治理

(一) 事件回顾

近年来,随着我国经济的快速发展,全国机动车辆数量和驾驶员人数猛增,无视交通管理法规的醉酒驾驶、飙车等危险驾驶并造成严重后果的违法犯罪行为日益增多,诸如佛山黎景全醉驾致2死1伤案、三门峡王卫斌醉驾致6死7伤案、南京张明宝醉驾致5死4伤案、成都孙伟铭醉驾致4死1伤案、黑龙江鸡西张喜军酒驾致2死7伤案、河南安阳魏法照醉驾致8死3伤案等接连发生,引起了社会的严重关注。一时间,危险驾驶事件成为我国社会关注的热点话题。在诸多危险驾驶肇事案件中,影响最大的当属2008年发生在四川成都的孙伟铭醉驾致4死1伤案和2006年发生在广东佛山的黎景全醉驾致2死1伤案。

案例一,孙伟铭醉驾致4死1伤案。孙伟铭,男,汉族,1979年5月9日出生于西藏自治区,高中文化,成都奔腾电子信息技术有限公司员工,无证驾驶7个月,有10次违章记录。2008年12月14日中午,孙伟铭与其父母在成都市成华区万年场"四方阁"酒楼为亲属祝寿,其间大量饮酒。16时许,孙伟铭驾车送其父母到成都市火车北站搭乘火车,之后折返至城东成东路向成都市龙泉驿区方向行驶。17时许,行至成龙路"蓝谷地"路口时,孙伟铭驾车从后面冲撞与其同向行驶的比亚迪轿车尾部。其后,孙伟铭继续驾车向前超速行驶,并在成龙路"卓锦乘"路段违章超越过道路中心黄色双实线,相继与对面车道正常行驶的福特蒙迪欧轿车、奇瑞QQ轿车发生碰撞擦刮,致长安奔奔牌轿车内张景全及尹国辉夫妇、金亚民及张成秀夫妇死亡,另一乘客代玉秀重伤,造成公私财产损失共计5万余元。经鉴定,孙伟铭驾驶的车辆碰撞前瞬间的行驶速度为134—138公里/小时;孙伟铭案发时血液中的乙醇含量为135.8毫克/100毫升,属于醉酒(血液中的乙醇含量在80毫克/100毫升以上即属醉酒)。2009年7月23日,成都市中级人民法院以孙伟铭犯以危险方法危害公共安全罪,判处其死刑,剥夺政治权利终身。孙伟铭当庭提出上诉。2009年9月8日,四川省高级人民法院以以危险方法危害公共安全罪改判孙伟铭无期徒刑,剥夺政治权利终身。

案例二,黎景全醉驾致2死1伤案。黎景全,男,汉族,1964年4月30日生于广东省佛山市,初中文化,佛山市个体运输司机。曾于1981年12月11日因犯抢劫罪、故意伤害罪被判处有期徒刑四年六个月。2006年9月16日18时50分许,黎景全三次大量饮酒后,驾驶面包车由南向北行驶至广东省佛山市南海区盐步碧华村新路治安亭附近路段时,从后面将骑自行车的被害人李洁霞及其搭乘的儿子陈柏宇撞倒,致陈柏宇轻伤。撞人后,黎景全继续开车前行,撞坏治安亭前的铁闸及旁边的柱子,又掉头由北往南向穗盐路方向快速行驶,车轮被卡在路边花地上。被害人梁锡全及其他村民上前救助伤者并劝阻黎景全,黎景全加大油门驾车冲出花地,碾过李洁霞后撞倒梁锡全,致李洁霞、梁锡全死亡。经检验,黎景全案发时血液中的乙醇含量为369.9毫克/100毫升,属于重度醉酒。2007年2月7日,广东省佛山市中级人民法院以黎景全犯以危险方法危害公共安全罪,判处其死刑,剥夺政治权利终身。随后,黎景全提起上诉。2008年9月17日,广东省高级人民法院的二审判决维持原判。但最高人民法院没有核准黎景全的死刑,将该案发回重审。2009年9月8日,广东省高院以黎景全犯以危险方法危害公共安全罪,判处无期徒刑,剥夺政治权利终身。

多起醉驾肇事案件经过媒体报道后引起了社会的高度关注和热烈讨论,要求严惩醉酒驾驶、飙车等危险驾驶及肇事行为的呼声日益高涨。为了加强对酒后驾车行为的治理,2009年8月15日,公安部在全国范围内开展了为期两个月的严厉整治"酒后驾驶交通违法行为"的专项行动,坚持以"四个一律"①查处酒后驾驶交通违法行为。2009年9月8日,最高人民法院针对黎景全案和孙伟铭案专门发布了《关于醉酒驾车犯罪案件法律适用问题新闻发布稿》。在该新闻发布稿中,最高人民法院明确了对黎景全案和孙伟铭案的定罪量刑,并首次提出了严惩醉酒驾车犯罪及有关法律适用等问题。

然而,在刑法立法上,我国并没有关于危险驾驶的专门罪名。在司法实践中,对造成严重危害后果的危险驾驶肇事行为多以交通肇事罪或者以危险方法危害公共安全罪定罪②,但也是只处罚肇事行为而不处罚危险行为,使得我国对危险驾驶的惩治相对延后,不利于对危险驾驶及肇事行为的刑事处理,因而被认为存在重大立法缺陷。因此,社会上关于针对危险驾驶行为专门设立独立的危险驾驶罪的呼声十分强烈。为了响应社会各界的呼声、强化对危险驾驶行为的刑法治理,同时也为了加大对危险驾驶行为的刑法惩治力度,2010年4月28日,国务委员兼公安部部长孟建柱在向全国人大常委会在《国务院关于加强道路交通安全管理工作情况的报告》中建议研究在刑

---

① 即对饮酒后驾驶机动车的,一律暂扣驾驶证3个月;对醉酒驾驶机动车的,一律拘留15日,暂扣驾驶证6个月;对一年内2次醉酒驾驶的,一律吊销驾驶证,2年内不得重新取得驾驶证,属营运驾驶员,5年内不得驾驶营运车辆;法律法规规定有罚款处罚的,一律从重处罚。

② 我国刑事司法实践中也存在个别以危险方法危害公共安全罪追究没有造成实害后果的飙车行为的案例,但这种做法比较少,并且在刑法理论上受到了许多质疑,被认为违反了我国刑法规定的罪刑法定原则。

法中增设"危险驾驶机动车罪"。① 随后,2010年8月23日提交的第十一届全国人大常委会第十六次会议审议的《刑法修正案(八)(草案)》第22条亦专门规定:"在道路上醉酒驾驶机动车的,或者在道路上驾驶机动车追逐竞驶,情节恶劣的,处拘役,并处罚金。"如果《刑法修正案(八)(草案)》的这一规定能够获得通过,②我国刑法典对危险驾驶的惩治将大为加强,以前通常不作为犯罪处理的、没有造成实害后果的醉酒驾驶机动车、飙车行为在我国也将是一种犯罪,要受到刑法的制裁。

(二) 法理评析

作为一个在当前讨论中还在不断深入的话题,危险驾驶及肇事行为引发了全社会的强烈关注,极大地强化了公众的交通安全观念,提高了公众的交通安全意识,为我国进一步加强公共交通安全的规范化管理奠定了良好的社会基础。而公众在对危险驾驶及肇事行为治理的争论中,也一定程度上强化了法治观念。

从法理上看,对危险驾驶及肇事行为的治理绝不仅仅是一个法律问题,更不仅仅是一个刑法问题。它不仅需要各种法律、行政措施的多方联动、综合治理,而且还需要在全社会树立一种注重安全驾驶的良好风气,加强社会监督和驾驶员自我监督的相互作用,共同营造并不断强化安全驾驶监督的良好社会氛围。

当然,在危险驾驶及肇事行为的综合治理中,刑法作为一种最后的手段,也是必需的。从刑法的角度看,对危险驾驶及肇事行为的治理应当司法与立法并重,在加强危险驾驶及肇事行为的刑事司法的同时,也要注重完善相关的刑法立法。

1. 治理危险驾驶及肇事行为要合理运用司法手段

在《刑法修正案(八)(草案)》关于危险驾驶的规定最终通过之前,我国目前的司法实践对单纯的危险驾驶行为很少动用刑罚手段。从刑法运用的角度看,司法实践中对危险驾驶及肇事行为处理的难点在于危险驾驶肇事行为的刑法定性和刑罚适用问题。

(1) 危险驾驶肇事行为的刑法性质问题

长期以来,我国对危险驾驶肇事行为多以交通肇事罪定罪处罚。但是,由于交通肇事罪的处刑较轻,因此对一些恶性危险驾驶肇事案件的处理无法较好地实现罪刑均衡,从而容易导致放纵犯罪,引发社会不满。实际上,近年来的危险肇事行为之所以引发社会的强烈关注,也主要缘于此。

为了准确认定危险驾驶肇事中的酒驾肇事行为性质,最高人民法院专门于2009年9月8日发布了《关于醉酒驾车犯罪案件法律适用问题新闻发布稿》。在该新闻稿中,最高人民法院明确指出:"行为人明知饮酒驾车违法、醉酒驾车会危害公共安全,却无视法律、醉酒驾车,特别是在肇事后继续驾车冲撞,造成重大伤亡,说明行为人主观

---

① 参见《公安部建议增设危险驾驶罪》,载《扬子晚报》2010年4月29日。
② 《刑法修正案(八)》通过了增设危险驾驶罪的相关立法,其第22条规定,在《刑法》第133条后增加1条,作为第133条之一:"在道路上驾驶机动车追逐竞驶,情节恶劣的,或者在道路上醉酒驾驶机动车的,处拘役,并处罚金"。

上对持续发生的危害结果持放任态度,具有危害公共安全的故意。对此类醉酒驾车造成重大伤亡的,按以危险方法危害公共安全罪定罪符合刑法规定。"这是对我国针对危险驾驶肇事行为传统司法的一个突破。从刑法法理上看,危险驾驶肇事行为的刑法定性需要解决两个核心问题:

其一,根据行为人对危害结果的心态不同,可分别对行为人处以交通肇事罪或者以危险方法危害公共安全罪。

在现实生活中,危险驾驶肇事的情形较为复杂:有的是严重危险驾驶(如严重醉酒驾车)并直接导致重大伤亡或者重大财产损失,有的则是危险驾驶发生事故后二次冲撞并致人伤亡或者造成重大财产损失。对于危险驾驶肇事的这些不同情况,根据行为人对危害结果的心态不同,可分别依照我国刑法典第133条或者第115条第1款以交通肇事罪或者以危险方法危害公共安全罪定罪处罚:如果行为人对危害结果出于过失,则成立交通肇事罪;如果行为人对危害结果出于故意,则成立以危险方法危害公共安全罪。而故意与过失的区分关键在于过于自信的过失与间接故意的区分。

我国刑法理论上一般认为,在认识因素上,过于自信过失的行为人根据其个人经验、技术、体力以及工具、环境、天气、他人行为等因素通常认识到了避免结果发生的可能性,而间接故意的行为人则对避免结果发生的可能性没有认识,也不愿去认知;在意志因素上,过于自信过失的行为人完全排斥危害结果的发生,而间接故意的行为人听任危害结果发生。在危险驾驶肇事行为中,应该分析行为人是否认为自己能避免危害社会之后果的发生,进而再分析行为人的此种认识有没有充分、现实的根据。如果行为人所说的认为可避免结果发生的因素或者根据,在一般人看来不具有任何合理性,且在客观上根本不足以阻止危害结果发生,那么,该行为人的主观心态在实际上即属于间接故意,而非过于自信的过失。

其二,在危险驾驶肇事后逃逸致人死伤的情况下,应根据逃逸的情形分别处以交通肇事罪、以危险方法危害公共安全罪或者数罪并罚。

在危险驾驶肇事后逃逸致人死伤的情况下,因肇事逃逸而死伤的人,既有可能是原交通肇事的被害人,又可能是其他人。对此需要区分情况进行处理:(1)对于危险驾驶肇事构成交通肇事罪,行为人又逃逸致被害人死亡,一般可直接按照刑法典第133条加重处罚的规定处理,但如果行为人是对被害人实施二次碾压,则可以交通肇事罪和故意杀人罪、故意伤害罪对行为人数罪并罚。(2)对于危险驾驶肇事构成交通肇事罪,行为人逃逸时又过失致其他人死伤的,行为人可成立数个交通肇事罪,前后多个交通肇事罪构成连续犯,对犯罪人可从重处罚。(3)对于危险驾驶肇事构成交通肇事罪,行为人逃逸时又间接故意地致其他人死伤的,符合以危险方法危害公共安全罪,应将前后两个犯罪以交通肇事罪和以危险方法危害公共安全罪数罪并罚。(4)对于危险驾驶肇事构成以危险方法危害公共安全罪,行为人逃逸时又故意或者过失地致人死伤的,可处以以危险方法危害公共安全罪,或者以危险方法危害公共安全罪和交通肇事罪数罪并罚。

（2）危险驾驶肇事行为的刑罚适用问题

危险驾驶肇事犯罪的刑罚适用包括免予刑事处罚、缓刑的适用，对累犯、再犯的从重处罚，以及死刑的适用等问题。其中，较为突出的是缓刑和死刑的适用问题。它们较为集中地体现了对危险驾驶肇事犯罪处罚的宽与严，应当慎重处理：

其一，对危险驾驶肇事行为人，应当慎用缓刑。

长期以来，我国对交通肇事罪的犯罪人，尤其对于积极赔偿被害人损失的交通肇事犯罪人适用缓刑较为普遍。社会上甚至因此形成一种错误的认识，即交通肇事后只要赔钱就没事。实际上，这是一种错误的认识和做法。在当前我国危险驾驶犯罪突出的情况下，对危险驾驶肇事行为人应当慎用缓刑。一方面，危险驾驶本身就表明行为人具有较强的人身危险性，根据行为人的这一犯罪情节应当对其慎用缓刑；另一方面，在当前我国危险驾驶肇事犯罪较为突出的背景下，对危险驾驶肇事行为人慎用缓刑是宽严相济刑事政策宽中有严的体现，有利于惩治危险驾驶肇事行为，防止更多的危险驾驶现象出现。

其二，对危险驾驶肇事行为人，应当严格限制死刑的适用。

在黎景全、孙伟铭案件中，考虑到案件的严重危害后果和恶劣的社会影响，许多人都主张对黎景全、孙伟铭以危险方法危害公共安全罪适用死刑。但广东和四川省高级人民法院均以被告人系间接故意犯罪、犯罪时被告人驾驶车辆的控制能力有所减弱以及被告人归案后认罪、悔罪态度较好，积极赔偿被害方的经济损失，一定程度上获得被害方的谅解为由，没有对黎景全、孙伟铭适用死刑。这一刑罚的适用同时得到了最高人民法院的认可。尽管对于广东和四川省高级人民法院的裁决理由并不完全赞同，但我仍赞同两省高级人民法院的做法，即对危险驾驶肇事行为人应当严格限制死刑的适用。这是因为，一方面，我国"少杀、慎杀"的死刑政策要求我们对犯罪人慎用死刑；另一方面，危险驾驶肇事案件中，由于多方面的原因，犯罪人的人身危险性通常并非极其严重，不符合死刑的适用条件。因此，危险驾驶肇事案件中，只要被告人能够真诚悔罪，积极赔偿被害人的损失，就不应对危险驾驶肇事行为人适用死刑。

2. 治理危险驾驶及肇事行为要注意完善刑法立法

一系列恶性危险驾驶肇事案件使得人们对危险驾驶的危害有了更深刻的认识，社会上也因此掀起了一股要求修改刑法、严惩危险驾驶及肇事行为人的强烈呼声。许多学者、人大代表都主张在刑法典中增设有关危险驾驶机动车的专门犯罪。《刑法修正案（八）（草案）》对此也作了明确规定。应当说，在当前社会状况下，我国确实有必要采取立法手段完善对危险驾驶及肇事行为的治理，但是，这并不意味着，我国只有采取增设新罪名这一种立法方法。事实上，为了提高惩治危险驾驶行为的针对性和效果，我国可以从以下三个方面完善刑法立法：

（1）适当提高交通肇事罪的法定刑幅度

在我国刑法典中，交通肇事罪的法定刑较轻，常常难以适应我国惩治恶性危险驾驶肇事案件的需要。为了遏制频繁发生的危险驾驶肇事行为，我国应当考虑适当提高交通肇事罪的法定刑。如可以将基本法定刑刑期由现在的"3年以下有期徒刑或拘役"提高到"5年以下有期徒刑或拘役";交通肇事后逃逸或者有其他特别恶劣情节的,由"3年以上7年以下有期徒刑"提高到"5年以上10年以下有期徒刑";因逃逸致人死亡的,则提高为"10年以上有期徒刑"。

(2) 增设危险驾驶罪,并合理设置其罪状和法定刑

针对危险驾驶但未造成严重后果的行为,我国《刑法修正案(八)(草案)》规定了危险驾驶罪。该草案第22条规定:"在道路上醉酒驾驶机动车的,或者在道路上驾驶机动车追逐竞驶,情节恶劣的,处拘役,并处罚金。"这一规定为我国完善惩治危险驾驶行为的刑法立法迈出了重要一步。不过,对于这一规定,也有一些不同的认识:一是我国刑法是否有增设危险驾驶罪的必要?有学者从刑法的谦抑性、规定的可操作性、惩罚的力度、法条关系的处理和规定的社会效果等角度,认为我国刑法没有必要增设危险驾驶罪。二是《刑法修正案(八)(草案)》关于危险驾驶罪的设置是否科学?有学者认为,《刑法修正案(八)(草案)》规定的危险驾驶行为类型、入罪门槛、法定刑幅度等方面都存在问题,有待于进一步完善。

对于上述争论,我有两个方面的认识:首先,无论是从我国危险驾驶及肇事行为高发的状况、危险驾驶及肇事行为的行政治理力度的角度,还是从我国惩治危险驾驶及肇事行为的刑法缺陷、国外惩治危险驾驶及肇事行为的普遍做法的角度,我国都应当设立危险驾驶罪。其次,《刑法修正案(八)(草案)》关于危险驾驶罪的设置存在两个缺陷:一是《刑法修正案(八)(草案)》只规定了两种危险驾驶行为,类型过于简单。事实上,在现实生活中,危险驾驶的行为类型多种多样,有醉酒驾驶、飙车、吸毒驾驶、严重超速驾驶、高速公路逆向行驶及其他严重违规行驶等。《刑法修正案(八)(草案)》仅仅规定了醉酒驾驶机动车和在道路上驾驶机动车追逐竞驶(飙车)两种危险驾驶行为,无法满足当前我国惩治危险驾驶行为的现实需要,应当增加规定吸毒后驾驶、严重超速驾驶等严重的危险驾驶行为类型。二是将危险驾驶罪仅仅设置为危险犯不合理。《刑法修正案(八)(草案)》只解决了危险驾驶的危险犯问题,而并没有解决危险驾驶的结果犯和结果加重犯问题。依照这一规定,实践中对危险驾驶肇事的处理同样面临着适用交通肇事罪还是以危险方法危害公共安全罪的难题。为了减少危险驾驶肇事行为刑法适用上的分歧,可以考虑将危险驾驶及肇事行为从交通肇事罪和以危险方法危害公共安全罪中独立出来单独成立危险驾驶罪,并将危险驾驶罪设置为危险犯,但同时规定结果犯和结果加重犯的情形。在具体法定刑的设置上可分为三档,即"三年以下有期徒刑、拘役,并处或者单处罚金""三年以上十年以下有期徒刑,并处罚金"和"十年以上有期徒刑或者无期徒刑,并处罚金或者没收财产"。这样一来,对危险驾驶及肇事行为都统一适用危险驾驶罪的规定,而不用再考虑其他问题。

(3) 适当完善危险驾驶及肇事犯罪的附加刑设置

当前,在附加刑方面,我国刑法典虽然规定有罚金、剥夺政治权利和没收财产三种主要的附加刑,但是,我国刑法典关于交通肇事罪和以危险方法危害公共安全罪的规

定中都没有规定财产刑;与此同时,针对利用驾驶等需要一定资格许可的行为实施的犯罪,我国刑法典也没有设置相应的资格刑,以剥夺行为人的再犯能力。因此,为了更好地发挥刑法惩治危险驾驶及肇事行为的效果,在附加刑的设置上,我国应当考虑通过适当修改刑法典总则和分则的方式,在有关危险驾驶犯罪的规定中增设财产刑和资格刑,以进一步提高刑罚打击危险驾驶及肇事犯罪的针对性和效果。

五、中国足坛反"假赌黑"风暴

(一) 事件回顾

在中国足球职业化的过程中,足坛一直存在假球、赌球、黑哨(简称"假赌黑")等违法行为,严重影响到中国足球事业的发展,并给国家经济、文化事业的发展造成严重侵害。如果说在中国足球职业化的早期,踢假球和吹黑哨在某种程度上是为了满足俱乐部晋级的需要,随着足球职业化和国际化的发展,假球、黑哨现象泛滥的背后隐藏着的是愈演愈盛的赌球之风,不仅参赌数额和人数逐年增高,而且手段和方式也不断更新,[①] 对社会公共秩序和国家经济安全造成严重影响。[②] 鉴于假球、赌球给国家体育事业带来的巨大危害,中国足协曾发起过两次足坛打假行动:第一次是 1999 年甲 A 联赛最后一轮的"渝沈之战"中,至少有 3 个俱乐部被证明打假球,之后中国足协派员调查,但结果不了了之;第二次是中国足协在 2001 年对同一轮多支球队联合打假球事件(史称"甲 B 五鼠案"),进行了公开确认并作出较为严厉的处罚。[③] 由于足协的惩处措施属于行业内部处罚,缺乏法律强制力和威慑性,实际并没有起到多少治理效果,足坛假球、赌球现象仍然比较严重。由此,产生了公安司法机关介入足坛反假、反赌的必要性。

我国公安部门从 2002 年开始打击赌球,查处了很多外围赌球网络,但却难以彻底遏制赌球,其重要原因在于足协管理人员、俱乐部、球队、教练和球员等共同参与赌球和操纵比赛。于是,公安部门将打击重点转向饱受球迷争议的"黑哨"。2003 年,龚建

[①] 近年来,网络赌球逐渐在国内蔓延开来。根据中国公益彩票研究中心的分析数据,一年有 3000 亿元的赌博资金流向境外,其中赌球占 70% 左右。2009 年 2 月,上海市普陀区人民法院审理了一起网络赌球案,涉案金额高达 66 亿余元。参见《上海法院定性网络赌球案 主犯获五年轻判》,载 http://sports.qq.com/a/200902 20/000121.htm,2012 年 5 月 20 日访问。

[②] 根据最新统计资料显示,我国 2008 年 GDP 为 31 万亿多元,每年有 1 万亿的赌博资金,相当于全国 GDP 的百分之三,地下赌博业的规模已经相当于我国支柱产业的规模,对国家经济安全和社会稳定产生严重危害。参见《千亿元赌资只是冰山一角 赌球已危害国家经济安全》,http://www.dzwww.com/rollnews/sports/200912/t20091229_5364631.htm,2012 年 5 月 20 日访问。

[③] 2001 年,甲 B 联赛进入收官阶段,浙江绿城、成都五牛、长春亚泰、江苏舜天和四川绵阳等五支球队均涉嫌假球。其中,成都五牛以 11∶2 胜胜四川绵阳,长春亚泰则以 6∶0 狂胜浙江绿城,最终同积 42 分的亚泰以净胜球优势力压五牛,取得升级资格。中国足协之后作出重罚,勒令四川绵阳降级,对参与打假球的 5 家俱乐部作出了 30 万元—80 万元不等的罚款,对负责人进行了严重警告并将替俱乐部送钱的方信终等 6 名球员逐出足球圈并罚款 10 万元。

平成为第一位被揪出的"黑哨",并因此锒铛入狱,①但由于证据收集上存在困难,公安司法机关未能借助"龚建平案"发起大规模的反假、反赌风暴。2004年以后,地下赌球更加猖狂,球员和俱乐部参与赌球、打假球的现象愈演愈烈。国务院办公厅多次就赌球、假球所带来的社会不良影响给国家体育总局下发文件,并要求公安部进行一次全国范围内的大行动。从2006年开始,国务院办公厅、公安部、国家体育总局等有关部门多次下发文件,明确提出:要坚决抵制打假球、赌球行为,一旦发现要严肃查处。公安部门的强势介入,让查处假球、赌球取得很大的突破。在此期间,广东、福建和辽宁等地接连打击了大批地下赌球团伙,抓获主要涉案人员几千人,其中不少是前任、现任国脚,俱乐部高层人员、教练和足协官员,甚至不乏一些很有知名度的国字号教练和中国足协的人员。② 从2007年开始,公安部开始进行更加深入的调查、监控和取证。经过两年的深入取证,公安部掌握大量确凿证据,逐渐进入收网阶段。

2009年年末,公安部成立了反赌球专案组并联合十多家部门共同行动,掀起了一轮声势浩大的足坛反"假赌黑"风暴。首当其冲的是"王鑫、王珀涉嫌操纵比赛案"。该案被公安部定性为商业贿赂案件。根据司法调查,在2006年8月"中甲"联赛第17轮中,山西路虎俱乐部经理王鑫、王珀接受了具有"冲超"希望的广州医药队的贿赂,操纵了比赛结果,使得广州医药队以5:1大胜山西陆虎队,不仅如此,王鑫、王珀还利用非法操纵比赛结果这一手段,在比赛当日投注某国际赌博网站,牟取暴利。③ 此案曝光后,公安部反赌球专案组继续顺藤摸瓜,使得成都谢菲联队副总经理尤可为、董事长许宏涛以及青岛海利丰领队刘红伟3人涉嫌通过商业贿赂操纵比赛结果一案也浮出水面,④而前中国足协副主席南勇、杨一民、裁判委员会原主任张建强因操纵足球比赛涉嫌受贿罪被逮捕,更是将这场声势浩大的足坛"反假赌黑"风暴推向高潮。在此后的半年时间里,前中超金哨陆俊和著名裁判黄俊杰被公安机关依法逮捕,可以说两人的落网预示着足坛"严打"触角已向外延展开,除即将开始的国字号球队整顿以外,裁判和足球经纪人也进入调查范围。接下来的2010年9月,重庆市足球管理中心主任高健被专案组带到沈阳协助调查。而掀起这场足球风暴又一高潮的,当属中国足协原副主席谢亚龙、中国足协裁判委员会原主任李冬生、国家足球队原领队蔚少辉等人于2010

---

① 2003年1月29日,北京市宣武区人民法院作出一审判决,认定被告人龚建平在担任足球甲级联赛主裁判期间收受他人财物共9笔,累积达人民币37万元,以受贿罪判处其有期徒刑10年。
② 参见杨傲多:《回望2009年足坛反赌风暴 各界呼吁尽快出台反赌球法》,载《法制日报》2010年1月8日。
③ 参见《公安部公布赌球案初步结果 定性商业贿赂操纵比赛》,http://sports.sina.com.cn/j/2009-11-25/1858 4714413.shtml,2012年5月22日访问。
④ 2007年9月,为确保"冲超"成功,时任成都谢菲联队副总经理的尤可为和董事长许宏涛找到了青岛海利丰队的领队刘红伟,双方达成协议,青岛海利丰必须输掉这场比赛,报酬是现金30万元外加免去等值于20万元的冬训费。随后,在9月22日的比赛中,成都谢菲联队2比0客场击败青岛海利丰,成功晋级中超。

年9月被公安机关立案侦查。①

与公安部的足坛反腐行动相协调,各地公安机关也展开了打击赌球犯罪的专项整治活动。2009年11月末,浙江警方捣毁了一个赌球团伙,该赌球网站涉及全国20多个省市,注册会员4000多人,经常参赌人员有上千人,仅2009年5月至7月,整个网站总投注金额超过1亿元。2009年12月初,湖南湘潭破获赌球案,抓获犯罪嫌疑人22名,赌资达100亿元。与此同时,湖北省咸宁市公安局破获一起"特大系列网络赌博案",赌球团伙利用网络提供赌博平台,进行赌球、赌马、赌外围六合彩等违法行为。此案涉案金额500亿,涉案人员数十万,涉及全国30个省市,追缴赃款8亿多元。据不完全统计,足坛打黑风暴才开始两个月,案值已达上千亿。②

这场全国范围内掀起的专门针对足坛"假赌黑"的刑事治理活动,其规模之大、涉及范围之广、持续时间之长、打击力度之强、社会影响力之大,前所未有。此项活动对于打击相关违法犯罪、净化足坛竞争环境、规范体育经济秩序以及维护社会善良风俗,都具有极为重要的功效,是我国和谐社会构建及体制转轨过程中引起广泛关注的一起重大刑事法治事件。

(二)法理评析

假球、赌球是中国足球肌体的毒瘤,不仅败坏了体育风气,严重影响了中国足球事业的健康发展,而且还侵害了社会善良风俗,影响到国家经济和社会的健康发展,因而,应当予以坚决打击与遏制,而该法治事件所引发的问题更值得我们进一步深入思考。

1. 打击假球、赌球犯罪的刑事司法问题

(1)刑法相关罪名及其适用

在早期对假球、赌球犯罪的刑事治理中,存在较为明显的立法空白问题,特别是2003年龚建平案更是引发了对裁判接受贿金吹黑哨的行为是构成受贿罪还是公司、企业人员受贿罪的大讨论。客观上看,龚建平作为足协聘请的裁判,他既不属于国家工作人员,也不属于公司、企业人员,尽管其行为具有较为严重的社会危害性,但事实上属于当时法律没有明文规定的行为,应当依法不认定为犯罪。法院最后仍是以国家工作人员才能构成的受贿罪判处龚建平10年有期徒刑,其刑法适用的合理性值得推敲。在此之后,2006年《刑法修正案(六)》将刑法典第163条公司、企业人员受贿罪的主体从原来的"公司、企业人员"扩大到"其他单位的工作人员",其罪名也相应地更改为"非国家人员受贿罪";并对刑法典第303条赌博罪进行了修正,将开设赌场的行为

---

① 2012年6月13日,辽宁丹东、铁岭、鞍山、沈阳四地中级人民法院对7起涉足球系列犯罪案件的11名被告人进行了一审公开宣判。其中,谢亚龙、南勇、蔚少辉均被判处有期徒刑十年零六个月,并处没收个人财产人民币20万元,违法所得依法予以追缴。

② 参见《千亿元赌资只是冰山一角,赌球已危害国家经济安全》,http://www.dzwww.com/rollnews/sports,2012年5月20日访问。

从原来的赌博行为中剥离,单独成罪,并加大了对开设赌场行为的刑罚惩治力度,从而为司法机关及时有效地惩治此类犯罪提供了法律依据。应当说,从刑法典现有罪名的情况看,已经基本形成了对足坛"假赌黑"行为的刑法规制体系。因此,目前足坛反"假赌黑"所引发的治理问题,主要是司法问题,而不是立法问题。

从1997年刑法典及其后相关修订的现有规定看,假球、赌球行为可能涉及的罪名包括:以营利为目的,聚众赌球或者以赌球为业的,涉及刑法典第303条赌博罪;开设赌场的,涉及刑法典第303条开设赌场罪;对体育比赛中所发生的有关人员收受他人财物的行为,则应根据主体的不同身份来确定不同的罪名,如果是非国家工作人员如俱乐部管理人员、裁判人员,则涉及刑法典第163条非国家工作人员受贿罪和刑法典第164条对非国家工作人员行贿罪;若是国家工作人员如国家体育部门的管理人员,则涉及刑法典第397条玩忽职守罪、第385条受贿罪和第389条行贿罪等。其中,争议较大的是对足协管理人员受贿,是定刑法典第163条非国家工作人员受贿罪,还是定刑法典第385条由国家工作人员才构成的受贿罪?从法律性质上看,中国足协作为登记注册的非营利性社团法人,从事着经营和管理足球职业联赛等各种商业活动,属于民间自治性组织;同时,足协又承担着对国家足球行业的管理职责,足协与国家体育总局下属部门——足球管理中心,实际是"一套人马,两块牌子",足协管理人员的人事任命直接来自于国家体育总局。因此,足协管理人员具有国家工作人员和非国家工作人员的双重身份。在不同身份的情形下,对行为人所适用的罪名不同,此时就需要根据哪一种身份利用得更加充分一些,或哪一种身份起主要作用,再结合全案案情进行具体判断。若是主要利用国家工作人员身份受贿,则应定受贿罪;若是主要利用非国家工作人员身份受贿,则应定非国家工作人员受贿罪。

当然,这里仍然要强调刑法最为重要的一项基本原则,即"罪刑法定原则"。绝不能因为治理的功利性需要,对刑法没有规定的行为进行惩治。此外,刑法适用也应当具有谦抑性。现代社会是法治社会,很多行为都应当由法律规制,任何违法行为都应当受到法律的制裁,但只有具有严重社会危害性的行为才有必要通过刑法进行调整。为加强对足坛"假赌黑"行为的治理力度和效果,刑法有必要适度介入,相当一部分涉及足坛的危害行为应当受到刑事追究,这是符合客观实际需要的。但是,足球是体育赛事,其中更多的是一些具有一定社会危害性但并不构成犯罪的违法行为,对于这些违法行为完全可以通过前置法律予以调整,刑法没有必要介入,因为刑法制裁是所有法律制裁中最严厉的,在适用上必须谨慎。

(2)司法治理中的刑事政策

在我国专项犯罪治理活动中,国家的相关刑事政策导向历来发挥着重要作用。确立合理的刑事政策,对于加强犯罪的治理效果,提高治理的社会效益,具有非常重要的价值。有观点认为,基于假球、赌球行为所产生的严重社会危害性,应对其采取"严厉打击"的刑事政策并加重相关罪名的法定刑。我们认为,对假球、赌球案件应当进行必要的司法专项治理,但不宜提倡"严打"刑事政策,而应当在宽严相济刑事政策的基础上采取"严而不厉"的刑事政策。宽严相济的刑事政策是我国现阶段的基本刑事政策,它对于最大限度地预防和减少犯罪、化解社会矛盾、维护社会和谐稳定,具有特别重要的意义。贯彻宽严相济刑事政策,要根据犯罪的具体情况,实行区别对待,做到宽严选择有理有据,宽严相济,罚当其罪。根据宽严相济刑事政策的基本精神和内涵,在足坛反"假赌黑"刑事治理中,应当区别不同情况进行处理:对于严重危害国家经济安全和社会秩序的行为,应当给予严厉打击;而对于犯罪性质尚不严重,情节较轻和社会危害性较小的行为,则应当给予从宽处理。需要注意的是,这里所说的"从严打击"包含的是一种"严而不厉"的刑事治理策略,即将刑事法网编制得更为严密,刑事追诉更加严肃、更加有效,让违法犯罪者难以逃脱法网,而不是刑罚制裁越重越好。这是因为:

其一,必须考虑到此类犯罪产生的原因主要是体制改革过程中配套制度不完善。在我国由传统的计划经济体制向市场经济体制转轨过程中,足坛也从单纯的竞技体育走向职业化、社会化和产业化。在这一改革过程中,人们原有的价值观念与行为模式受到了冲击,而新的价值观念和行为模式尚未被人们普遍接受,致使人们的人生观和价值观发生错位,导致行为规范失准,社会整合力降低,即产生所谓的"社会失范状态",而假球、赌球,正是竞赛体制转轨过程中社会失范的具体表现。对此,应通过完善配套制度和健全激励机制以实现对此类犯罪的长效治理,单纯地依赖"严打"是难以彻底解决问题的。

其二,必须考虑到对此类犯罪进行刑事打击的社会效果。假球、赌球行为的泛滥是体育市场运行保障和监管体制不健全的问题,在市场运行保障和监管机制匮乏的情况下,假球、赌球行为已经成为足球业内的"潜规则",很多球队不仅为了球队晋级而卖球,有些也是为了球队的基本生存而打假球。此时,若通过刑事手段严厉打击,可能会出现打击面过大的问题,不仅会影响到我国体育市场的正常发展,而且也会产生不好的社会效果。因此,目前要集中打击现行法律界限非常明确、非常明显的足坛假球、赌球犯罪行为,对于其中界限不明确,认为不构成犯罪的,还是应该网开一面,而不是一定要采用刑罚制裁。这样处理,对建立和谐社会是有好处的。

其三,必须考虑到此类案件的犯罪性质。假球、赌球案件本质上属于贪利性犯罪,行为人以追求非法利益为目的,而刑事法网不严密,将进一步降低犯罪成本,激发行为人铤而走险。因此,遏制此类犯罪的关键不在于刑罚的"严厉度"有多强,而在于刑罚的合理性与刑事责任的不可避免性,即一方面对此类犯罪必须要配置财产刑,严厉剥夺行为人的犯罪收益;另一方面则是要通过完善刑法立法,适度扩大犯罪圈,严密刑事法网,使犯罪具有不可逃脱性,从而强化刑罚的效果。

2. 假球、赌球案件引发的刑法立法完善问题

尽管目前治理假球、赌球案件的刑法规范体系已经基本建立,实践中的争议焦点主要是司法适用问题,但在既有立法规定上仍存在一些不足,在一定程度上影响到刑事治理效果的提升,具体表现为:

(1) 缺乏对严重破坏体育公平竞争秩序行为的刑法规制

一般而言,假球和赌球具有紧密的联系,行为人通过贿赂球员、裁判和球队管理人员,操纵球局输赢进行赌球活动。① 在这一关系链上,场上球员无疑是起决定性作用的。若球员在赌球中涉嫌聚众赌博,以赌球为业或者做庄开设赌场,可以适用刑法典第303条的"赌博罪"和"开设赌场罪";但若球员只收受地下庄家的钱,在比赛中故意"放水"踢假球,对此类行为却是很难单独处理。因为,踢球行为不属于行使组织、领导、监督、管理等职权,只是一种劳务行为,不能用"非国家工作人员受贿罪"来惩处;而若以贿赂犯罪的共犯处理,又难以体现出假球行为的危害性质。事实上,球员收受财物而踢假球的行为严重侵害了体育公平竞争秩序和社会善良风俗,有单独予以刑法规制的必要性。因此,可考虑增设一项专门性罪名,即"操纵体育比赛罪",不仅仅是踢假球,凡具备"以不正当方式人为操纵体育比赛结果"这一特征的行为都可纳入该罪名,从而在刑事立法层面建立更为全面、有效的控制机制。

(2) 缺乏对参与赌球行为的刑法规制

根据我国现行刑法的规定,只有聚众赌博、开设赌场和以赌博为业三种情况才构成犯罪,一般的参与赌博者并不构成犯罪,公安机关也不介入,打击力度比较小。但实际上,不仅是足球圈,其他竞技体育圈里利用比赛结果进行赌博的人也很多,资金也非常大,这是体育竞技圈内赌博屡禁不止,难以有效遏制的非常重要的一个原因。而体育竞技的管理者、组织者和竞技者本身参与赌博会带来更大的社会危害性。因此,可考虑在赌博罪中增加一款,即:参与赌博者,情节严重的,也可构成赌博罪。

(3) 法定刑配置不合理

对于赌博罪而言,其现有的附加刑只有罚金刑。由于法定刑设置过于单一,使得赌博的风险成本偏低,不能充分发挥应有的打击效果。因此,可考虑在附加刑中增加没收财产、剥夺资格的附加刑。此外,刑法立法对赌博罪罚金刑的规定采用的是无限额罚金制,即未具体规定罚金的数额或比例,这种规定看似具有威慑性,但实际却使得刑罚处罚变得更为模糊,不仅有悖于罪刑法定原则的明确性要求,而且也使得公众难以正确认识刑罚处罚的标准,反而降低了刑罚的威慑力。因此,可考虑在罚金刑上采用倍比罚金制,即以犯罪金额的倍数决定罚金的数额。

3. 假球、赌球案件的综合治理问题

当然,对假球、赌球案件的治理和防范,不能完全寄希望于刑法,而应该采取综合治理的方式。

(1) 应注重发挥网络技术在预防犯罪中的重要作用

目前赌球大多采用网络下注方式,具有一定的隐蔽性,给查处带来了较大的难度。

---

① 按照"业内规则",做假球往往采取的是收买两名后卫、一名门将和一名前锋的方式。两名后卫加一名门将就足以决定一支球队丢球的数字,想输几个就可以做到输几个,但为了更加保险,还必须要收买一名前锋。这就是所谓的"1+2+1"的赌球公式。

而由于不少赌博网站利用国外服务器或者在赌博业合法的地区开设中文赌博网站,我国公安机关即使查获了也无法处理。对于这种因互联网技术发展带来的问题,有必要借助技术手段予以解决。因此,应该注重通过技术手段来限制和防范网络赌博的发生,诸如可以加强网络技术屏蔽国外赌博网站的网址或者限制资金流向,等等。

(2)应采取刑法规制与非刑法规制相结合的治理模式

在假球、赌球和黑哨的治理中,刑法是必要的,但应是最后防线,刑法的介入范围和层次必须得到严格的控制,否则将出现不当罚的现象,不利于我国体育事业的正常发展。但非刑法规制也应当有一定的力度,至少应当有明确的法律依据,若仅靠行业自律,其结果往往是不了了之。目前,我国关于打击假球、赌球、黑哨的非刑法规制仅停留在行业内部规范上,即使如此,仍存在治理目标不明确、治理措施不足、治理手段软化的弊病。如《中国足协纪律准则及处罚办法》第64条对赌球行为仅规定了运动员停赛、官员禁止从事任何与足球有关活动的处罚,但却未载明停赛、禁止从事足球活动的具体时限,且相关处罚措施也欠缺法律的强制性和约束力而难以产生威慑作用。因此,我国有必要考虑制定一部维护体育公平竞争秩序的专门性法律,即《反体育舞弊法》。

(3)应当重视体育市场自我调节的疏导作用

治理假球、赌球案件不应当只依靠堵,还应当依靠市场的自我疏导,这不仅要求国家进一步推动足球管理体制改革,将足协从完全依附于国家体育总局的管理机构,彻底转变为民间自治的服务型机构;而且还要求国家在条件成熟的情况下考虑通过国内市场渠道将足球博彩合法化。从投机与博弈的角度看,足球博彩与目前国内合法开放的足球彩票并无本质区别,而足球博彩隐藏着巨大的经济利益,据相关统计,每年有上千亿美元因此流入境外庄家的账户。[①] 与其如此,不如认真研究非法赌球现象背后蕴含的巨大市场需求,正视赌球行为中的特殊消费群体,合理解决他们的消费需求。此外,国家运行足球博彩不仅可以大大降低对假球、赌球的治理投入,而且可以将所获收益再投入到对假球、赌球的治理中去,从而形成良性循环的治理体系,有效提高治理效益。2003年11月,我国香港地区率先开放赌球,当时一个很重要的目的就是打击非法赌球。经过时间的检验,效果良好。如今在足坛反"假赌黑"风暴的社会背景下,我国内地应该趁机逐渐放开限制,用公开的、合法的足彩来彻底压制非法赌球。[②]

六、结　语

作为我国刑事法治发展的推动因素和重要体现,当代中国发生的系列重大刑事法

[①] 参见《内地网路赌球猖獗,每年流出赌资过千亿》,http://www.chinareviewnews.com,2012年5月22日访问。

[②] 参见《两会代表提案:博彩合法化,足球改革时机来临》,http://sports.sohu.com/20100318.shtml,2012年5月22日访问。

治事件是我国一定时期、关于某一问题的社会民意、刑事司法、刑法立法、刑事政策和国家决策应对等方面的浓缩和集中反映。通过深入剖析这些具有重大影响的刑事法治事件,可以再现事件的过程,推动我国刑事法治不断进步、发展。事实上,透过这些事件,我们已经看到,我国公民的权利意识正在不断觉醒,司法的能动性和公正性正在不断加强,立法的科学化和民主化正在不断深入,国家应对各种突发事件的能力正在不断增强……随着我国"依法治国,建设社会主义法治国家"的不断深入,我国也一定还会涌现出更多更具法治意义的典型事件,并通过对这些事件的妥善处理而不断推动我国刑事法治建设积极前行。

论互联网金融刑法规制的"两面性"*

主讲人：刘宪权，华东政法大学法律学院院长、博士生导师
主持人：姚建龙，上海政法学院刑事司法学院院长、教授
时　间：2014 年 10 月 28 日下午

　　互联网金融是指以依托于支付、云计算、社交网络以及搜索引擎等互联网工具，实现资金融通、支付和信息中介等业务的一种新兴金融，是传统金融行业与互联网精神相结合的新兴领域。① 互联网金融不是一个新名词，却是一个引领时代的新概念。随着网络经济的迅速发展，第三方支付、网络信贷、众筹融资、云金融等金融创新业务蓬勃发展，互联网金融热潮席卷全国。当前互联网金融主要存在以阿里金融为代表的金融运作平台、以众筹为代表的股权投资平台、以 P2P（Peer to Peer）为代表的借贷平台这三种模式。据相关数据统计，截至 2013 年 7 月，已有 250 家企业获得第三方支付牌照，其中包括阿里巴巴、腾讯、网易、百度、新浪等互联网巨头。央行数据也显示，截至 2013 年 12 月 31 日，在全国范围内活跃的 P2P 网络借贷平台已超过 350 家，累计交易额超过 600 亿元。② 中国人民银行发布的《2014 年第一季度支付体系运行总体情况》显示，移动支付业务金额接近 4 万亿元。③ 至 2014 年 2 月，百度、新浪等 15 家公司获得基金销售支付资格。④ 此外，至 2014 年 3 月中旬，仅余额宝理财活动的投资人数就超过 8100 万人，天弘基金管理资产更是达到 5477 亿元。⑤ 应该看到，互联网金融在直接"颠覆"了人们理财习惯的同时，也对现有银行等金融机构的业务形成一定程度的冲击。从某种意义上讲，更是对现有的监管体制和金融法律规定乃至刑法的相关规定发起了"挑战"。互联网金融这种便捷的金融交易方式已经引起了社会各界的高度关注，构成我们这个时代的一道亮丽风景线。业内普遍认为，互联网金融的诞生顺应了网络营销、网络消费的大趋势，对此我们不能一味地"堵"而应妥适地"引"。在当下瞬息万变的时代里，互联网金融的存在确实能为投资者提供更多的投资理财选择，其交

---

* 本讲稿由主讲人提供，载《法学家》2014 年第 5 期。
① 参见谢平：《互联网金融新模式》，载《新世纪周刊》2012 年第 24 期。
② 参见由曦、刘文君、董欲晓：《立规互联网金融》，载《财经》2014 年第 9 期。
③ 参见《移动支付持续猛增须全产业链安全护航》，http://itfinance.jrj.com.cn/2014/06/041203173.shtml，2014 年 5 月 2 日访问。
④ 参见《百度获基金销售支付牌照》，http://itfinance.jrj.com.cn/2014/04/05094216990917.shtml，2014 年 5 月 2 日访问。
⑤ 参见吴景丽：《互联网金融的基本模式及其可能引发的法律风险》，载《人民法院报》2014 年 3 月 26 日。

易的"便捷性"、市场的"创新性"和对人们传统习惯的"冲击性"均毋庸置疑。对于这些,我们应该予以充分评价而不是漠视。但是,任何新生事物均有其"两面性",互联网金融也不例外。从某种程度上说,互联网金融确实是一把"双刃剑",即其在创新的同时,也产生了诸多风险和安全问题。对此,作为调整社会关系"最后一道防线"的刑法应如何在互联网金融活动过程中摆正其应有位置,实现既能有效惩治犯罪而又不阻滞或扼杀创新的规制效果,是我们当下迫切需要考虑和解决的重要问题。

一、刑法规制必要性:互联网金融存在较大的刑事风险

利益与风险共生且并存是亘古不变的真理,互联网金融也不例外。我们在欣赏互联网金融这朵娇艳玫瑰的同时,一定不能忽视它根茎上的尖刺。人们在参与互联网金融活动的时候,也一定要注意防范被风险"刺伤"。基于我国经济体制的限制,以及互联网金融本身尚缺乏完备的征信体系和规范的融资模式,电子信息系统的技术性和管理性也均尚存较大缺陷等原因,互联网金融领域存在较大的刑事风险。应当看到,互联网金融所存在的各种刑事风险,正是我们动用刑法予以规制的依据所在,这无疑凸显了对互联网金融活动进行刑法规制的必要性。

(一)经营正当互联网金融业务的刑事风险

由于我国市场经济体制建立时间不长,金融市场的开放程度较低,因而我国的金融资源几乎由国有金融机构所垄断,国有商业银行很大程度上控制了金融资产和市场。为维护这种国有金融垄断局面,也便于对经济的宏观调控,我国相关的法律规范对吸收公众资金的行为予以严格管控。因此,民间融资往往会被扣上"非法集资"的帽子,特别是当其造成一些较为严重的社会危害后果时,通常会被司法机关以"擅自设立金融机构罪""非法吸收公众存款罪""非法经营罪""集资诈骗罪""擅自发行股票或者公司、企业债券罪"等罪名追究刑事责任。笔者认为,经营正当的互联网金融业务行为主要存在以下刑事风险。

第一,涉嫌构成非法经营罪和擅自设立金融机构罪。时下,我国互联网金融服务的提供方大多是没有互联网支付牌照的互联网企业或民间金融信贷公司,这些单位的经营合法性还有待官方认证。① 实际上,很多互联网金融活动均涉及相关证券、保险、基金以及资金支付结算等金融业务。如果非金融机构是在未经国家有关主管部门批准的情况下经营这些金融业务,则很可能会构成《刑法》第225条规定的非法经营罪。此外,从时下互联网金融活动的现状来看,很多开展金融业务的机构事实上都是非金融机构,而这些经营互联网金融业务的非金融机构的设立大多没有经过中国人民银行的批准,这就很可能会构成《刑法》第174条规定的擅自设立金融机构罪。

---

① 参见于健宁:《我国互联网金融发展中的问题与对策》,载《人民论坛》2014年第3期。

第二,涉嫌构成非法吸收公众存款罪、集资诈骗罪和擅自发行股票、公司、企业债券罪。在互联网金融领域,一些网络集资机构在业务开展过程中,存在虚构借款项目吸收资金、未经批准开展自融业务,以及归集资金形成资金池等情况。由于其往往通过互联网向社会进行公开宣传,擅自向社会不特定公众吸收资金并承诺收益,因而当这些行为符合 2010 年 12 月 13 日最高人民法院《关于审理非法集资刑事案件具体应用法律若干问题的解释》(以下简称《解释》)等司法解释中关于非法吸收公众存款罪的特征和认定标准时,[①]就涉嫌构成《刑法》第 176 条规定的非法吸收公众存款罪;当这些行为符合《解释》第 4、5 条中关于集资诈骗罪的特征和认定标准时,则涉嫌构成《刑法》第 192 条规定的集资诈骗罪;当这些行为符合《解释》第 6 条关于擅自发行股票或者公司、企业债券罪的认定标准时,则涉嫌构成《刑法》第 179 条规定的擅自发行股票或者公司、企业债券罪。例如,随着 P2P 网络融资平台的发展,一些 P2P 融资平台已经严重偏离金融中介的定位,由最初的独立平台逐渐转变为融资担保平台,进而又演变为经营存贷款业务的金融机构,这实际上已经远远超出了 P2P 融资平台发展的界限。有些 P2P 网络融资平台通过将借款需求设计成理财产品出售给放贷人,或者先归集资金、再寻找借款对象等方式,使放贷人资金进入平台的中间账户,产生资金池,从而涉嫌构成非法吸收公众存款罪;还有些 P2P 网络融资平台实施的融资业务行为,因所承诺的收益最终无法兑付甚或无法返还本金而很可能被认定为无法返还集资款的"欺诈"活动,从而涉嫌构成集资诈骗罪。[②] 又如,目前股权类众筹是存在最大刑事风险的众筹模式,[③]如果众筹活动的发起人向社会不特定对象发行股票达 30 人以上或是向特定对象发行股票累计超过 200 人,则根据《解释》第 6 条的规定,行为人的行为涉嫌构成擅自发行股票、公司、企业债券罪。

(二)利用互联网金融实施违法犯罪行为的刑事风险

互联网金融的业务及大量风险控制工作均由电脑程序和软件系统完成,故而电子信息系统的技术性和管理性安全会直接影响到互联网金融运行的安全。由于我国目

---

① 除此之外,关于非法吸收公众存款罪的特征和认定标准的司法解释还有 2010 年 5 月 7 日最高人民检察院、公安部《关于公安机关管辖的刑事案件立案追诉标准的规定(二)》第 28 条、2011 年 8 月 18 日最高人民法院《关于非法集资刑事案件性质认定问题的通知》,以及 2014 年 3 月 25 日最高人民法院、最高人民检察院、公安部《关于办理非法集资刑事案件适用法律若干问题的意见》第 1—4 条的规定等。

② 这里所说的集资诈骗是指那些互联网金融业务经营者因扩大生产暂时无法收回成本或生产经营不善等客观原因而无法返还集资款,从而被认定为构成集资诈骗罪的情况。而实际上,这些行为充其量只能构成非法吸收公众存款罪,只是因无法返还集资款而被推定为具有非法占有的目的。当然,司法实践中也确实存在一些行为人以非法占有为目的,利用互联网金融单纯实施集资诈骗活动的情况。例如,一些行为人通过 P2P 网络融资平台进行虚假宣传,承诺的高额预期年收益远远超出了货币基金可能达到的平均年收益,而根本无法兑现也根本不准备兑现。因实施这种集资诈骗行为而构成的犯罪,应属于后文所述的利用互联网金融实施违法犯罪行为的刑事风险。

③ 众筹有四种模式,即股权类众筹、债权类众筹、回报(或奖励)类众筹及捐赠类众筹。其中债权众筹在国内体现为 P2P 这种形态,业界已经专门把其划分为互联网金融的一个门类,因此,笔者所说的众筹是不包括 P2P 在内的狭义的众筹。

前互联网金融本身尚缺乏完备的征信体系,电子信息系统的技术性和管理性尚存在较大的缺陷,因而互联网金融容易被一些不法分子加以利用来实施一些违法犯罪活动。而这实际上也属于互联网金融所衍生的刑事风险。

第一,涉嫌构成洗钱罪。互联网金融活动中的经营机构完全可能利用互联网金融活动中资金快速流动的特点以及互联网金融业务所具有的匿名性和隐蔽性特点,为犯罪分子提供洗钱服务,从而涉嫌构成洗钱罪。在互联网金融活动中,任何涉及资金流转的环节,都能成为洗钱犯罪的爆发点。无论是通过基金销售、保险销售、证券经纪、P2P网络集资机构的集资中介业务,还是通过微信上网络红包的网银转账业务,经营机构只要将他人上游犯罪所得的赃款转入第三方支付机构的网络平台,再通过该平台转出相应资金,那么赃款来源和性质便能得以漂白。[①] 这些操作流程往往不需要经过严格的资格审查,网络用户和手机用户都可以通过简单地设置身份证号和登录密码而在第三方支付平台上进行资金流转,而不法分子极有可能在填写虚假信息后利用第三方支付平台的转账功能实现"黑钱"的划拨。因此,如果相关经营机构或行为人利用互联网金融为他人提供洗钱服务,则涉嫌构成我国《刑法》第191条规定的洗钱罪。

第二,涉嫌构成挪用资金罪或职务侵占罪。目前,我国的互联网金融虽发展迅猛,但尚未形成体系,金融主体的资格和经营范围均不甚明确,整个行业也缺乏必要的内外部监督和约束。虽然第三方支付的法律地位得到了一定程度的认可,并基本形成由央行支付司监管和中国支付清算协会进行行业自律的格局,但仍存在监管失之于宽、松的问题,尤其是针对第三方支付衍生的各种金融业务,远没有形成完备的准则和有效的监管。[②] 而在此情形下,一些互联网金融机构就很可能利用监管上的缺位,擅自挪用投资者资金。例如在P2P网贷平台等一系列互联网金融机构的借贷交易过程中,资金并非即时、直接打入借贷各方账户,而会产生大量在途资金的沉淀。如此巨额的资金实则受平台所掌控,一旦平台内部人员疏于自律,就很容易发生挪用客户资金甚至非法占有客户资金的情况。对此,根据《刑法》第272条的规定,公司、企业或其他单位的工作人员,利用职务上的便利,挪用本单位财物归个人使用或借贷给他人使用的,即可能构成挪用资金罪;根据《刑法》第271条的规定,公司、企业或其他单位的人员,利用职务上的便利,将本单位财物非法占为己有,数额较大的,即可能构成职务侵占罪。

第三,涉嫌构成诈骗罪、盗窃罪等犯罪。在互联网金融领域,刑事犯罪的风险除了来自于互联网金融平台提供者可能实施的犯罪之外,还来自于互联网金融业普通参与者可能实施的犯罪。客户的信息安全与资金安全直接取决于互联网金融业务的风险控制水平。很多互联网金融业务均突破了传统受理终端的业务模式,且在落实客户身份识别义务、保障客户信息安全等方面并没有建立起行之有效的程序和制度。由此势必会发生一些互联网金融参与者因在获取他人信息后冒充他人进行交易而涉嫌构成

---

① 参见刘宪权:《互联网金融面临的刑事风险》,载《解放日报》2014年5月7日。
② 参见李文韬:《加强互联网金融监管初探》,载《时代金融》2014年第5期。

诈骗罪的情况,或者因直接利用所获取的信息从他人账户上划走巨额资金而涉嫌构成盗窃罪的情况。余额宝自诞生半年多以来,已经发生过多起资金被盗事件,有些是用户电脑被恶意病毒控制之后导致账户资金被盗,有些是用户手机号被人恶意复制之后,余额宝密码通过新手机被更新,然后资金被盗取。此外,快捷支付作为一种认证程序极为简便的支付方式,其在带来便捷性的同时,也大大增加了支付的风险,而产品设计不合理以及风险管理水平有限更是无限放大了这种风险。那些产品设计不合理或风险管理水平较差的非金融机构在进行快捷支付服务过程中就很可能会因快捷支付而发生资金被他人窃取或骗取的情况。

综上可见,无论是从经营正当互联网金融业务的角度来看,抑或是从利用互联网金融实施违法犯罪行为的角度以观,互联网金融均存在较大的刑事风险,由此也就凸显了互联网金融刑法规制的必要性。

二、刑法规制限度性:互联网金融创新不应阻滞

虽然"互联网金融"频频见诸报端,各大网络媒体也无不充斥着"互联网金融"的字眼,对"互联网金融"的各种评价也比比皆是,但学界对互联网金融的定性问题仍可谓模糊不清、众说纷纭。而要对互联网金融实现合理且有效的刑法规制,我们首先必须对互联网金融进行一个准确的定位和判断。实际上,互联网金融是一种重大的金融创新,这就决定了刑法对互联网金融活动的规制应保持一定的限度性,以免阻滞甚或扼杀这一金融创新。

(一) 互联网金融是一种重大的金融创新

有学者认为,互联网对金融的影响均集中于技术层面,互联网金融并不是一个科学的提法,因为互联网作为一种技术,并没有产生新金融,将两者放在一起谈即所谓互联网金融,将之当成一种新的金融形态进行分析,实际上是将后台的技术改进与前台的金融功能混为一谈。互联网金融虽然利用了互联网技术,但实际上却做着与传统金融并无根本差异的事情,因而互联网目前还没有催生出任何新金融。[①] 对此,笔者不敢苟同。笔者认为,虽然互联网金融应该是互联网领域与金融领域的"联合"或"携手",但这绝对不是简单的"1+1=2",其本质可能是开创了一种全新的金融模式,事实上更是一种重大的金融创新。因此,刑法对互联网金融活动的规制应保持一定的限度性。

1. 从金融形式创新角度看,互联网金融是一种金融创新

互联网金融中的借贷业务虽与传统的银行借贷业务本质相同,但其因依托于支

---

① 参见戴险峰:《"互联网金融"提法并不科学》,载《中国经济信息》2014年第5期;戴险峰:《互联网金融真伪》,载《财经》2014年第7期。

付、云计算、社交网络及搜索引擎等互联网工具而在金融形式上已经有了较大的创新。我们知道,形式上的创新也往往能够对事物的发展产生很大的影响。互联网金融也不例外。互联网通过对交易对象、交易方式、金融机构、金融市场以及制度与调控机制等要素进行重塑,极大地改变了传统金融业的存在方式和运行模式,使得传统金融业具备了透明度更强、参与度更高、协作性更好、中间成本更低、操作方法更便捷等一系列特征,而具有这些特征的金融形式也因此被称为"互联网金融模式"。随着这种金融模式的不断发展,正在或已经形成一种既不同于商业银行间接融资,也不同于资本市场直接融资的第三种金融融资模式。在这种金融模式下,银行、券商和交易所等中介的作用将大大降低,贷款、股票、债券等的发行和交易以及券款支付等将直接在网上进行。① 应当看到,形式上的创新往往会促进内容的创新。例如,阿里小贷、腾讯财付通及众多第三方支付组织和人人贷机构等互联网金融组织,在互联网数据开发的基础上加速挖掘金融业务的商业附加值,均"搭建"出了不同于银行传统模式的业务平台。因此,虽然如上述学者所言,互联网金融利用互联网技术做着与传统金融并无根本差异的事情,但在互联网金融模式下,传统的金融业务已经具有了在银行传统模式下无法比拟的优点,而这实际上就是一种金融创新。我们不能认为只有当互联网金融开展的是传统金融活动之外的业务才属于金融创新,那是夸张且荒谬的。因为如借贷之类的传统金融活动是人类日常经济行为的历史积累和社会沉淀,虽然后台技术不断得到改进和提高,但基本的金融活动却不会因此而发生重大的变化。一直以来,我们也正是通过不断对借贷的形式进行技术改进和创新,才逐渐形成今天的金融样态。后台的技术改进是前台的金融功能不断发展和创新的基础和保障,但我们不能否认后台技术的创新也是金融创新。

2. 从互联网金融的价值和作用角度看,互联网金融也应是一种金融创新

虽然互联网金融的发展确实对银行业的利益造成一定影响,尤其是随着利率市场化的推进,整个金融行业开始出现利益的再调整、再分割,但从互联网金融的价值和作用,以及我国经济发展的大局来看,互联网金融无疑是一种全新的金融形态。首先,互联网金融提高了社会资金运用和配置效率。互联网金融所体现的是一种全新的投融资模式,资金供需双方可借助于互联网平台直接进行匹配和交易,避免了烦琐的业务流程,资金流转简单便捷。在互联网金融下,人们能够根据市场化规则,更快速、准确地引导资金投向,同时由于互联网金融能够覆盖和服务于偏远地区和低收入人群,较好地填补小微企业融资"缺口",充分实现资金需求和供给之间的有效匹配,因而可以在很大程度上提高金融资源运用效率、促进经济结构的优化,是对传统金融的有益补充和促进金融市场走向成熟高效的重要手段。其次,互联网金融提升了金融服务水平。互联网金融具有信息透明、跨区域、高效率和充分个性化的特征优势,规避了金融机构实体网络柜台服务偏弱和经营时间错位的弊端,让消费者享受到了更加便捷、丰

---

① 参见谢平:《互联网金融新模式》,载《新世纪周刊》2012年第24期。

富、人性的金融服务。由于互联网信息透明度更高、范围更广、效率更快,因而互联网金融可借由互联网降低金融活动的信息搜寻成本、生产成本和传播成本,从而一定程度上缓解机构和个人之间金融信息不对称的问题。① 最后,互联网金融大大降低了金融服务成本。互联网金融在成本方面也比传统金融更有优势,由于其不受区域界限的限制,因而在经营金融业务时,将会比传统金融机构在用户拓展上更具有优势,也更容易展开零售批发型金融业务。

综上所述,互联网金融绝不仅仅是互联网和金融业的简单结合,而是利用互联网的大数据、云计算及智能搜索等技术优势,对传统的金融运行进行改造,从而衍生出互联网技术支持下能适应新需求的新型金融模式,其对于实现金融改革多项目标都展现出了明确的价值,在实现普惠金融、提高金融效率、加强竞争、打破垄断方面的作用尤为突出。就此而言,互联网金融无疑是一种重大的金融创新。

(二) 对互联网金融活动的刑法规制应保持限度性

在我国,一个新兴的行业或者经营模式在成长的路途上时常会经历种种法律风险,其中落后的行政监管是屏障之一,而刑法中的一些"过时"的条文规定则是更为致命的威胁,很多经济上的创新活动就是因为"过时"刑法条文的频频干预而受到阻滞甚至扼杀。典型的如《刑法》第176条规定的非法吸收公众存款罪,由于立法存在一定的缺陷,在司法实践中,一个新兴行业或营业模式,即便没有违反行政许可的明确规定,也可能构成此罪,以致诸多创新经营被扣上"非法集资"的大帽子。在互联网金融这种重大金融创新面前,尽管我们绝对不能忽视互联网金融所存在的较大刑事风险,但似乎更应当珍视互联网金融所具有的巨大创新价值。面对互联网金融所存在的诸多刑事风险,我们确实应当适时运用刑法条文对相关的违法犯罪行为进行规制,但基于互联网金融所具有的巨大创新价值,刑法只能适度规制而绝对不能过度干预,否则势必会适得其反,将互联网金融创新扼杀在"摇篮"之中,从而阻滞金融创新与发展。

刑法作为最严厉的法律,理应保持谦抑性。刑法的谦抑性是指刑法介入、干预社会生活应以维护和扩大自由为目的,而不应过多地干预社会,反映到刑罚的配置中,就是刑事干预力度的节制,也就是使用轻缓的刑罚。② 其中,刑法的补充性是刑法谦抑性的重要内容。刑法的补充性是指刑法不是抑制犯罪的唯一手段,而是补充经济、教育、行政等其他手段而运用的最后手段。③ 对此,日本刑法学者平野龙一也指出:"即使刑法侵害或威胁了他人的生活利益,也不是必须直接动用刑法。可能的话,采取其他社会统制手段才是理想的。可以说,只有在其他社会统制手段不充分时,或者其他社会统制手段(如私刑)过于强烈、有代之以刑罚的必要时,才可以动用刑法。这叫刑

---

① 参见于健宁:《我国互联网金融发展中的问题与对策》,载《人民论坛》2014年第3期。
② 参见陈兴良:《刑事政策视野中的刑罚结构调整》,载《法学研究》1998年第6期。
③ 参见陆诗忠:《对我国犯罪本质理论的思考》,载《华东政法大学学报》2010年第6期。

法的补充性或者谦抑性。"①因此，根据刑法的补充性原则，当一种现象的频繁出现和发生是由经济制度所直接引发，且只要通过经济、行政手段完善该制度就能防止时，我们就不能轻易动用刑法，更不能依赖刑法。由于互联网金融是一种为弥补金融体系缺陷，适应和满足不断发展的社会需求而产生的金融创新，因此，刑法对于这一创新领域的介入应十分谨慎，对某些具有"创新性"的互联网金融活动，一味强调惩治可能就违背了刑法的补充性原则精神。

笔者认为，一种经济现象的出现并非偶然，其产生乃至盛行必然是某种体系自身为适应社会需要而不断调和的结果。互联网金融也概莫能外，其产生和盛行应该是金融体系缺陷和社会需要调和的结果，正是社会的现实需要和金融体系缺陷的存在才催生了互联网金融。首先，实体经济产生了新的金融需求。随着网络的普及和电子商务的迅猛发展，越来越多的人开始在网上购物或交易，为保证交易的安全，自然而然就产生了第三方支付的需求。而传统商业银行无法提供这种支付服务，也不愿意提供这种小而散的支付服务，于是就产生了金融服务的空白。② 其次，以中小微型企业为主体的民营经济具有旺盛的融资需求。在我国目前的经济环境中，中小微企业要与国有企业竞争并取得生存和发展之机会，就必须改进技术、扩大投资，而这种资金投入往往需要批量、跳跃式地进行，因而资金是这些企业的生命线。为了生存和发展，其必须寻求一条能够满足其资金需求的融资渠道，中小微企业由此体现出旺盛的融资需求。当这种需求无法从正规融资渠道得到满足时，其就被迫转向从民间直接融资，而通过互联网则可以实现更大范围、更大幅度的融资，于是互联网金融风生水起。例如，随着电子商务的发展，电商平台上的中小微企业和网店主在经营中需要周转资金，从而产生融资需求，这样阿里小贷等网络借贷就应运而生。最后，我国目前的金融体系在很大程度上限制了中小微企业从正规渠道融资。由于金融资源的高度垄断和利率的非市场化，我国只存在一些由国有企业掌控的所谓正规的融资渠道，而基于我国从原有的集中计划经济向市场经济转型的特征，这些正规融资渠道往往偏向于为国有企业服务，而忽略以中小微型企业为主体的民营经济的融资需求。同时，我国金融体系的特性也决定了国有企业以及一些具有政府背景的大项目，相比作为完全市场化主体的以中小企业为主的民营企业，更容易获得金融支持。特别是当出现国家银根紧缩的情况时，民营企业被正规融资渠道拒之于门外更是一种常态。由此可见，正是我国目前这种金融体系现状直接催生了互联网金融，而这也就决定了如果刑法过度介入互联网金融活动，势必会违背刑法的补充性原则。

互联网金融的存在从某种程度上可以说是我国目前金融体系下金融资源垄断的必然结果，如果随意将某些具有"创新性"的互联网金融活动定性为犯罪，在法律没有明确规定的前提下，禁止所有未经批准的互联网金融活动，可能无法满足我国经济持

---

① 〔日〕平野龙一：《刑法总论Ⅰ》，有斐阁1972年版，第47页；转引自陈兴良：《刑法谦抑的价值蕴含》，载《现代法学》2006年第3期。
② 参见牛禄青：《互联网金融冲击波》，载《新经济导刊》2014年第1期。

续发展所产生的合理资金需求,这显然与我国保护投资者利益的公共政策相悖。从长远来看,过度动用刑法,可能会阻碍一个新行业、新经济的兴起,也可能会阻滞一种创新性服务模式的兴起以及相关的技术革新,最终甚至可能堵塞经济的生长点。笔者认为,有效防范互联网金融活动演化为犯罪的正确策略应当是放开与引导,并对症下药,针对国家金融体系的缺陷进行制度构建和完善,开放市场破除金融资源高度垄断的局面,构建自由、合理的金融制度。因此,从制度构建和政策制定上提供更便捷、更广阔的融资渠道和金融服务,方为上上策,而对互联网金融活动的刑法规制则应当保持较大程度的限度性与克制性。如果过度动用刑法并以此作为掩饰制度缺陷并强行维持现状的手段,就会违背刑法补充性原则之精神,也与刑法谦抑之本性相悖,从而不但会致使刑法陷入"纯工具论"的立场,而且会阻滞甚至扼杀金融创新并影响经济的发展。

三、刑法规制路径:互联网金融刑法规定理应限缩

互联网金融"法无明文禁止便可为"的思维,与"法无规定便不为"的传统金融思维发生了激烈的碰撞,从而导致对互联网金融的刑法规制进退维谷。既要支持鼓励创新,又要防范风险,并确保社会金融秩序的稳定,刑法规制的红线将如何前进或后退,成为一道考验决策智慧的关键之题。笔者认为,国家既然认同并鼓励金融创新可以采用试错机制,那么其风险至少不应以刑事责任的方式进行直接分配,因为当试错风险产生的后果与刑事责任中的罪责自负原则相结合时,由此所产生的刑事后果最终将由某个社会个体来承担。这实际上是让社会个体为国家的政策"埋单",会反向冲击刑事责任机制本身的正当性。[①] 同时,金融行业赖以生存的基础就在于自由和创新,互联网金融给社会公众带来的便利以及给金融行业带来的高效和革新也都是建立在互联网金融积极创新的基础之上的。如果刑法过度地介入金融领域,频繁地通过刑法手段对互联网金融进行规制,势必会挤压金融行业的自由空间,使得互联网金融活动在开展过程中受到重重束缚,同时也会扼杀金融行业的创新成果。可见,适当地将刑法的"防线"后撤,将"枪口往上抬一抬",具有重大意义。因此,针对互联网金融,刑法理当进行限缩性规制,摆正其作为社会"最后一道防线"的地位。对于那些利用互联网金融实施的违法犯罪行为,刑法应予以严厉的惩治和打击,对于那些因经营正当的互联网金融业务活动而不得已或不小心触及刑事法网的行为,应予以适当程度的宽宥处理,以免阻滞或扼杀金融创新。笔者认为,互联网金融活动最可能触碰的刑事责任红线主要有《刑法》第 176 条规定的非法吸收公众存款罪,第 179 条规定的擅自发行股票或者公司、企业债券罪,第 192 条规定的集资诈骗罪以及第 225 条规定的非法经营罪等。因此,对互联网金融刑法规制的限缩也主要应当围绕这些犯罪进行。

---

① 该观点参考了华东政法大学毛玲玲副教授在"华东政法大学第十届刑法学博士论坛"上的发言。

（一）废止非法吸收公众存款罪的规定

《刑法》第 176 条规定的非法吸收公众存款罪是一个带有一定计划经济色彩的罪名，其在市场经济愈加发达的今天，与经济的发展要求显得格格不入。近年来，该罪因严重遏制民间融资的发展而广受诟病。如今，该罪又因涉嫌遏制互联网金融的发展而重新被推上了风口浪尖。笔者认为，无论从不影响互联网金融发展的角度考虑，还是从该罪自身的宿命来看，废止该罪实属必然。

第一，非法吸收公众存款罪的存在会严重阻滞互联网金融活动的正常开展。《解释》第 1 条至第 3 条对"非法吸收公众存款罪"的构成要件进行了明确界定，即只要具备"未经有关部门依法批准"（非法性）、"公开宣传"（公开性）、"承诺还本付息"（利益性）和"向社会不特定对象吸收资金"（广延性）这四个条件，并达到一定数额标准，即可构成非法吸收公众存款罪。这也成为目前司法实践中判定非法吸收公众存款罪最主要的标准。然而，如果据此标准，互联网金融企业的很多经营活动均会因为"未经有关部门批准"而构成非法吸收公众存款罪。例如，一些 P2P 网络借贷平台往往会通过将借款需求设计成理财产品出售给放贷人，而一旦放贷人的资金进入到平台的中间账户并产生资金池，那么该平台的经营者就涉嫌构成非法吸收公众存款罪。也正因为如此，2013 年 9 月，由招商银行开通的小企业融资平台——"小企业 e 家"所经营的 P2P 网贷业务在运营两个月后就被迫暂停。应当看到，很多金融创新往往都是"未经有关部门批准"即实施并进而取得巨大成功的。如果将非法吸收公众存款罪这一"达摩克利斯之剑"始终悬挂于互联网金融之上，那势必会扼制创新并严重阻滞互联网金融活动的正常开展。

第二，废止非法吸收公众存款罪是利率市场化的必然要求和结果。我国《刑法》规定，非法吸收公众存款罪的目的是保护国家的金融管理秩序，具体体现为国家对利率的管制制度和国有金融机构的垄断利益。由于非法定金融机构吸收公众存款的行为会在一定程度上影响到利率水平，进而影响国家对利率的管制制度并损害国有金融机构的垄断利益，因而立法者便在刑法中设置了非法吸收公众存款罪。对此，全国人大常委会法工委刑法室的立法说明实际上也予以了明确："随着我国经济建设的飞速发展，使项目建设与资金短缺的矛盾突出，一些单位或个人为了筹集资金……或擅自提高利率，不择手段地把公众手中的钱集中到自己手中，与银行争资金……破坏了利率的统一，影响币值的稳定，诱发通货膨胀……"。① 然而，随着我国市场经济的全面建设和发展，以及市场化改革的不断推进和深入，利率市场化已然成为我国市场化改革的一大趋势。而一旦实现利率市场化，国家对利率的管制制度就将会随之被废除，从而促使我国目前的金融管理秩序发生重大变革。如此，非法吸收公众存款罪的立法意图和价值也将不复存在，必将走向废止的境地。这就如同 1979 年《刑法》规定的"流氓

---

① 参见李淳、王尚新主编：《中国刑法修订的背景与适用》，法律出版社 1998 年版，第 209 页。

罪"随着时代的变革而消亡的情景一样。

当然,立法的修改不可能一蹴而就,往往需要历经复杂烦琐的立法程序才能实现。这既是立法稳定性的客观要求,也是刑事立法谨慎性的性质使然。对非法吸收公众存款罪的废止也必然要经历一个严格且复杂的立法程序,而这显然无法适应对发展迅猛的互联网金融的规制要求。因此,作为非法吸收公众存款罪废止前的权宜之计,刑事司法应保持最大限度的克制与节制,即应尽量提高非法吸收公众存款罪的入罪标准并对入罪的行为科处尽量轻缓的刑罚。其一,在入罪标准上,鉴于互联网金融活动所涉及的经营数额会远远大于线下交易经营数额的基本情况,参照单位犯罪的起刑点一般是自然人犯罪的 5 倍的标准来提高互联网金融中的非法吸收公众存款罪的起刑点,是相对较为合理的。因此,以 2010 年 5 月 7 日最高人民检察院、公安部《关于公安机关管辖的刑事案件立案追诉标准的规定(二)》(以下简称《追诉标准(二)》)第 28 条规定的追诉标准为基础,应将互联网金融活动中涉及的未经批准实施的吸收公众存款行为的追诉标准由司法解释规定的吸收存款数额 20 万元提高为 100 万元,单位犯罪的则由 100 万元提高为 500 万元;将吸收公众存款 30 户以上提高为 150 户以上,单位犯罪的则由 150 户提高为 750 户以上;将给存款人造成直接经济损失数额在 10 万元以上提高为 50 万以上,单位犯罪的则由 50 万提高为 250 万。此外,还应将"造成恶劣社会影响"作为达到上述数额标准的行为构成犯罪的必要条件。其二,在量刑上,对于涉嫌构成非法经营罪的互联网金融经营行为,应尽量在 3 年以下判处刑罚且不并处罚金,并尽可能判处缓刑。

(二) 限制非法经营罪的适用

根据《刑法》第 225 条第 3 款的规定,"未经国家有关主管部门批准非法经营证券、期货、保险业务的,或者非法从事资金支付结算业务的",即可构成非法经营罪。其中的"非法从事资金支付结算业务",即是为适应打击"地下钱庄"逃避金融监管非法为他人办理大额资金转移等资金支付结算业务的行为,而通过《刑法修正案(七)》增加的规定。所谓"资金支付结算业务",原本是指通过银行账户的资金转移实现收付的行为,但"地下钱庄"从事这些只有商业银行才能开展的资金支付结算业务都是非法秘密进行的,故而将其纳入非法经营罪的惩治范围。[①] 可见,只要是未经国家有关主管部门批准擅自开展资金支付结算业务,即可能构成非法经营罪。事实上,很多互联网金融活动不仅涉及资金支付结算业务,而且还涉及相关证券、保险、基金等金融业务,而只要是未经国家有关主管部门批准开展或参与这些金融业务的,就可能构成非法经营罪。由此以观,《刑法》第 225 条第 3 项规定的存在势必会使很多正当的互联网金融业务行为被纳入刑法的打击范围。

当然,我们不可能为宽宥互联网金融活动而专门对该规定进行修改,虽然非法经

---

① 黄太云:《〈刑法修正案(七)〉解读》,载《人民检察》2009 年第 6 期。

营罪作为计划经济的产物本身也广受诟病,但其在我国当前经济发展状况下仍具有一定的存在价值和意义而尚未达到寿终正寝的境地。故而在必须"开枪"的情况下,我们只能将枪口往上抬一抬,在刑事司法上对互联网金融活动进行宽宥,即在入罪标准和量刑情节的判定上区别于其他非法经营行为。其一,在入罪标准上,鉴于《追诉标准(二)》第 79 条第 3 款并没有区分个人与单位分别构成非法经营犯罪的追诉标准,[①] 可将互联网金融活动中涉及的未经批准经营证券、期货、保险业务行为的追诉标准由 30 万元提高为 150 万元;将互联网金融活动中涉及的未经批准经营资金支付结算业务的行为的追诉数额标准由司法解释规定的 200 万元提高为 1000 万元;将互联网金融活动中涉及的未经批准经营证券、期货、保险业务或者从事资金支付结算业务违法所得数额标准,由 5 万元提高为 25 万元。其二,在量刑上,对于涉嫌构成非法经营罪的互联网金融经营行为,应尽量在 3 年以下判处刑罚且不并处罚金,并尽可能判处缓刑。

(三) 限制擅自发行股票、公司、企业债权罪的适用

根据《刑法》第 179 条的规定,未经国家有关主管部门批准,擅自发行股票或者公司、企业债券,数额巨大、后果严重或者有其他严重情节的,即可构成擅自发行股票或者公司、企业债券罪。如果互联网金融中的重要形式之一——众筹活动的发起人向社会不特定对象发行股票累计超过 30 人或是向特定对象发行股票累计超过 200 人,行为人的行为就涉嫌构成擅自发行股票或者公司、企业债券罪。据不完全统计,目前全国 50 余家私募股权企业涉嫌擅自发行股票或者公司、企业债券罪,涉案金额逾 160 亿元,参与人数超过 10 万人。[②] 此外,如果借款方是公司企业,未经国家有关主管部门批准,利用 P2P 网贷平台发行数额在 50 万元以上的,借款人也可能构成擅自发行股票或者公司、企业债券罪。因此,很多互联网金融的正常经营活动都可能会被纳入刑法的打击范畴。对此,一些互联网金融企业甚至在日常经营中采取几近"自残"的方式来刻意规避刑罚红线。例如,著名 P2P 网贷平台大家投的创始人李群林就曾对《金证券》的记者直言,"我们严格控制单个项目的股东人数,最多不超过 40 人,总募资额一般控制在百万元以内。另外,为了规避风险,每一个项目的签约、手续等操作完全在线下完成"。[③] 由此可见,擅自发行股票或者公司、企业债券罪的规定实际上已经严重限制了互联网金融的发展。

在目前情况下,为保障我国金融管理秩序的稳定和金融市场的健康发展,擅自发行股票、公司、企业债券罪的规定确有存在的必要性,故而我们也只能通过限制刑事司

---

① 认为该规定没有进行区分的依据在于,该规定第 5、6、8 项对出版、印刷、复制、发行非法出版物的行为,非法从事出版物的出版、印刷、复制、发行业务的行为,以及从事其他非法经营活动的行为,分别对个人犯罪和单位犯罪规定了不同的追诉标准,其中第 5、6 项规定的单位犯罪的追诉标准是个人犯罪的 3 倍,第 8 项规定的单位犯罪的追诉标准是个人犯罪的 10 倍。
② 参见《众筹与非法集资的区别》,http://www.mycaijing.com.cn/news/2014/04/10/5912.html,2014 年 6 月 2 日访问。
③ 参见陈岩:《众筹平台腾挪躲避非法集资》,载《金陵晚报》2014 年 3 月 31 日。

法的方式对该罪的适用范围进行限制。其一,在入罪数额标准上,我们可以《追诉标准(二)》第 34 条规定的追诉标准为基础将发行数额由该司法解释规定的 50 万元提高为 250 万元;将发起人向社会不特定对象发行股票或者公司、企业债券累计超过 30 人的标准提高为超过 150 人;并将不能及时清偿或清退以及造成其他后果严重或者有其他严重情节的情形作为入罪的必要条件,即必须是达到上述标准的基础上又具备这些情形的情况下才能予以追究刑事责任。其二,在量刑上,对于涉嫌构成擅自发行股票、公司、企业债权罪的互联网金融经营行为,应尽量在 3 年以下判处刑罚且不并处罚金,并尽可能判处缓刑。

(四)限制集资诈骗罪的适用

根据《刑法》第 192 条的规定,以非法占有为目的,使用诈骗方法非法集资,数额较大的,即可构成集资诈骗罪。对于那些在互联网金融活动中,以非法占有他人财物为目的,利用 P2P 网络平台集资以及众筹活动实施非法集资的行为,通过集资诈骗罪的规定予以严厉打击本无可厚非。但对集资诈骗罪的主观要件——"以非法占有为目的"的认定则必须慎之又慎,而不能武断地进行扩张解释,以免误将一些因经营失败而无法归还投资款的互联网金融行为纳入刑法打击范畴。

正是由于司法实践中对"以非法占有为目的"的认定较为宽松,才导致很多非法吸收公众存款行为往往被认定为集资诈骗犯罪。因此,通过对"以非法占有为目的"的限定,可以有效限制集资诈骗罪的适用。其一,应从集资款"无法返还"的原因上进行限定。实践中往往仅凭行为人无法返还较大数额集资款的结果,就推定行为人"以非法占有为目的",由此导致集资诈骗犯罪案件激增。笔者认为,"无法返还"仅仅是行为人"以非法占有为目的"的必要条件而非充分条件,换言之,"无法返还"与行为人"以非法占有为目的"之间并不存在必然联系,既可能是行为人主观上的原因致使其"无法返还",如肆意挥霍甚或将集资款用于违法犯罪活动等,也有可能是一些客观上的原因致使其"无法返还",如因扩大生产而投入大量资金致使暂时无法收回成本,或因经营不善而破产导致集资款无法返还等。显然,只有前者才说明行为人具有非法占有的目的,如果不分青红皂白一概推定为行为人"以非法占有为目的",那无疑属于客观归罪。因此,判定行为人是否"以非法占有为目的"的关键,是要分析导致其"无法返还"结果的是主观上的原因还是客观上的原因,如果是客观上的原因,就不应考虑认定行为人"以非法占有为目的"。其二,从集资款用途的比例上进行限定。司法实践中经常发生为追诉犯罪方便考虑,仅根据行为人存在将集资款用于个人消费或挥霍的情形,就认定其"以非法占有为目的",从而致使那些将大部分集资款用于投资或生产经营活动而仅将少量的集资款用于个人消费或挥霍的行为人被认定为构成集资诈骗罪。实际上,仅仅根据行为人将少量的集资款用于个人消费或挥霍的行为,根本无法推出其"以非法占有为目的"的主观内容。对此,笔者认为,妥适的做法应当是,根据集资款用途的比例,即至少应当在行为人将集资款用于个人消费或挥霍的比例超过其用于投资或生产经营活动的比例时,才能考虑认定行为人具有非法占有的目的,而不应仅依据存在将集资款用于个人消费或挥霍的事实,就武断判定其"以非法占有为目的",继而认定其构成集资诈骗罪。①

四、结　语

互联网金融已经实实在在地对现行的法律规定提出了"挑战"。例如,"余额宝""支付宝"等互联网金融产品,在很大程度上涉及向社会不特定公众吸纳储蓄或存款的问题,其中许多内容就会与现行金融法规和刑法中的禁止吸收公众存款的规定相冲突。对于既具风险性又具创新性的互联网金融,一方面不能放任自流,纯粹依靠企业和行业自律来进行自我管理,以致助推风险、破坏稳定;另一方面监管规制要有容忍度,不能予以过度管制甚或武断封杀,以致扼杀创新、阻滞发展。对此,我们必须进行适当的法律规制。应当看到,单纯依靠刑法是无法对互联网金融活动进行有效规制的,刑法规制过度很可能会适得其反,以致阻滞创新。因此,为了实现互联网金融的可持续发展,妥适的互联网金融的法律规制路径应当是通过制定或修改相关的法律,构建一个以行政法规制为主、以刑法规制为辅的行刑交叉法律规制体系。

2014年3月25日最高人民法院、最高人民检察院、公安部《关于办理非法集资刑事案件适用法律若干问题的意见》第1条规定:"行政部门对于非法集资的性质认定,不是非法集资刑事案件进入刑事诉讼程序的必经程序。行政部门未对非法集资作出性质认定的,不影响非法集资刑事案件的侦查、起诉和审判。"有人可能会据此认为,在互联网金融开展得如火如荼之当下出台这样一个司法解释,显然是要加强对互联网金融的刑法规制而减弱行政法规制的牵绊,因为该规定突破了刑法是调整社会关系的"最后一道防线"的基本法理,从此以后构成非法集资类犯罪无须具备"二次违法性"特征。笔者不赞同这种见解,该司法解释的规定和这种见解实际上是两个层面的问题,这种见解实际上是对该司法解释的一种误读。该司法解释只是从程序的角度说明认定构成非法集资犯罪并非一定要先经相关行政部门对某行为进行定性,而并没有否定对该行为的定罪处罚是以该行为违反相关行政法规为前提的"二次违法性"事实。此外,从刑事立法角度分析,刑法确实是调整社会关系的"最后一道防线",刑法的介入确实需要十分谨慎,只有在其他法律不能解决问题的前提下,刑法才能将某种行为规定为犯罪。但是,这仅仅是从刑事立法层面分析得出的结论,这种结论不能也不应该随意用于刑事司法层面。在刑事司法实践中,既然刑法已有规定,那么当一个人的行为既有民事侵权性质又有刑事犯罪性质时,我们首先应当从刑法适用角度对这一行为进行评判。事实上,刑法中侵犯财产的犯罪行为同时也属于民事侵权行为或行政违法行为,故而完全可以用民事侵权或行政违法来理解并定性。即便如此,我们仍首先应该

---

① 参见刘宪权:《刑法严惩非法集资行为之反思》,载《法商研究》2012年第4期。

从刑法角度来分析:如果这种行为在刑法中已有规定,那么根据罪刑法定原则,就应该对这种行为适用刑法规定定罪量刑;只有当这种行为不符合刑法中的相关规定,不符合相关犯罪的构成要件时,才可以考虑是否追究其民事侵权责任或行政责任。由此可见,刑法是调整社会关系的"最后一道防线",是针对立法层面而非针对司法层面的。在立法上我们应当尽可能地限制刑法介入的范围,只要其他法律能够解决问题,刑法就不应轻易进行规定。但是,这绝不意味着在司法上实际构成犯罪的行为仅仅因为其他法律也可以调整或解决,就可以随意放弃追究其刑事责任。因此,上述见解实际上是将刑事立法层面与刑事司法层面问题相混淆,误将立法上规定的内容与司法调整的范围等同视之了。

在当代社会中,要使一个新生事物具有生命力,虽然需要从监管的角度入手,将其纳入法律规制的范围之中,但对于创新活动可能带来的问题,我们也应该多一点宽容甚至容忍的态度,而不应让法律特别是刑法成为创新改革的拦路虎。唯如此,才能让互联网金融创新得以持续。这对于迫切需要创新的中国经济而言尤为重要。故而对于互联网金融,我们应以未来为导向而不应当以现实为导向:以未来为导向,会更多地容忍当前的风险;以现实为导向,则稳定压倒一切,但也可能失去有关未来美好的发展前景。应当看到,互联网金融促进了传统金融业互联网化的速度,而传统金融的创新又作用于互联网金融企业搭建更多的平台。两者之间本非对手,而应牵手,共同助推传统金融、互联网金融高歌猛进,以让每一个公民都能在有金融需求时,能以合适的价格,及时地、有尊严地享受便捷的、高质量的金融服务。

论我国赦免制度的完善*

主讲人：刘仁文，中国社会科学院法学研究所研究员、博士生导师
主持人：姚建龙，上海政法学院刑事司法学院院长、教授
时　间：2015年11月6日上午

> 法律之所以为人信仰，并不仅仅在于它的苛严与威仪，更在于它正义的慈悲心。
>
> ——〔意〕托马斯·阿奎那

一、为何赦免重新受到关注

从1959年为庆祝中华人民共和国成立10周年对在押的确已改恶从善的蒋介石集团和伪满洲国的战争罪犯、反革命罪犯和普通刑事罪犯实行特赦，到1975年第7次特赦对全部在押战争罪犯实行特赦释放、并给予公民权，特赦曾经被作为一项重要的刑事政策措施受到决策者的重视和青睐。但自1975年后，我国再未实行过特赦，该制度逐渐被虚置，与法学研究的蓬勃发展相反，赦免制度反而成了被人遗忘的角落。正如有学者所观察指出的："赦免作为介乎刑法与宪法之间的冷僻话题，无论刑法学界还是宪法学界对之均鲜有涉及。"[①]

进入21世纪以来，"赦免"这一在中国法学界长期被冷落的话题重新受到关注。据笔者初步统计，近年来光这个领域的专著就出版了6本，[②]而有关这方面的公开发

---

* 本讲稿由主讲人提供，载《法律科学》2014年第4期。
① 阴建峰：《现代赦免制度论衡》，中国人民公安大学出版社2006年版，第6页。
② 分别为：郭金霞、苗鸣宇：《大赦、特赦——中外赦免制度概观》，群众出版社2003年版；陈东升：《赦免制度研究》，中国人民公安大学出版社2004年版；阴建峰：《现代赦免制度论衡》，中国人民公安大学出版社2006年版；王娜：《刑事赦免制度》，法律出版社2008年版；陈春勇：《赦免及其程序问题研究》，中国人民公安大学出版社2010年版；阴建峰、王娜：《现代赦免制度重构研究》，中国人民公安大学出版社2011年版。

表的论文,更多达30余篇,①这还不包括那些未公开出版的以此为题的博士和硕士学位论文。虽然这些专著和论文在内容上存在不同程度的重复,但仍然说明已有越来越多的学者开始关注赦免制度这一事实。从作者队伍来看,最初主要是刑法学者,涉及的内容也多为实体法的内容;后来逐渐扩展至刑事诉讼法的学者,内容也从实体法扩展至程序法;最近两三年来更有宪法学者从宪政的角度屡有阐述,这反映了赦免制度本身所具有的跨学科特点和学界研究的逐步深入。

在理论界关注赦免制度的同时,赦免话题也不断被推向社会,例如,2007年底,《南方周末》发表《2008,能否成为中国特赦年?》的署名文章,②呼吁国家在改革开放政策实施30周年或奥运会举办之际搞一次特赦,引起广泛讨论;③2009年,就新中国成立60周年要否搞特赦,又引发热议;④2010年底至2011年初,媒体大量报道尚在监狱服刑的"中国最后一个流氓犯人",就其是否应被特赦展开讨论,引起强烈反响。⑤

---

① 例如:王娜:《从国际人权公约谈赦免的法制化》《中外赦免程序比较》,分别载《江苏公安专科学校学报》2002年第2期、《法治论丛》2004年第3期;谢望原:《略论赦免的刑事政策意义》,载《人民司法》2003年第9期;邓华平、伍操:《论中国赦免制度的法典化》,载《西南政法大学学报》2004年第4期;林志强、曾华丰:《赦免制度的理性》,载《成都理工大学学报》(社会科学版)2004年第4期;刘健、赖早兴:《我国赦免制度的激活与完善》,载《现代法学》2004年第4期;赖早兴:《美国行政赦免制度及其对死刑执行的限制》,载《河北法学》2006年第5期;竹怀军:《论我国死刑赦免制度的构建》,载《湖南师范大学社会科学学报》2004年第5期;阴建峰:《论赦免的概念及其属性》、《赦免程序比较研究》、《现代赦免制度新探》、《大赦制度新论》,分别载《法学家》2005年第4期、《云南大学学报(法学版)》2005年第5期、《中共中央党校学报》2006年第2期、《河北法学》2006年第6期;崔康锡、刘仁文:《韩国赦免制度及其改革方案》,载《亚洲法论坛》第一卷,中国人民公安大学出版社2006年版;赵秉志、阴建峰:《和谐社会呼唤现代赦免制度》,载《法学》2006年第2期;刘蕾:《我国增设死刑特赦程序之构想》,载《湖北警官学院学报》2006年第5期;蒋兰香、李昀:《死刑赦免制度构建的必要性和可行性分析》,载《时代法学》2007年第5期;张晶、陈京春:《我国赦免制度的实践困境与对策研究》,载《云南大学学报》(法学版)2007年第2期;闫凤娟、李莉:《新中国赦免制度的发展状况及评析》,载《法制与社会》2007年第3期;裴昱:《我国赦免制度的缺陷及立法完善》,载《河南司法警官职业学院学报》2008年第2期;常宁:《死刑赦免制度探析》,载《法学杂志》2008年第3期;马树勇:《构建和谐社会应当完善现代赦免制度》,载《湖南公安专科学校学报》2008年第6期;刘世恩:《对监狱服刑罪犯实行特赦释放的思考——以国庆60周年为契机》,载《河南司法警官职业学院学报》2009年第1期;邹德:《论建国60周年实行特赦的现实意义》,载《湖北警官学院学报》2009年第2期;高铭暄、赵秉志、阴建峰:《新中国成立60周年之际实行特赦的时代价值与构想》,载《法学》2009年第5期;甘杰升:《大赦制度若干问题探析》,载《经济与社会发展》2009年第5期;王香平:《新中国特赦的决策过程及其经验启示》,载《党的文献》2009年第5期;姚建龙:《特赦制度的三重视角》,载《人民检察》2009年第10期;徐彩炜:《试论我国现行赦免制度之困境》,载《法制与社会》2009年第28期;陈云生:《重识被遗忘60年的大赦制度》《大赦研究初步》《大赦经纬》《古制大赦宪政化再造的现实基础》《中国的特赦及其宪政意义》《重建大赦制度的现实基础》,分别载《法学论坛》2009年第5期、《广西政法管理干部学院学报》2009年第6期、《国家检察官学院学报》2010年第1期、《政法论丛》2010年第1期、《广州大学学报》(社会科学版)2010年第1期、《法治研究》2010年第3期;蒋娜:《宽严相济刑事政策下的死刑赦免制度研究》,载《法学杂志》2009年第9期;何伟龙:《我国内地与澳门地区赦免制度之比较》,载《西部法学评论》2010年第4期;李秀勤:《浅论我国赦免制度的完善》,载《商丘师范学院学报》2010年第5期;李秀鹏:《完善我国特赦制度的构想》,载《人民检察》2010年第7期;等等。

② 参见刘仁文:《2008,能否成为中国特赦年?》,载《南方周末》2007年12月13日。

③ 反对意见如,封利强:《别把奥运与刑事司法挂钩》,载《检察日报》2008年1月2日。

④ 主张特赦的意见如,高铭暄:《建议国庆特赦》,载《南方人物周刊》2009年第9期;赵秉志:《赦免制度 适时而行》,载《法制日报》2009年2月25日。反对意见如,周光权:《不要轻率实行国庆特赦》,载《南方周末》2009年2月26日。

⑤ 参见马守敏、孟会玲:《最后的"流氓"能否被特赦》,载《人民法院报》2011年1月15日。1997年新刑法已经废除了流氓罪,这是此次讨论的基本背景。

另外,近年的"两会"上,也频频出现这方面的提案,例如,来自福建华侨大学的全国人大代表戴仲川于 2008 年向全国人大提出《关于尽快制定一部〈特赦法〉的立法建议》;①来自重庆西南政法大学的全国人大代表陈忠林于 2009 年向全国人大提出《关于建国 60 周年实行特赦的建议》;②来自重庆发改委的全国政协委员吴刚先后于 2008 年、2009 年两次提出《关于建国 60 周年大庆之际进行大赦的建议》;③来自上海复旦大学的全国政协委员葛剑雄也于 2009 年提出关于在建国六十周年大庆之际实行特赦的提案。

赦免制度为何重新受到关注?笔者认为,可以从以下一些视角来作分析:

首先是构建社会主义和谐社会的政治背景。从 1999 年全国人大通过宪法修正案明确写上"中华人民共和国实行依法治国,建设社会主义法治国家",到 2004 年全国人大再次通过宪法修正案把"国家尊重和保障人权"写入宪法;从 2003 年中共中央总书记胡锦涛提出"坚持以人为本"的科学发展观,到 2004 年中国共产党第十六届四中全会提出"构建社会主义和谐社会"的理论,均显示了当代中国建设社会主义政治文明的轨迹。"以人为本"必然带来宽容、人道的文化,"和谐社会"必然要求摈弃单一的斗争哲学。在这样的背景下,体现宽容价值的赦免制度自然会受到重视。④ 例如,2007 年,时任最高人民法院院长的肖扬在全国哲学社会科学规划办公室编发的一期关于刑事政策的《成果要报》上曾批示:"我完全赞成(该成果)对赦免制度的研究。赦免是国家的一项政策性重大措施,也是社会文明进步的重要体现。我国现行宪法第 67 条和第 80 条对特赦作了规定,但是自从 1975 年最后一次特赦全部战争罪犯以来的 30 多年里,我国再没有实行过特赦……当前,全党全国人民正投身于构建社会主义和谐社会的伟大实践,充分发挥特赦制度的作用,对于营造和谐稳定的社会环境,增进人民内部的团结,必会产生良好的巨大的影响。"⑤事实上,一些论文的标题就直接反映了这一背景,如《和谐社会呼唤现代赦免制度》《构建和谐社会应当完善现代赦免制度》等。

其次是"宽严相济"取代"严打"的社会背景。"宽严相济"刑事政策的确立,一方面是党中央围绕"构建社会主义和谐社会"在社会治安领域所作出的重要工作思路调整,另一方面也应当看到,经过 20 多年的改革开放,新旧体制的转轨尽管还没有最终完成,但已经度过了最混乱的时期,国家治理社会和管理经济的经验也在不断丰富,在这种情况下,具备了对"严打"进行反思的条件。也就是说,社会治安的相对稳定和刑事

---

① 参见《关于尽快制定一部〈特赦法〉的立法建议》,http://www.ccwlawyer.com/center.asp?idd=1453,2013 年 10 月 2 日访问。
② 参见《关于建国 60 周年实行特赦的建议》,载《重庆商报》2009 年 3 月 9 日。
③ 参见《关于建国 60 周年大庆之际进行大赦的建议》,载《重庆晨报》2009 年 3 月 2 日。该提案中的"大赦"应为"特赦",因为目前我国宪法中只有特赦、没有大赦,因而在立法修改之前实行大赦没有宪法根据。
④ 美国学者巴西奥尼指出:"赦免……本质上是政府针对违反公共利益的罪行而给予的一种宽恕。"See Cherif Bassiouni, Introduction to International Criminal Law, Transnational Publishers, Inc, Ardsley, New York, 2003, p.705.
⑤ 参见《法学院谢望原教授研究成果获最高人民法院院长肖扬重要批示》,http://news1.ruc.edu.cn/102392/49854.html,2013 年 10 月 2 日访问。

犯罪态势的相对平稳为扭转"严打"刑事政策创造了条件。① 从"严打"到"宽严相济",不言而喻,"以宽济严"是其中的一项重要内容。在探求"以宽济严"的制度措施时,赦免成为顺乎逻辑的一个选项。② 在这方面,中外历史均有例可循,例如,美国学者弗里德曼就曾指出:"现代制度不安地摇摆于严惩理论与宽宥理论之间。这种紧张关系并不新鲜……18世纪英国的刑事司法以大批量的宽赦缓和了它血腥的法典;在王座和高等法院法官们的宽恕和恩惠下实行特赦和减刑。它因此就获得了两种极端形式都不能获得的一定的功效……在我们的时代,宽宥甚至更为广泛。"③

再次是依法治国深入发展的法治背景。"文化大革命"结束后,我国逐渐走上了法治的道路,毫无疑问,这是正确的选择。同时也应当承认,我们在法治进程中,曾经出现过一些不太科学的认识,如把调解的优良传统简单地与法治对立起来,以致在一个时期里把调解打入"冷宫",直到近年,才重新认识到调解的价值,并通过制度使调解与法治有机地结合起来。在赦免这个问题上,我们也经历过类似的认识。由于过去的历次特赦都是在没有刑法、刑事诉讼法的情况下实施的,带有浓厚的政策色彩,所以在重建法制后,就很容易把赦免看成法制的对立物。其实,现代意义上的赦免已经不再是法制的对立物,而是依法行赦、依宪行赦。换句话说,现代国家为什么还会继续保留发源于专制时代的赦免制度?其原因除了赦免制度本身所蕴藏的刑事政策意义外,④还在于赦免制度在现代被赋予新的内涵,即经过近、现代国家统治者或主权者的承继和改造,赦免制度已成为被吸纳进近、现代宪法的一项规范内容,并被构建成为一项宪政制度。正如美国的霍姆斯大法官所指出的:"赦免,在我们这个时代,不再是个人拥有权力发生的私人恩典,而是宪政的一部分。当实行赦免时,它是基于更好地服务于公共福利……"⑤可见,现代意义上的赦免是法治的产物,它必须在宪法和相关法律的规定之下实施,赦免法案的主旨在于"使从前的法外行动得以依法处理,或在于使已触犯

---

① 参见靳高风:《2010年中国犯罪形势分析及2011年预测》,载李林主编:《中国法治发展报告(2011)》,社会科学文献出版社2011年版,第153页。
② 参见蒋娜:《宽严相济刑事政策下的死刑赦免制度研究》,载《法学杂志》2009年第9期。
③ 〔美〕弗里德曼:《选择的共和国》,高鸿钧等译,清华大学出版社2005年版,第164页。
④ 中外学者均将刑事政策上的考量作为赦免制度的重要目的,如德国学者李斯特认为:"赦免的目的在于,相对于法律的僵化的一般性,提出公平要求(但总是有利于被判刑人,决不会反过来);它还可以纠正(事实上的或被认为的)法官的误判,或者达到刑事政策上之目的。"参见〔德〕李斯特:《德国刑法教科书》,徐久生译,法律出版社2000年版,第487页。意大利刑法学者帕多瓦尼在谈到赦免制度时,甚至指出:"只有从刑事政策的角度考虑,才可能以宽大为由对这种不平等作出解释。"参见〔意〕杜里奥·帕多瓦尼:《意大利刑法学原理》,法律出版社1998年版,第395页。一般认为,赦免制度的刑事政策意义主要体现在以下几方面:(1)化解国家祸乱,缓和国内外矛盾;(2)调节利益冲突,平衡社会关系;(3)弥补法律不足,缓和刑罚严苛;(4)彰显国家德政,昭示与民更始;(5)鼓励犯人自新,增强社会的凝聚力;等等。参见高铭暄、赵秉志、阴建峰:《新中国成立60周年之际实行特赦的时代价值与构想》,载《法学》2009年第5期。当然,在现代法治社会,刑事政策和刑法的关系也不是简单对立的关系,相反,刑事政策的刑法化(如将赦免纳入刑法)和刑法的刑事政策化(如缓刑、假释等刑法制度的确立)正体现了二者相辅相成的关系。法治社会并不排斥政策的运用,只不过政策需在"法治的篱笆内"活动。
⑤ Clifford Dorne, Kenneth Gewerth, Mercy in a Climate of Retributive Justice: Interpretations from a National Survey of Executive Clemency Procedures, New England Journal on Criminal and Civil Confinement Summer, 1999.

法律的责任之个人得以依法救济。"①对赦免的这种辩证认识,无疑有助于在法治的层面激活对这一制度的讨论。

法谚云:"没有恩赦的法律是违法的。"作为一项在当今世界范围内通行的治国之术(尽管各个国家和地区法律规定的内容不完全相同,实际适用的频率和幅度也有差异),我国不可能长期对赦免制度弃之不用。事实上,有学者就指出:尽管党和国家基于综合考虑最终没有在建国60周年之际采纳特赦的建议,但不可否认的是,应否适时行赦以及如何行赦,已经成为关涉国家法治发展和社会进步的一个重大现实问题。②诚然,赦免的施行需要慎重论证,但在此之前,找出我国现有赦免制度存在的不足,把我国有关赦免的法律制度尽可能地加以完善,以便从实体和程序上为必要时依法行赦提供法律基础和法治保障,应是一件有意义的事情。

二、我国现有赦免制度的不足

我国现行法律涉及对赦免制度的规定主要有以下三处:

1.《宪法》第67条第17项规定全国人民代表大会常务委员会有"决定特赦"的权力;第80条规定中华人民共和国主席,有根据全国人民代表大会常务委员会的决定"发布特赦令"的权力。

2.《刑法》第65条和第66条关于累犯制度的规定中涉及赦免,其中第65条关于一般累犯的规定指出:"被判处有期徒刑以上刑罚的犯罪分子,刑罚执行完毕或者赦免以后,在五年内再犯应当判处有期徒刑以上刑罚之罪的,是累犯,应当从重处罚,但是过失犯罪和不满十八周岁的人犯罪的除外。"③第66条关于特别累犯的规定指出:"危害国家安全犯罪、恐怖活动犯罪、黑社会性质的组织犯罪的犯罪分子,在刑罚执行完毕或者赦免以后,在任何时候再犯上述任一类罪的,都以累犯论处。"④

3.《刑事诉讼法》第15条规定:"有下列情形之一的,不追究刑事责任,已经追究的,应当撤销案件,或者不起诉,或者终止审理,或者宣告无罪"。"下列情形"包括六种,其中第三种是"经特赦令免除刑罚的"。

由上可见,我国关于赦免制度的法律规定零散而粗糙,⑤只是在宪法、刑法和刑事诉讼法的相关内容中有所涉及,这与当今许多国家和地区对赦免制度进行专门而系统的立法形成鲜明对照。具体而言,我国赦免制度的法律规定存在以下不足:

一是从赦免种类看,我国目前有明确的宪法依据的仅特赦一种,但从其他国家和

---

① 〔英〕戴雪:《英宪精义》,雷宾南译,中国法制出版社2001年版,第127页。
② 参见阴建峰、王娜:《现代赦免制度重构研究》,中国人民公安大学出版社2011年版,第486页。
③ 关于不满十八周岁的人犯罪不构成累犯的规定系2011年2月25日全国人大常委会通过的《刑法修正案(八)》所新增。
④ 恐怖活动犯罪、黑社会性质的组织犯罪的犯罪分子构成特别累犯的规定系《刑法修正案(八)》所新增。
⑤ 例如,宪法和刑事诉讼法都使用"特赦",但刑法却使用"赦免",这种用词的不统一也说明了不同法律在这个问题上缺乏共识。

地区关于赦免制度的规定来看,赦免制度一般应包括大赦、特赦、减刑和复权四种类型。① 从下文的分析我们可以看出,大赦、减刑和复权也有存在的必要。

二是即便特赦,宪法也是点到为止,只说全国人民代表大会常务委员会有决定特赦的权力,到底什么叫特赦,特赦的法律效果如何,全无规定。举个例子,关于特赦的法律效果,我国学界通说都认为特赦只能免除刑罚的执行,而不能使被特赦者的有罪宣告归于无效。由此出发,特赦也就只能在法院判决之后实行。但如下文将要指出的,世界上的特赦其实并不只有一个模型,有的国家和地区就规定特赦既能免刑又能免罪,因而在适用时间上也就可以实行于判决确定之前。可见,特赦的内涵最终还得取决于法律的规定。

三是关于特赦的程序规定付之阙如。现代法治背景下的赦免制度特别强调程序的完备和周密,这也是防止滥赦、保证赦免制度妥当运行的最重要环节。但我国无论是赦免(特赦)的启动、申请与决定,还是有关赦免(特赦)的机构,乃至赦免令(特赦令)的颁布、执行与监督等,都缺乏相应的法律规定。

上述缺陷使得我国以往的赦免实践带有很大的随意性和不规范性。② 例如,现在学界一般把 1959 年的特赦作为新中国首次特赦来阐述,其实这并不准确。因为早在 1956 年,最高人民检察院就根据全国人大常委会《关于处理在押日本侵略中国战争犯罪分子的决定》第 1 条第 1 项,即"对于次要的或者悔罪表现较好的日本战争犯罪分子,可以从宽处理,免予起诉",先后分三次"免予起诉并立即释放"了 1017 名日本战犯。③ 这一名为"免予起诉"的做法,其实就是赦免(类似特赦,但它又是针对尚未判刑的人,与我国关于特赦的通说有异),因为按通常做法,免予起诉只能适用于那些情节轻微的犯罪人,而战犯绝对谈不上情节轻微。

又如,我国 1975 年的特赦,事先按照过去六次的特赦标准(有改恶从善表现),有一批战犯无论如何通不过,但后来经毛泽东批示,所有战犯一律"特赦"。④ 这其实是以特赦之名行大赦之实。因此,有学者指出:我国从 1959 年到 1975 年的七次特赦,虽然同时具备通常所谓大赦和特赦的某些特点,却又有所不同,是一种具有中国特色的较为特殊的形式。⑤

如果说在法制不健全的年代,上述赦免实践并不存在多大的合法性危机,那么随

---

① 有的国家还不止这些,如日本有刑罚执行的免除,美国有罚金或没收的免除,韩国还有纪律处分或行政处罚的免除等。
② 当然,当时的法治不彰、人治盛行是更大的时代背景,但具体制度的付之阙如无疑也为这种随意性大开了方便之门。
③ 参见郭金霞、苗鸣宇:《大赦、特赦——中外赦免制度概观》,群众出版社 2003 年版,第 186—188 页。
④ 当时,毛泽东在看了公安部《关于第七次特赦问题的报告》和准备给全国人大常委会的说明后作出批示,"这些批示,几乎出乎所有人的预料。很长时间准备的分类处理材料全部作废,所有战犯一律特赦,待遇一律相同,复杂的事一夜之间变得异常简单。"参见郭金霞、苗鸣宇:《大赦、特赦——中外赦免制度概观》,群众出版社 2003 年版,第 209 页。
⑤ 参见马克昌主编:《刑罚通论》,武汉大学出版社 1999 年版,第 705 页。

着我国法制的健全和法治的进步,赦免制度这种事实上处于空白状态的立法现状,[①]几乎就注定了其被悬置的命运。笔者注意到,在近年来关于要否实行特赦的争论中,许多反对意见其实并不是反对特赦本身,而是出于对赦免无程序可循的担忧。例如,有人指出,三十年前,我们还是"政策治国",一声令下,即可实行特赦,并不一定要经过严格的司法程序;如今,依法治国已经深入人心,特赦不仅要有法律渊源,更要有相应的规章制度和司法程序。然而,对于特赦,宪法虽然有此一说,但这只是一个原则性的规定,特赦的具体内容是什么?它有哪些类型?其范围和效力又是怎样?特赦由什么部门主管,又该如何执行?特赦出现问题后如何救济?在这些问题没有解决之前,仓促特赦,欲速则不达,搞不好还会沦为腐败的温床。[②]

这种担忧不无道理。其实,主张特赦的不少人士也看到了这一点,例如,有论者就遗憾地指出,关于特赦的条件和程序,我国宪法及法律没有进行具体的规定,如何操作成了实践中的一个难题,这也许是 30 多年来我国一直未有特赦的法律层面上的原因。因此,要实行特赦,就要根据宪法的规定,制定一部完整、统一的《特赦法》,对于特赦的主体、特赦的对象、特赦的条件以及特赦应当遵循的法律程序等作出明确的规定。[③]

三、赦免制度的实体完善

完善我国的赦免制度,首先要从实体上完善赦免的种类。如前所述,我国宪法中规定的赦免制度仅限于"特赦"一种,这较之其他国家和地区,涵盖面太窄。从其他国家和地区关于赦免制度的规定来看,赦免制度一般包括大赦、特赦、减刑和复权四部分。在这方面,我国还需要在宪法及相关法律上补充资源,使我国的赦免制度内容更加丰富。[④]

(一)关于大赦

我国 1954 年《宪法》明确规定了"大赦":在全国人民代表大会行使的职权中,其中之一即"决定大赦";而在"中华人民共和国主席"一节中规定:"中华人民共和国主席根据全国人民代表大会的决定和全国人民代表大会常务委员会的决定……发布大赦令和特赦令。"1975 年《宪法》既没有规定大赦,也没有规定特赦,此后 1978 年和 1982 年

[①] 说赦免制度的立法事实上处于空白状态,是因为宪法只是规定了全国人民代表大会常务委员会有决定特赦的权力,就如我们说宪法规定了人民法院有定罪判刑的权力,但如果没有相应的刑法、刑事诉讼法,定罪判刑就还是无法可依。
[②] 参见彭兴庭:《"特赦"前提是制度化和程序化》,载《华商报》2009 年 2 月 18 日。
[③] 参见吴情树:《特赦,我们准备好了吗?》,载《检察日报》2008 年 1 月 2 日。
[④] 具体而言,在宪法上赋予赦免制度的正当性之后,可以专门制定《赦免法》。宪法在对赦免作规定时,既可以把现在的"特赦"改成"赦免",而在《赦免法》中再明确我国的"赦免"包括大赦、特赦、减刑和复权,也可以将大赦、减刑和复权明确规定到宪法中,与特赦一起作为我国赦免的具体种类。

《宪法》(即现行宪法)都只规定了特赦而没有规定大赦。①

笔者认为,在宪法上增设大赦制度是必要的,主要理由如下:

1. 当今世界许多国家和地区的宪法上都有大赦制度,如美国、法国、德国、俄罗斯等大国的宪法均有此制度。我国从清末颁布的《钦定宪法大纲》,到《中华民国临时约法》,到后来的《中华民国宪法》,也都规定有大赦制度。现在我国台湾地区的"宪法"及其"赦免法"中也仍然有大赦制度。有关国际公约中也有大赦的内容,如我国已经签署的《公民权利和政治权利国际公约》,其第6条第4项就规定:"任何被判处死刑的人均有权要求赦免或减刑。对一切判处死刑的案件,均得给予大赦、特赦或减刑的机会。"又如,我国于1983年加入的《日内瓦四公约关于保护非国际性武装冲突受难者的附加议定书(第二议定书)》第6条"刑事追诉"的第5款规定:在敌对行动结束时,当权当局对参加武装冲突的人或基于有关武装冲突的原因而被剥夺自由的人,不论被拘禁或拘留,应给予尽可能最广泛的赦免。这里的"尽可能最广泛的赦免",理解为"大赦"比较适宜。此外,《联合国有条件判刑或有条件释放犯罪人转移监督示范条约》第12条规定:缔约国双方均可根据本国宪法或其他法律给予特赦、大赦或减刑。《联合国关于移交外国囚犯的模式协定》第四节"执行和赦免"中也规定:判决国和执行国均应有权特赦和大赦。②

2. 虽然是否实行大赦是一个政治考量和决策的问题,需要结合一国的具体形势经过慎重决策而定,但这并不妨碍在宪法上为大赦预留一席之地。确实,随着社会的发展和法制的进步,加之频繁大赦所固有的诸多诟病,现代社会对大赦的适用呈现出越来越严格的趋势。但这并不意味着大赦就彻底丧失存在的根据,相反,作为一项制度,它被大多国家和地区的宪法所保留,并适时在实践中加以运用。③ 毕竟国家治理宜备有多个选项,以便形势需要时可用。诚如有学者所言:"将大赦确定为今人即未来的先人处理或调节社会矛盾的一个选项,是一个不容回避和有极高价值期待的政治技术乃至政治艺术。"④

3. 事实证明,我国社会由于正处在转型时期,有些问题通过大赦来解决效果可能会更好。如针对民营企业的"原罪"问题,我国从中央到地方,相继颁布过一些政策性

---

① 不过也有学者指出:宪法没有明确规定大赦并不意味着该制度已经取消,因为宪法在列举全国人民代表大会的职权时,有一个兜底条款,即"全国人民代表大会认为应当由它行使的其他职权。"据此,可将"大赦"解释为包括在"其他职权"之内的范畴。参见阴建峰、王娜:《现代赦免制度重构研究》,中国人民公安大学出版社2011年版,第43页。但通说认为我国宪法没有规定大赦。参见高铭暄、马克昌主编:《刑法学》,北京大学出版社2000年版,第327页。笔者认为,由于1954年《宪法》曾将大赦与特赦并列规定,而现行宪法去掉了大赦,只规定了特赦,因而不能认为现行宪法可以包含大赦,否则连"特赦"也没有必要规定,都用"其他职权"来解释就得了。
② 参见陈东升:《赦免制度研究》,中国人民公安大学出版社2004年版,第110页。
③ 例如,据《新京报》2012年1月15日报道,1月14日,缅甸政府依据总统吴登盛签署的大赦令,释放了651名在押人员,其中包括至少200名政治犯。另据《法制日报》2013年1月8日报道,2013年元旦,捷克总统克劳斯在获得总理联署后宣布,为纪念捷克共和国独立20周年实行大赦,大赦对象包括刑期不足1年的罪犯和刑期不到10年且年龄超过75岁的罪犯等;同一天,邻国斯洛伐克总统也宣布实行大赦,不过大赦对象仅限于因非故意犯罪入狱或健康有问题的囚犯。
④ 参见陈云生:《重建大赦制度的现实基础》,载《法治研究》2010年第3期。

文件,强调"政法机关为完善社会主义市场经济体制创造良好环境",因而对民营企业经营者在创业初期的犯罪行为,应尽量从宽处理。有学者就指出,若能通过大赦来解决此类法律难题,更为理想。[①] 作为对照,我们可以看一下俄罗斯的做法:2005年3月,俄罗斯总统普京为解决一些所谓寡头的"原罪",通过大赦实现了重大的政策调整。[②]

4. 有人认为,大赦存在诸多弊端,如不问犯罪人的悔过情况,只是根据政治的需要在一定时刻宣布一概消除罪与刑,会削弱法律的稳定性,降低刑罚的一般预防作用;使一部分尚有社会危害性的犯罪人回到社会,会威胁社会治安;等等。[③] 关于大赦制度存在的一些弊端,其实有些也适用于包括特赦制度在内的所有赦免制度,正因为有弊端,所以自古以来,就不乏对赦免制度持批评态度的学者,但为何赦免制度从未消失呢?就因为它利弊互存,简单地取消它无法解决一定社会形势下的特殊问题。所以,多数学者认为,不能因噎废食,应当留出制度空间,将大赦制度作为一种"国家紧急避险行为"规定下来,以便在必要时适用之,以保全社会公共利益。当然,由于大赦范围广,对其适用要采取十分慎重的态度,竭力避免滥用,在这方面,许多国家和地区正是这样做的,如要求更严格的程序等。另外,需要指出的是,大赦制度本身,也并不是一成不变,而可以随着时代的变化,结合本国国情,作出一些改进和完善。例如有的国家出现了附条件的大赦,如法国,往往给获得大赦者附加一定的条件或义务;[④]还有的国家在实行大赦时,越来越多地考虑犯罪的社会危害的性质和程度、所处刑种以及犯罪人的个人情况(如是否有过恶意违反服刑程序的行为等)。[⑤]

5. 还有人说,原本适用大赦的情况可以通过特赦来解决,而不用依赖大赦来完成。[⑥] 诚然,传统意义上的大赦与特赦之间的一些界限现在在有的国家或地区确实在消失,如传统认为,大赦罪刑皆免,特赦免刑而不免罪,但现在有的国家或地区的立法例规定,特赦在必要时也可以免罪,[⑦]而大赦也未必就罪刑皆免。[⑧] 当然,这并不是说,大赦和特赦就是一回事了。一般而言,特赦的对象相对特定,而大赦的对象则相对不特定;特赦的规模较小,而大赦的规模较大;特赦只针对已判刑的人,大赦则可以针对尚未判刑的人。因此,特赦并不能完全取代大赦。如果仅仅是取消大赦之名,而将其

---

① 参见阴建峰:《现代赦免制度论衡》,中国人民公安大学出版社2006年版,第279、391页。当然,即使大赦,也不能由地方政府来实施,而应通过中央政府。

② 参见陈云生:《大赦经纬》,载《国家检察官学院学报》2010年第1期。

③ 参见陈东升:《赦免制度研究》,中国人民公安大学出版社2004年版,第265页。

④ 参见〔法〕卡斯东·斯特法尼等:《法国刑法总论精义》,罗结珍译,中国政法大学出版社1998年版,第671页。

⑤ 参见〔俄〕库兹涅佐娃、佳日科娃主编:《俄罗斯刑法教程(总论)》(下卷),黄道秀译,中国法制出版社2002年版,第825页。

⑥ 参见于志刚:《刑罚消灭制度研究》,法律出版社2002年版,第468页。

⑦ 如我国台湾地区"赦免法"第3条规定:"受罪刑宣告之人经特赦者,免除其刑之执行;其情节特殊者,得以其罪刑之宣告为无效。"

⑧ 如意大利刑法就将大赦分为免罪性大赦和免刑性大赦;韩国赦免法也规定,大赦在大总统令有特别规定的情况下,可不免罪。

内容渗入特赦,则反而不如明文规定大赦好,因为大赦制度由于其范围和效力不同于特赦,往往要求在程序上给予更严格的限制。

(二) 关于减刑

赦免性减刑不同于刑法典中的普通减刑。根据我国刑法的规定,普通减刑是指在刑罚执行过程中,对那些确有悔改表现或者有立功表现的犯罪人,依法对原判刑罚予以减轻的一种制度。也许有人会说:既然我国刑法中已有减刑制度的规定,何必还要有赦免性减刑呢? 这里,先不论我国刑法中的减刑制度是否合理,[①]就以现有规定论,刑法中的减刑制度也不能替代赦免性减刑。二者主要的区别在于:首先,刑法中的减刑是针对特定的个别犯罪人的,不能对不特定的人适用;而赦免性减刑则既可以针对特定的个别犯罪人,也可以对不特定的全部犯罪人或者某一类或某几类的全部犯罪人适用。其次,即使赦免性减刑可以针对特定的个别犯罪人,也与刑法中的减刑不同,后者以犯罪人有悔改表现或者立功表现为前提,主要从犯罪人本身的状况出发;而前者则主要从刑事政策出发,根据国家政治形势的需要和社会发展之情状而定。再次,刑法中的减刑只能在犯罪人服刑开始一段时间后才能适用,而赦免性减刑则既可以在犯罪人服刑一段时间后适用,也可在其刑罚一经宣告就予以减刑。同时,刑法中的减刑有幅度上的限制,如按照我国《刑法》第78条的规定,经过一次或几次减刑后实际执行的刑期,判处管制、拘役、有期徒刑的,不能少于原判刑期的二分之一;判处无期徒刑的,不能少于十年,但赦免性减刑就没有这种限制,其政策灵活性更大。

赦免性减刑可分为一般减刑和特别减刑。一般减刑又称全国性减刑或普遍性减刑,是指对不特定的犯罪人实施减刑的制度。一般减刑与大赦的性质有相通之处,一般依照大赦的程序颁行。特别减刑又称个别减刑或特定减刑,是指对特定犯罪人实施减刑的制度。特别减刑与特赦的性质有相通之处,一般依照特赦的程序颁行。

赦免性减刑的内容包括同一刑种内刑度的减轻和不同刑种的变更两种,也有的国家分别对一般减刑和特别减刑规定了不同的减刑内容,如韩国《赦免法》就规定:一般减刑,法律没有特别规定的,变更刑种;特别减刑,只减轻刑的执行,有特别理由的才可变更刑种。

在我国过去的赦免实践中,往往把赦免性减刑包含在特赦中,如1959年为庆祝新中国成立10周年,当时的国家主席刘少奇根据全国人大常委会《关于特赦确实改恶从善的罪犯的决定》发布的《中华人民共和国主席特赦令》中,除了释放一批战争罪犯、反

[①] 国外刑法普遍规定有假释制度,但鲜有规定减刑制度(当然在赦免法中则普遍规定有减刑制度)。笔者认为,在刑法中规定减刑制度的理论正当性值得斟酌,因为宣判刑是基于审判时犯罪人的犯罪行为及其主观恶性和人身危险性而确定的,在执行阶段减轻,从刑事责任的根据、罪刑相适应的原则等角度来看都不是太合适。如果犯罪人表现好,可采"假释"这样一种变更执行方式的制度,这样既不伤害原来的判决,又避免刑罚浪费,同时也鼓励犯罪人往好的方向改造。而且由于假释给从监禁状态向自由状态过渡提供了一个缓冲期,因而更具有合理性。

革命罪犯和普通刑事罪犯外,还对符合条件的死缓犯、无期徒刑犯作了减刑。① 在理论上,不同的学者有不同的理解,如高铭暄教授认为,特赦包括减刑;张文显教授对特赦的理解则不包括减刑。② 笔者认为,把赦免性减刑笼统地包含在特赦里,至少是不准确的。虽然我们过去的赦免实践是这么做的,但应当看到,那是法制不完备时期的产物。从世界其他国家和地区的通行做法来看,特赦不能包含减刑,如韩国《赦免法》规定:本法规定有关赦免、减刑和复权的事项,其中赦免分为一般赦免(即大赦——作者注)和特别赦免(即特赦——作者注),减刑分为一般减刑和特别减刑。我国台湾地区的"赦免法"规定:本法称赦免者,谓大赦、特赦、减刑及复权。从规范赦免的角度看,把赦免性减刑独立出来是必要的。

(三) 关于复权

赦免性复权,是指国家对因受到有罪判决而终身或定期丧失或者停止某些权利或资格者,经过法定的程序恢复其权利或资格的一种制度。它也分为一般复权和特别复权两种:一般复权是针对符合条件的不特定多数人实施的复权;特别复权是针对特定人实施的复权。

许多国家和地区的刑法上都有复权制度,③我国刑法上没有复权制度,但近年来也有不少学者主张增设该制度。④ 需要指出的是,赦免性复权与刑法上的复权在性质上有所不同:刑法上的复权是作为一种刑罚制度出现的,目的在于消除刑罚过剩,奖励犯罪人积极悔过和自我改造;而赦免性复权则是作为一种赦免制度出现的,其目的在于调节利益冲突、衡平法律关系、弥补法律的不足。⑤

我国的赦免制度中虽然没有明确规定复权制度,但在过去的赦免实践中存在过类似复权的做法,如1975年3月17日,全国人大常委会决定,对全部在押战犯一律特赦,并予以公民权。当时的国务院副总理兼公安部部长华国锋在代表病重的周恩来总理向全国人大常委会作专题说明时指出:"遵照毛主席的指示精神,对这次特赦释放的全部在押战犯,每人都给公民权;有工作能力的,安排适当的工作;有病的,和我们干部一样治,享受公费医疗;丧失工作能力的,养起来;愿意回台湾的,可以回台湾,给足路费,提供方便,去了以后愿意回来的,我们欢迎。释放时,每人发给新制服装和一百元零用钱,把他们集中到北京开欢送会,由当时的国家领导人接见,并宴请一次,然后组织他们参观学习。"⑥据此,有学者认为,这里的给予公民权,即恢复他们的政治权利,

---

① 参见郭金霞、苗鸣宇:《大赦.特赦——中外赦免制度概观》,群众出版社2003年版,第196—198页。
② 参见王媛:《特赦就是让百姓看到国家还是有它的"仁政"》,载《南方人物周刊》2009年第9期。
③ 正如同自由刑需要有缓刑与假释等制度来救济其弊端一样,对于因受到有罪判决而终身或定期丧失或者停止某些权利或资格者,若经过一段时间而能洁身自好,法院应能依职权或申请,有条件提前恢复其权利或资格,以激励受刑人自新,此为刑法上的复权制度之价值。
④ 如刘德法、王冠:《论刑法中的复权制度》,载《河南师范大学学报》(哲学社会科学版)2003年第6期;彭新林:《略论刑法中的复权制度》,载《中国青年政治学院学报》2006年第2期。
⑤ 参见阴建峰:《现代赦免制度论衡》,中国人民公安大学出版社2006年版,第259页。
⑥ 参见郭金霞、苗鸣宇:《大赦、特赦——中外赦免制度概观》,群众出版社2003年版,第211页。

实际上属于赦免性复权,只不过是它与特赦一同实施而不是单独实施罢了。① 笔者同意这一看法,同时也认为,有必要在我国的赦免制度中,专门把复权制度拿出来研究并加以规定。②

综上,鉴于中国现行宪法仅规定了特赦这一单一的赦免类型,而且立法过于简略,赦免实践中的特赦又兼具传统大赦、特赦的双重特点,且有时与赦免性减刑、赦免性复权等混为一体,③为了规范赦免的具体类型,避免赦免法定类型与实践类型的脱节以及由此导致的赦免适用的随意性,同时根据各种复杂的案情对被追诉人和被判刑人适当、合理地适用不同类型的赦免,有必要在我国宪法和相关法律中将赦免类型法定化。④ 具体而言,我国的赦免种类至少应当包括大赦、特赦、减刑和复权四种,其中减刑又分为一般减刑和特别减刑,复权也分为一般复权和特别复权。在此前提下,可再分别规定其法律后果⑤、适用范围⑥、附加条件⑦,等等。

四、赦免制度的程序完善

赦免制度本身是一把双刃剑,用得好,可以收到积极的刑事政策效果,但若被滥用,则消极效果也不容忽视。古今中外,对赦免制度的批评和担心其实也就集中在滥赦上。因此,建构科学完备的赦免程序,对于保证赦免制度的规范运行,具有重要意义。⑧

关于如何完善我国的赦免程序,有以下几个问题需要重点考虑:

---

① 参见高铭暄主编:《刑法学原理》(第三卷),中国人民大学出版社1994年版,第687页。
② 像"公民权"这种提法其实是不严谨的,因为即使是犯人,他们也还是国家的公民,除法律明确规定并通过判决加以剥夺的某些公民权利外,其他公民权利他们仍然拥有。顺便说一句,复权中的"权"到底包括哪些权利(资格),各个国家和地区的规定也多有不同。如我国台湾地区的"赦免法"中将其界定为"所褫夺之公权",即"为公务员之资格"和"为公职候选人之资格",这比起大陆刑法中的"剥夺政治权利",范围要窄,后者还包括言论、出版、集会、结社、游行、示威等权利。
③ 并不是说不同种类的赦免不可以同时适用,而是要有法可依、名正言顺。
④ 参见陈春勇:《赦免及其程序问题研究》,中国人民公安大学出版社2010年版,第226—227页。
⑤ 赦免的法律后果,亦称法律效力,如规定大赦既免罪又免刑(也可规定特别情况下只免刑不免罪),特赦只免刑,必要时也可以免罪;又如,各种赦免对前科消灭、累犯成立等的影响,也都属于这一范畴。
⑥ 从总体而言,"赦免恩德,如同甘霖普化",应可以适用于一切犯罪和犯罪人都可以,但具体而言,每次赦免时可以有一定范围的限制,如我国台湾地区从20世纪50年代以来的三次"全国性"减刑条例中,均规定对"重大犯罪"不予赦免,但在个案中,仍然可以对"重大犯罪"予以赦免,如1957年对黄百韬之子黄效先的赦免即属此例。参见阴建峰:《现代赦免制度论衡》,中国人民公安大学出版社2006年版,第271页。
⑦ 无论对一般赦免者还是特别赦免者,均可附加一定的条件,以便更好地实现刑罚目的、维护社会秩序。这些附加条件必须是法定的,但在具体适用时可以视情况而定。
⑧ 说到程序对法治的意义,人们常常引用美国联邦最高法院大法官威廉·道格拉斯的如下名言:"权利法案的大多数规定都是程序性条款,这一事实决不是无意义的。正是程序决定了法治与恣意的人治之间的基本区别。"

（一）关于赦免的启动、申请与决定

根据不同的赦免类型设置不同的赦免程序，这是世界各国的通例。在此，先不妨将大赦、一般减刑和一般复权统称为一般赦免，[①]将特赦、特别减刑和特别复权统称为特别赦免。一般赦免特别是大赦，因其适用范围广，社会影响大，各国一般都将其交给议会等最高权力机关来自上而下启动，如韩国规定，大赦除经过国务会议（由大总统主持的一种政府会议）的审议、并以大总统令限定所适用的罪名外，还需得到国会的同意；法国的大赦须经国会审议；俄罗斯的大赦由俄罗斯国家杜马审议。因此，我国在赦免制度的设计中，应将一般赦免的启动权赋予中共中央或国务院，由其向全国人民代表大会建议，再由全国人民代表大会来决定是否要实行一般赦免。

与一般赦免的自上而下启动模式不同，特别赦免在许多国家和地区主要采取自下而上的启动模式，通常由当事人或其亲友、律师等申请启动，或由检察官和监狱等机关依职权提请启动。例如，日本的个别恩赦（即特赦）启动于当事人申请，或由教导所所长等依职权提请；俄罗斯特赦可由被判刑人或其亲友申请或社会团体、刑罚执行机关提请；美国特赦的启动主要源于当事人的申请。[②]

据有的学者考证，中国古代的当事人申请赦免的自下而上启动模式也比皇帝及其他官员的定期或不定期录囚制度更为常见。[③] 但新中国成立以来的七次特赦实践，都是自上而下的启动模式，即由全国人大常委会根据党中央或国务院的建议来审议决定并由国家主席颁令实行（第七次没有国家主席颁令这一环节）。当然，如前所述，这几次特赦中有的本来就带有大赦的性质，即使属于特赦性质的，也不是个别特赦，因而采取自上而下的启动模式，未尝不可。

然而，从完善特别赦免程序的角度来看，我国应该借鉴国外和我国古代的做法，在特别赦免中实行自上而下和自下而上相结合的启动模式，亦即在保留自上而下的启动模式的同时，[④]增加自下而上的启动模式。具体而言，可分为以下两种情形：

一是司法行政机关可以作为特别赦免提请主体，向中央赦免机构提出特别赦免建议，并负责提供相关调查材料。这一类自下而上的启动主要针对符合特别赦免条件的特定多数被判刑人，也就是说，根据国家形势的需要，觉得有必要对这些人实行特别赦免的，可以提出建议和申请。如我国1997年《刑法》已经废除了投机倒把罪、流氓罪等罪名，那么过去因这些罪而被判刑至今仍然关押在监狱中的到底还有多少人？假如把这些人统计上来后觉得有必要提请特赦的，就可以由刑罚执行机关上报司法行政机关提请特赦。

二是被判刑人本身或者其近亲属或者其委托的律师，可以作为特别赦免的申请主

[①] 需要注意的是，有的国家如韩国，一般赦免即专指大赦。
[②] 参见陈春勇：《赦免及其程序问题研究》，中国人民公安大学出版社2010年版，第249页。
[③] 同上书，第250页。
[④] 如为了外交的需要，国家主动特赦某一国的间谍等罪犯。

体,在符合条件的情况下提出申请。这其中,凡是被判处死刑的,一律赋予其无条件的申请特别赦免权(关于死刑案件的特别赦免程序,后文将专门阐述);至于被判处其他刑罚的,则可以在满足一定的条件下赋予其申请权(如在判决后已经服刑一定期限,赦免申请被驳回后必须经过一定的期限才可重新申请等)。

有学者指出:"总体上看,一般赦免程序较之特别赦免程序规定相对粗略。"① 对此,笔者的理解是:一般赦免除了宪法和赦免法或者刑法、刑事诉讼法规定的一般程序外,每次在实行时,还要由议会等立法机关通过专门法令来施行,因此详细的一般赦免程序其实是在此类专门法令中得以体现的;而特别赦免由于在实践中施用得更频繁,且在许多国家和地区均体现为行政权,由国家元首决定和颁行(联邦制的国家在州一级还可由州长直接行使),因而需要事先加以详细规制。

我国现行宪法规定,特赦由全国人大常委会审议决定、国家主席发布特赦令。从今后完善的角度考虑,宜把个案的特别赦免和多案的特别赦免分开来,② 后者仍然可由全国人大常委会来审议决定,但前者应通过修改宪法,将特别赦免的决定权由目前的立法机关(即全国人大常委会)转移到国家元首(即中华人民共和国主席)上来。也就是说,个案的特别赦免申请经由一定程序上达国家主席后,国家主席便可咨询相关机构和人士,如决定特别赦免,就以特别赦免令的形式颁行,这样可以更好地保证特别赦免制度适用上的快捷、迅速,以及时回应社会关切和犯罪人的个人情状。③

(二) 关于专门赦免机构的设立

这主要针对特别赦免而言。世界上许多国家都设有专门的赦免机构,如俄罗斯总统办公厅设有特赦局,负责起草和准备有关特赦问题的实质性文件和材料,拟成后送交俄罗斯联邦总统特赦问题委员会,再由该委员会负责审议并提出解决的办法建议。这些建议再通过总统办公厅呈报总统,最后由总统对特赦及其性质作出最终的决定。④ 美国的联邦赦免申请由司法部下属的赦免事务办公室受理和审查,而各州的赦免则由州赦免事务委员会审查。日本也专设有"中央更生保护审查会"来处理赦免事宜,为法务大臣下属机关,一般由5名委员组成,委员都须经国会两院同意,由法务大臣任命,其主要工作之一即调查犯罪人资料并初步决定可赦之人,再呈报法务大臣,还接受"监狱长"、"保护观察所所长"及"有罪判决宣告法院检察处之检察官"提出的赦免

---

① 参见陈春勇:《赦免及其程序问题研究》,中国人民公安大学出版社2010年版,第241页。
② 考虑到多案的特别赦免社会影响要大些,通过全国人大常委会来决定还是比较妥当的。此外,国外还有这样的立法例,即对高官设置更加复杂的程序,如希腊就规定:对于部长以上的高官必须通过更复杂的程序才能获得赦免。这样规定是因为,该国立法机关认为,过去针对高官有滥用赦免的种种弊端。参见崔康锡、刘仁文:《韩国赦免制度及其改革方案》,载《亚洲法论坛》第一卷,中国人民公安大学出版社2006年版,第310页。不管我们要不要借鉴这一立法例,总之,特别赦免的程序可以根据不同情况作不同设计,并不是说只能有一种程序。
③ 参见陈东升:《赦免制度研究》,中国人民公安大学出版社2004年版,第278页。
④ 参见〔俄〕库兹涅佐娃、佳日科娃主编:《俄罗斯刑法教程(总论)》(下卷),黄道秀译,中国法制出版社2002年版,第830页。

申请。其他如法国,也在司法部下设有特赦事务司。①。

由专门的赦免机构来处理赦免的相关事宜,有助于集中专门的业务人员和力量,有针对性地解决赦免申请的受理、审查、建议、通知执行等有关赦免的各个环节的问题,提高处理赦免问题的专业性和效率,也是使赦免常态化的必要之举。我国没有这类专司赦免申请受理与审查的机构,而从健全赦免制度的规范看,应当设立这样的机构。具体设想如下:

(1) 在全国人大常委会下设赦免事务委员会,组成人员应来自公安、检察、法院、律师、法学教授以及其他民意代表,②可以设立办公室作为日常运转机构。

(2) 委员会的主要职责是:负责大赦等一般赦免的调查、建议和咨询;负责受理特别赦免的提请和申请;负责审查特别赦免的可行性,并上报有关调查材料;起草特别赦免建议要点;等等。

(3) 在审查赦免个案申请时,首先,应看是否已是最后的补充救济途径,即是否已穷尽法律内的一切救济渠道;其次,应考察是否有适宜特别赦免的因素,如查明原审判决所依据的法律是否已经作出有利于被判刑人的变更,或者有无国防、外交等方面的特殊考虑,或者存在错判、误判之可能,有必要通过特别赦免渠道来救济的;最后,特别赦免一般还应考虑以下因素,如被判刑人的监内改造表现、人身危险性大小,被特别赦免后的就业等情况,原处理案件的法官、检察官的意见以及被害方的意见等。

(4) 赦免事务委员会的意见不具有直接约束赦免权的法律后果,但实际上会对赦免决定产生影响,如国家元首等赦免权行使主体在没有特别理由的情况下不顾赦免事务委员会的否定性意见,执意行赦,就会面临道义和政治上的责任和压力,这在当代民主社会,显然会对制约不当赦免产生积极影响。

(三) 关于赦免令的颁布、执行与监督

综上,在完善我国的赦免类型后,一般赦免的决定权应由全国人民代表大会来行使,在全国人民代表大会通过一般赦免令之后,再由国家主席来颁布。一般赦免令的内容既可以是大赦,也可以是一般减刑,或者一般复权,或者大赦兼复权。需要指出的是,过去在中国的赦免实践中(名义上虽均为特赦,但有的特赦带有大赦的性质),立法机关通过的赦免决定往往比较简单,而国家主席据此发布的赦免令则详细规定其实质内容和条件,这意味着国家主席对特赦的具体内容有实质决定权。笔者认为,这种做法应当改变,一般赦免令本身必须详细载明一般赦免的类型、罪种、刑期标准等内容,以及执行一般赦免法令的环节和程序,全国人民代表大会通过后,国家主席不宜再另行发布含其他实质内容的一般赦免令,只应履行《宪法》第 80 条规定的根据全国人民

---

① 参见陈东升:《赦免制度研究》,中国人民公安大学出版社 2004 年版,第 152—153 页。
② 其中法官应约占 1/3 的比例,因为赦免本质上具有变更法院所作出的判决的效果,因此有必要让法官来考虑与其他判决之间的平衡问题;律师、法学教授以及其他民意代表也应占约 1/3 的比例,以便能够比较准确地反映国民的意向。

代表大会的决定而公布法律的职能(一般赦免令也是一种法律)。

至于特别赦免,按照笔者前面的设想,决定权一分为二之后,个案的特别赦免由国家主席直接决定并颁发特别赦免令(或特赦,或特别减刑,或特别复权,或特赦兼复权),多案的特别赦免则在由全国人大常委会决定后再由国家主席以特别赦免令的形式颁行,同样,后者的具体内容应由全国人大常委会来决定,国家主席的特别赦免令不应再创制新的内容。

关于赦免令的执行,目前我国也缺乏明确的规定。从过去的赦免实践看,一般是在全国人大常委会通过"特赦"决定、国家主席颁布"特赦令"后,根据特赦令中要求的特赦条件,由罪犯管理机关在对罪犯进行严格审查后,经过最高人民法院批准并决定,由最高人民法院发给特赦通知书。[1]

就完善我国的赦免制度而言,对一般赦免令的执行可作如下构想:一般赦免令发布后,有关追诉、审判和刑罚执行机关应在第一时间告诉相关被追诉人和被判刑人,要求其协助收集相关证明材料,由其本人或委托律师或其他人员拟定一份符合此次一般赦免条件的报告,然后将该报告和相关证明材料报送管辖法院初步审查后呈报最高人民法院。最高人民法院对其进行审查后发放一般赦免通知书,载明:根据一般赦免令,被追诉人和被判刑人哪些具体情况符合一般赦免令的哪些具体规定,从而对其产生何种具体的赦免效力。一般赦免通知书应分别送达被追诉人和被判刑人的管辖法院、被追诉人和被判刑人本人,以及对被追诉人和被判刑人进行追诉或执行刑罚的机构。[2]

对特别赦免令的执行,则要改变过去那种先颁发特赦令再审查犯罪人的有关情况、并根据审查意见由最高人民法院确定特赦的具体名单的做法,而应当根据提请或申请,先由赦免事务委员会初步审查,再视情况分别报国家主席或全国人大常委会决定,特别赦免令应直接写明被赦人的姓名,并载明特别赦免的原因、具体类型、效力、附加条件等。

无论是一般赦免令还是特别赦免令的执行,都需要遵循公共政策执行领域的监督原理,[3]加强对执行过程的监督,以确保实现政策的本来目的。特别是一般赦免令的执行,由于牵涉面广,加之一般赦免令本身常常不直接确定具体的赦免名单,因而更需要在执行中采取听证等公开、透明的措施,以免出现腐败等影响赦免声誉的现象。

五、死刑案件特别赦免程序之构想

在特别赦免中,有一类案件值得专门研究,就是死刑案件。根据《公民权利与政治权利国际公约》第 6 条第 4 项的规定:"任何被判处死刑的人应有权要求赦免或减刑。

---

[1] 参见郭金霞、苗鸣宇:《大赦、特赦——中外赦免制度概观》,群众出版社 2003 年版,第 198—199 页。
[2] 参见陈春勇:《赦免及其程序问题研究》,中国人民公安大学出版社 2010 年版,第 246—249 页。
[3] 参见刘仁文:《论刑事政策的执行》,载《刑事法评论》(第 11 卷),中国政法大学出版社 2002 年版。

对一切判处死刑的案件,均得给予大赦、特赦或减刑的机会。"我国已经签署该公约,并正在为批准该公约做准备。鉴于我国短期内不可能废除死刑,因此需要在死刑案件中增设申请特别赦免程序,以满足公约在这方面的最低人权标准。①

增设申请特别赦免程序也是完善办理死刑案件刑事诉讼制度的需要。我国《刑事诉讼法》第251条规定:下级人民法院收到最高人民法院执行死刑的命令后,若发现下列情形之一的,应当停止执行并立即报告最高人民法院,由最高人民法院作出裁定:1. 在执行前发现判决可能错误的;2. 在执行前罪犯揭发重大犯罪事实或者有其他重大立功表现,可能需要改判的;3. 罪犯正在怀孕。最高人民法院在1999年《关于对在执行死刑前发现重大情况需要改判的案件如何适用程序问题的批复》中指出:对上述需要改判的案件,由有死刑核准权的人民法院适用审判监督程序依法改判或者指令下级人民法院再审。问题是,根据我国刑事诉讼法的规定,刑事案件再审的理由是原生效判决"确有错误",而《刑事诉讼法》第251条规定的第二种情形,即死刑犯在死刑执行前揭发重大犯罪事实或者有其他重大立功表现的,这种改判并不是因为原判决在认定事实和适用法律上有错误。第三种情形的改判理由也不一定是原判决在认定事实和适用法律上有错误,因为该妇女可能不是"审判时正在怀孕的",而是在审判后甚至是判决生效后才受孕。② 对在审判后才受孕的女死刑犯进行改判,是基于人道主义和避免株连另一无辜生命的考虑,也是《公民权利与政治权利国际公约》第6条第5项规定的"怀胎妇女被判死刑,不得执行其刑"的要求。因此,笔者同意对此两种情形构建一个新的程序即死刑赦免程序来加以解决。③

或许有人会说,我国的死刑案件有一套普通刑事案件所没有的复核程序,已经体现了对死刑案件的特别重视,该复核程序可充当前述特别赦免程序的功能。对此,笔者持否定意见。首先,死刑复核程序是一套司法程序,而特别赦免程序是独立于司法机关之外的另一套程序。在死刑核准之前,死刑判决仍然是未生效的判决,但特别赦免程序则是在判决已经生效的情况下才提起的。其次,死刑复核并不能代行特别赦免的功能,如对独生子女犯死罪的,在死刑复核环节必须坚持法律面前人人平等,但从国家施仁政的角度来看,也许在赦免上就可以找到理由。④ 又如,对被判死刑后患精神

---

① 可以说,死刑犯申请特赦或减刑已经成为一项国际公认的权利,其他如联合国《关于保护死刑犯权利的保障措施》第7条也规定:任何被判死刑的人"有权寻求赦免或减刑";《美洲人权公约》第4条也规定:任何一个被处死刑者"都有权请求赦免、特赦或者减刑"。

② 有人可能会说,审判后或判决生效后犯人被关在看守所里,怎么可能怀孕呢?但这种可能性在现实中确实存在,如有的女死刑犯勾引看守所的干警与其发生性关系致其怀孕,还有的女死刑犯被看守所长等人强奸而致怀孕。例如,《江南时报》2000年7月15日以《谁令死刑无法执行》为题,报道了一名"血债累累、罪大恶极"的女囚,在看守所内被看守所长等人多次强奸致其怀孕,结果本应处以死刑的她被改判无期徒刑。

③ 参见竹怀军:《论我国死刑赦免制度的构建》,载《湖南师范大学社会科学学报》2004年第5期。

④ 法理学者苏力在反对废除死刑的同时,还主张对独生子女可以免死(参见苏力:《从药家鑫案看刑罚的殃及效果和罪责自负》,载《法学》2011年第6期),结果被刑法学者邱兴隆抓住了他逻辑上的软肋(参见邱兴隆:《就独生子女免死对苏力教授说不》,载《法学》2011年第10期)。其实,如果苏力不从法律层面而从政策层面,提出用赦免的方法来达到对独生子女免死的目的,也许从逻辑上就要顺畅得多了。

病或绝症的罪犯,可以赦免,但复核就不一定能从法律上找到免死的依据(除非在立法上明确规定此种情形下不可以核准死刑)。再次,在一审、二审和复核之外再加一套特别赦免程序,一点都不算多。许多教训表明,经过三级司法审查后仍然不能发现死刑案件的全部错误。即便像美国这样死刑案件诉讼程序近乎漫长的国家,近年来仍不断爆出无辜者被错误定罪、其中不少差点被错误执行死刑的消息。[①]

在具体设计死刑特别赦免程序时,应注意以下问题:

1. 死刑特别赦免机关。有论者认为,赦免死刑的机关应是最高人民法院。[②] 这种意见值得商榷,因为在死刑核准权统一收回后,最高人民法院目前已是行使死刑核准权的唯一机关,再将赦免权赋予它,在实际工作中核准权和赦免权就将由同一机构来行使,这样可能会带来机制上的不顺,导致效果不佳。例如,最高人民法院先核准死刑,再赦免死刑,即使是由不同的部门决定,也难免对最高人民法院决定的严肃性产生一定的冲击。因此,对于死刑案件的特别赦免程序,还是宜遵循前述笔者所构想的特别赦免程序,即个案的特别赦免由国家主席直接决定并颁布特别赦免令,多案的特别赦免则在由全国人大常委会决定后再由国家主席以特别赦免令的形式颁行。[③]

2. 死刑特别赦免类型。死刑犯申请的特别赦免类型以减刑为妥,不宜特赦和复权。特赦,即免除死刑犯的刑罚,走得太远,社会公众难以接受。相应地,由于赦免性复权以刑罚执行终了或刑罚执行免除为前提,而死刑案件还没有到这一步,所以也不存在赦免性复权。不仅如此,这里的赦免性减刑也应有所限制,即不应无限制地减刑,一般减刑为死刑缓期两年执行即可。因为毕竟经过了前面的一审和二审以及复核程序,所以到这一关不宜步子迈得太大。

3. 死刑特别赦免对象。主要包括:一是前面所说的《刑事诉讼法》第251条规定的两种情形,即死刑犯在死刑执行前揭发重大犯罪事实或者有其他重大立功表现的,以及死刑犯在审判后怀孕的。二是对被判死刑后患精神病或绝症的罪犯,应准予减刑。三是对于老年人或青少年罪犯。我国刑法虽然规定对犯罪的时候已满18周岁的人可以判处死刑,但如果被处死刑者仍然是青少年(特别是刚过18周岁),还是应当在其申请赦免时视具体案情给予考虑。另外,《刑法修正案》(八)虽然增加规定了对审判的时候已满75周岁的人一般不适用死刑的规定,但如果老年罪犯还没到75周岁(特别是马上就要到75周岁),因而被判处死刑的,仍然有根据案情需要通过特别赦免来减刑之必要。四是弱智罪犯和新生婴儿母亲罪犯。美国最高法院早些年曾有一个判决,认为处决弱智罪犯违反了美国《宪法》第8条规定的"不得施加残忍的和异常的惩

[①] 需要指出的是,国内有媒体报道美国有许多无辜者被处死(参见王菊芳:《二十七年全美近百人蒙冤而死 伊州死刑大赦引起强烈反响》,载《检察日报》2003年1月14日),但在一次国际会议上,有美国学者告诉我,这个消息是不准确的,正确的说法应当是:"不可能确切知道,但也许有无辜者被执行了死刑。"参见 DPIC 网站,DPIC 是 Death Penalty Information Center 的简称,即"死刑信息中心"。根据这个信息,我们至少可以看出,美国尚无明确被证明是杀错了人的冤案,这说明它的死刑案件诉讼程序近乎漫长还是比较有效地保证了死刑案件的质量。

[②] 参见竹怀军:《论我国死刑赦免制度的构建》,载《湖南师范大学社会科学学报》2004年第5期。

[③] 如果需要对死刑案件进行一般赦免时,则遵循一般赦免的程序。

罚"，从此禁止对弱智犯执行死刑。① 罪犯的智商问题，现在科学上已经能够得到解决，因而笔者认为对弱智罪犯不执行死刑也是人道主义的体现。同样出于人道主义的考虑，对新生婴儿的母亲罪犯也应不执行死刑。如果这些人被判处死刑，应当尽量考虑通过特别赦免来减轻其刑。五是对于独生子女罪犯，特别是几代单传的，或者父母已经无法再生育的，如果被判处死刑，也应当尽量考虑通过特别赦免来免其一死。当然，并不是不加区别地对所有独生子女罪犯都可一律免死，还要看具体案情。六是出于外交等因素考虑的某些案件。例如，我国2009年判处英国毒贩阿克毛死刑并随后处决，不仅在英国，甚至在欧盟都引起强烈"地震"，因为包括英国在内的欧盟早已废除死刑，但依据我国法律，似乎不判其死刑又没有法律根据。类似案件如果有特别赦免程序，则可先由法院判处其死刑，然后再借助特别赦免这一渠道，将其减刑。七是出于其他国际、国内因素的考虑，或者案件本身的特殊情况需要用特别赦免来调节法律的刚性的。

4. 死刑执行期限。与死刑特别赦免制度相关的一个问题是，按照目前我国刑事诉讼法的规定，死刑一旦核准，就将在7天内执行，这一间隔早已被学界批评为太短，若从构建死刑特别赦免制度而言，也必须延长死刑执行的期限，否则可能还没来得及启动特别赦免程序，死刑就已经执行了。笔者认为，把死刑执行期限由现在的7天改为6个月比较适宜，当然如果在这期间死刑犯提起特别赦免程序，则自当等该程序走完，而不必局限于6个月。

六、结语：制定《中华人民共和国赦免法》的建议

从世界各国和地区的赦免立法模式看，在确立了赦免宪法性基础的前提下，有分散型和法典化两种立法模式，前者体现为在刑法、刑事诉讼法中分别规定赦免的实体和程序内容，后者则是制定专门的赦免法。通过本文前面的分析，我国赦免制度除了在宪法上需要加以完善外，还需要在实体和程序上予以具体化。究竟是采分散型立法好还是法典化立法好？对此，笔者的综合考量结果是，制定一部专门的《赦免法》对我国来说比较科学，也比较可行，理由如下：

首先，从1979年我国颁布刑法、刑事诉讼法以来，我国的赦免制度长期处于边缘化状态。无论是宪法还是刑法和刑事诉讼法，对赦免制度的规定都"过于概括和原则，内容单薄、疏漏，缺乏可操作性……具体规定根本达不到'制度'的层次。"②实践中赦免制度也被长期搁置，人们对新中国成立后几次特赦的印象也还停留在政策性强、随意性大的记忆中，仿佛赦免是与法治相对立的产物。近年来关于国家特赦甚至大赦的建议一直存在，但由于该领域无法可依，因此各种建议也五花八门。为了激活赦免制

---

① 参见刘仁文：《弱智罪犯不执行死刑之启示》，载《检察日报》2003年1月17日。
② 参见陈东升：《赦免制度研究》，中国人民公安大学出版社2004年版，第204页。

度并规范其运行,在完善宪法关于赦免的基本类型的前提下,制定一部专门的赦免法,实有必要。

其次,现在很多国家或地区都将赦免扩大适用到行政性处罚和纪律性制裁上来,如韩国2002年为庆祝世界杯的举办,减免违章累积积分等约481万名,其所依据的就是韩国《赦免法》第4条的规定:"关于对违反行政法规规定行为的犯则或惩罚,或者根据惩戒法规的惩戒(相当于纪律处分——引者注)或惩罚的免除,应准用赦免的规定。"在我国,由于行政处罚和行政处分的范围比较广,特别是还包括劳动教养和治安处罚等诸多可以剥夺人身自由的处罚,赦免更应准用于这些领域,否则就不公平。实践中,有的事例也可以为我们提供进一步的思考,如2008年汶川地震时,广州市司法局"特赦"了29名川籍劳教人员,让其回去参与救灾。虽然"按照国家的政策,我们可以有给余期三个月以下的劳教人员减期的权限",但"因为自然灾害而为劳教人员减期,这在国内还没有人尝试过"。① 这其实是一种典型的"特赦",也说明在今后的赦免制度运行中,把劳教等考虑在内的合理性。这种准用性赦免的内容放到刑法或刑事诉讼法中都不妥,最好是在专门的赦免法中明文规定。

最后,那些对赦免持分散型立法的国家和地区,一般都是赦免早已成为习惯、通过长期的法治发展而形成的。对于我国这样一个需要重新在法治基础上激活赦免制度的成文法国家而言,专门立法是最有效率、最能保证依法行赦、使赦免制度严格沿着法治的轨道运行的理想选择。尽管像大赦这类赦免,每次都需要立法机关单独出台法令,但那只区别于大赦的具体内容,如每次大赦的范围等。对于包括大赦在内的各种赦免,大至法律效力、一般程序,小至赦免状(减刑状、复权状)的颁布、送达,都需要详细加以规定。特别我国正处于建设社会主义法治国家的进程中,社会的规范意识还亟待强化,公众对司法腐败有极大的关切,在这样一种情况下,通过专门立法,一方面可以重拾赦免这一重要的治国艺术,另一方面也能确保其有序运行。

曾有美国学者疑惑地发问:为什么在法院提供了如此精细的法律标准和诉讼程序后,现代社会还要允许赦免的存在呢?其追问的结果是:法律并不是完美的,当法律制度自身不能实现正义结果时,有赖赦免来施以正义;当法律制度在个案中过于严厉时,有赖赦免来施以仁慈。② 其实,赦免的功能还不止于此。作为一项重要的刑事政策,它在对内赢得民心、凝聚民意,对外维护国家利益、树立国家形象等多方面均具有难以

---

① 参见廖杰华等:《广州29名川籍劳教人员获"特赦" 赴灾区救赎》,载《广州日报》2008年6月25日。
② 参见〔美〕琳达.E.卡特等:《美国死刑法精解》,王秀梅等译,北京大学出版社2009年版,第260页。

取代的作用。① 我国赦免制度的法律规范不健全和实践中的长期搁置,不仅导致赦免的积极功能没有得到有效的发挥,而且滋长了潜规则的流行,甚至带来法治上的困惑。如我国实践中对某些特殊罪犯采取"保外就医"的做法,其实这些人并不是因为身体健康的原因,只不过借这个制度来实现别的目的罢了。② 又如,实践中对某些外国间谍判处有期徒刑,但并没有执行,就将其驱逐出境,这显然有违我国相关法律,也是对法院判决的不尊重。③ 如果对此类案件适用赦免措施,则能在维护法律权威的同时,妥善化解法律难题。

我国正处于社会和法律的转型期,恰当运用赦免制度,可以更好地实现社会正义。④ 为此,借鉴其他国家和地区的经验,制定一部符合中国国情的《中华人民共和国赦免法》,明确赦免实施的各项实体和程序条件,使之真正成为国家在适当时机实现善治的一个选项,这应当可以作为本文的结论吧。

---

① 还记得1999年国庆前夕,笔者到香港参加一个国际会议,当时有香港人士问我:国庆50周年,各行各业均有喜事,有没有想过也要给那些犯人和他们的家人一个惊喜呢,比如特赦? 这个提问我一直难忘(后来回来还专门就此通过社科院的《要报》报送了一份关于在建国50周年对那些确已悔改的犯人实行特赦的建议),它给我的启发是,国家在适当的时候,对符合条件的犯人实行赦免,给他们及其家人一种惊喜,不仅不会引起社会怨言,反而在某种意义上还能满足社会心理的期待。人类潜意识中其实是有一种天生的善和怜悯的感情的,同时也有一种对惊喜的期盼,这可以用人在理性之外还有感性的一面来解释。据载,古代欧洲的囚犯在某些情况下会有机会给法官出谜语,法官若解不出谜底,就得开牢门放人,此之谓"赦罪之谜"。若真有某个令人同情的囚犯因此而获释(我相信这种概率一定是极低的),难道我们的本性不替他/她感到幸运乎?

② 例如,曾为新疆首富的热比娅于2000年以向境外组织非法提供国家情报罪被判8年有期徒刑,2005年,在其允诺"出境后绝不参与危害中国国家安全的任何活动"后,司法部门同意其申请"保外就医"。又如,陈伯达于1980年被最高人民法院特别法庭判处有期徒刑后,1981年就获准"保外就医"。本来按照《刑事诉讼法》的规定,"保外就医"只能适用于"有严重疾病"的罪犯,但这两个例子都反映出,"保外就医"其实是"醉翁之意不在酒",是为了实现更重要的政治目的。

③ 按照我国《外国人入境出境管理法》,驱逐出境可以作为一种行政处罚方法来适用。一旦进入刑事程序,它就只能作为一种刑罚方法来适用。按照《刑法》第35条的规定,对于犯罪的外国人,可以独立适用或者附加适用驱逐出境。附加适用要在主刑执行完毕后才能执行,那种对外国间谍判处有期徒刑后又不执行就直接适用驱逐出境的做法,是说不通的。相比而言,曾经轰动一时的美国间谍波普一案,时任俄罗斯总统的普京在法院对其定罪判刑后通过赦免来化解外交风波的做法,就显得更加名正言顺。

④ 2010年12月1日,《法制晚报》报道了中国最后一个流氓犯在监狱服刑的消息,使得消失已久的"流氓罪"再次进入舆论视野,引起很大的社会反响。许多人建议对其进行特赦,但至今未看到下文。

对"性贿赂"是否需要入罪的理性思考[*]

主讲人：杨兴培，华东政法大学教授、博士生导师
主持人：姚建龙，上海政法学院刑事司法学院院长、教授
时　间：2012年11月11日下午

一、导　言

　　一个幽灵，一个"性贿赂"的幽灵时下正在中华大地游荡、徘徊和肆虐。
　　面对幽灵，那些上不能坚守入世后就要勤政为国、清廉为民的宏伟志愿，下不能退守不与淫恶妥协、不与财色为伍人生底线的为官者们暗暗庆幸喜欢，庆幸他们生于灰暗社会、恰逢腐败时代与"性贿赂"不期而遇，使他们有了一个能做"人上人"的机遇，权钱交易为立身基础，权色联姻为幸福指数，放纵物欲喷涌听任色欲下流，从而获得了从上到下、从里到外、从肉体到精神的通体快活。于是在"性贿赂"幽灵的牵引下，演绎出种种千奇百怪、奇闻迭出的新段子来，粉色之花常常结出罪恶之果。面对幽灵，社会大众一方面免费听到和看到了太多不是大片而又胜似大片的种种闹剧，亲历和见证了一个时代的堕落，使之成为茶余饭后津津乐道的谈资来源和有趣故事；另一方面又无不怒从中来，好端端的一个社会竟被这些无良官吏搞得如此淫乱不堪，难忘历史教训，视此为误国误民，呼号为洪水猛兽，深恶痛绝。
　　近来，随着原铁道部长刘志军一案的审结落幕、原中共重庆北碚区委书记雷政富一案的一锤定刑、原国家发改委副主任刘铁男一案的丑事爆发……"性贿赂"的幽灵再一次集群性地爆发而出没在中国社会，由此引发的舆论讨伐如波涛汹涌。无论是刘志军几番"临幸"红楼剧组的传闻，还是雷政富令人作呕的十二秒"平常动作"；无论是根据原《婚姻法》修改起草专家小组主要负责人巫昌祯教授曾提到的被查处的贪官污吏中95％都有"情妇"出没，腐败的领导干部中60％以上都与"包二奶"有关的统计，还是由原最高人民检察院副检察长赵登举曾在某次新闻发布会上公布的广州、深圳、珠海查出的102宗高官贪污受贿案件中，100％有包养"二奶"的数据；无论是国家层级的中央大员、独镇一方的"封疆大吏"，还是散布于全国各地不胜枚举的地方官僚，多少官员拜倒在石榴裙下，多少"能在花下死、做鬼也风流"的陈年旧事或当下新闻的曝光，都属

---

　　[*]　本讲稿由主讲人提供，载《法治研究》2013年第11期。

于举国皆惊、举世未闻的国家丑闻。以此观之,"性贿赂"的话题已非仅仅属于人们茶余饭后的谈资来源和故事,也不是无关紧要的社会新闻边角料,而是涉及国家兴亡民族盛衰的家国大事。于是人们群起而攻之,一个个站在独特的角度概括着"性贿赂"的社会危害性来讨论其入刑为罪的重要性和必要性,剑锋所指,强烈呼吁我国法律不能等闲视之,理当早日通过刑法规制以便将罪犯绳之以法。"性贿赂"问题作为刑法上的一个当然问题,刑法学界自当无法回避,于是已有刑法学者自担重任,开始讨论"性贿赂"在刑法中的应有归宿和恰当位置了,有学者历数"性贿赂"应当入罪的十大理由,[1]又有人提出"性贿赂"应当入罪的十五个迫切性话题,[2]更有众多的学者和时人为"性贿赂"如何入罪进行了理论论证和技术设计。但反对声依然十分强烈,一时间可谓纷纷扰扰。因此很有必要对于我国刑法是否需要、能否将"性贿赂"入刑为罪的问题进行一番专门和系统的研究。

二、性的社会意义和历史发展

严格地说,"性贿赂"不是一个法律名词,通常指的是国家工作人员利用职务之便在婚姻之外,非法接受他人提供的性服务,为他人谋取利益的行为,即一方以权谋色、另一方以色牟利的权色交易行为。概念是对事物本质的揭示,现象是客观存在的,然而本质的概括和解释可能因人而异,人类社会所有的价值体现不在如何观察现象而在如何解释本质。性贿赂与性紧密相连,是以性为核心内容的。"性贿赂"能不能入罪,首先要确认什么是性?什么是"性贿赂"?"性"能否作为一种物品、一样东西、一项物质内容进行行贿受贿?对象的统一、概念的确切、内涵的界定,是我们进行社会问题思考和研究的一个必要性前提和基础。

从性的最基本自然含义上分析,性是指一种事物所具有的特质,是指此事物与他事物相区别的主要标志。天地有乾坤,人间有阴阳,男人、女人,表明了人所具有的不可调和的性别(变性人属于例外),性表明了人所具有的独特的自然属性。大自然的法则,两性相悦,异性相吸,阴阳和顺,男女相配,繁衍子孙,是人类社会生存的基础条件。"每逢鸳鸯交颈,又看连理花开,无知花鸟动情怀,岂可人无欢爱。"人是自然性和社会性高度结合的产物,所以由性引发的性行为又是人的一种天然的自然行为。人类虽然从树上爬了下来,从伊甸园里走了出来,但只要人类的自我生产依然无法违背大自然的规则,只要人类的生活内容依然需要物质、精神两半开,两性的情爱就必然是人类物质生活和精神生活的重要内容。中国的孔夫子早在两千五百多年前就曾说过:"食色,性也"[3]。这就意味着性欲与吃饭一样都是人的本能需要。人的性欲是伴随着人类一

---

[1] 参见金泽刚:《性贿赂入罪的十大理由》,载《东方早报》2013年7月6日。
[2] 参见邵道生:《"性贿赂"与腐败贪官的十五个话题》,载人民网2005年04月19日。
[3] 孟子:《告子·上》。

起诞生的,人类的性爱之所以高级,就在于它的全部目的不只是繁衍后代,而是充满着精神的愉悦。但自从人类形成社会以后,性行为就不仅仅像吃喝拉撒那样纯粹的自然性行为一样简单了,它具有复杂的社会属性。有人终身不娶,也有人终身不嫁,无论需不需要性行为,都可以说是一种社会化的行为表现。因此性事行为是人类生活和人类文化中极为重要的一种社会现象。

从最基本的社会哲学意义上分析,任何一种事物的性或称之为性质的属性,是紧紧依附于事物本身的,正像事物的形影关系,性质不可能脱离事物现象而独立存在。从这一意义上说,人的不同性别也是紧紧依附于男人或女人人身的一种特质现象。性是自然的,但利用性进行的社会活动却具有社会意义。性对于人类来说真是一种奇异的现象,作为其自然性而言,也许人类的性事活动与整个脊椎类动物没什么大的区别,因此对于性只有在社会意义上进行讨论才具有社会意义。当人类社会脱离蒙昧时代进入文明门槛以后,性事活动就不仅仅是自然性的行为,更是属于社会化的活动。在文明社会中,就一般情形而言,只有单向性的、强制性的性行为,例如强奸、强制猥亵等都要受到法律的禁止。只有那种双向性的性行为,才有一个合法和非法抑或失范的界定问题。性的自然性和社会性高度结合在一起,撇开其自然性而言,性的社会性主要体现在三个方面:

一、生儿育女,进行人类自身的繁衍。恩格斯曾指出:"历史中的决定性因素,归根结底是直接生活的生产和再生产。但是,生产本身又有两种。一方面是生活资料即食物、衣服、住房以及为此所必需的工具的生产;另一方面是人自身的生产,即种的繁衍。"[1]在中国,生儿育女,传宗接代,更是涉及家族烟火传承的大事,"不孝有三,无后为大"[2],已深深地烙印在中华民族的文化基因深处。尽管性爱本身,即"爱情的动力和内在的本质是男子和女子的性欲,是延续种属的本能。"[3]但是这种现象的本质还是在于:"在传宗接代的基础上产生于男女之间,使人能获得特别强烈的肉体和精神享受的这种综合的(既是生物的、又是社会的)互相倾慕和交往之情。"[4]其实在人类社会的发展过程中,婚姻并不完全是爱情的结合,婚姻也并不完全为了传宗接代的自然需要,婚姻包含着太多的社会意义。然而,在合法的婚姻关系中,性所具有的全部社会意义,都会在一个合法的婚姻外壳下得到人们的认可,即使婚姻有时是多么的不合理甚至野蛮,例如群婚制、乱婚制、一夫多妻制或一妻多夫制,性都不能成为法律否定的对象。这一点不在本文的讨论范围之内。

二、弥补性的饥渴需要,娼妓因此而产生。古代公开提供性服务的女子有两种,即娼和妓。娼的本义是指在大街上揽客,以提供性服务为生的女子。娼没有取悦男性的专门知识和技能,多为中年女子,俗称"娼妇",在街市热闹处揽客,交易对象多为社

---

[1] 《马克思恩格斯选集》第四卷,人民出版社 2012 年版,第 13 页。
[2] 孟子:《离娄·上》。
[3] 〔保〕瓦西列夫:《情爱论》,三联书店 1984 年版,第 1 页。
[4] 同上书,引言第 5 页。

会底层劳动者。妓者,顾名思义是指受过专业训练,有专门的技能者,比如琴棋书画样样精通,吟诵唱和个个娴熟,服务对象多为达官贵人,文人雅士。在色情行业内,妓的职业地位高于娼,例如,日本的"艺伎",所服务的对象社会地位较高,收费也较高。民国时代的名妓"小凤仙",其服务对象中就有蔡锷将军。我国娼妓之起源,大概胚胎于周襄王时代,齐国宰相管仲专设女闾,即为始作俑者。《战国策》二卷"东周"引周文君云:"齐桓公宫中女市女闾七百。按《周礼》'五家为比,五比为闾',则一闾为二十五家。管仲设女闾七百,为一万七千五百家。管仲设女闾,等于后世之有花捐也。"……我国娼妓制度,既自"女闾"开其端,自此以后,无代不有。唐承六朝金粉之后,娼妓之多,空前未有。[①] 历史上和现代社会中人们对娼妓的评价从来就是褒贬不一,认为其对社会有很大的社会危害性者有之。这种观点认为妓女的存在会败坏伦理道德和社会风气,诱导人们沉溺于声色犬马、肉欲享乐之中,消磨人们积极向上的活力和意志力,使人们变得颓唐萎靡,对社会风气与社会发展起着消极作用,甚至会破坏已有的家庭稳定。认为其对社会生活有润滑作用者也有之,在日本、美国、法国等国家,妓女是一种合法的职业。这种观点认为妓女的存在有助于解决大量未婚者、无法成婚者等人的性需要,能缓和社会矛盾冲突。意大利犯罪学家 C.龙勃罗索曾明确指出:妓女的存在有利于预防大量性犯罪的产生。还有些人认为妓女的存在能够改善夫妻性生活的单调,又因为不会与妓女产生感情联系,反而能有助于婚姻家庭的稳定。中华人民共和国新政权建立后,妓女是法律禁止的职业。

三、弥补情感变化的需要。婚外情(ultra-marriage love)是指已婚者与配偶之外的人发生爱情。婚外情是一种违背传统道德观念、违背社会公德的情感表现,对个人、家庭和社会都有危害,是一个十分让人头疼的家庭问题,因而也是一个十分严重的社会问题。"婚外情"从字面上它是一种情爱,但本质上还是性的问题,它不过是一个偷情更偷性的过程。婚外情一般有三种发展方向:一种是风调雨顺情投意合后发展为婚姻关系(但也意味着另一个婚姻的破裂);一种是云浓雨骤后风清日朗回归本来状态;还有一种是偷腥尝得美味欲罢难休,歧途不想回车,悬崖没有勒马,以致家破人亡,甚至堕入犯罪深渊。在社会生活中,对"婚外情"一词含义的理解也会因人而异。一般女性倾向于把出于纯自然需要发生的婚外性行为视为拈花惹草或是红杏出墙,而喜欢将因情感引发的"婚外情"界定为一种具有深度感情的表现,但一般男性则把"婚外情"看成获得性补充的一个有效而合理的来源。在中国传统的伦理观念中,对"婚外情"的态度一般带有贬义态度,斥之为"婚外情等于第三者,第三者等于通奸",而通奸在某些特定时期还被当作犯罪行为进行处理。

"性贿赂"涉及的性一般来说介于上述后两种之间,或者兼有第二、三种之属性。从上述我们对性的社会发展来分析,性行为和性现象纯粹从自然性的角度来说比较简单,只要在男女之间有了本能的需要就可以演变为一种自然的性行为,但是自然性的

[①] 参见黄现璠:《唐代社会概略》,商务印书馆1937年版。

性行为现象一旦和社会化的情感心理相结合就会变得十分复杂。性和情可以结合得完美无缺——天下的恩爱夫妻比比皆是,直教人生死相许;性和情也可以分离——不要说青楼卖笑,就是夫妻间也可同床异梦,镜碎难圆。但无论从自然性的角度还是社会性的角度来看,性从来不可以从人体中分离出来而成为一种独立的物质存在。不然由此强奸案在刑法中就不复存在,强奸就会演变成强行占有他人身体之外的一种物品的抢劫罪了,由此整个刑法体系将会发生根本性的变动。同样法律中也不可能存在一个单独对性的破坏行为。强行性的性行为可以毁坏一个女人的名节、声誉甚至其家庭的幸福,可以侵害女性性的不可侵犯的神圣权利,但不能独立的破坏性本身。所以在古今中外的刑法体系之中,强奸罪一向被规定在侵犯人身的犯罪之中。

三、"性贿赂"的历史考察和现实概览

性与事物本身高度结合在一起,意味着性与人也是高度结合在一起的。但在长期的社会发展过程中,当人可以成为一种物品、成为一种东西作为实现某种目的的手段时,将性与人捆绑在一起看成一种物品、一种东西也未尝不可。原始的母权制氏族曾是一切文明民族的父权制氏族以前的阶段,[①]但"母权制被推翻,乃是女性的具有世界历史意义的失败。丈夫在家中也掌握了权柄,而妻子则被贬低,被奴役,变成丈夫淫欲的奴隶"[②]。奴隶是人也是物。在更广泛的人类视野中,在人类社会发展的历史过程中,特别是在部族、民族甚至国家之间的战争中,一旦战败,女人就会成为胜利者的战利品。在"荷马的史诗中,被俘虏的年轻妇女都成了胜利者的肉欲的牺牲品;军事首领们按照他们的军阶依次选择其中的最美丽者"[③]。于是,当这种天然资源渐渐变成物品,变成谋取政治、经济利益、获取私欲的筹码时,女人作为一种物品、一种财物、一种东西就不足为奇,而且不同于一般无声无息无生命的物品,女人作为一种活的物品更具有无生命物品供人愉悦的特殊功能。于是性、女人作为贿赂的内容便成为可能,成为现实,"性贿赂"这个专用名词也应运而生,于是占有了女人便占有了女人的"性"。两性相悦能产生奇异的悦目、怡心、愉体、销魂、飘飘欲仙的幸福感和满足感,这是人的自然属性的反应,但由此产生的征服感和占有感则是人的一种社会属性的反映。当人类从母系社会发展到父系社会阶段时,男人们开始对权力全面掌控,位势优越的胜利者对社会全面控制后,当人类的贪欲从保证自己在物质方面的满足需要转向对精神的深度享受时,女色作为物质和精神合二为一的产品同样不可避免地作为男人和位势优越的胜利者的物质和精神大餐被供奉于权力的脚下而呈现于胜利者的眼前。因此,从人类社会历史的发展过程来看,"性贿赂"并不是一个新问题,古已有之。中国最早的

---

① 参见《马克思恩格斯选集》第四卷,人民出版社2012年版,第25页。
② 同上书,第66页。
③ 同上书,第72页。

"性贿赂"见诸《史记·周本纪》：

> 崇侯虎谮西伯于殷曰："西伯积善累德，诸侯皆向之，将不利于帝。"帝纣乃囚西伯羑里。闳夭之徒患之，乃求有莘氏美女，骊戎之文马，有熊九驷，他奇怪物，因殷嬖臣费仲而献之纣。纣大说，曰："此一物足以释西伯，况其多乎！"乃赦西伯，赐之弓矢斧钺，使西伯得征伐。

此文大意是：崇侯虎向殷纣说西伯的坏话，他说："西伯积累善行、美德，诸侯都归向他，这将对您不利呀！"于是纣王就把西伯囚禁在羑里。闳夭等人都为西伯担心，就设法找来有莘氏的美女，骊戎地区出产的红鬃白身、目如黄金的骏马，有熊国出产的三十六匹好马，还有其他一些珍奇宝物，通过殷的宠臣费仲献给纣王。纣王见了这些非常高兴，说："这些东西有了一件就可以释放西伯了，何况这么多呢！"不仅赦免了西伯，还赐给他弓箭斧钺，让他有权征讨邻近的诸侯。这里女性第一次作为一种物品、一种贡品、一种东西被端上了权力的祭台，成为贿赂罪的一种内容。于是，在人类的历史上，女人作为一种特殊的物品随时伴随着政治、经济、文化的需要被赠送、被贡献、被供奉，于是"性贿赂"就与贪欲、淫欲、利益，就与政治、阴谋、犯罪，甚至与战争、和平相联系、相联姻，并演绎出桩桩件件稀世离奇的红尘故事来。

流传后世的中国古代四大美女——西施、王昭君、貂蝉、杨玉环的故事实际上都是"性贿赂"的产物。"一代倾城逐浪花，吴宫空自忆儿家"的西施，为了实现越王勾践的复国大业，忍辱负重，只身前往吴国，"只为君王家国仇，抛却一躯女儿身"，以至于最后导致吴王夫差落得了一个国破身亡、贻笑天下的可耻结局，这可谓中国古代"性贿赂"最成功的标本。如果没有"性贿赂"，作为一代佳人自应该是"头白溪边尚浣纱"。汉武帝之后，匈奴复又强盛，汉朝无能，只好忍辱"和亲"。王昭君原名王嫱，是汉元帝的宫女。为换取暂时的和平，汉元帝只好拱手相赠"美女"进贡匈奴王呼韩邪单于，这种名义上的"和亲"，本质上是一种涉外的"性贿赂"之举。"沉鱼落雁绝古今，玉碎香消为黎民。"三国时期，天下大乱，貂蝉本是东汉末年司徒王允的义女，生得国色天香，自有倾国倾城之貌，见东汉王朝被奸臣董卓所操纵，便于月下焚香祷告上天，愿为主人担忧。王允眼看董卓将要篡夺东汉王朝，心忧如焚，便与貂蝉设下连环计，使董卓、吕布两人反目成仇，最终借吕布之手除掉了恶贼董卓。貂蝉的戏剧形象意义在于，在这个清一色男人争霸的世界里，成功地显示出了一个绝色女子的胆量与智慧。但放在现代法律意义上评价，貂蝉与王允的所作所为不过就是一种"性贿赂"的行为罢了。至于"天长地久有时尽，此恨绵绵无绝期"的一曲长恨歌，道尽了唐玄宗与杨贵妃的缠绵情爱故事，但所谓贵妃不过是唐玄宗之子寿王为避祸邀宠而采取的一出"美人计"而已。一言而蔽之，"四大美女"都是"美人计"或曰"性贿赂"的产物，或为复仇，或为消灾，或为避祸，或为邀宠，她们都是中国古代"性贿赂"的典型，尽管她们本身也是政治与权力斗争的牺牲品。

中国古代一般命官收受"性贿赂"最早记载见于《左传》：

> 晋邢侯与雍子争鄐田,久而无成。士景伯如楚,叔鱼摄理,韩宣子命断旧狱,罪在雍子。雍子纳其女于叔鱼,叔鱼蔽罪邢侯。邢侯怒,杀叔鱼与雍子于朝。宣子问其罪于叔向。叔向曰:"三人同罪,施生戮死可也。雍子自知其罪,而赂以买直,鲋也鬻狱,刑侯专杀,其罪一也。己恶而掠美为昏,贪以败官为墨,杀人不忌为贼。《夏书》曰:'昏、墨、贼,杀。'皋陶之刑也。请从之。"①乃施邢侯而尸雍子与叔鱼于市。

此案发生于鲁昭公十四年(公元前528年)。案情是这样的,晋国邢侯与雍子争夺田产的归属,久而未决。晋国的司法官士景伯又正好到楚国去了,由叔鱼代理司法官的职务。韩宣子命令他审断这个过去的积案。经过审理叔鱼发现罪在雍子。于是雍子献女儿于叔鱼,叔鱼便断邢侯有罪。邢侯愤怒至极,当场就在官府的大堂上将叔鱼与雍子杀死了。这些记载都可谓中国古代"性贿赂"的始作俑者,或成功、或败国、或乱法,从中道出了"性贿赂"行为"软箭伤人、误国害民、法理不容"的道理来。以至于中国古代《唐律·职制篇》专门有规定:

> 诸监临之官……枉法娶人妻女者,以奸论加二等。为亲属娶者亦同。行求者,各减二等。各离之。

其大意是无论是接受"性贿赂"还是赠送"性贿赂",都是犯罪,都在打击严惩之列,而且还有主、从之分,收受"性贿赂"的官员为主犯,从严惩处,赠送"性贿赂"的庶民为从犯,虽可减等处罚,但已属犯罪无疑。

现代"性贿赂"在各类腐败案件中可谓是最夺人眼球,也最令当事人声名狼藉的一种腐败行为。与其他形式的腐败案件相比,性贿赂不仅同样导致公权力滥用,还将极大地动摇政府威信、败坏官场风气,同时还会引起公众的强烈愤慨。"性贿赂"在国外也常见于某些记载,例如,葛兰素史克的总部位于英国,分支机构遍布世界100多个国家,主要的研发中心位于英国、美国、西班牙、比利时和中国,在全球建有约70家生产基地。葛兰素史克是少数为世界卫生组织确定的三大全球性疾病——疟疾、艾滋病和结核病同时研制药物和疫苗的公司之一。葛兰素史克中国分部为了承接 GSK 中国更多的业务,可谓使尽浑身解数,串通有关旅行社,不仅有送现金、为旅游埋单等手段,个别旅行社还使出了性贿赂,向某高管长期提供"美人"以维系关系。② 但当今世界绝大多数国家仍没有将性贿赂入罪,其原因是不希望用对性贿赂行为的感性道德谴责来替代刑事立法的理性思考。不过法律虽无法直接惩治性贿赂,但可以通过对权力的监督,使涉案的性丑闻终究无法隐藏。因此,在当今国外的新闻报道中,性丑闻事件多有见闻而通过"性贿赂"谋利的案件少有发生。目前除了日本之外,尚无发达国家将"性贿赂"明文作为法条规定为犯罪。在日本这个政治家对风尘女子多有偏爱的国家,"性贿赂"被《日本刑法》第197条纳入打击范围,该条规定"公务员或仲裁人关于职务上的

---

① 《左传·昭公十四年》。
② 参见《葛兰素史克"贿赂门"四高管被抓》,载《新京报》2013年7月15日。

事情,收受、要求或约定贿赂的是受贿罪"。从日本的司法实践看,对于贿赂的定义十分宽泛,包括:"满足人们需求、欲望的一切利益""艺妓的表演艺术""男女间的交情"。正因为如此,在《联合国反腐败公约》中,公职人员接受的"不正当利益"主要是指"具有货币价值的物品",并不包括性贿赂。在美国的《联邦贿赂法》《禁止利用暴力胁迫妨碍通商法》《联邦交通法》《不正当敛财及不正当犯罪组织法》中,贿赂的内容被定义为"任何有价之物",没有任何一个判例和解释认为"性贿赂"可以包括在内。在我国香港地区的《防止贿赂条例》中,贿赂内容为认定为"利益",即"1. 佣金、礼物、贷款;2. 茶钱,利是;3. 金币"。由此可以看出,在国内一些媒体报道中,有关"世界各国已普遍将性贿赂入罪"的说法,有夸张之嫌。

随着人类历史的向前发展,绝大多数国家的妇女已从法律上获得了与男人同样的社会地位与权利。女人如同奴隶一样在法律上不再是一种物品的时候,女人也就不再是一种东西。但是在娼妓成为社会一种合法职业的条件下,性依然可以成为一种服务性社会商品。正因为性服务可以成为一种社会商品,妓女就可以按质论价。这种现象不但在当今一些承认娼妓为合法职业的国家中存在,其实在中国古代女人只是男人的衣服、男人的附属物那个时代里也存在。所以我们在明清时代"三言二拍"之类的白话小说中,经常可以看到类似的故事,无论是《卖油郎独占花魁》《杜十娘怒沉百宝箱》,还是《玉堂春落难逢夫》等故事中,我们都能轻而易举地获知不同的妓女具有不同的身价。如果性是一种服务商品,就可以根据市场规律,按质论价。性和人是不能分离的,但在商品经济条件下,性服务和人是可以分离的,正像在市场经济条件下,劳动力和人可以分离一样。所以当今国外论及"性贿赂"犯罪的现象时主要是指性服务。

四、性贿赂应当入罪的主要理由概览

由于众多说不清、道不明因素的综合作用,在今天的中国,"性贿赂"这种现象得以死灰复燃,而且有愈演愈烈的趋势,已经呈现出严重的社会危害性,这是一个客观的现实存在,以至于有很多人开始提出将"性贿赂"入刑的主张,其理由是:

一、"性贿赂"具有极大的社会危害性,面对如此腐败的社会现象而不动用刑罚这一极端手段,难以治理。这种观点指出,通过价值抽象,我们完全可以说"性贿赂"就像其他物质贿赂一样,已经开始动摇这个国家的立国根基。社会现实证明"性贿赂"已屡屡成为重大腐败事件的组成部分,对整个社会的公平正义造成越来越严重的破坏。所谓"饱暖思淫欲""权力是最好的春药",都说明"性贿赂"在当代社会更是有机可乘,其社会危害性充分反映出犯罪之恶。因此只有通过增设"性贿赂犯罪"或者把"性和女人"作为贿赂内容加以规定,才能有利于遏制这种腐败现象的进一步蔓延。将"性贿赂"列入刑法打击范围之内,是完善贿赂罪的迫切需要。动用刑罚手段遏制"性贿赂",

并不违背刑法的谦抑精神。①

二、把"性贿赂"纳入刑法体系不但中国古代有经验和实例可供借鉴,而且将"性贿赂"通过刑法修订纳入犯罪体系也符合国际反腐败的总体趋势。当今世界如欧洲、北美和亚洲的一些国家的刑法也通过"非财产性利益"的技术性规定将此作为贿赂犯罪的内容加以包容,将"性贿赂行为"用法律的形式确定下来,这些立法经验也可资借鉴。再如,《联合国反腐败公约》将贿赂界定为"不正当好处",也为打击贿赂犯罪提供了可以扩大解释的依据。即使在司法实践中这些国家对"性贿赂"定罪量刑的案件很少,但"'性贿赂'入罪"的立法仍然起到了有效的威慑作用。对此我们完全可以本着"古为今用、洋为中用"的立场加以借鉴和采用。②

三、把"性贿赂"纳入刑法体系,通过刑事手段加以惩治,可以起到安抚民心的作用。现在很多的贪官"偎红倚绿、搂裙拥衾",不以为耻反以为荣。从此,真善美被颠覆,羞耻心被抛却,为官的社会责任感被践踏。对此现象,不以刑罚手段加以收拾,法复何用?"性贿赂"入罪,可以弥补我国反腐机制和社会价值理念的不足。我国相关政策和司法实践,为"性贿赂"入罪提供了一定的法律基础。2007年7月,最高人民法院和最高人民检察院联合发布的《关于办理受贿刑事案件适用法律若干问题的意见》规定了"特定关系人"和"情妇(夫)"的概念。情妇(夫)进入受贿罪的司法解释,增加了法律对政府官员私德的关注,使"性贿赂"开始进入刑法的视野。由此可见,要求在刑法中增设"性贿赂犯罪",从社会情理上说,可谓合情合理,顺乎民心。基于"性贿赂"的社会危害性越来越明显、越来越严重,有时甚至超过物质性的贿赂,因此,现在重提这一概念,充分反映了当前我国民众反腐心切。刑法理论界也有许多学者赞同这一呼声,并开始为增设"性贿赂犯罪"进行技术设计,提供理论上的支持。③

的确,从人类历史的经验教训和社会发展的情理来说,"性贿赂"肆虐横行,惹得天怒人怨,如一剂精神毒品,对社会具有极大的腐蚀、伤害作用,由此认为产生极大的社会危害性也并非虚言。但法律作为社会的行为规范和司法操作的准则具有极大的严肃性和规范性,我们认为只有在进行严肃和周密的论证之后才能得出可靠的结论,在涉及某种行为是否应当入罪的问题上,我们应当防止任何感情的冲动、主观的臆想和未经证伪质疑的结论。因此,对于"性贿赂",我们还是需要从法理上作进一步的探讨,我国刑法对此理应抱有十分谨慎的态度。人们应当要明白,对于刑事立法者来说,设立任何一个犯罪条款,就证实而言是一个无限的过程,即使一千个理由都不能够轻易成立一个命题;而就证伪来说,一个反例就可以消解、推翻一个命题。这是我们在讨论"性贿赂"问题时必须要直面的科学态度。

---

① 参见金泽刚:《性贿赂入罪的十大理由》,载《东方早报》2013年7月5日。
② 同上。
③ 参见薛进展、谢杰:《性贿赂犯罪化的正当基础》,载《检察日报》2008年8月21日。

五、性贿赂不应当入罪的理由辩述

人类的发展使我们已经进入现代文明的历史阶段。现代文明可以划分为三个层次,即器用文明或技术文明、规则文明或制度文明和观念文明或意识文明,这三个文明的划分可以应用到社会生活的各个领域。我们在讨论"性贿赂"要不要入刑的问题时,也需要从这三个层面进行思考。这是因为在严肃的刑法领域,刑事立法者对任何一种犯罪的设计与规定,都必须考虑到刑罚不仅涉及不特定人的"生杀予夺",需要考虑制度设计的体系性协调问题、刑罚的成本问题以及刑法的技术性运用问题,还需要考虑到社会历史的发展进程。这是因为一部法律不仅仅是社会生活的现实写照,而且一部好的成熟的法律同时也需要具有引领社会进步的价值取向,学会与时俱进,向着更为文明的方向看齐的价值选择,作为刑法规范更要具有只是防卫社会生存条件最后一道屏障的价值提炼。所以在涉及"性贿赂"是否需要入刑、能否入刑的问题上,我们必须慎之又慎。

(一)从历史发展的观念文明角度来重新认识人类的性问题

从历史发展的进程来看,随着社会的进步,文明的提升,人类对性问题的处置是否需要纳入刑法领域通过刑事手段进行调节的态度变得越来越谨慎。就总体而言,有关非暴力的性问题应当主要通过社会的道德力量而非法律手段加以调整越来越成为一种文明时代的发展趋势,无法逆转。尽管"性贿赂"现象绝对具有社会的负面效应,有时甚至很大,稍一放大,即可认为已经具有十分严重的社会危害性也不过分。但果真要探究其行为本质,我们认为"性贿赂"的本质不在于性本身,而在于性背后的"权"和"钱"的问题。对于性,我们可以把它放在私人道德领域中加以讨论甚至谴责,但是对于权钱交易则是公权运行领域必须加以禁止和制裁的内容。想当年对于美国总统克林顿与莱温斯基之间发生风流韵事,因为克林顿并未为莱温斯基谋取任何私利,美国人没觉得有什么了不起。但美国人认为,作为总统做了错事就得有担当不能撒谎,身为总统负有向公众说清真相的义务,而没有向公众撒谎的权力。所以,在美国人们关心的是权力的运行,而不是性的行为。"性贿赂"问题的本质在于有人无视法纪,利用职权胡作非为。性不过是一种表象,只是性容易吸引人们的眼球。"性贿赂"之所以屡屡成功,就在于权力得不到有效的监督和制约,而得不到监督和制约的权力必然要自觉地"寻租"和"寻色",此种老道手法实乃古今相通中外相同。所以,真正需要预防和惩治的是利用职务之便的权力犯罪,而不是在于惩治"性"本身。不然我国刑法如果设立一个"国家工作人员道德败坏罪"不是更直截了当,更具有杀伤力吗?但如果道德败坏也能入罪,道德与法律、刑法和他法的界限就被模糊了。如果说,"性贿赂犯罪"古已有之,那已俱往矣;如果说,当今世界他国也有之,那我们得看看哪些国家竟有之?得想想为什么会有之?有什么充足的情理、道理、法理?它的内容到底是什么?他山之石可以攻玉,但不能叫风便是雨。

首先,女人到底是人还是物?五千年的历史让我们一言难尽,但到今天,女人已是人而不是物。从目前的社会现实生活来看,"性贿赂"主要以向各级官吏"赠与、奉送、进贡"女性为主,中间虽也不乏有些女性自甘堕落投怀送抱,但必须指出,随着时代的进步,女人已经从"物"的种类中解放出来了,已获得了"人"的资格。所以今天如果我们还在刑法中增设"性贿赂犯罪",那就意味着将女人、哪怕只是其中一部分女人重新视为贿赂内容的"一种物品",可以任意地进贡、奉送、赠与,这在某种意义上是一种绝对的历史倒退,是对女性的亵渎,对当今人类文明进步的一种羞辱。人们应当要知道人权具有普遍价值和崇高意义,人一旦把自己当成商品交换,把女人重新看成商品,这个时代就会发生倒退。即使在市场经济条件下什么东西都可以成为商品的时候,我们也不要忘了作为法律人还必须以法律为标准,所以象牙、毒品可以在黑市上交易,但在法律上却不是商品。

其次,从与时俱进的法律观念来说,自从人类步出伊甸园,男女便不平等,女人仅仅是男人的附庸,女人是衣服、女人是物品成为绝大多数女人的宿命,甚至女人是玩物也是一种不正常社会的"正常现象"。以至于女人没有独立的人格和人身价值,女人非人的法律规定和社会现象曾经不绝于史。尽管在人类的历史上,女人经常不被视为一个人,而是胜利者手中的战利品和玩物,但随着民主时代的到来,男女平等作为一个先进性的民主观念和普世价值已经深入人心,于是整个"女人类"不但获得了人的资格而且已经作为一个泛世界性的法律规定存在于世界绝大多数国家的法律当中。尽管在当今的社会生活中,我们看到和听到有不少女人穿梭于衣冠禽兽的"男官"之间,极尽风流之事,醉心于"玩与被玩"之间,搅乱了一池池清波之水(近年来虽也出现倒过来的"女官"玩弄男性的现象,但毕竟不具有普遍性,故这里不作专门评价)。但对于这些女人来说,她们在这个浑浊的社会里,实际上是在进行一种所谓的"投资",从一些"身败名裂、人财两空"的教训中,有些女人甚至学会了疯狂的敛财,助纣为虐。对于她们,我们可以怒其不幸,哀其不争,一旦构成现有刑法中的什么罪,就得以什么罪来定罪处罚。正是站在历史发展的角度,我们必须进一步指出,当我们已经把女人从"物"的概念中解放了出来,就再也不允许把"她"还回去。

再次,其实人们在痛恶为官者在道德领域不能为人楷模的同时,更痛恨的是在"性贿赂"背后的"权色交易、权钱交易"勾当。这一"权色交易、权钱交易"的行为勾当虽与"性"有一定的联系,但它又是一种相对独立的行为表现。特别是利用公权力进行的"权色交易、权钱交易",作为交易一方的国家工作人员,在现有的法律框架里已经触犯了有关的规定,诸如玩忽职守、滥用职权等,如果再侵吞或收受钱财而作"金屋藏娇"之举,则可构成贪污受贿之罪。而当贪官身边的女人与贪官密谋于枕席之上,收受于暗室之中时,那么在现实的司法实践中,是可以作为贪污受贿的共同犯罪人论处的;如果贪官身边的女人已知贪官的钱财来路不明,属赃物无疑,仍来者不拒受之不愧,则这些女性的行为本身也是可以构成犯罪的,在法律上定为利用影响力受贿罪或者窝赃、销赃、移赃罪都没有任何技术上的障碍,甚至直接定为洗钱罪都无妨,为什么非要设立"性贿赂犯罪"才能了事?是的,我们今天已没有必要重弹"红颜祸水"的老调,更没有必要借"性"的问题在刑法上作猎奇式的思考。中国曾是一个谈性色变的社会,就我国刑法立法当时而言,中国的性观念还相对比较保守。随着对外开放和人文观念的与时俱进,当前性观念日益更新,今天反而有点谈性成趣的倾向,像南京马尧海聚众淫乱的犯罪案件之所以发生如此大的争议,原因就在于此。如果不一味站在传统理学的高度进行纯粹道德的批判,那么当今社会的确有点"两岸猿声啼不住,轻舟已过万重山"的韵味,对某些在刑法明文规定的边缘地带行为,学会适当的容忍和宽容也是时代进步的体现。要知道在"性贿赂"的问题上,"漫言丑恶皆'性'出,造孽开端实在'权'",这才是问题的根本所在。

(二)从社会发展的制度文明角度来重新认识"性贿赂"现象

从法律制度上看,我们跨越了人类发展过程中的千山万水,费了九牛二虎之力,终于将通奸等一些男女之间的性违法、性罪错的行为从刑法中剔除出去了,这是我国刑事立法一个制度性的进步表现。就性的表现形式而言,"性贿赂"与通奸、性乱为等性违法、性罪错行为既具有同一性,又有相异性。今天,在法律上,只有夫妻关系存续期间的性行为才是合法的,夫妻关系是性行为的钢铁堡垒和黄金关牒,因而在此不论。而无论是"性贿赂"还是通奸、性乱为等性违法、性罪错行为,他们的同一性表现在都属于超出夫妻关系的性行为,而超出夫妻关系的性行为都是非法的,都应当在道德伦理上受到人们的否定和谴责,不管其背后的原委是什么。从这个意义上说,"性贿赂"与通奸、性乱为等其他性违法、性罪错行为具有性质上的相似性和关联性。所以一旦"性贿赂"入刑,就意味着当一罪俱罪。然而果真如此,那就是刑法制度的倒退。反过来我们也不能说,可以承认民间的通奸不以犯罪论,而当官的"通奸"就变成了犯罪("性贿赂"从"性"的表现形式上说,其实质是一种通奸行为),从自然犯的角度因身份不同定罪有别也是违反现代刑事立法原则的。如果刑法增设"性贿赂犯罪",就会满足人们对"性贿赂犯罪"在情感上的愤恨。当这些女性成为"性贿赂犯罪"对象中的"物品",则具体落实到法律制度上,对犯罪对象中的"物品"又何以能认定为共同犯罪进行刑事处罚呢?

最好的社会政策才是最好的刑事政策,最好的道德约束是防范性贿赂的有效途径。其实人们应当明白这样一个道理,依靠刑法建立的只能是一个稳定的秩序,而绝不可能建立起来一个正经、正派和正道的社会来。现实社会生活中"性贿赂"行为的确具有相当大的社会负面影响,主张"性贿赂"非罪化并不否认"性贿赂"行为具有的社会危害性,只是从理论与现实的可行性考虑,认为将其犯罪化并不可取。刑法上的社会危害性是一种价值评价和价值判断,但刑法本身是一种行为规范,是作为规范评价的操作依据的。现代司法实践的操作要求遵循的是"规范先行、价值随后"的原则,一种行为要进入犯罪领域接受立法的规定,一个犯罪要进入刑罚领域接受司法的评价,光有价值评价,没有规范评价,司法实践是无法进行的。

(三) 从犯罪构成的定罪和量刑的操作角度来分析"性贿赂"

从司法实践的技术应用上看,法律一旦制定以后,就是要运用的。在目前的贿赂犯罪中,刑法规定对贿赂犯罪的定罪处罚是以财物一定的价值、价格甚至是使用价值作为定性定量的依据的。在司法领域的技术操作上做到精益求精,是现代法治社会对司法实践的一个基本要求,任何一种"毛估估"的评价方式,任何一种带有文学性浪漫想象而轻言犯罪与否的做法,都是对法律的误读,是对被告人或者受刑人的不尊重,甚至是对追求正义的抛弃。因此在司法实践中,"性贿赂"一旦入罪,无论在定罪还是量刑方面就会面临各种具体障碍:

首先,刑法一旦设立"性贿赂"犯罪,作为与"性贿赂"相关的女人还能否构成犯罪就不无问题。女人在法律上具备犯罪主体的资格条件。在法律上,一个人到达刑事责任年龄,具备刑事责任能力以后,就被视为成人。女人一旦与他人合谋,即使是被人牵线搭桥"进贡、奉送、赠与"他人,使他人要么构成"性贿赂"受贿者,要么构成"性贿赂"行贿者,此时的女人就可以构成共犯。如果刑法增设了"性贿赂犯罪",对犯罪对象的"物品"何以能认定为犯罪进行刑事处罚呢?在现代法律上,女人对自己拥有绝对的性自由权利。如果女人自己主动投怀送抱,此时对于这样的女性行为人,在法律上,我们是评价为行贿人,还是被行贿的对象呢?如果评价为行贿人,由于性不具有独立性,那她送了什么东西?如果评价为行贿内容,那谁是行贿人?更主要的是当女性被他人介绍或赠与时,如果女性不同意与"受贿者"同床共寝,只要承认女性是一个独立的女人,"受贿人"就构成强奸罪,反之,"受贿人"还能构成强奸罪吗?

其次,对于贿赂罪来说,一旦行贿受贿行为完成,作为贿赂的对象就会发生转移,受贿人就实现了对财物的占有。而在"性贿赂"行为当中,女性随时可以收回自己的性自由权利,受贿人根本无法对女性实行占有和控制。最起码在法律上,被进贡的女性还是一个独立的"人"的时候,受贿人对女性能进行占有吗?在财产性"贿赂"中,收受人只要收下财物,一般来说就已经构成受贿罪(这里对是否为他人谋利不作过多的分析评价),而在"性贿赂"行为中,受贿人占有"赃物",与其有性的往来,就意味着受贿罪已经成立,但无其他违法行为怎么办?而如无其他违法行为,那么与通奸等性违法、性罪错行为又如何区别?贿赂犯罪意味着受贿人收受他人行贿的物品进行了非法占有,那么对于"性贿赂"来说,行为人占有了什么?是占有了女人,还是占有女人的性?性是无形的,不是一种物质的存在,不具有独立性。如果说认定行为人构成受贿罪,他收受到了什么?收受到了多少?一旦东窗事发,赃物又该如何追缴?

最后,在现代文明的法律制度中,人是目的而不是手段,因此女人是人不是物,女人没有"价值",女人是无价的;女人本身不是手段,女人也是人人平等的。社会无法将女人放到贿赂犯罪的对象当中作为"物品"进行估价拍卖、讨价还价、吆喝叫卖。当然我们知道提出将"性贿赂"纳入刑法领域的学者也会指出,传统刑法规定的纯粹以贿赂物品数量数额作为定罪量刑的依据不合时宜,刑法完全可以在基本的财物性贿赂犯罪之外,另行规定一个行为犯的形式,增加以"情节严重、情节特别严重"作为构成犯罪的依据,作为与受贿数额较大、巨大并行的定罪量刑的标准。也许法律可以这样规定,但在实践操作中,何谓情节严重、情节特别严重?情节严重与否,这是一个价值评价的问题,在现实生活中是难以量化的。现代刑法学原理表明,一种行为要进入犯罪领域接受立法的规定,就必然要进入实践领域进行定罪和量刑的司法评价。即使我们把这种纯属于"自由心证、自由裁量"的价值评价的权限交给具体的司法工作人员,其中的司法不平衡也是可想而知的。退一步说,即使我们通过一些必要的司法解释尽可能将"性贿赂犯罪"的依据加以具体化和定量化,但是"情节严重""情节特别严重"怎么具体和怎么量化呢?比如对社会危害性的认定,是以行贿对象的"人数"多少为标准还是以"受贿人"与作为"犯罪对象"的女性之间发生非法性行为的次数多少为标准?是以"受贿人"拥有"赃物"的时间长短为标准还是以受贿人与"赃物"之间的感情深浅为标准?可以想象"性贿赂"行为中,有的人有性的往来,但无其他违法行为的表现;有人虽有性的往来,但也有情义的往来,此时如何去分辨其中性的成分是多少,情或义的成分是多少?现实生活中对贪官污吏死心塌地、以身相许、以心相随的痴心女人也多的是。我们总不能希冀通过使用药房的天平等精确的器具来对"性贿赂"的情节进行衡量。

六、余　　论

法律为人心所设,也可为人心所解。"性贿赂"是否可以入刑,全在于人心所思人力所为。对于愈演愈烈、屡禁不止的无良无耻官员利用职务之便的性滥交、性乱交现象,我们真的也可以硬性设立一个"性贿赂犯罪",但这里必须有一个必要的前提条件和现实的社会基础,即"性贿赂犯罪"必须与性的时代生存条件相吻合。人天然不可以成为商品,但性(严格地说是性服务)是否可以成为一种商品是可以随着社会历史条件的转变而转化的,不过这应该以一个国家的性价值观念导向为基础,以这个国家的法律为依据。当现实生活的权色交易中性服务实际上已是一种"商品",但我国在法律上还不予承认的时候,性服务依然不能以商品而论,只能依法加以取缔和制止,正像象牙交易、毒品交易、枪支弹药的交易。如果"性"的时代生存条件允许其从人体中分离出来,正像劳动力从人体中分离出来成为一种社会商品一样,能够有一个社会价值和使用价值,有一个买卖市场时,妓女不是商品,但性服务可以是商品,就像洗脚店里的洗脚活动一样。这在我们国家是难以想象的。在目前的条件下,我国刑法无法将"性贿赂"作为一种具体的犯罪规定在刑法之中。其实,即使在承认卖淫嫖娼为合法的国家,对"性贿赂"入罪也是慎之又慎,几乎不见于明文规定,更况乎我国?

其实在性贿赂的问题上真正需要讨论是:在现有的刑法规定框架下,能否让我们在政治观念、法治观念上多一些监督意识,做到防官如防贼,防权如防火,防止权力的滥用如防洪水泛滥?比如,在制度上多一些监督措施,把权力关进制度的"笼子"里,让权力的幽暗处处暴露在阳光之下,让权力能在阳光下运行,规定国家工作人员无隐私的制度,国家工作人员财产申报的制度等;在技术上多一些监督手段,允许新闻舆论对国家工作人员的跟踪报道等。千万不要一有问题,在其他手段还未用上、还未用尽时,就想到刑罚这一社会防卫的最后的极端的手段。刑法不是万能的,记得德国刑法学者耶林曾说过一句著名的话:"刑罚一旦运用不当,对国家和犯罪人都是不利的,是两败俱伤。"①

---

① 参见林山田:《刑罚学》,台湾商务印书馆1985年版,第127页。

盗窃罪的认定思路与要点[*]

主讲人：黄祥青，上海市第一中级人民法院副院长、法学博士
主持人：姚建龙，上海政法学院刑事司法学院院长、教授
评议人：江维龙（上海政法学院刑事司法学院刑法教研室主任、副教授）；陈丽天（上海政法学院刑事司法学院刑法教研室副教授）
时　　间：2013年12月9日上午

2013年4月3日，"两高"联合发布《关于办理盗窃刑事案件适用法律若干问题的解释》（以下简称《盗窃罪司法解释》），具体明确了盗窃罪的定罪量刑标准及相关法律政策界限。为了准确认定本罪，现就司法实践中的突出争议问题作进一步探讨。

一、盗窃罪的处罚根据

依据《刑法修正案（八）》（以下简称《修八》）的修改，盗窃罪的成罪标准共有并列规定的五项内容，即在既往规定盗窃公私财物、数额较大和多次盗窃的基础上，又新增入户盗窃、携带凶器盗窃和扒窃三项可以独立成罪。对于司法者来说，正确解读法律乃准确适用法律的必要前提。立法增设三种盗窃犯罪行为，为惩治相关犯罪提供了明确的法律依据。但就定罪量刑活动而言，仅仅掌握形式上的法律依据是不够的，进一步从实质上探究法条背后每种犯罪的正当处罚（事实）根据，亦即具体因为何种性质及程度的危害社会的事实，才招致法律给予相当程度的制裁与处罚，这是解读法律的重心所在。尤其是在存在两个以上并列的追诉、处罚标准时，厘清各自不同的规制重点及处罚限度，乃把握法律精神、正确认定相关犯罪的必要步骤。

由是以观，盗窃公私财物、数额较大是以盗窃行为对公私财产法益造成的客观危害后果作为处罚重点；多次盗窃则是以行为人的盗窃习性及相应的人身危险性作为处罚根据。那么，新增加的三种盗窃行为没有设定犯罪数额与次数，其与前列两种行为的不同处罚事由何在？通俗些说，入户盗窃等三种特殊盗窃罪不以主客观方面的危害后果或者人身危险性作为处罚根据，在法律价值上又与此相当的其他处罚事由是什么？这是理解、适用本法条时必须先行探究并说明的问题。依据有关立法背景的解

---

[*] 本讲稿由主讲人提供，载《人民司法》2014年第7期。

说,新增加的三种盗窃行为往往对于人民群众的人身安全构成现实威胁,虽然其侵犯他人财物的数额可能较小,但同样具有严重的社会危害性,故不论盗窃数额、次数多少,均以犯罪论处。① 由此可见,在界定形形色色的盗窃行为时,能否认定为入户盗窃、携带凶器盗窃或者扒窃,除应对盗窃行为方式作形式上的审查判断外,还应以有无形成对于他人人身安全的现实威胁作为实质性的评判标准。伸言之,如果具体盗窃行为在外观上符合入户盗窃等三种特殊盗窃罪的一般特征,但实质上并不具有对于被害人人身安全的现实危险性,则不能认定为相应的特殊盗窃罪,因为缺乏动用刑罚处罚的充分事实依据。再从刑法解释方法论层面说,盗窃罪的本质属性是侵犯财产类犯罪,倘若以财产以外的其他相关法益作为处罚根据,在刑法解释方法的选择上,则适宜进行限缩解释,即不能将其他相关法益的范围界定过宽,否则就有可能偏离盗窃罪的本质属性,影响定罪量刑的法律正当性。

基于上述分析,对于实务中经常引发争议的一些非典型性的特殊盗窃行为,应当从认定标准与解释方法两个方面,评判、掌握合适的治罪范围。扼要阐述如下:

(1) 关于入户盗窃。对于行为人侵入他人正在装修、尚未实际入住的民宅内行窃的,因侵犯他人居家安全的事实状态尚未真正形成,且盗窃财物的数额较小,基于严格限缩解释的立场,就不宜认定为入户盗窃,作为犯罪处理。对于此种盗窃行为依法给予相应的行政处罚,应属适宜。对于侵入他人住宅实施杀人、强奸等暴力犯罪后又顺手牵羊窃取他人财物的,也不宜认定为入户盗窃,主要理由在于:非法侵入他人住宅的行为是实施故意杀人、强奸犯罪的必经过程,已经构成一个犯罪行为事实整体,理当作为吸收犯一并予以完整评价。倘若在后续的盗窃行为中认定入户盗窃,则难免有重复评价之虞;如果把非法入户行为从先行的杀人、强奸犯罪过程中剥离出来,人为地后置作为入户盗窃评价,又有违背客观事实与法律逻辑之弊。故以上两条路径,均不可取。换言之,在入户盗窃中,法律进行否定评价的对象,是非法侵入他人住宅的行为,而不是单纯的盗窃行为发生在他人家中的事实状态。这是认定入户盗窃时应当把握的又一适用要点。因此,在司法实践中,有必要把入户盗窃与各种缘由形成的在户盗窃行为严格区分开来。

(2) 关于携带凶器盗窃。对于携带仿真玩具刀枪行窃的,因该种刀枪在功能上并不具有严重危害他人人身安全的现实危险性,尽管在具体案件中被害人可能因为发现盗窃者身藏"刀枪"而放弃反抗或追赶,但从实际危害性层面考量,还是应以盗窃财物的数量多寡作为评判此类盗窃行为成罪与否的事实依据。值得注意的是,对于携带盗窃作案工具行窃的,某些作案工具在功能作用上可能具有一定的杀伤力,譬如用于剪切摩托车、电动自行车锁具的长柄老虎钳等,其能否作为凶器认定,则不能单凭客观性能一个方面作出判断。因为它具有犯罪工具与凶器的双重属性,因此应当结合行为人的主观犯意与客观行为表现,综合作出判定。如果盗窃者确实将之仅仅用作行窃工

---

① 参见黄太云:《刑法修正案解读全编》,人民法院出版社2001年版,第112页。

具,整个盗窃过程中并没有用于侵害、威胁他人人身安全的,则不宜认定为携带凶器盗窃。否则,既可能在个案上发生认定案件事实不准的问题,有客观归罪之嫌;也可能在法律政策层面,导致大量的携带盗窃作案工具的案件被当作携带凶器盗窃予以认定,从而背离限缩解释的方向,酿成打击面过宽之弊。当然,如果有共犯等证言证实,或者盗窃者有将上述长柄老虎钳等兼作侵害他人人身安全用途的先例,也可以认定携带凶器盗窃。

(3)关于扒窃。盗窃罪司法解释仅将扒窃对象限定为随身携带的财物,并未对其放置状态作出进一步的规定。实践中,被害人将随身携带的财物放置在公共场所或公共交通工具上的具体位置常有距离自己远近不同的多种表现。例如,有的乘客将旅行箱包放置在长途客车的底层专用行李箱内或者列车的头顶行李架上,这时财物与人身形成明显的分离状态。针对此种财物的盗窃行为,既与日常生活观念上的扒窃概念不尽相符,也与实质标准下对于被害人人身安全的现实危险性缺少紧密关联性,故不宜认定为扒窃。有鉴于此,在界定扒窃行为时,应将随身携带财物的放置状态也一并纳入考虑因素,有助于准确判断盗窃行为对于被害人人身安全的危险性。于是,笔者主张,扒窃是指秘密窃取他人贴身放置或者置于随手可及范围内的随身财物的行为。之所以作出如上两种并列的限定,只因仅作"贴身放置"一种表述可能存在偏狭之处,容易引起实务上的认定争议。例如,被害人将挎包背在肩上遭遇他人行窃,可认定为扒窃并无疑义。倘若被害人走进餐馆后将挎包放在自己座椅靠背内侧、紧贴身体的位置,此时遇窃难道就不是扒窃?再作推演,在整个用餐过程中,被害人就没有身体稍微前倾、离开挎包的时候?如果恰逢此时遇窃,又与前两种情形有多大区别?况且,在这种盗窃案件中,被害人当时是否贴身控制自己的挎包,实践中是难以确切甄别、翔实证明的。但没有太大疑问的是,该种窃取行为仍然符合一般观念上的扒窃概念,同样对于被害人人身安全具有现实的危险性,故增加"随手可及"的表述,可以有效避免是否紧密贴身的事实之争与认定之难,也符合实质上的治罪标准。

至于被害人对于自己随身携带财物的控制意识,则不宜在强弱程度上提出严苛的要求。具体说,对于窃取在公共场所睡觉者或者醉酒者随身携带的财物的,应当认定为扒窃。主要理由有两点:一是从法律正当性上讲,我们不能针对被害人控制自己合法财物的程度提出苛刻要求,只要被害人控制财物的事实状态能够让一般人所认知,他人就应当予以充分尊重,法律就应当给予有效保护。事实上,哪怕是被害人遗忘在家、已不知所踪的财物被他人窃取的,刑法理论和实务上均没有争议地认定为盗窃,而不作为侵占遗忘或遗失物来评价。理由很简单,被害人对于自家范围内的所有财物都具有概括的控制意思,此乃足矣,法律并不要求被害人确切知道。二是从证据角度说,倘若要求被害人控制财物的意识必须达到某种程度,要有力地证明睡觉或醉酒状态下的被害人在被盗当时是否达到该种意识程度也是极其困难的,实务上不具有可操作性。正如对于典型的扒窃案件而言,被害人也存在被盗当时是否立即发觉两种情况一样,我们不能说当时没有发觉者就没有达到控制财物的意识程度,进而不认定为扒窃。

可见,当即发觉与否以及概率为何,不是也不能作为表明控制意识的必备要素,睡觉或醉酒状态下的被害人当时没有发觉被窃的事实,不能成为认定扒窃行为的阻却因素。

(4)关于多次盗窃。如前所述,其处罚根据在于行为人的盗窃习性及相应的人身危险性。在具体认定上,通常需要把握两个要素:一是时间上的阶段性,即盗窃习性一般需要经由一段时间才足以作出适当的判断。这段时间不能设置得太短,否则容易把盗窃初犯、偶犯(仅因一次分别侵害多个对象)当作常习犯或惯犯认定,当然不尽妥当。① 同时也不宜设定得太长,不然就较难把某些偶尔为之的小偷小摸违法行为与盗窃成性的犯罪行为严格区分开来,从而混淆违法与犯罪的界限。本次关于盗窃罪司法解释将之调整为两年,足见加大打击力度的政策取向。② 二是行为上的反复性,即行为人在不同的时空条件下反复萌生犯意并且敢于付诸实施,由此从主客观两个方面一致显现盗窃行为的习惯性。应予指出的是,盗窃行为的反复性,并不强调每次盗窃行为方式的同一性。对于单独不能构成犯罪的三次以上的盗窃行为,如三次以上的扒窃,或者扒窃、入户盗窃和普通盗窃各一次等,均可以成立多次盗窃。也就是说,多次盗窃是针对其他治罪标准不能规制的盗窃行为,以处罚盗窃习性为根据而独立设置的治罪类型,带有拾遗补阙的功能和性质,是对其他治罪标准的有益补充。从司法实践情况看,认定多次盗窃主要存在三个争议问题:一是对于行为人出于一个概括的犯意,在大致相同的时空范围内,连续实施的多个盗窃行为,是作一次还是多次盗窃认定?如对于在一个上下班高峰时段内在一个公交车站台附近,或者一趟列车上先后窃取三名以上乘客的少量财物的,现在认识已渐趋统一,即宜作一次盗窃评价。因为依据行为人一朝一夕的行为表现,很难得出其盗窃成性的稳妥判断。二是对于盗窃未遂、中止等未完成形态的行为,能否将其计入盗窃次数?目前,实务上业已形成典型案例,即犯罪中止是表明行为人主观恶性及人身危险性减弱的事实,不宜用作相反方向的佐证依据;否则既违背法律逻辑性,也在刑罚适用上可能遭遇现实困境,故不宜计入犯罪次数。③

至今仍存较大争议的是第三个问题,即对于两年内受过刑事或行政处罚的盗窃行为,能否计入盗窃次数?单从主观恶性及人身危险性程度方面考量,行为人在两年内受过刑事或行政处罚后仍不思悔改、再行盗窃,相较于没有受到过刑事或行政处罚的三次盗窃行为来说,前者似乎显现更大的处罚必要性。然而,刑法适用往往不能停留于单向度的比较、判断,而须适时关注系统合理与协调性。只有缜密协调的规范体系,才能产生整体的规制力量。有鉴于此,笔者主张:对于两年内受到刑事处罚的盗窃行为,不能计入盗窃次数;但受到行政处罚的盗窃违法行为,不受此限。主要理由有三点:

第一,从立法层面检视,并列设置的五种盗窃成罪标准是一个完整的规制体系,对

---

① 参见黄祥青:《刑法适用要点解析》,人民法院出版社2011年版,第281—282页。
② 参见最高人民法院研究室编:《司法文件选解读》(总第6辑),人民法院出版社2013年版,第32页。
③ 参见赵秉志主编:《刑事法判解研究》(总第23辑),人民法院出版社2012年版,第101页。

于多次盗窃的解释与适用，理当置于整体之中来阐发。如前所述，多次盗窃在并列规制的体系中具有补充性，从立法源头上讲，多次盗窃就是指三次以上的盗窃违法行为的集合体。如果包含相应的犯罪行为，就必然与其他并列规定的成罪标准发生重合或重叠现象，从而违反并列设置治罪标准的一般规则或要领。另一方面，如果包含相应的犯罪行为，还可能突破"两年内"的限制界线。因为发生在三年、五年前的盗窃犯罪（只要未过追诉时效），完全可能出于各种原因而延宕至两年以内才处罚。倘若将此种两年之前发生的盗窃行为纳入多次盗窃的范畴来评价，显然有悖立法旨意。

第二，从法律适用层面分析，如果允许受过刑事处罚的盗窃犯罪计入盗窃次数，则可能发生与累犯情节的适用冲突。具体说，当前罪与正在认定的多次盗窃均为判处有期徒刑以上刑罚之罪时，是否认定累犯情节，就会成为几近无解的适用难题。因为，依照法律规定，前后两罪当属累犯无疑，但就法律适用原则来说，前罪既作为定罪的依据计入盗窃次数，又作为累犯的构成要素成为量刑情节，此乃典型的"一个事实两头挑"现象，明显违反刑法上的禁止重复评价原则。可见，将前罪计入盗窃次数，很可能产生法律适用上的抵触问题，不可取。

第三，从实际操作层面考虑，在两年内发生的盗窃违法、犯罪行为可能存在多种表现，既可能盗窃犯罪发生得最早，也可能发生于其中而与之前的盗窃违法行为一并受到了处罚。如果是后者，且可计入盗窃的次数，则意味着其后只要实施任何一次小偷小摸的行为，就必然构成多次盗窃而成罪。果真如此，显有动辄用刑的严苛之弊。因此，对于两年内发生的盗窃犯罪及其之前的盗窃违法行为，不能计入盗窃次数。

比较而言，单纯受到行政处罚的盗窃违法行为并不存在上述各种问题。将其计入盗窃次数，既能客观地反映行为人的盗窃习性，也符合办理盗窃案件的实际需要。倘若要求多次盗窃违法行为均未受到行政处罚，则只能希冀发生两种情况：要么行为人如实交代司法机关没有掌握的前两次盗窃行为；要么司法机关发现前两次盗窃行为均不作实际处理，留待第三次抓获时一并作为多次盗窃予以认定。很显然，这两种情况都是不切实际的设想，不宜主张或提倡。

二、盗窃罪的数额标准

讨论盗窃罪的数额标准，主要涉及两个争议问题：一是对于入户盗窃、携带凶器盗窃和扒窃三种特殊的盗窃罪，是否需要设定定罪的数额标准？二是对于普通盗窃罪的不同量刑档次，如何设置合适的数额标准？

一种观点认为，《修八》将入户盗窃、携带凶器盗窃和扒窃明确规定为行为犯，加之我国劳教制度改革，有必要扩大盗窃等常见多发犯罪的治罪范围，因此，上述三种特殊的盗窃罪无须设定定罪的数额标准，应当一律定罪。对此，笔者持有不同见解，主要理由阐述如下：

首先，从刑事法律制度体系看，我国公安机关停止执行劳教制度，并不改变我国刑事违法与犯罪双轨并行的二元规制体系,对于治安违法行为的行政处罚制度仍在执行。与此衔接,我国《刑法》第 13 条规定的"但书"内容依然有效,在依法惩治盗窃违法犯罪行为时,当然应当各留空间、协调规制。实践中有人主张《修八》对于特殊盗窃罪的规定是我国刑事立法有意将违法与犯罪合二为一的一种尝试,这种见解明显缺乏现行法律制度的具体支持。

其次,从法律体系解释视角看,将三种特殊盗窃罪与同属财产犯罪的抢夺罪和敲诈勒索罪作比较,后两罪在侵犯他人财产基本属性的基础上还同样兼具对于被害人人身安全的现实危险性。依社会常识鉴别,抢夺罪因采用公然夺取方式,敲诈勒索罪因采用直接的暴力、胁迫方式,相对于总体上采用秘密窃取方式的特殊盗窃罪来说,被害人人身安全的危险性发生概率更高、危险系数更大,亦即抢夺罪、敲诈勒索罪的整体社会危害性程度尤烈一些。就成罪标准来看,立法者明确规定构成抢夺罪、敲诈勒索罪均以达到数额较大标准为必要。依照"举重以明轻"的当然解释规则,危害程度相对较轻的特殊盗窃罪,至少应当设置与此相当的定罪门槛,否则,同类财产犯罪的定罪标准就失去了起码的协调性与正当性。

最后,从司法实践看,不少立法上没有表述定罪数额标准的个罪,在实际追诉中仍然需要适时把握罪量要素。以挪用公款罪为例,立法者区分三种用途分别设定不同的成罪标准:挪用公款用于个人生活或者营利活动的,均以数额较大作为必备构成要素之一;而用于非法活动的,则不受数额较大和挪用时间的限制。事实上,最高人民法院在相关司法解释中明确规定,"挪用公款归个人使用,进行非法活动的,以挪用公款 5000 元至 1 万元为追究刑事责任的数额起点。"[①] 由此可见,立法上仅有定性方面的罪状表述,并不排斥司法上进行定量方面的实际把握。相反,定性与定量要素结合,正是我国刑法中犯罪构成的特质所在。

基于斯,特殊盗窃罪作为财产犯罪之一,适度设置定罪门槛乃必要举措。其数额标准既应明显低于普通盗窃罪,又应给盗窃违法行为留足空间,还应与其他同类财产犯罪保持大体协调。不妨设想,假如普通盗窃罪的定罪起点数额为 2000 元,则将特殊盗窃罪定为 1000 元抑或 800 元等,应当都是适宜的。

关于普通盗窃罪的定罪处罚标准,《盗窃罪司法解释》作出了新的规定,即对数额较大的标准提高幅度不大,而对数额巨大和数额特别巨大的标准作了较大幅度的提高,以适应我国城乡居民生活水平及社会经济发展状况。[②] 从近期各地法院执行上述定罪处罚标准的情况看,笔者感到有必要重点关注、妥善处理三个问题:

一是刑事政策与犯罪态势的关联性。提高盗窃罪的定罪处罚标准,属于调整本罪刑罚适用政策的范畴。众所周知,刑事政策与犯罪态势具有紧密的关联性。所谓"刑罚世轻世重""治乱世用重典"等,都是两者紧密互动关系的经典表述。通俗地说,刑罚适用政策的调整,应当以相应犯罪态势的变化为主要考量依据。目前出现的问题是,

---

① 李立众编:《刑法一本通》(第九版),法律出版社 2012 年版,第 496 页。
② 参见最高人民法院研究室编:《司法文件选解读》(总第 6 辑),人民法院出版社 2013 年版,第 30 页。

各地法院在具体设定盗窃罪的定罪处罚标准时,是否对于本地区当前及近些年来盗窃犯罪的实际情况进行了充分、审慎的调研分析,似存较大的疑问。具体表现为数额巨大与数额特别巨大两个标准调整幅度偏大,所定起点数额偏高。由此很可能产生的负面效果是:因调整幅度过大,致使相同盗窃数额的案件仅因判决时间的先后而出现较大的量刑差异,容易引起"同案不同判"之类的对于裁判公正性的质疑。更应给予重视的是,因两个起点数额偏高,必将造成本罪的刑罚结果趋向于两极分化,即一面是判处三年以下有期徒刑之轻刑的盗窃罪犯比例会大幅度增加;另一面是判处十年以上有期徒刑或无期徒刑之重刑的盗窃罪犯比例会显著地下降。这种升降变化能否准确体现宽严相济的刑事政策精神,确实令人不无疑虑。概言之,着手刑罚适用政策调整,必须首先做好犯罪态势分析这一基础性的实证调研工作。确定具体的调整幅度,应当以贯彻、落实宽严相济的刑事政策精神为指针和归宿。

二是不同区域刑罚适用标准的平衡性。盗窃罪司法解释所给定的定罪量刑标准均为一定的数额区间,由各高级人民法院自行选择确定,并报最高人民法院批准。无须赘言,之所以给定的是数额区间,就是考虑到我国地域辽阔,各地社会经济发展水平及犯罪态势存在一定的差异性,各地法院理当根据自己的实际情况制定相应的治罪方略。作为地方法院,其考量重心应该有所侧重,即不仅要着眼于本地实际,而且要兼顾与相邻、相似地区在治罪标准上的大体平衡性。例如,在我国京、津、沪及东南沿海地区,因关系治罪标准的诸要素均具有较高的相似度,其治罪标准就应当彼此协调、大体一致,而不能各自为政、左右悬殊。可以想象,如果相邻或同类地区的量刑实践差异很大,在资讯发达的环境下,即时相互比较的结果,势必会损及司法裁判的公正性乃至国家法制的统一性。诚如法理所言,司法裁判的公正性,在很大程度上是通过司法裁判的一致性(即同类案件同等处理)来体现的。因此,尽管各地法院均在给定范围内确定各自的数额标准,但相邻或同类地区间的大体平衡性问题,仍然不可小觑。

三是个罪处罚标准与整体罪刑关系的协调性。在立法层面,刑法上的每一个罪都按其侵犯法益的性质分别归为十类,然后由重到轻依序排列,并匹配相应的法定刑,由此构成我国罪刑关系的基本图谱(学理上也称罪刑阶梯)。问题在于,立法上缜密构筑的罪刑关系,能否在司法上得到与之相应的实际表现,从经验上看还涉及一个关键因素,即定罪处罚标准的妥当性。尤其是在数额犯的场合,其影响着实明显。因此,在设定或调整个罪的定罪处罚标准时,无论是实际降低还是升高个罪的处刑严厉程度,以致偏离法定的罪刑关系图谱,该两种情形都是目前关注不够、应当一并给予警醒的问题。

三、盗窃罪的既未遂形态

关于盗窃罪的既未遂形态,实务上主要存在三个争议问题:一是入户盗窃、扒窃等特殊盗窃罪有无未遂形态,如何掌握其定罪处罚标准;二是怎样理解"以数额巨大的财物为盗窃目标而未遂的,应当追究刑事责任",其量刑幅度该如何把握;三是当盗窃既遂与未遂数额同案并存时,究竟能否相加一并追究刑责。依次分述如下。

我国刑法理论将犯罪既遂区分为行为犯、结果犯以及危险犯等多种表现形式,但刑法法条并未作出相应的严格界定。有些法条直接表述犯罪构成的结果要件,如盗窃、诈骗、抢夺、敲诈勒索他人财物数额较大的,才构成犯罪,由此可知四罪皆为结果犯。但是,我们不能仅仅据此就对所有个罪进行总体判断或者反向推论,即只有法条明确表述危害结果要件的,才是结果犯;没有相应表述的,就是行为犯或者危险犯。事实上,诸如故意杀人、抢劫罪等的罪状表述中均未显示结果要件,但刑法理论与实务界都毫无疑义地将其归入结果犯的类型,也就是说,结果犯并不以刑法条文明确表述危害结果要件为必须。入户盗窃与扒窃等特殊盗窃罪,也当属此类。立法者没有表述其入罪的数额标准,只是表明修改特殊盗窃罪的成罪标准,即无须像普通盗窃罪那样,以盗窃数额较大的财物作为入罪门槛,而并未回答特殊盗窃罪的既未遂形态是什么(是行为犯抑或结果犯)。应当讲,成罪标准与故意犯罪的既未遂形态是刑法上两个既紧密关联又并不相同的基本范畴。说其关联,是因为故意犯罪的成罪标准,多以犯罪既遂形态为标本而设定,如上述普通盗窃罪的入罪门槛就是适例之一。论其差异,犯罪既未遂形态描述的是特定危害行为侵犯法益的不同程度,是两种危害程度不同的事实状态;成罪标准表达的仅仅是不同危害程度的行为事实构成犯罪的具体尺度或者刻度。刻度关系危害行为事实,并不等于危害行为事实本身。正如尺子可以丈量物体的长度而不是物体本身一样。所以,立法者修改(实际上是调低了)入户盗窃等特殊盗窃罪的成罪标准,并不等于一并修改了其既未遂形态。特殊盗窃罪作为一种财产犯罪,仍以是否实际非法占有(控制)他人财产作为判断其危害程度的具体指标,这依然具有合理性。相反,倘若离开财产犯罪既未遂形态的一般评价标准"控制说",将没有窃得他人财物的入户盗窃等行为也作为犯罪既遂来评判,其结果必然偏离盗窃行为的客观危害性程度,致使裁判不公。

如上所述,笔者认为入户盗窃与扒窃等特殊盗窃罪应当设置低于普通盗窃罪的数额起点作为成罪标准,亦即其既遂形态是结果犯,而非行为犯。与此相应,数额巨大与数额特别巨大的加重处罚标准,也宜随之独立设定。至此,对于入户盗窃、扒窃等的未遂行为来说,其成罪标准参酌《盗窃罪司法解释》第12条的规定就是顺理成章之事,即盗窃未遂,但是以数额巨大的财物、珍贵文物为盗窃目标或者具有其他情节严重的情形的,应当追究刑事责任。这一规范尺度同样适用于特殊盗窃罪。

实践中有人提出,扒手刚从他人口袋里掏出钱包即被抓获或者追赶一段距离以后被抓获,究竟是盗窃既遂还是未遂?这一问题涉及盗窃罪既未遂形态的认定标准。具体认定中有两个要点需要提及:其一,评判财物是否失控,应以财物控制主体被害人为标杆。钱包被掏出口袋,被害人没有发现,他人将扒手抓获的,就是被害人已经失去了对于财物的实际掌控,应当认定盗窃既遂。如果是被害人自己发现,哪怕钱包已经被掏出口袋,也应认定财物并未失控,属于盗窃未遂。理由在下一点阐述。其二,观察财物是否失控,控制连接现象是不可忽视的议题。之所以被害人自己抓获扒手应当认定为盗窃未遂,唯因财物虽然脱离被害人的身体掌控(方式),但无缝连接上了目击控制方式,即此时被害人并未完全失控,扒手也未完全自主地掌控财物。被害人可以在目击控制状态下自己追回财物,也可以通过呼喊与第三人无缝地继续形成目击方式的控制连接,由第三人追回财物,两种情形均应认定盗窃未遂。这就是说,控制连接现象存在两种表现:既可以是被害人一个主体实施的两种以上不同控制方式的无缝连接;也可以是被害人与第三人(一人或多人均可)就同一控制方式的无缝连接。如果连接过程中出现明显的时空间断事实,如扒手逃离被害人的视线,被害人立即召集他人在附近搜寻多时,最后发现扒手的,则不能再行认定控制连接,宜作盗窃既遂判断。①

如何确定以数额巨大的财物为盗窃目标而未遂行为的法定刑幅度?不少人主张首先适用数额巨大的法定刑幅度,然后根据犯罪未遂的具体情节,依法予以从轻或者减轻处罚。笔者以为这一见解值得商榷,主要基于两点考虑:第一,从法律性质上看,上述内容规定的是盗窃未遂行为的成罪标准。依据常理,成罪标准所对应的应当是个罪基本罪的法定刑幅度(盗窃基本罪的法定刑即为三年以下有期徒刑等)。如果拘泥于文字表述直接对应盗窃罪较重罪的法定刑幅度(三年以上十年以下有期徒刑),则在法律逻辑上给以数额较大的财物为盗窃目标而未遂的行为留下了刑罚处罚空间。显见,此点违背立法本旨,不当扩大了盗窃未遂犯的处罚范围。第二,从法律技术层面分析,与数额巨大的财物并列规定的事项还有"珍贵文物……或者其他情节严重的情形",按照并列规定应当作同类解释的规则,后面两种情节也要对应三年以上有期徒刑的法定刑幅度。其内在根据何在?可谓并无充分理由。况且,此种盗窃未遂本是轻度危害行为的类型,却对应其从管制、拘役直至十年有期徒刑的宽大幅度,既可能导致接近十年有期徒刑的畸重处罚,也显示过度给予法官自由裁量空间的弊端。

需要强调是,以数额巨大的财物为盗窃目标,应当是指行为人形成明确盗窃指向的目标物价值巨大。如果行为人刚刚侵入他人家中,尚在寻找所欲盗窃的具体财物时即被抓获,则不能以家中财产总值巨大或者特别巨大而简单定罪。对于采用严重破坏性手段侵入他人家中等危害严重的行为,可以认定其他情节严重的情形予以治罪;除此则宜作治安违法行为予以处罚。另外,对于以数额特别巨大的财物为盗窃目标而未遂的,一般应当适用盗窃较重罪的法定刑幅度(即三年以上十年以下有期徒刑)裁判刑罚。需要进一步明确的是,这种降格处刑并不改变盗窃未遂行为的客观属性。由于各种盗窃未遂行为表现的错综复杂性,如果适用本法定刑幅度的最低刑仍显刑罚过重,则可以依照未遂犯的处罚规定,依法予以减轻处罚。例如,被告人王某欲以用带钩钢丝掏出 ATM 机中钱款的方式行窃,没想到刚伸入钢丝就遇自动报警,随即被警察抓获。对于此种几近不能犯的盗窃未遂行为予以减轻处罚,应当是可以考虑的选项。此点并不违背《刑法》第 63 条关于减轻处罚只能在下一个法定刑幅度内判处刑罚的限制

---

① 参见黄祥青:《刑法适用要点解析》,人民法院出版社 2011 年版,第 249—251 页。

性规定。

关于盗窃既、未遂行为并存时的处罚问题,盗窃罪司法解释第12条第2款区分两种情况作出规定:盗窃既、未遂行为分别达到不同量刑幅度的,依照处罚较重的规定处罚;达到同一量刑幅度的,以盗窃罪既遂处罚。为了达到准确量刑目的,这里有必要补充说明三点:

第一,盗窃既、未遂行为属于同种罪行范畴,只是危害程度有所不同而已。在特定条件下,同种犯罪数额可以累计相加认定,只是应当遵循同种数额累计就轻认定规则。具体来说,在盗窃既、未遂数额分别不构成犯罪,累计后达到盗窃未遂行为构成犯罪的数额标准时,应当认定犯罪;在盗窃既、未遂数额分别对应的法定刑幅度相同,累计后达到盗窃未遂行为升格处刑的标准时,应当累计升格判处刑罚。其法理根据在于"举轻以明重"的当然解释原理,即当单纯的盗窃未遂行为都可以构成犯罪或者升格处刑时,其中存在部分的重度危害行为——盗窃既遂时,理当解释为可以构成犯罪或者升格处刑。"累计"可以达到刑法充分评价的目的,"就轻"能够避免过度否定的弊害。

第二,当盗窃既、未遂数额分别构成犯罪时,在量刑上应当特别关注刑法充分评价原则的落实。因为,对于两个独立成罪的行为,我国刑法理论与实践中均主张数罪并罚是原则。例如对于异种数罪,并罚是通例(如盗窃与抢劫罪并存时必须并罚);对于同种数罪,合并或相加处罚是常情(在数额犯的场合尤其明显,如两次盗窃既遂数额必定累计认定)。也就是说,将一个独立成罪的行为作为另一犯罪的量刑情节适用是受到严格限制的。一般来说,只有在发生吸收犯或者牵连犯的场合,才可以适用从一重罪处断原则。因此,当盗窃既、未遂数额分别构成犯罪时,即使不能合并处罚,也应逐一评价其社会危害性程度及其所应判处的刑罚,然后酌定最终应当判处的刑罚。切忌重罪吸收轻罪,以致否定评价不足。

第三,从司法实践情况看,盗窃既、未遂数额还可能发生于一个案件之中。如被告人赵某等三人深夜潜入某工厂盗窃废铁。三人将废铁搬到该工厂的院墙边后,两人从内往外递送,一人在外接应。适逢社区联防队员巡逻至此,在外接应者弃赃逃逸,院墙内的两名盗窃犯被当场抓获。本案就发生了被盗物品部分脱离单位的控制范围(已经运出工厂的院墙),部分尚未失控的事实。对于此种案件,是否应当严格区分既、未遂数额,然后依上述不同情形裁判刑罚?笔者认为,对于一个犯罪事实来说,以作整体判断为宜。虽然部分财物已经被运出工厂,但毕竟所有的财物均被及时追回,该工厂的财产权利并未受到实际损害。故全案作盗窃未遂判断,不会损及被害人的财产权利。如果逃逸者将部分财物带走,则必须将带走的部分财物作盗窃既遂认定,因涉及依法应当予以追缴的问题。本案并不存在此情形,若作严格的区分认定,倒有过于机械裁判之虞。所以,对于盗窃既、未遂数额并存的情形,适当注意区分不同案情分别处理也是必要的。

贪贿犯罪立法修正释评及展望

——以《刑法修正案(九)》为视角

主讲人:钱叶六,苏州大学王健法学院教授、法学博士
主持人:赵运锋,上海政法学院科研处副处长、副教授、法学博士
时　　间:2015年11月25日下午

自新中国第一部刑法(1979年《刑法》)颁布以来,基于回应不断变化的反腐败斗争的现实需要,我国贪污、贿赂犯罪的立法历经多次修正,刑事法网日益变得严密,规范设计也逐渐趋向合理。但近些年来,我国贪贿犯罪发案率居高不下,大案、要案、窝案甚嚣尘上,腐败犯罪形势十分严峻。在此背景下,党中央审时度势,重拳反腐,铁腕治贪,既打"虎"又拍"蝇",在全国范围内掀起了一场声势浩荡的反腐败斗争,力度空前,成效显著。但是,另一方面,我国有关贪贿犯罪的立法在适用过程中遇到了一些新情况、新问题,亟须立法作出回应。《刑法修正案(九)》顺势而为,再一次就贪污贿赂犯罪做了较大幅度的修正,从而使得我国惩治和预防腐败犯罪的刑事立法更加完善和健全,为新时期有效地惩治和遏制腐败犯罪提供了更为科学、合理的法律依据。本文拟结合《刑法修正案(九)》就贪污贿赂罪所做的重大修改进行述评、解读,并予以立法展望,以期能有益于司法实践,并为未来立法的完善提供参考。

一、贪贿犯罪立法修正述评

(一)完善贪贿犯罪的定罪量刑标准:从"具体数额为主,情节为辅"到"概括数额或情节"择一并重

根据1997年《刑法》第386条规定,犯受贿罪的,根据受贿所得数额及情节,依照《刑法》第383条贪污罪的规定处罚。索贿的从重处罚。据此,受贿罪和贪污罪适用的是同一定罪量刑标准。具体来说,1997年《刑法》以"具体数额"为标准,以5000元、5万元、10万元为分界点明确规定了轻重不同的四个档次法定刑,并辅之以"情节轻重"作为加重刑罚的因素。具体言之:(1)原则上,贪贿数额达到5000元为构成犯罪的起点;不满5000元,情节较重的,亦以犯罪论处,处2年以下有期徒刑或者拘役;情节较轻的,由其所在单位或者上级主管机关酌情给予行政处分。(2)贪贿数额5000

元以上不满5万元的,处1年以上7年以下有期徒刑;情节严重的,处7年以上10年以下有期徒刑。(3)贪贿数额在5万元以上不满10万元的,处5年以上有期徒刑,可以并处没收财产;情节特别严重的,处无期徒刑,并处没收财产。(4)贪贿数额在10万元以上的,处10年以上有期徒刑或者无期徒刑,可以并处没收财产;情节特别严重的,处死刑,并处没收财产。

应当说,1997年《刑法》这种以明定的具体数额作为贪污、受贿罪定罪量刑基本依据的立法模式具有标准明确,便于司法操作,符合罪刑法定原则之优点,但其缺陷也很明显:

第一,过于强调数额作用的立法模式容易导致实践中出现"数额中心论"的司法思维,从而使得其他犯罪情节所具有的定罪量刑功能被架空或虚置。毋庸置疑,贪贿数额的多少是衡量和评价贪贿犯罪不法程度的一个重要指标,但绝非唯一的指标。尤其是随着贪贿犯罪尤其是社会上受贿形式的日趋多样化、非典型化,"其他犯罪情节"在罪刑评价体系中的地位和作用日趋变得重要。就受贿来说,除了收受贿赂的数额之外,其他犯罪情节如有无实际为他人谋取利益;谋取了多大利益;谋取的是正当利益还是非正当利益;在为他人谋取不正当利益的情况下,谋取的又是何种不正当利益;收受贿赂的次数;有无给国家或者人民利益造成损失及损失的大小;是否造成恶劣的社会影响;等等,均能独立地表征受贿犯罪违法程度的轻重。所以,有必要淡化"数额中心论"之立法和司法思维观念,强化"其他犯罪情节"在贪污、受贿罪定罪量刑中的作用,推进贪污、受贿罪罪刑评价要素的科学化、合理化。

第二,规定过死且长期不变的具体数额标准难以动态、适时地反映不同时期贪贿犯罪的不法程度。以"具体数额"作为贪贿犯罪的定罪量刑标准的规定最早出现在1988年1月21日施行的《关于惩治贪污罪贿赂罪的补充规定》中,其旨趣在于增强司法的可操作性。这一规定具体数额的立法模式被1997年《刑法》所继受。但在此后,我国社会经济发展迅速,物价不断上涨,货币通胀高位不下,同样的货币所代表的社会财富和购买力相较于1997年已经大幅降低,国民对贪贿犯罪的犯罪数额标准的容忍度也在不断提高。从这一点来看,1997年《刑法》关于5000元作为贪污、受贿罪的入罪标准过低,不符合社会经济发展水平的现状。事实上,实践中在贪污罪、受贿罪入罪标准的把握上往往是各地"各行其是",另立一套新的标准,且所确立的标准远远高于法定数额,从而造成对罪刑法定原则的严重背离。此外,这种固化的、长期不变的具体数额标准难以适应社会经济发展变化情况,不能适时地反映出具体个罪在不同社会时期所表现出的不同违法程度或者社会危害性,从而难免导致刑罚的过剩。

第三,作为贪贿犯罪不同档次法定刑之基础的数额标准之间缺乏必要的差距,导致很多贪贿数额悬殊的案件在量刑上拉不开档次,罪刑失衡、司法裁量不公现象非常严重。一方面,从原则上构罪的5000元标准到可判处10年有期徒刑的10万元,数额区间太小,刑罚跳跃幅度太大,明显不符合罪责刑相适应原则;另一方面,根据1997年《刑法》的规定,贪贿5万元以上不满10万元的,最高可判处15年有期徒刑;而贪贿

10万元以上的,实践中即使达百万甚至千万的,有的也仅仅被判处10年以上15年以下有期徒刑,南京市市长季建业受贿千万余元仅被判处15年有期徒刑便是实例。由此看来,当贪贿数额达到一定额度以后,量刑数额对刑罚轻重的调节作用就会出现边际递减效应,这无形中加剧了贪腐分子"小贪不如大贪"的心理动机。① 从这一点来看,现行刑法所确定的未合理拉开差距的数额标准不仅难以体现罪责刑相适应原则,也不利于实现刑罚的一般预防和特殊预防作用。

针对现行刑法在贪贿犯罪定罪量刑标准上所存在的上述弊端,《刑法修正案(九)》进行了全面性、根本性的修正。第一,在数额情节上,摒弃"具体数额标准"模式,采行"概括数额标准"模式,即将现有的5000元以上、5000元—5万元、5万元—10万元、10万元以上四个量刑档修改为"数额较大""数额巨大"以及"数额特别巨大"三个量刑档。第二,在评价贪贿犯罪罪刑体系中,摒弃"具体数额作用为主,情节作用为辅"的模式,采行"概括数额和其他情节"择一并重的模式,并根据"其他情节"所表征的行为的不同违法程度,划分为"其他较重情节""其他严重情节""其他特别严重情节"以及"数额特别巨大,并使国家和人民利益遭受特别重大损失"四个层次,并配置了轻重衔接的法定刑。如此一来,"数额"与"其他情节"都成为贪污或者受贿罪量刑中的基本因素,二者在贪污、受贿罪的罪刑评价体系中具有同等的功能和地位。

应当说,《刑法修正案(九)》所做的上述修改实现了贪污、受贿罪罪刑结构的合理化,有利于更好地落实罪责刑相适应原则,同时也为司法上针对贪污、受贿危害性质的不同,就有关数额、情节制定有差别的认定标准提供了空间。但为了纾解实践中存在的量刑失衡、司法裁量不公的乱象,在数额标准的确定上,应适当拉开作为不同档次刑罚赖以依据的具体数额的差距。②

(二)进一步严密贿赂犯罪刑事法网,实现罪名体系的科学化:增设对有影响力的人行贿罪

自新中国成立以来,我国刑法关于贿赂犯罪的立法经历了法网由粗疏到严密、罪名由相对单一到较为齐全和完备的发展进程。1979年《刑法》分则第八章"渎职罪"章中仅仅规定了受贿罪、行贿罪和介绍贿赂罪,此后历经1997年刑法的全面修订,直至《刑法修正案(七)》新设"利用影响力受贿罪"、《刑法修正案(八)》新增"对外国公职人员、国际公共组织官员行贿罪",我国刑法关于贿赂犯罪的立法形成由受贿罪(斡旋受贿)、行贿罪、单位行贿罪、单位受贿罪、对单位行贿罪、介绍贿赂罪、利用影响力受贿罪、非国家工作人员受贿罪、对非国家工作人员行贿罪,以及对外国公职人员、国际公共组织官员行贿罪等罪构成的相当完备的罪名体系。

---

① 参见赵秉志:《贪污受贿犯罪定罪量刑标准问题研究》,载《中国法学》2015年第1期。
② 事实上,2016年4月18日施行的《关于办理贪污贿赂刑事案件适用法律若干问题的解释》就贪污、受贿罪的定罪量刑标准的规定也体现了这一精神。如在不具备其他情节的情况下,将"数额较大""数额巨大""数额特别巨大"的标准分别以3万元、20万元和300万元为分界点。

尽管如此,但这并不意味着我国贿赂犯罪的罪名体系是完美无缺的。笔者注意到,贿赂犯罪作为必要共犯,通常不仅要处罚收受贿赂一方,而且要处罚作为对向行为之给予贿赂的一方,如现行刑法在规定受贿罪、单位受贿罪、非国家工作人员受贿罪的同时,还相应设置了行贿罪、对单位行贿罪、对非国家工作人员行贿罪。意外的是,《刑法修正案(七)》虽然规定了利用影响力受贿罪,却没有将对有影响力的人行贿的行为规定为犯罪。实践中,为谋取不正当利益,而向国家工作人员的近亲属、身边人,或者向离职的国家工作人员或者其近亲属、身边人行贿的现象客观存在,而且相当普遍、危害严重。① 可见,这一"处罚间隙"的存在不仅不利于预防利用影响力受贿犯罪行为的发生,而且不能保持和其他刑法条文之间的协调性。基于此,笔者曾明确指出,我国《刑法》未将利用影响力受贿之对向行为——针对国家工作人员的近亲属或其密切关系人或者离职的国家工作人员或其近亲属以及其他密切关系人行贿,以利用其影响力谋取不正当利益——规定为犯罪,这恐怕是立法上的一个漏洞。②

令人欣喜的是,上述问题在本次修法中已经得到了妥善的解决,《刑法修正案(九)》第46条(《刑法》第390条之一)特别地将请托人(包括自然人和单位)对有影响力的人的行贿行为纳入刑法规制的范围。这一立法举措,不仅严密了刑事法网,使得我国的罪名体系变得更为科学,而且也有利于我国与《联合国反腐败公约》第18条要求缔约国将"影响力交易"行为入罪的要求作进一步对接,更好地履行公约规定的缔约国义务。

(三)彰显宽严相济刑事政策基本精神:完善对有悔罪表现贪贿犯罪分子的特别宽宥制度和增设对重特大贪贿犯罪分子的终身监禁措施

基于"宽严相济"刑事政策所蕴含"该宽则宽,该严则严,宽严平衡,轻重有度"的基本要求,《刑法修正案(九)》在贪贿犯罪刑罚适用的设计上,完善对罪后有悔罪表现的贪贿罪犯罪分子的从宽处罚措施和特别增设对重特大严重贪贿犯罪分子因死缓减为无期徒刑后的终身监禁措施。以下分别述之:

首先,根据1997年《刑法》第383条第1款第(三)项后半段的规定:个人贪污、受贿数额在5000元以上不满1万元的,犯罪后有悔改表现、积极退赃的,可以减轻处罚或者免予刑事处罚,由其所在单位或者上级主管机关予以行政处分。《刑法修正案(九)》第44条第3款就此做了修改,规定:犯贪污罪、受贿罪,在提起公诉前如实供述自己罪行、真诚悔罪、积极退赃,避免、减少损害结果的发生,视情形予以不同程度的从宽处罚:(1)数额较大或情节较重的,可以从轻、减轻或者免除处罚;(2)数额巨大或情节严重的,或者数额特别巨大或情节特别严重的,可以从轻处罚。

《刑法修正案(九)》的上述规定在如下两个方面可以说是立法上的创新举措:其一,针对贪贿犯罪分子"坦白"可以免除处罚的特别规定,实际上已经突破了现行《刑

---

① 参见胡云腾:《谈〈刑法修正案(九)〉的理论与实践创新》,载《中国审判》2015年第20期。
② 参见钱叶六:《共犯论的基础及其展开》,中国政法大学出版社2014年版,第122页。

法》总则第 67 条第 3 款关于坦白只能予以从轻或者减轻处罚的原则。其二,继续沿用现行《刑法》关于酌定从宽情节法定化的做法,并扩大其适用范围。析言之,现行《刑法》第 383 条第 1 款第(三)项将原本属于我国长期审判实践总结出来的酌定从宽情节——针对相对不严重的贪贿犯罪分子,在犯罪后如有悔改表现、积极退赃的——予以法定化,并加大从宽力度,规定可以减轻或者免予刑事处罚。而《刑法修正案(九)》进一步将法定从宽处罚情节扩大到避免、减少损害结果的发生,并规定可以从轻、减轻或者免除处罚(数额较大或情节较重)。对贪贿情节更为严重的犯罪分子(数额巨大或情节严重的,或者数额特别巨大或情节特别严重),如具备上述情节可以从轻处罚。

《刑法修正案(九)》针对非严重贪贿犯罪分子所做的特别宽宥制度,可以说是利弊并存:其利在于,不仅体现了"宽严相济"刑事政策中"该宽则宽"之精神,同时,对于激励贪贿犯罪人悔过自新,主动交代罪行,以使案件获得及时侦破和审判,进而节约司法资源无疑具有积极而又重要的意义。其弊则表现在:上述规定仅仅适用于贪贿犯罪分子,却不能适用于具有同样情节的其他类犯罪人,恐有违刑法适用平等原则之嫌。[①] 有鉴于此,笔者以为,为了尽可能地避免出现司法适用上的不平等现象,针对贪贿犯罪分子有较大宽宥力度之"可以免除处罚"的规定应从严适用。

其次,《刑法修正案(九)》第 44 条第 4 款规定,犯贪污、受贿罪而被判处死刑缓期执行的,人民法院根据犯罪情节等情况可以同时决定在其死刑缓期执行二年期满依法减为无期徒刑后,终身监禁,不得减刑、假释。应当说,在性质上,终身监禁不是一个新的刑种,它只是专门针对被判处死刑缓期执行的贪污、受贿犯罪分子在具体执行中的一个特殊的刑罚措施,是我国反腐刑事法治的一个创举,满足了我国当下严格控制死刑的适用与从严惩处腐败犯罪两方面的现实需要。析言之,一方面,众所周知,贪污、受贿罪虽然危害性极大,但毕竟不属于以人身为直接对象、危及生命安全的严重暴力犯罪,对其适用死刑并不符合罪刑均衡原则。而终身监禁制度的设立,大大提高了生刑的惩罚力度,缩小了死刑与传统无期徒刑之间的惩罚空隙,这在客观上会使得判处死刑尤其死刑立即执行的标准变得更高,从而弱化死刑在严重腐败犯罪治理中的作用。另一方面,目前贪污、受贿犯罪仍然高发、多发,特别是涉案数额持续攀升,上千万甚至过亿的案件屡见不鲜,针对这些危害性极大、情节特别严重的贪贿犯罪分子,对其判处死刑缓期执行依法减为无期徒刑后,予以终身监禁,不仅有利于体现罪责刑相适应原则,而且可以防止司法实践中通过不当减刑、假释而使这些犯罪分子服刑期过短的现象发生,以实现对犯罪分子的强大震慑。

然而从长远来看,终身监禁刑罚措施的设置并不妥当[②],主要理由如下:首先,因

[①] 参见赖早兴:《贪污贿赂犯罪规定修正述评——基于〈中华人民共和国刑法修正案(九)(草案)〉的思考》,载《学习论坛》2015 年第 4 期。

[②] 笔者也曾提出应废除贪污、受贿罪的死刑主张,同时建议增设不可减刑、假释的终身刑,以实现对贪贿犯罪的有力惩治。参见钱叶六:《〈刑法修正案八(草案)〉的若干不足及完善建议》,载《甘肃政法学院学报》2011 年第 1 期。

减刑、假释而导致"生刑过轻"的问题并非只存在于贪贿犯罪中,所以,仅仅对贪贿犯罪设置"终身监禁",是一种缺乏体系性、整体性考量的权宜之计。因为,相较于故意杀人、强奸、抢劫、绑架、爆炸、投放危险物质罪或者有组织的暴力性犯罪等严重暴力犯罪,贪贿犯罪的社会危害性程度未必更重,但对于前者,现行刑法只是规定了"限制减刑"(《刑法》第 50 条第 2 款)、"禁止假释"(《刑法》第 81 条第 2 款),两相对照,明显有违罪责刑相适应原则。其次,执行死刑对罪犯而言虽然是强烈的痛苦,却是一个短暂的过程,而终身监禁终身剥夺罪犯的人身自由,受刑人持续地遭受强烈的痛苦,其实质是在用时间慢慢葬送一个活着的犯人,是一种侵害人格尊严,比死刑更加残酷的惩罚方法。[①] 再次,终身监禁原本是针对人身危险性极大、再犯可能性大的犯罪而设置的,但实践证明,罪犯经过长达 15 年左右甚至更长时间的服刑改造,释放后一般很少重新犯罪。[②] 而且鉴于贪贿犯罪的主体特殊要求,即便其被释放,由于已经不再具备公务员的任职要求,从而也就丧失了再犯的资格和能力了。由此,终身监禁的创设并不符合该制度的本来旨趣。最后,终身监禁措施彻底断绝了犯罪人的改善更生之路,让罪犯对未来看不到任何希望,严重违背了刑罚的教育改造目的。

实际上,《刑法修正案(八)》针对严重暴力犯罪设置的死缓限制减刑已经相当严厉,我们完全可以通过修改总则中的限制减刑、禁止假释的适用罪名范围,即将贪污罪、受贿罪纳入限制减刑、禁止假释的范围,以解决实践中"生刑过轻"的问题,如此处理同样可以实现对贪贿犯罪分子的强大震慑。当然,如后所述,从未来刑法的发展趋势来看,针对贪贿犯罪的死刑应予废止。所以,有必要考虑对实施极其严重犯罪(如暴力犯罪、贪污、受贿罪等)而被判处无期徒刑的犯罪分子,增设不可假释且限制减刑的刑罚执行措施。然而,法律具有稳定性,不可能朝令夕改,唯有期待未来立法修改时,能够就此类问题一并统筹考虑。

(四)秉承罚当其罪,强化犯罪预防的刑罚配置原则:增设罚金刑

从罪刑等价的角度来考虑,罚金刑作为剥夺犯罪分子一定数额金钱的刑罚方法,首先应考虑对具有贪利性质的经济犯罪、财产犯罪、贪贿犯罪予以适用,此乃学界的共识。这是因为,一方面,对于实施贪利性犯罪的行为人在适用人身自由刑的同时还适用罚金刑,不只是具有惩罚、提高违法成本的意蕴,而且能破其所图,灭其所欲,使得不偿失,如此有利于预防其再犯。

另一方面,可给社会上存在的企图通过犯罪途径谋取私利的人以警戒,令其权衡得失,从而不去以身试法,达到一般预防之目的。正因为如此,对贪利性犯罪配置罚金刑是当代世界各国的通行做法,也是我国未来刑法发展的基本方向。本次修法就充分考虑到这一点,具体对贪污罪、受贿罪、(单位)行贿罪、对有影响力的人行贿罪、对单位行贿罪、介绍贿赂罪、对非国家工作人员行贿罪等罪增设了罚金刑(或得并处或必并

[①] 参见张明楷:《死刑的废止不需要终身刑替代》,载《法学研究》2008 年第 2 期。
[②] 同上。

处),实现了刑罚措施的多元化,这无疑是立法上的进步,值得赞誉。

(五)调整行贿犯罪从宽处罚条件及原则,提高行贿犯罪的违法成本

《刑法》第390条第2款规定:对于被追诉前主动交代行贿行为的,可以减轻或者免除处罚。正是基于这一规定,实践中为了取得行贿人的配合,以便能及时查处受贿犯罪,节省司法资源,提高办案效率,一般都会对主动交代的行贿人作出减轻、免除处罚甚至不起诉的处理,以示"恩惠"。但这种对主动交代行贿之行为人予以大幅度从宽处罚的通常做法,不仅有违罪刑均衡和刑罚个别化原则,而且有纵容犯罪从而助长行贿的不正之风之嫌。[①] 同时,受贿的发生离不开作为对向行为之行贿,所以,过于宽宥对行贿人之处罚,无疑是对其违法成本的降低,会让行贿人变得有恃无恐甚至变本加厉,从而也就不能从源头上有效地遏制受贿犯罪。有鉴于此,本次修法严格了从宽处罚的条件及从宽幅度,强化了对行贿犯罪的打击力度,即对主动交代行贿的行为人一般只可以从轻或者减轻处罚,而不能免除处罚。只有在同时具备"犯罪较轻"、"对侦破重大案件起关键作用"或者"有重大立功表现"情形之一时,才可以考虑减轻或者免除处罚。如此修改,减弱了对行贿人从宽处罚的力度,提高了行贿人的违法成本,对于往后预防贿赂犯罪的发生势必起到积极的作用。

二、贪贿犯罪的立法展望

(一)贿赂标的应扩大到非财产性利益

《刑法》第385条第1款规定:"国家工作人员利用职务上的便利,索取他人财物的,或者非法收受他人财物,为他人谋取利益的,是受贿罪。"据此,贿赂的标的或者内容只能是财物。至于"财物"的内涵及具体范围,刑法通论采取了扩张解释的态度,即不仅包括具有价值的、可以管理的有体物、无体物(即狭义的财物),还包括能用金钱衡量价值的财产性利益,如提供房屋装修服务、出钱供他人旅游、免除债务、给付购物卡、房产证等。特别值得一提的是,类似在请托人出钱雇请卖淫者供受托人嫖宿的场合,由于能够认为国家工作人员实际上是收受了财产性利益的,因而也可以解释为受贿。但对于不能体现为财产性利益之其他利益贿赂,诸如请托人直接为国家工作人员提供性贿赂的,或者提供一定地位或荣誉、提供升学机会的等,就不能解释为"财物",否则就属于超出国民预测可能性的类推解释,有违罪刑法定原则。

然而,从近些年来的司法实践来看,贿赂犯罪形式不断发生变化,花样亦日益翻新,已不再像以往社会那样大多只是表现为权钱(物)交易,非财产性利益贿赂(尤其是性贿赂)现象已是屡见不鲜,且愈演愈烈。笔者以为,不论是何种形式的贿赂,本质上

[①] 参见赖早兴:《贪污贿赂犯罪规定修正述评——基于〈中华人民共和国刑法修正案(九)(草案)〉的思考》,载《学习论坛》2015年第4期。

都是国家工作人员"以权换利",都是对国家工作人员职务行为廉洁性和不可收买性的亵渎和侵犯。所以,从立法论上,有必要立足于贿赂犯罪的新特点、新情况及反腐败斗争的现实需要,参照《联合国反腐败公约》,将贿赂的范围扩张至非财产性利益,以解决现行刑法对贿赂犯罪的规制不足之问题。实际上,早在 2002 年 3 月,就有 36 名全国人大代表联名提出议案指出:以非财物行贿尤其是性贿赂的现象越来越多,其危害性不亚于财物贿赂,而按中国刑法不能给予定罪,这极不利于反腐败斗争,因而建议再次修订刑法时应将"非财物贿赂"予以入罪。① 由此看来,非财产利益贿赂的入罪时机已经成熟,而是否入罪只不过是立法者抉择的问题而已。实际上,本次刑法修正在某种意义上说已经为"非财产性利益贿赂"入罪做好了准备,亦即,在受贿罪的定罪量刑标准上,《刑法修正案(九)》一改"数额中心论"或者"计赃论罪量刑"的立法模式,将其他情节与数额同等看待,使之可独立决定受贿罪之成立及刑罚轻重的因素,这样一来,未来"非财产性利益贿赂"入罪就不存在认定上的障碍了。

(二) 单纯受贿应予入罪

单纯受贿,与普通受贿相对,是指因职务关系而收受他人财物,但并未为他人谋取利益。从解释论上看,由于我国《刑法》关于受贿罪的成立要求具备"为他人谋取利益"为要件,所以单纯受贿不能构成受贿罪。而就"为他人谋取利益"在受贿罪犯罪构成中的地位而言,目前"客观构成要件说"占据学说的支配性地位,即认为,要成立受贿罪,其内容的最低要求是许诺为他人谋取利益,而不要求谋取利益的实际行为与结果。②但在立法论上,主张取消"为他人谋取利益"这一要件的呼声很高,③笔者认同"取消论",理由在于:

从利益的性质来看,这里的利益可能是正当利益,亦可能是不正当利益。首先,如将为他人谋取"正当利益"作为受贿罪的构成要件,就意味着将国家工作人员应当履行的职责视作犯罪成立要件之一,这不仅在理论上是一个悖论,而且,在客观上会促使官员为规避法律漏洞而干脆"收钱不办事",懈怠职责,从而使得行贿人无法得到其应得的利益。这种行为比受贿后履行了自己的职责即为他人谋取了正当利益的危害性更大,性质更为恶劣,因而,仅处罚后者而不处罚前者,显失公允,亦不合理。

其次,如将这里的利益界定为非法利益的话,无异于说,只要国家工作人员谋取的是正当利益,收钱便是"天经地义"之事。这亦有变相鼓励受贿犯罪之嫌。

最后,按照目前"客观构成要件说"所主张的至少要求收受贿赂的国家工作人员作出为他人谋取利益的承诺(包括默示的许诺)的逻辑,至少要求国家工作人员明知对方有请托事项而收受贿赂的场合才成立受贿罪,这显然不当地限缩了受贿罪的成立

---

① 参见梁根林:《贪污受贿定罪量刑标准的立法完善》,载《中国法律评论》2015 年第 2 期。
② 参见张明楷:《刑法学》(第四版),法律出版社 2011 年版,第 1068 页。
③ 参见李洁:《为他人谋取利益不应成为受贿罪的成立条件》,载《当代法学》2010 年第 1 期;朱建华:《受贿罪"为他人谋取利益"取消论》,载《现代法学》2001 年第 4 期。

范围。

笔者以为,从受贿罪所保护的法益是职务行为的廉洁性、不可收买性这一点来看,只要国家工作人员基于职务收受了贿赂,就应成立受贿罪。因为,所谓"廉洁性或者不可收买性",是指国家工作人员基于职务,除依法获得应得的工资、薪金或者其他报酬之外,不应当得到其他任何利益。否则,便是对国家工作人员职务行为的廉洁性、不可收买性的侵犯。① 至于行贿人是否有请托事项以及事后是否实际为对方谋取利益,均不影响其行为的不法性。有鉴于此,从严密贿赂犯罪刑事法网,健全和完善腐败犯罪体系的角度来看,将单纯受贿行为入罪,并将"为他人谋取利益"这一要素作为受贿罪的从重或者加重刑罚情节对待,较为妥当。

(三)受贿罪定罪量刑标准应予独立

如前所述,我国刑法并未对受贿罪配置独立的定罪量刑标准,其定罪量刑标准依附于贪污罪的罚则之中,并与贪污罪适用同一罚则。笔者以为,这种两罪共用同一罚则之立法有欠科学性和合理性。一方面,纵观整个刑法分则,这种一罪罚则依附于另一罪罚则的规定可以说在刑法中是"独一无二"的,因而同其他刑法规范之间不具有协调性;另一方面,同属腐败犯罪范畴的受贿罪和贪污罪,其不法内涵虽有共同之处,但亦有差异。析言之,贪污罪不仅亵渎国家工作人员职务廉洁性,还侵犯了公共财产法益;而受贿罪则更多地表现为对国家工作人员公务行为不可收买性的侵犯。由此决定了二者在不法程度的评价标准上的差异:贪污罪的社会危害性的轻重主要取决于贪污数额的多少,而决定或者影响受贿罪不法程度的不只是受贿的数额多少,还有数额以外的其他情节。从立法的前瞻性来看,非财产性利益贿赂未来一旦被入罪,这一问题将变得更加突出。

尽管上述问题在《刑法修正案(九)》通过之前就被学者所提出,②遗憾的是并未被立法机关所采纳,只能期待未来立法再次修改时予以解决。

(四)贪贿犯罪的死刑应予废止

在死刑的立法上,当代中国经历了一个由少至多,再由多变少的演变过程。新中国第一部《刑法》(即1979年《刑法》)仅对28个罪名配置了死刑(其中包括贪污罪,但不包括受贿罪)。但在此后,随着改革开放的大力推行和市场经济的迅速发展,中国社会步入转型期,包括经济犯罪在内的各种犯罪急剧增长,社会治安形势日益严峻。国家基于惩治严重犯罪,维护社会秩序安全的需要,开始推行"严打"刑事政策,反映在刑法立法上,就是死刑罪名不断增加,到1997年修订的《刑法》,死刑罪名已由当初的28个增加到了68个,至此,我国变成名副其实的"死刑大国"。

---

① 参见李洁:《为他人谋取利益不应成为受贿罪的成立条件》,载《当代法学》2010年第1期。
② 参见赵秉志:《贪污受贿犯罪定罪量刑标准问题研究》,载《中国法学》2015年第1期;梁根林:《贪污受贿定罪量刑标准的立法完善》,载《中国法律评论》2015年第2期。

近些年来，随着国际上人权运动的日益高涨、死刑废除运动的风起云涌，以及我国学界和实务界对死刑价值认识的逐渐理性，我国死刑罪名过多这一点日益遭到学界乃至实务界的诟病和挞伐，并逐步达成"司法上限制死刑的适用，立法上削减死刑罪名尤其是非暴力犯罪的死刑罪名"之共识。在学界和实务界的强烈呼吁之下，2011年5月1日施行的《刑法修正案（八）》终于迈出了中国死刑废止之路的第一步，一次性取消了近些年来在司法实践中基本上不适用或者较少适用死刑的13个经济性非暴力犯罪的死刑，实现了我国的死刑罪名从不断增加到逐渐减少的转变。可以说，这一立法举措在我国死刑发展史乃至刑法发展史上都具有里程碑的意义，不仅在国际社会上获得了好评，也在国内取得了良好的法律效果和社会效果。

特别令人感到振奋的是，党的十八届三中全会及中央关于深化司法体制和社会体制改革会议明确提出了"完善死刑法律规定、逐渐减少适用死刑罪名"的立法政策。正是基于落实减少适用罪名的中央精神，进一步推动中国死刑改革和人权保障事业发展的需要，本次修法再度批量性地取消了实践中较少适用或者基本上不适用死刑的9个罪名之死刑，这些罪名为：走私武器、弹药罪、走私核材料罪、走私假币罪、伪造货币罪、集资诈骗罪、组织卖淫罪、强迫卖淫罪、阻碍执行军事职务罪和战时造谣惑众罪。

在不足五年的时间里，国家这种大刀阔斧地推行死刑改革并成功废除22个罪名死刑的重大举措，充分表明中国死刑废止进程在不断加快，体现了我国最大限度地减少和控制死刑的决心。但笔者认为，在死刑罪名的削减上，立法界应更有所作为。至少接下来，我们可以考虑取消作为经济性非暴力犯罪之贪污罪和受贿罪的死刑。实际上，早在四年前《刑法修正案（八）草案》拟决定废除13个罪名的死刑之初，笔者就基于对贪贿犯罪配置死刑有悖于罪刑均衡原则，治理和预防贪贿犯罪的"良方"不在于刑罚的严酷性和对死刑的迷信，而在于"多管齐下""综合治理"以及对贪贿犯罪适用死刑有悖于国际死刑的立法趋势，不利于我国开展反腐败的国际合作和打击外逃海外的严重贪贿犯罪的官员等理由呼吁废除贪贿犯罪的死刑。①

令人遗憾的是，本次刑法修正仍非废除贪污、受贿罪的死刑。究其缘由，不外有二：其一，从国家的层面来看，当前腐败犯罪形势十分严峻，大案、要案甚嚣尘上，如不加以严惩和遏制，将会有亡国亡党的危险。为此，国家大力开展反腐败斗争，且成效显著，此时，如若废除贪贿犯罪的死刑，似乎有点"不合时宜"。其二，从普通民众来看，民众"仇官"情绪及要求严惩腐败犯罪的呼声还十分强烈，加上几千年来延续下来的重刑观念余毒未清，广大民众乃至不少法律家们都对死刑怀着"难以割舍"的情感，目前尚不具备废除贪污、受贿罪死刑的民意基础。

但笔者以为，一方面，如前所述，从有利于实现刑罚的公平正义及特别预防的角度观之，对于重特大贪贿犯罪分子适用禁止假释且限制减刑的无期徒刑，同样可以形成对贪贿犯罪分子的严厉惩治和强大震慑；更重要的是，长期自由刑乃至无期徒刑，比一

---

① 参见钱叶六：《〈刑法修正案八（草案）〉的若干不足及完善建议》，载《甘肃政法学院学报》2011年第1期。

次性剥夺罪犯生命的死刑更让人望而生畏,更能给人们以警戒作用,因为"我们的精神虽能抵御极端的暴力,却经不住时间的消磨和缠绕"[①]。另一方面,立法不可能不考虑民意,但切不可简单地迎合、顺应民意,更不能被民意"绑架",因为民意情绪化、不理性的一面总是存在,这同法律所应有的安定性和理性化的特质之间具有内在的紧张和冲突。所以,贪贿犯罪的死刑是否需要废除,不能简单地拿民意来考量,而应考虑死刑设置本身是否具有正义性、科学性和合理性,考虑死刑的适用是否真正有遏制和预防贪贿犯罪之功效。总之,我国废除作为经济性非暴力犯罪之贪贿犯罪死刑的时机已到,就看立法者的抉择了。

三、结　语

众所周知,《刑法修正案(九)》关于贪贿犯罪立法的上述重大修正是在中央大力强调健全惩治和预防腐败体系,深入开展惩腐肃贪工作的形势下作出的。这些修正不仅进一步地严密了我国腐败犯罪的刑事法网,而且针对实践中出现的新情况、新问题及时作出了回应,从而为我国司法机关开展法治反腐工作提供了较为科学、合理的法律支持,因而有理由为其打一个"高分"。但从立法论来看,我国刑法关于贪贿犯罪的规定仍存在一些亟须完善之处,如贿赂犯罪的范围不包括非财产性利益、受贿罪的成立必须要求"为他人谋取利益"、受贿罪的定罪量刑标准仍依附于贪污罪罚则之中以及贪污、受贿罪的死刑尚未废止等。反腐败斗争任重道远,由衷地期待我国能够早日建构起科学、有效、健全的惩治和预防腐败犯罪体系。

[①] 〔意〕贝卡利亚:《论犯罪与刑罚》,黄风译,中国大百科全书出版社1993年版,第47—48页。

强索高利贷行为的刑法分析*

主讲人：张建，上海市法学会刑法学研究会副会长，上海市虹口区人民检察院检察委员会专职委员、高级检察官

主持人：王娜，上海政法学院刑事司法学院副教授、法学博士

时　间：2015年6月11日上午

2009年3月5日，李某向黄某借款人民币3万元，黄某要求李某写下借款13万元的借条，并称李某实际只需归还人民币3万元，李某同意后实际拿到钱款为2.43万元（先期扣除利息0.57万元）；一个月后因李某未能归还借款，又被黄某要求写下借款18万元的借条。2009年6月李某分两次归还了黄某2.75万元，但黄某要求李某按照借条上所写的18万元的数额还钱，遭到拒绝。黄某指使郭某、马某等人以恐吓、胁迫甚至打耳光等暴力手段向李某强行索取高额利息，其后分多次索得钱款11万余元。

上述案例是一起典型的以暴力、胁迫等手段强索高利贷的案件。对于该案的处理，目前主要存在两种观点，一种观点认为高利贷属于民事法律调整，由高利贷引发的索债行为也属民事纠纷范畴；另一种观点认为强索高利贷行为具有社会危害性和刑罚当罚性，应由刑法加以调整。其中，又有独立设罪、非法经营罪、非法拘禁罪的争议。应该看到，一方面，近年来我国民间发放高利贷的行为不断出现，[①]由此引发的恶性索债案件也迅速攀升，给公民的合法权益和社会秩序造成较大危害；另一方面，学界和实务界大多局限于对发放高利贷行为的分析和认定，而缺乏对强索高利贷行为的针对性探讨。有鉴于此，本文拟就强索高利贷行为进行专门分析。

一、刑法规范视野下的高利贷和强索高利贷

在经济学界，对于高利贷的界定可谓众说纷纭，[②]主流观点是从质和量两个方面

---

* 本讲稿由主讲人提供，载《中国刑事法杂志》2012年第8期，合作者俞小海（华东政法大学刑法学硕士研究生）。

[①] 有数据显示，温州89%的家庭、个人和59%的企业都参与了民间借贷。随着"多米诺骨牌"的依次倒下，这场借贷危机已不限于浙江，还波及江苏、福建、河南、内蒙古等地，并有愈演愈烈之势。参见杨敏：《远离"高利贷"这只恶魔》，载《江西日报》2011年10月14日。

[②] 据我国学者归纳，主要从量的角度、贷款者实际所能承受的能力和是否促进生产力发展、马克思关于古代生息资本的理论、相关法律法规条文、定性和定量、马克思的生息资本理论六个方面分别对高利贷的概念予以界定。参见高石钢：《高利贷与20世纪西北乡村社会》，中国社会科学出版社2011年版，第25—30页。

对高利贷进行界定的。[①] 与经济学界对高利贷的非规范性分析不同,刑法对高利贷的界定无疑应具有规范性。在我国,"行政法与刑法是基础依据和实质依据的关系,行政法的规定为刑法的规定提供基础……是一种递进式的基础和实质的关系。"[②]换言之,行政法规是刑法赖以成立的前提,而刑法又是行政法规得以实现的最终保障。"两者从法律的角度讲是相辅相成的,它们共同构成了一个完整的法律逻辑过程。"[③]因此,在目前我国刑法条文和司法解释均未涉及高利贷界定的背景下,参照我国有关行政法关于高利贷的规定,无疑是必要且可行的。2002年1月31日中国人民银行《关于取缔地下钱庄及打击高利贷行为的通知》(以下简称《央行通知》)第2条规定,民间个人借贷利率由借贷双方协商确定,但双方协商的利率不得超过中国人民银行公布的金融机构同期、同档次贷款利率(不含浮动)的4倍。超过上述标准的,应界定为高利借贷行为。由此我们认为,刑法规范视野下的高利贷,是指利率超过中国人民银行公布的金融机构同期、同档次贷款利率(不含浮动)4倍的借贷。

由于高利贷的发放一般系利用他人所处的不利情境而实施,带有一定的"乘人之危"性质,为了排除他人的反抗,从而顺利取得高利贷本息,行为人在向他人索取高利贷时,多采用暴力、胁迫等行为,这便是强索高利贷行为。可以说,强索行为是依附于高利贷行为而存在的。由于强索行为的程度、指向对象、所造成的后果等不同,强索高利贷行为的法律性质也呈现出差异。这种情况下,将所有的强索高利贷行为均纳入刑法规范视野显然不合理。那么,什么样的强索高利贷行为是刑法所应予以规制的呢?对此我们认为,第一,对于强索高利贷行为,应坚持"非刑事法律为基础、刑事法律为补充"之原则。从我国既有的法律体系和有关司法解释来看,发放高利贷行为处于民事、行政违法层面,因而对于依附于发放高利贷的强索高利贷行为,也应首先从民事、行政层面作出认定。换言之,在对强索高利贷行为的处理上,应以民法、行政法为基础,刑法调整仅为其中一小部分,不具有普遍性,只有在民法、行政法承受力不足的情况下,才宜动用刑法。第二,对强索高利贷行为的刑法规制,既包括手段行为,也包括目的行为。前者主要指为了索取高利贷所采用的行为方式已经超出民法、行政法调控之范围,而必须用刑法来加以调整;后者则指行为人强索超出原高利贷本息的行为,此时,其强索行为之目的在于获取原高利贷本息之外的财物。第三,刑法所规制的强索高利贷行为,达到一定的质和量的要求。从质上而言,强索行为须造成较为严重的、有形的损害后果,违法性程度较高,具有刑法处罚的必要性。除此之外,还须满足量上的要求。比如,多次实施强索行为、强索高利贷涉及的数额较大、雇用他人专门从事强索行为等。

[①] 参见刘秋根:《明清高利贷资本》,社会科学文献出版社2000年版,第2—5页。
[②] 张建:《醉驾型危险驾驶罪的反拨与正源》,载《华东政法大学学报》2011年第5期。
[③] 王勇:《定罪导论》,中国人民大学出版社1990年版,第158页。

二、强索高利贷行为犯罪化的理论与实务

目前,我国学界和实务界并未专门提及对强索高利贷行为的认定,而是在探讨和处理发放高利贷行为的同时顺带涉及强索高利贷行为。结合学界和实务界关于发放高利贷行为的分析和认定,目前我国有关强索高利贷行为犯罪化的路径主要有以下几种。

(一) 高利贷独立成罪后的附带入罪

早在20世纪80年代末90年代初,我国刑法学界就因高利贷犯罪社会危害性大而有将高利贷行为独立设罪之构想。① 在论述高利贷行为的严重社会危害性时,一般会提及因强索高利贷债务而容易引发绑架、抢劫、杀人等恶性刑事案件,危害社会治安。② 其后,我国刑法学界关于强索高利贷行为犯罪化的讨论延续了这一思路。这主要表现在以下两个方面:

一是将强索高利贷行为作为发放高利贷行为具有严重社会危害性和刑罚当罚性的重要依据,以此来论证高利贷行为独立成罪的必要性。比如有人指出,"从追讨债务的手段看,大多采用违法手段进行追讨。由于高利贷者获利快、获利多,因此,有经济能力供养一帮追讨债务的打手,当借款人无力偿还时,就出动打手跟踪逼讨。于是抄家、殴打、伤害和非法拘禁等违法犯罪现象便随之发生。高利贷款活动所造成的社会危害是十分明显的。"③

二是主张高利贷行为本身即具有严重的社会危害性和刑罚当罚性,将强索高利贷行为作为高利贷独立成罪后的一个加重处罚情节。对此有人指出,"对于一般的职业放贷人,他们的行为虽然有危害性,但因没有造成严重后果,只需处以与其罪行相适应的刑罚,就能收到良好的法律效果和社会效果。而对另外一部分职业放贷人,由于他们的行为造成了严重的社会危害,所以必须在正常的量刑幅度以上加重处罚。目前掌握的与高利贷活动有关的,必须给予加重处罚的情形有:与黑恶势力相勾结,利用其索债、逼债的;采取犯罪手段索债、逼债的;为他人的犯罪行为提供资金周转的;专门为参赌人员提供赌资的;因为逼债而致人重伤或死亡的;其他造成严重后果的。"④ 显然,在这种观点下,强索高利贷行为仅具有量刑意义,而在定罪层面并未获得独立的评价。

---

① 参见陈泽宪:《高利贷犯罪探讨》,载《政治与法律》1987年第2期;陈兴良:《论发放高利贷罪及其刑事责任》,载《政法学刊》1990年第2期;郑孟状、薛志才:《论高利贷行为》,载《中外法学》1992年第3期;等等。
② 参见郑孟状、薛志才:《论放高利贷行为》,载《中外法学》1992年第3期。
③ 张惠芳、张忠全:《刑法应增设"高利贷款罪"》,载《湖南省政法管理干部学院学报》2002年第3期。
④ 徐德高、高志雄:《增设"职业放高利贷罪"确有必要》,载《人民检察》2005年第9期。类似的论述还可参见黄建波:《关于增设高利贷罪的建议》,载《人民法院报》2009年11月18日。

(二) 非法经营罪

2003年1月13日,最高人民法院就武汉市公安局侦办的涂汉江发放高利贷案给公安部经侦局的《关于涂汉江非法从事金融业务行为性质认定问题的复函》(以下简称《复函》)明确答复:高利贷行为系非法从事金融业务活动,数额巨大,属于《刑法》第225条第4项所规定的"其他严重扰乱市场秩序的非法经营行为",构成非法经营罪。尽管根据最高人民法院《关于司法解释工作的规定》(2007年3月23日)第5条和第6条,[①]《复函》不属于司法解释,并不具有法律效力,但其对司法实践依然起到了重要的导向作用。[②] 比如实践中就出现了将发放高利贷行为以非法经营罪处理的判例。[③] 而《刑法修正案(七)》在《刑法》第225条第3项中增加了"或者非法从事资金支付结算业务的",根据立法机关的解读,这一修改主要是针对打击"地下钱庄"而言,而"地下钱庄"主要从事的非法金融业务中就包括高利放贷。[④] 由此,以非法经营罪来规制高利贷行为获得了更为坚实的依据。这其中,就涵括了对强索高利贷行为的刑法评价。例如,2011年1月5日南京市鼓楼区人民法院在审理一起涉黑案件时,对陈某私放高利贷行为便以非法经营罪进行了定罪处罚。[⑤] 在判决书中,法院指出,被告人陈某等人已将放贷作为其牟利生财之主业,向不特定的多个对象放贷巨额资金,约定收取明显不合理的高额利息,动辄以暴力、威胁等手段追讨债务,严重冲击了国家金融秩序,严重侵害了相关企业的生产经营,严重破坏了社会正常生活秩序,因此,其高利放贷行为已不属于正常民间借贷之范畴,应认定构成非法经营罪。[⑥] 该案中的发放高利贷行为显然包含发放高利贷之后的强索行为。又如,上海市以应某为首的犯罪团伙共7名成员发放高利贷,也因涉嫌非法经营罪被批捕移送公诉。其中也存在暴力讨债的行为。[⑦] 可以看出,将强索高利贷行为纳入发放高利贷行为并进而将其纳入非法经营罪,是司法实践中就强索高利贷行为较为常见的一种处理方式。

(三) 非法拘禁罪、赌博罪

从我国司法实务来看,对于强索高利贷行为还可能以非法拘禁罪或赌博罪论处。我国《刑法》第238条(非法拘禁罪)第3款规定,为索取债务非法扣押、拘禁他人的,依照前两款的规定处罚。2000年7月13日最高人民法院《关于对为索取法律不予保护

---

① 最高人民法院《关于司法解释工作的规定》(2007年3月23日)第5条规定,最高人民法院发布的司法解释,具有法律效力。第6条规定,司法解释的形式分为"解释""规定""批复"和"决定"四种。
② 对此,学界有人主张,应当以司法解释的形式,将民间高利贷行为纳入非法经营罪进行打击。具体参见刘伟:《论民间高利贷的司法犯罪化的不合理性》,载《法学》2011年第9期。
③ 参见于志刚主编:《案例刑法学(各论)》,中国法制出版社2010年版,第146页;刘硕:《我市首次判决放高利贷者有罪》,载《南京日报》2011年12月27日。
④ 参见黄太云:《刑法修正案解读全编》,人民法院出版社2011年版,第142—143页。
⑤ 参见张羽馨:《南京鼓楼法院一审判决涉黑案件》,载《江苏法制报》2011年1月6日。
⑥ 参见南京市鼓楼区人民法院刑事判决书(2010)鼓刑初字第482号。
⑦ 参见陈颖婷:《上海首次以涉嫌非法经营罪追究放高利贷人刑责》,载《工人日报》2010年12月20日。

的债务非法拘禁他人行为如何定罪问题的解释》(以下简称《非法拘禁解释》)进一步规定,行为人为索取高利贷、赌债等法律不予保护的债务,非法扣押、拘禁他人的,依照《刑法》第238条的规定定罪处罚。据此,发放高利贷后采用非法扣押、拘禁等手段强索高利贷的,以非法拘禁罪论处。实践中也出现了相关的判例。例如,2011年上半年,高利贷团伙胡某和张某等放高利贷给王某,并采取殴打、非法禁锢等暴力手段强索高利贷,广元市利州区人民法院以非法拘禁罪判处胡某、张某等一年至三年四个月不等的有期徒刑。① 此外,最高人民法院、最高人民检察院《关于办理赌博刑事案件具体应用法律若干问题的解释》(2005年5月13日)第4条规定,明知他人实施赌博犯罪活动,而为其提供资金、计算机网络、通讯、费用结算等直接帮助的,以赌博罪的共犯论处。就民间高利贷的特点来看,正当使用的情况较少,而多将借款用于赌博、个人挥霍等非正当用途。② 可以说,与赌博交织在一起系高利贷行为的常态。根据上述司法解释,向赌博者发放高利贷的以赌博罪论处。而伴随着发放高利贷行为的,必然是不同程度的强索高利贷行为,因此,用赌博罪共犯来评价发放高利贷行为,实际上也就包括了对强索高利贷行为的刑法评价。

可以看出,与理论界有人建议将高利贷行为(包括强索高利贷)通过刑事立法的形式入罪相比,司法实务中实际上已经先行一步,通过司法行为完成了高利贷行为(包括强索高利贷)的犯罪化。我国有学者将这一过程称为民间高利贷的"司法犯罪化"。③ 但是,从实际的判例来看,在强索高利贷行为的认定上还是存在较大差异。同样是强索高利贷行为,既可能被认定为非法经营罪,也可能被认定为非法拘禁罪、赌博罪。这种罪名认定上的不确定性,从一个侧面反映出目前我国针对强索高利贷行为的理论和实务还存在较大问题。

三、强索高利贷行为犯罪化既有路径的反思

除了实务中对强索高利贷行为罪名认定上的混乱,我们认为,上述关于强索高利贷行为犯罪化的理论与实务还存在以下几个需要反思的地方。

(一) 强索高利贷行为的附带入罪存在前提性不足

将发放高利贷行为独立成罪从而将强索高利贷行为作为其加重处罚情节,看似合理,实则存在前提性不足。应该看到,自然人之间的高利贷在目前我国的法律语境下实际上处于"非罪"状态。尽管《央行通知》第2条对高利贷作了界定,但不能由此认为,高利贷在我国处于"有罪"或者"应予入罪"之情形。1991年8月13日最高人民法

---

① 参见:《借高利贷给工人发工资,煤老板遭毒打当街示众》,载《华西都市报》2011年8月28日。
② 参见朱帅、卢峥嵘:《民间高利贷案件的特点及对策》,载《人民法院报》2009年12月20日。
③ 参见刘伟:《论民间高利贷的司法犯罪化的不合理性》,载《法学》2011年第9期。

院《关于人民法院审理借贷案件的若干意见》(以下简称《若干意见》)第 6 条规定,民间借贷的利率可以适当高于银行的利率,各地人民法院可根据本地区的实际情况具体掌握,但最高不得超过银行同类贷款利率的四倍(包含利率本数)。超出此限度的,超出部分的利息不予保护。这也说明,民间高利贷在一定程度上仅仅是民事主体之间相互约定的事宜,法律并非绝对禁止,而只是对高利贷的利息不予保护。不予保护,即丧失民事诉讼中的胜诉权,这与高利贷行为的犯罪化相差甚远。

另外,尽管 1998 年 6 月 30 日国务院《非法金融机构和非法金融业务活动取缔办法》(以下简称《取缔办法》)第 4 条将"非法发放贷款"纳入"非法从事金融业务活动",①并在第 22 条规定了对于设立非法金融机构或者从事非法金融业务活动可依法追究刑事责任和由中国人民银行施加行政处罚两种处理模式,②但是,从《取缔办法》第 9 条、第 12 条以及第 24 条可以看出,可依法追究刑事责任的非法金融机构或者从事非法金融业务活动仅限于非法金融机构、非法吸收公众存款或者变相吸收公众存款以及非法集资四种情形;而对于发放贷款可以追究刑事责任的,则仅限于非法金融机构发放贷款以及合法金融机构为非法金融机构或者非法金融业务活动提供贷款的直接负责的主管人员和其他直接责任人员两种情形。③ 由此可以看出,对于不是以"非法金融机构"形式发放的贷款,即便是高利贷,充其量也只是《取缔办法》中的"非法从事金融业务活动",而这仅仅处于行政违法层面。因此,不区分不同情形,而一味主张将高利贷独立成罪的观点,与我国行政法规对高利贷行为的规制并不协调,且极有可能导致刑法的泛滥,与刑法的谦抑理念和刑法作为保障法的地位不符。④

(二) 将强索高利贷行为纳入非法经营罪之不合理性

司法实务中将发放高利贷行为纳入非法经营罪并以此囊括强索高利贷行为,存

---

① 《取缔办法》第 4 条规定:本办法所称非法金融业务活动,是指未经中国人民银行批准,擅自从事的下列活动:(一)非法吸收公众存款或者变相吸收公众存款;(二)未经依法批准,以任何名义向社会不特定对象进行的非法集资;(三)非法发放贷款、办理结算、票据贴现、资金拆借、信托投资、金融租赁、融资担保、外汇买卖;(四)中国人民银行认定的其他非法金融业务活动。

② 《取缔办法》第 22 条规定:设立非法金融机构或者从事非法金融业务活动,构成犯罪的,依法追究刑事责任;尚不构成犯罪的,由中国人民银行没收非法所得,并处非法所得 1 倍以上 5 倍以下的罚款;没有非法所得的,处 10 万元以上 50 万元以下的罚款。

③ 《取缔办法》第 9 条规定:对非法金融机构、非法吸收公众存款或者变相吸收公众存款以及非法集资,中国人民银行一经发现,应当立即调查、核实;经初步认定后,应当及时提请公安机关依法立案侦查。第 12 条规定:对非法金融机构和非法金融业务活动,经中国人民银行调查认定后,作出取缔决定,宣布该金融机构和金融业务活动为非法,责令停止一切业务活动,并予公告。第 24 条规定:金融机构违反规定,为非法金融机构或者非法金融业务活动开立账户、办理结算或者提供贷款的,由中国人民银行责令改正,没收违法所得,并处违法所得 1 倍以上 5 倍以下的罚款;没有违法所得的,处 10 万元以上 50 万元以下的罚款;对直接负责的主管人员和其他直接责任人员依法给予纪律处分;构成犯罪的,依法追究刑事责任。

④ 我国有学者指出,"位于现代刑事法律科学与现代刑事政策核心的,就是以刑法干预的正当性考虑与刑法干预的谦抑性思想为基础的'道德—第一次法—第二次法'的犯罪化作业过滤原理。"参见梁根林:《刑事法网:扩张与限制》,法律出版社 2005 年版,第 34 页。因而一般认为,只有当某一行为无法被道德、第一次法以及其他手段所调整时,才能动用刑法调整。

在诸多不合理性。

首先,《刑法修正案(七)》关于非法经营罪的修改所指向的实际上是相对特定的"地下钱庄",而并非所有的非法金融业务。根据立法机关有关人员的解读,《刑法修正案(七)》增加的"或者非法从事资金结算业务的"系对打击"地下钱庄"的规定。"地下钱庄"主要以公开或半公开的寄卖、典当行、担保公司为掩护,专门从事资金筹集、高利放贷、票据贴现、融资担保等非法金融业务,其主要利润来源是高额手续费和利息。①《央行通知》在关于取缔地下钱庄及打击高利贷行为的背景中也指出,近年来,在部分农村地区,民间信用活动活跃,高利借贷现象突出,甚至出现了专门从事高利借贷活动的地下钱庄,破坏了正常的金融秩序,影响了社会安定。据此可以推断,"地下钱庄"并非单个自然人,而主要是指未经中国人民银行批准,擅自设立从事或者主要从事吸收存款、发放贷款、办理结算、票据贴现、资金拆借、信托投资、金融租赁、融资担保、外汇买卖等金融业务活动的一种非法机构。因此,以非"地下钱庄"形式出现的民间高利贷很难纳入《刑法修正案(七)》关于非法经营罪的修改中。

其次,将高利贷行为解释为《刑法》第225条第4项所规定的"其他严重扰乱市场秩序的非法经营行为",从而容纳强索高利贷行为,并不妥当。一方面,根据最高人民检察院、公安部《关于经济犯罪案件追诉标准的规定》(2001年4月18日)第70条,以及最高人民检察院、公安部《关于公安机关管辖的刑事案件立案追诉标准的规定(二)》(2010年5月7日)第79条之规定,非法经营罪的入罪标准均表现为满足一定的数额或者数量,因而是较为纯粹的数额犯,而强索高利贷行为中的暴力、胁迫等强索行为,系主要针对人身权利,在操作中无法量化,因而存在入罪标准上的障碍。另一方面,非法经营罪的轴心在于"经营",准确地说是商业化的"经营",而强索高利贷之基点在于依附于高利贷的"强索"行为,其与非法经营罪中的"经营"在行为本质上是不同的。显然,将强索高利贷行为纳入非法经营罪,无疑人为扩大了非法经营罪的原有幅度,使得非法经营罪的边界不断扩大甚至模糊,从而极易导致其呈现出旧刑法时期"流氓罪"之形态。这是应当予以警惕的。

最后,将强索高利贷行为通过司法犯罪化的形式予以惩处具有法理上的非正当性。由于我国刑事立法并未就强索高利贷行为予以明确,在具体实践中对于强索高利贷为按照非法经营罪论处是通过一系列个案得以表现的,因而是一种司法犯罪化的进程。但应该认识到,这一进程造成立法与司法的角色错位。"在刑事法治建设过程中,立法角色和司法角色主要表现为指令与服从的关系。一方面,刑事立法为刑事司法提供适用的依据,其相当于向司法者发出了一个'指令';另一方面,刑事司法必须忠实于刑事立法,对刑法条文做到'服从'。司法解释应该在'服从'刑事立法的前提下进行。这是刑事立法与刑事司法的分工和角色,也是二者之间的逻辑规则。"②在刑事立法就民间高利贷行为(即以非"地下钱庄"形式出现的高利贷)尚未作出反应的情况

---

① 参见黄太云:《刑法修正案解读全编》,人民法院出版社2011年版,第142—143页。
② 张建:《"醉驾型"危险驾驶罪的反拨与正源》,载《华东政法大学学报》2011年第5期。

下,刑事司法却先行一步,在判例中对该种高利贷行为(含强索高利贷行为)予以犯罪化,这显然不符合我国刑事司法与刑事立法的分工和角色,具有法理上的非正当性。对此,我国有学者进一步指出,这实际上是行政权、司法权对立法权的侵蚀与反动。①这背后所反映出的,则是对于行为社会危害性的过分关注而忽视罪名的确定性和刑法评价的规范性。在刑事法治建设过程中,这种刑法调整的倾向和冲动应予警惕。

(三) 非法经营罪、赌博罪与强索高利贷行为的属性不兼容

非法经营罪、赌博罪与强索高利贷行为本身的属性难以兼容,不能如实反映强索高利贷行为本身的性质。一般认为,非法经营罪侵犯的客体是国家限制买卖物品和经营许可证的市场管理制度,②在刑法典中则属于第三章"破坏社会主义市场经济秩序罪"下的第八节"扰乱市场秩序罪"。尽管非法经营行为方式各异,但最终都离不开"扰乱市场秩序罪"这一犯罪客体的制约。而采用暴力、胁迫等手段强索高利贷的行为,主要涉及他人的人身和财产权利。因此,从行为的本质上来看,强索高利贷行为和非法经营行为是两种完全不同的行为。这就决定了用非法经营罪来评价强索高利贷行为存在天然的缺陷。同样,赌博罪所侵犯的客体为社会风尚和社会管理秩序,③用赌博罪的构成要件来涵括强索高利贷行为,也存在精确性不足的问题。

(四) 非法拘禁罪对强索高利贷行为的不周延性

用非法拘禁罪来评价为索取高利贷而非法扣押、拘禁他人的行为,大体上是适当的。但是也应该看到,一方面,强索高利贷行为除了使用扣押、拘禁等方式以外,还包括殴打、胁迫乃至绑架等暴力行为。与限制人身自由不同,殴打、胁迫、绑架等暴力行为所侵害的是人的身体健康,因而以保障人身自由为目的的非法拘禁罪在强索高利贷行为的规范分析上具有不周延性;另一方面,用非法拘禁罪来规制强索高利贷行为,并未反映出其中的财产性因素。在有些强索高利贷案件中,行为人强索的并非双方约定的高利贷本息,而是超出高利贷本息之外的金钱,或者强迫、诱骗行为人写下与高利贷事实明显不符的欠条,后以暴力、胁迫手段予以强索,此时,行为人所主要侵犯的已不再是人身权利,而是"他人的财产",带有侵犯财产罪的性质。比如本文开篇的案例,李某向黄某借款数额为 3 万元(实际拿到的钱款为 2.43 万元),但先后两次被诱骗写下共计 31 万元的欠条,在归还 2.75 万元后,被要求按照借条上的数额还款,先后被强索 11 万元。尽管是以高额利息的名义被强索,但是很显然,这里要求按照欠条还款并被强索 11 万元明显与高利贷特征不符,而带有强索"他人财产"的性质,需要作出与之相

---

① 参见刘伟:《论民间高利贷的司法犯罪化的不合理性》,载《法学》2011 年第 9 期。我国有学者对司法犯罪化这一问题从更为宏观的层面进行了批判,参见孙万怀:《以危险方法危害公共安全罪何以成为口袋罪》,载《现代法学》2010 年第 5 期。
② 参见张军主编:《刑法分则及配套规定新释新解(上)》,人民法院出版社 2009 年版,第 789 页。
③ 参见高铭暄、马克昌主编:《刑法学》(第三版),北京大学出版社、高等教育出版社 2007 年版,第 619 页。

适应的评价。

由此看来,无论是将发放高利贷行为独立成罪从而将强索高利贷行为作为其加重处罚情节,还是将强索高利贷行为纳入非法经营罪、赌博罪,或者用非法拘禁罪来评价强索高利贷行为,均存在一定的问题,需要重新作出梳理。

四、强索高利贷行为的类型化及其准确定性

我们认为,尽管强索高利贷行为形态各异,但结合是否侵犯他人财产,基本上不会超出两种类型,一是强索约定高利贷;二是强索超出约定高利贷之财物。这两种类型虽然都有"强索高利贷"之名,但行为性质上截然相异。前者带有"索债"性质,后者则具有"侵财"性质。性质不同,决定了二者在刑法调整上的差异。据此我们认为,对强索高利贷行为的准确定性,应当在坚持强索高利贷行为类型化的基础上进行。

(一) 强索约定高利贷

根据《央行通知》第2条和《若干意见》第6条,民间借贷可以自行约定利率,但不得超过银行同类贷款利率的四倍(包含利率本数)。超出此限度的,超出部分的利息不予保护。这说明,双方可以约定超过银行同类贷款利率四倍以上的借贷利率,但是,超出部分的利息,在法律上处于不受保护的状态。换言之,此时发放高利贷者并不能基于法律主张另一方归还高利贷。而对于该高利贷是否可以通过私力途径予以索要,我国法律并未明确。但根据相关司法解释的精神,我们可以推断出是允许的。2005年6月8日最高人民法院《关于审理抢劫、抢夺刑事案件适用法律若干问题的意见》(以下简称《抢劫、抢夺意见》)第7条规定,抢劫赌资、犯罪所得的赃款赃物的,以抢劫罪定罪,但行为人仅以其所输赌资或所赢赌债为抢劫对象的,一般不以抢劫罪定罪处罚。构成其他犯罪的,依照刑法的相关规定处罚。该司法解释严格区分了抢劫本人所输赌资与抢劫他人赌资的行为。对于行为人以私力途径(抢劫)取回本人所输赌资或赌债的行为,我国法律采取了放任态度(一般不以抢劫罪定罪处罚)。实践中的判例也遵循了这一做法。① 应该看到,该司法解释中的赌资或赌债,与高利贷在性质上是一样的,均处于不受法律保护的状态。据此我们认为,对于以私力途径强索法律不予保护的高利贷的行为,也不应作出侵犯财产罪性质的刑法评价。当然,这仅是就强索高利贷行为所作出的第一层判断,是就强索高利贷的目的行为(即强索"高利贷")的评价。如果在强索高利贷之余还侵犯了被强索人的其他权利,则依照刑法的相关规定处罚,而这是就强索高利贷行为第二层面的判断,是就强索高利贷的手段行为(即"强索"高利贷)的评价。这与《抢劫、抢夺意见》第7条的精神也是一致的。《非法拘禁解释》规定,行为人为索取高利贷、赌债等法律不予保护的债务,非法扣押、拘禁他人的,

---

① 赵秉志主编:《中国刑法案例与学理研究》(第四卷),法律出版社2004年版,第327页。

依照《刑法》第 238 条的规定(非法拘禁罪)定罪处罚,正是对强索高利贷的手段行为的规制。

当然,强索高利贷的手段行为上,除了扣押、拘禁之外,还包括伤害、杀害等其他暴力行为,此时,依照我国刑法中故意伤害罪、故意杀人罪的有关规定处理即可。①

(二) 强索超出约定高利贷之财物

实践中,除了强索约定数额的高利贷,还存在强索超出高利贷之财物这种情形。这主要有两种形式,一是采用强迫、诱骗等方法让他人写下与高利贷事实不符的借条,并采用暴力、胁迫等手段按借条载明的数额向他人强索财物;二是借款者在归还约定的高利贷本息的同时,发放高利贷者以高利贷追加利息或其他名义另行向借款者强索财物。本文开篇提及的案例便是这两种形式的结合体。这两种情形已经突破了强索约定高利贷的界限,而发生了行为性质上的改变,由"索债"转化为"侵财"。值得注意的是,强索超出高利贷之外的财物,在实践中往往以强索高利贷追加利息等形式出现,披着"高利贷"的外衣,具有一定的迷惑性,但由于此财物系双方约定之外,在性质上实属于他人的合法财产,受法律保护,因此强索超出高利贷之财物实质上是非法占有他人的财产。此时,无论是强索的目的行为还是手段行为,均具有刑法调整的必要性。

具体而言,根据行为人主观目的、客观表现等情形强索超出高利贷之财物又可分别定为抢劫罪、敲诈勒索罪和绑架罪。这涉及三者的区分。关于抢劫罪和敲诈勒索罪,学界一般从"两个当场"加以界分,即是否当场实施暴力以及当场取得财物。② 也有学者对"两个当场"的观点提出了质疑,认为抢劫罪和敲诈勒索罪的区分在于暴力程度。③ 我们认为,是否当场实施暴力和当场取得财物,并不能准确区分抢劫罪和敲诈勒索罪,二者更为本质的区别在于暴力程度,即行为人为取得他人财物所实施的暴力是否致使他人不能反抗和不敢反抗。据此,行为人采用暴力、胁迫或者其他手段,致使借款者不能反抗、不敢反抗,从而强索超出高利贷之外的财物,符合抢劫罪的构成要件,应以抢劫罪定罪处罚;行为人以威胁或者要挟等方法,所实施的暴力、胁迫等方法尚未致使借款者不能、不敢反抗,从而向借款者强索超出高利贷之外的财物的,符合敲诈勒索罪的构成要件。

另外,行为人为强索超出高利贷之外的财物而实施绑架的方法,有可能构成绑架

---

① 值得注意的是,我国有学者主张对索取债务的行为可以认定为绑架罪。该学者指出,认定行为构成的是绑架罪还是非法拘禁罪,不能仅以行为人与被害人之间是否存在债务为唯一标准,更应考虑行为本身对人身自由的剥夺程度、对人身安全的侵害程度。《刑法》第 238 条第 3 款使用的是"非法扣押、拘禁"概念,因此,超出非法扣押、拘禁程度的行为,即使存在法律不予保护的债务,依然可能成立绑架罪。对于为了索取法律不予保护的债务或单方面主张的债务,以暴力支配、控制被害人后,以杀害、伤害被害人相威胁的,宜认定为绑架罪。为了索取债务,而将与债务人没有共同财产关系、扶养、抚养关系的第三者作为人质的,应认定为绑架罪。参见张明楷:《刑法学》(第四版),法律出版社 2011 年版,第 795 页。
② 参见赵秉志:《侵犯财产罪》,中国人民公安大学出版社 2003 年版,第 52 页。
③ 参见陈兴良:《敲诈勒索罪与抢劫罪之界分——兼对"两个当场"观点的质疑》,载《法学》2011 年第 2 期。

罪。但是,考虑到绑架罪的法定刑较高,[①]为了定性准确、量刑适当,我们认为强索超出高利贷之外财物的行为构成绑架罪应同时具备以下两个条件:第一,所采用的暴力、胁迫等行为方式的暴力程度较高,对本人或其近亲属的健康、生命之威胁具有重大性、紧迫性;第二,强索高利贷之外的财物数额应明显超出原高利贷数额,即为强索超过高利贷之财物构成绑架罪设定一个超出的下限。对此,最高人民法院在《中国刑事审判指导案例》中也指出,如果行为人索要的钱财与被害人所欠"债务"之间差额不大,就不能以绑架罪定罪处罚。如被害人欠行为人10万元赌债,而行为人向被害人索要12万元、13万元,因为毕竟有被害人欠行为人10万元赌债这一事实存在,被害人在案件起因上亦有一定的过错,而且行为人索要超出赌债的部分钱财也有可能出于多种原因,并不一定全是为了勒索钱财,这种情况下,一般不宜对行为人以绑架罪定罪处罚。[②] 我们认为,最高人民法院的上述立场是值得赞许的。至于行为人强索超出高利贷之财物与被害人所欠高利贷之间差额究竟多大,才能视为"明显超出",进而以绑架罪论处,我国现行刑法和有关司法解释均未予以明确。就实务中出现的案例来看,有为索取8万元合法债务而绑架索要30万元被认定绑架罪的,[③]也有为索要0.99万元赌债非法扣押"债务人"而向其亲属索要3万元被认定为绑架罪的。[④] 对此我们认为,在处理具体案例时,应综合考虑行为人强索钱财的绝对数额是否巨大;强索超出约定高利贷的数额与原高利贷数额的比值(差额)是否巨大;行为人实际强索到的数额大小以及在实际得到与所欠高利贷数额相当时是否将扣押、拘禁的被害人放走;等等。

值得注意的是,实务中还存在一种较为常见的强索高利贷行为,即为了发放高利贷、强索高利贷而形成较稳定的组织,人数较多,在一定区域或者行业内,以暴力、威胁或者其他手段,有组织地多次进行发放并强索高利贷行为(包括强索约定高利贷和强索超出约定高利贷之财物),严重侵害他人人身、财产权利,影响社会生活秩序。显然,此时的强索高利贷行为已经带有"涉黑"性质,应当依照黑社会性质组织犯罪的有关规定处理。

五、结　　语

随着我国民间高利贷不断出现,强索高利贷的行为也迅速增多,给公民权利和社会秩序造成较大危害。目前我国理论和实务就强索高利贷行为的犯罪化路径要么存

[①] 我国《刑法》第239条就绑架罪规定了"十年以上有期徒刑或者无期徒刑"和"死刑"两个量刑幅度,《刑法修正案(七)》增加了"五年以上十年以下有期徒刑"这一幅度。尽管如此,就我国整个刑法典来看,绑架罪的法定刑依然是很高的。

[②] 参见中华人民共和国最高人民法院刑事审判第一、二、三、四、五庭主编:《中国刑事审判指导案例(妨害社会管理秩序罪)》,法律出版社2009年版,第15页。

[③] 于志刚主编:《案例刑法学(各论)》,中国法制出版社2010年版,第260页。

[④] 参见中华人民共和国最高人民法院刑事审判第一、二、三、四、五庭主编:《中国刑事审判指导案例(妨害社会管理秩序罪)》,法律出版社2009年版,第10页—14页。

在前提性不足,要么不合理,要么与强索高利贷行为本身的属性难以兼容,要么存在不周延性。强索高利贷行为具有自身的属性,应获得独立的刑法评价与规制。强索高利贷行为主要有强索约定高利贷和强索超出约定高利贷之财物两种类型。只有在坚持类型化区分的基础上,才能找到强索高利贷行为刑法定性的准确出路。

回到本文开篇之案例。李某向黄某借款数额为 3 万元(实际拿到钱款为 2.43 万元),但先后两次被诱骗写下共计 31 万元的欠条,在归还 2.75 万元后,被要求按照借条上的数额还款,先后被强索 11 万元。尽管是以高额利息的名义被强索,但是很显然,这里要求按照欠条还款并被强索 11 万元显然与高利贷特征不符,系明显超出约定高利贷之情形,而带有强索"他人财产"的性质。由于黄某等以恐吓、胁迫、打耳光等暴力手段向李某强索,其实施的暴力在程度上尚未致使李某不能、不敢反抗,亦未扣押、拘禁李某本人或其家属,未严重、紧迫威胁到李某本人或其家属的健康、生命安全,因而不符合抢劫罪和勒索型绑架罪的构成要件,宜认定为敲诈勒索罪。

犯罪学

法学和犯罪学在美国的不了情[*]

主讲人：曹立群，加拿大安大略科技大学犯罪社会学终身教授
主持人：姚建龙，上海政法学院刑事司法学院院长、教授
时　间：2013年4月27日下午

犯罪学是美国大学在过去四十年里发展最快的专业之一。根据"没有法便没有罪"和"没有法便没有惩罚"的原则（即中国的"罪刑法定"原则），法学和犯罪学应该有着密切的、甚至不可分割的关系。事实上，在大多数受罗马—日耳曼法系（又称"大陆法系"）影响的国家，包括中国，犯罪学和法学都有着这种密不可分的关系。为什么在美国犯罪学和法学却"发乎情止于礼"，这么多年来仅限于眉目传情，犯罪学终没有成为法学的分支，而先成了社会学的分支，然后独立门户？本文从美国的法律体系入手，通过对犯罪学在美国发展的论述，试图回答这个问题。

一、市场与法律体系

本文从两个彼此关联的方面来寻找问题的答案。首先，犯罪学在美国没有成为法学的一部分是因为美国是一个深受市场左右的、共同法（又译为"普通法"）的国家。在共同法的国家里，法官在解释判例时，直接参与了立法功能。其次，犯罪学在美国另辟蹊径是美国历史环境的机遇所致。犯罪学的历史浓缩地反映了美国的现代史。

我们先来讲讲几个基本的问题。什么是法律？根据一个定义，法律是"已建立起来的、具有很大的预测性的行为原则或规章，当受到这个规章挑战的时候，法院可以强行执行这个规章"（Cardozo，1925）。换句话说，法律之所以是法律，因为它首先具有权威性，其次因为它能够在现实生活中执行。停留在文字上的法律，只是一堆供宣传、供炫耀的废纸。"法律的生命不在于逻辑，而在于经验"（Holmes，1963）。

法律是国家政权的产物，是国家政权实施社会控制的许多工具之一（Black，1976）。一旦颁布实施，法律在短时间里相当稳定，但是，从长远的角度看，法律却是在不断的演变中。再者，法律的概念和制度因国家的政体、文化和历史等原因也不尽相同（Henry and Lanier，2001）。在同一社会里，书本上的条文和执行中的条文也不尽

---

[*] 本讲稿由主讲人提供，载《青少年犯罪问题》2012年第1期。

相同(Mosher and Brockman,2010)。法律在实际操作中,执法的力度也因各个警察局、法院和其他法务机构的不同而不同(Chambliss and Seidman,1971)。基于这种认识,许多学者认为,法律条文并不代表立法者的原意,也不见得代表人民的利益。法律并不总是和正义相联系的。最重要的是,法律是有权势的人在一个社会中的某个历史时期制定的一种规则。法律是对特定时期、围绕一系列社会因素而产生的违法反应的一个演变过程(David and Brierley,1978)。法律所规定的犯罪概念的弹性界线随着新法律的颁布和旧法律的注销而时伸时缩。在人类社会,法律过去不总是存在的,今后也不会永不消亡(Becker,1967)。

那么,人类社会为什么需要法律呢？法律到底对社会有什么功用？一般来说,法律有三个社会功能:社会控制、争端调解("定分止争")、社会工程。这最后一个功能,在欧美最备受争议。在单一民族的小型社会,法律的功效并不彰显,甚至多余。在大型社会,多民族、多文化、多宗教、多语言的社会,法律的社会控制和争端调解的功能才最能显现。但是,西方的法律思维并没有被完全、完整地介绍到中国。比如,欧美启蒙思想家们认为,刑事法要遏制的不是犯罪人,而是国家(李海东,1997)。这个经典思维在中国还没有广为人知,更没有被普遍接受,大多数中国的刑法学家和犯罪学家仍然认为刑事法的主要对象是遏制犯罪人。而最受争议的社会工程功能,也一直在改革开放的大旗下在中国广为传播、大行其道。

尽管世界上的法律种类林林总总,各个独立国家的法律文献更是汗牛充栋,一般认为,当今世界上有三大法律系统:罗马—日耳曼法律系统、共同法法律系统和伊斯兰法律系统。这三大系统因为法律的渊源、法律的诉讼技术和法律制度的运作不同而被认为是不同的系统(David and Brierley,1978)。属于罗马—日耳曼法律系统的社会主义国家,根据政治信仰,也曾经被当过"社会主义法律系统。"随着20世纪90年代社会主义集团在欧洲的瓦解,这个系统也自然消亡。在中国国内,张晋藩、杨振洪提出过"中华法系"的主张,有兴趣的读者可细读此论(杨振洪,1995)。

法律总是有争议的。法律代表也调解社会各个利益集团的冲突。法律可以是非常政治化、非常工具化的。但是,法律也可以是公平、公正、中立的。在资本主义社会,马克思认为,资产阶级和无产阶级的利益是不一致的,他们各自想制定的法律也必然不一样。在社会主义的中国,城市原住居民和新来乍到的农民的利益是不一致的(张荆,2009)。当情理法一致,党、国、民利益一致时,顺风顺水顺应天道。可是,利益不一致时怎么办,这才是问题。贝克(Becker,1967)曾尖锐地问大学里的学者们,"我们站在哪一边？"

西方"法治"这个概念在罗马—日耳曼法律系统和共同法法律系统都存在。法治的第一标志就是承认没有任何个人、任何政党能够凌驾于法律之上。尽管各个党派的利益不一致,尽管各个阶级、阶层的利益不相同,法律一旦通过、生效,所有的政党、个人都必须在这个法律框架下行事。因此,西方常常把法律形容成"双面刃":既能克敌、也能伤己。非常政治化、非常工具化的法律与近代法治思维水火不容。据陈有西回忆,龚祥瑞教授在 1996 年临终前,惆怅万千地说,中国有宪法而无宪政(赵蕾,2011)。

共同法是陪审团制度下的法官的判例法(曹立群,2004)。在这个制度下,专业人员的意见和普通老百姓的意见一样重要,因为陪审团是由普通老百姓随机抽样而组成的。这些由民众(大多数是"法盲",个别甚至是"文盲")组成的陪审团才是真正的审判者,法官在检察官和辩护律师的"对抗制"中只扮演一个裁判的角色。与罗马—日耳曼法律系统的"讯问制"不同,传统上,共同法的法官不一定是法律专家。理论上,法官只转达陪审团的意愿,并在上诉过程中,为陪审团的决定作法理辩护。在这个体系下,法律程序比法律条款更为重要(David and Brierley,1978)。辩诉双方必须赢得陪审团成员的心,才能赢得诉讼的胜利。作为检察官,如果他们决定起诉一案,后来却在法庭上输了,他们就没法获得政府和人民的信任,将很难在下一轮的筛选过程中保住自己检察官的位置。对于辩护律师,如果他们的辩护失败了,其信誉必然受损。因此,双方的个人利益都很大。

律师的训练,让他们只需回答一个简单的问题:这个行为有没有触犯法律?赢得诉讼是一种技巧,只有通过不断的训练才能掌握。正义有时在这个过程中就不见踪影,有时则变得无关紧要。争辩双方的律师总是更想赢眼前的案例,而不是更想维护公正。犯罪学家却会考虑更大更深的问题:这个行为根据今天的道德标准是对还是错?时过境迁,这条法律是否还有可行性?这条法规代表了谁的利益,损伤了谁的利益?因此,在共同法系国家的法学家眼里,犯罪学的研究不属于思辨技巧型、案例型的法学范畴,而是依靠科学的方法论做实证研究,属于行为学科的一个分支。这种观念在不同程度上深深地左右美国法学家的思维(Geis,1959;Reisman,1957)。

美国大学学科专业主要受市场左右,不太受政府行政命令的直接干扰。不像中国或东亚的国家,专业设置直接受政府掌控。在中国,还要加上受现有制度的影响,在有关政权稳定的部门,个别学科继续向垂直的、小而专的方向发展。比如,公安系统、武警系统、海警系统、法院系统、检察官系统、监狱系统等,都有属于本系统的"专业"学科和特殊的培养人才的学院或大学。这些"本系统资源"为本系统输送大批信得过的干部。而在美国,这些系统都不存在,个人想要在职务上有所升迁,必须先拿学位,而学位都必须在普通大学(州立的、私立的,或教会的大学)才能拿到。除了军事系统,没有任何其他部委有发放文凭的学校。警察、监狱等有自己的培训学部(academy),这些学部或学院不能发放学位文凭,只能发放毕业证书(曹立群,2007)。在政府干预学校管理较为严重的其他共同法的国家里,比如,加拿大和英国,犯罪学游走于法学与社会学的边沿。

二、犯罪学在美国的遭遇

讲述、了解历史至关重要。科尔(Cole,2005)说,没有历史,我们也就没有了方向。但是谈历史,必然引发各式各样的争议。讲美国的犯罪学历史也不例外(曹立群,

2007)。更何况犯罪学是一个多源头的学科,任何历史观必然受到个人的主观意识和认识的影响。一般来说,描述历史总要进行理论和历史资料的重组。

犯罪学在美国的发展不是一件孤立的偶发事件。它是美国当代史的一个组成部分。犯罪学在美国开始的准确日期很难确定。大部分学者认为,犯罪学作为一门课在大学开课已有一百年左右的历史了(Akers,1992;Clinard,1951;Cressey,1979;Geis,1959;Jeffery,1991;Laub,2006;Rafter,2005;Wolfgang,1963)。在这一百年的时间内,犯罪学大致走过三个阶段:(1)站稳脚跟;(2)急速扩张;(3)独立门户。下面,本文详细叙述犯罪学的各个阶段。

(一)站稳脚跟

美国犯罪学发展的第一阶段大致从 20 世纪初到 20 世纪 60 年代中期。犯罪学是从欧洲来的舶来品。犯罪学的根在欧洲的古典犯罪学派和实证犯罪学派。从 19 世纪末到 20 世纪初,美国的犯罪学研究出现在许多学科中,比如生物学、心理学、人类学、社会学、法学等(Geis,1959)。

在西北大学法学院院长威格摩尔(John Wigmore)的领导下,犯罪学一度被引进法学院(曹立群,2007;Cao,2004)。威格摩尔是 20 世纪二三十年代美国法学界泰斗式的人物,在许多方面都有建树,特别是因为他有周游欧洲列国的经验,使他在比较法学方面独树一帜。他不满美国法学院的课程,认为这样的教育太偏狭。他把犯罪学引进法学院,是想让未来的律师们对正义与法律有更深刻的世界观。他的努力不很成功,因为美国的法律系统深深根植于共同法系之中,法学院的课程必须根据市场的需求,围绕案例法的原则来组织。除宾夕法尼亚大学的法学院外,法律界对威格摩尔的做法均不以为然,他的努力也因他的去职无疾而终。但是,由于他,西北大学法学院发行了《刑事法和犯罪学》期刊,这是最早以犯罪学为名的刊物,是这一时期最著名的犯罪学学术期刊。到 20 世纪 60 年代初,又有偏重社会学的《法律与社会研究》问世。

犯罪学没能在美国法学院安身立命更深层的原因是,法学在美国和共同法国家的学术界是精英学科,法学为青年英才在共同法系的社会开辟了职业的大门(Reisman,1957)。格斯(Geis,1959)也提到,在共同法国家,律师以干事为能耐,一般都不屑于法学院的教学。在学术界,法学院的教授们教课少,拿钱多,还常常掌握委员会和行政大权。作为初来乍到的犯罪学,除了有机会发展几门选修课外,并没有像在欧洲的许多大学一样,成为美国或加拿大法学院的一个专业。

新生的社会学热忱地欢迎犯罪学加入自己行列,成为自己的一个分支。社会学作为犯罪学安身立命的家园并非完全出于偶然。欧洲先驱者著作的翻译极大地刺激了美国社会学家对犯罪学的热情。塞林(Sellin,1938)认为,"传统上,犯罪学是一个杂种学科,因为公众过分害怕病疫而让它长大。"社会学宽阔的理论视野里包括了"罪过、淫秽、肮脏"(Becker,1954),以及所有的社会问题,比如破碎的家庭和酗酒的父母(Cressey,1979)。社会学对这些问题的研究为犯罪学提供了一个舒适家园。

社会学是美国历史上进步运动(1890—1920)的副产品,社会学的特点是结合了科学的专长以及社会结构和福利改革议题(Garland and Sparks,2000)。和社会学一样,美国犯罪学的第一阶段可算得上20世纪初进步运动的副产品之一,犯罪学的发展也得利于1929年灾难性的股票危机和随之而来的福利社会的发展(Gibbons,1979)。

(二)急剧扩张

犯罪学的第二个阶段从20世纪60年代末一直持续到1999年。这个阶段是犯罪学的大发展阶段。在这个阶段,犯罪学和社会学渐行渐远,犯罪学本身因产生了注重犯罪性质研究的犯罪学和注重犯罪政策研究的法务学之间的冲突而造成分裂。在这个阶段,改造、康复犯罪人的开明理念受到挑战,惩罚性的犯罪控制又获重视(Lilly,Cullen and Ball,1995;Savelsberg,Leveland,and King,2004)。

社会学和犯罪学互依互靠,双方得益的关系在60年代末变得逐渐疏离了。这种疏离的关系给予倾向独立的法务学更大的成长空间。这一时期,美国社会上有三大势力推动了法务学的大发展:联邦的资助、现实的考量和经济利益。

第一,"执法教育项目"(LEAA)、"联邦执法辅助局"(LEEP)为在职警员和即将就职的警员学生提供学费资助(Jeffrey,1990)。这两个项目极大地刺激了大学的法务专业的增长,威胁到犯罪学和社会学相互依赖的关系。60年代后期和70年代初期的美国社会,正经历三大社会运动(妇女解放运动、民权运动、反越战运动)带来的转型阵痛。锐意改革的政治家决心提高警员的素质来对抗日益增长的犯罪。"总统的执法和司法委员会"(1967,1968)多次激励社会科学研究犯罪和执法的方方面面,促进加强高等教育人才的计划。这时的社会学,已经羽翼丰满,和当年的法学一样了。这种地位使得社会学难以看到市场扩张所带来的机遇。许多社会学家看不上法务学突来的扩张。这种过分注重质量的态度使得其他社会学家和法务教育家不满意,为新的学术单位的发展留下空间。这个新的学术单位在一群法务教育家的领导下,离开了美国犯罪学会,组成法务学学会。这个学会的学者注重政策性的研究,对纯学术性的研究兴趣不大。

第二,社会学本身也有联系实际的压力。Russell Sage Foundation在60年代出资奖励社会学家做更实用的研究,包括法律研究(Cressey,1979)。这一举动重新点燃了犯罪学和刑罚学之间的争论,这个争论在20年代就曾有过(Wolfgang,1963)。在60年代和70年代,新的论战则产生于犯罪学和法务学之间。许多社会学家也卷入这一论战,他们更加关心研究的"实用性"和"现实性,"而不再追求纯理论研究。这些社会学家和法务教育家联手,把法务学办成了增长最快的大学学科。

第三,高等教育变得越来越关心预算和税收。70年代的经济危机,使得高等教育作为开明的经济资本的源泉而被商业化的趋势削弱(Chunn and Menzies,2006)。北美的公立大学和市场随波逐流,让许多法务学的项目匆匆上马,给予他们更大的权限使用得来不易的经费。为了更好地控制从政府和学费流入的预算,学校对学生人数的关心盖过了对学生质量的关心。法务学是大学的"现金奶牛"(Clear,2001;Cullen,1995)。这从一个侧面说明了为什么美国的常青藤大学在同一时期并没有发展犯罪学。

随着对犯罪研究兴趣的增长,犯罪学家开始组织自己的学会。几经波折后,犯罪学学会于1957年定名,并延续至今(Jeffrey,1990)。由于纯学术派和务实学派的争斗,1963年,一部分犯罪学家和更务实的法务学教育家开始组织另一个学会,并于1970年定名为法务学学会。如今,美国有两个全国性的犯罪研究学会。

这一时期,以行为学科为主的各类犯罪学学刊如雨后春笋不断涌现。继社会学家主导的《法律与社会研究》之后,1977年,由犯罪学家主导的《犯罪、法律和社会变迁》开始发行,成为犯罪学与法学的又一个交叉的学术期刊,见证了法学和犯罪学难舍难分、不可了断的绵延情愫。

犯罪学/法务学在美国的成长为库恩的论点(Kuhn,1962)提供了又一佐证:政治而不是科学才是决定学科命运的最终力量。科学活动不是在真空里产生的,而是社会大氛围的组成部分(曹立群、周愫娴 2007;Hebenton and Jou,2010;Savelsberg et al.,2004)。美国法务学和犯罪学的发展,除了政府和科学的推动外,也得利于市场的力量。美国政府对高等教育的干预,比其他共同法系国家的政府小得多。

(三) 独立门户

到了21世纪,犯罪学的发展迎来了自成一体的新时期。法务学和犯罪学的争执已经基本上烟消云散,犯罪学和法务学常常联用,合为一体。克利尔(Clear,2001)在他梦想成真的法务学年会的主席发言中庄严宣布,犯罪学已经能自主独立了。克利尔意识到犯罪学、法务学或许还是一个研究范围,但是他争辩道,犯罪学已经"大到一定程度,活跃到一定程度,学术到一定程度,成长到一定程度"(p.723),而成为一门虽新但是却正当的学科。

如果大学学科的定义必须包含"建立起来的独特语汇,发展成熟的方法,和公认的理论,那么,犯罪学和法务学还没有完全满足这些要求"(Clear,2001)。但是,如果学术学科只要有"自己的期刊、专业学会、专业和机构"就可以成立的话(Garland,2002),那么,犯罪学和法务学已经成为一门完全合格的独特的学科。

犯罪学要独立的呼声并不新奇。早在法务学和犯罪学尚很"幼小"的1963年,沃尔夫冈(Wolfgang,1963)就争辩道,"犯罪学应当是自主的独立的学科,因为犯罪学已经累积了靠科学的方法收集的数据和理论概念,运用科学的方法论、理论来探讨、理解犯罪的方方面面。"如今,犯罪学/法务学在各个大学已经是一个实际的独立体。美国国家研究审议会在2006年承认,犯罪学是一门"正在兴起的学科"(Frost and Clear,2007)。当然,这个认可是在法务学的课程没有取得一致认可的情况下获得的。值得担心的是,法务学学会推荐给各大学犯罪学/法务学系的课程"最低标准"在过去几年中并没有实质性进展(Southerland,2002)。

在新时期里,犯罪学本科专业和硕士专业几乎没有增长,博士点却在继续增长。到 2011 年,全美国已有 34 个法务学、犯罪学的博士点(Hunter, 2011)。犯罪学和法务学这两个全国性学会的会员有很大的重叠,设置环境使他们越来越相似(Savelsberg et al., 2004),选择去参加哪个年会,完全基于方便和经费,而不再是因为 70 年代的观念对立了。在国家正义所经费的支持下,美国犯罪学学会在 2001 发起了一个新的会刊——《犯罪学与公共政策》,其第一任主编是刚刚卸任的法务学学会主席克利尔(Tod Clear)。这件事表明,侧重政策研究的法务学和侧重学术研究的犯罪学之间已经没有鸿沟。该期刊是政策导向的,但是又不缺乏学术的严谨,而且是在犯罪学学会官方支持下发行。另一位法务学学会的前主席杭特(Hunter, 2011)坦言,"犯罪学和法务学之间已没有任何争议了。忽视对犯罪性质的研究,或者忽视对社会政策的研究都不可能做好两者之一的研究"(p.12)。

宾夕法尼亚大学法学院的犯罪学中心在 21 世纪从法学院出走,到文理学院,成立了独立的犯罪学系,成为美国常青藤大学唯一的犯罪学系。《刑事法和犯罪学期刊》与《犯罪、法律和社会变迁》继续验证着法学和犯罪学的不了情。然而,随着时间的推移,《刑事法和犯罪学期刊》对犯罪学研究的影响力在逐渐下降,而《犯罪、法律和社会变迁》的质量却在不断提高,影响力也在不断增强。

犯罪学的学生、学者也开始走出大学,在政府的许多部门找到工作。2010 年,前犯罪学学会主席劳伯宣誓成为国家正义所的主任。这个位置过去总是由政治家或律师占有(Laub, 2011)。随着美国政府越来越关注有证据的知识,犯罪学家必定会被更多地任命为管理政策的政府高层。

三、法学和社会学学科对犯罪学的影响

在犯罪学的第一阶段,深受社会学影响的犯罪学家就开始澄清法学与犯罪学的关系。比如,塞林(Sellin, 1938)认为,犯罪学不应该跟着大众的思维走,仅仅研究公众碰巧以为是病疫的犯罪是不科学的。他指出,一揽子接受法学定义的基本单位或犯罪调查的因素违反科学的基本原则。社会科学家必须有自由来界定自己的题材,根据自己题材的内在特性,指定题材的普遍属性,而不是盲目地跟随着公众、政府、有权势的集团或者刑事法的指挥棒打转转。

立法不是学术的盛宴,而是一个有时肮脏的政治过程。法学家根据法学理论和犯罪学家的数据分析可以起草出一部无懈可击的法律。一旦进入立法程序,这部法律就不再是他们的了。作为政治家的立法人,也会根据犯罪学家的数据分析,提出修改的动议。法律草案和通过的法律之间往往有很大的差异,因为不确定的因素太多,因为能干涉的人太多,因为可供的选择太多。在民主社会的立法过程中,犯罪学家的工作十分重要,不可或缺。犯罪学家研究的题目包罗万象:一个行为是否对错,一条法律是否在新形势下仍然合情合理,惩罚罪犯是否有效,任何新的立法会有什么作用,死刑是

否有威慑力,法庭的审判是否有偏差、代表谁的利益、损害了谁的利益,检察官起诉有没有违反不歧视的原则,法官判刑是否一视同仁,假释能否达到监禁的效果,非传统的惩罚项目是否有效等等。作为一门行为学科,犯罪学更加关心犯罪原因,不太关心行为的结果。而刑法更加关心犯罪行为的后果。国内关于死刑的讨论,很少涉及现有的法律体制是否完美这个现实。在这个制度下,是否所有该判死刑的都能得到罪有应得的判决?同样的罪行,有人判死刑,有人判监禁,更有人逍遥法外……类似这种典型的犯罪学课题,暂时没有人做。

在美国,尽管法学和犯罪学作为大学学科的关系清清楚楚,法学家对犯罪学家的诱惑仍然巨大,法学家的著作仍然会影响犯罪学家的研究。例如,Jerome Hall 的《窃盗、法律和社会》(1952),Jerome Skolnick 的《无审判的正义》(1966),Philippe Nonet and Philip Selznick 的《转型中的法律和社会》(1978),布莱克的《法律的运作行为》(Black,1976),昂格尔的《现代社会中的法律》(Unger,1976),Rene David and John E. C. Brierley 的《当今世界的主要法律体系》(1978)等。这些著作在不同程度上被认为是犯罪学家的必读经典(其中三本已有中文译本)。反之,犯罪学对法学的影响也在递增。许多新法律条款都是因为先有犯罪学的研究成果,而后才有了法律条文。比如,取消混血婚姻法,暂禁死刑的执行(1972—1979),提高公众场合下的饮酒年龄,家庭暴力,社会警务,最低监禁等犯罪法律条款和政府政策,都凝聚着犯罪学家的研究心血(Lilly et al.,1995)。尽管犯罪学家不直接参与起草法律或解释法律,但在立法过程中,在解释法律时,他们为起草法律的法学家,为立法者,为法官作了大量的准备工作。在立法完成后,继续做实证研究,不断用实践来检验法律的效果。

在美国大学里,社会学和犯罪学的关系更加密切。社会学直接为犯罪学提供了方法论和许多犯罪学理论。重视方法论、重视实证研究是美国犯罪学的特征,也是法学和犯罪学的本质区别。社会学的理论,比如默顿的迷乱理论(Merton,1938)、萨瑟兰的差别接触理论(Sutherland,1939)、标签理论(Tannenbaum,1938),以及社会解组理论(Shaw and McKay,1942)——或许是影响最深远的理论,等等,也都是犯罪学的经典理论。社会学家也挑战官方数据的准确性,并极力收集"隐藏的"犯罪数据,产生了影响巨大的犯罪"黑数",如未成年犯罪、受害者数据和自我报告数据等(曹立群、周愫娴,2007)。

在太平洋的彼岸,东亚犯罪学的发展已显示出自己的特色。日本、韩国、中国台湾地区和中国大陆的警察院校不仅像欧洲大陆许多国家的警察院校一样,能发放学士证书,还能发放硕士证书。中国的公安大学等还发展出自己的博士点。在不同程度上,东亚各国犯罪学的研究都迈不出政府直接干预的门槛。因此,东亚各国普通大学的犯罪学专业的发展举步维艰。

关于法学、特别是刑法学和犯罪学的关系,中国国内有两种认识。陈兴良(2003)认为,犯罪学是刑法学的辅助学科,这也是许多欧洲大陆法系国家的看法。皮艺军(2004)、张旭(2010)认为,犯罪学和刑法学是并列平行的关系。最近张旭(2010)提出要梳理刑事政策、刑法和犯罪学三者的关系。笔者认为,张旭所说的"刑事政策",实际上和本文所说的法务学是一码事。法务学是英文 criminal justice 的翻译。王来喜和曹立群(2003)早就指出,把 criminal justice 翻译成"刑事司法"或"刑事政策"都不准确。法务学在美国是侧重研究犯罪政策效益的学问:犯罪发生了,社会如何应对犯罪,效果如何,如何改进等。综前所述,法务学是犯罪学的一个侧面,犯罪学更关心犯罪原因,法务学更关心执法时的犯罪政策。他们所研究的是一个问题的两个方面。

美国犯罪学、法务学今天的成就是一百年来、几代犯罪学家共同努力的结果。犯罪学在美国的公立大学里已经成为一门普遍认可的热门专业。由《美国新闻与世界报道》出版,每年一期的《美国最好的研究生院》,从 2005 年起,每年给全美国的犯罪学、法务学的博士点排名。美国国家研究审议会对犯罪学作为大学里一门独立学科地位的官方确定,只是一个时间问题(曹立群,2007)。在一个以市场为主导的国家,这种官方的认证,可有可无,不像在东亚或中国那么重要。

如今,犯罪学、法务学的期刊欣欣向荣、种类齐全,主要有《犯罪学》《正义季刊》《刑事法和犯罪学期刊》《理论犯罪学》《法务学期刊》《犯罪学与公共政策》《犯罪、法律和社会变迁》《计量犯罪学期刊》《实验犯罪学期刊》《国际治疗和比较犯罪学期刊》《法律与社会研究》《警察期刊》《联邦矫正》《族裔和犯罪期刊》《犯罪和未成年人犯罪》《谋杀研究》等。其中只有《刑事法和犯罪学期刊》和《犯罪、法律和社会变迁》采用法学研究里常见的编号式的参考文献。其余的期刊,包括《法律与社会研究》,都使用行为学科期刊中常见的、无编号式的参考文献。

无论犯罪学是一门学科,还是一个研究范围,劳伯(Laub,2006)都坚持认为,犯罪学的独立必然会促进犯罪学的发展:"每当犯罪学仰望其他学科时,不管是社会学、心理学,还是经济学,犯罪学就难以进步,主要原因是这些学科总是运用制度上的霸权,把自己的研究凌驾于犯罪学的研究之上"(p.248)。

四、结　　语

今天的世界和 100 年前犯罪学刚刚诞生时的世界已不可同日而语。无论是在学术界还是在其他领域,新千禧年一开始就要面对变化莫测的世界,美国政府政策朝着新保守主义和新开明主义结合的方向游走:国家撤出福利,新型管理政体,学校公司化、商品化,风险管理,自我约束,恐惧政治,排他政策等,仅仅列举几个明显的倾向(Braithwaite,2000;Chunn and Menzies,2006)。

精确地预测美国犯罪学的未来十分困难,然而,有几个预测却相当可靠:犯罪学急速扩张的年代已一去不复返,但是,犯罪学仍然会是一门有关社会控制的、充满活力的行为学科;犯罪学不太可能成为法学,或者社会学的一个分支;法学和社会学将继续丰富犯罪学的理论;因为他们的共同兴趣,法学和犯罪学会继续既分工明确,又相互影响;法学学生会继续强调赢得案例,犯罪学学生会继续关注立法的立场(正义)问题,以及新老法律在执行中所产生的一系列问题。在美国,法学和犯罪学之间的情愫源远流长,相互关系清晰而明了。

References

Akers, Ronald L. 1992. Linking sociology and its specialties: The case of criminology. Social Forces 71 (1): 1—16.

Becker, Howard. 1954. Anthropology and sociology. pp. 102—15. In for a Science of Social Man: Convergences in Anthropology, Psychology, and Sociology, edited by John Gillen. New York: Macmillan.

Becker, Howard S. 1967. Whose side are we on? Social Problems 14: 239—47.

Black, Donald. 1976. Behavior of Law. New York: Academic Press. (布莱尔:《法律的运作行为》,唐越、苏力译,中国政法大学出版社 1994 年版)。

Braithwaite, John. 2000. The new regulatory state and the transformation of criminology. British Journal of Criminology 40: 222—238.

Cao, Liqun. 2004. Major criminological theories: Concepts and measurement. Belmont, CA: Wadsworth/Thomson Learning.

Cardozo, Benjamin N. 1925. The nature of judicial process. New Haven: Yale University Press.

Chambliss, William J. and Seidman, Robert B. 1971. Law, order, and power: Reading. MA: Addison-Wisley.

Chunn, Dorothy E. and Menzies, Robert. 2006. So what does all this have to do with criminology?: Surviving the restructuring of the discipline in the twenty-first century. Canadian Journal of Criminology and Criminal Justice 48 (5): 663—680.

Clear, Tod R. 2001. Presidential address: Has academic criminal justice come of age? Justice Quarterly 18: 708—726.

Clinard, Marshall B. 1951. Sociologists and American criminology. Journal of Criminal Law and Criminology 41 (5): 549—577.

Cole, Bruce. 2005. On learning from the Greeks. Interview with Donald Kagan, 2005 Jefferson Lecture in the Humanities. Washington DC: National Endowment for the Humanities. http://neh.gov/whoweare/kagan/interview.html.

Cressey, Donald R. 1979. Fifty years of criminology: From sociological theory to political control. Pacific Sociological Review 22 (4): 457—480.

Cullen, Francis T. 1995. Fighting back: Criminal justice as an academic discipline. ACJS Today 13 (4): 1, 3.

David, Rene and John E. C. Brierley. 1978. Major legal systems in the world today. New York: Free Press (勒内·达维德:《当代主要法律体系》,漆竹生译,上海译文出版社 1984 年版)。

Frost, Natasha A. and Clear, Todd R. 2007. Doctoral education in criminology and criminal justice. Journal of Criminal Justice Education 18 (1): 35—52.

Garland, David. 2002. Of crime and criminals: The development of criminology in Britain. pp. 7—50 in The Oxford Handbook of Criminology, 3rd edition, edited by Mike MaGuire, Rod Morgan, and Robert Reiner. New York: Oxford University Press.

Garland, David and Sparks, Richard. 2000. Criminology, social theory and the challenge of our times. British Journal of Criminology 40: 189—204.

Geis, Gilbert. 1959. Sociology, criminology, and criminal law. Social Problems 7: 40—47.

Gibbons, Don C. 1979. The Criminological Enterprise. Englewood Cliffs, NJ: Prentice-Hall.

Hall, Jerome. 1952. Theft, law and society. Indianapolis: The Bobbs-Merrill Company.

Hebenton, Bill and Jou, Susyan. 2010. Criminology in and of China: Discipline and power. Journal of Contemporary Criminal Justice 26 (1): 7—19.

Henry, Stuard and Lanier, Michael. 2001. What is Crime? Controversies over the nature of crime and what to do about it. New York: Rowman and Littlefield Publishers.

Hunter, Ronald D. 2011. Presidential address: The future of justice studies. Justice Quarterly 28 (1): 1—14.

Jeffrey, C. Ray. 1990. Criminology: An interdisciplinary approach. Englewood Cliffs, NJ: Prentice-Hall.

Kuhn, Thomas S. 1962. The structure of scientific revolutions. Chicago: The University of Chicago Press.

Laub, John. 2006. Edwin H. Sutherland and the Michael-Adler Report. Criminology 44 (2): 235—257.

Laub, John. 2011. Moving the National Institute of Justice forward. The criminologist 36 (1): 1—5.

Lilly, J. Robert, Cullen, Francis T. and Ball, Richard A. 1995. Criminological theory: Context and consequences. Thousand Oaks, CA: Sage.

Merton, Robert. 1938. Social structure and anomie. American Sociological Review 3: 672—682.

Mosher, Janet and Joan Brockman. 2010. Constructing crime: Contemporary processes of criminalization(eds.). Vancouver: UBC Press.

Nonet, Philippe and Selznick, Philip. 1978. Law and society in transition: Toward responsive law. New York: Harper & Row,

Rafter, Nicole. 2005. The murderous Dutch fiddler: Criminology, history and the problem of phrenology. Theoretical Criminology 9 (1): 65—96.

Reisman, David. 1957. Law and sociology: Recruitment, training and colleagueship. Stanford Law Review 9 (4): 643—673.

Savelsberg, Joachim J. Cleveland, Lara L. and King, Ryan D.. 2004. Institutional environments and scholarly work: American criminology, 1951—1993. Social Forces 82 (4): 1275—1302.

Sellin, Thorsten. 1938. Culture Conflict and Crime. New York: Social Science Research Council.

Shaw, Clifford R. and McKay, Henry D. 1942. Juvenile Delinquency in Urban Areas. Chicago: University of Chicago Press.

Skolnick, Jerome. 1966. Justice without trial. New York: Wiley.

Southerland, Mittie D. 2002. Criminal justice curricular in the United States: A decade of change. Justice Quarterly 19（4）：589—601.

Sutherland，Edwin H. 1939. Principles of Criminology. 3rd edition. Philadelphia：Lippincott.

Tannenbaum，Frank. 1938. Crime and the Community. Boston：Ginn.

Unger，Roberto. 1976. Law in modern society. New York：Free Press（昂格尔：《现代社会中的法律》，吴玉章、周汉华译，中国政法大学出版社 2001 年版。

U. S. News & World Report. 2005. America's Best Graduate Schools，2005. Washington，DC：U. S. News and World Report.

Wolfgang，Marvin E. 1963. Criminology and criminologist. Journal of Criminal Law，Criminology，and Police Science 54：155—62.

皮艺军：《犯罪学 vs 刑法学—刑法学话语霸权之终结》，载《山东公安专科学校》2004 年第 75 卷第 3 期，第 79—83 页。

曹立群：《改变美国警察执法的三大案例》，载《政法论坛》2004 年第 22 卷第 2 期，第 50—56 页。

曹立群：《美国犯罪学概况》，载曹立群、任昕主编：《犯罪学》：3—20 页，中国人民大学出版社 2007 年版。

曹立群：《第三只眼睛看中国的犯罪学》，吴宗宪译，《福建公安高等专科学校学报》2005 第 19 卷第 1 期，第 27—30 页。

曹立群、周愫娴：《犯罪学理论与实证》，群众出版社 2007 年版。

陈兴良：《刑事一体化视野中的犯罪学研究》，载王牧主编《犯罪学论丛》第一卷，中国检察院出版社 2003 年版，第 50—64 页。

霍姆斯：《普通法》，郑戈译，商务印书馆 2003 年版。（Oliver Wendell Holmes. The Common Law，edited by Mark DeWolfe Howe. Boston：Little，Brown，1963）

李海东：《刑法原理入门(犯罪论基础)》，法律出版社 1997 年版。

王来喜、曹立群：《简论历史和文化因素在翻译英汉概念时的重要性》，载《天津商学院学报》2003 年第 23 卷第 1 期，第 60—64 页。

杨振洪：《中华法系研究》，岳麓书社 1995 年版。

张荆：《现代社会的文化冲突与犯罪》，知识产权出版社 2009 年版。

张旭：《刑事政策、刑法学和犯罪学三者关系的梳理与探究》，载王牧主编《犯罪学论丛》第八卷，中国检察出版社 2010 年版，第 19—34 页。

赵蕾：《法律人要不怕强权，敢于维护法的尊严》，载《南方周末》2011 年 6 月 16 日，http://blog.sina.com.cn/s/blog_4886632001017rzm.html。

犯罪学、刑法学与刑事政策的关系梳理[*]

主讲人:张旭,吉林大学法学院教授、博士生导师,中国犯罪学学会副会长
主持人:蔡一军,上海政法学院刑事司法学院副院长、副教授、法学博士
时　间:2015 年 11 月 3 日晚

关于这个问题我要谈三个方面:一是问题的提出,即为什么要讨论这个问题;二是刑事政策、刑法学和犯罪学三者关系的梳理,主要是在对既有的三者关系认识的基础上谈谈我对这个问题的认识;三是以三者关系为视角,提出将三者关系加以考察给我们的启示。

一、问题的提出

从 20 世纪末叶开始,我国就有人涉猎对刑事政策及相关问题的思考和研究,但在当时,这种思考和研讨还是零散的,间断的,或者说,其还没有成为研讨的"主题"。然而,进入 21 世纪后,刑事政策问题越来越受到关注,并一跃成为刑事法学界关注和研讨的热点。可以说,一直到现在,对刑事政策的关注仍处于"持续高温"的状态。应该说,某一事物能引起广泛关注必然有其独到之处,那么,刑事政策在当下成为研究的热点,其"魅力"何在?其内在动因到底在哪?刑事政策热的背后蕴含着什么?借助对刑事政策的研究能给刑事法学的研究和探讨带来何种启迪?我认为,这些问题值得我们去追问和思考,而这种追问和思考不但可以促使我们把刑事政策及相关问题的研究深入下去,更为重要的是可以借助这样的思考路径将刑事法学的研究提升到一个新的高度。

对如上诸问题的追问,应当从刑事政策缘何成为研究热点的原因谈起。很多人认为刑事政策成为研究热点很大程度上源于宽严相济思想的提出,而我认为在宽严相济思想的背后还有更深层次的原因。虽然不能否认宽严相济思想的提出对刑事政策的研究起到一定的推动作用,但是以下几个更深层次的因素对刑事政策研究的推动是不能忽视的。

---

[*] 本讲稿由主讲人提供。

(一)犯罪日益趋重和蔓延的现状呼唤更有效的控制犯罪的对策

20世纪80年代以来,随着对外开放、对内搞活政策的推行,我国经济得以飞速发展,同时,社会由封闭转向开放,社会结构由静态转向动态,社会利益结构发生多样的分化和重组,人们的道德观念也呈现出明显的多元化倾向,也就是文化的冲突在扩展,在加剧。美国学者塞林曾提出"文化冲突论",他认为文化冲突会导致个人适应社会困难,进而增加反社会心理,并增加犯罪的可能性。我国正处在社会发生重大转型的历史时期,不断扩展和加剧的文化冲突也必然产生很多诱使犯罪发生的因素,带来刺激犯罪滋生和蔓延的契机。事实上,社会转型和文化冲突的加剧也确实导致这一时期的社会治安状况恶化,犯罪率激增,严重暴力案件呈大幅上升的态势。为了应对犯罪浪潮的冲击,我国在1979年《刑法》施行以后,从1982年、1983年开始先后有多种"决定""补充规定"来应对打击犯罪的要求。特别是针对犯罪状况的实际变化,全国人大常委会于1983年作出《关于严惩严重危害社会治安的犯罪分子的决定》,开展了以"从重从快"为特征的严厉打击刑事犯罪活动的斗争。其后,国家一直坚持严打政策,多次掀起严打和专项整治斗争的高潮,并将"严打"作为刑事立法和刑事司法的一个重要思想,一个阶段之内,"严打"几乎成为我国控制犯罪的一个最常用、最直接的手段。作为对犯罪的控制来说,"严打"确实可以在一定程度上集中司法资源使犯罪增长势头得到有效的遏制,或者说能够迅速取得常规的犯罪控制手段所不能取得的效果。但是"严打"只是权宜之计,长久来看,"严打"只会产生"割韭菜"效应——割掉一茬又长一茬。回顾十几年"严打"的效果,人们发现在"严打"之后,往往出现更快、更多、更高的犯罪率的增长。这样,我们自然要思考,现有的控制犯罪的对策是否存在某种问题?如何才能找到更有效地解决犯罪问题的方法、观念或者对策?正是这样一种思路的驱使,使刑事政策进入人们的视野,成为关注的焦点。可以说,客观的犯罪现实为刑事政策进入刑事领域提供了客观基础。

(二)刑法学的研究遭遇瓶颈

客观形势的变化要求刑法理论不断地提升自身的理论品格,同时要求强化其对实践的指导能力。然而,现实的刑法学研究很难给这种呼唤以有力的回应。虽然我国刑法学研究历经50多年的发展取得了骄人的成绩,并以1979年新中国第一部刑法的制定和1997年刑法的全面修订为契机对刑法中的很多具体问题展开了深入、全面和充分的研讨,但不可否认的是,我国刑法学研究还带有浓重的注释法学色彩。由于研究方法比较单一,研究视野狭窄,致使我国刑法学基础理论方面的思考相对薄弱,积淀的观点和突破性理论不多,未能形成独立的理论品格;许多刑法学论著满足于对法条的机械诠释,缺少理论性指导,无法真正发挥指导实践的作用;缺少理论上的整体性和前瞻性研究,刑事立法的储备严重不足,以致在实际适用时发生诸多的问题。现在比较热的理论问题相当一部分源自对国外刑法理论的借鉴或照搬。借鉴本身并无问题,但是如果只是将这些外来的理论硬性地"装配"在我国刑法理论中,能否将这些借鉴来的理论与中国的刑法学理论形成一个完整的体系?能否对中国现有的司法实践发挥应有的指导作用?这些都应当是我们关注的问题。我认为,目前刑法理论研究对国外刑法理论的引进,并没有真正解决我国现实的问题。面对犯罪浪潮的冲击,面对犯罪现实的呼唤,刑法理论工作者也渴望回应现实的要求,寻求更好的解决犯罪问题的理论以指导实践,但传统思维定式的影响,既有刑法学研究框架的束缚,在现有的刑法理论基础上实现突破存在太多困难,刑法学已经很难找到新的拓展空间。面对现实的期许,刑法学研究确有力不从心之感。

(三)犯罪学研究日益崛起,亟须找到自己安身立命的根基

新中国犯罪学的研究最初是从属于刑法学的,这种状况一直持续到 20 世纪 80 年代。到了 80 年代末、90 年代初,在日益高涨的犯罪浪潮冲击下,作为应答性的产物,犯罪学才慢慢地从刑法学中分离出来成为一门独立的学科。尽管犯罪学在我国仍是一个充满"稚气"的学科,还没有形成自己独立的学术品格,没有自己的专业槽,没有真正发挥对实践的引领作用等,但由于其是站在世界犯罪学研究的基础上展开研究,起点较高,进展和成就还是有目共睹的。研究队伍的扩大,研究领域的拓展,研究内容的深化,特别是一些带有我国特色的犯罪学理论的提出,都表明犯罪学在我国还是有强大的生命力和良好的发展前景。然而,犯罪学的发展也面临着一系列的问题,如因缺少与实践的联系途径而对实践的指导作用不强;犯罪学和刑法学各自在不同的层面上发展,以致犯罪学理论与刑事立法和刑事司法无法相互关照和互动;因学科属性和定位不明,犯罪学在发展方向上陷入迷茫。这样,犯罪学以其强大的生命力不断向前推进和发展,而现存的诸多问题又成为其发展的羁绊。因此,发展到一定程度的犯罪学亟须破除羁绊,找到一个解决自己发展迷茫的出路,找到自己安身立命的根基,找到与刑事立法和刑事司法契合的连接点。

表面上看,上面三个原因均是在各自层面上提出问题,还难以看到它们和刑事政策之间的联系。但透过表象,我们可以看到:犯罪趋重的现实和现有控制犯罪的对策的效果不佳需要我们从根本观念上予以反思和改变;刑法学需要在现有基础上拓展研究空间并强化对实践的指导能力;犯罪学则要找到与刑事立法和刑事司法的连接点。那么,抗制犯罪的观念应该是怎样的?刑法学可能拓展的空间在哪儿?犯罪学与刑事立法和刑事司法的连接点在哪儿?对这三个问题的回答,都不能不触及刑事政策问题。也就是说,犯罪控制的指导思想及理念的转变涉及刑事政策的根本问题;刑事政策可以为刑法学提升理论品格,并且强化对司法实践的指导,帮它开辟一条广阔的路径;犯罪学则要借助刑事政策这个桥梁和纽带与刑事立法和刑事司法相连接。所以,以刑事政策、刑法学和犯罪学三者关系为切入点展开思考,或许能够找到妥善解决问题的方法。

二、对刑事政策、刑法学和犯罪学三者关系的梳理

首先需要说明,这里没有用刑事政策学,而是使用了刑事政策一词。我认为,这是从我国现实出发而作出的选择。就我国目前来讲,刑事政策虽是一个关注热点,但是刑事政策还没到达成为一个独立学科的程度,或者说,在我国刑事政策学还没有完全长成,使用刑事政策一词更客观一些。

梳理三者的关系,需要厘清一个前提,那就是对刑事政策本身的理解。对刑事政策的理解不同,刑事政策与刑法学、犯罪学进行关系梳理的结论亦会有所不同。刑事政策是一个非常复杂的问题,有学者认为从费尔巴哈提出刑事政策的概念以来,几乎是有多少个研究刑事政策的学者就有多少关于刑事政策的解说,可见对于刑事政策内容的理解,学界的分歧还是相当大的。按照对刑事政策的不同理解,我们可以将众多关于刑事政策的表述进行如下归纳:

一是按照对刑事政策基本性质的理解,把现在有关刑事政策的理解分为手段说、策略说和综合说三种。手段说将刑事政策理解为有效控制犯罪的具体方法和措施;策略说认为刑事政策应在抽象的意义上理解,其实质是一种策略、观念或者指导思想;综合说则兼采手段说和策略说,认为,刑事政策既包含应对犯罪的具体方法和措施,也包含指导犯罪治理的理念、方针和策略。

二是根据刑事政策的涵盖范围把刑事政策分为广义的刑事政策和狭义的刑事政策。狭义的刑事政策就是指运用刑事手段打击和控制犯罪的对策,它涉及的内容主要是刑事立法、刑事司法和司法机关运用刑事法律武器与犯罪做斗争的各种手段、方法和对策。而广义的刑事政策则除了刑事手段之外,还包括解决社会问题、调整社会形态、消除和减少引发犯罪因素的诸多社会对策。

三是按照纵向结构,将刑事政策分为基本的刑事政策和具体的刑事政策。基本的刑事政策是指从最宏观的意义上指引和引领一个国家全面控制犯罪的思想、方针和策略;具体的刑事政策则只在控制犯罪的某一阶段、某一局部时才发挥它的作用。宽严相济的刑事政策可以说就是在刑事司法过程中运用的具体的刑事政策。

本文所使用的刑事政策是在策略说这个意义上来使用的,以广义刑事政策的理解作为涵盖的范围,同时包含基本与具体的刑事政策这样不同层面的刑事政策的内容。我认为,刑事政策是国家在特定历史时期制定的,旨在为惩罚犯罪、预防犯罪提供指导的方针与策略。这实际上确定了研究刑事政策问题的论域,强调论域是强调社会科学的研究一定要在特定的时空背景进行,离开了特定的时空背景就无法在一个平台上交流,无法对问题形成明确的结论。

(一)刑事政策与刑法学的关系

我国研究刑事政策的学者很大一部分来自于研究刑法的学者群,但很少有人对刑

事政策与刑法学之间的关系进行研究,或许在很多人看来刑法与刑事政策的连接似乎是自然而然,两者之间的关系没有必要探讨,但也有部分学者开始关注刑事政策与刑法学之间的关系问题。北京大学的储槐植教授对二者之间的关系进行了较系统的研究,他认为刑事政策和刑法学的关系可借助两个功能来表达:一个是刑事政策对于刑法(包括刑法学)的导向功能。在整个刑事立法与刑事司法的变化过程当中,刑事政策在犯罪圈的划定、打击重点的确定、打击方式的选择和打击手段的运用中均扮演引领者的角色,最终使得刑法向着一个特定的方向前进。如交通犯罪的行为人绝大多数主观上是基于过失,随着汽车拥有量的增加、现代交通速度和技术的不断提高,车辆肇事给整个社会带来巨大的安全隐患,在这种情况下,面临着两种价值的冲突:公共安全的保障和个人权益的保护。作为整个刑事立法来说,对于交通犯罪的设定是要把重点放在个人权益的保护上还是放在整个公共安全的保障上?回答这样的问题就要有一个刑事政策的观念进行指引,这种刑事政策的观念直接决定着最终刑事立法的选择。如果偏重对个人权益的保护,意味着还是会对越来越严重的交通犯罪采取轻缓的处理办法;如果更关注对社会公众安全的保障,则可能要不断加重对交通犯罪和交通犯罪人的处罚,此时没有一个思想来指引就没有办法进行具体的立法。这实际上是刑事政策对犯罪圈划定的影响。

另一个功能是调节功能,又可分为内部调节功能和外部调节功能。内部调节是指刑事立法与刑事司法之间的调节,一方面立法通过刑事政策调节司法,它实际要表明在社会外在环境和人们价值理念发生变化的情况下,同样的行为在整个司法过程中应该向偏重还是偏轻倾斜。如宽严相济的刑事政策提出后,必然要在整个刑事司法过程中加以贯彻,刑事和解能够引入刑事司法实践中,应该说与特定观念或政策的指导是分不开的。另一方面是司法通过刑事政策调节刑事立法,它突出表现在立法修改方面。司法效果不佳或者司法过程中发现法律漏洞,则要适时修改立法,但怎样修改,要借助刑事政策的参与。外部调节主要指整个的刑事立法和刑事司法与外部的政治、经济等相关的社会环境形成的一种良性的互动状态。它要解决的主要问题是随着客观环境的变化适时地修改刑事立法、调整刑事司法。在这个过程当中,几个刑法修正案的出台很好地说明了这个问题。

我赞同储槐植老师的观点。刑法立法的变革,刑事司法的调整,并不是凭空产生的,刑事立法的总体走向确定,刑事司法主要基调的选择,总是在一种观念指导下,是一种价值体现,而这种观念和价值的载体就是刑事政策。总结两者的关系,刑事政策(学)是刑法学的上游学科,它从最基本意义上、从价值观念层面引领刑事司法和刑事立法。另外,刑法学对于刑事政策(学)也要发挥特定作用,刑法学要成为检验特定时期刑事政策是否合理、是否有效的"舞台"。如刑法学中对"严打"效果的反思,表明刑事手段不是控制犯罪最好的手段,重刑在控制犯罪过程中也没有如人们预想的那样发挥重要作用。所以,才有了宽严相济刑事政策的提出和对刑罚在控制犯罪方面作用认识的转变。

(二) 刑事政策与犯罪学的关系

目前来看,对刑事政策与犯罪学之间关系的关注并不少见,但专门对二者的关系进行研究的还是不多。我认为,把握两者关系的切入点不同,结论可能会不同。服务于我们的研究目的,对二者关系的把握可以从两者的连接点入手。刑事政策是关于犯罪治理理念、价值和观念的集合,它更多的是从权衡和价值判断层面对犯罪所进行的反映,其宗旨在于从总体上指引一个国家治理犯罪的实践和活动;而犯罪学是为了预防犯罪和减少犯罪而对犯罪这一社会法律现象进行辩证研究的科学。因此,犯罪治理可以说是刑事政策和犯罪学之间的连接点。以此连接点入手,刑事政策和犯罪学之间的关系可以从两个方面来看:

一方面,犯罪学是刑事政策得以形成的基础。从整个刑事科学的研究来看,所有关于刑事问题的思考可分三个层面,即事实层面、规范层面和价值层面。在整个犯罪问题的研究中,事实层面的研究是整个刑事科学研究的出发点,规范的形成是价值判断的结果,所以犯罪学作为以事实层面研究为主要内容的学科,刑事政策作为以价值判断为主要内容的学科,二者均是规范学的上游学科;犯罪学又是刑事政策(学)的上游学科,犯罪学是刑事政策得以形成和提出的基础。首先,从对犯罪现状的把握和了解来看,整个犯罪学的研究要借助对于犯罪现象的结构、犯罪动态的把握这些问题的分析和描述来帮助我们了解现存社会犯罪发生、发展的规律,以及犯罪未来的走势,对这些规律和走势的认识是制定控制犯罪对策的前提和物质支撑。没有对现实世界的了解,整个刑事政策必然建立在虚无的基础上。从1997年《刑法》施行到现在已经有6个修正案,还有相关部门的解释先后出台,《刑法修正案(七)》也在酝酿当中。社会转型时期导致修法频繁不是我国独有的现象,但是我国面临的问题是修法过于频繁,这值得我们思考。这一现象的出现是因为刑事立法、刑法学研究缺少前瞻性,这与我们忽视犯罪学研究有密切的因果关系,缺少对犯罪学的研究就无法对未来的犯罪走势有明显的把握,对未来的打击重点要放在哪里、未来的犯罪危害要表现在哪一领域都缺少明确的、预先的了解,所以整个刑事立法会出现偏离或无法适应社会发展的状况。现在我们将犯罪学的研究成果引进来,借助于犯罪学对于犯罪现象结构和动态的分析,借助于对犯罪想象的回溯和展望可以了解整个犯罪的发生、发展状况并提出应对犯罪的有效对策。也就是说,借助犯罪学的研究可以为刑事政策的形成提供现实的支撑和引领。从知识形态上来说,犯罪学不仅仅是对于犯罪问题进行客观的描述,它还要分析犯罪原因、找寻犯罪规律、提出解释犯罪问题的内在机理。比如,在犯罪学的研究中,西方很早就有人提出犯罪遏制理论。该理论在强调为什么有些人没有走上犯罪道路的时候,认为无非借助于两个方面的因素:一个是外部的控制,另一个是内部自身免疫力的增强。从犯罪遏制理论来说,作为犯罪的惩治而言,仅仅靠针对个人的刑事手段是不可能达到预期效果的,社会环境的改善在整个犯罪控制当中也要发挥非常重要的作用,所以作为治理犯罪的观念来说,要形成"打防并举"的局面,不能仅仅寄希望于借助刑事手段来完成。通过对这些问题的分析,犯罪学从知识形态上为整个刑事政策的形成提供了理念、知识和具体理论的支撑。从另一个角度来说,刑事政策的形成源于犯罪学学科的发展和成熟。国外有学者说过,整个刑事政策问题的出现是与犯罪学学科的发达紧紧联系在一起的,没有犯罪学学科的发达就没有刑事政策的变化和刑事政策学的出现。可见,犯罪学对于刑事政策的形成和发展具有至关重要的支撑和基础作用。

另一方面,刑事政策也是犯罪学发挥学科价值的基本路径。犯罪学的研究可能有很多成果,借助于犯罪学的思考,可以对整个社会的犯罪现象有一个全面的了解和透彻的把握,借助于犯罪演变趋势的考察可以预知犯罪在未来一定期间内可能呈现的变化趋势。但是,犯罪学的成果不能被直接应用到刑事立法和刑事司法当中,必须借助一个环节,通过某种途径才能真正地与刑事立法、刑事司法发生契合或者真正地完成对于刑事立法、刑事司法的指引作用。而在这样一个特定的环节当中,刑事政策恰恰扮演了这个桥梁的作用。借助于犯罪问题的研究生成刑事政策,再用刑事政策来引领刑事立法和刑事司法。过去国外有学者提出来,没有刑事政策指引的刑法学只能是瞎子,形象地说明了刑事政策和刑法学之间的关系。可见,犯罪学要借助于刑事政策这样一个特定的纽带才能与刑法学有机地连接起来,也就是说,犯罪学要靠刑事政策的媒介才能展示自身的魅力,发挥自己的作用。比如,探讨关于犯罪发生的原因问题时,如果单个考察每一个罪行严重的犯罪人都是十恶不赦的,或者说对其施用重刑都是自然的选择;但如果将犯罪现象作为一个整体去观察、去分析,我们就会问,为什么在一个特定的阶段之内、一个有政府领导的区域之内会发生众多的犯罪?在犯罪滋生和蔓延的过程当中,国家要扮演怎样的角色以及应承担怎样的责任?借助于对犯罪问题的思考和研究,我们会逐渐形成对于犯罪的理性认识,形成对于犯罪人的宽容和理解的情怀。一旦有了对于犯罪和犯罪人更审慎、更理性的认识,对于犯罪的控制也就可以心平气和地完成。此时我们要注意到国家在整个控制犯罪的过程当中要承担一定的责任,犯罪人在某种特定的意义上来说也是某种牺牲品,所以对于犯罪人来说,要对他进行惩罚,要予以矫治,但也要以一个合适的方式和尊重犯罪人人格的态度来看待犯罪和犯罪人。在这种观念下,我们就会认识到重刑、死刑都不是解决犯罪的最有效手段,这样一来,对重刑、死刑的倚赖就会慢慢改变。没有刑事政策的连接,就没有犯罪学研究成果对于刑法学的引领和影响,这样,犯罪学理论再多,研究成果再好,也只能束之高阁成为无用的材料堆砌,而无法发挥特有的作用。所以借助于刑事政策学,犯罪学也找到了释放自己的空间,找到了展示自己魅力的平台。

(三) 刑法学与犯罪学的关系

犯罪学与刑法学的关系一直是犯罪学研究者关注的话题。在对这种关系的研讨中,比较有代表性的观点有两种:一种以陈兴良老师为代表,把犯罪学看作刑法学的辅助学科。我理解,在陈老师看来,刑法学与犯罪学的关系应该是主从关系。另一种,主要是从事犯罪学研究的学者,认为两者是并列关系。例如,中国政法大学的皮艺军教授曾写过一篇文章《犯罪学 VS 刑法学》,把二者看作一对孪生兄弟,只不过一个高大健壮,一个枯瘦矮小而已。中国政法大学的赵宝成教授曾提出犯罪学和刑法学是相互关照的亲缘学科。我理解他的意思,即二者本质上还是一种并列关系。从犯罪学和刑法学的关系来说,赵宝成老师的研究还向前推进了一步。他从存在的形态、思考的模式、学科体系的不同等方面对二者的区别进行了深入思考。从存在形态上来说,他认为刑法学是个自给自足的学科——犯罪由刑法所规定,犯罪后处什么刑罚也由刑法规定,因此,刑法学自身就可以完成对问题的研究,而犯罪学要不断借鉴其他学科的知识,所以犯罪学是一个开放的体系。从研讨的基点来说,他认为犯罪学总是以批判的视角和思维去思考问题,而刑法学是在肯定的基础上对一些问题作进一步的探究。肯定与否定两者之间的差异是非常明显的。从研究方法上来说,刑法学更多采用注释方法,而犯罪学更多依赖实证。对这些问题的探讨能帮助我们理解犯罪学和刑法学内在差别。关于犯罪学和刑法学的关系,赵宝成教授认为它们是相互关照的关系,至于怎么关照,他说的不多,而这恰恰是我们需要关注的重点。

  我认为刑法学和犯罪学的关系应当是非常亲密的。一方面,对犯罪学的研究必然会推进刑法学的研究。相当一部分刑法学研究者可能不太同意这个提法,但从我们对两者关系的把握来说,犯罪学实际上就是在扮演这样一个角色。回首犯罪学的发展历史,看到各种理论的交替变化,可能会觉得各种学说的交替有些杂乱无章,但如果要抓住一条主线,即看到犯罪学与刑事立法之间的相互呼应,就能感觉到每一次犯罪学理论的变化都会促成整个刑法学观念的变革。刑事古典学派理论(如果它可以作为犯罪学一种理论的话)对犯罪问题的研究还停留在行为层面上,认为只要有行为就应该加以处罚,而这个时候的刑法学是客观主义的刑法。随着刑事人类学派研究的兴起,人们开始站在行为人这样一个角度,分析和挖掘犯罪产生的原因,根据不同的原因来选取不同的惩治犯罪人的对策。此时在刑法层面上,则表现为客观主义向主观主义的转变,其中相伴而生的一个非常明显的潮流就是个别化刑罚思想的形成。我认为整个欧洲 19 世纪末的刑罚改革在很大程度上是受刑事人类学推动的。继刑事人类学派之后,犯罪社会学理论成为犯罪学中的热点。与此相呼应,在刑法学上就是以李斯特为代表的目的刑主义和教育刑主义的兴起。犯罪学再进入一个阶段就是激进犯罪学的出现,即在对犯罪多方采取措施都不能遏制犯罪上升的势头,对犯罪感到无能为力的时候,只能对现有的西方制度进行抨击,而此时的刑法学研究也进入以市民刑法为主导,体现人文关怀等色彩的新的研究层面。因而,我们能够发现犯罪学的研究成果事实上在推动刑法学观念的转变,推动刑法学的理论发展。从现实的情况来说,犯罪学对刑法学的推动能从不同层面感受得到。比如未成年人司法体制的改革和变化,未成年人特殊处遇措施的规定,实际上是以犯罪问题的研究为基础的。没有犯罪学说对未成年人主观上、身心上的考察,没有对未成年人可塑性和仿效性强等特点的考察,对未成年人犯罪采取特殊的处理方法就没有理论依据。从整个刑事立法不断地修订和改变来说，也是要借助于犯罪学对整个犯罪走势的研究和对犯罪规律的探寻，来影响整个刑事立法向着适应实践要求这样一个方向发展。所以，犯罪学推动刑法学，这应该是一个不争的事实。

同时，犯罪学也会从刑法学中获取自己的研究灵感。犯罪学如果能始终关注刑法学发展动态的话，也就为自己的研究找到了一个更切合实践要求的方向。例如，近年来人们逐渐感到，在对犯罪人进行量刑的时候，行为人的人身危险性是一个值得关注的问题。对于人身危险性与主观恶性之间的关系，其在整个定罪过程中的功能一直是刑法学关注的问题。对于人身危险性的具体把握来说，离开了犯罪学的研究，刑法学自身是很难完成这样一个任务的。人身危险性的考察要涉及很多方面：犯罪人所生存的环境、生理上的气质、性格以及血型等问题都会对人身危险性产生很大的影响。所以人身危险性的鉴别要靠犯罪学的研究取得一定成果才能完成。犯罪学如果能找到一个很好的人身危险性的鉴别方法，则在量刑、甚至定罪时引进人身危险性的考虑就成为一个比较容易接受的现实。所以在研究犯罪学时也需要对刑法学研究的要求有一定的了解，从而找到自己进一步研究的重点与方向。总而言之，关注刑法学越多，犯罪学的研讨空间就越大。

综上，从三者关系的梳理来看，犯罪学、刑法学都与刑事政策具有密切联系。从三者关系的研究入手，我们能找到犯罪学、刑法学和刑事政策三者之间相互关照、良性互动的一把金钥匙。当然，找到这样一种关系并不是我们问题研究的归宿和落脚点，所以我们进入第三个问题：由三者关系引发的思考。

三、由刑事政策、刑法学和犯罪学三者关系引发的思考

对刑事政策、刑法学和犯罪学三者关系进行梳理和思考，只是思考问题的一个进路，通过对三者关系的梳理与思考，要求证的问题或能获得的启示才是我要讨论这个问题的根本目的。就三者关系的梳理与思考给我的启示而言，主要有三点：

（一）要给刑事政策以应有的理解

很多学者认为，刑事政策一词来源于西方。而在西方，刑事政策多在"手段说"或"综合说"意义上使用，因而，在将刑事政策引入我国时，自然应具有相同的内涵。这可能是对西方刑事政策的误解。据考察，刑事政策这一概念最早出现时，总被人们习惯地看作一种立法技术或技巧，其后，尽管认识上也存在争议，但大多数法学家或刑事政策学家都倾向于认为，刑事政策既是打击和预防犯罪的斗争策略，是一个国家总政策的组成部分，同时也是研究犯罪现象及其对策的科学。李斯特在整个刑法的变革过程中，多次谈到刑事政策，最终将其指向一种观念和指导思想。

从我国目前的情况看，刑事政策不能离开我们长期对政策的理解。而从汉语的解释上来说，政策是指"国家或政党为实现一定历史时期的路线而制定的行动准则"。我

国最初提出诸如"坦白从宽,抗拒从严"或者惩办与宽大相结合之类的政策时,也都是在观念、指导思想这样一个意义上来使用的。所以,我觉得从整个历史发展的脉络来说,将刑事政策理解为方针或者策略,是有它的理论基础的。我们从三者关系这个视角去考察,刑事政策如果真的去扮演引领刑事立法、刑事司法的角色,真正成为犯罪学与刑法学的桥梁,它必须在观念层面上来使用。我们如果把它理解为一种具体对策,就意味着在整个刑事司法的过程中,可以直接把政策运用到具体的案件中,这样无疑会增加破坏法治的危险。如果把具体的方法、手段作为一种刑事政策,那么实际上它就成为犯罪学的一个组成部分,导致犯罪学、刑法学、刑事政策这样一个三角关系很难确定下来。所以,我们先从关系入手,再去关注刑事政策的内涵时,应该还它本来面目,要把它作为一种观念和指导思想来把握。

(二)刑事问题的思考和研究应该有"一体化"的思想

储槐植老师很早就提出刑事一体化问题,当时应和者寥寥。但进入21世纪后,"刑事一体化"成为一个非常时髦的话题。论文检索过程中,含"刑事一体化"字样的文章数量飞速增长,这也反映出一定的客观要求。在对刑事问题进行整体思考的前提下,要想寻找有效控制犯罪的对策,必须跳开现有狭窄的刑法学既有框架的羁绊,而在更高、更广的层面上去理解、认识和分析与犯罪相关的一些问题。储槐植老师在提出刑事一体化思想的时候,指出犯罪问题的研究要在刑法之中、刑法之外和刑法之上来进行:刑法之中就是要对罪刑关系进行思考;刑法之外就是关注前边、注意后边,前边要延展到对犯罪原因的考察,后边要追溯到对犯罪人的改造和后续的矫治工作;刑法之上就是要注意到整个客观环境的变化与刑事立法之间的关系。我们现在强调一体化的思想是在储老师原创思想的基础之上,作为关乎犯罪问题的研究,都要把它放到一个大的背景之下,既要瞻前又要顾后,既要环左又要顾右。所谓瞻前就是要关注犯罪学中对犯罪的研究,不仅仅涉及犯罪产生的原因,还涉及对整个犯罪现象的描述和把握;所谓顾后就是对犯罪的一些后续问题的研究,如刑罚的执行、监狱设施的设计和改造,在监狱改造的环节中需要关注包括重新犯罪率的有效抑制等问题;所谓环左,就是作为整个刑事实体法的研究来说,必须与刑事程序法相互关照,在公正和效率之间、在程序和实体之间,找到一个均衡点。如在基本理念上关注被告人权利保护,就要求不仅在实体法中要明确罪刑法定这样一个基本原则,在程序法中也必须明确肯定无罪推定、沉默权等相关配套措施。如果关注被害人的权益,那么就要在刑事立法的实体、程序两个层面,都要将规范落到实处。作为整个刑事问题来说,一旦以一体化为视角,对于犯罪与刑罚的关系、公正与效率的关系、实体与程序的关系可能就会作出新的诠释,而这样一种诠释,反过来会推动刑事立法向更高、更深的领域去发展。如果说我们的眼界仅局限于狭小的刑法天地,只围绕着犯罪与刑罚转圈子,就无法了解事实基础,无法在事实基础上进行价值判断,也不可能在更高层面对犯罪问题进行哲学思考。以往正是因为刑法学既有框架的局限,刑法学研究一直难以有大的突破,难以形成具有深厚理论积淀的、具有自己学术品格的大家或者学派。所以,我觉得这种刑事一体化的思想会拓宽我们认识问题、思考问题的视野,而且把犯罪原因、犯罪预防以及刑法的适用等问题结合在一起考虑,会使我们对犯罪问题有更透彻、更理性的理解。"一体化"思维应该是对三者关系梳理后最直接的回应。

(三) 刑事学科之间应相互关注、共同发展

这个结论也是由第二个问题衍生出来的。既然我们要在一体化的框架内全方位地思考有关犯罪的问题,那么各个研究犯罪的学科之间就要形成一种良性的互动和相互关照。就目前来说,关乎犯罪问题研究的各个学科发展是不平衡的,不少学者对犯罪学持漠视甚至排斥态度。从三者关系的视角出发,我们应该对各学科有理性的看法:如果犯罪学获得不断的提升与发展,那么刑法学也会有更大的提升空间,事实上这是一种双赢的研究模式。因而,在未来的整个刑事科学的研究过程中,我们要关注犯罪学的发展,从各个方面给予支持。而每个学科在支持其他学科发展的同时,也会促进自身的发展。可以设想,随着犯罪学研究队伍的扩大、研究内容的深入以及研究领域的拓展,犯罪学的理念和思想就会更多地借助于刑事政策渗透到刑法学的研究中,并推进刑法学研究的丰富和深入。一旦刑法学的内容得到充实,刑法理论不断深入,刑法学研究指导实践的能力不断增强,那么犯罪学自身的影响和学科价值就会慢慢凸显出来;而犯罪学得到进一步发展,刑法学获得进一步提升,整个刑事科学研究自然就会向前推进。

对现代城市轨道交通安全的理性思考[*]

主讲人:蔡宏光,上海公安高等专科学校警训部高级教官、副教授
主持人:姚建龙,上海政法学院刑事司法学院院长、教授
时　间:2014 年 11 月 11 日下午

随着城市轨道交通建设的快速发展,安全问题日益显现,车站及列车内由于旅客的高密度和大流通量等非常容易成为恐怖分子袭击的目标,且有"放大"的作用。所以,我们应该清醒地认识到危害的严重性,认识到城市轨道交通面临突发公共案(事)件所带来的严峻考验,尽快建立一套统一指挥、反应灵敏、协调有序、运转高效的应急机制。我们要以高度的大局意识、忧患意识和责任意识为要求,研究城市轨道交通,提高突发案(事)件的预防、控制、处置与指挥能力,从制度上、措施上确保轨道交通运营安全有序。

一、确定"防控第一"的警务安全理念

现代文明的轨道交通工具,就像一把双刃剑,在给人类的生活带来方便、快捷的同时,也伴随着事故给人类带来的巨大伤害。防止暴力恐怖事件和社会重大政治事件的发生,防止重特大安全事故的发生,是我们现在乃至今后的一项重要任务。城市轨道交通突发案(事)件的特点是,突然爆发、难以预料、人员密集、空间狭窄、后果严重、处置与指挥难度大。由于城市轨道交通场所人员密集,通道、站厅、站台、车厢空间狭窄,出入口少,疏散线路长,通风、照明条件差,处置与指挥难度大,往往成为犯罪的首选地点。这些案(事)件中,纵火、炸弹、投毒是最常用的袭击方式。近 10 多年来,恐怖袭击目标事件中,城市地铁占近 1/3。例如:2010 年 3 月 29 日莫斯科市地铁早上班高峰期间,连续发生 2 起炸弹袭击事件,导致 30 余人死亡,20 余人受伤;2005 年 7 月 6 日上午到 7 月 7 日上午的 24 小时内,英国伦敦地铁和 3 辆双层大客车在上班高峰时间几乎同时发生 7 次大爆炸,至少造成 45 人死亡,1000 人受伤;1995 年东京地铁发生 12 人死亡,5500 多人受伤的"沙林"毒气事件,直接造成日本政局动荡,社会混乱;等等。

---

[*] 本文由主讲人提供,载《现代城市轨道交通》2011 年第 2 期。

我们应从这些恐怖袭击事件中吸取教训,并引以为戒。轨道交通兼具人流密集性、空间特殊性、结构紧凑性、运行高速性和较大社会影响性的特点,以及防范的薄弱性,处置过程的艰巨性,因此,预防、控制此类案(事)件的发生就显得尤为重要。当前,必须尽快形成有效的轨道交通突发案(事)件应急控制、处置与指挥系统,政府各相关职能部门在互动、配合、协调上,形成"共振效应",从关系城市轨道交通和谐、稳定的高度,认识危情管理的重要性,保持高度的敏感性。城市轨道交通公安工作应确定"防控第一"的理念,时刻警觉,始终保持临战状态,做到各单位协同作战,组织人员紧急行动部署,紧急处理,采取应对控制措施,减少危害。

二、用信息化推动城市轨道交通的安全防控

公安部部长孟建柱同志指出,"要用信息化提供强大的信息支撑,进一步提高公安基层基础工作的层次、质量和水平"。因此,构建快速高效的城市轨道交通实战指挥体系,要以轨道交通情报信息为主导,大力加强信息系统建设,进一步整合防控资源,优化配置,不断提高轨道交通应急联动指挥部的预警控制能力。

(一)加强城市轨道交通信息研判,提高超前预警能力

情报信息是重要的战略资源,是指挥部科学决策的基础,是城市轨道交通正常运营的保障。要充分发挥指挥部的信息优势,及时获取、准确判断千变万化的轨道交通信息,超前预警,增强控制驾驭轨道交通动态以及社会治安局势的能力;认真抓好情报信息分析研判、预警通报等各个环节,用最快的收集、最准的分析、最新的预报为一线警力提供可靠、可信、可用的依据;有意识地去研判、提炼、概括信息,进一步分析归纳出有思路、有经验、有预见、有价值的观点,及时通过公安网等载体进行预警发布,及时解决潜伏的危险性问题,更好地服务实战。目前的城市轨道交通监控系统,亟待资源更新整合,充分发挥它们的效能。

(二)加快打造城市轨道交通网络安全平台

各警务站计算机联网畅通,巡逻民警要依靠网上排查、网上串并、网上追逃等新型工作模式,通过对各类信息进行关联整合,及时提供情报线索,逐步改变传统的预防方式和控制手段,全面提升城市轨道交通的实战能力。

(三)加快对模糊图像处理技术和人像自动识别系统的建设

加快对模糊图像处理技术和人像自动识别系统的建设,提升城市轨道交通站台、站厅、商场等公共设施的图像、人像识别能力和安全报警性能。掌握源头,做到早发现,早控制。

(四)城市轨道交通警务站功能多样化

发挥多维度、全方位的作用,织密防控网络,不断延伸防范触角。警务站既要通过网络监控系统摸排、巡逻、发现、识别、确认犯罪嫌疑人,又要能检查、监督、指导紧急情况,充当控制、处置的前沿指挥所。

(五)充分发挥高新技术装备的防控功能,提升工作质量和效率

例如,采用离子迁移谱技术的便携式爆炸物探测仪设备,轻巧灵便,分析快速,可以快速探测 TNT、黑索金、黑火药等多种爆炸物;箱包违禁品检查仪是将 X 射线背散技术应用于检查夹藏于箱包中的爆炸物、毒品等违禁品。信息化和高新技术的有机结合,等于给轨道交通站台、站厅、楼道和商场安装了一道道安全"防火墙",可提高预防、控制、合成作战的整体效能,推动打、防、管、控一体化,使轨道交通安全管理上一个新台阶。

三、建立应急联动一体化的指挥与处置机制

启动紧急预案,组建政府、公安和相关单位应急联动一体化指挥部,统一指挥,协同作战,紧急处置,能有效减少城市轨道交通密集场所人员生命和财产的损失。

(一)"一体化"指挥模式

城市轨道交通突发事件往往涉及诸多职能部门,为提高突发案(事)件应急处置与指挥效能,必须建立由市政府直接领导,各相关部门协调行动、统一指挥、应急处置事件的城市轨道交通应急联动中心,充分发挥政府联动指挥、公安处置与指挥和轨道交通运营公司处置的作用。实现处置与指挥行动的"一体化",是实现多警种、多部门、多层次、跨地域的统一接警,联合行动,及时、有序、高效地开展紧急救援或抢险救灾行动,从而保障城市轨道交通公共安全的综合救援体系及集成技术平台。通过对司法、环保、市政以及供电等城市公共事业机构、单位的指派和监督,实现多方应急"一体化"联动,能有效改变以往缺乏协调作战、应急联动的缺陷。新的警务运作机制更强调处置与指挥的速度和协调功能。

城市轨道交通应急联动指挥部具有以下功能:一是有效整合社会和相关职能部门的资源,形成处置合力,提高处置突发事件的效率和效益;二是提高应急反应的速度,避免因信息传递环节过多而贻误控制事态发展,减少危害和损失;三是在指挥部设置市长指挥室,由政府领导在此直接指挥处置紧急危情状况,可打破以单一灾种和部门分割管理为中心的紧急危机管理体制;四是通过立法规、政策应急管理等,使应急管理走上制度化、法制化轨道;五是通过建立会商决策机制、常设性的应急管理综合体系和综合协调部门,可在轨道交通战略层面上,完善各部门的联动机制;六是通过各个职能

专业部门的分工合作,制定可操作的预防手段和处置突发案(事)件的应急手段;七是构建广泛的社会参与机制和评价激励机制,形成轨道交通和地区公安分局之间相互依存的关系,提高整体预防、控制和应急处置与指挥能力。

(二)应急防控措施

什么最危险？你看不见的危险,才是最危险的。安全是轨道交通运营的生命,是立身之本,始终是我们工作的重中之重。从哲学角度来分析,矛盾分为主要矛盾和次要矛盾,矛盾的主要方面和次要方面。我们现在面对的最主要的轨道高运营仍然是安全问题,必须研究推出切实可行的社会治安管控措施,举全社会之力,防控截查各类隐患。

第一,精确规范操作。城市轨道交通的环境特殊,要求应急预案和规定的文字要精练,预案可实行"卡片"式;在发挥安检仪器作用的同时,更应注重人的辨识能力;消除站厅、站台、通道和车厢摄像探头盲点,使其覆盖率达到100%。

第二,举全社会之力守卫。民警和保安人员要建立巡逻盘查机制,定人、定时、定线巡查和开包检查,使旅客能经常看到他们执勤的身影。

第三,立即行动实施。移走所有大型容器,如金属垃圾桶、废弃的容器、报箱等;金属垃圾桶应全部换上软的透明无色的垃圾袋;其他箱或容器贴上封条。每30分钟检查一次公共厕所;限制进入区域;所有可疑包裹均应视为爆炸物。安检搜索所有可疑人的箱包;截查衣着、行为反常之人;测试所有紧急救生系统。回顾与工程部有关的其他事项之应急方案。监控空调系统通风口,若通风口位于公共场所,应有人看守;警察、保安人员在承包商进入地铁之前应与工程部联系以确认其身份,限制进入一些区域,包括空调暖通系统区域、变电所等。工程机械区域和变电所加强控制;保洁员工具房间加强管理;在换班时,各部门负责人应负责并监督对其工作场所的搜查工作,以确保未有可疑包裹或箱盒藏匿其中;对所有进入轨道交通站台、站厅的可疑人员使用金属探测器检测。保安人员和管理人员应注意是否有人在轨道周围照相,虽然该行为不能被禁止,但应多加留意。

第四,掌握急救技能。一旦突发紧急案(事)件,有人员伤亡时,一方面要立即拨打"120"急救电话,报告事故地点、性质、伤情、伤亡人数、急需哪方面的救援、呼救人的姓名与单位、呼救所用的电话号码等,一方面还要立即开展现场急救,进行止血、包扎、固定、搬运等行动。遇有突然昏迷、瞳孔散大,颈动脉摸不到搏动,心前区听不到心音,呼吸心跳骤停者要立即进行心肺复苏,这样常可挽救伤员的生命。同时,要尽力保护好事故现场。通常,先到现场的医护人员应该担负起现场抢救的组织指挥职责,尽力保护好事故现场。

第五,职业升级培训,提高执法水平。轨道交通民警职业培训必须在一旦突发事件时,会使用配置的装备。通过民警素质教育培训,使现有的警务人员能发挥最大的作用,这是弥补警力不足和提高效率的主要方法,也是使公安机关走上科教强警的必由之路。

四、结　束　语

　　为建设安全、稳定、和谐、发展的城市轨道交通,不断提升安全稳定的工作水平。让我们始终牢记党和人民的重托,抓源头、重防范,不断提高维护社会平安、服务一方百姓的能力和水平,以确保城市轨道交通的安全有序。

美国和欧盟反恐怖主义法的主要内容分析及比较[*]

主讲人：王良，上海公安高等专科学校科研中心副主任，法学博士后
主持人：姚建龙，上海政法学院刑事司法学院院长、教授
时　间：2013 年 5 月 27 日下午

美国和欧盟是世界上最发达的经济体，不仅先后遭受多次重大恐怖袭击，同时也是国际恐怖组织潜在的恐怖袭击对象。自 20 世纪 80 年代以来，美国和欧盟先后出台了一系列的反恐法律，在防范和打击国际恐怖主义中起到了重要的作用。本文拟通过对美国和欧盟反恐法的简要分析和比较，为我国今后反恐法的进一步完善提供借鉴和参考。

一、美国反恐法的主要内容

（一）关于恐怖主义的定义

无论是专门性、综合性的反恐法，如《美国捍卫与加强本土安全采取防范与打击恐怖主义举措的法案》（以下简称《爱国者法》）、《美国 2005 年爱国者法增补及再授权法》还是其他相关的反恐法，如《美国 2001 年防止恐怖主义利用生物武器法》《美国 2006 年巴勒斯坦反恐怖主义法》等，美国的反恐法都没有对国际恐怖主义作出明确的定义。

美国对于国际恐怖主义的立场和政策主要见于美国国务院每年 4 月发布的《全球恐怖主义状况报告》中，从历年来美国国务院的反恐报告看，美国国务院对恐怖主义的定义主要引自《美国法典》。《美国法典》第 22 章第 2656 条第 4 款对国际恐怖主义进行了定义，"国际恐怖主义"指涉及一个以上国家的公民或领土的恐怖主义；"恐怖主义"则是指亚国家组织或秘密团伙人员对非作战目标采取的有预谋的、有政治动机的暴力行动。[①] 同时，根据该法典第 18 章第 2331 条第 1 款的规定，国际恐怖主义活动是指以下一些活动：(1) 违反美国或任何一州的犯罪法，并且威胁人的生命安全的行为

---

[*] 本讲稿由主讲人提供。
[①] 资料来源：http://www.law.cornell.edu/uscode/22/usc_sec_22_00002656—f000-.html。

或暴力行为,或在美国或任何一州司法管辖下的刑事暴力犯罪。(2)呈现出以下企图的:① 胁迫或强迫民众的。② 用胁迫和强迫手段影响政府决策的。③ 或者通过大规模毁坏、暗杀或绑架影响政府的。④ 主要发生在美国司法管辖范围外的,或犯罪行为方式、犯罪行为受害人、犯罪行为发生地跨越国界,或寻求庇护的。① 其国内恐怖主义活动是指以下一些活动:(1)违反美国或任何一州的犯罪法,并且威胁人的生命安全的行为。(2)呈现出以下企图的:① 胁迫或强迫民众的。② 用胁迫和强迫手段影响政府决策的。③ 或者通过大规模毁坏、暗杀或绑架影响政府的。(3)主要发生在美国司法管辖范围的。② 从上述美国法典以及《爱国者法》对恐怖主义活动的规定看,美国对国际恐怖主义活动以及国内恐怖主义活动的区别主要在于恐怖主义活动的跨国性。与国内恐怖主义活动相比,国际恐怖主义活动的实施手段、受害人、行为后果地具有跨国性的特征,但无论国内恐怖主义还是国际恐怖主义,都要受美国国内法的管辖和调整。同时,在《美国2006年巴勒斯坦反恐怖主义法》中,美国将巴勒斯坦解放运动组织哈马斯等列为恐怖组织,该法第10条第1款规定"美国政府绝对禁止任何官员和雇员与哈马斯、巴勒斯坦伊斯兰贾哈德、巴勒斯坦人民解放战线、阿克萨烈士旅及其他任何巴勒斯坦恐怖组织的官员代表或成员进行谈判或者单独接触。"③美国这种过分偏袒以色列,将巴勒斯坦抵抗运动组织视为恐怖组织的做法给国际社会的反恐合作留下了阴影。

(二) 恐怖主义犯罪的类型

根据《美国法典》第18章第2332条,联邦恐怖主义犯罪是指通过威胁或强迫的方式来影响或改变政府行为或报复政府的行为。这些行为不仅包括13个国际反恐怖主义公约(或议定书)规定的行为,如损毁航空器或航空器设施的行为;国际机场使用暴力行为;生物武器袭击行为;化学武器袭击行为;暗杀或绑架国会、内阁、最高法院成员行为;核恐怖袭击行为;对美国的核威胁和大规模杀伤性武器威胁行为;塑性炸药爆炸行为;用致命武器攻击联邦设施中的杀人或企图杀人行为;阴谋在国外进行的谋杀、绑架、致残行为;谋杀或屠杀外国官员、官员的客人或国际保护人员行为;劫持人质行为;暗杀或绑架总统及总统雇员;对铁路承载工具以及陆上、水上、空中公共交通系统的恐怖袭击或其他暴力犯罪行为;海上航行暴力行为;海上固定平台的暴力行为;使用大规模杀伤性武器;破坏核设施或核燃料行为;劫持飞行器行为;用致命武器攻击空中乘务员行为;在航空器上实施爆炸或放火或其他用武器危害生命的行为;等等。还包括上述国际恐怖主义公约没有规定的,但会对美国政府及社会带来严重危害的行为,如传播天花病毒行为;计算机网络犯罪行为;旨在破坏航空器的导弹系统建设行为;海港恐怖主义行为;从外国恐怖组织接受军事型训练的行为;酷刑行为;破坏美国州际天然气

---

① 资料来源:http://www.law.cornell.edu/uscode/18/usc_sec_18_00002331—000-.html。
② 同上。
③ 赵秉志:《外国最新反恐法选编》,中国法制出版社2008年版,第777页。

或危险性液体管道的行为;杀害或企图杀害美国政府的官员或雇员的行为;破坏交通线、车站或系统行为;损害美国领土或特定海域的建筑或财产的行为;对在美国以外的美国国民的自杀性袭击或其他暴力行为;公共场所和设施的爆炸行为;等等。由此可见,美国对恐怖主义犯罪规定的范围比国际社会反恐公约的规定要广得多,这其中部分内容可能是今后国际反恐公约的发展方向。

(三)关于恐怖主义犯罪的管辖

恐怖主义犯罪管辖是反恐法的重要内容。鉴于美国的影响力,以及美国遭受的恐怖袭击绝大部分来自境外的情况,对境外恐怖主义进行管辖是美国反恐法律无法回避的内容。然而,美国对恐怖主义犯罪管辖的规定并未出现在专门的反恐法中,而是出现在其他法律的规定中。美国1984年的《全面控制犯罪法案》授权联邦起诉针对美国公民或以美国为目标的海外劫持人质案件。在1986年的《外交安全和反恐怖主义法案》中,美国将恐怖主义犯罪的管辖范围扩大到任何针对美国公民或利益的恐怖行动。这两部法律为美国对境外恐怖主义的管辖提供了依据。

(四)关于反恐怖主义的国际合作

国际合作是国际反恐的必然要求和途径。美国在"9·11"事件以来的反恐中,非常重视国际合作,在国际反恐机制和措施上进行了改革和创新。在国际反恐机制上,美国积极推动以其为首的全球"反恐联盟"建设,力求通过努力协调,实现世界各国在政治、经济、外交、军事以及司法等领域的全方位合作,目前已经有100多个国家参与美国的"反恐联盟";在具体的反恐措施协作上,美国也进行了多方面的努力。在情报交流方面,美国国务院及各反恐执法机构与各国相关单位保持紧密的联系,多次就恐怖组织、活动及装备等方面展开深入的研讨,同时还邀请了各国反恐专家共同协商反恐能力建设;在控制国际恐怖分子移动方面,美国不仅采纳了新的《防伪护照》,而且还通过驻世界各国使领馆与驻在国政府及第三国外交官进行联系,防止恐怖分子入境美国;在阻断国际恐怖活动财源方面,美国不仅要求其盟国与它一起断绝国际恐怖分子的活动财源,而且还在《爱国者法》中对金融反恐国际合作作了明确规定。《爱国者法》第330条要求政府相关部门和相应的金融监督机构与和美国金融机构有业务往来的外国金融机构进行合作谈判,保证外国银行和其他金融机构保持充分的交易记录,并能够建立起美国执法官员和金融机构监督官员在需要时可以查询这些交易记录和账户信息的机制,第328条还要求政府相关部门采取合理措施鼓励外国政府向美国提供有关寄往美国和其他国家的电汇者的姓名、汇款的寄出地和提取地;在引渡合作方面,美国在继续扩大与世界各国签订引渡条约的同时,还对已经签署的引渡条约进行修订,使其符合新引渡的要求,目前,与美国订有引渡条约的国家已经超过100个;在反恐培训方面,美国与亚太地区国家达成多项协议,为区域内有关国家开展反恐培训。

二、欧盟反恐法的主要内容

(一)关于国际恐怖主义的定义

在1997年欧洲议会通过的《欧盟反恐决议》中,恐怖主义被定义为"某些个人或组织,出于分离主义、极端意识形态、宗教狂热或主观非理性因素的动机,采取包括使用暴力威胁反对一个国家或某些特定人物,有意在官方机关、某些个人或社会组织、普通公众中制造恐怖气氛的任何行动。"① 作为区域性国际文件,这里欧洲议会关于恐怖主义的定义意指国际恐怖主义,而各国的恐怖主义定义则由各国国内法律规定,国内没有专门恐怖主义法律规范的国家则适用普通法的规定。根据2001年12月欧盟理事会通过的《关于实施打击恐怖主义具体措施的共同立场》第1条第3款的规定,"恐怖主义行为"指严重威胁某个群体或能够给某一国家或者国际组织带来严重损害,且被国内法界定为犯罪的下述之一种有预谋的行为。这些行为包括:(1)可能致某人死亡的攻击。(2)对某人身体完整性的攻击。(3)绑架他人或者劫持他人为人质。(4)造成政府设施或者公共设施、交通系统、基础设施(包括信息通讯系统、安置在大陆架上的固定平台、公共场所或者个人财产)的严重损毁,可能危及人类生命或者导致重大经济损失。(5)劫持航空器、船只或者其他公共交通工具或者货物运输工具。(6)制造、拥有、获得、运输、供应或者使用武器、爆炸物或者核武器、生物武器或者化学武器,以及研制和开发生物武器或者化学武器。(7)实施投放危险物质、引发火灾、爆炸或者决水等可能危及人类生命的活动。(8)妨碍或者破坏水、电力或者任何其他基本自然资源的供应,具有危及人命的效果。(9)威胁采取第(1)项至第(2)项中的行动。(10)领导恐怖主义团体。(11)参与恐怖主义团体的活动,包括在明知该参与活动将有助于恐怖主义组织的犯罪活动的情况下,为该组织提供相关信息、物质资料或者任何形式的资金支持。②

(二)关于国际恐怖主义犯罪

根据欧洲共同体委员会2001年《关于反恐的理事会框架决议的建议》,恐怖主义犯罪是指"以恐吓和严重改变或摧毁某个国家的政治、经济或社会结构为目标,而由个人或团体故意实施的危及一个或多个国家、它们的制度或公民的犯罪。"③ 当然,领导、建立、支持或参与恐怖组织也应当被视为恐怖主义犯罪。对于具体的犯罪,欧盟基本上参照了联合国及下属机构以及其他相关国际组织制定的13项反恐国际公约和议定书中规定的内容。同时,与美国、联合国以及其他区域性国际组织不同的是,欧盟除了

---

① 张家栋:《全球化时代的恐怖主义及其治理》,上海三联书店2007年版,第179—180页。
② 张美英:《德国与欧盟反恐对策及相关法律研究》,中国检察出版社2007年版,第175—176页。
③ 同上书,第136页。

对国际恐怖主义犯罪进行严厉惩治之外,还特别注重恐怖主义犯罪的预防,欧盟明确把煽动公众实施恐怖主义、为恐怖主义招募以及为恐怖主义训练等行为规定为恐怖主义犯罪。对于上述这些行为,不一定需要实际实施犯罪,只要有相关行为就可以确定为恐怖主义犯罪,欧盟甚至建议各成员国在国内法中把上述行为纳入刑法调整的范畴。此外,欧盟还特别重视对资助恐怖主义行为的防范,要求各成员通过金融情报单位之间的合作和国际合作杜绝类似行为的发生。欧盟这些关于预防恐怖主义犯罪的规定,为国际社会防范恐怖主义提供了良好的范例,值得国际社会借鉴。

(三)关于国际恐怖主义犯罪的管辖

犯罪管辖是国际反恐法的重要内容,欧盟对国际恐怖主义的犯罪管辖十分重视,在许多有关反恐的法律文件中,欧盟都对犯罪管辖作出了明确的规定。欧盟关于恐怖主义犯罪管辖的主要内容是:一是属地管辖原则。犯罪全部或部分实施于成员国领域内,或实施于由该国政府运营之航空器上的,成员国有权进行管辖。二是国旗国或航空器登记国管辖原则。犯罪实施于悬挂成员国旗帜的船舶或在成员国注册的航空器之上,成员国有权进行管辖。三是保护性管辖原则。犯罪人是成员国国民(居民或常住居所的无国籍人)或犯罪是为了总部设在该成员国境内或建立于成员国领域内的法人的利益而实施或犯罪侵害成员国的机构或成员国在海外的国家或政府设施(包括外交或领事设施)或制度或国民,欧盟机构或者根据《欧洲共同体成立条约》或《欧洲联盟条约》在成员国设立的实体,成员国有权进行管辖。四是普遍性管辖原则。如果成员国拒绝向其他成员国、第三国移交或引渡恐怖嫌疑犯或罪犯,则成员国应当采取必要措施对该嫌疑犯或罪犯行使管辖权。同时,欧盟反恐法还规定无论恐怖主义团体建立在何处或在何处从事犯罪活动,对于全部或部分实施于成员国领域内的有关恐怖主义犯罪,各成员国都应确保管辖权涵盖上述情况。五是协商管辖原则。对于多个成员国都享有管辖权,且任何相关国家都能基于同样事实进行正当起诉的情况,为使诉讼程序集中于一成员国之内进行,成员国之间应当进行协商合作,以决定由哪一个成员国对犯罪人进行起诉。欧盟为此还确立了协商管辖的程序:首先,成员国可诉诸欧盟建立的任何实体或机制;其次,在上述手段行不通的情况下,考虑以下因素:犯罪发生地,犯罪实施者的国籍国或居民国,被害人来源国,犯罪实施者被发现的国家。欧盟关于协商管辖的原则和保护性管辖原则中的一些内容创新了国际反恐法的管辖规定,对于国际社会实施恐怖主义犯罪管辖具有借鉴意义。

(四)关于反恐怖主义国际合作

作为当今世界上最紧密的区域性国际组织,欧盟的反恐怖主义国际合作在许多方面开创了国际刑事司法合作的先例,对今后全球范围内的反恐国际刑事司法合作具有重要的参考价值。欧盟反恐国际合作内的主要内容是:(1)积极主动开展恐怖信息情报交流。在不影响自己调查或诉讼的情况下,缔约国主管机关可以不经事先请求,向其他缔约国的主管机关提供有关涉及恐怖活动的调查或诉讼的情报,同时,出于恐怖活动中追究法人责任的需要,缔约国之间除分享追究刑事责任的情报或证据外,还可以分享追究民事、行政责任所需的情报或证据。(2)相互提供最广泛的调查协助。为查明和追踪恐怖主义活动的工具、收益和没收的其他资产,缔约国在请求的基础上,应当相互提供最广泛的协助措施,这种协助措施包括提供和获得有关上述资产存在、位置、流动、性质、法律地位或价值证据的任何措施。(3)设立专门机构深化司法合作。为了促进成员国之间的司法合作,欧盟先后设立了欧洲刑警组织、欧洲司法局和联合调查组等机构,这些机构职能均或多或少涉及反恐的职能,特别是欧洲刑警组织,不仅有权处理那些实施或可能实施的危及生命、个人自由或财产的恐怖活动,自2015年1月起还专门设立反恐中心,交流各国反恐情报;欧洲司法局有可促进成员国主管部门对恐怖活动进行的调查和起诉;联合调查组则为相关国家开展涉及恐怖的刑事调查创造便利条件。(4)建立统一司法制度强化司法合作。为更好地解决恐怖嫌疑犯的引渡问题,提高恐怖犯罪的打击效率,欧盟部长理事会在2002年通过了《关于欧盟成员国之间的欧洲逮捕令和移交程序的框架决定》。欧洲逮捕令的出台大大提高了各国警察跨境缉捕恐怖分子的效率,使欧盟国家引渡一个恐怖嫌犯的平均时间从原来的9个月缩短到43天。[①] 欧洲逮捕令制度的建立是欧盟反恐合作上的一个重要里程碑,也是欧盟在反恐合作上高于其他区域性国际组织的一个显著标志。

三、欧美反恐法的异同

美国和欧盟的反恐法有许多相同的地方,也有许多不同点。相同点在于:都认为国际恐怖主义行为主体为个人和组织,行为具有暴力性和多样性,国际恐怖主义犯罪具有政治或其他目的,对国际恐怖主义犯罪实行普遍管辖,注重国际反恐合作等;不同点在于:美国是从国内法的角度进行立法,对国际恐怖主义犯罪行为的认定最全面,但缺乏反恐中的人权保护,而欧盟是从区域组织法的角度进行立法,对国际恐怖主义行为的认定范围比较窄,但比较注重反恐中的人权保护。

(一)国际恐怖主义定义的异同

1. 国际恐怖主义定义上的共同点

一是行为的暴力性。美国和欧盟等国家和组织的反恐法都明确指出了恐怖主义具有暴力或以暴力相威胁的特征。《美国法典》第22章第2656条规定,恐怖主义是指亚国家组织或秘密团伙人员对非作战目标采取的暴力行动;[②]《欧盟反恐决议》中,国

[①] 参见中国现代国际关系研究院反恐怖研究中心编:《国际恐怖主义与反恐怖斗争年鉴(2005)》,时事出版社2006年版,第141页。

[②] 资料来源:http://www.law.cornell.edu/uscode/22/usc_sec_22_00002656—f000-.html。

际恐怖主义被定义为某些个人或组织采取的使用暴力威胁反对国家或特定人物,有意制造恐怖气氛的任何行动。①

二是行为的多样性。美国和欧盟等国家和组织的反恐法都明确指出了恐怖主义包括一系列行为。《美国法典》第18章第2331条规定,国际恐怖主义活动包括违反美国或任何一州的犯罪法,并且威胁人的生命安全的行为或暴力行为,或在美国或任何一州司法管辖下的刑事暴力犯罪;②欧盟理事会通过的《关于实施打击恐怖主义具体措施的共同立场》规定,国际恐怖主义行为是指严重威胁某个群体或能够给某一国家或者国际组织带来严重损害,且被国内法界定为犯罪的一系列有预谋的行为。③

三是行为的有预谋性。美国和欧盟等国家和组织的反恐法都明确指出了恐怖主义行为的有预谋性。《美国法典》第22章第2656条规定国际恐怖主义是指亚国家组织或秘密团伙人员对非作战目标采取的有预谋的暴力行动。④《欧盟反恐决议》中,国际恐怖主义被认为是有意在官方机关、某些个人或社会组织、普通公众中制造恐怖气氛的任何行动。⑤

四是主体的确定性。美国和欧盟等国家和组织的反恐法都明确指出恐怖主义主体包括组织或个人。《美国法典》第22章第2656条指出国际恐怖主义由亚国家组织或秘密团伙人员实施;⑥《欧盟反恐决议》中,恐怖主义主体是某些个人或组织。⑦

2. 国际恐怖主义定义的不同点

一是动机上的差异性。美国反恐法明确规定恐怖主义具有政治动机。欧盟反恐法规定国际恐怖主义除具有政治动机外,还有其他诸如分离主义、极端意识形态、宗教狂热或主观非理性因素的动机。

二是行为方式上的差异性。美国认为恐怖主义是一种具体的行为,如《美国法典》第18章第2331条规定,国际恐怖主义活动是违反美国或任何一州的犯罪法,并且威胁人的生命安全的行为或暴力行为,或在美国或任何一州司法管辖下的刑事暴力犯罪;⑧欧盟认为恐怖主义不仅包括具体行为也包括行为的威胁。

三是行为范围上的差异性。在恐怖主义具体实施行为范围上,美国反恐法规定得最为宽泛,将发生在美国司法管辖范围外的,或犯罪行为方式、犯罪行为受害人、犯罪行为发生地跨越国界或寻求庇护的违反美国或任何一州的犯罪法,并且威胁人的生命安全的行为或暴力行为,或在美国或任何一州司法管辖下的刑事暴力犯罪都认为是国际恐怖主义犯罪;欧盟理事会规定的行为范围则较窄,这些行为主要包括威胁生命、破

---

① 参见张家栋:《全球化时代的恐怖主义及其治理》,上海三联书店2007年版,第179—180页。
② 资料来源:http://www.law.cornell.edu/uscode/18/usc_sec_18_00002331—000-.html。
③ 参见张美英:《德国与欧盟反恐对策及相关法律研究》,中国检察出版社2007年版,第175—176页。
④ 资料来源:http://www.law.cornell.edu/uscode/22/usc_sec_22_00002656—f000-.html。
⑤ 参见张家栋:《全球化时代的恐怖主义及其治理》,上海三联书店2007年版,第179—180页。
⑥ 资料来源:http://www.law.cornell.edu/uscode/22/usc_sec_22_00002656—f000-.html。
⑦ 参见张家栋:《全球化时代的恐怖主义及其治理》,上海三联书店2007年版,第179—180页。
⑧ 资料来源:http://www.law.cornell.edu/uscode/18/usc_sec_18_00002331—000-.html。

坏财产行为。例如,《关于实施打击恐怖主义具体措施的共同立场》第 1 条规定,恐怖主义行为是指严重威胁某个群体或能够给某一国家或者国际组织带来严重损害,且被国内法界定为犯罪的下述之一种有预谋的行为。这些行为包括对某人生命可能导致死亡的攻击、造成政府设施或者公共设施等严重损毁的行为。①

四是立法角度的差异性。由于美国没有批准或加入美洲反恐公约,美国是从国内法的角度对国际恐怖主义进行定义的,根据《美国法典》第 22 章第 2656 条第 4 款的规定,"国际恐怖主义"指涉及一个以上国家的公民或领土的恐怖主义。② 从上述定义看,美国对于国际恐怖主义的定义内涵与跨国恐怖主义的定义内涵并未作区分。欧盟对国际恐怖主义的认识则基本上是建立在国际反恐公约(或议定书)的基础之上。

(二) 国际恐怖主义犯罪的异同

1. 关于国际恐怖主义犯罪的相同点

一是国际恐怖主义犯罪具有明确的政治及其他目的(目标)。无论是美国还是欧盟等国家和组织在反恐法中都明确规定国际恐怖主义犯罪具有政治目的(目标)。《美国法典》第 18 章第 2332 条规定,恐怖主义犯罪具有影响或改变政府行为或报复政府的目的;欧盟《关于反恐的理事会框架决议的建议》规定,恐怖主义犯罪以恐吓和严重改变或摧毁某个国家的政治、经济或社会结构为目标。③

二是国际恐怖主义犯罪包括或部分包括联合国及其下属机构通过的 13 个反对国际恐怖主义公约(或议定书)中规定的行为。美国和欧盟反恐法都把上述 13 个国际反恐公约规定的行为确定为恐怖主义犯罪行为。

三是对犯罪形态的规定大致相同。美国和欧盟等国家及组织对认定犯罪的形态规定大致相同。美国和欧盟的反恐法规定,对于恐怖主义犯罪行为,不一定需要实际实施犯罪,只要有相关行为就应该确定为恐怖主义犯罪。

四是对恐怖主义犯罪的防范和打击着力点相同。美国和欧盟都重视对恐怖主义融资行为的防范,要求国内各机构或组织各成员之间加强金融情报单位之间的合作和国际合作,限制并杜绝资助恐怖主义行为的发生,美国和欧盟的反恐法都对法人犯罪规定了刑事、民事或行政责任。

2. 关于国际恐怖主义犯罪的不同点

美国和欧盟对于恐怖主义犯罪的不同点主要表现在对犯罪行为范围的规定上。美国对恐怖主义犯罪行为的规定最为广泛,除上述 13 个国际反恐公约(或议定书)确定的犯罪行为外,《美国法典》还把下列对美国政府及社会带来严重危害的行为规定为恐怖主义犯罪。例如,传播天花病毒行为;计算机网络犯罪行为;旨在破坏航空器的导

---

① 参见张美英:《德国与欧盟反恐对策及相关法律研究》,中国检察出版社 2007 年版,第 175—176 页。
② 资料来源:http://www.law.cornell.edu/uscode/22/usc_sec_22_00002656—f000-.html。
③ 参见张美英:《德国与欧盟反恐对策及相关法律研究》,中国检察出版社 2007 年版,第 136 页。

弹系统建设行为;海港恐怖主义行为;从外国恐怖组织接受军事型训练的行为;破坏美国州际天然气或危险性液体管道的行为;毒品恐怖主义行为;造成政府财产损失或人员死亡的纵火及爆炸行为;对州际商业设施的纵火和爆炸行为;杀害或企图杀害美国政府的官员或雇员的行为;破坏国防材料、设备或设施行为;损害美国领土或特定海域的建筑或财产的行为;对在美国以外的美国国民的自杀性袭击或其他暴力行为;公共场所和设施的爆炸行为等。欧盟除13个国际反恐公约(或议定书)确定的行为为恐怖犯罪外,还把领导、建立、支持或参与恐怖组织行为以及煽动公众实施恐怖主义、为恐怖主义招募以及为恐怖主义训练等行为也视为恐怖主义犯罪。

(三) 国际恐怖主义犯罪管辖的异同

1. 恐怖主义犯罪管辖的共同点

鉴于美国和欧盟在国际社会中的实力、利益和影响,特别是它们遭受的恐怖袭击因素绝大部分来自境外,对恐怖主义犯罪进行最广泛的管辖是美国和欧盟反恐法律的必然要求。为此,美国和欧盟的反恐法都规定了广泛的国际恐怖犯罪管辖权,确立并发展了属地管辖原则、属人管辖原则、保护性管辖原则和普遍性管辖原则。

2. 恐怖主义犯罪管辖的不同点

一是美国是通过国内法来确立对于恐怖犯罪最广泛的管辖权,而欧盟是从区域反恐法来确立对于恐怖犯罪的管辖权。

二是欧盟除上述犯罪管辖外,还从区域组织的角度明确提出了"协商管辖"原则。欧盟反恐法规定,对于多个成员国都享有管辖权,且任何相关国家都能基于同样事实进行正当起诉的情况,为使诉讼程序集中于一成员国之内进行,成员国之间应当进行协商合作,以决定由哪一个成员国对犯罪人进行起诉。为此,欧盟确立了协商管辖的程序:首先,成员国可诉诸欧盟建立的任何实体或机制;其次,在上述手段行不通的情况下,考虑以下因素:犯罪发生地,犯罪实施者的国籍国或居住国,被害人来源国,犯罪实施者在其领域内被发现的国家。美国则不存在协商管辖的情形。

(四) 国际反恐怖主义合作的异同

1. 反恐怖主义合作的共同点

一是建立金融反恐预防措施。反恐重在预防,美国和欧盟等国家及组织为防范恐怖主义,切断恐怖主义的命脉,纷纷建立了全面的金融防范措施。美国要求政府相关部门和相应的金融监督机构与和美国金融机构有业务往来的外国金融机构进行合作谈判,保证外国银行和其他金融机构保持充分的交易记录,并建立起美国执法官员和金融机构监督官员在需要时可以查询这些交易记录和账户信息的机制。同时,美国还要求政府相关部门采取合理措施鼓励外国政府向美国提供有关寄往美国和其他国家的电汇者的姓名、汇款的寄出地和提取地;欧盟要求成员国采取措施预防国际恐怖组织的非法洗钱活动,并根据缔约国的要求,采取必要措施进行银行账户协查、金融交易情报合作等。

二是开展反恐情报合作交流。美国和欧盟等国家及组织不仅认识到情报合作的重要性,而且还把情报合作作为反恐怖主义的重要措施。美国反恐法授权美国国务院及各反恐执法机构与各国相关单位保持紧密联系,并就恐怖组织、活动及装备等方面展开深入的研讨,共同协商反恐情报建设;欧盟要求成员国之间积极主动开展恐怖信息情报交流,在不影响自己调查或诉讼的情况下,缔约国主管机关可以不经事先请求,向其他缔约国的主管机关提供有关涉及恐怖活动的调查或诉讼的情报,同时,出于恐怖活动中追究法人责任的需要,缔约国之间除分享追究刑事责任的情报或证据外,还可以分享追究民事、行政责任所需的情报。

三是建立了侦查协作机制。为了提高打击恐怖主义的效率,美国、欧盟等国家及组织均建立了各自的侦查协作机制。美国要求国内相关机构开展国际合作,调查洗钱、金融犯罪和恐怖集团的资金来源;欧盟规定缔约国在请求的基础上,应当相互提供最广泛的侦查协助措施,这种协助措施包括查明和追踪恐怖主义活动的工具、收益和其他资产。

四是加强对恐怖嫌疑犯或罪犯的引渡。引渡恐怖嫌犯或罪犯是打击国际恐怖主义的重要手段。面对恐怖组织全球化的活动趋势,美国和欧盟等国家及组织加强了在引渡上的合作。美国在继续扩大与世界各国签订引渡条约的同时,对已经签署的引渡条约进行修订,使其符合当前引渡的要求;欧盟立法则将恐怖主义犯罪作为缔约国之间可引渡的罪行,并对附条件引渡以及引渡中的争端解决机制作出了规定。

五是开展国际反恐业务交流培训。美国和欧盟等国家及组织非常重视国际反恐业务交流和培训。美国与亚太地区国家达成了多项协议,为区域内有关国家开展反恐培训;欧盟则通过开展业务培训等方式来提高缔约国预防恐怖主义犯罪能力。

2. 反恐怖主义合作的不同点

一是反恐机构权力相差较大。美国为了加强国家的反恐力量,应对恐怖主义威胁,成立了国土安全部,全面负责国家反恐事务,该机构不仅权力集中,而且效率也很高。欧盟作为区域组织,其反恐职责主要由欧洲刑警组织、欧洲司法局和联合调查组等机构实施,这些机构共同享有部分反恐的权力,但其权力和效率与美国国土安全部不能相提并论。

二是反恐合作的方向不对称。美国作为一个主权国家,其反恐合作的重点是加强国内与反恐有关的部门的合作,国际合作也主要通过双边的方式进行,多边合作的情况很少见——迄今为止,作为美洲反恐条约的起草国,美国还没有加入美洲反恐条约。欧盟是世界上最紧密的区域性组织,其反恐合作的重点是区域内部成员国之间的反恐合作,反恐多边合作是欧盟的重点和方向。欧盟不仅通过了一系列反恐法律文件,而且还深化和发展了具体的反恐制度。例如,为更好地解决恐怖嫌疑犯的引渡问题,提高恐怖犯罪的打击效率,欧盟部长理事会在2002年通过了《关于欧盟成员国之间的欧洲逮捕令和移交程序的框架决定》，欧洲逮捕令的出台大大提高了各成员国警察跨境缉捕恐怖分子的效率，使欧盟国家引渡一个恐怖嫌犯的平均时间从原来的9个月缩短到43天。[①]

三是反恐中人权保护差异大。美国不仅在反恐法中缺乏对相关犯罪嫌疑人的人权保护的规定，并且在实际行动中还常严重侵犯恐怖嫌疑人的人权，美国对古巴关塔那摩基地关押的恐怖嫌疑人迟迟不起诉就是最好的例证；欧盟则在相关反恐法中对人权保护作出了明确的规定，要求成员国在适用相关公约时应尊重国际法载明的人权义务，做到罪刑相适应，并排除任何形式的擅断、歧视或种族主义对待。

[①] 参见中国现代国际关系研究院反恐怖研究中心编：《国际恐怖主义与反恐怖斗争年鉴(2005)》，时事出版社2006年版，第141页。

刑事政策

从"严打"到"宽严相济"*
——盛世气象 和谐要求

主讲人:贾宇,西北政法大学校长,教授,博士生导师,法学博士
主持人:周仲飞,上海政法学院校长、教授、博士生导师
时　间:2014 年 10 月 14 日下午

中国共产党第十六届六中全会通过了《关于构建社会主义和谐社会若干重大问题的决定》,这是一个具有深远历史意义的纲领性文件,它将是在今后相当长的时期内指导全党、全国各方面工作的指针。这一政治决策也对中国刑事政策的走向产生了重大深远的影响。理论界和实务界在对"严打"的刑事政策进行深刻反思的基础上,确立了当前广受赞誉的宽严相济的刑事政策。从"严打"到"宽严相济"是中国刑事政策走向成熟的过程,是构建社会主义和谐社会的必然要求,是中国盛世气象的反映。

一、从"惩办与宽大相结合"到"严打"的蜕变
——累年严打,欲罢不能!

(一)"惩办与宽大"刑事政策的形成

抗日战争时期,毛泽东同志在《论政策》一文中曾提出"镇压与宽大相结合"的思想,即"应该坚决地镇压那些坚决的汉奸分子和坚决的反共分子,非此不足以保卫抗日的革命势力……对于反动派中的动摇分子和胁从分子,应有宽大的处理"[1]。由于在执行中存在宽大无边的倾向,为了纠正这种错误,1942 年 11 月 6 日颁布的《中共中央关于宽大政策的解释》指出:"……这里是提出了镇压与宽大两个政策,并非片面的只有一个宽大政策。对于绝对坚决不愿改悔者,是除外于宽大政策的,这就是镇压政策。这样,同时提出的两个政策是完全正确的,必须坚决实行的"[2]。

新中国成立之初,对敌斗争的形势依然严峻。1950 年 10 月 10 日中共中央发布

---

* 根据贾宇老师讲座录音整理。
[1] 《毛泽东选集》(第 2 卷),人民出版社 1991 年版,第 767 页。
[2] 参见韩延龙、常兆儒编:《中国新民主主义革命时期根据地法制文献选编》(第 3 卷),中国社会科学出版社 1981 年版,第 54 页。

《中央关于纠正镇压反革命活动的右倾偏向指示》指出：在镇压反革命问题上，"必须坚决地肃清一切危害人民的土匪、特务、恶霸及其他反革命分子"。指示要求坚决纠正镇压反革命中"宽大无边"的偏向，全面贯彻党的"镇压与宽大相结合"的政策，即"首恶者必办，胁从者不问，立功者受奖。"根据这一指示，各地党委广泛发动群众，开始了大规模的镇压反革命运动。随着镇反运动的开展，稳准狠地严厉打击反动分子成为主调。1951年1月17日，毛泽东在《在关于对反革命分子必须打得稳打得准打得狠的电报》中说"所谓打得稳，就是要注意策略。打得准，就是不要杀错。打得狠，就是要坚决地杀掉一切应杀的反动分子。"①这场运动镇压杀掉了一大批敌对分子，具有明显的政治性、军事性、行政性、全民性、阶级专政性，其间也发生了错捕、错押、错判、错杀的问题，后期对"镇反"进行了收缩。这场运动对于巩固新生的人民民主政权具有历史意义，实质上是对敌斗争的延续，具有特定的时代性，但却为后人迷信严打镇压的功效，将战争年代的做法生硬地套用于和平年代的社会治安问题埋下了伏笔。

随着社会主义政权的巩固，惩办与宽大的关系再一次受到重视和强调。1956年，中国共产党第八次全国代表大会的政治报告指出："我们对反革命分子和其他犯罪分子一贯地实行惩办与宽大相结合的政策"②。这一报告首次将我国的基本刑事政策表述为"惩办与宽大相结合"。在这次大会上，时任公安部长罗瑞卿同志将该政策内容概括为：首恶必办，胁从不问，坦白从宽，抗拒从严，立功折罪，立大功受奖。1979年《中华人民共和国刑法》第1条规定："中华人民共和国刑法……依照惩办与宽大相结合的政策……制定"，将"惩办与宽大相结合"的刑事政策立法化。

（二）历次"严打"斗争及实效

1983年到2002年期间，全国组织开展了三次大规模的"严打"专项斗争，分别是"1983—1987年全国'严打'斗争""1996—1997年全国'严打'斗争""2001—2002年全国两年为期'严打'整治斗争"。针对一些突出的犯罪活动，公安部还连续组织开展了一些专项打击和整治行动。例如：1998年全国打击盗抢机动车犯罪专项斗争；1999年全国"追逃"专项行动；2000年全国打击拐卖妇女儿童专项斗争；2002年全国打击盗窃、抢劫等多发性侵财犯罪专项行动；2004年全国侦破命案专项行动；2004年全国打击治理利用手机短信和网络诈骗犯罪专项行动；2004年全国打击整治盗窃破坏电力设施犯罪专项行动；等等。

1. "1983—1987年全国'严打'斗争"

1979年9月9日，上海市一伙流氓在闹市区的控江路上把一位妇女的衣服剥光肆意侮辱，数千名群众围观却无人敢管。1980年1月，时任中央政法委员会书记彭真同志指出："控江路事件告诉我们，当前对现行犯罪分子的处理不能从轻、要从重，不能

---

① 《建国以来毛泽东文稿》（第二册），中央文献出版社1988年版，第37页。
② 《刘少奇选集》（下），人民出版社1985年版，第254页。

从慢,要从快。这是形势决定的。"1981年5月,彭真同志代表党中央,在北京、上海、天津、成都、武汉五大城市治安座谈会上明确提出:"要实行依法从重从快严厉打击严重刑事犯罪活动的方针,坚决把社会治安整顿好,力争取得明显成效"。这是我党首次正式提出"严打"方针。彭冲在这次会议上的讲话中指出:"五市治安座谈会所解决的问题,我认为,最重要的是三条。一条强调了要全党动手,依靠群众抓治安,实行'综合治理'。一条是明确地提出了要纠正打击不力和打击不及时的现象,对极少数重大的现行犯罪分子要依法从重从快惩处,对犯罪活动的嚣张气焰要集中打击,下决心把它压下去。一条是强调对大多数一般刑事犯、违法犯罪分子区别情况处置,特别是对失足的青少年要实行教育、感化、挽救。"虽然这一论断依然坚持了"从严"与"从宽"的辩证关系,并提出社会治安综合治理的口号,但是,形势的发展却滑向"严打"的一极。1983年7月19日,邓小平和彭真谈话说:"刑事案件、恶性案件大幅度增长,这种情况很不得人心。""主要是下不了手,对犯罪分子打击不严,不快,判得很轻。""为什么不可以组织一次、二次、三次严厉打击刑事犯罪活动的战役?每个大、中城市,都要在三年内组织几次战役。"①7月29日,中央召开全国政法工作会议,研究了在全国范围组织开展严打斗争的具体部署。8月25日,中央作出《关于严厉打击刑事犯罪活动的决定》,要求各地在三年内组织三个战役,依法将犯罪分子逮捕一大批,判刑一大批,劳教一大批,注销城市户口一大批,并且杀掉一批有严重罪行、不杀不足以平民愤的犯罪分子。同一天,第六届全国人大常委会通过了《关于严惩严重危害社会治安的犯罪分子的决定》《关于迅速审判严重危害社会治安的犯罪分子的程序的决定》,为严打斗争提供了法律根据。值得注意的是,全国人大常委会于1983年9月2日通过了对《中华人民共和国人民法院组织法》的修改,对第13条增加规定:"杀人、强奸、抢劫、爆炸以及其他严重危害公共安全和社会治安判处死刑的案件的核准权,最高人民法院在必要时,得授权省、自治区、直辖市高级人民法院行使。"这是对此前下放死刑核准权的又一次明确肯定。这成为第一次严打斗争中死刑适用标准被任意降低的重要原因之一。

在第一次"严打"期间,刑事犯罪确实得到了抑制,但是,在"严打"后的1988年,刑事案件的立案数一下子由1987年的57万件上升到83万多件。可以说,三年的"严打"并没有达到预期的长效目标。

2."1996—1997年全国'严打'斗争"

1996年2月2日凌晨,全国人大常委会副委员长、民革中央主席李沛瑶在住所被担任驻地警卫任务的武警执勤哨兵张金龙杀害,这是新中国成立以来首次发生的国家领导人遇害事件,举国震惊。当时全国部分地区治安状况也趋于恶化,重大抢劫案件增多,接连发生犯罪分子以金融单位、运钞车、珠宝行为目标,持枪实施抢劫巨额财物的案件。1996年3月两会期间,人大代表、政协委员对此发表了许多尖锐意见,纷纷要求整顿社会治安秩序。

---

① 《邓小平文选》(第3卷),人民出版社1993年版,第33页。

第二次全国性的"严打"的期间从1996年4月到1997年2月,此期间全国集中统一行动。这是继1983年第一次"严打"后,在全国范围内规模最大的一次集中打击行动,打击重点为杀人、抢劫、强奸等严重暴力犯罪,流氓犯罪、涉枪犯罪、毒品犯罪、流氓恶势力犯罪以及黑社会性质的犯罪等严重刑事犯罪。从1996年4月20日起至同年7月末,全国公安机关开展了"严打"夏季攻势,1996年底又开展了"严打"冬季攻势,1997年则开展了"春季整治行动",为香港顺利回归祖国和中共十五大的胜利召开创造了稳定的社会治安环境。

与第一次"严打"斗争如出一辙,1996年"严打"之后的1997年,刑事立案数基本与1996年持平,但是,1998年即增至198万起,1999年为224万起,2000年为363万起,2001年为445万多起,犯罪数量呈迅速上升趋势。①

3. "2001—2002年'严打'整治斗争"

2001年3月16日,靳如超制造的石家庄特大爆炸案造成死伤多人,令人震惊。有人分析当前社会治安形势时认为:"现在,刑事案件总量上升,危害增大,爆炸、杀人、抢劫、绑架、投毒、拐卖妇女儿童等严重犯罪活动猖獗,特别是一些地方黑社会性质的犯罪团伙横行霸道。乡霸、市霸、路霸等一些流氓恶势力危害一方,入室盗窃、扒窃、盗窃机动车辆等多发性案件居高不下,经济领域的犯罪活动也很突出,黄赌毒等五恶现象屡禁不止,污染社会风气,各种治安灾害事故不断发生,人身伤害和财产损失严重。"面对严峻的犯罪形势和爆炸案的恶劣影响,全国社会治安工作会议于4月2日在北京召开。七名政治局常委出席了会议。会议强调了搞好社会治安的重要性和紧迫性,对开展"严打整治斗争"提出了明确要求,指出社会治安不仅是个重大的社会问题,也是一个重大的政治问题。要在全国范围内开展一场"严打整治斗争",坚决打掉犯罪分子的嚣张气焰,尽快改变治安面貌,这是人民群众的强烈愿望。"严打"是打击严重刑事犯罪活动的长期方针,要坚持贯彻执行。第三次全国性的"严打"以"打黑除恶"为龙头,分为三个阶段,三条战线。第一阶段从2001年4月到5月;第二阶段从2001年6月到2002年6月;第三阶段从2002年7月至2002年底。第一条战线,以深入开展全国性的"打黑除恶"为龙头,开展打击严重暴力犯罪和多发性侵财犯罪专项斗争;第二条战线,全国开展治暴缉枪专项行动。第三条战线,整顿和规范市场经济秩序,开展打击经济领域的犯罪。

2003年至2005年期间,全国法院一审审结刑事案件数量为2063780件,年平均数687927件,远远高于1998年至2002年间的平均数566000件,且从2003年到2005年增长速度有加快的趋势。通过历年的实践发现,"严打"带来的负面作用正逐渐凸显出来:在急功近利的心态下,在政绩工程的利益驱动下,"严打"战役成为应对犯罪的首选甚至是唯一手段;过乱、过滥地盲目进行"严打"战役严重地浪费司法资源,导致重打轻防的倾向,容易导致罪刑失衡、司法不公,成为酿成错案的重要根源;"严打"在某种

---

① 参见康树华主编:《全面建设小康社会进程中犯罪研究》,北京大学出版社2005年版,第91页。

程度上有损法治的进步,难以形成良性的内在生成机制,等等。

综观20多年来严打整治斗争的历程,"严打"已经由最初被设定的从严与从宽相结合的刑事政策下体现从严的具体刑事政策,逐渐膨胀为实然的基本刑事政策。由此出现了年复一年的"怪圈":发案,破案,抓人;发案多,破案多,抓人多;发案更多,破案更多,抓人更多。真可谓"打不胜打,欲罢不能"。

二、对"严打"理论根据的批判——乱世重典,重刑威慑?

经过对"严打"刑事政策发展历程的回顾,我们可以看到,严峻的治安形势是其产生和发展的现实根据。由于决策者缺乏和平建设时期犯罪斗争的法治经验,在相当长的时间内演习了战争年代对敌斗争的做法,呈现出明显的政治性、军事性、阶级性的特征,没有及时实现从敌人刑法向人民刑法的转变。从思想层面上看,"治乱世用重典"的传统思想根深蒂固,成为长期迷信片面"严打"的理论根据。

"治乱世用重典"是中国传统的刑法文化,历朝历代的统治者都在讲。其渊源是战国时期思想家的"三国三典"理论,即"刑新国用轻典",治理新的国家用轻缓的刑罚,以体现统治者的宽怀、大度、慈悲和对人民的人文关怀,旨在取得巩固政权的社会效果;"刑平国用中典",治理比较平和的社会用不轻不重的刑罚;"刑乱国用重典",更通俗的说法就是"治乱世用重典",治理混乱的社会用严刑峻法。这种理论特别是最后一种观点为普通老百姓所理解,也为历朝历代的统治者所推崇,以致一直延续到现代,甚至演绎成为我国推行"严打"政策的一个理论基础。"严打"全称为"严厉打击严重危害社会治安的犯罪分子",是1983年邓小平同志提出来的。那时"文革"刚刚结束,社会比较乱,打群架、流氓、盗窃、抢夺等各种犯罪活动都比较严重。小平同志说,"这个社会乱得了不得,人民群众不能安心工作、安心生活,需要严厉打击严重危害社会治安的犯罪分子"。具体而言就是"抓一批、判一批、杀一批",形成对犯罪的高压态势,以减少和控制犯罪。当时,他也引用了"治乱世用重典"。自此,"治乱世用重典"事实上成为我国"严打"的理论基础,但这个理论到底是不是科学的、有效的?我们来对它进行分析。

(一)从历史上来考察,我们可以看到没有一个乱世被重典治理好

中国自古崇尚"治乱世用重典",但基本的历史事实是,从来没有一个乱世是因严刑峻法而得到治理的。殷商作炮烙、醢脯之法,史书记载殷纣王"剖比干之心,析才士之胫,醢鬼侯之女"。"剖比干之心",大家都知道比干是个好丞相,人民都很爱戴他。他很聪明,传说比干心有七窍,什么意思呢?就是心上长着耳朵、鼻子、眼睛、嘴。后来他得罪殷纣王了,纣王就在上朝的时候说,"你们都说比干丞相心有七窍,我就不相信,你们把他的心拿出来让我看看。"于是卫士把比干的心挖了出来,众目睽睽之下,剖心而死啊!这个威慑力是相当大的。"析才士之胫",《封神演义》里是指一个老人家冬天背着小孙子过冰凌河,妲己看了后说,那老头的腿和别人的不一样,他不怕冷。暴虐的

殷纣王为博爱妃一笑,就对卫士说,"把那个老头给我抓来,把他腿卸下来,让妲己看看是不是和别人的不一样。""醢鬼侯之女"的典故则是,鬼侯是个大臣,把自己女儿剁成肉酱,非常残忍。结果是殷纣王"淫刑以逞,而国亦随之亡矣"。用"淫"来形容其刑罚严酷,滥用到什么程度?!严刑峻法,大刑天下,而"国亦随之亡矣"。

秦始皇大家都知道,千古一帝啊!"秦王扫六合,虎视何雄哉。"他称"始皇帝"是要二世、三世……千世、万世,以至无穷,希望统治能够延续下去。可为什么二世就完蛋了?一般人将之归结为秦二世无能,虎父犬子。实际上是冤枉秦二世了,他爸早把灭亡他的坑挖好了,为什么呢?班固《刑法志》之言曰:"秦始皇兼吞六国,遂毁先王之法,灭礼谊之官,专任刑罚……而奸邪竝生,赭衣塞路,囹圄成市,天下愁怨,溃而叛之。"他统一六国以后,就毁"先王之法",把原来的法律全部废除,法度、制度全部不要。"灭礼谊之官",把负责礼谊教化的官员全部杀掉,就是我们所说的"焚书坑儒"。读书人、儒家弟子全部被秦始皇挖一个坑埋掉了,而"专任刑罚",就一门心思用严刑峻法来治理国家,导致什么呢?"奸邪竝生",天下盗贼四起;"赭衣塞路",赭衣是那种土黄色的马褂、囚服。大家现在还能看到,开庭审判的犯人还是穿着那种颜色的衣服。这是一个非常有趣的现象,是一种文化的力量,犯人为什么就要穿黄马褂?法律上没有规定,中央也没有政策,所有监狱的犯人都穿黄马褂,因为这是从秦朝一直延续下来的,这就是文化。回到我们刚才说的"赭衣塞路",为什么赭衣会塞路呢?一方面因为抓了很多人,"专任刑罚"嘛,一切事情动不动就"动辄刑纲",老百姓都被关到了监狱里。然后他又要大兴土木,北边要修长城,西安要修陵墓,咸阳还要修阿房宫,需要大量的劳动力,于是就把这些人大规模转移,到处调动,所以路上都是一群一群的犯人在走,阻塞了交通。"囹圄成市",到处都是监狱,和市场一样;而被抓的每个人身后都有爸爸、妈妈、儿子、女儿,再扩而大之,血亲、姻亲一大堆,几十口人。抓一个就会影响到这么多人。尤其是冤枉的,无缘无故地抓一个,判一个,杀一个,就会牵扯到很多人,所以导致的结果就是"天下愁怨,溃而叛之",天下大乱,统治就完蛋。

隋文帝以"盗贼不息",就是治安不好的理由,于是"益肆淫刑",到处设立重刑,最严重到什么程度呢?其尤重者,"行辕裂枭首之刑",就是四车分尸,绑着人的胳膊腿,马车往四处拉。"枭首"是把头割下来挂旗杆子上。还有更残酷的例子,有一个官员犯了罪,应该是政治罪行,隋文帝为了威慑众臣,威慑天下,希望通过严刑峻法来巩固统治,于是在广场上架一口鼎,把这人煮成汤,然后"命公卿以下啬其肉",公卿以下大臣,一人一碗这个肉汤,"你给我喝了,你要再敢想谋反、谋叛,你有这些犯罪动机时,你肚子里的那碗肉汤会翻滚起来!"这方法威慑够厉害吧?结果"文淫刑而身被弑"。时间有限,没机会历朝历代地来数,只是典型地说一说。我们就可以发现每个乱世都用了严刑峻法,可没有一个乱世是用"重典"治理好的。

朱元璋制《大诰》,重刑惩治贪污受贿,规定官吏贪赃满六十两者,一律处死,还以挑筋、断指、削膝盖、断手等酷刑对贪官加以严惩,甚至推出"剥皮实草"的极刑,就是把那些被判处死刑的贪官拉到"皮场庙"去生扒活剥,皮剥下后填上稻草、石灰,做成"臭皮统"，挂在贪官任职的公座之旁，用以警告继任的官员。洪武一朝是历史上封建政权对腐败进行斗争最猛烈、杀戮贪官污吏最多的时期。这些做法尽管在当时收到一定效果，但并未能从根本上遏制住贪污受贿现象的蔓延。洪武十八年，朱元璋慨叹道："朕自即位以来，法古命官，布列华'夷'。岂期擢用之时，并效忠良，任用既久，俱系奸贪。"朱元璋用重刑惩治违法官吏，尽管杀了多少万人，效果也不大，贪官污吏依然前仆后继，杀不完，斩不尽，气得朱元璋捶胸顿足，说："我欲除贪赃官吏，奈何朝杀而暮犯？"

（二）从理论上讲，"乱世"并非"轻典"所导致，所以，重典治不了乱世，重刑也吓不住重罪

要解决问题，首先是要找到导致这个问题产生的原因，如果所采取的措施针对的不是导致这种结果发生的原因，这种措施就可能是无效的。为什么"乱世"并非"轻典"所导致？"乱世"是一个比较大的政治、社会概念，指的是整个社会的政治乱、经济乱、文化乱、社会治安乱。刑法上的所谓"乱世"，指的是盗贼纷起，犯罪率上升，刑事犯罪很严重。这些严重的刑事犯罪是怎么发生的呢？犯罪学理论的研究表明，犯罪是一种非常复杂的社会现象，它的发生、变化有其本身的规律，是社会政治、经济、文化、社会环境，甚至地理、气候、人的心理、生理等各种因素综合发生作用而导致的，原因很复杂，不是简单归因于某一个原因，更不能片面地说"判刑轻了，很多人就犯罪；判刑重了，很多人就不犯罪。"犯罪学告诉我们犯罪规律不是这样的。古人讲："饱暖思淫欲，饥寒生盗贼"，这可以用来解释某些犯罪的原因。"饥寒生盗贼"，一个人没吃的没喝的，冬天没有御寒的衣物，就有可能去盗窃。比如，北京现在有很多市民攻击民工，说外地的民工给北京的社会治安造成很多损害。从现象上看，很多犯罪的确都是民工所为。但这本身不见得是根源，很多民工犯罪的原因正是"饥寒生盗贼"，是受迫于生活的艰辛。他们在城里干着最艰苦、最脏、最累的活，拿着最低的工资，住着最破的房子，结果到年底，该回家过年了，被层层盘剥，工资所剩无几，甚至拿不到工钱。又如，在最近成为公共事件的山西"黑砖窑事件"中，就有人在山西打工被黑工头拘禁起来，进厂后身份证、钱被收光，无法离开；硬跑的话，就有狼狗追。钱不给，走不了，最终沦为奴隶。这样的人难免作出不恰当的事来，容易走上犯罪道路，因为他要生存。"饥寒生盗贼"在任何时代都是有道理的。但饥寒就一定生盗贼吗？饥寒之人就都去犯罪吗？那也不一定。古人又讲"威武不能屈，贫贱不能移"，不能说在一定的条件、环境下人一定会去犯罪。这说明每个个体的价值观、人生观、自控能力很重要，直接影响到某些犯罪的发生或不发生。所以不能把经济问题说成唯一的问题，但又不能不承认经济问题是个问题；不能把个别的原因说成所有的原因，但也不能不承认个别原因在犯罪中所发挥的作用。比如一提到青少年犯罪的原因，就是父母离异，社区环境不好，等等。从现象上看确实存在，那些在社会上流浪的一些小孩，包括打游戏、盗窃、彻夜不回家的儿童的确有很多是家庭不幸的。但家庭不幸的孩子是不是就一定要去做坏事？不一定。西方研究中有些更复杂的理论，加以引进，对我们的社会进行分析也是有道理的，诸如气候与犯罪之间的关系。即一般的统计数据显示,到夏天天气热了,强奸犯罪率会上升;到冬天天气冷了,盗窃犯罪率就上升,这在各个国家各个地方都很普遍,为什么?前者显而易见,一方面可以解释为犯罪人本身的生理原因——天热了,人的荷尔蒙分泌旺盛,犯罪人本能地容易产生一些邪念;另一方面从受害人的角度来说,夏天人穿着比较暴露,一个人到比较偏僻的地方去散步、乘凉等,一些犯罪嫌疑人脑子一热,就作出一些非理性的行为来,构成犯罪。至于盗窃犯罪率为什么会在冬季上升?这也很好理解。冬天万物凋零,能做的活少了,工作机会少了,物产不丰富了。本来别的季节可以捡一些吃的,到冬天连填饱肚子的基本东西都没有了,加之天冷人体对热量的需求增加,为了生存,难免就有不理智的举动,导致盗窃犯罪率上升。所以犯罪的原因是非常复杂的,对于这些复杂原因所导致的犯罪现象,我们简单地用刑罚的轻或重来遏制的话,肯定达不到所希望的结果。清末的修律大臣沈家本先生有一段非常精彩的话:

> 苟不能化其心,而专任刑罚,民失义方,动罹刑纲,求世休和,焉可得哉?
>
> 上之人不知本源之务,而徒欲下之人不为非也。于是重其刑诛谓可止奸而禁暴,究之奸能止乎?暴能禁乎?朝治而暮犯,暮治而晨亦如之,尸未移而人为继踵,治愈重而犯愈多。见重刑之无效,治世之道当探其源也。
>
> 化民之道,固在政教,不在刑威也。

"苟"是虚词,语气助词,如果不能教化他的心,而只依靠刑罚,人民就会失掉自己基本的道德心、羞耻心,动不动就陷入刑网里、牢狱里,怎么可能求得社会稳定安宁呢?沈家本批评领导人不知道在根子上下功夫,不知道问题的实质、基础性东西在哪,根源在哪,而想当然地希望下面的人不要为非作歹,不要违法犯罪,只倚重强调刑罚、死刑,说可以止奸禁暴。进一步来判断,奸能止乎?暴能禁乎?不能。结果只能是"朝治而暮犯,暮治而晨亦如之",早上治理了,下午又来了,下午处罚了,明天早晨又发生了。"尸未移而人为继踵",判死刑的人尸体还没抬走,该杀的人又来了。"治愈重而犯愈多",打击得越严厉,刑事犯罪就越多。最后的结论是:"见重刑之无效,治世之道当探其源也""化民之道,固在政教,不在刑威也"。教育人民的根本在于政治教化,而不是依靠严刑峻法去把人吓住。沈家本是在《九朝律考》中对九个朝代的刑律考察之后得出这样的结论的。

(三)从实践中看,重刑只可能对重犯产生威慑效果,而重犯不一定惧怕重刑

统治者公开执行死刑甚至渲染行刑过程是为了对公众起到教育、威慑的作用,但是,"重刑只可能对重犯产生威慑效果,而对非严重犯罪预防作用不大。"据史书记载,在欧洲中世纪的死刑执行现场,每执行一个死刑就像在过一个盛大的节日,广场上人山人海,但不难发现一个非常有趣的现象,像经典的作家们描述的那样:在人山人海观看执行死刑的现场,"总有一些人在人群中兢兢业业地从事着他们古老的职业。"这些人指的是小偷,就是说在执行罪犯绞刑的同时,小偷还在人群中兢兢业业地进行盗窃。这样的现象也出现在当今的我国,20世纪80年代"严打"时,判死刑、判重刑搞万人大

会,可就是在这样的大会会场里往往还有很多人丢了东西,小偷照偷不误。这说明了什么问题?重刑只可能对重犯产生威慑效果,对普通的盗窃等轻微犯罪是没有威慑力的。为什么在执行死刑现场小偷还在偷东西?因为他的盗窃行为与死刑之间不存在多少联系,他知道被判死刑的都是杀人犯、抢劫犯、强奸犯、放火犯、爆炸犯、危害国家安全的犯罪分子,成百万、成千万的盗窃犯罪分子,根据生活常识知道,仅仅偷了个把钱包和一般价值的物品是不会被判处死刑的(当然盗窃珍贵文物和金融机构的除外)。因此重刑对这些人没有威慑力,重刑只可能对重犯产生威慑力。

重刑可能对重犯产生威慑力,是不是就能对重犯也产生威慑力呢?我们先对犯重罪的人进行类型化分析,即故意杀人罪、抢劫罪、强奸罪、爆炸罪、投放危险物质罪、决水罪,危害国家安全的背叛国家罪、投敌叛变罪、间谍罪、资敌罪等罪行,以及严重的贪污受贿等腐败犯罪,这些罪可能被判处10年以上有期徒刑、无期徒刑或死刑。这些犯罪从行为人类型上可以进行多种划分:

第一种——激情犯。一般是指在情绪激烈的场合一时失控导致不择手段、不顾后果的犯罪行为,表现最多的是故意杀人,在我国,故意杀人很多被判处死刑。为什么杀人呢?原因各不相同,其中很多故意杀人都是由于民事纠纷矛盾激化而导致的。我国是农业社会,大量的故意杀人犯都是农村里的普通农民,平时表现不错,不像很多流窜作案的犯罪分子。他们种自家田,过自家日子,原本安居乐业,但到最后却沦为故意杀人犯,为什么?因为农村是一个相对封闭的社会,人和人的接触、人口流动很有限,在这样的环境里,一旦发生矛盾冲突,就容易激化。常见的例子有,邻居因为盖房,家里的水漏到我家墙根,损害到我家利益;我家的羊啃了你家的树皮,你家的牛又踩了我家的麦地等。就是这些鸡毛蒜皮的事情,一旦发生冲突,疙瘩却很难解开。不像城市里,流动非常大,发生冲突当时只要没事,过后就完了,各走各路,这辈子可能也不会再遇到。当矛盾越积越深,今天我瞅你一眼,明天你骂我一句,后天你一拳,大后天我就一脚,再后来,你拿棍子我就拿刀子,到最后激化成一个点,发生杀人案件。这些人知不知道杀人偿命,刑法上对故意杀人罪会严厉打击,要判死刑?他是知道的,也是清楚的。但当矛盾激化到不可收拾的地步时,无论是法律还是判例来教育,都不足以制止住这样的犯罪事件的发生。所以大量的诸如这般的犯罪人被判了死刑重刑,但如果想通过杀掉这样一个激情犯来教育其他人以后不再犯这样的罪,目的很难达到。在这样的场合、环境下,这样的犯罪还会发生。

第二种——情景犯。人对于物,先天都有占有的欲望。前几天看电视,电视在放一个很有趣的游戏,就是在大街上放一个纸盒子,上边写里面有多少钱,然后在远处偷拍,看路过的人是怎样的表现。有的人看一看就走了;有的人看一看,拿脚踢一踢,动一动,不敢确信又走了;有的人把它拿起来,看一看又放下来;有的人看周围没人就悄悄拿着走了。这是环境条件对人的一种诱惑,有些人能控制自己,有些人就很难把持。由一定的情景诱发犯罪意图,这种犯罪主要发生于情境的刺激,很难通过平时的教育以及通过惩罚这个人遏制以后的其他人不要犯这种罪。

第三种——确信犯。出于政治、宗教原因犯罪的人,任何国家任何时代都有,他们就是政治犯。与现政权相对抗的、反对现行政权和现行法律的一些人,内心有某种信念、理念和认识,在刑法理论上我们把他叫作"确信犯"。不像其他刑事犯罪人,知道杀人是违法的,盗窃是丢人的,只要在别人不发现的情况下就愿意做。而作为确信犯如政治犯罪人,往往内心非常坚定,因为他有自己的认识,认为自己是正确的、先进的,认为反对现行政权、现行法律是在推动社会的进步,是在为人民谋福利等。无论什么朝代,对这种确信犯,严刑峻法很难从根本上减少此类犯罪行为的产生,而我们却对这部分犯罪设定了很高的刑罚。我现在分析的不是刑罚高低的对或不对,只是说严刑峻法对我们所期望它发生的效果——"杀一儆百"的作用是非常有限的。

第四种——白领犯罪。这是西方犯罪学的一个概念,它是相对于蓝领而言的,White collar 和 Blue collar。蓝领就是干粗活的人,要出汗,一般指穿白衣服容易弄脏,只能穿深色衣服。白领阶层则坐办公室,有空调,比较舒服,很整洁,所以可以穿白衬衣。后来引用到犯罪学上,蓝领犯罪多指暴力犯罪,而白领犯罪则多指智力的犯罪、高智商的犯罪,靠大脑来挣不义之财的这一类人,如贪污、受贿、盗窃商业机密、侵占他人、公私财产等。这些人文化程度较高,对刑法容易理解,同时也最可能进行自我行为测估:我的行为会带来什么样的结果?会被判处什么样的刑罚?按通常理解,他们最有可能受到重刑的威慑。刑罚的规定或以前同样案件的判处对这些人的犯罪动机应该是一种威慑,一种制止。但为什么客观上效果不行呢,为什么治愈重而犯愈多呢?为什么贪官污吏"层出不穷、前赴后继"呢?其实,根本原因不在于刑罚重或不重,而在于刑罚的必然性、必定性不足,即犯罪与受到刑罚之间没有必然的强有力的因果联系。例如,有100人贪污,是抓住5个人然后判他们死刑,能够威慑到剩下的95个人呢?还是抓住60个人都处罚但不判死刑,使得剩下的40个人可能就不敢再犯呢?判断是显而易见的。很多人犯罪,是带有强烈的侥幸心理,认为刑罚根本落不到他头上。这样的心理状态与我们的破案效率不高有一定关系。我们惩罚的比率很低,从而降低了刑罚的威慑效力。对于这些行为人来说,最重要的不是严刑峻法,而是使得刑罚成为他们犯罪的必然结果。当然,百分之百的惩罚不可能,但尽可能高、尽可能多地使犯罪得到惩罚,经过努力还是可以做到的。这样才能达到预防和威慑犯罪人的目的。

第五种——亡命徒。就像湖南的张君、西安的魏振海,都是具有强烈的反社会情绪和典型的暴力犯罪倾向。这样的犯罪人多已经有命案在身,或者有一系列的犯罪行为,他完全与社会相对抗,成为社会的敌人。他知道被抓住必有一死,因此不会因为其他犯罪人被判处重刑而受到警醒,或者幡然悔悟、收手从良,这样的犯罪人不会轻易主动停止犯罪,其犯罪通常到受到法律处罚之时才会中止。所以对这部分人企图以重刑威慑,也没有用处。

将以上犯罪人类型都排除之后,剩下的就是一般犯罪人了,这样的人判不了死刑,判不了重刑,他都明白,威慑不住他。从实践上来看就是这样的。这也就是我们的严打持续了二十多年犯罪率还在上升,社会治安形势没有根本性好转的原因所在。

（四）对我国近 20 年"严打"的实际效果的评析

1. 首先我要说明一点，我不认为我们现在是乱世，我们的时代堪称"盛世"，社会经济各方面都在快速发展。20 世纪 80 年代初"严打"时，有严重的社会治安问题，某些方面的犯罪率上升，但是谈不上是乱世，因此也谈不上用不用重典。当时的社会背景是"文化大革命"刚刚结束，整个社会的人心比较乱，因为"文革"期间搞个人崇拜，领袖语录指导一切，虽然很贫困，但杀人放火抢劫强奸等刑事犯罪率较低，刑事犯罪较少，因为当时人们有"信仰"，虽然这种信仰是一种迷信，是错误的。直到毛泽东去世、"文革"结束后，中央发生了大变化，华国锋提出"两个凡是"，在这样的情况下引起了思想领域的反弹，以邓小平为首的党中央发起"实践是检验真理的唯一标准"等讨论，人们思想开始解放，变得活跃。另外，知青返城也带来了一些社会问题。"文革"期间一些青年初高中毕业后被下放到农村去锻炼，"文革"一结束，这些青年人都返城了，返城之后有一小部分人考上了大学，剩下的大多闲在家里。这些人精力充沛，没有工作、没有书读，无所事事，感到前途渺茫，因此就出现了一些在 1983 年"严打"中被称为"流氓犯罪集团"的群体。实际上，根据我的研究，有些根本谈不上犯罪集团或团体，至多算是落后群体，但这些人的行为给社会民众心理带来的影响较糟糕，让人感觉很乱，出门不安全。此时，进行治理和惩治是对的，但要把它说成是乱世也是不合适的。比如现阶段严重的刑事犯罪率很高，严重的贪污腐败犯罪也很多，能不能因此就说现在是乱世呢？也不能。我们的社会在转型，从计划经济向市场经济，从高度集中的社会管理体制到相对民主开放自由的社会体制转型。在转型过程中出现某些方面的犯罪率上升也是很正常的，实际上，像美国、欧洲等比较成熟的法治社会，它的刑事犯罪率也是很高的，黑社会很严重，如意大利黑手党在世界上也都是臭名昭著的。我们要对现在的时代有一个正确的认识。

2. 总的说来，治安形势在好转，但并不一定与"严打"存在直接因果关系。现在，某些犯罪比 20 世纪 80 年代初"严打"的时候是少了，社会治安的形势是好转了，但是不能简单归结为"严打"的功劳。为什么呢？我们应该注意到，严打斗争在进行的同时，整个社会都在发展，社会情况在发生变化，罪犯情况和根源也在发生变化。犯罪率的变化例如某些犯罪的减少，从根本上说是缘于整个社会的变化，而不是简单的打击的问题。轻典重典与治世从根本上讲没有什么关系，犯罪本身有它自己的规律。比如，20 世纪 80 年代初那些流氓犯罪团伙，聚众斗殴、寻衅滋事、侮辱妇女等等，那些犯罪现象现在少了，几乎没有了。为什么？社会发生变化了，孩子们有工作做了，有书读了。大学的升学率达到 50%—60% 以上，有些城市达到 70%—80%。这个年龄段的人有书读了，大学毕业后也许不能马上找到工作或找到好的工作，但他的素质提高了，而且他可以进修提高自己或者将就做各种各样的工作，就业途径也拓宽了，总不至于没饭吃。因此，某些犯罪率的下降不一定是"严打"的结果，而是社会发展的结果。

3. 严重危害社会治安的犯罪和严重的腐败犯罪数量一直呈上升趋势。"严打"应该就是打击严厉的刑事犯罪如杀人放火,现在这些犯罪反倒越来越多了,甚至黑社会也出现了。20世纪80年代极少有持枪犯罪的,现在不但出现了持枪行凶杀人,还出现了持枪抢劫银行,甚至出现了与警察持枪对峙的情形。系列杀人案、系列抢劫案此起彼伏。黑社会性质的犯罪案件层出不穷(如刘涌案等);贪污犯罪案件涉案的官员级别越来越高,如成克杰、胡长清、李嘉廷等高官,人数越来越多,所以可以看出"严打"对这类犯罪,根本不起作用。我们所期望的治理效果没有发挥出来。

4. 刑罚趋轻化的某些犯罪,发案率并未上升。我们对某些犯罪的刑罚减轻了,按常理来说,犯罪率相应地应该上升,但是没有。举个例子,1979年《刑法》中盗窃罪没有规定死刑,1992年增设了死刑,1997年修改刑法保留了死刑,那么盗窃罪为什么一开始没有死刑呢?我们的立法者考虑盗窃就是偷东西啊,它跟杀人不能相提并论,它与剥夺人的生命的犯罪是不一样的。但是后来盗窃犯罪很严重,金额很大,为了威慑盗窃犯罪,就给盗窃罪规定了死刑。那什么样的盗窃可以判死刑呢?盗窃是财产犯罪,当然就按数额来判。最高人民法院出了个司法解释:数额巨大的可以判死刑,3万元以上就算巨大。有些人因为盗窃3万元就被判了死刑。每年各省因为盗窃犯罪被判死刑的占了很大比例。到1997年刑法修改的时候,在修改的过程中,参与立法的刑法学家们有一个主张,认为刑法中死刑太多了,在世界上受到批评,效果也不一定好,主张要减少死刑。在最后修改的时候,全国人大常委会定的调子是死刑不增不减,但是全国人大在立法的时候受到学者的影响,明修栈道暗度陈仓,对两处死刑作了修改。一个是故意伤害罪,规定故意伤害以特别残忍的方法致使他人伤残、死亡的,可以判处死刑。把这个限定了以后,那么一般的故意伤害就不再判死刑了。为什么作这个限定?这也有一个过程,最早故意伤害也没有死刑,杀人也不过是死刑,伤害怎么能用死刑呢?但是实践中出现了很多恶性的案子,例如,犯罪人非常残忍地把人家眼睛抠出来,脚筋挑断,四肢连根砍掉,令被害人生不如死。不少人主张"这样的伤害还不判死刑,这比杀人还残忍!"所以刑法就增加了死刑,情节特别严重的伤害要判死刑。这一增加就收不住了,因为法律总不能说挖眼睛的挑脚筋的砍四肢的要判死刑,不能这样写啊。只能说手段比较残忍后果严重的判。可一旦这样写,下面的理解就不一样了。例如,一棍子把人打倒了,颅内出血死了,法官说情节严重,一棍子就把人头打烂了,不严重吗?不残忍吗?打了十几棍子,则说都打了十几棍子,不残忍吗?白天伤害说"光天化日",晚上犯罪说是"月黑风高",没有不严重的,没有不残忍的。这样界限就没办法一致了,所以口子很大,这次刑法修改就作了限定。但是效果不是很大。盗窃罪也作了一个限定,这个限定就很有意义,说有下列情形的可以判无期徒刑或者死刑,规定了两条:盗窃金融机构,数额特别巨大的可以判死刑;盗窃珍贵文物,情节严重的可以判死刑,没有其他的了。那就意味着只有这两种情形可以适用死刑,这就废除了对于一般盗窃罪的死刑。你偷东西,只要不是偷银行,就是偷上百万上千万也没有死刑了。这一条的修改从1997年到现在,8年内我估计起码有几千人把命留下来了,这个时候就有实质上的意义。回过头我们再来考察,这样做对于犯罪率的影响是什么?按照一般预防、特殊预防的理论,刑期下来了,犯罪率就应该大规模上升。反正没有死刑了,那就放开去偷啊!但事实上,并没有出现天下大偷的混乱局面。为什么没有增加偷盗呢?这几年我在法院、检察院、公安机关做调查,我问这几年重大盗窃的犯罪率有没有明显上升?他们说没有啊,还是那样,该偷的还偷,不偷的还不偷。说明什么问题?那就是犯罪有自己的规律,犯罪和刑罚特别是重刑之间没有什么必然的正比例关系。

综上四点,说明从"严打"的实际效果来说,"严打"并没有发挥出应有的我们所期待的明显效果。那怎么办呢?仅靠"严打"不足以治本,现在我们的死刑在世界上是最多的,死刑罪名是68个,仅次于我国的死刑设置数量居于亚军的国家也只有十几个死刑罪名。至于判处死刑实际执行的数量,按照大赦国际和联合国有些组织的说法,世界上每年有3000多例死刑判例,而仅我国就占了2000多例。但是这个数字明显是不确切的,因为我们国家执行死刑的数字是保密的,他们不知道。我们不能再通过增加死刑增加严刑峻法来解决问题了。更何况,根据我们的上述分析,严刑峻法没有效果,达不到立法的目的。但是有一个目的可以达到,叫作不杀不足以平民愤。这个目的可以达到,但是我们的法律不是为了这个目的,不是为了给受害人报仇。我们法律是为了减少类似犯罪再发生,教育他人,我们的目的是这个。

三、"宽严相济"刑事政策的提出——盛世气象,和谐要求!

(一) 和谐社会论是对马克思主义理论的新发展

中国共产党在领导中国革命与社会主义建设的漫长历史进程中,始终坚持把马克思主义的普遍真理与中国的具体情况相结合,创造性地发展马克思主义。这个过程也就是逐步使马克思主义中国化的进程。以毛泽东同志为代表的中国共产党人闯出了一条在农村创立革命根据地、以农村包围城市,最后夺取城市的新道路,使革命队伍由小到大,由弱到强,终于推翻了压在中国人民头上的"三座大山",夺取了民主革命的伟大胜利。

从20世纪70年代末,中国开始了改革开放的进程,取得了举世瞩目的巨大成就,使我国发生了翻天覆地的变化。在这个进程中,中国共产党进一步丰富和发展了马克思主义。中央党校原副校长龚育之同志概括了我党在新的历史时期有三大理论创新:一是社会主义初级阶段论;二是社会主义市场经济论;三是社会主义和谐社会论。这三大理论创新,使马克思主义重新放射出耀眼的光芒。

何谓和谐?社会和谐是中国古代思想家们常常深入讨论的一个话语,渊源于和合文化。和、合二字都见于甲骨文和金文。和的初义是声音相应和谐;合的本义是上下唇的合拢。春秋时期,和合二字联用并举,构成和合范畴。此后,先秦思想家和诸子百家对和合思想作了深入的思索和论述。如《易传》提出,保合太和,乃利贞,认为保持完满的和谐,万物就能顺利发展。孔子强调在处理人际关系时"君子和而不同,小人同而不和"，认为君子虽有差异，但能和谐相处；小人就算完全相同，也不能达到统一、和谐。老子提出，"万物负阴而抱阳，冲气以为和"，认为道蕴涵着阴阳两个相反方面，万物都包含着阴阳，阴阳相互作用而构成"和"。"和"是宇宙万物的本质以及天地万物生存的基础。管子指出"畜之以道，则民和，养之以德，则民合，和合故能习"，认为畜养道德，人民就和合，和合便能和谐，和谐所以团聚，和谐团聚，就不会受到伤害。当代学者研究认为，所谓和合的"和"，指和谐、和平、祥和；合指结合、融合、合作。和合连起来，指在承认不同事物之矛盾、差异的前提下，把彼此不同的事物统一于一个相互依存的和合体中，并在不同事物和合的过程中，吸取各个事物的特长而克其短，使之达到最佳组合，由此促进新事物的产生，推动事物的发展。可见，和合文化并不否认矛盾、差异和必要的斗争，它本身就是矛盾的对立统一体，只是把矛盾、差异和斗争限定在相互依存的和合体中，防止因过度的矛盾斗争而破坏了不同事物共同存在的基础，使得事物的发展停滞不前。因此，和谐不仅是一种暂时的静态的稳定协调状态，更是一种在不断追求和平、合作过程中动态的对立统一。最近，有人还用拆字法解释"和谐"二字："和"是禾旁一个口，人要有饭吃；"谐"是"皆"前一个"言"，人们都要有话语权，即言论要自由。这个解释也很有道理。

和谐社会是指社会系统中的各部分、各种要素处于一种相互协调的状态，它包括政治、经济、文化、环境等各个方面。从社会管理上看，主要是指社会管理体系能有效运行，政府的主要方针、政策、制度得到大多数社会成员的拥护和支持而得以运行有效，对社会有较强的整合力，使得社会的各阶层能和谐相处、共同发展。

构建社会主义和谐社会，是全面贯彻落实科学发展观，从中国特色社会主义事业总体布局和全面建设小康社会全局出发所提出的重大战略任务，体现了全党全国各族人民的共同愿望。它不仅是指导当前各项工作的指针，而且将是在今后相当长的历史时期内的奋斗目标，对于确保中华民族的伟大复兴乃至建设各民族友好相处的和谐世界，必将产生深远的影响。我们应该在更宽、更广的范围内来理解它的伟大而深远的意义。

（二）犯罪现象是和谐社会中的不和谐音符

现在我们国家要建设社会主义和谐社会，从国家的大政方针和治国之道来说，体现了中央在认识方面的重大发展。在提出"和谐社会"这个概念之前，我们花了二十多年的时间，重点抓经济建设，现在"经济建设"仍然是我们一切工作的重心，与此同时提出了我们要建设社会主义和谐社会。和谐社会的要求是方方面面的。就整个社会状态而言，和谐的社会应是安宁祥和的。从政治学角度看，我们所说的"和谐社会"，首先应该是指人们行为上的"和谐"，在思想上我们一贯主张"百家争鸣、百花齐放"和"解放思想"，而这种行为上的"和谐"需要一套在社会上具有权威公信的行为模式来规范和引导，这里最有效的规范机制就是法律。也就是说，我们现今所要创建的"和谐社会"实际上就是社会主义法治社会。从刑法学和犯罪学的角度来说，在和谐社会中犯罪率应该是有所下降的,人民的生命财产应该是获得有效保障而且生活是安宁的。因此我们必须减少和控制犯罪率的上涨,这是建设社会主义和谐社会的题中之意。但众所周知,目前我国的犯罪有这样两个方面比较严重的问题:

1. 严重的刑事犯罪影响社会的安定,破坏人民的安全感,降低了社会的幸福指数

所谓"严重的刑事犯罪",一般而言,指杀人、放火、抢劫、强奸、绑架等严重危及人民生命权、健康权和财产权的犯罪,目前,这类犯罪的犯罪率呈上升的态势。由于现在公开化、透明化,发生什么样的刑事案件我们从各种各样的媒体中都可以得知。例如,有一段时间媒体炒得较热的是暴力袭警事件,一些社会上的违法犯罪分子公然与警察对抗,他们在实施违法犯罪活动时受到警察的制止,便使用暴力袭击。一些违规运营的中巴车,司乘人员不遵守交通规则,不服从交警管理,在警察来纠正违章时开车逃跑,并且把警车逼到栏杆上造成警察重伤。有的地方竟然发生了在火车站这样的公共场所,一群人疯狂袭击警察的事件。同时,我们也应当看到警察没有充分行使法律赋予的权力。在这种情况下,大家会感到不安宁。有些刑事犯罪分子进行盗窃,盗窃不成被发现便回头威吓,公然抢劫,再遭制止便采取暴力袭击,这让人感到很不安全,财产权利也没有得到保障。从这个视角来看,"和谐社会"是一个目标而不是现实。

2. 严重的贪污受贿等腐败犯罪,影响着国家政权的稳定,影响人民对于国家政权的信心

我们的政府、我们的执政党,在领导全国人民搞社会主义经济建设,搞经济体制改革这方面,近二十年来取得了重大成绩。有历史学家说我们中国历史上从未出现过持续二十年这么高的经济增长率,实际上世界历史上也没有。当然就现状而言,我们与美国、欧洲发达国家有很大距离,但就发展速度和未来潜力而言我们具有较大优势,即使发展较好的欧洲国家也仅以 3%—4% 的速度增长,我们则以 8%—10% 速度持续十多年增长,以至于世界上某些不太友好的人士提出了所谓的"中国威胁论",说中国会成为世界安全的威胁。我们经济的快速增长已引起某些大国的不安。所以经济方面的成就是显而易见的,大家都承认。但在治理腐败犯罪方面,在我们党自己治理干部队伍或用古人的说法——"吏治"方面,目前存在非常严重的难题。贪污腐败行为相当严重,表现为经济犯罪人数上升,犯罪额上升。往前追溯,20 世纪 80 年代我们讲反腐败,当时人民群众有意见,说司法机关"只打苍蝇,不打老虎",不要说省部级、厅局级干部,连县团级干部抓起来判刑的都没有,全国没听说过,被处理的都是些普普通通的一般工作人员。不知到底是犯罪人数少,还是没抓出来,总之这样的案子很少。后来随着反腐败力度的加大,开始有成千的县团级干部被抓起来判刑,还不行,成百的厅局级干部,近年来几十名省级干部,最后达到国家领导人这一级(成克杰是副委员长,属于国家领导人),而且打击力度也非常大,胡长清、成克杰都被判死刑。他们的涉案金额是几百万、几千万。现在发生的案子动辄几千万、上亿,从媒体上都可得知,这个犯罪率还在持续上升。

严重的刑事犯罪和严重的贪污受贿腐败犯罪这两大类犯罪形成社会中刺耳的不

和谐音符。如果说我们要"两条腿走路",社会要和谐发展,这方面问题不解决,很难!它不仅仅只是犯罪的问题而已,还存在整个社会的心理平衡问题,社会民众的心理健康问题,所以这些问题是必须予以关注的。对于这样严重的刑事犯罪、贪污受贿等腐败犯罪,一般社会公众,包括一些决策者、上层领导,注意力都放在严厉打击,加强打击力度上,这是应该的,但这是不是解决犯罪预防和控制问题的正确、全面、有效的对策?我的研究结论是,仅仅严厉打击,不足以有效地解决这个问题。

(三)"宽严相济"是盛世气象、和谐要求

随着社会的发展和人权观念的深入,"严打"刑事政策愈加显示出其不合理的一面,尤其与当前堪称"盛世"的现状不协调,与构建和谐社会相抵触。

近十多年来,我国国内生产总值年均增长9%以上,经济实力和综合国力又上了一个新台阶,经济总量已居发展中国家首位,世界排名也由第八位跃升到第四位;市场化取向的改革取得突破性进展,社会主义市场经济体制初步确立;开放型经济迅速发展,全方位对外开放格局基本形成;科技教育和各项社会事业全面发展,可持续发展能力进一步增强。可以说,最近十多年以来是中国历史上发展最好的时期,是人民群众得到实惠最多的时期,是社会最稳定的时期,政通人和,国泰民安,堪称"盛世"。

我们回顾"盛世"的历史,汉朝、唐朝、清朝前期三朝盛世的缔造者均有一条共同的经验,即明德慎刑,恤刑,此之所谓"刑罚为盛世所不能废",亦"为盛世所不尚"。在这种思想的主导下,以"缇萦救父"为导火线,文帝废除了肉刑。

据《汉书·刑法志》载,公元前167年,临淄有个名叫淳于意的人,替人治病出了名。后来他做了太仓县的县令,因为不肯拍上司的马屁,所以他辞了官仍旧去做医生。有个大商人请淳于意为他的妻子治病。那女人吃了药不见好转,后来死了。大商人就告淳于意是庸医杀人。当地的官吏把他判成"肉刑",包括脸上刺字、割去鼻子、砍去左脚或右脚三种。因为淳于意做过官,就把他解到长安去受刑。淳于意有五个女儿,没有生儿子。临走时,最小的女儿叫缇萦,决定上长安去救父亲。缇萦到了长安,上宫殿去要见汉文帝。管宫门的人不让她进,她就写了一封信,托守宫门的人传上去。汉文帝一看,信上的字歪歪扭扭,是个孩子写的,内容是:"妾父为吏,齐中皆称其廉平,今坐法当刑。妾伤夫死者不可复生,刑者不可复属,虽后欲改过自新,其道亡繇也。妾愿入为官婢,以赎父刑罪,使得自新。"意思是:"我叫缇萦,是太仓县令淳于意的小女儿。我父亲做官的时候,齐地的人都说他是个清官。这会儿犯了罪,应当受到肉刑的处分。我为死的人不复生感到悲伤,也替所有受肉刑的人伤心。一个人砍去了脚就成残废;割去了鼻子,不能再安上去,以后就是要想改过自新,也没有办法了。我愿意舍身做公家奴婢替父亲赎罪,好让他有个改过自新的机会。恳求皇上开开恩!"

汉文帝对于缇萦的孝心十分感动,不但接受了她的要求,还下令:"制诏御史:盖闻有虞氏之时,画衣冠异章服以为戮,而民弗犯,何治之至也!今法有肉刑三,而奸不止,其咎安在?非乃朕德之薄,而教不明与!吾甚自愧。故夫训道不纯而愚民陷焉。《诗》

曰:'恺弟君子,民之父母。'今人有过,教未施而刑已加焉,或欲改过行善,而道亡繇至。朕甚怜之,夫刑至断肢体、刻肌肤,终身不息,何其刑痛而不德也!岂称为民父母之意哉?其除肉刑,有以易之;及令罪人各以轻重,不亡逃,有年而免。具为令。"景帝继位后,在文帝基础上对肉刑制度作进一步改革。他主持重定律令,将文帝时劓刑笞三百,改为笞二百;斩左趾笞五百,改为笞三百,而且还规定笞杖尺寸,以竹板制成,削平竹节,以及行刑不得换人等,使得刑制改革向前迈了一大步。唐太宗即位后,力图完善刑法,指示群臣讨论致治与立法的原则。当时,出现了宽严两种截然不同的主张。《贞观政要》记载"有劝以威刑肃天下者,魏征以为不可。因为上言王政本于仁恩,所以爱民厚俗之意,太宗欣然纳之,遂以宽仁治天下,而于刑法尤慎。"唐太宗在诏令中说:"泣事慎罚,前王所重"。贞观之治的时候,国家一片太平盛世,每年执行死刑的人数只有几十人。康熙治国,一生勤政、慎政,对臣民,仁爱宽刑。

真正的盛世不仅仅是经济发达,民生殷实,而且是一种气象。它不仅是一个经济指标,还应有一个人文指标。在这个社会里,应充盈着宽容、大度、自由的氛围,在这个社会里,轻徭薄赋,刑罚宽缓。在现代化的语境中,对于和谐社会,胡锦涛总书记有过精辟论述:"……应该是民主法治、公平正义、诚信友爱、充满活力、安定有序、人与自然和谐相处的社会。"严刑峻法显然与这样的社会图景格格不入,而倡导刑罚宽缓则是其题中的应有之义。

刑事政策是一个国家政治文明在刑事领域的集中反映,它不仅是治罪方略,而且也是治国之道。现行刑事政策科学与否,在很大程度上关系到和谐社会的构建能否顺利实现。科学的刑事政策既要蕴含先进的刑法理念,又要有丰富的人文内涵,既要结构合理,又要体系完善,既要突出手段,又要体现目的,既要适应本国国情,又要符合国际潮流,总而言之应该是和谐型的刑事政策,要充分体现和谐社会的本质特征和要求,要能为和谐社会的构建服好务,护好航。

所以在总结历史经验教训,反思"严打"政策的基础上,作为和谐盛世的内在要求,"宽严相济"的刑事政策应运而生。

"和谐"是指"配合得适当和匀称",具有"适中"之意。"宽严相济"的刑事政策,既强调"严",又注重"宽",将"宽"与"严"有机结合成为一体,形成一项协调一致、良性运行的刑事政策,本身就具有"和谐"的意蕴。所以,要严格依照刑法、刑诉法以及相关的刑事法律,根据具体的案件情况来惩罚犯罪,该严当严,该宽则宽,宽严相济,罚当其罪。宽严相济的和谐观并不否定对于已发的严重危及社会治安的犯罪行为,施加严厉的刑罚。预防针对未然之罪,它是和犯罪斗争的第一道防线;刑罚针对已然之罪,它是和犯罪斗争的最后一道防线,但这道防线并不能松松散散。和谐社会要求我们严密法网,坚持有的放矢的严打政策。严重的刑罚应当对准严重的犯罪行为,集中有限的司法资源解决重点问题。对于严重危及社会治安的犯罪,不能搞阶段性的刑事打击政策,而要建立制度化、长期化严厉打击严重犯罪的机制。同时,针对轻微犯罪,包括偶犯、初犯、过失犯、未成年人犯罪等主观恶性不重的犯罪,应当坚持轻缓的刑事政策,可以通过社区矫正、缓于起诉、保护观察、恢复性司法等非刑罚措施让他们尽快回归社会。"宽严相济"刑事政策体现出刑事理念的巨大进步，符合我国刑法规定的罪刑法定原则和罪刑相适应原则的精神。

和谐社会更是"以人为本"的社会，以人为本最重要的内容是以人民的利益为本，所以必须坚持人权至上原则。刑事法作为社会控制违法行为的最后一道防线，具有保障法的属性，坚持人权原则必须遵循谦抑性要求，防止刑法肆意侵害人权。"宽严相济"刑事政策在讲求"雷霆万钧"地惩治犯罪以维护广大公民权利的同时，又注重给犯罪人以"春风化雨"般的感化和挽救，顺应了以人为本和社会公平正义的理念，对于有效打击犯罪和预防犯罪，化解矛盾，维护社会稳定具有重要意义。

和谐社会是能自己解决矛盾、冲突的社会。矛盾无处不在，只要存在商品经济，各种经济纠纷、利益冲突就是不可避免的。但和谐社会要求有一套解决这些矛盾和冲突的程序和办法，有敏感的社会预警机制、有效的矛盾疏导机制，能够综合运用政策、法律、经济、行政等手段和调解、协商、教育等方法，对社会的矛盾、冲突进行及时、合理地调节和解决，从而保证社会的稳定和有序。"枫桥经验"是这方面的典范。

（四）"宽严相济"刑事政策的提出

自 20 世纪 90 年代以来，理论与实务部门为了应对日趋严峻的社会治安形势，开始重视刑事政策的研究，大胆评论现行刑事政策，反思"严打"刑事政策的得失。面对全面建设小康社会过程中出现的犯罪持续增长的态势，社会各界发出了调整严打政策，实行宽严相济刑事政策的呼吁。北京、上海等地的司法行政机关率先开展了监狱行刑社会化、非监禁刑社区矫正工作的试点，各地的法院、检察院开始尝试暂缓起诉、暂缓判决、刑事和解乃至恢复性司法。诸多学者针对死刑适用与死刑限制政策不协调的现实，提出对死刑进行严格限制，要求最高法收回死刑复核权。学者们展开"关于刑罚适用及其价值取向"的大讨论，主张"少杀、慎杀"，倡导宽严相济的刑事政策。一些地方的司法机关制定落实"宽严相济"刑事政策的减刑、缓刑和假释的规定，进一步扩大社区矫正。对宽严相济刑事政策的学术研究也蓬勃发展，有关"宽严相济的刑事政策与和谐社会构建"的学术研讨活动十分活跃，在社会各界引起了巨大反响。

2004 年 12 月的全国检察长会议，明确提出了对轻微犯罪采取轻缓刑事政策、从宽处理的要求，这对我国轻缓刑事政策的运用产生了重要的影响。2005 年 12 月，在全国政法工作会议上，中央政法委员会书记罗干同志要求政法机关要更加注重运用多种手段化解矛盾纠纷，更加注重贯彻宽严相济的刑事政策，促进社会和谐稳定，并明确指出宽严相济是"指对刑事犯罪区别对待，做到既要有力打击和震慑犯罪，维护法制的严肃性，又要尽可能减少社会对抗，化消极因素为积极因素，实现法律效果与社会效果的统一。""贯彻宽严相济的刑事政策，一方面，必须坚持'严打'方针不动摇，对严重刑事犯罪依法严厉打击，什么犯罪突出就重点打击什么犯罪，在稳准狠和及时性上全面体现这一方针；另一方面，要充分重视依法从宽的一面，对轻微违法犯罪人员，对失足青少年,要继续坚持教育、感化、挽救方针,有条件的可适当多判一些缓刑,积极稳妥地推进社区矫正工作"。2006年3月,最高人民法院院长和最高人民检察院检察长向十届全国人民代表大会第四次会议所作的工作报告中,均分别提出要对犯罪实行区别对待,贯彻和坚持宽严相济的刑事政策。2006年10月11日,十六届六中全会《中共中央关于构建社会主义和谐社会若干重大问题的决定》在"加强社会治安综合治理,增强人民群众安全感"一节中指出:"实施宽严相济的刑事司法政策……"。由此,宽严相济的刑事政策得到了全面的肯定。

四、"宽严相济"刑事政策的解读——宽严得当,以宽济严

(一) 和谐社会中"宽严相济"刑事政策的逻辑内涵

1. "宽严相济"的逻辑内涵

"宽严相济"之"宽",即"宽大",具体包括刑事法网的宽和刑罚量的轻缓两个方面。刑事法网的宽和,即遵循刑法谦抑性要求对某些犯罪予以非犯罪化。对于能够用其他法律手段调整的违法行为,刑法作为社会控制违法行为的最后一道防线不能随意横加干预,对于能用较轻的刑法手段调整的犯罪行为,尽量不用较重的刑法手段调整。刑罚量的轻缓,即轻刑化和非刑罚化。对于那些较为轻微的犯罪,就应当处以较轻之刑,这也是罪刑均衡的内在要求。所以,"宽"就要求:根据社会生活的变迁对一些危害性减弱的犯罪适当地予以非犯罪化处理,对初犯、偶犯、未成年人犯罪和轻微犯罪案件依法从宽处理,对具有坦白、自首或者立功等法定或者酌定情节的依法予以宽宥,尽可能减少社会对抗,化消极因素为积极因素,实现法律效果和社会效果的统一。

"宽严相济"之"严",指"严密""严厉",具体包括刑事法网的严密与刑罚量的严厉两个方面。刑事法网的严密,即要将具有严重社会危害性的行为纳入刑法规制之下,作为犯罪处理,给予相应的刑罚处罚。如贝卡利亚之言:"刑法最强有力的约束力量不是刑罚的严酷性,而是刑罚的必定性。"只有将严重危害社会的行为置于刑事法网之下,才能有效地打击犯罪、发挥刑法保护社会之机能。刑罚量的严厉又指刑事责任的严格,对于屡禁不止、危害严重的犯罪,处以严厉的刑罚,将有限的刑法资源集中用于重犯。当然"严厉"绝对不是追求重刑主义,只是意味着给犯罪分子以应得的、有力的惩罚和震慑,维护法制的严肃性。

可见,"宽严相济"的刑事政策要求对刑事犯罪区别对待,该宽则宽,该严则严。"宽"不是要法外施恩,"严"也不是无限加重。宽严区别对待是基本前提,但是最为重要的还是在于"济"。

"宽严相济"之"济",即协调、统一,"相济"即相统一、相协调。也就是说,"宽严相济"刑事政策不仅是指对于犯罪应当有宽有严,而且在宽与严之间还应当具有一定的平衡。实行宽严相济的刑事政策,既不能强调"严"而忽视"宽",又不能以"宽"代替

"严"。"宽""严"应互相协调、补充,形成良性互动。

2. 宽严失衡状态的内在和谐要求——宽严得当,以宽济严

长期的"严打"斗争,使得不管是刑事立法,还是刑事司法,从严的一面已经达到了饱和状态。这种饱和状态导致宽与严之间的失衡,我们已经没有能力也没有可能使严厉的一面实现量的飞越和质的改良。

从立法上看,我国现行刑法规定的430多个罪名中,多达68种罪名规定了死刑,且都有无期徒刑、有期徒刑与死刑相衔接,大量经济犯罪的刑罚中也规定了死刑,其他犯罪也是以徒刑处罚为主。我国刑罚体系是以死刑和徒刑占主导地位的重刑结构。从立法上再提高刑量不仅不现实而且与社会的进步背道而驰,同时,也不利于我国刑罚结构的优化。

从司法上看,多年的"严打"斗争几乎使国家倾尽所有的司法资源。对于我们这个发展中国家而言,进一步大量追加司法成本是不现实的。即使是国家有财力增加投入,也不能无视司法投入的效益和效率。长期的"严打"斗争使广大司法工作者习惯于"严打"思维,甚至有的司法人员产生了"严打"依赖症,工作消极被动,一旦没有了上级安排的整治专项斗争,便不知自己应该如何工作;有些部门在工作部署上习惯强调统一行动,具体操作时"一刀切";长期不间断地专项斗争使广大干警身心疲惫,厌战情绪突出;长期在"严打"斗争中疲于应付导致基础工作削弱,缺乏深入细致的调查研究,弄虚作假现象十分突出,形式主义严重,等等。这种低效率的工作机制必须加以改良。

在从严的一面处于饱和的状态下,实现宽严相济的有效途径应是在保持对严重刑事犯罪的高压态势的前提下,着力从"宽"的一面入手,大力推进非犯罪化、非刑罚化和行刑的社会化,减少司法对重刑的依赖。将司法力量从大量的、烦琐的轻罪案件中解放出来,提高科技和警力的投入,集中优势司法资源打击重大刑事案件。这一方面可以满足民众对严重刑事犯罪打击的诉求,另一方面也有利于司法工作人员在刑事司法过程中严格遵从罪刑法定原则,推动法治进步。以宽济严,有利于增加对严重刑事犯罪防控打击的投入,同时也有利于我国刑罚结构的优化,实现宽严得当。

(二)社会主义和谐社会建设中落实宽严相济刑事政策之途径

"宽严相济"刑事政策一方面通过严密刑事法网,扩大法定犯罪面减少犯罪的漏网机会,提高刑罚的不可避免性,对严重危害社会的行为予以刑事制裁。但是片面追求刑事法网的严密无漏,使刑法过多地介入社会生活,不仅会给公民的正当权益带来巨大的威胁,还会使整个社会在刑法的压抑中失去生机和活力,与和谐社会要求不符。因此不仅要单求"严",还要相应求"宽",坚持"最好的社会政策才是最好的刑事政策",综合多种调整手段,如侵权行为法、行政处罚法等等,只有在其他手段不足以发挥效果的时候才能必要地动用刑法。

具体落实"宽严相济"的刑事政策,主要体现在立法和司法两方面:

1. "宽严相济"刑事政策在刑事立法中的应用

"宽严相济"要求犯罪网"疏密有致",刑罚量"轻重适当"。我国刑法现状的重刑结构模式,决定了"严"是主角,"宽"是配角,这种不均衡的刑事立法结构为从重"严打"提供了司法空间,是导致宽严失衡的直接动因。因此,要实现"宽严相济"政策,就要使我国刑法由"厉而不严"向"严而不厉"的结构转变。"严"是指刑事法网严密,刑事责任严格;"厉"主要指刑罚苛厉,刑罚过重。当然,这里的严密并非指犯罪圈越大越好,而是指该入罪的行为不因为法网疏漏而轻易逃脱刑事制裁。"不严"就是指刑事法网不严密,有漏洞;"不厉"指行为进入法网,但对其适用的刑罚不苛厉。严而不厉的价值在于严密刑事法网,减少漏网机会,扩大法定犯罪圈,如此必然提高刑罚的不可避免性,进而增强刑法的威慑功效。当前,我国刑法还属于"厉而不严"的结构,必须向"严而不厉"的结构过渡。这样,法网的严密保证了刑罚的必定性,即使减轻刑罚的苛厉程度,也能收到惩罚与预防犯罪的双重功效,从而使主张"刑罚宽"和与适当的"宽严相济"的政策顺利实现。为此,我们可以尝试调整刑罚结构。

我国目前的刑罚存在一个结构性缺陷,就是死刑过重,生刑过轻。我国刑法中的死缓,虽然属于死刑中的执行方法,在逻辑上当然包含在死刑范畴之内,但由于判处死缓的罪犯除极个别外都不再执行死刑,因而死缓其实属于生刑。这里的死刑仅指死刑立即执行。所谓死刑过重,一是指立法上死刑过多,二是司法上死刑适用过多。与死刑过重形成鲜明对照的是生刑过轻,死缓相当于有期徒刑14年以上24年以下,平均执行18年;无期徒刑相当于有期徒刑12年以上22年以下,平均执行15年;有期徒刑最高为15年,平均执行10年;数罪并罚有期徒刑不得超过20年,平均执行13年。我国的生刑与死刑相比,真的可以称为"生死两重天"。生刑过轻导致对死刑的挤压,这也是我国大量适用死刑的一个不得已的原因。显然,我国目前的刑罚结构是一个过分倚重于死刑的刑罚结构。我国目前刑罚所面临的问题,既不是刑罚的过重,也不是刑罚的过轻,而是刑罚的轻重失调。为此,应该对刑罚的结构予以调整,根据"宽严相济"的刑事政策精神,重新配置刑罚资源。基本思路可以为:限制死刑,加重生刑。具体的做法可以考虑将有期徒刑的上限提高到25年,数罪并罚时不超过30年。无期徒刑减为有期徒刑的,减为25年以上30年以下有期徒刑;多次减刑的,实际执行刑期不得少于20年。

同时,应当完善我国的社区矫正制度,促进行刑的社会化程度,为减刑、假释的放宽适用,以及短期自由刑的废止创造有利条件。促进刑事和解制度的立法化,使大量轻罪案件非犯罪化,减少大量低效甚至是负效的司法资源消耗。通过立法促进社会资源对犯罪应对体系的投入,以实现"国家本位"的刑事政策模式向"国家与社会二元"的刑事政策模式的转变。通过以上措施实现以宽济严,优化依法从重的品质。

2. "宽严相济"刑事政策在刑事司法中的应用

在司法中落实"宽严相济"的刑事政策,对于惩治犯罪,保障人权,推进社会主义和谐社会建设,促进司法的公正高效,具有重大的现实意义。

(1)"宽、轻"在刑事司法中的应用

① 侦查阶段的应用

各地侦查机关趋向于最大化地使用羁押强制措施,拘留、逮捕通常是公安机关首选的强制措施,其次是取保候审,使用最少且不得已而为之的是监视居住,可以说绝大多数的犯罪嫌疑人在侦查阶段都有被羁押的经历,非羁押强制措施执行率偏低。过多过滥的羁押没有诉讼上的必要,也不利于人权保障。这主要是由于"由羁到供、由供到证、以拘以捕代侦"的侦查模式,以及不能正确把握取保候审、监视居住的适用条件造成。客观上,社会配套措施的缺失也导致被采取的取保候审强制措施的流动人口犯罪嫌疑人脱保现象比较严重。因此,应当考虑借鉴国外的做法,增加监控设施和场所的建设,以减少羁押的总量。

在侦查阶段,应当强调警力前置。干警应当与群众打成一片,对于轻微的刑事案件,及时介入,对于能够调解和解的,可以作出撤案的决定。基层公安机关应当与人民调解委员会密切合作,防止民事纠纷转化为刑事案件。

② 审查起诉阶段的应用

公诉之前缓起诉,适度扩大相对不起诉的范围,平和司法。我国《刑事诉讼法》第142条第2款规定:对于犯罪情节轻微,依照刑法规定不需要判处刑罚或者免除刑罚的,人民检察院作出不起诉决定。这是法律赋予人民检察院相对不起诉权的依据,据此可适当扩大相对不起诉的适用范围,认为犯罪较轻,综合考虑社会危害性和情节,不必追究刑事责任时,亦可作出不起诉的决定;或者根据犯罪嫌疑人的犯罪性质、年龄、处境、危害性程度、犯罪前以及犯罪后的表现等情况,对于没必要立即追究刑事责任的,作出暂缓起诉的决定,给予其一定考验期限,责令进行自我改造和反省,以观后效,根据其悔罪表现决定是否起诉,这就是所谓的缓起诉。主要可对未成年人、在校学生轻微犯罪等可尝试实施暂缓起诉制度。未成年人和在校学生是犯罪构成中的特殊主体。这两类主体涉嫌的犯罪主要是轻微犯罪,通常其主观恶性不深。同时,未成年人犯罪与他们生理、心理发育不成熟有直接关系,若仅因一次情节较轻的犯罪而对其简单地科处刑罚,将他们抛向社会,必然造成社会资源的极大浪费,并增加社会的不稳定因素。因此,检察机关应尽可能地在与学校达成共识、征询被害人的意见,同时与公安机关协调配合的基础上,对涉嫌轻微犯罪的未成年人和在校学生进行非刑事化处理,具体途径就是退回公安机关作撤案处理。此举在政策层面上,符合"教育、感化、挽救"的原则,在法律层面上,符合两高的司法解释。

落实"两部一高"《意见》,扩大被告人认罪案件简化审和简易程序的适用范围。被告人认罪案件简化审理和实行简易程序,既节省刑事司法资源,提高司法效率,又有利于被告人权利的保障,减少刑事司法程序对被告人的不良影响。检察机关应把《意见》的贯彻实施作为当前公诉方式改革的重点工作,作为提高公诉部门办案能力和效率的重要措施,作为落实"宽严相济"刑事政策的重大举措。具体办案中,对符合法定条件的公诉案件,能够适用简易程序或者可以简化审理的,要积极主动建议人民法院适用;

对于被告人及辩护人提出建议适用简易程序或简化审理的案件,经审查认为符合条件的,应当同意并向人民法院建议适用。

推行刑事和解不起诉制度,实现轻罪案件的非犯罪化分流。刑事和解是指在刑事诉讼中,加害人以认罪、赔偿、道歉等形式与被害人达成和解后,国家专门机关对加害人不追究刑事责任、免除处罚或者从轻处罚的一种制度。它以恢复性正义[①]为基础,符合我国民众重调解的传统,有广泛的适用空间。只要案情中有和解因素,被害人在与被告人和解后请求从轻处罚的,如果案件属侵犯个人法益的轻罪案件,检察机关可以适用和解不起诉。当然,恢复性司法的内容很广泛,但也有很大的局限性,如只适用于对个人的轻微犯罪。即使如此,我们也可以从中汲取积极因素改造我国司法,使司法更加公平、人道。

③ 审判阶段的应用

在审判阶段推行刑事和解制度。对于轻罪案件,在审判阶段达成刑事和解的,可以作出和解结案的判决,免除刑罚或者不予追究刑事责任。对于重罪达成和解的,也应作为从轻处罚的量刑情节加以考量。

适度多用缓刑。在审判中贯彻"宽严相济"政策,还应充分注意管制、拘役、罚金等轻刑的运用,适当扩大缓刑制度的适用比例。根据犯罪的危害性,对于偶犯、初犯、过失犯、少年犯等判处拘役或三年以下有期徒刑的被告人,放在社会上危害不大的,可适用缓刑。注重《刑法》第37条免予处罚的适用,对于犯罪情节轻微不需要判处刑罚的,可免予刑事处罚,贯彻对轻微犯罪从宽处理的思想,但要强调与民事的、行政的处罚或者行政处分相配套,以收对犯罪行为谴责之效果,防止因小恶不受处罚的侥幸而演化为大恶的情况。

④ 刑罚执行阶段的应用

实行社区矫正,扩大假释适用。社区矫正是一种促使罪犯顺利回归社会,挽救人性的特殊策略。国外的实践证明,社区矫正不仅有利于提高罪犯的教育改造质量,促进社会治安秩序的良性循环,而且有利于合理配置行刑资源,减轻国家的行刑成本。作为与监禁刑相对的全新的行刑方式,社区矫正不仅体现了"宽、轻"的刑事政策思想,更重要的是预防和减少重新犯罪,维护社会长治久安的有效良方。因此,司法机关要积极参与社区矫正工作,保证社区矫正工作依法、公正地执行。

一方面,我国借鉴国外社区矫正的经验,从2003年起试行社区矫正,探索刑罚执

---

① 恢复性司法是20世纪70年代以来世界范围内刑事司法的新发展。恢复性司法是在以受害人为中心的基础上对犯罪作出的一种反应,其为受害人、犯罪人、他们的家庭成员以及社区代表,提供了直接参与对罪行所致损害作出反应的机会,是一个特定侵害的相关各方聚集在一起处理和解决该侵害现时所致后果及其未来影响的过程。它强调加害人应对其所侵害的受害人和社区作出解释、表达歉意并积极承担对受害人物质和精神损害进行合理赔偿的责任;强调给受害人、犯罪人、他们的家庭成员以及其他相关人员之间创造各种直接对话和解决问题的机会;强调为犯罪人提供弥补罪过、并重新融入社区生活的机会。恢复性司法为犯罪人和受害人的直接沟通提供了平台和机会,有助于抚慰被害人,减少焦虑和仇恨;被告人可以在社会的谅解下顺利回归社会,从而减少对抗情绪,有利于防止再次犯罪。

行的新形式。最高人民法院、最高人民检察院、公安部、司法部于2003年7月10日发出的《关于开展社区矫正试点工作的通知》规定：社区矫正是与监禁矫正相对的行刑方式，是指将符合社区矫正条件的罪犯置于社区内，由专门的国家机关在相关社会团体和民间组织以及社会志愿者的协助下，在判决、裁定或决定确定的期限内，矫正其犯罪心理和行为恶习，并促进其顺利回归社会的非监禁刑罚执行活动。社区矫正作为一种新型的刑罚执行方式，重视利用社会力量对犯罪进行改造，克服了监禁刑的缺点，使罪犯不脱离社会，有开放性、自由性特点，体现了刑罚宽容轻缓的一面，有利于对罪行较轻的犯罪人的教育矫正。

另一方面，对于在押服刑的罪犯，可以相对扩大假释的适用。根据陕西省监狱管理局数字统计，2001—2003年，全省监狱平均减刑率为21.3%。2001年为18.8%；2002年为20.4%；2003年为24.5%，每年平均假释率为3.47%，假释率远远低于减刑比率。根据江苏、上海、北京、青岛等发达省市的经验，依据法定条件适当扩大假释率，对促进监狱管理和罪犯的改造是有利的。尤其是对一些过失犯、老弱病残犯、经济犯等非暴力犯罪人适用假释，所发挥的改造效果和促其顺利回归社会的成效明显。这在刑罚执行阶段体现了"宽严相济"的刑事司法政策。

(2)"严、重"在刑事司法中的应用

①"严、重"的对象

"严、重"的对象应该是严重影响社会稳定的犯罪，改变过去"严打"斗争中打击对象的泛化。"严、重"的对象应当主要包括：严重危及公民人身、财产安全的犯罪，特别是暴力犯罪；聚众性犯罪；部分危害公共安全的犯罪；有组织犯罪，特别是恐怖组织犯罪和黑社会性质组织犯罪；贪污贿赂、渎职侵权犯罪；严重破坏金融秩序、制售严重危害人身安全和人体健康的伪劣商品等严重危害社会主义市场经济秩序的犯罪，以及严重危及社会稳定的犯罪人。例如，香港特区廉政公署对腐败犯罪实行零容忍，为"重其重者"作了一个很好的注释。廉政公署是香港独立的反贪机构，其最高首长廉政专员直接向行政长官负责。廉政公署一直以无畏无惧的精神履行反贪职责，通过雷厉执法，有效遏制贪污，建设廉洁文化。反贪工作在香港进行了30多年，社会和司法部门对贪污采取的是零容忍态度。据介绍，从1974年至2006年，廉政公署执行处共调查63719宗案件，其中3792宗与选举有关。遭监控的有12627人，其中2388人是公职人员。此外，2688人是意图行贿公职人员或与他们共同牵涉于其他犯罪，另有7551人牵涉于私营机构。2006年廉署查办案件的定罪率为88%，达到历年最高，足见"零容忍"的反贪政策成效显著。这令人很容易联想到半年前，在香港就读的一内地女大学生因行贿教授被廉政公署查办的案件，在内地引起了不小的反响。基于这种不解和讨论，联系到我国大陆地区贪污盛行、腐败泛滥的现实，可以窥见"重其重者""零容忍制度"的价值所在。

②"严、重"的方式

第一，实体上"依法从重"。所谓"依法从重"，是指依法对严重影响社会稳定的犯罪和严重危及社会稳定的犯罪人加大打击力度,依法予以从重惩处。具体包含两方面的含义。一是刑事政策导向上的"从重",即根据社会治安的实际需要,对"严、重"的对象在政治上和法律上给予超出一般犯罪或犯罪人的否定评价;二是实际处罚意义上的"从重",即在相对确定的法定刑的范围内适用较重的刑种或较长的刑期。

第二,程序上"依法从快"。所谓"依法从快",是指在法定的程序下,在法定期限以内,对"严、重"的对象及时立案侦查、及时逮捕、及时起诉,以达到有效地追究犯罪、证实犯罪、打击犯罪的效果。如对于共同犯罪的案件,如果同案犯在逃,但现有的证据足以证明在案犯犯罪事实的,就应对在案犯批捕、起诉,绝不能久拖不决,削弱刑罚的效果。

第三,互相配合,引导侦查。要与公安机关建立合理的关系,适度组织集中打击行动,对重大案件提前介入,监督、指导侦查取证,达到"快侦、快捕、快诉"的目的。

③ "严、重"的限度

第一,遵循罪刑法定原则。在"严、重"过程中,司法机关必须严格按照刑法规定的犯罪构成要件追究行为人的刑事责任,而不能因为"严、重"需要,就随意出入人罪。尤其值得注意的是,要慎用司法解释,无论是扩张解释还是限制解释,都不能违反刑法规定的基本意图。

第二,遵循罪刑均衡原则。在"严、重"过程中,司法机关必须严格按照刑法规定追究犯罪人的刑事责任,做到罪刑均衡,尤其是要正确适用"从重"情节。在政策层面上,一方面严格控制和明确界定"从重"的具体范围;另一方面慎重对待和具体把握"从重"的幅度。在实际操作层面上,"从重"必须严格限定在法定量刑的幅度以内,并且"从重"处罚的幅度应视具体情况而定。

第三,遵循正当程序原则。一是必须严格按照刑事诉讼法的规定办案,不能为了"从快"而人为地缩短甚至取消犯罪嫌疑人、被告人合法权益的行使期限。二是在"严、重"过程中必须考虑我国已经签署的一系列国际人权公约,如《公民权利和政治权利国际公约》和《禁止酷刑公约》,不能把犯罪嫌疑人、被告人的沉默视为"抗拒",作为"从重"处罚的因素,更不能为了"从快"而动用极端方法,甚至以刑讯逼供方式让犯罪嫌疑人、被告人"开口"或"如实供述"。三是不能违反办案规律,给有关机关下指标,如限期破案、命案必破指标等。

死刑政策的科学表达[*]

主讲人:卢建平,最高人民法院刑三庭副庭长、北京师范大学刑事法律科学研究院副院长、教授、博士生导师

主持人:姚建龙,上海政法学院刑事司法学院院长、教授

时　间:2014年10月30日下午

大约十年前,我写过一篇文章,呼吁从政策上控制死刑;[①]2011年,我和刘春花博士合写了一篇文章,论述死刑政策的应然表达及其对立法变革的影响;[②]2014年,我和刘传稿博士又写了一篇文章,呼吁制定科学的死刑政策。[③] 类似主张在学界逐渐获得认同。[④] 因为,在中国这样一个具有浓厚政策治国传统的国度,即便在全面推进依法治国的进程中,强调死刑政策的科学化,对于中国的死刑制度改革、对于死刑的立法和司法、对于引导舆论和民意,意义依然重大。而死刑政策的科学化首先需要对我们党和国家关于死刑的政策主张进行历史梳理和辩证分析,并结合全新语境加以重述。我们主张,在政策上,应该明确死刑的暂时性与过渡性,并亮出废止死刑的最终目标。

一、政 策 梳 理

以往学界梳理我国或我党死刑政策的演变多引用领导人个人的表述。[⑤] 本文认为,领导人个人表述固然能够代表党的意志,但往往受条件、场景和个人意愿的影响,不尽准确。因此,更应该注重党中央等领导机关、立法机关或最高司法机关的集体表述。

---

[*] 本讲稿由主讲人提供。
[①] 参见卢建平:《从政策上控制死刑》,载《人民检察》2006年9月第17期。
[②] 参见卢建平、刘春花:《死刑政策的应然表达及其对立法变革的影响》,载《中南民族大学学报(人文社会科学版)》2011年第3期。
[③] 参见卢建平、刘传稿:《死刑限制综合路径再探究》,载《人民检察》2014年11月第21期。
[④] 参见赵秉志、袁彬:《立足犯罪治理,探索刑事法治问题》,载《检察日报》2015年1月5日。
[⑤] 参见刘仁文:《死刑的全球视野与中国语境》,中国社会科学出版社2013年版,第26—34页。

1922年,成立不到一年的中国共产党第一次发布对于时局的主张(以下称"主张")。① 其中第十段之(九)原文如下:改良司法制度,废止死刑,实行废止肉刑。

对此,"主张"的说明为:中国共产党是无产阶级的先锋军,为无产阶级奋斗和为无产阶级革命的党。但是在无产阶级未能获得政权以前,依中国政治经济的现状,依历史进化的过程,无产阶级在目前最切要的工作,还应该联络民主派共同对封建式的军阀革命,以达到军阀覆灭能够建设民主政治为止。"主张"确定的共产党当前奋斗的目标包括了取消列强在华各种治外特权;肃清军阀,没收军阀官僚的财产,将他们的田地分给贫苦农民;采用无限制的普通选举制;保障人民结社集会言论出版自由权;废止治安警察条例及压迫罢工的刑律;改良司法制度,废止死刑,废止肉刑等。同时,"主张"明确指出,上列各项原则绝不是在封建式的军阀势力之下可以用妥协的方法请求得来的。中国共产党的方法,是要邀请国民党等革命的民主派及革命的社会主义各团体开一个联席会议,在上列原则的基础上共同建立一个民主主义的联合战线,向封建式的军阀继续战争,因为这种联合战争是解放我们中国人受列强和军阀两重压迫的战争,是中国目前必要的不可免的战争。

如果说"主张"表达的是还未取得政权的共产党期望通过革命手段实现废止死刑的目标,那么,在新中国成立后召开的第一次党的全国代表大会即中共"八大"(1956年9月15日至27日)上,刘少奇代表中共中央所作的政治报告则正式提出了"逐步废除死刑"的伟大构想。其原文如下:

> 现在,革命的暴风雨时期已经过去了,新的生产关系已经建立起来,斗争的任务已经变为保护社会生产力的顺利发展,因此,斗争的方法也就必须跟着改变,完备的法制就是完全必要的了。
>
> 党中央委员会认为,除极少数的罪犯由于罪大恶极,造成人民的公愤,不能不处死刑以外,对于其余一切罪犯都应当不处死刑,并且应当在他们服徒刑的期间给以完全人道主义的待遇。凡属需要处死刑的案件,应当一律归最高人民法院判决或者核准。这样,我们就可以逐步地达到完全废除死刑的目的,而这是有利于我们的社会主义建设的。②

这种大胆而有魄力的构想主要是源于对社会主义改造完成后国内主要矛盾的新判断。1956年社会主义基本制度全面确立,中共"八大"提出,"我国国内的主要矛盾,已经是人民对于建立先进的工业国的要求同落后的农业国现实之间的矛盾,已经是人

---

① 1922年6月17日印行的《中国共产党对于时局的主张》署名为中国共产党中央执行委员会陈独秀。这种"主张"从1922年6月到1926年7月共发表了五篇,除第三篇的题目为《中国共产党第三次对于时局宣言》之外,其余四篇的题目均为《中国共产党对于时局的(之)主张》。1925年编印《中国共产党五年来之政治主张》一书时,将此五篇的题目全改为《第×次对于时局的主张》。因此,1922年的"主张"就是中国共产党中央第一次对于时局的主张。

② 刘少奇:《在中国共产党第八次全国代表大会上的政治报告》,载《建国以来重要文献选编》(第九册),中央文献出版社1993年版,第38页。

民对于经济文化迅速发展的需要同当前经济文化不能满足人民需要的状况之间的矛盾。"

但是,不知是马克思的斗争哲学还是历史的惯性使然,时隔不到一年,1957年9月20日至10月9日,中共八届三中全会就改变了"八大"的基调(在社会主义改造基本完成以后,无产阶级和资产阶级、社会主义道路和资本主义道路的矛盾已经基本解决的正确估计),认为当前社会的主要矛盾还是无产阶级和资产阶级的矛盾,社会主义道路和资本主义道路的矛盾。从此,废除死刑的目标再也没能出现在党和国家的施政纲领中。只有当时政法工作的主要领导人董必武在1958年针对当时的司法工作提出,"死刑我们从来不说废除,但要少用。死刑好比是刀子,我们武器库里保存着这把刀子,必要时才拿出来用它。"① 此后受"反右"扩大化、"文化大革命"或"无产阶级专政下继续革命"的影响,废止死刑的字眼只有在否定意义上才出现,我们党和国家的死刑政策转而以"保留死刑(或死刑不能废)但严格控制(少杀慎杀)"为基本口径,并在不同历史时期产生摇摆,一度偏向于扩张(如在"严打"时期),一度又强调限缩(特别是宽严相济刑事政策推行以来)。这种摇摆不定的特点同样反映在从政策治国向依法治国转变的过程中。1979年《刑法》的特点是体系简约、刑罚轻缓,其中死罪28个,分布在15个条文之中。此后因为"严打"需要,死刑制度出现了实体法上的增加与程序法上的下放。1997年《刑法》修订在死刑问题上秉持了不增不减的立场,但实质上严格控制死刑(包括适用条件、适用对象、适用程序和执行制度四个方面),开启了减少死刑罪名的改革进程。特别是进入新世纪推行宽严相济刑事政策以来,死刑制度改革迈出实质步伐,但关于死刑政策的表述是不统一的,有些凌乱。

一是2005年3月14日国务院总理温家宝的表态。他在回答德国记者提问时说:"中国在着手进行司法制度的改革,包括上收死刑的核准权到最高人民法院。但是出于我们的国情,我们不能够取消死刑。世界上一半以上的国家也还都有死刑制度,但是我们将用制度来保证死刑判决的慎重和公正。"②

二是2007年1月1日最高人民法院正式统一收回死刑复核权后,3月9日最高人民法院、最高人民检察院、公安部、司法部共同发布的《关于进一步严格依法办案确保办理死刑案件质量的意见》明确规定,"保留死刑,严格控制死刑"是我国的基本死刑政策,并认为"这一政策是完全正确的,必须继续贯彻执行",依法严厉打击严重刑事犯罪,"我国还不能废除死刑,但应逐步减少适用,凡是可杀可不杀的,一律不杀"。

三是在2007年3月,在日内瓦联合国人权理事会的一次会议上,中国(副)代表腊翊凡有过一个正式表态:他说他"确信"中国"最终将废除死刑"。这是在2008年北京奥运会之前中国政府在国际场合关于死刑的正式态度,可以视为中国对于国际社会

---

① 董必武:《董必武法学文集》,法律出版社2001年版,第414页。
② 参见《温家宝表示中国不能取消死刑》,http://news.sina.com.cn/c/2005-03-14/12385355416s.shtml,2013年5月2日访问。

的庄严承诺。①

四是2010年2月8日最高人民法院公布《关于贯彻宽严相济刑事政策的若干意见》,再次指出我国坚持"保留死刑,严格控制和慎用死刑"。相关内容是:"对于罪行极其严重的犯罪分子,论罪应当判处死刑的,要坚决依法判处死刑。要依法严格控制死刑的适用,统一死刑案件的裁判标准,确保死刑只适用于极少数罪行极其严重的犯罪分子。拟判处死刑的具体案件定罪或者量刑的证据必须确实、充分,得出唯一结论。对于罪行极其严重,但只要是依法可不立即执行的,就不应当判处死刑立即执行。"该意见在《刑法》第48条"罪行极其严重"之前更冠之以"极少数"这一限定,被学界前辈储槐植教授冠之以"双极"政策,而其精神核心是将死刑适用限制在最小范围。②

五是2011年《刑法修正案(八)》废止了13个非暴力犯罪的死刑,开启了立法废止死刑的新进程。

六是2013年党的十八届三中全会"关于全面深化改革若干重大问题的决定"进一步要求"减少死刑适用罪名",为后续死刑制度改革继续在立法上削减死刑罪名指明了方向。虽然通过这一系列改革实现了死刑罪名在实体法上的"先上后下"和死刑适用在程序法上的"先下后上",但我国死刑政策的表述不一导致认识和实践上的很多问题,需要认真梳理分析。

二、政策分析

2014年2月17日,习近平同志在中央党校举办的省部级主要领导干部学习贯彻十八届三中全会精神全面深化改革专题研讨班上发表重要讲话,提出并论述了关于全面深化改革政策的五个关系。他说,要弄清楚整体政策安排与某一具体政策的关系、系统政策链条与某一政策环节的关系、政策顶层设计与政策分层对接的关系、政策统一性与政策差异性的关系、长期性政策与阶段性政策的关系。既不能以局部代替整体、又不能以整体代替局部,既不能以灵活性损害原则性、又不能以原则性束缚灵活性。③对照习近平同志的论述,我们认为,目前关于我国死刑政策的几种表述均有缺陷。

第一,死刑政策总体表述为"保留死刑,严格控制并慎重适用死刑"。这在现阶段有其合理性,但只能是阶段性政策;就长远而言,中国共产党废除死刑的目标无论是建党之初的幼年时期还是新中国成立以后八大的壮年时期都不曾改变。当此中国社会主义建设取得巨大成就之时,当中国共产党已近百岁、日趋成熟时,断然不会修改这一长期政策目标,因为废除死刑能够反映共产党的宗旨与先进性,反映了历史发展的趋

---

① 转引自〔英〕罗杰尔·胡德:《死刑废止之路新发展的全球考察》,付强译,载《法学杂志》2011年第3期。
② 参见储槐植:《死刑司法控制:完整解读刑法第四十八条》,载《中外法学》2012年第5期。
③ 参见《习近平首提"政策五关系" 加快推动全面深化改革》,http://news.xinhuanet.com/politics/2014-02/21/c_119448815.htm,2014年5月2日访问。

势。死刑作为一种剥夺人的生命的刑罚,将人当作手段而非目的,极大地蔑视人的尊严,同马克思对人的本质、人的价值的看法相对立,因此废除死刑具有充分的正当性。马克思曾经表明他对死刑的否定态度,"想找出一个原则,可以用来论证在以文明自负的社会里死刑是公正的或适宜的,那是很困难的,也许是根本不可能的"①。如果废除死刑的终极目标没有明确,则"严格控制和慎用死刑"就缺乏应有的价值基础,缺少必要的观念支持和制度制约。如果不提出"废除死刑"的终极目标,也就不能显现我国60多年社会主义建设成就和法治人权方面的巨大进步。

就语义分析,我国死刑政策的内在逻辑显示出,"保留死刑"具有被动和不得已的意思。死刑不能被永远保留,死刑的保留总是有期限的。按照马克思列宁主义关于国家和法的理论,作为阶级专政工具的国家和法律都是一定历史阶段的产物,会随着阶级消灭而消亡的,死刑的消亡也不例外。而且保留死刑的提法也隐含两种判断:一是事实判断,即承认死刑的废止已成潮流,成为趋势。别国(甚至多数国家)已经废止死刑了,我们仍要勉强留之,以备不时之需。二是价值判断,即死刑本质上是一种"恶",其保留仅限于迫不得已的必需情况。新中国成立之初特别是"反右"运动前夕,学界主流观点即已认同了死刑的暂时性和过渡性。有文献表明,当时对于废除死刑的目标确实已形成一定的共识,"随着我国政治形势的根本变化,在刑法中把死刑作为一种临时性、特殊性的刑罚;把死刑的适用范围应当缩小到最小的限度;死刑案件一律应当归最高人民法院判决或核准,以逐步达到废除死刑的目的,这是大家都一直同意的,在这方面还没有听到什么异议。"②"就历史的发展规律看起来,刑法愈进步,死刑愈减少,甚至废除死刑。若社会主义国家的刑法,最为进步,不独减少死刑,而且径直废除死刑。"③

再从历史条件和经济背景分析,"反右""文革""严打"等青睐死刑的政治运动时代已经过去,中国的政治、社会局势已经发生根本变革。如今废除死刑也已成为世界大势,因此应该从政治、经济、社会与法治进步,从国际和国内两个方面重新审视我们的死刑政策。

第二,现行《刑法》第48条可以视为我国死刑的立法政策,主要规定了死刑适用的实质条件(罪行极其严重)加其他限制(如适用对象、适用程序、死缓等执行制度),体现了"保留死刑,严格控制和慎用死刑"的死刑政策。一方面,它强调"保留死刑",另一方面又表现出力图回归"少杀慎杀"的政策倾向。然而,当下中国死刑立法罪名过多,范围过大,适用条件较为抽象,死缓、减刑、赦免等相关制度不完善,可以说这种回归是不太彻底的,也是不太坚决的,不利于死刑的严格控制。

第三,最高人民法院的"双极"政策,既顺应立法,强调了对于死刑的质的限制(罪行极其严重),又强调了量的限制(极少数),凸显了严控的思路。但以司法机关名义制

---

① 《马克思恩格斯全集》(第8卷),人民出版社1961年版,第578页。
② 李琪:《我国刑法中应规定哪些刑种》,载《政法研究》1957年第1期。
③ 卢蔚乾:《死刑的缓刑问题》,载《法学研究》1956年第6期。

定出台这样的政策是否适宜?其正当性、合理性和合法性如何?事实上对此是有争议的。有观点认为最高人民法院是在代行立法机关的权力,有越权之嫌,这样的政策理当由执政党或者国家立法机关来制定。

第四,十八届三中全会《关于全面深化改革若干重大问题的决定》进一步要求"减少死刑适用罪名",对于推动立法废止死刑的进程,意义自不待言,但该项政策仅针对立法上的死刑罪名,而对死刑的实际司法适用影响不大或不直接。考虑中国近年来死刑立法和司法的现状,原先 68 个死刑罪名,减去 13 个后现余 55 个,其中故意杀人、毒品和抢劫犯罪占据了全部死刑判决的前三甲,并占据了死刑适用总量的 90% 以上。结合死刑立法改革的趋势,①可以预计,未来的死刑适用会更加向这几个罪名集中,出现明显的集聚效应。因此,若未来改革着重于立法上减少死刑罪名,其象征意义就甚于实质意义。如果说在死刑改革之初这种象征意义值得肯定,那么,在死刑改革进入深水区以后,就应该将重点放在死刑适用的实质层面上来。

三、政 策 重 述

基于历史和现实考察及以上理论分析,本文主张,应该在目前的死刑政策表述上加前缀和后缀,同时分出层次。首先,前缀加上"暂时保留",以突出其暂时性;后缀加上"最终废除死刑",以突出最终目标。其次,区分立法和司法两个层次:立法上不断减少死刑罪名,司法上严格控制并慎重使用死刑,强调立法和司法的联动。由此形成死刑政策的完整表述,即"暂时保留死刑,立法上逐步减少死刑罪名,司法上严格控制并慎重适用死刑,在条件适当的时候废除死刑"。这一表述将死刑政策置于国家治理体系与治理能力现代化总体目标之下,符合犯罪治理的基本政策和规律,兼顾了政策的长期性与阶段性、整体性和局部性、原则性与灵活性。这一完整表述的死刑政策应该体现在执政党的基本文件纲领之中,比如党的章程或重大决议、决定之中。此举能彰显党对法治建设的高度重视,落实党对法治的领导,便于为全党全国人民逐步接受,便于统一思想认识,从而减少或化解各种矛盾特别是政策冲突,同时也可以巩固立法成果,推进司法改革,改变民意舆论。

在全面推进依法治国、党带领人民建设法治国家的新时代,党所确立的完整科学的死刑政策应该及时通过法治的方式加以贯彻实施。最理想的目标当然是将其体现在宪法之中,从而实现死刑政策的宪法化。次优的选择是将其规定在刑法之中,当然死刑政策的刑法化还必须考虑刑法自身的立法技术和特点。在重述的死刑政策指导下,下一步的立法应同时在死刑罪名削减(形式控制)与死刑适用条件限制(实质控制)两个层面共同发力,即在大幅削减徒具虚名、存而不用的死刑罪名的同时,明确死刑适用的"双极"政策;或重提"罪大恶极"的适用条件,既强调客观方面的犯罪行为,也重视

---

① 《刑法修正案(九)》(草案)继续废止 9 个死刑罪名,仍然是集中在非暴力、不常用的罪名。

主观方面的主观恶性与人身危险性；既强调犯罪对于社会所造成的客观危害，同时又关注社会关系的修复、裂痕的弥补，追求法律效果与社会效果的统一。此外，立法还应积极探索死刑的有效替代机制，如死缓、死缓限制减刑以及长期自由刑制度。

司法上应该坚持政策指导、案例指导，巩固死刑核准权收回。最高人民法院诸多以来在严格程序、严格证据要求、严格证明标准、严格适用条件、防范冤假错案等方面取得诸多成果，同时尽量收缩死刑适用的范围，为立法进一步削减死刑罪名创造条件；尽量扩大死缓的适用面，力图使之成为死刑立即执行的必经程序；进一步完善死刑复核程序，努力使之实质化；加强律师辩护，加强检察监督；努力加强最高人民法院在死刑方面的顶层控制、终端控制与系统控制作用；大力提升司法公开，加强法律普及教育，学术界与舆论界应该加强对死刑制度的研究与宣传，呼吁死刑公开，力推死刑效果（包括正面威慑效应与负面效应）的实证研究，破除司法神秘主义与死刑迷信，扩大死刑启蒙，为全面废除死刑做好舆论准备。

特别需要强调的是，当前必须借助冤错和冤杀案件的血的教训，对社会各界进行警示教育。司法要尽量慎用、少用死刑，多用死缓等替代，同时多用冤死案件惊醒世人；司法必然有错，死刑一旦出错便不可挽回！冤死错杀的案件都有政治根源，如"严打"等非常态机制就是利用了人民对死刑的依赖或迷信。在人权理念和法治保障极其欠缺的情况下，焉能不错杀无辜？而冤狱的国家赔偿看似迟来的正义（如呼格案件的200万，念斌所主张的1000多万），但最终是谁买单？买单的不是抽象的国家或政府，而是处在死刑迷信、司法神秘主义之下的人民大众！

从冤错、冤杀案件应该反思的另一个问题是：怎么理解案件经得起历史检验？死刑案件又如何经得起历史检验？对办案人员如警察、检察官和法官如何终身问责？所谓历史检验应该是多长的历史，是50年、100年还是500年、1000年？在中国目前所处的突变时期，又应该如何理解《刑法》第12条第2款？从政治和法治的角度，如何理解法治不健全时期的司法裁判的既判力？目前最为紧要的是，为了未来能够经得起历史检验，废除死刑的立法进程应该进一步推进；司法上，死刑应该尽量少用，而死刑的替代如死缓、终身监禁、死刑的缓解机制如刑事和解、赔偿、辩诉交易等则应该大力推行。

死刑的废止必须走综合的路径，必须政治政策、立法司法、研究教育、舆论民意、国内国际等一起发力，废死才有可能！我们期望，在2021年即建党100周年之前，重新明确废死目标；在2049年即新中国成立100周年之前或之际彻底废除死刑，由此为两个百年梦想添加上更加绚烂的生命之光！

附：一个法官的自白：死刑复核，灵魂折磨[*]

> 作为法学教授，他脑子里死刑废除论根深蒂固；作为最高人民法院死刑复核法官，他却不得不一次次在死刑复核裁定书上签字——大多数时候他得写下"核"，"核"就是"杀"。他反思自己的工作价值，有时沮丧不已，"我说我这么辛苦，跑这边来干吗来了？就是为了多杀几个人吗？"

（一）

见到卢建平先生时，他正在办公室噼里啪啦地敲打键盘。打印机嗡嗡运转了一会儿后，他拢齐了一小叠纸，微笑着递了过来。一共8张，还温热着，是他担任最高人民法院死刑复核法官的心得。

2012年12月18日，全国人大常委会任命卢建平为最高人民法院刑三庭副庭长，挂职两年。8页心得中，他尤其强调最后3页，那是他新近续写的。2000字篇幅中，使用了25次"恨"字，抛出了17个语气强烈的反问。

与《人物》杂志先后两次交谈，地点都在办公室里。一次在他任教的北京师范大学，一次在最高人民法院。前一次，他态度亲和，符合一位耐心细致、不失幽默的教师形象。场景切换至最高人民法院大楼内，他自然而然地进入"死刑复核法官"的官方角色中，态度威严，言辞谨慎。对某些问题，他点到即止，避免"引发公检法的不和谐"，有时直接拒绝，"你问了不该问的问题""红线不能碰"。

他本人经历的"灵魂之苦"正是缘于学者和法官的双重身份。作为法学教授，他脑子里死刑废除论根深蒂固。作为法官，他却不得不一次次在死刑复核裁定书上签字——大多数时候他得写下"核"，"核"就是"杀"。落笔之时，就是死刑执行程序启动之日。他反思自己的工作价值，有时沮丧不已，"我说我这么辛苦，跑这边来干吗来了？就是为了多杀几个人吗？"

实在不忍心判他死

1979年，我16岁时从浙江坐火车到北京上大学，不要说法律是个啥不知道，那两个字我都讲不好。火车邻座一个五十来岁知识分子模样的人纠正了我的发音，说那念

---

[*] 钱杨：《一个法官的自白：死刑复核，灵魂折磨》，载《人物》2015年第1期。

"法律(Lǜ)",不是"法律(Li)"。

那时候哪敢想30多年后我能进入中国司法最核心、最神秘的岗位体验一把。中国几千名刑法学者当中,进入司法事务部的多,能来这个岗位的,少之又少。

2008年,我到海淀检察院挂职副检察长,整整3年接触繁杂琐碎的司法事务。我觉得这叫"皮肉之苦"。在最高法院的这两年,我把它叫"灵魂之苦"。皮肉也苦,可跟灵魂上的煎熬一比真不算什么。一纸死刑命令下去,7天之内对方就变成一具尸体,真的不一样。

大学最后一年我曾经在检察院实习,我20岁,戴个红袖章在天津杨柳青刑场上监刑。那是1983年的4月28号,"严打"斗争尚未进入火热阶段,一上午枪毙了28个,7个一排,分4批放倒。

我亲眼看见这些所谓的死囚栽倒在我脚跟前。溅起来的泥浆、血浆、脑浆,沾在了我的裤腿上。死刑犯中枪后垂死挣扎。绳索还捆着,就在草地上爬啊。像我小时候杀青蛙,一刀下去,手脚抽搐、直挺挺地抻着。

对这些死囚来说,在当时以法律之名被枪决,很难;我们这些在边上看的人,也难。30多年了,我记得清清楚楚。

我是一个死刑废除论者。我曾经开玩笑说,如果进入法院,我肯定全部投反对票,众人皆曰可杀,我一个人反对。真去最高法的时候,我明确地告诉自己,不能做堂吉诃德,不能和风车作战。既然全国人大常委会任命我去干这个活,那我得干得跟其他人一样。刑法中仍有55项死刑罪名,有,就得用。

2013年4月10日下午,我第一次在死刑复核裁定书上,写下了核准意见。

我在最高法有一个内外两间的办公室,外间休息,案卷都堆在里间。这是一个贩毒案件。全部案卷仔细看完,我跑到外间沙发上傻乎乎坐了半天,就琢磨,能不能不死。后来又跑到法院外头,一个人在明城墙遗址下踱步。就在那儿想,会不会出错啊,哪些问题、哪些细节上还能留有余地,给他求一条生路?

事实证据、政策把握、未来趋势,我在心里一条一条过,打叉打叉打叉。所有生路都灭掉了。我跑去问其他同事,你们以前怎么弄的。同事说别纠结了,以前跟这个类似的或者比他更轻一点的,都核了。我最后无可奈何地把这字签掉了。

"核"字签下去以后,我晚上做噩梦啊,连着两三天做。被告人从案卷里走出来了,他来找我来了。

案卷中一般都附有死刑犯的照片,大多是彩照。照片很重要,至少对我而言,我要掌管这个人的性命,至少得见他一面吧?他不是个物件,也不是什么虚无缥缈的东西,是个人。

那是一个很阳光的彝族小伙子,英俊,有点儿像郭富城。让我印象最深的,是他的皮肤,古铜色,特别健康。毒品带在身上10分钟之内就被抓了,一过秤1700多克,按照量刑标准他肯定要被杀掉。整个毒品犯罪环节中,他获利最小,风险却最大。我惋惜极了。

我把噩梦跟同事说了,很多人跟我打趣,不排除个别人在嘲笑我,那意思一把年纪了,做事情还那么幼稚,那么天真,还做噩梦呢,还有那么多牵肠挂肚的东西。一些人可能会在心里说,有什么撇不开的,像这样的我不知杀了多少了。

我在书里读到 20 世纪二三十年代最著名的法学家吴经熊的故事。当时他担任上海特区高等法院的院长,是个虔诚的天主教徒。那个时候他不仅要下判决,还得直接签署死刑执行命令。白天签字杀人,晚上去教堂忏悔。还不是因为他是法官,这是他的工作,不得不干。我虽然没有宗教信仰,但恻隐之心总是有的。那么年轻,那么健康漂亮的肤色,实在不忍心判他死,但有什么办法?这是我的工作。

都是肉体凡胎

死刑复核法官最主要的工作是看案卷。我的办公室桌上、茶几上、墙角里案卷都堆得跟小山似的。死刑案件你想想,一审到二审,案情最简单的也有十几本吧。我听说有个涉黑案案卷有 270 多本。内勤人员推着个小平板车,把牛皮纸装着的案卷一垛一垛送到各个法官办公室。那辘轳声成天在楼里回荡。第一次可能觉得哎呀,弄点事情给我做做,弄两个来。后来,我一听那声音就头皮发麻,最好是不要来了吧。有时候我出差,内勤打电话来,说卢庭我又往你屋里推了几车,我一听就晕。成天看卷,最开始眼睛睁这么大,看到后来眯眯眯,眯成一条缝。中午食堂吃个饭,到明城墙遗址那块溜达溜达,下午回来继续看,再把眼睛看成一条缝。

(二)

我把自己审的案卷分为两种,红案和白案。贩毒类的属于白案,案卷干净。带血的、杀人的叫红案,尸体腐烂、脑浆涂地的彩色照片都在里面。

复核某个红案让我对自己产生了新的认知。被告人是江西一个电梯维修班的班长。他手里有两条人命,都是未成年少女。一个 14 岁,放学路上他骑着个电动车,说我载你一段,骗上了车。再找到孩子时只剩零零碎碎几个尸块。另一个才 11 岁,放学回家电梯里碰上了他。他后来在一个建筑工地把小孩弄死了抛尸。杀人前有没有实施性侵害无法证实,因为找到时没有全尸。案卷中没有小女孩的照片和相貌描述,但我在脑子里重构了这两个少女的生命,如花的岁月,竟然遭遇这样的噩梦。

看了这样的案件,只要是正常人,都会被激起强烈的义愤。主审的合议庭给出了意见,再按程序走到我这儿,说实话我是捺着性子才仔仔细细看完,事实清楚,证据充分。记得当时我写了大概这几句:被告人某某某,犯罪动机极其卑劣,犯罪手段极其残忍,犯罪性质极其恶劣,主观恶性与人身危险性极大。

我很坚决地把核准意见写下去了。写"核"字时,老实说我内心一点保留都没有,畅快淋漓,出了一口恶气,觉得自己为民除害了。

但当我离开这个办公室,回到学校那个做学问的氛围中时,"超我"跑出来指责我了:你不是个学者吗?你不是主张要废除死刑吗?为什么在这个案子上你妥协了,让步了?借由杀掉一个罪大恶极的人,我的情绪得到了宣泄。这才发现,哦,原来我是个凡人,肉身一个。理论上说废除死刑,与实际操作起来,两码事。

有时候跟最高法的同事私下聊,三杯酒下肚他们问我到底怎么看他们。我说你们也很平凡,肉体凡胎呗。不给你们看高,觉得你们就是圣人,高人一头,火眼金睛什么的,我说你们也有犯错的时候。有的时候我一个人看材料看了半天,最后也懵了。我不是孙悟空,不是玉皇大帝,不是上帝,怎么才能判断两个相互矛盾的证词之间谁更可信?

我们叫最高人民法院,所谓"最高"只是体制的安排,审判体系中我们处在最后的环节,并不见得我们的智商、能力、道德水平就是最高。所谓最高,可能我们责任最重——最后一个关卡,应该更加严格谨慎。

人的认识能力,总是受时空条件限制。还有很多其他因素,心理的、意志的、现在科学没法解释的。我们前两天讨论一个案件。一个人失踪了,尸体怎么都找不到,最后死者姐夫说那个谁谁他托梦给我了,在哪里哪里哪里,这个坟墓,形状是什么样子等等。他家人根据这个描述,找到那个地方,挖下去,果然在。

案卷里就这么写的。我们开会讨论到这个托梦,说太离奇了吧。我们互相问,你有没有碰到过?有的人说有,有的人说没有,有的人很信,有的人不信。我们现在怀疑被托梦的这个人。案卷只是一个抽象的分析,我们认为光这样的抽象分析、武断分析不行,你要把他的嫌疑比较充分地排除掉。所以反过来调查他,时间上、条件上有没有这个可能,有没有杀人动机。

我个人是比较相信的。我相信很多事情人决定一半,天决定一半。我是基于广义相对论,现在还有很多事物我们认识不了啊。认识不了的时候,你不能武断地斥之为迷信、伪科学或者什么。这个人的嫌疑现在还没排除掉,正在做。

求其生而不得,则死者与我皆无恨

核,还是不核?这是所有死刑复核法官面对的终极问题。有时候我们会对被告人有强烈的同情心,尤其是受害人真有过错的。四川的李彦杀夫案,被告人长期遭受家暴,后来把老公打死,碎尸,煮了。我们内部审理报告里经常会写"事出有因""情有可原"这样的词,真是同情、惋惜这样的人。不能说我们法官就没有同情心,法官也是人啊。很心酸,后来还是核了。

我们国家在进行新农村建设,经常发生一些利益冲突。比如村民权益受损了,迁怒于乡里、村里的几个领导,把这几个都杀了。像这种,辩护律师就会写"是被害人过错"。被害人他有什么过错啊,他只不过执行了某一级政府的决定,往他家跑了两趟,催促了他一下,动员了他一下,结果被告人就把这个人当成仇人杀了。

最高法的同事说我是"卧底",既开玩笑,也当真。毕竟我从身份、志向上都跟他们有一些差别。我坚决主张废除死刑,却要下手签署核准死刑的文件,经常陷入生与死的无限纠结中。我夜里读史书,想看看古代判官是怎么做的。偶然读到《宋史·欧阳修传》,豁然开朗了。欧阳修父亲欧阳观为官时,因为找不到理由放死囚一条生路,不住叹息。妻子问他,死囚还要给他找生路吗?欧阳观说,"求其生而不得,则死者与我皆无恨。"这话一下子点化了我。

对于我主张的完全废除死刑的总目标而言,"求其生"只是一个次优(second best)目标,是一种近乎无奈的选择,但依然是立法存置死刑前提下,通过司法努力限制死刑能达到的最优选择。换成今天的话说,就是要客观全面地收集被告人有罪无罪、犯罪情节轻重的各种证据,在定罪量刑时,对不利于被告和有利于被告的事实或情节给予全面充分的考虑和评价。一切"求其生"的努力告吹,生的希望一一破灭后,才迫不得已使用死刑。"求其生而不得",死刑方能成为"例外"的刑罚。

这几年我们经常要做一项工作,就是评估案件风险,看是否有和解、调解的可能。

死刑复核的主审法官会直接下去调解,这是日常工作的一部分。跟被害人家属、当地政府、政法委、公安局、街道办接触,就是要看看有没有不判被告人死刑的余地。如果能调解成功,法官真的很有幸福感,留下一条人命啊。事实上我们内部考核,调解成功算一项工作成就。

我们有一个案子,死刑复核的主审法官是个处级干部,他认为不该核。我们庭长觉得应该核掉。有分歧了,庭长说一起讨论。疑难案件一般都会提到每周三的庭务会上讨论。第一次讨论后,我们大家一致意见说该核,你不对,我们对,案子打回去重新看。过一段时间,这个主审法官又跑来说,我还是觉得不该杀。关键证据存疑。庭长说那行,再来一次庭务会。第二次庭务会,大家讨论得更细,多方意见争辩下来,还是要核,又打回到这个主审法官那儿。他还是不服气,说尽管你们是领导,都是局级、副局级干部,但毕竟这个案子是我主审的,我对案情最了解,我坚持不杀。又开了第三次庭务会。到现在为止,这个案子还没定下来。

(三)

我经常说判决要经得起历史考验,多长时间算历史?举集资诈骗类案件为例,我主张留有余地,判个死缓、无期也好啊。我们国家现在处于社会深刻变革时期,这时候使用死刑这种不留余地的手段,要更加谨慎。对于那些已经因集资诈骗罪被判处死刑的人来说,这些判决把他们留在黎明前的黑夜里了。天就要亮了,他们死了。这种黎明前的黑暗,我说是真正的黑暗。

两年死刑复核法官的经历让我想起了一件年代久远的事。1988年,我在法国拿到了法学博士学位,准备回国大干一番事业。我们学生公寓里头有一个打扫卫生的法国老太太,她知道我要走了,我收拾行李,她就倚在宿舍门框上看我。她那眼神中有那种自己的孩子要出远门似的爱怜,但还有不忍、惋惜的感觉。

我说您干吗这么看我。她说我前两天电视里看你们国家哪儿哪儿枪毙人了。那么长的枪抵在后脑勺,砰的一声,一帮人倒下了。她说我知道你的专业跟这个有关,我真的是担心啊,你在我们国家自由自在生活了几年,如今又要回到合法剥夺人生命的制度里了。

法国1982年就废除了死刑,她生活的世界不再有死刑的威胁。她没往下多谈,我猜测她言下之意是,你会不会变成刑场上去扣扳机的法警?或者成为那个"杀人"的法官?又或者,更不幸的,因为种种原因也像那样被长枪顶住脑袋?

那时我年少气盛,我想我们十几亿人挑出几个到法国来学习,是精英中的精英,我们回去以后肯定有一条飞黄腾达的路,而你只是法国社会最底层的清洁工,居然还同情我们。我说那是生我养我的地方,即便回去有这种风险,关你什么事?我们毕竟发展是有差异的,既然我们文化里还保留死刑,我们就认了,跟你有什么关系?

老太太说了一句话,我至今记得。"咱们是同类。"她原话里用的是"proches"这个词,我翻译成"同类",实际上含义比"同类"亲近。你我是同类,都是属于人类的一分子。

20多年后,我真的经历了以上角色中的一种,掌管他人性命。灵魂备受煎熬之时,我想我明白了她当年话中的真意。

最高法刑三庭组了一个"桃花诗社",法官们经常写诗交流,还出了一本诗集。我出去讲课时,最常引用同事何泽宏写的《办案心结》这首诗。

办案心结

其一,翻开案卷,竟又是杀人抢劫!不忍看尸检照片,鲜血淋漓。如闻死者魂叫苦,似见亲属心流血。拍案起,连夜赶报告,马上核。

夜已深,怒渐息;细思量,莫太急。核不核尚须反复甄别。韭菜割掉还会长,人头砍下不可接。待提讯听他怎么说,再裁决。

其二,复核确认,被告人罪大恶极!似此等凶残歹徒,杀不足惜。掩卷方觉卷沉重,扪心始感心纠结。原本是,农家良民子,何成贼?

懒馋变,自作孽;养不教,家有责。然社会根源尤当警觉。杀以止杀非所愿,刑期无刑是目的。盼何日神州尽舜尧,我辈歇。

宽严相济刑事司法政策的错误"背书"与归正[*]

主讲人：孙万怀，华东政法大学教授、博士生导师，华东政法大学司法改革与判例研究中心主任、法律学院党委书记
主持人：姚建龙，上海政法学院刑事司法学院院长、教授、博士生导师
时　间：2015年12月21日上午

2006年10月11日中国共产党第十六届中央委员会第六次全体会议《关于构建社会主义和谐社会若干重大问题的决定》（以下简称《决定》）正式提出了实行"宽严相济"的刑事司法政策。自此以后，宽严相济刑事司法政策成为刑事法治的重要政治指南，成为构建和谐社会理念在刑事法治中的一个重要体现，成为刑事政策研究和实践中的一个集中性话题。刑事司法文件中更是言必称宽严相济，最高人民法院还专门制定了《关于贯彻宽严相济刑事政策的若干意见》，对人民法院在刑事审判工作中如何贯彻落实"宽严相济"提出了具体、明确的要求。理论对其研究亦是趋之若鹜、方兴未艾。于是，实践中出现了这样的现象：似乎只要说某一个刑法制度、某一个刑法规范乃至某一个刑事判决被宽严相济原则所统领，就具有了正当性和现实性。于是，"背书"成为一个司空见惯的现象。

之所以被形象地称呼为"背书"，是因为尽管这一词语被挂在嘴边，人们却往往不求甚解，政策的"口号"化痕迹日趋明显；尤其是在刑法学界，由于刑事政策学研究本身的停滞不前，对于该政策的解读也往往流于形式，缺乏深究下去的信心。如何理解宽严相济刑事司法政策的应有之义？应当在何种范围内以及何种程度上适用和理解该政策？似乎从未被认真关注和系统考察。由此，"背书"的结果与原旨渐行渐远，对宽严相济刑事政策的误解变成了正解，宽严相济刑事司法政策成了"任人打扮的小姑娘"，确定性丧失导致法治的正当性受损，再次堕入"泛政策化"陷阱[①]。

---

[*] 本讲稿由主讲人提供，载《法学研究》2014年第4期。
[①] 泛政策化的特点就是在强调政策重要性的时候，将政策与法律、策略混同，在实践层面表现为政策策略化和政策法律化。这种现象构成泛政策化陷阱。参见郑敬高、田野：《论"泛政策化"陷阱》，载《青海社会科学》2013年第2期。

一、宽严相济刑事司法政策的"背书"背离及理解乱象

对于宽严相济刑事司法政策的误解同存于理论与实践中。理论研究的沉寂导致其无法为实践提供有效的思想储备,无法使得实践在问题面前躬行反刍;实践的自我放任又使得理论变成海市蜃楼。最终如歧路亡羊,新的政策依照旧的惯性渐行渐远,直至逐渐背离。

(一) 理论中一场最终看来似乎"刚刚开了头却又煞了尾"的争论

在宽严相济的刑事司法政策出台之后,在理论中,对于政策的基本内涵和范围的解读曾有不同看法。

一些学者一开始就关注到《决定》提及的宽严相济刑事政策是"司法"政策,认为文本原意应当是严肃的和权威的,不应被随意解读,因此应当局限于文理方式的理解。譬如,高铭暄教授就提出:中央文件的正式提法,尤其是《决定》只说它是刑事司法政策,并没有说它是基本刑事政策。"我认为政策特别是基本政策的转化应当限于党中央的正式文件比较好。"①周道鸾教授也提出:过去司法机关在贯彻惩办与宽大相结合的会议上就提到宽严相济的刑事司法政策,因此,宽严相济的刑事政策不是最近两年才提出来的,而是早就提出来了,现在用宽严相济的政策来代替惩办与宽大相结合的刑事政策,有欠准确。② 以上观点是从原旨主义或体系性解释的基本原理来解读政策的范围,显然非常具有可取之处。对此,笔者在刑法学年会上也曾明确指出:

> 根据政策的明达,宽严相济刑事政策是一项刑事司法政策,不应任意扩大范围。然而在当前的理论探讨中,往往忽视这一点,认为这项政策包括法网的严密性等内容。实际上是提高了政策的位阶,仍然没有摆正政策与法律的关系。作为一项刑事司法政策,应当是在法律给定的框架之内,在依法办案的基础之上体现国家对于社会形势判断的需要,在轻重严宽中作出选择。③

然而,不同的观点显得更为强盛。其中,一种观点是反对"司法政策说",坚持"基本政策说"。譬如,已故的马克昌教授生前曾认为:宽严相济的刑事政策应该是一项基本刑事政策。

---

① 参见高铭暄教授在"和谐社会与中国现代刑法建设——纪念新刑法典颁行十周年学术研讨会"上的发言,http://www.criminallawbnu.cn/criminal/info/showpage.asp?showhead=&ProgramID=1230&pkID=11582,2014年3月2日访问。
② 参见周道鸾教授在"和谐社会与中国现代刑法建设——纪念新刑法典颁行十周年学术研讨会"上的发言,http://www.criminallawbnu.cn/criminal/info/showpage.asp?showhead=&ProgramID=1230&pkID=11582,2014年3月2日访问。
③ 苏惠渔、孙万怀:《新中国成立60年刑事政策精神演进的特征》,载赵秉志等主编:《新中国刑法60年巡礼》(上卷),中国人民公安大学出版社2009年版,第52页。

>如果一个政策只是一个司法政策,而不是一个立法政策,那又如何司法?立法上根本没体现宽严相济,司法又怎能离开立法判案呢?这是一个根本问题。中央文件上虽然说是司法政策,但它是针对司法领域而言的,并没有把它作为整个地位来界定。所以不能因为它说了是司法政策,我们就一定认为它只能是个司法政策,否则很多问题都没办法解决,包括对减刑假释要不要贯彻宽严相济。①

刘仁文研究员也认为:

>如果只将宽严相济作为一项刑事司法政策来对待,则它无法满足建设社会主义和谐社会的需要,因为过去20多年来的持续"严打"使我们的立法、司法、执法乃至观念都烙上了"严打"的印痕,只在司法中"以宽济严",不仅局限性很大,而且无法解决一些根本性问题,甚至还会给某些改革措施带来合法性的危机,如我国目前正在推行的刑事和解、社区矫正等,都被视为"以宽济严"的有效措施,但它们其实都面临一个法律依据不足的问题。因此,只有将宽严相济作为新形势下的一项基本刑事政策,才能在各个领域贯彻这一精神。②

更多的观点则似乎并未关注这一潜在分歧,而是在解读时依照惯性的理解理所当然地将该政策视同为基本刑事政策。"宽严相济刑事政策是我国现阶段惩治和预防犯罪的基本刑事政策,政策的提出是对刑法工具论的扬弃,其目的不仅在于要通过贯彻这一政策来维持社会治安,还要保持社会的稳定与良性运行,有利于和谐社会的构建。"③在这样的宗旨下,该政策在刑法中表现为"非犯罪化、非司法化、非监禁化和轻刑化"以及"刑事处理上侧重严密、严厉和严肃"④。

上述分歧实际上涉及几个基本的问题:其一,宽严相济是否仅仅限于司法政策?对政策制定者出台的纲领性文件是否可以扩张性理解?扩张性理解的理由是否合理?其二,何为基本刑事政策?如何理解刑事政策本身的范围?前者的回答依赖于后者的界定,而后者在理论中未有定论。其三,惩办与宽大相结合的刑事政策与宽严相济刑事政策之间是什么关系?前者是否已经被后者所替代?

当然在司法实务部门看来,宽严相济政策是司法政策,例如,江必新同志指出,"2006年中央十六届六中全会通过的《中共中央关于构建社会主义和谐社会若干重大问题的决定》将宽严相济确认为我国新时期的刑事司法政策,它表明了我国新时期刑事司法政策的新发展,必将推动我国司法理念、司法机制乃至司法体制的革故鼎新,促

---

① 参见马克昌教授在"和谐社会与中国现代刑法建设——纪念新刑法典颁行十周年学术研讨会"上的发言,http://www.criminallawbnu.cn/criminal/info/showpage.asp?showhead=&ProgramID=1230&pkID=11582,2014年5月3日访问。
② 刘仁文:《宽严相济的刑事政策研究》,载《当代法学》2008年第1期。
③ 彭凤莲:《新中国成立60年基本刑事政策的演进》,载赵秉志等主编:《新中国刑法60年巡礼》(上卷),中国人民公安大学出版社2009年版,第60页。
④ 罗开卷:《论新中国成立60年刑事政策精神的演进》,载赵秉志等主编:《新中国刑法60年巡礼》(上卷),中国人民公安大学出版社2009年版,第67页。

使全社会认识犯罪更加深刻,对待犯罪更加理性,预防犯罪更加合理,惩治犯罪更加有效。"故有学者将争论归纳为:"不难看出,把宽严相济刑事政策定位为一种司法政策,主要为中国的司法实务界所主张。这种定位得到了理论界的猛烈批评。"①其实上述论述具有职业背景因素,"得到理论界的猛烈批评"也有些言过其实。

这一争论显然非常具有意义,因为有助于廓清政策最终的作用领域、法治与政策的关系,也是确立立法正当性理念的一次契机,但遗憾的是,这一争论并没有持续,争论本身也是小范围的、零散的,"刚刚开了头却又煞了尾"。从最后的结果来看,这一结论似乎也显得"没有意义"。社会法治现实依然依照惯性在向前滑行,似乎并未聆听或并未理会这一原初的争论。争论的研讨未及"向青草更青处漫溯",更未及"在星辉斑斓里放歌",就随着实践不断提高该政策的位阶而隐身了。缺乏了对武器的批判,批判的武器最终逐步陷入似是而非的泥沼。现实中留下的只是颂扬的声音,理论中盛开的都是含笑的鲜花。

(二)实践中宽严相济刑事司法政策是如何完成向"基本刑事政策"华丽转身的

《决定》中指出:"依法严厉打击严重刑事犯罪活动,着力整治突出治安问题和治安混乱地区,扫除黄赌毒等社会丑恶现象,坚决遏制刑事犯罪高发势头。实施宽严相济的刑事司法政策,改革未成年人司法制度,积极推行社区矫正。"解读《决定》可以发现,这一纲领性文件确立的宽严相济刑事政策建立在以下基准之上:(1)宽严相济刑事政策是一个"司法"政策,这是《决定》所明示的,明确的原旨在缺乏充足的理由时是不能随意被扩张的。(2)对于严重刑事犯罪的打击并没有被包含在宽严相济刑事政策的范围之中。严厉打击严重的刑事犯罪仍然是应有之义,只不过犯罪治理不再是单极性的。(3)宽严相济刑事司法政策的提出是对"严打"政策的纠正,是从以前的单极化政策向平衡化政策过渡的文本表达。《决定》将宽严相济政策与改革"未成年人司法制度"和"积极推行社区矫正"放在同一语系中,说明了宽严相济政策的核心在于"以宽济严",也就是说平衡中有一定的价值选择,这也符合政策的历史发展特征。(4)对严重刑事犯罪的打击必须"依法"而行,不能超越法律;而宽严相济的政策又是一个"司法"政策,由此复证了无论是"严打"还是"宽严相济"都应当是司法领域的政策,而不是立法政策。(5)从《决定》申明的制度语义本身推导不出惩办与宽大相结合的刑事政策被替代。恰恰相反,表述区分为两段契合于惩办与宽大相结合政策。所以,根据《决定》的意蕴,宽严相济刑事司法政策成为刑事政策的具体组成部分;根据表述的明达,其不是一个立法政策。

《决定》出台前的原初实践也是遵循或者说契合了这样的思路,但是在《决定》出台后的政策发展过程中却表现出逐渐背离《决定》精神和规范性要求的倾向。

宽严相济刑事政策的较早提出是在2005年12月5日的全国政法工作会议上。

---

① 姜涛:《宽严相济刑事政策的立法化及其实现》,载《江汉论坛》2011年第6期。

时任中共中央政治局常委、中央政法委书记罗干同志在该次会议上指出:"充分发挥政法机关在构建社会主义和谐社会中的职能作用,更加注重运用多种手段化解矛盾纠纷,更加注重贯彻宽严相济的刑事政策,更加注重发挥专群结合的政治优势,更加注重执法规范化建设,更加注重全民法制教育,促进社会和谐稳定。"①虽然最初提出宽严相济刑事政策的时候,政策并没有被明确限定在司法领域,但是通过解读讲话的精神可以发现,政策是在政法工作会议上提出的,而政法机关本身的工作就是适用法律而不是立法,所以政策的司法特征不言而喻。

2006年3月第十届全国人大四次会议的相关工作报告中,多次强调了宽严相济刑事政策的司法性特征。譬如,《最高人民法院工作报告》在介绍2005年刑事审判和执行工作的情况时指出:"贯彻宽严相济的刑事政策,对罪当判处死刑但具有法定从轻、减轻处罚情节或者不是必须立即执行的,依法判处死缓或无期徒刑。"强调在2006年的工作中,会"坚持宽严相济的刑事政策,对犯罪情节轻微或具有从轻、减轻、免除处罚情节的,依法从宽处罚"。《最高人民检察院工作报告》同样指出:"全国检察机关在过去的一年认真贯彻宽严相济的刑事政策,坚持区别对待,对严重的刑事犯罪坚决严厉打击,对主观恶性较小、犯罪情节轻微的未成年人、初犯、偶犯和过失犯,则慎重逮捕和起诉,可捕可不捕的不捕,可诉可不诉的不诉。"可见,宽严相济刑事政策的另一个特点在于对"严打"刑事司法政策的中和,这也间接证明了该政策的司法性。

在2006年11月6日第五次全国刑事审判工作会议上,罗干同志在讲话中再次强调:"正确执行宽严相济的刑事司法政策,实现法律效果和社会效果的统一。"②他同时还指出:

> 要正确分析我国目前各种犯罪产生的原因、规律和特点,更加注重贯彻执行"惩办与宽大相结合"的基本刑事政策,充分发挥政策的感召力,分化瓦解犯罪分子,促进罪犯改过自新,有效预防和减少犯罪。坚持区别对待,根据罪刑法定、罪刑相适应和适用法律人人平等的原则,依法准确惩罚犯罪,该严则严,当宽则宽,宽严相济,罚当其罪。③

此时,宽严相济刑事政策仍然被视为"惩办与宽大相结合"基本政策下的具体政策,这与宽严相济属于司法政策的结论不谋而合。同时,该讲话强调了宽严相济政策实施过程中必须遵循刑法的基本原则,这也说明该政策主要是在司法过程中使用的,是在坚持法律效果基础上对社会效果的考量。

由此可见,宽严相济刑事政策在最初的酝酿和实践中,虽然在字面上没有系统论述,但事实上是在司法领域中贯彻的。

---

① 李薇薇:《罗干强调深入开展平安建设》,载《解放日报》2005年12月7日。
② 参见《罗干在第五次全国刑事审判工作会议上强调充分发挥刑事审判职能作用 维护社会稳定促进社会和谐》,载《人民日报》2006年11月8日。
③ 转引自高铭暄:《宽严相济刑事政策与酌定量刑情节的适用》,载《法学杂志》2007年第1期。

然而,由于长期以来理论对政策和立法关系的解读未能与时俱进,仍然习惯性地认为刑事政策包括立法政策、司法政策、行刑政策等,所以,在实践中提出一个新的策略时,仍然沿照固有的思维进行判断,尤其是当一个策略被写入党的纲领性文件之后,将其从一个具体的政策上升为总体性的政策又似乎是理所当然的。

在此背景下,司法政策被提拔为立法政策就只是时间问题。后来的实践也证明,宽严相济刑事政策确实在渐渐被理解为整个国家刑事法治的指南。譬如,2010年2月8日《最高人民法院关于贯彻宽严相济刑事政策的若干意见》开宗明义地指出:"宽严相济刑事政策是我国的基本刑事政策,贯穿于刑事立法、刑事司法和刑罚执行的全过程,是惩办与宽大相结合政策在新时期的继承、发展和完善,是司法机关惩罚犯罪,预防犯罪,保护人民,保障人权,正确实施国家法律的指南。"此时,在司法机关看来,宽严相济政策已经成为基本刑事政策,刑事立法是其重要的体现领域。

最终完成政策的立法升位则是在《刑法修正案(八)》的制定过程中。2010年9月30日,全国人大常委会在中国人大网公布了《刑法修正案(八)(草案)条文及草案说明》,向社会各界征集意见,该说明对立法修正的根据予以明示:"根据宽严相济的刑事政策,在从严惩处严重犯罪的同时,应当进一步完善刑法中从宽处理的法律规定,以更好地体现中国特色社会主义刑法的文明和人道主义,促进社会和谐。"①并据此对刑法作出了一系列调整。上述说明折射出的结论是,宽严相济刑事政策不仅是刑事司法过程中的政策,而且是刑事立法中具有重要指导意义的政策。由此宽严相济华丽转身,最终完成对《决定》的背离。

这一转身和背离的过程显然并没有经过系统的理论论证,也缺乏有效的实践总结。因此,这一转身被推测出的理由只能是:作为领导者、作为纲领性的文件作出的每一个决定都应当是全局性、基本性的。

其实,有些决策有时也可能是局部性的、领域性的、具体性的。如果作出扩张性的解释,必须具有全面的、充实的理由和说明,这恰恰是纲领性文件的严肃性和权威性所决定的,同时也是法治思维的基本要求。

(三)"背书"再次导致政策成为法的"正式渊源",由此产生流弊

从宽严相济刑事司法政策提出迄今为止,对于政策与立法关系的讨论似乎仍然局限于刑法学科领域。事实上,政策与法律(主要是立法)的关系似乎早应该超越部门法学的意义了,只是因为缺少了一般法理学意义的研究,注定了对二者关系的研究还处在具体立法的科学性、法律体系内部的协调性以及法律的具体适用等问题上。正如有学者所论述的,缺乏法理学的研究,所导致的结果是法学研究继续处在"幼稚"阶段,以国家理论代替法律理论,以政策解释代替法律分析,以一般哲学原理代替法学自身研究等诸多因素,"法理学与部门法学严重脱节,失去了其作为法学的'一般理论'、'基础

---

① 参见《刑法修正案(草案)条文及草案说明》,www.npc.gov.cn,2014年5月5日访问。

理论'和'方法论'的特殊地位和作用"。①

现实是什么样的呢？在法理学界,近几十年来一直对政策入法抱着极大的警惕性并持续地进行批判,普遍认为政策的存在"不仅替代了法律,遏止了法律的成长,支配着法律,使法律成为政策的仆从,而且给法律本身带来消极影响,使法律政策化","政策的种种效应是法律难以实施的重要原因之一。不适当削弱政策的权威,法律的权威就难以建立,不减少政策的适用范围和影响,法律的作用就难以发挥。"②由此政策从法的"正式渊源"中被驱逐出来。但在刑法以及刑法学界中,仍然十分热衷于对法律的政策解读。

宽严相济刑事司法政策的立法化过程是一个重新将政策作为法的"正式渊源"的过程,导致刑法工具性特征再次被重视,刑法的"灭火"功能再次被祭起,最终落于"泛政策化"的窠臼。我们曾经为"严打"政策歌功颂德过,若干年后回首往事才反思政策法律化的危害。同样,我们不能因为宽严相济政策被供奉而回避政策入法的潜在危害。

具体而言,宽严相济刑事司法政策"背书"的后果是政策立法化或立法政策化被认为具有合理性,刑法的谦抑性原则被忽视,立法者更加希冀通过刑法的方式来解决一些刑法所无法解决的问题或者其他法律可以解决的问题。同时,在司法中,罪刑法定原则进一步被忽视,突破刑法原理和刑法规范的做法不乏其例,如"量刑反制"的现象、罪名的"司法口袋化"等。此外,对政策的泛化理解也使得本类并没有与时俱进的刑事政策学理论进一步陷入混沌状态,政策与法律的关系的认识更加模糊。

具体来说,政策所针对的社会矛盾往往是临时的、易变的,在不同的时期或者不同的时间也会形成不同的治理策略,甚至一个突发事件都能够引发政策风向的改变,政策主导下的刑法也会显示出这样的特征。这在政策法治化的背景下主要表现为:

1. 权力主导日益明显。立法过程存在着积极和保守的制衡。在权力主导的立法中,由于权力受自身政策观——维护秩序——的指引,往往存在着能动立法的倾向。"回顾从1979年到《刑法修正案（七）》的刑法改革之路,我们会发现,在犯罪圈的划定与刑罚量的调整方面,我国的刑事立法一直在延续着传统的权力刑法思维,即着眼于权力统治与强化社会管理,以'秩序'为价值中心,试图将犯罪预防与治理的所有细节纳入权力的控制范围之内。"③这种以权力为主导的频繁修法方式也导致"全国人大常委会到底有没有权力修改刑法总则"这一争议的出现。由此,有学者建议:"为了保证刑法修正的合法性与正当性,建议今后在《刑法修正案》中,只要涉及刑法总则的一些规定,最好能够提交全国人大进行审议和表决,因为全国人大是我国的最高立法机关,

---

① 参见张文显:《世纪之交的中国法学——法学研究与教育咨询报告》,高等教育出版社2005年版,第235页。
② 蔡定剑:《历史与变革:新中国法制建设的历程》,中国政法大学出版社1999年版,第265、269页。
③ 周振杰:《〈刑法修正案（八）〉:权利刑法思维之体现与侧重》,载《山东警察学院学报》2011年第3期。

由其修正的刑法条款更具有代表性和正当性,更能体现全国13亿人民的意志。"①权力主导下的政策立法化,使得法律的代表性和正当性受到损害。只有充分注重立法内在的规律和正当性依据,才能更加充分地在法律中体现普遍性特点,淡化权力的主导。

2. 在注重政策立法化或立法政策化的氛围中,势必会较少顾忌立法的程序性和稳定性要求,法律的频繁修改就成为一种常态。近年来,刑法修订过程给人的感觉是:哪个领域的社会矛盾激化,就在哪个领域祭起刑法的大旗。自1997年《刑法》修订以来,除了一个单行刑法之外,全国人大常委会先后通过了8个《刑法修正案》,《刑法修正案(九)》也正在紧锣密鼓地制定过程中。从目前来看,平均一年半左右修改1次,修改的条文已经多达79条,占据全部条文的17.5%,占分则条文的22.5%。2011年通过的《刑法修正案(八)》更是修改了50个条款,甚至开始蔓延至总则领域。具体来说,在立法过程中,为了配合某个领域的治理政策,甚至越俎代庖,不顾体系的协调性,直接将刑罚放到首当其冲的位置。例如,2005年2月通过的《刑法修正案(五)》第1条规定了窃取、收买、非法提供信用卡信息罪。然而,在当时,在中国人民银行制定的《信用卡业务管理办法》(1996年)中,连窃取、收买、非法提供信用卡信息的民事责任都没有规定,其他的非刑事法律中也没有规定相关民事或行政法律责任。②再譬如,基于"拒不支付劳动报酬的现象在我国呈现愈演愈烈之势,该行为不仅对劳动者及其家庭的生存造成了巨大威胁,而且引发群体性事件或个人极端事件,成为影响社会稳定的重要隐患,具有严重的社会危害性"③,《刑法修正案(八)》第41条第1款规定了拒不支付劳动报酬罪。这事实上是将民事、行政方面的法律问题上升为了刑事方面的问题,这一规定突破了中国刑法二元化的立法模式。也正是因为如此,该罪名在司法实践中的效果非常差,判决阙如。以至于为了改变这一现象,厘清二者之间的界限,最高人民法院于2013年1月22日专门对外发布了《关于审理拒不支付劳动报酬刑事案件适用法律若干问题的解释》,对这样一个刑法中并不典型的罪名使用了长达1500字来解惑。产生问题的根本原因同样在于可资利用的非刑罚手段还没有穷尽,在民法、劳动法等很多领域没有完善④的前提下试图通过入罪化来解决问题。且不说这样的立法是否符合二元化的立法模式和刑事可罚性的基本要求,如果欠薪可以入刑,则具有同样严重后果的欠债行为似乎也不乏入刑的理由。事实上,除了上述罪名之外,诸如刑法修正案新增的骗取贷款罪、危险驾驶罪在入刑前后所遭遇到的争论莫不与此有关。

此外,在个罪法定刑的修订过程中,基于政策因素形成的立法不乏其例。譬如,"经同中央纪委、最高人民法院、最高人民检察院等部门研究认为,鉴于这类犯罪社会

---

① 吴清树:《刑法修正的权限之辨》,载《法制日报》2012年2月29日。
② 参见胡启忠:《金融刑法立罪逻辑论》,载《中国法学》2009年第6期。
③ 姜涛:《劳动刑法研究三题》,载《法学评论》2010年第3期。
④ 诸如及时申请财产保全、及时财产审计、工作物留置权等制度的完善。

影响恶劣,为适应反腐败斗争的需要"①,《刑法修正案(七)》将巨额财产来源不明罪的最高法定刑由 5 年有期徒刑提高到 10 年。笔者认为,这一立法只是单纯满足了"义务警员"仇视犯罪的情感需要,毕竟对于提高个罪法定刑,只要不超过一定阈值是不会受到多少质疑的。即使该罪的最高刑提高到 15 年乃至无期徒刑,相信也不会遇到多少的阻力,因为该刑与贪污罪、受贿罪的法定刑相比还存在巨大的落差,并不足以失衡。理论中确实也有一些人曾提出类似的建议。② 如果冷静分析则会发现,从立法原理来看,沉重的法定刑与单纯的拒不说明来源的行为显然并不匹配;从实践效果看,该罪名基本上是与贪污罪或受贿罪并用的,鉴于我国当前贪污罪、受贿罪的量刑标准,巨额财产来源不明罪原有较轻的法定刑基本不可能存在轻纵罪犯的空间。所以,该罪法定刑的变更至多只是证明了政策影响下立法的激进性而无法产生效果。

二、在追根溯源中对宽严相济刑事司法政策作出合理定位

任何政策的出台都有其文义渊源和历史渊源,宽严相济刑事司法政策同样要放置于这样的背景和语境中,才能追寻原旨,彰显说服力。"以过去和现在的铁铸一般的事实来测将来,洞若观火。"③

(一)宽严相济概念的文理与历史渊源

诗云:匪今斯今,振古如兹。中国古代长期奉行"宽猛相济"的政策,在论及当代宽严相济政策的历史渊源的时候,人们一般也都是以此为历史渊源展开。"宽严相济在我国法律文化上有深厚的历史渊源。早在先秦时代就有'刑罚世轻世重'、'宽猛相济'的政策,经魏晋、隋唐以至明清一直沿袭不断"。④ 一些学者在论述两极化政策的时候也会追溯历史来进行论证,只不过是各取所需,或正或反而已。譬如,陈兴良教授在回溯古代刑事政策相济的时候指出:

> 我国古代刑法中,也存在着"刑期于无刑"这样包含着丰富的刑事政策意蕴的思想,但在专制主义思想的支配下,引申出重刑主义的结论。……在商鞅看来,轻

---

① 参见《〈刑法修正案(七)〉草案全文及说明》,www.npc.gov.cn,2014 年 5 月 6 日访问。
② 譬如,理论中有观点认为:"将无期徒刑规定为法定刑的最高刑,这种情况下有期徒刑作为选择,主要考虑的是严惩的目的。在我国的司法实践中,一般无期徒刑服刑人在两年之后减为有期徒刑,实际上等于有期徒刑二十二年,所以既是为了体现严惩也是为了有更多的刑罚可供选择,将无期徒刑列为该罪的最高刑罚对该罪而言是合理的选择。"参见吴宏文:《巨额财产来源不明罪存在的问题及修正》,载《人民法院报》2002 年 4 月 1 日。
③ 鲁迅:《南腔北调集·〈守常全集〉题记》,人民文学出版社 1980 年版。
④ 参见马克昌:《宽严相济刑事政策的演进》,载《法学家》2008 年第 5 期。具体还可参见赵秉志、种松志、韩豫宛:《宽严相济刑事政策与和谐社会构建》,中国法制出版社 2009 年版;蒋熙辉:《宽严相济刑事政策与刑事法治改革》,载《中央党校学报》2008 年第 3 期;陈国庆:《和谐社会需要贯彻宽严相济的刑事政策》,载《法制日报》2007 年 2 月 6 日;卢建平、郭理蓉:《宽严相济的历史溯源与现代启示——以刑罚改革为中心》,载卢建平主编:《刑事政策评论(总第一卷)》,中国方正出版社 2006 年版;张亚平:《宽严相济:刑事政策方略研究》,中国检察出版社 2008 年版;狄世深:《宽严相济刑事政策的理性分析》,载《北京师范大学学报(社会科学版)》2009 年第 4 期。

罪轻刑,重罪重刑,则轻重难以遏制,既然轻罪不止重罪同样也无从遏止。因此,商鞅主张"行刑,重其轻者,轻者不至,重者不来,此谓以刑去刑,刑去事成。"韩非也进一步地阐述了"重其轻者"的理由:"夫以重止者,未必以轻止也;以轻止者,必以重止矣。"这种"重其轻者"的思想,就是一种典型的重刑主义。虽然在法家的观念中,"以刑去刑"的目的是正当的,但采用"重其轻者"的手段则是不正当的,其陷入重刑主义恰恰是"只要目的正当,可以不择手段"的逻辑演绎的必然结果。①

上述论述撷取了法家思想中专制的、武断的政策观来进行反向说明,不可否认的是回溯历史,无论是正向的抑或是反向的,都会为我们提供一个合理性的渊源和丰富的借鉴价值。所以,虽然宽严相济刑事司法政策的提出在新的时代背景下有其特定的含义,但对其原有文理本身的考察不无裨益。

宽猛相济治策的历史渊源可以溯及西周。从西周修正神权政治之后,其法治思想开始走向理性和人性。春期时期,百家争鸣,各种治策思想蓬勃而出,莫不与西周的法治思想有很大的关联性和传承性。宽猛相济治策的形成也是以此为根基的。当然,在这里需要说明的是,由于在古代法中,对法律实质的看法与当代对法律实质的看法截然相反,刑法并没有完全被系统解读为限权法,所以宽猛相济的政策也不可能经过理性的审视,由此也存在着观念陈杂的现象,但是这并不能意味着当代的研究者不能进行一些有针对性的研究并从中汲取养分。

1. "当宽则宽,当严则严"是法律应有之义,只不过有时法律的伦理被败坏(如法家思想)。西周治策不同以往的最大特征是将德化视野的内容作为规约的核心,提出了"天命有德""以德配天""明德慎罚"的观念,主张敬德保民、恭行天命。崇尚以伦理为维系的方式来治理国家,对权力付诸道德的强化和约束,对民众也注重以道德教化的方式使之臣服。在适用刑罚的时候将刑法的威吓作用与道德的教化作用结合起来,而不一味强调重罚的作用。由此形成了"礼刑结合"的治策特色,确立了一系列至今仍无法完成精神超越的刑事准则。"宽和"被极为推崇,"三刺""三宥""三赦之法"令人叹为观止。《周礼·秋官·司刺》指出:"壹宥曰不识,再宥曰过失,三宥曰遗忘。一赦曰幼弱(年少体弱,不满7岁的未成年人),再赦曰老耄(已满80岁的老年人),三赦曰蠢愚(精神病人或弱智者)。""三刺"制度则体现了程序的审慎,在今天仍被一些学者标榜为司法民主的体现。"周王立三刺以不滥,弘三宥以开物"②。这些宽和性的标志被延及后世,在于弘扬人间的正道,弘扬法律的伦理性要求,也体现为当今刑法基本信守的历练。

刑罚的适用以"中道"为理念,所以刑法本身排斥过分宽纵和过于严厉。西周《牧簋》铭文中就有"不中不刑"的记载,《尚书》中类似的记载就更多。如《尚书·吕刑》指出:"明启刑书,胥占,咸庶中正""观于五刑之中""士制百姓于刑之中""明于刑之中"。

---

① 陈兴良:《宽严相济刑事政策研究》,载《法学杂志》2006年第1期。
② 《隋书·刑法志》。

可以说,"刑中"是《尚书·吕刑》全篇的基本宗旨,只有信守中道才会实现司法公正。具体来说,中道也就是适用刑法的时候在宽严之间选择一个适当的标准。这一思想可谓泽被后世,成为儒家刑法理念的重要内容。明代丘浚在《慎刑宪》中说:"帝王之道,莫大于中。中也者,在心则不偏不倚,在事则无过不及。帝王传授心法,以此为传道之要,以此为出治之则。""天下之理,惟有一中,中者无过之及,宽严并济之道也。"①刑罚之重是天然的,把握"中"——宽的尺度——才是最为重要的。过宽则会导致"遂相率而趋于纵驰"②,宽久必懈,宽久无威。

笔者认为,立法的所有思想可以归并入皋陶的这样一段醒世恒言:"帝德罔愆,临下以简,御众以宽;罚弗及嗣,赏延于世。宥过无大,刑故无小;罪疑惟轻,功疑惟重;与其杀不辜,宁失不经;好生之德,洽于民心,兹不犯于有司。"③这段话可谓中国古代刑法理念的精华,其简洁的话语不仅指明了刑法的基本精神和理念,而且涉及立法的基本依据和准则。

2. 宽猛之间的"相济"主要是一个治策问题,具体表达为一个刑罚如何适用的问题。最为直接而经典地提出宽猛相济治策的是《左传》中一段论述:"仲尼曰:'善哉!政宽则民慢,慢则纠之以猛;猛则民残,残则施之以宽。宽以济猛,猛以济宽,政是以和。'"④繁荣的先秦文化是中国法律文化和法律理念的奠基时期,其论断往往是简陋的和散在的,同时又可以引申为多向度的理解。但"相济",以既存蓝本为基础进行调和则是常态。为政者,唯有以宽服民。然而宽容之难在于水虽懦弱,几致多死。所以宽猛相济成为必须。后世的治策无论是法家之道、儒家之道,还是后来的儒法结合,在社会治理以及刑罚的适用过程中,总是在结合律令,结合世事,"虑逝世之变,讨政法之本,求使民之道",⑤在宽与严之间作出权衡。"治天下之道,贵得适中,故宽则纠之以猛,猛则济之以宽……朕兹当御极之初,惟思宽严相济。"⑥"宽大非宽纵之谓,严厉非严刻之谓,要惟不张不弛、无怠无荒,大中至正,庶可几郅隆之上理。""所谓宽大者,乃爱养良民……勤恤民隐,安静至诚,以培元气者,乃非废弛,而真能振作也。"⑦"办理事务,宽严适当,若严而至于苛刻,宽而至于废弛,皆非宽严相济之道。"⑧

也就是说,存在着一个先验的规范蓝本,宽猛相济是对已有政策和规则在特定时期适用的特定的治理方式。譬如,《尚书·吕刑》虽然提出了中正的治策,但这是建立在既存规则太过刚硬而难以适应社会现实的前提下。"墨罚之属千。劓罚之属千,剕罚之属五百,宫罚之属三百,大辟之罚其属二百。五刑之属三千。"在刑法的严苛面前,

---

① 《清高宗实录》卷十四。
② 同上。
③ 《尚书·大禹谟》。
④ 《左传·昭公二十年》。
⑤ 《商君书·更法第一》。
⑥ 《清高宗实录》卷四。
⑦ 《清高宗实录》卷三。
⑧ 《清高宗实录》卷八。

采取一种体恤的方式对犯罪予以宽容,用现在的话说这就是追求法律效果与社会效果的统一。既维护了法律的稳定性,也满足了社会现实的需要。"五刑之疑有赦,五罚之疑有赦,其审克之!简孚有众,惟貌有稽。无简不听,具严天威。墨辟疑赦,其罚百锾,阅实其罪。劓辟疑赦,其罪惟倍,阅实其罪。剕辟疑赦,其罚倍差,阅实其罪。宫辟疑赦,其罚六百锾,阅实其罪。大辟疑赦,其罚千锾,阅实其罪。"①在司法实践中,所谓刚猛,主要表达为"五刑"的刚硬性,而不是表达为对法律规定的突破。所以,在社会治理和刑罚适用过程中,如何解读规则和变通规则就成为一个十分关键的问题。用之不当,则"古经废而不修,旧学暗而不明,儒者寂于空室,文吏哗于朝堂。"②单纯依靠法令并不能满足社会现实的需要,只有依据法令作出合理的治策进行接济才是正途。王粲在《儒吏论》中也说:

> 执法之吏,不窥先王之典,缙绅之儒,不通律令之要。彼刀笔之吏,岂生而察刻哉,起于几案之下,长于官曹之间,无温裕文雅以自润,虽欲无察刻,弗能得矣。竹帛之儒,岂生而迂缓也?起于讲堂之上,游于乡校之中,无严猛断割以自裁,虽欲不迂缓,弗能得矣。先王见其如此也。是以博陈其教,辅和民性,达其所壅,祛其所蔽,吏服雅训,儒通文法,故能宽猛相济,刚柔自克也。

无论是"执法之吏"还是"缙绅之儒",都不是以修法者的角色出现的,其完美履行职责的标准只不过是——"吏服雅训,儒通文法"。礼法结合,刚柔相济,才能游刃有余,这是治策的完美性标准。

3. 宽猛相济适用的依据和标准尺度具有灵活性,也容易产生分歧。作为一项应世而变的接济性的政策,涉及对以前的规则和政策的审定、反思以及对新政策的评估、审慎,进而如何把握尺度。因此具有高超的艺术性,因时而异,甚至因人而异。过宽或者过严都会走向初衷的反面。以赦为例,有人认为:"数赦则奸生,恐流弊转甚。"有人则认为:"废赦何以使人自新?"对此,唐代白居易的判词也曾有过论证:"刑乃天威,赦惟王泽。于以御下,存乎建中。上封以宥直利淫,卓门宜闭。大理以荡邪除旧,权道当行。皆推济国之诚,未达随时之义。何则?政包宽猛,法有弛张。习以生常,则起为奸之弊,废而不用,何成作解之恩?请思砭石之言,兼泳《蓼萧》之什。数则不可,无之亦难。"③对废弛和苛刻两个极端的担忧一直是决策者挥之不去的心病。

一般来说,在社会变革时期或积重难返的时候,严厉策略更易被接受和被推崇(至少法家是这样认为的)。《韩非子·五蠹》中说:"如欲以宽缓之政,治急世之民,犹无辔策而御马,此不知之患也。"是故,章炳麟《訄书·学变》云:"又恶夫以宽缓之政,治衰敝之俗。"然而,事实并非总是如此。相反的实例也不胜枚举。《宋史·列传第七十三》中就曾记载适用轻刑,"盗减比年大半"的情形。

---

① 《尚书·吕刑》。
② 《论衡·程材》。
③ 《白氏长庆集》卷四十九。

所以，在笔者看来，严格的政策对整饬废弛不无作用，但是从整体角度来说，浸淫在儒家思想中的治策理念暗含着这样的原理：高高在上的权柄和律令天然与严厉和刻薄交织在一起，所以为政者的宽容、宽和应当成为缓冲的、接济的必要手段。

此外，宽猛的适用也因对象而有别。一般来说，以礼入法之后，以猛济宽往往是针对侵蚀王权的犯罪以及官员犯罪，而以宽济严猛往往体现在情理与法律发生冲突时。唐代白居易的《白氏长庆集》（卷四十九）中有大量的判例可资证明，其他类似的裁判也不胜枚举。只不过到了宋明之后，走向了戴震所说的"以礼杀人"这另一极端。规则废弛，政策当道。

4. 宽缓是以对猛政的纠偏面目出现的。在儒家思想中，宽和是为政的美德之一。《论语》中记载："子张问仁于孔子。孔子曰：'能行五者于天下，为仁矣。''请问之。'曰：'恭、宽、信、敏、惠。恭则不侮，宽则得众，信则人任焉，敏则有功，惠则足以使人。'"①宽和、宽容是能够使得民众顺服的重要手段。《说苑》曰："政有三品：王者之政化之，霸者之政威之，强国之政胁之，夫此三者各有所施，而化之为贵矣。夫化之不变而后威之，威之不变而后胁之，胁之不变而后刑之，夫至於刑者，则非王者之所贵也。"宽和作为为政美德、作为对刑罚弊端的纠偏，在历代判决中也多有体现。如宋代胡石壁关于"欠负人实无从出，合免监理"案的裁决认为："今观其形容憔悴如此，不惟不当留禁，杖责亦可复施？合免监理，仍各于济贫米内支米一斗发遣。"②字里行间充满着对罪犯的哀矜和宽容。《新序·刺奢》曰：

> 臧孙行猛政，子贡非之曰：夫政犹张琴瑟也，大弦急则小弦绝矣，是以位尊者，德不可以薄，官大者，治不可以小，地广者，制不可以狭，民众者，政不可以苛，独不闻，子产相郑乎，其抡材推贤，抑恶而扬善，故有大略者，不问其所短，有德厚者，不非其小疵，其牧民之道，养之以仁，教之以礼，因其所欲而与之，从其所好而劝之，赏之疑者从重，罚之疑者从轻。宽、信、敏、公，乃圣王治世之大本，而必以宽居首……圣王出治，舍宽其何以为敷政宁人之本哉？

历史已经证明了法制名义下苛政和暴行往往近乎偏执，又因为偏执从而不可能维护统治长期安然地生存。作为政策执行者的司法者对偏激的防范无疑首当其冲。所以中国古代文化比较成熟的时期，极为强调对官员行为的自我道德约束。这种约束表现为向内和向外两个方面。向内表达为内敛，向外表达为宽仁。而这两个方面又相辅相成，甚至可以归结为一个问题的两个方面。当然从逻辑上来说，向内是基础，向外是结果。

5. 宽缓根植于伦理普适性。"四方有败，必先知之，此之谓民之父母矣。"③权力者被定位于类似于家长的角色，在多数时候被国人引申为一种特权，但是未尝不可引申

---

① 《论语·阳货》。
② 《宋本名公书判清明集·判一》。
③ 《礼记·孔子闲居》。

为一种天然的责任和义务。因为在多数时候,在伦理规范中,父母给予孩子更多的是爱和保护,而不是索取、特权和虐待。同此道理,"臣闻刑以助教,德以闲邪,先王慎于好生,大易诫於缓死。今陛下母临黔首,子育苍生,孚佑下人,克配上帝。然有东南小袄,荆蛮远郊,虽圣德泣辜,尚用防风之戮;天心罪已,仍劳淮甸之征。其有讹误闾邑,胁从井邑,陛下愍孤孀於海淮,恤伶穷於江汉,舍从宽宥,此陛下之恩也。"①"刑在必澄,不在必惨;政在必信,不在必苛。"②用刑在于清明而不在于惨烈,施政重在立信而不在于苛刻;"典谟之政,参详适中;上庠之礼,大学之义,施用为切。"③"……《春秋》之义,立法贵严而责人贵宽,因其褒贬之意以制赏罚,亦忠厚之至也。"④立法虽必严厉,责人贵在宽和,这是中国古代长期贯彻的一个基本理念。

(二)宽严相济刑事政策的现实渊源——对"严打"政策的纠偏

笔者认为,宽严相济刑事司法政策的提出既是对优秀中国法治传统⑤的弘扬,更是对"严打"政策的纠偏。既然是纠偏,首先必须分析"严打"政策本身的表现领域和方式,才能为新的政策提供量身定制的依据,才能为新的政策接生。

1979年《刑法》颁布实施之后,最为显著的刑事政策莫过于"严打"刑事政策。一般认为大规模的严打整治斗争历经了三次;其一,1983年8月中共中央作出了"关于严厉打击刑事犯罪活动的决定",将流氓团伙分子、流窜作案分子、杀人犯、拐卖妇女、儿童等7类严重刑事犯罪作为打击范围。这些都是当时意识形态和社会体制下的最为严重的刑事犯罪类型和方式。运动特点为:"三年为期,三个战役"。其二,第二次大规模的严打整治行动是在1996年4月。党中央决定在全国统一开展为期3个月的"严打斗争",为实施"九五"计划和2010年远景目标纲要创造良好的社会治安环境。其三,2001年,根据党中央、国务院的部署在全国范围内开展了声势浩大的严打整治斗争。这次"严打"确立了以下重点打击对象:(1)黑社会性质组织犯罪以及其他危害社会治安的恶势力犯罪。(2)爆炸、杀人、抢劫、绑架等严重暴力犯罪。(3)盗窃等严重影响群众安全感的多发性犯罪。同时还规定各地区可以在此基础上结合当地的实际,明确打击重点。

尽管大规模的严打整治斗争是三次,但"严打"政策无疑是在这段时期内主导性的政策。在这一过程中,宽缓的要求虽然偶有提及,但完全是作为点缀性的词语出现。尽管现实中宽缓不可或缺,但某些所谓的政策宽缓,很多时候是配合严厉出现的,只不过是严厉的另外一种方式。如"严打"时期对自首的从宽化理解,实际上是为了配合完成"严打"的任务而提出的。所以,作为政策的明达,严厉成为单极。"严打之俗语化,

---

① 《全唐文》卷二百二十四。
② 同上。
③ 同上。
④ 《古文观止·赏罚忠厚之至论》。
⑤ 当然,因为诸多方面的原因,传统往往被后世所剪裁并阻断。尤其是在法治领域,许多古代优秀的法治文明成果长期被我们忽视甚至被错误否定。因此,许多优秀传统还有待于我们去发掘,去整理。

正说明严打已深入人心。"①

这种极端化的刑事政策随着时间的推移逐渐被人诟病并展开反思:(1)"严打"是特殊时期的特殊政策,还是常态政策?理论中开始出现"非常说"②和"常态说"③的分歧。(2)严打政策是基本的刑事政策还是具体的刑事政策?有观点认为"严打"已经成为"我国的一项基本刑事政策"④,但更多的观点则认为"严打"只是一项重要的具体政策。(3)"严打"与惩办与宽大相结合的政策是何种关系?(4)"严打"政策是否具有预期效果?"似曾相识燕归来",这些问题,在后来讨论如何定位宽严相济刑事政策的时候也再次被提及,由此也反证了此处进行反思的必要性。

正是这些问题在现实中不断地被反思和总结,才为后来宽严相济刑事司法政策的定位提供了前提,做好了理论与实践准备。

1. "严打"刑事政策经历的是一个自发的从基本政策向具体政策位移的过程。这一实践的自我纠偏证明了政策的司法性特征,为合理解读宽严相济的刑事司法政策提供了一个参照的现实蓝本。

早期的"严打"政策在立法、司法等多个领域均有所体现,而后期的"严打"政策倾向于刑事司法实践活动中的依法性。譬如,1983年党中央作出了《关于严厉打击刑事犯罪活动的决定》,"严打"整治成为刑事政策的重心。"严打"的发起既有现实环境的因素,也有法律本身不适应的因素,因此政策一开始被最直接地定位于罪名的扩展和刑罚的刚猛,"严打"的确立首先从立法领域开始。譬如,为配合政策需要,《关于严惩严重危害社会治安的犯罪分子的补充规定》等单行刑法出台。再如,在《关于严厉打击刑事犯罪活动的决定》中,劳改逃跑犯、重新犯罪的劳改释放分子和解除劳教的人员以及其他通缉在案的罪犯是作为司法与执法的重点打击对象的。后来全国人大常委会专门通过了《关于处理逃跑或者重新犯罪的劳改犯和劳教人员的决定》,以单行刑法的方式将"严打"内容法律化。由此完成了司法"严打"向立法"严打"的转身。

在2001年开始的"严打"斗争中,这种"改法""严打"的方式已经被纠正,"依法"严打的宗旨被确立,"严打"从一个包含立法、司法、执法等方面的具有基本性的宏观的政策开始专注于司法、执法领域。这一转变的价值十分重大,但由于未能完成从自发向自觉的转变,没有进行系统的理论总结,在解读宽严相济刑事司法政策的时候,纠结和纷争重复出现。

2. 随着"严打"向具体化政策的回归,其和惩办与宽大相结合的基本政策的关系开始协调化。实际上,即使在"严打"整治初期,宽大的政策也被多次强调,只不过此时只是"严打"政策的附庸,缺乏政策的独立性。例如,1985年4月3日《最高人民法院工作报告》提出:"对具有自首或检举揭发、确有立功表现等从宽情节时,依法从宽处

---

① 陈兴良:《严打利弊之议》,载《河南政法管理干部学院学报》2004年第5期。
② 马克昌:《关于"严打"的刑法学思考》,载《荆州师范学院学报》2002年第1期。
③ 包卫星、解少君:《公正视野下的"严打"政策分析》,载《盐城工学院学报(社科版)》2004年第4期。
④ 李远军、李建国:《严打政策事实根据和价值分析》,载《当代经理人》2005年第14期。

理,务必政策兑现。对判决生效以后,罪犯在检举揭发其他犯罪分子的罪行时,同时交代本人余罪可以不予加刑。主动交代出重罪、罪该处死的,可以不判死刑,检举重要案犯立功的,依法予以减刑,对多年流窜作案的要犯,只要自动归案或其家属、亲友动员归案,均可依法从宽处理。"而在"严打"后期,由于"严打"被司法化,惩办与宽大相结合的政策才被理顺,才真正地开始关注宽大的要求。例如,在 2001 年开始的"严打"整治期间,上海地区在执行这一刑事政策的同时,即十分注意贯彻宽大的方针。上海市高级人民法院等部门先后通过了《关于处理自首和立功具体应用法律若干问题的意见》《关于"严打"整治期间对在押、收容人员兑现宽严政策的通告》,在执行和贯彻政策主旨的同时,司法机关已经开始注意到"严打"的具体性和宽大的整体性的区别。

作为一个和惩办与宽大相结合的基本政策并不抵牾的具体政策,二者之间有不同的位阶。只不过当刑法领域中一味强调从严的时候,从逻辑上说,惩办与宽大相结合的基本政策在具体刑罚领域就容易被偏废。所以,即使"严打"政策有即时的合理性,也注定了其只能是短时期的政策。从长期来看,宽严相济才是司法、执法领域的中正之道,才与基本政策相协调、相衔接、相匹配。

3. 单极化刑事司法政策的弊病也决定其必然被宽严相济的刑事司法政策所取代。在贯彻"严打"政策的年代,毫无疑问对犯罪的严厉打击是主线。从"严打"刑事政策制定实施以后,重刑判决的数量表现为几个方面的特征:(1) 重刑的判决——5 年以上有期徒刑、无期徒刑、死刑——在全部判决生效案件中的百分比始终稳定在一个较高的并且较为接近的水平,在加大"严打"力度的个别年份,重刑比有所提高。(2) 在集中力量进行"严打"并且提高重刑的比例后,犯罪指数会有所下降,但是持续一段时间之后,整个犯罪指数又会增加。全国法院历年判决的犯罪行为人的数量处于稳定增长的态势,在"严打"刑事政策贯彻之初,短期内效果是十分明显的。1985—1987 年全国法院判决的犯罪分子数量平均在 32 万人左右,但是 1988 年以后,全国法院每年判决的犯罪人数迅速增加到了 45 万人以上。1996 年判处罪犯 61 万余人,2003 年判处罪犯 93 万余人,2005 年判处罪犯 84 万余人。[①] 犯罪人数的不断攀升有多方面因素,但也引发了人们对"严打"刑事政策的质疑,认为"严打"似乎并没有有效地降低犯罪率。"严打具有短时间内压制犯罪的效应,这是不容否认的。但严打的效果不能持久地维持,这也是一个客观事实。"[②] 与此同时,政策的长期化也导致立法出现了重刑化的倾向,进而导致重刑思想的不断蔓延,导致"刑法功能的贫困"[③]。所以在政策后期,刑法学界对政策的质疑已经成为一个挥之不去的话题,寻找均衡性的政策势在必行。

4. 由于在较长一段时期之内,"严打"刑事政策是通过立法来支撑的,而严打化的立法成果很大程度上已经被现行的 1997 年《刑法》所吸收,从某种程度上说,刑事政策

---

① 参见相关年份的《最高人民法院工作报告》。
② 陈兴良:《宽严相济刑事政策研究》,载《法学杂志》2006 年第 1 期。
③ 孙万怀:《刑法的功能贫困——惩治腐败的阶段性思考》,载《华东政法学院学报》2003 年第 4 期。

立法化过程说明我国现行的刑事立法中已经较大程度上体现了"严打"的内涵,所以在司法过程中,不能再一味从严。这也为宽严相济作为司法政策的出台提供了框架性的前提。

三、"宽严相济"作为司法政策的法律逻辑和形式逻辑

宽严相济刑事司法政策是刑事政策变革中的一个增量因素,是对"严打"刑事政策的修正。罗干同志在 2005 年全国政法工作会议上就是这样界定的:"宽严相济就是指对刑事犯罪区别对待,做到既要有力打击和震慑犯罪,维护法制的严肃性,又要尽可能减少社会对抗,化消极因素为积极因素,实现法律效果和社会效果的统一。宽严相济是我们在维护社会治安的长期实践中形成的基本刑事政策。在和谐社会建设中,这一政策更具现实意义。我们要立足于当前社会治安实际,审时度势,用好这一刑事政策。"[①]他认为宽严相济的刑事政策是维护社会治安的基本刑事政策,是对惩办与宽大相结合政策的继承与发展,继承是基本的,但它还有发展,因为它是在构建和谐社会背景下而提出的,把宽放在第一位,这与惩办与宽大相结合把惩办放在第一位有所不同。原来的惩办与宽大相结合是在解放初期镇压反革命背景下提出来的,当时提宽大是以惩办为前提的,离开了惩办也就无所谓宽大,但现在提的是宽严相济,宽是第一位的,这个"宽"是围绕和谐社会而提出的。对此,可以作出这样的解读:其一,宽严相济刑事政策是对"严打"刑事政策的修正,也就是说出现了宽和这一增量因素,而且宽和成为首要的要求,这一修正显然应当是一种本质性的修正。其二,"严打"刑事政策后期实际上已经被局限在刑事司法领域,作为增量因素出现的宽严相济刑事政策,自然而然应当被理解为一种司法政策。其三,宽和增量因素的增加,既可以"有力打击和震慑犯罪,维护法制的严肃性",又可以"尽可能减少社会对抗,化消极因素为积极因素,实现法律效果和社会效果的统一",将法律效果与社会效果相提并论,显然包含着这样的原理:法律的规范是明确的,有时并不能形成良好的社会效果,所以对法律的适用必须结合社会现实展开,对遵循法律的基础之上,作出符合社会现实的解读。这显然与前述的古代宽猛相济的特征异曲同工,也有些类似于我们通常所说的立法定性,司法定量[②]。

尽管上述谈话还是将宽严相济作为"基本刑事政策",但却存在着如何理解"基本政策"的问题:首先,这里的"基本刑事政策"并不"基本",充其量只是"维护社会治安"领域的政策。其次,理论和实践中对刑事政策范围的理解从未取得共识。因为对于刑事政策的理解具有层次性,所以对于"基本"的含义理解就不一样。譬如有学者认为

---

① 转引自马克昌:《"宽严相济"刑事政策与刑罚立法的完善》,载《法商研究》2007 年第 1 期。
② 当然,这里的"定性""定量"是一个广泛意义上的形容性概念,尤其是"定量",是结合社会效果而言的量化结果。

"综合治理"才是最基本的刑事政策。① 一旦我们将刑事政策的范围进行狭义理解,则"基本政策"的概念又会呈现另外一些特点。譬如,我们可以说宽严相济就是刑事司法领域的基本政策,可一旦将刑事政策理解为犯罪预防,显然宽严相济就不能作为基本政策出现。是故,"维护社会治安"是一个宽泛的概念,宽严相济显然只是从惩罚犯罪的角度而言的,充其量只能说是"惩治"危害社会治安犯罪的基本刑事政策。

由此延及的问题是宽严相济既然作为刑事治安领域制裁犯罪的基本政策,刑事政策的内涵有多大,宽严相济作用的空间就有多大。对于刑事政策范围,理论界普遍接受、俨然成为主流的观点是:刑事政策至少可以被划分为立法政策、司法政策、行刑政策。② 然而,立法与司法虽然语词为伍,但存在根本的区别。从逻辑上来说,立法是法律的确立过程,而司法、行刑是法律的执行过程。这一性质差异决定了宽严相济刑事政策的生存空间应该继续被细分。

在法学意义上来说,刑法显然不应属于刑事政策直接作用的结果,尽管往往立法体现了刑事政策的某些精神和思路。这一结论的逻辑支撑在于:

1. 立法遵行正当性(广义合法性)③,而政策遵循合法性(狭义合法性)。立法自身的品质决定了其只有体现人类整体性的文明成果时才具有正当性,只有体现了共识性、观念才具有合理性。这显然已经与刑事政策的内容没有多少关联,更不能同日而语。当政策因为其权力的属性和利益的特定性而随着时代发展被变更了,法律还在那里。人们或许无法记住刑事政策的古今兴亡,但却趋同于法治的追求。就狭义合法性而言,一般来说,政策必须遵循法律,政策破法的贻害将是深远的。刑法与其他法律相比更应该具有稳定性,更应忌讳朝令夕改,更应该注重对社会长期形成的社会规范的遵循和保护,更应注重对业已形成的共同的法律文明成果的接纳。这是刑法正当性的基础,不能基于政策的需要而违背这种正当性(广义合法性)的要求。在这方面我国当代的刑事立法显然有着极为深刻的教训。譬如,在溯及力问题上,从旧兼从轻原则成为近于共识性的立法成果,我国1979年《刑法》和1997年《刑法》都对此予以申明。但是在政策入法时期,单行刑法却规定了从新原则和有条件从新原则。这些规定一方面违背了立法的正当性(合法性)要求,违背了法律内在道德标准——实质上具有不正当性,另一方面也突破了政策本身的合法性底线——形式上具有不正当性。

2. 立法源于分配正义的平衡,而政策则由权力主导。"立法是分配正义的平衡之

---

① 参见严励、王娜:《"严打"刑事政策的理性思考》,载赵秉志主编:《刑法学研究精品集锦》(上册),北京师范大学出版社2012年版,第160页。

② 具体观点和结论可参见梁根林:《刑事政策:立场与范畴》,法律出版社2000年版,第261—262页;严励:《广义刑事政策视角下的刑事政策横向解构分析》,载《北方法学》2011年第3期;刘仁文:《论刑事政策的概念与范围》,载《中国人民公安大学学报》2005年第1期。广义的概念逐渐成为近些年的主流的结论。参见卢建平主编:《中国刑事政策研究综述》,中国检察出版社2009年版,第37—40页。

③ 这里的与正当性通用的合法性,是西方政治学中十分重要的词语,许多学者为此专门著书立说,如哈贝马斯的《合法性危机》、卡尔·施密特的《政治的概念》、让-马克·夸克的《合法性与政治》等。基于主旨与篇幅限制,本文在此不予展开,详细论述可参考孙万怀:《刑事立法过度回应刑事政策的主旨检讨》,载《青海社会科学》2013年第2期。

艺术。立法原本就是要在权力与权力、权力与权利的矛盾焦点上,找出最佳的结合点。对公权力而言,有授权就有控权,公权力不是无限的,不是为某一部门独霸的,不是不受制约的;对公民私权利而言,公民的权利起点,就是公权力的终点。"①立法是一种博弈活动,是平行四边形合力形成的结果。以权力为主导的政策实际上应该是立法过程中一方力量,而不是独霸的。政策不应直接成为立法的指南。"从政策博弈转向立法博弈,是权益分配机制的重大变革,也是呈现于此刻中国大地上有关分配正义的重要事实。过去中国的公权力表现为一种高度一元化状态,最高权力的指令构成全体行动的纲领,社会听命于政治,而政治一统,基本谈不上所谓博弈问题。近二十年来,多元利益和多元主体的形成,逐渐造成由利益博弈来担当正义分配的机制之势,表现为从政策博弈向立法博弈的转型,其实质是利益博弈的法制化。"②这样的态势在其他立法中已经呼之欲出(包括刑事诉讼法的修改),但是似乎在刑法立法中仍然没有表现,政策主导性作用仍然十分明显。我们很难希冀立法者主动作出改变,但至少在刑法理论中不应当再固守陈规。应该树立立法博弈的信念,只有如此,才能彻底摆脱刑法工具论的束缚,防止刑法跟随政治权力亦步亦趋,防止刑法工具化的观念披上新衣再度粉墨登场。

3. 立法具有稳定性,而政策具有功利性。法律所追求的是人道、公平和平等等人类社会的基本价值,因此决定了立法是保守的,这在刑法中很大程度上表现为谦抑性特征,超越法律的基本属性和规定去追求惩治犯罪的效果为法治理念所不容。这些价值诉求一个外在的表现就是立法的稳定性要求。朝令夕改的危害性既表现为对法律稳定性的侵犯,也表现为对法律基本价值的忽视。反过来说,把自由、公正、平等等价值归结为刑事政策的价值也是似是而非的。③ 政策具有功利性,只要手段能够控制犯罪,该手段就对权力具有吸引力,都有被权力在一定情形下使用的可能,尤其是在特定时期,针对特定的、严重的突发事件,政治权力都可能在匆忙间祭起刑法的大旗,进而对谦抑、人道、公正等价值形成冲击。从我国刑法关于盗窃罪死刑存废的变迁过程中就可以看到这样的遗痕。1979年《刑法》对盗窃罪并未设置死刑,但是随着"严打"的展开,政策的功利性要求使得死刑有了存在的"正当性"。1997年《刑法》最初的意见稿中也曾取消了死刑,但是最终经过一定的技术性处理或者说作为妥协的结果,死刑并未被废止,只是附缀了严格的条件。直至2011年,《刑法修正案(八)》才最终彻底废止了盗窃罪的死刑。立法三十年的反复从一定意义上说就是立法的正当性、稳定性诉求与政策的功利性之间的博弈,以及政治权力与理论合理要求的对立、妥协和协调的过程。

---

① 艾文波:《立法博弈必须保障民众话语权》,载《检察风云》2006年第15期。
② 许章润:《从政策博弈到立法博弈——关于当代中国立法民主化进程的省察》,载《政治与法律》2008年第3期。
③ 有学者将自由、公正、平等价值等归结为刑事政策的价值。参见严励:《刑事政策的价值目标》,载《法学评论》2004年第3期。

只有在遵循法律基本价值的前提下,刑事政策才能够适当地对法律的稳定性进行突破,简单地说就是,政策"不可法外示威,但可法外施恩",而"法外施恩"必须有严格限定,即必须是当立法存在着违背人道和伦理精神的时候。这也是"拉德布鲁赫公式"所形成的共识——法的安定性要受到更高价值的约束。①

4. 惩罚性是刑罚的基本属性,这种惩罚性是建立在一般人和一般社会行为规范基础之上的,而政策往往是针对部分群体和部分特殊行为而言的,刑法则总体表现为一种不宽容。"惩罚的不宽容依然成为人类社会维持现代社会运转不可或缺的一种社会形式,是一种社会防范和约束各种'过错'的重要手段。"②而社会现实因为情景的变化和特殊的时代需求必须对其予以具体的诠释,所以宽容往往就成为必要的补充和修正手段。刑法立法一般并不热衷于针对具体的个案、个别人或短时期的具体事件,而是着眼于整体性的正义(只不过有时以具体事件为契机),这决定了其职能排斥了个体的特殊性需求,所针对的都是类型化的行为,是以报应为基础的。尽管设置了一些预防性的条文,但这毕竟不是刑法的基本属性。而司法过程是针对个别化事由的,其宽容性由此得以通过政策性的指导得以实现。正如前文所引:"《春秋》之义,立法贵严而责人贵宽。"

5. 最后需要提及一个非常有意思也是非常重要的但被忽视的立法变化。我国1979年《刑法》第1条明确冗长的法律制定的依据规定中,明确指出:"……以宪法为根据,依照惩办与宽大相结合的政策,结合……制定",而1997年《刑法》第1条则被修订为:"为了惩罚犯罪,保护人民,根据宪法,结合……制定本法"。直接删去了政策作为立法依据的表述,是否意味着立法曾经有意识地回避了政策法律化的倾向呢?

所以,从应然角度说,刑事政策主导立法的惯性思路显然有被深刻反思的空间。立法由刑事政策主导的思路不仅陷入政策立法化的误区,导致立法过度回应政策,而且会出现泛法治化的倾向,致使法律的真谛被忽视。

不仅如此,从形式来说,将宽严相济的刑事司法政策作为立法政策对待,还会出现一系列的形式逻辑的困境,实质上使得政策与法律的关系又一次失调。这种形式逻辑的困境和失调表现为以下几个方面:

1. 无法解决惩办与宽大相结合政策之间的关系。早在宽严相济刑事政策提出的时候,高铭暄教授就提出:"中央文件的正式提法,比如说《关于构建社会主义和谐社会若干重大问题的决定》,只说它是刑事司法政策,并没有说它是基本刑事政策。罗干同志在2005年全国政法工作会议上说宽严相济的刑事政策是我们维护社会治安的基本刑事政策,他是从维护社会治安的角度来讲的,只限于讲社会治安。他在2006年第五次全国刑事审判工作会议上,既提惩办与宽大相结合的刑事政策也提宽严相济政策的刑事司法政策,可见惩办与宽大相结合的政策并没有被它所代替。宽严相济的刑事政策上升为刑事基本政策,既是刑事司法也是刑事立法还是刑事执行政策,特别是刑事

---

① 参见孙万怀:《刑事立法过度回应刑事政策的主旨检讨》,载《青海社会科学》2013年第2期。
② 李振:《社会宽容论》,社会科学文献出版社2009年版,第69页。

立法政策,还没有看到我们立法机关就这个问题表过态。再说罗干同志主管的不是刑事立法工作,他不可能讲刑事立法政策,他只是管公检法司这一系列。"①虽然在后来的刑法修正过程中以及政策适用过程中,宽严相济刑事政策事实上被作为一项基本政策来对待,但这只是一个美丽的错误,因为我们找不到惩办与宽大相结合被替代的理由和依据。如果还承认其与惩办与宽大相结合政策并行不悖,只有将其解读为司法政策比较通顺。其实这样的理解并不是多么新颖的解读结果。在坚持宽严相济是立法政策的主张者那边,早就使用过这样的论证方法:"虽然1997年新刑法删除了'惩办与宽大相结合的政策'内容,但在理论上谁也不否认惩办与宽大相结合至今仍是我国的一项基本刑事政策。为了说明在严打的形势下惩办与宽大相结合的政策没有变,有的学者勉为其难地将其解释为:惩办与宽大相结合是基本刑事政策,而严打是具体刑事政策,依法从重从快(严打)这一具体刑事政策同惩办与宽大相结合的基本刑事政策的精神是一致的,而不是对立相悖的。"②只不过,当今天我们坚信宽严相济为刑事司法政策的时候,由于内容的协调性,不存在"勉为其难"的"解释"而已。

  上述观点只是在固有的政策框架以及政策解读的前提下所得出的一种逻辑结论,或者说只是"以子之矛陷子之盾"的一种论证。实际上,在笔者看来,诚如前述古人所论及的"不中不刑"的道理。刑法立法追求"宥过无大、刑故无小",结合行为的危害性与主观恶性设定刑罚本身就是追求"中道""中正"的结果,在立法领域,与其说是惩办与宽大相结合,不如说是"当宽则宽、当严则严"。所谓的"惩办与宽大相结合"本质上是阐明刑罚中应当形成一个轻重有序的阶梯,成为一个惩办与宽大统一的体系,并非表达为"相济"的关系,而是呈现出错落有致的样态。现实中尽管可能存在着两种制度的并用,譬如,针对故意杀人后投案自首的,似乎是以自首从宽调配死刑,但这实际上已经是一个制度的适用问题而不是一个制度本身的问题,甚或可以说是一个司法适用的问题。当然,在适用法律的解释活动中,可能会存在政策"暗度陈仓",但这已经超越了本文研讨的范围而成为一个司法政策科学化的问题。

  2. 当宽严相济政策可以被解读为立法政策时候,意味着法律规范本身的形成已经是宽严相济作用的结果,则在司法过程中是否还有继续通过宽严相济的司法政策来对犯罪处遇进行调整的必要?如果在司法中继续贯彻这一方针,则意味着出现两个方面的悖论:其一,对犯罪进行了政策方面的重复评价。因为宽严相济的本质是"相济",是对基本规范的改变,既然立法中已经调适了,似乎司法中也就没有变通的必要。否则就可能导致处罚结果的宽上加宽(或严上加严)。譬如,如果将《刑法修正案(八)》中已满75周岁的人一般不适用死刑的规定理解为宽严相济政策的体现,则司法实践中是否还有必要结合各种情节再次根据宽严相济的司法政策作出从宽处罚的规定?其

---

① 参见高铭暄教授在"和谐社会与中国现代刑法建设——纪念新刑法典颁行十周年学术研讨会"上的发言,http://www.criminallawbnu.cn/criminal/info/showpage.asp?showhead=&ProgramID=1230&pkID=11582,2014年5月5日访问。
② 陈兴良主编:《宽严相济刑事政策研究》,中国人民大学出版社2007年版,第3页。

二,导致政策可能归于虚无。虽然立法依据政策作出了新的调整,但司法可能利用政策让这种调整归于沉寂。譬如,立法对某类行为进行了从严(或从宽)规制,而司法又可以根据形势和宽严相济政策进行从宽(或从严)等反向的处罚。这种形似立法领域和司法领域均实现相济的结果,实则意味着司法对立法政策的一种僭越和违背,导致政策的存在丧失了意义。譬如,《刑法修正案(八)》在盗窃罪中增设了"入户盗窃"等情形,如果将其认定为以严济宽的体现,再对入户盗窃的既遂等问题作出宽和化的解释,实质上意味着是基于一种以宽济严的思路,则政策贯彻的前后思路似乎出现了内在冲突。反过来说,如果对该问题作出了严厉的解释,则立法从严的前提下,司法似乎又没有必要再这么做。其三,理论中可能会存在这样的推论:立法划定了"宽"与"严"的范围和限度,司法中继续可以宽严相济,因此,立法上的宽严与司法中的宽严相济并不矛盾。这样的推论实质上在印证本文的结论:立法中的"宽"或"严"本身就是立法"中道""中正"的体现,不存在相济的问题,"相济"体现在司法中。

3. 宽严相济政策本质上是一种和谐化的政策,是对刚性规定中和的策略,是对法律效果结合社会效果的修正。而立法的缘由是复杂的,有其自身的规律和需求,并非宽严相济所能够涵盖。譬如,《刑法修正案(八)》废除了13个非暴力性经济犯罪中的死刑,实际上就具有多方面的原因:其一,随着人类法治文明的进步,死刑存在本身不再具有合理性,减少死刑适用是大势所趋,尽管政策的主导者可能并不情愿,但不得不考虑;其二,死刑与纯粹经济犯罪不具有对等性,这已经近乎形成共识,对共识性知识的遵循势必逼迫刑法走出改变,尽管权力主导者对此并不完全认可,但不排除有时会被迫作出某些妥协;①其三,这些罪名在司法实践中适用死刑的情形已经比较罕见,存设的意义不大,废除也不会引发文化冲突,这样的死刑废除为权力所认同、所乐见,死刑废除只不过是对司法政策的正当性认可而已,和政策关涉不密切。所以,刑事立法的内容遵循立法的基本原理,保持刑法立法的谦抑性、人道性和公正性才是首要的,这是立法的正当性、稳定性和科学性的必然要求,是成熟化立法的体现。同时,立法的程序性规则也必须逐步建立和完善。"立法博弈展示了中国式政治、社会转型的真实形态,牵扯到公权与私权、社会与国家等多方因素。这种转变催生立法的公开性与程序化的可能性,形成'立法市场'的制度潜能。立法博弈是一种治理方式,公众参与和社会的发育是政策博弈向立法博弈转型的应有之义。"②在实质和程序的正当性诉求这一立法"应有之义"得以通行之后,政策必然不能再一统江湖,政策的作用必然不再那么直接。可以说,我国刑事立法的观念转变虽然相较其他部门法仍显缓慢,理论尚未充分自觉,但事情正在起变化。

---

① 事实上,《刑法修正案(八)》对一些死刑的废除,确实给人感觉是一种妥协。譬如,同是金融诈骗罪,立法也只是废止了部分罪名的死刑而不是完全废除。再如,对于"审判时已满75周岁的人不适用死刑"的设定,"草案"的初衷是绝对不适用死刑,但最终还是拖了一条尾巴——"以特别残忍手段致人死亡的除外"。
② 许章润:《从政策博弈到立法博弈——关于当代中国立法民主化进程的省察》,载《政治与法律》2008年第3期。

以上这些因素显然都和宽严相济政策关联不大，甚至不是权力的主动追求，而是法治发展的历史阶段使然。如果并入宽严相济的旗帜下，则取代了立法的"合法性"价值，立法本身的独立性依据就也没有了。毕竟所有新的立法规定比以前的（或原有的）规定不是宽和就是严厉，如果都可以以"相济"为论据，则会陷入立法完全政策化的泥沼。

4. 宽严相济的基本含义与立法的特点不相符合。宽严相济刑事政策的核心是"相济"。"相济"表现为对一个既存基本规范的修正或兼济，需以基本规范的有效存在为前提，即宽严相济的概念本身意味着宽（严）本身是存在的，只不过通过严（宽）作出了适当的变通，这才存在"济"的问题。如果旧的规范已经被新法所修改，"相济"的基础就消亡了。"本来无一物，何处染尘埃"，在立法中谈"相济"显然是将"相济"进行了形容性的阐释而不是规范性的理解。

从这个意义上来说，宽严相济政策与西方所谓的两极化政策是不同的。前者追求的是接济和协调，后者强调的则是极端化。所以，如果将立法作为政策体现，则两极化的提法显然比宽严相济的提法更为合理。

而在刑事司法或刑法适用过程中，基本的法律规范是存在并有效的，只不过基于社会形势发展变化，基于考虑社会效果的需要，规范的适用可以根据政策的需求在刑度上进行延展和限缩，这一改善是可行的并且是有意义的。这并不是确立全新规则的过程，更不是取代旧规则的过程。

5. 最后需要说明的是，上述论述既是对宽严相济刑事政策的定位进行正本清源的结果，也是政策与立法关系归位的必然要求。但这只是完成了一个前提性的工作，并不代表法律公正的最终实现。在贯彻宽严相济刑事司法政策的时候，还存在着政策合法性与合理性的判断问题。在立法正当性的框架下，宽严相济司法政策的贯彻必须遵循法律的基本精神，因应法律的基本准则，这样立法与司法之间才能够形成良性互动[①]，正所谓"法至于平，尽矣；君子又加之以恕……彼不平者加之以深，不恕者加之以刻，其伤天地之和多矣。"[②]

四、结语：谁有权解释政策？

从《决定》的具体规定可以得出结论，宽严相济政策在作为政策被提出时，并没有忘记将其建立在符合条文规定和刑法基本原则的基础之上，更没有忘记把权力限制在合法限度内。这与法治的基本思路殊途同归。只是在后来的实践和理论中，却出现了偏向化的解读。如果政策可以通过立法化的方式解决，则"依法"贯彻某一政策就失去

---

① 对于政策的合法性要求的论述，可参见孙万怀：《刑事立法过度回应刑事政策的主旨检讨》，载《青海社会科学》2013年第2期。
② （清）兰陵堂存版：《格言联璧》。

了"依法"的原味和意义。由此我们不得不点明一个简单的却不容忽视的问题,既然立法的解释有明确的规范要求,则对政策谁有权做解释并用什么方式来解释呢?"在特定案件中,有些解释方法的确可能比原旨主义方法能产生'更好'的结果。然而,如果我们因为那些方法能产生我们所喜好的结果而对它们偏爱有加的话,那么其功用的发挥,就是一种政治意识形态,而不是一种法律性解释方法。"①纳入法治领域的政策应当以法律性的解释方法来解释。这种解释是以法律规则的形成为基础的,依据独立的诠释方法形成。"法学学科的独立性是由分析法学(或法律解释学甚至概念法学)来承担的……法律规则是法律的主要构成要素;是法律具有独立性的最主要支点;是法治命题能够成立的核心范畴;是法律思维方式能够形成,法制的各个环节应重点建设与落实的成分"。② 这种解释方法是一个政策合法化的过程,而不是一个政策立法化的过程。"政策合法化是一个社会政治力量谈判与妥协的契约过程,其依赖于一系列十分复杂的政治活动与制度规制而发生作用。作为社会理性主义者,政府深思熟虑的政策方案常常在政治妥协与互动过程中发生戏剧性的改变,直至社会各个利益相关方都能接受或达成一致为止"。③

无论什么时候,我们都不能忘记法治的本质要求是规范公共权力。中央领导人最近在中纪委第二次全体会议上讲话时指出:"要加强对权力运行的制约和监督,把权力关进制度的笼子里,形成不敢腐的惩戒机制、不能腐的防范机制、不易腐的保障机制。""把权力关进制度的笼子里"的决心绝不仅仅是为了满足肃贪的需要,不仅仅是针对个性化的权力,更应该是国家管理事务中的权力规范运作的要求,是决策的法治化、民主化的结果。"权利对于公民人性的承认具有本质的重要性,因此绝不可能和对政策的关切相提并论。"④当对刑事政策的解释不能对应于权力约束和权利保障时,其正当性就被削弱了。

中华文化五千年生生不息、绵延不断的重要原因,在于她是发生于上古时代多个区域、多个民族、多种形态的文化综合体。她不但有自强的力量,而且有兼容的气度、灵变的智慧。当是时也,我们应当与时俱进,反思自己的传统文化,学习和吸收世界各国文化的优长,以发展中国的文化。我们接受自由、民主、公正、人权、法治、种族平等、国家主权等价值观。我们确信,中华文化注重人格、注重伦理、注重利他、注重和谐的东方品格和释放着和平信息的人文精神,对于思考和消解当今世界个人至上、物欲至上、恶性竞争、掠夺性开发以及种种令人忧虑的现

---

① 〔美〕基思·E.惠灵顿:《宪法解释:文本含义、原初意图与司法审查》,杜强强等译,中国人民大学出版社2009年版,第3页。
② 参见陈金钊:《认真地对待规则》,载《法学研究》2000年第6期。
③ 赵德余:《民主、公意与政策合法化的逻辑》,载《学习与探索》2011年第1期。
④ 德沃金语。转引自〔美〕基思·E.惠灵顿:《宪法解释:文本含义、原初意图与司法审查》,杜强强等译,中国人民大学出版社2009年版,第25页。

象,对于追求人类的安宁与幸福,必将提供重要的思想启示。①

如果放置于宏大叙事的背景下,从社会价值的高度来说,社会主义核心价值体系的精髓被归结为民族精神与时代精神的结合,而宽猛相济的刑事司法政策可以说是这一精髓在刑事法治价值观领域的体现。它既是中华刑法文明的精髓,具有典型的民族法治精神特征,同时,考述无倦,与时俱新,在当今的法治背景下,该政策的提出,毫无疑问也应具有时代特点,也应被赋予新的价值内涵。

---

① 《甲申文化宣言》(摘录),转引自俞荣根:《寻求"中道"——儒家之法的精神及其普世价值》,载《现代法学》2006年第6期。

刑事司法

关于我国国际刑事司法合作制度的几个问题[*]

主讲人：郭建安，司法部司法协助与外事司司长
主持人：周仲飞，上海政法学院校长、教授、博士生导师
时　间：2015年11月9日晚

国际刑事司法合作是一项重要的国际法律合作制度，也是一项古老的制度，据研究在公元前1280年就萌芽了。这一制度对于合理确定跨国案件的管辖权限，及时追惩犯罪，实现法治所维护的公平正义，具有重要的意义，因而受到各国普遍重视。特别是近年来因通讯技术的发展、网络的普及和人员跨国流动不断频繁而导致跨国案件大幅增长，国际社会对国际刑事司法合作重视程度也日益增加。

据统计，2014年，我国出入境人员达到4.9亿人次。其中，内地居民2.33亿，港澳台居民2.05亿，外国人5266.81人次。

2014年12月，我国网民达到6.49亿，其中手机用户占64.1%。

我国目前关押着6000多名外籍犯，3000多名中国公民被关押在外国的监狱里。

一、国际刑事司法合作概述

(一) 国际刑事司法合作的概念

国际刑事司法合作也称国际刑事司法互助，我国称之为国际刑事司法协助，英文常表述为 International Cooperation in Criminal Matters 或者 Mutual Legal Assistance in Criminal Matters，一般是指不同国家之间，根据本国缔结、参加的国际条约，或者按照互惠原则，相互提供便利以使相关刑事诉讼活动得以进行和完成的一项制度。

(二) 国际刑事司法合作的主要类型

1. 司法文书送达

司法文书送达是刑事诉讼启动和进行的重要环节，也是刑事司法协助中最常用的

---

[*] 本讲稿由主讲人提供。

一类协助。

刑事司法文书,主要指在刑事调查、起诉、审理和刑罚执行中,请求方通过被请求方向有关人员(包括证人、鉴定人、诉讼当事人等)发出的传唤通知、出庭通知、拘留或逮捕通知书、起诉书、刑事判决书或裁定书等。

送达的方式包括直接送达和邮寄送达。直接送达时,除请求被请求国协助送达外,在一定情形下还可以由外交和领事官员送达,但在我国仅限于向其本国公民送达,同时不得采取强制措施,不得违反我国的法律。

由于我国刑事诉讼法对刑事司法协助只有一条原则性规定,因而在实践中遇到了两个问题:一是由哪个机关送达的问题;二是传票类文书是否送达的问题。关于第一个问题,送达文书是一种比较常见的司法合作形式,但是由于没有相关立法规定送达的主体,因而在实践中常常遇到困难,目前一般由人民法院送达。关于第二个问题,向犯罪嫌疑人或被告人送达传票或传唤通知问题比较复杂,需要慎重对待。因为通过试图向犯罪嫌疑人发传票的方式要求其在国外出庭的行为有规避引渡程序、变相引渡的嫌疑,因此我们禁止直接向公民寄送传票。有不少送达请求,就是据此而被拒绝提供协助的。但是,也有人主张,了解自己在外国被起诉是被送达人的知情权,应当得到保障,至于是否赴外国出庭由其自己决定。否则,被送达人在不知情的情况下进入请求国或者与请求国具有引渡合作关系的第三国时,有可能被请求国拘捕或者被第三国引渡到请求国。我国公民被美国从第三国引渡的案例已经发生过多起。例如,杨斌从保加利亚被引渡;宪宏伟、李礼才从匈牙利被引渡;苏斌才从加拿大被引渡;程思海从英国被引渡。还有湖南神力公司老总袁宏伟,在英国被捕之后,是利用警方逮捕令上他名字的字母拼写错位而被临时释放后逃回国的。因此,我国与一些国家签订的双边条约不绝对禁止送达这类文书,而是将裁量权赋予被请求国,规定被请求方不负有送达的义务。

传唤证人和鉴定人出庭作证应当确保其在作证期间享有刑事豁免权。请求国要承诺不因其前往请求国出庭作证之前的行为而对其进行刑事追诉或处罚,不因其在请求国的出庭作证行为对其进行刑事追诉或处罚。如果请求国没有主动承诺,被请求国应当要求其承诺。但是,对于在法庭上作证的刑事豁免问题,一些学者有不同观点,认为如果被请求出庭作证的人做了伪证而不受追究,有违在法律面前人人平等的原则,因而一些国家在签订双边条约时只规定了第一项豁免。

根据不完全统计,2014年,司法部作为中央机关共收到了37件送达文书的请求,另有4件送达文书加调查取证的请求,向外发出了2份送达文书的请求。

2. 调查取证

调查取证是对犯罪嫌疑人进行追诉的基础,因而是刑事司法协助的一项重要内容。调查取证包括调取证据材料、委托询问证人、查找人员或资产、派员调查、联合调查、解送在押人员出庭作证、远程视频作证等方式。

协助调查取证也存在两个值得探讨的问题:一是证人有没有作证的义务;二是可

否直接进行远程视频作证。对于第一个问题,按照我国刑事诉讼法的规定,证人有作证的义务。但是,对于外国请求协助作证的,刑事诉讼法未作相应规定。因此,在实践中采取的是自愿的原则。证人同意作证,中央机关和主管机关就协助调查取证或者安排出庭作证。对于第二个问题,不赞成协助进行远程视频作证的观点认为,远程视频作证具有现场不可控性,外国的律师可能会当庭攻击我司法制度甚至政治制度。因此,在实践中,如果在证人同意的基础上安排了视频作证,会对请求方提出要求,请法庭制止与审理的案件无关的问题,也会对证人做些培训。

在协助外国调查机构来华调查取证时,一般是就请求国调查的问题通过我方调查人员向被调查人员提出。在押人员出庭作证时享有与其他出庭作证人员相同的权利,他可以自愿选择出庭作证与否,请求国和被请求国都不能强制其出庭作证。同时,请求国应当保证其处于被羁押状态,并按时将其解送回请求国。随着通讯技术的快速发展,远程视频作证越来越被广泛使用。这种作证方式既节省了开支,也免去了出庭作证给请求国和被请求国以及作证人员带来的许多麻烦。我国与一些发达国家进行了这方面的尝试,取得了良好效果。

目前,调查取证在我国对外刑事司法协助总量中占据半数以上。司法部作为中央机关,在2014年分类统计的174个请求中,有91个是请求协助调查取证,另有9个为协助调查取证加送达文书或加查找、扣押和冻结资产。

3. 涉案资产的查封、扣押和冻结

为了保全证据和财产,有关司法机关或执法机关在刑事诉讼过程中常常对涉案资产采取强制措施,进行查封、扣押和冻结。这类措施对于我国及时追回外逃贪官的腐败资产,是非常必要的。但是,因为涉及对被请求人实质权利的限制,被请求国一般对证据的要求较高,请求国须充分证实请求所针对的资产是被请求人的,且是通过犯罪手段获得的,并使被请求国相信采取强制措施的必要性。此外,在程序上,许多国家都是通过法院发布这种强制令,而我国刑事诉讼法规定,侦查和公诉部门也都有权采取这种措施,只有对涉案财产的处置必须经过法院。这两个问题在一定程度上对我国的对外追赃构成障碍。此外,有时被请求国会要求请求国承诺赔偿错误采取强制措施所造成的损失。

外国向我国提出的这类请求也面临着很大的法律上的障碍。由于刑事诉讼法对国际司法合作没有作出具体的规定,专门的法律又没有出台,因而在实践中就遇到主管机关执行这类请求没有国内法依据的问题。

2014年,在统计的174件司法协助请求中,有6件属于这种类型。

4. 引渡

引渡是指一国把一个正在其境内的被他国指控为犯罪或判刑的人,依该国的请求,移交该国审判或处罚的一种制度。

作为司法协助的一种重要方式,引渡制度由来已久。据研究,早在公元前13—14世纪就出现了引渡或含有引渡内容的条约,后随着国家制度和国际交往的发展而不断完善。现代引渡制度是在对古代引渡制度的批判与继承中逐步建立起来的。在跨国犯罪日益猖獗的当今,引渡制度越来越受到国际社会的普遍和高度重视。

引渡的目的有二:一是为了诉讼的目的,即对被引渡人提起诉讼和进行审判;二是为了执行刑罚的目的。基于前者的引渡叫诉讼引渡,主要针对犯罪嫌疑人。基于后者的引渡叫执行引渡,只是针对已经审判被判处刑罚的人员。当然,如果被判处刑罚的人员被发现还犯有其他罪行,也可以对其进行诉讼引渡。近年来,又出现了第三种目的,即对被定罪但未被判刑的被定罪人进行判刑,或许可以称之为量刑引渡。

在引渡的法律基础上,大陆法系的国家多采取条约加互惠原则,英美法系的国家多采取条约前置主义,对没有缔约的国家不开展引渡合作。我国倾向于大陆法系国家,可以在平等互惠的基础上进行引渡合作。不过,近年来出现了一种对条约前置主义进行变通或者放弃的新趋势。一些普通法系国家,如英国、新西兰、印度、南非等,相继修改引渡法,放弃了条约前置主义。加拿大、澳大利亚等国对引渡条约进行了扩大解释,包括多边公约,因而对条约前置主义做出了变通。美国通过修订法律,允许对极个别例外情况进行通融,在与请求国未签订双边条约的情况下提供合作。所谓极个别情况要符合三个条件:

(1)请求引渡的对象不是美国公民或永久居民;
(2)外国政府向美国司法部提供了足够的证据材料;
(3)被指控的犯罪不具有政治性质。

对于条约前置主义的国家,我们一直希望其能够把条约的范围做扩大解释,将两个国家共同加入的公约包括进来,把公约中关于引渡的条款作为双边开展引渡合作的法律基础,但是到目前为止,还没有以公约为依据从条约前置主义国家成功引渡回犯罪嫌疑人的案例,从美加成功追逃回来的犯罪嫌疑人走的都是遣返程序。

5. 刑事诉讼移管

刑事诉讼移管(transfer of criminal proceedings)是指一国或数国根据另一国的请求或者根据有关的协议,将由本国管辖的刑事案件移交给该另一国审理,并向该另一国提供必要的司法协助。

刑事诉讼移管是一种有利于实现公正司法的合作方式,也有利于实现诉讼节俭的原则,常常成为引渡的一种替代性措施,因为同样具有管辖权的犯罪嫌疑人国籍国出于保护国民的考虑,常常自己主张管辖权,便要遵循"或引渡或起诉"原则,对犯罪实施管辖,进行追诉。刑事诉讼移管以"一事不再理"原则为基础,促使有关各国在对同一人和同一犯罪行为的刑事司法管辖权发生竞合的情况下,通过协商确定仅由一国开展有关刑事诉讼,从而避免对同一人的同一行为进行两次、甚至两次以上的审判或处罚。在协商中,便利诉讼是一个重要的考虑。

刑事诉讼移管的请求比较复杂。请求国可以是对犯罪具有管辖权的任何一个国家。可以请求其他国家向该国移管,也可以请求该国向其他国家移管。没有管辖权的国家,经有管辖权的国家协商一致,也可以成为被请求国,对犯罪进行审判。

作为引渡的替代措施,刑事诉讼移管也应当遵循双重犯罪、政治犯罪例外等引渡的基本原则。

综合有关国际条约以及各国相关立法的规定,开展刑事诉讼移管合作还需要具备以下条件:

(1) 犯罪嫌疑人或被告人是引渡被请求国的国民,被请求国可以拒绝对其进行引渡,或者被请求国认为不值得对其启动引渡程序;

(2) 犯罪嫌疑人或被告人虽然不是引渡被请求国的国民或者虽然属于无国籍者,但长期居住在被请求国,被请求国可以拒绝对其实行引渡,或者请求国认为不值得对其启动引渡程序;

(3) 犯罪嫌疑人或被告人正在或者即将在引渡被请求国境内因其他犯罪接受剥夺人身自由的刑罚,因而难以引渡到请求国境内接受审判;

(4) 引渡被请求国正在针对犯罪嫌疑人或者被告人因同一犯罪或者其他罪行开展刑事诉讼,因而可以拒绝或者推迟考虑引渡请求;

(5) 犯罪的主要证据或者证人处于引渡被请求国境内,实行诉讼移管将便利对案件事实的调查和有关证据的获取;

(6) 在引渡被请求国进行审判和执行刑罚将会收到较好的一般预防和特殊预防的效果,或者有可能促进被判刑人重返社会;

(7) 引渡请求国认为犯罪嫌疑人或被告人不可能到该国出庭受审,但却肯定会在被请求国出庭受审;

(8) 引渡请求国认为,由于存在某些情形,即使实行引渡,仍不可能使在该国判处的刑罚得到执行,而有关情形却可能使刑罚在被请求国得到执行。

上述条件都是任择性的,只要具备其中的一项或者数项,即可考虑开展刑事诉讼移管合作。

由于刑事诉讼移管让渡了司法管辖权,我国很多法界先辈和对这项不甚理解的非法界人士都反对这一制度,认为有损我司法主权。但是,刑事诉讼移管的理念已经为许多国家所接受,联合国制定了《刑事诉讼移管示范条约》。欧洲国家1972年签署了《欧洲刑事诉讼移管公约》。我国对外缔结的个别双边刑事司法协助条约中也规定了相应的条款,加入的联合国打击跨国有组织犯罪公约、反腐败公约和禁毒公约也都包含相关条款。但是,目前我国刑事诉讼移管的实践还比较少,此前,我国与蒙古开展过此类合作,由于相关犯罪嫌疑人在我国境内,双方达成一致意见,蒙方将相关案件材料移转到我国进行刑事诉讼。20世纪90年代中期,在北京开往莫斯科的国际列车上和莫斯科市发生了一些中国公民针对中国公民的抢劫、强奸等案件,中俄进行了联合侦查。俄罗斯和中国对这些案件都有管辖权,但是考虑到中国司法机关审理更有利于对案件事实的调查和对此类犯罪的潜在实施者产生威慑效应,俄罗斯司法机关决定将这些案件移交中国司法机关审理。

6. 外国刑事判决的承认与执行

刑事判决的相互承认与执行是指为共同打击犯罪和实现司法公正,有关各国相互赋予对方国家司法机关宣告的刑事处罚裁决与本国刑事处罚裁决相同的法律效力。相互承认和执行的刑事判决可以包括3个方面的内容:一是相互承认和执行剥夺自由刑的判决,比较典型的和常见的制度是被判刑人移管;二是相互承认和执行关于财产刑的判决,这里所说的财产刑主要包括罚金和没收财产;三是关于资格刑的判决。

被判刑人移管制度在下面将专门阐述。关于相互承认与执行资格刑的问题,我国在开展刑事司法协助以来就没有遇到过。承认和执行外国财产刑需要满足一般条件和特别条件。一般条件是指所有外国刑事司法协助请求都不能违背的原则,前面已经述及。特别条件仅仅限于承认和执行财产刑请求所必须满足的条件,主要包括:

第一,请求国关于罚金或没收财产的裁决不损害被请求国境内的任何对被罚没财产享有正当权利的善意第三人的权利;并且,罚没裁决所针对的人在被请求国境内无尚未清偿的债务或者尚未终结的诉讼。

第二,罚金或者没收财产的数额不得超过被请求国法律为同样犯罪规定判处的罚金或没收财产的最高限额,如果被请求国法律没有关于最高限额的规定,则不得超过被请求国通常对同样犯罪科处的罚金或没收财产的最高数额,除非根据被请求国的法律,对同样的犯罪可以判处更为严厉的刑罚。

第三,如果请求国要求被请求国向其移交被罚没的资产,则应当以作出互惠承诺为条件。

关于承认和执行外国刑事判决,目前我国尚没有国内相关立法来规范,不少专业和非专业人士以其有损我司法管辖权为由反对这项制度,但对外签订和加入一些双边和多边国际条约中包含这类条款。对于承认和执行外国的财产刑判决和资格刑判决,也没有相关实践。但是,为了及时处置犯罪资产,包括追缴流出的犯罪资产,2012年修订的刑事诉讼法设置了特别没收程序,据此也做出过判决,尝试请求外国承认和执行我国法院的判决,这将倒逼我国做出互惠承诺或健全相关立法。

7. 没收犯罪资产的返还和分享

对于犯罪资产的追缴和犯罪资产流入国是否向流出国返还和如何返还的问题,涉及资产流出国受害者和国家的双重利益,始终为各国特别是发展中国家所关注,也常常成为国际法律论坛上争执的焦点。

根据《联合国反腐败公约》等相关国际法律文书规定,犯罪资产流出国可以通过不同的途径来追缴流出的犯罪资产:一是通过民事诉讼,请求流入国法院判决或裁定受害国或受害者提出的所有权主张,将资产移交给受害国或受害者。这虽然与刑事诉讼相关,但还是属于民事诉讼的范围,在此不做详述;二是资产流入国执行资产流出国针对涉案资产的判决,将资产返还受害国或受害者。这在承认与执行外国判决部分已经做过阐述;三是资产流入国直接将其采取强制措施的资产或判决罚没的资产返还给受害国或受害者,或者与受害国分享。通过这一方式处置和返还犯罪资产时,应当遵循以下原则：

第一,在资产处置的法律依据问题上,各国应当依据国际公约的规定和实施没收行为的国家的法律。

第二,优先考虑返还被没收的、产生于贪污犯罪的资产或者请求国能够"合理证明"对其拥有所有权的资产。

第三,对于其他被没收的财产,应当在不损害善意第三人权利的情况下,根据请求予以返还。

对于没有合法所有人的犯罪资产,流入国可以将其与相互开展刑事司法协助的国家分享。这是各国在共同打击某些国际犯罪的实践中普遍接受的做法,旨在鼓励各国积极参加有关国际刑事司法协助,充实或者弥补合作各方的财力。但是,我国很多人对分享制度有很大的误解,误以为是把具有合法所有人的涉案资产拿来分享,因而在立法和实践中的观念性障碍不小。根据有关国家的法律和实践,与外国分享被没收资产需要符合以下条件：

第一,有关国家直接或者间接参加了相关资产扣押、冻结或者没收的活动(例如提供了司法协助、协助执行了司法判决等)。

第二,向有关外国移交分享的被没收犯罪资产获得了国内相关部门的批准。

第三,与有关国家通过双边刑事司法协助条约或者有关个案协定就分享问题达成协议。

通常,有关国家分享被没收资产的比例主要取决于该国在有关的国际刑事司法协助中所作出的相应"贡献"。例如,美国将这种贡献划分为3个档次：一是重大协助,分享比例为50%—80%;二是较大协助,分享比例为40%—50%;三是提供便利,分享比例为40%以下。

从实践中看,我国目前尚没有这方面的专门立法,但是对外签订和加入的许多国际条约中都有相关条款。在对外合作中有过几个成功案例,例如,在中国银行广东开平支行案中与美国开展犯罪资产返还合作;就潘＊霞案与美国开展被没收资产分享合作;与法国、韩国、加拿大等国开展返还被盗走私汽车的合作;等等。我国还与加拿大谈判草签了《中加犯罪资产返还和分享协议》。

8. 被判刑人移管

被判刑人移管是指一国将在本国受到审判的被判刑人移交给另一国(通常是其国籍国或惯常居所地国)执行判决所判处的全部或一部分刑罚的刑事司法协助制度。这一制度自20世纪中叶产生后发展迅速,合作的范围已遍及五大洲。这里首先需要明确两个概念：判刑国和执行国。判刑国是指对被判刑人判处刑罚的国家。执行国是指将接收被判刑人到该国服刑的国家。

(1) 被判刑人移管制度产生的历史背景

被判刑人移管制度是国际社会在同严重跨国犯罪进行斗争和保护人权的进程中产生、发展和逐步完善的。它产生的历史背景,首先,是为了有效惩治跨国犯罪的需要。20世纪中叶之后跨国犯罪日益增长,国际司法合作便随之更加密切,在他国落网的犯罪分子日渐增多。为了更好地处置这些跨国犯罪分子,有必要在移管刑事诉讼的同时,对已经被判刑的犯罪分子进行移管,以便在实现司法主权的同时,增进被判刑人的福祉。其次,使跨国罪犯在熟悉并且容易获得亲友帮助的生活环境中服刑,消除其在国外服刑的文化和语言障碍以及生活习惯方面的困难,更有利于他们的改造和重返社会。同时,对于外籍犯进行移管也是呼应20世纪中期国际社会人道主义潮流的一个举措。另外,合作双方对移管被判刑人可能还有另外一些现实考虑,如加强双方的执法和司法合作,促进双方的友好关系,减轻判刑国监禁外籍犯的巨额财政负担等。

（2）被判刑人移管的原则

开展被判刑人移管国际合作,除了要遵循刑事司法协助的基本原则之外,还应遵循一条有利于被判刑人的特有原则。首先,这个原则体现为移管必须获得被判刑人同意,很多条约中都规定这种同意须是书面的,且需经过执行国的核实;其次,在被判刑人移管制度中,执行国在适用本国法对判刑国判处的刑罚进行转换和调整以及对被判刑人执行刑罚时,均不得加重原判刑罚;最后,判刑国和执行国均有权对被判刑人赦免,尽管其中一方可能根本没有赦免制度,只要对方有这种制度并作出了赦免决定,就必须得到执行。

（3）被判刑人移管的条件

开展被判刑人移管,必须满足以下条件:

一是被判刑人是执行国的国民,也就是说被判刑人要有执行国的相应国籍身份。对于具有执行国永久居留权或者实际上长期居住在执行国的被判刑人是否可以移管,目前尚存争议。有时,被判刑人拥有永久居留权或长期居住地的情况比较复杂,有人甚至拥有不止一个国家的永久居留权或者分时居住在不同国家,会对移管产生复杂影响。因此,中国迄今为止与外国签订的条约或协定都把移管的对象,原则上限于执行国公民,但是也保持一定程度的灵活性,如与澳大利亚的移管条约包含了永久居民。

二是被判刑人仍有一定期限的刑罚尚未服完。移管一般只适用于被判处剥夺自由刑的被判刑人,把被宣告缓刑、裁定假释和暂予监外执行的服刑人员排除在外。我国对外签订的条约始终坚持这一点。不过,从国际趋势上看,对被判处缓刑或予以假释等限制人身自由的被判刑人进行移管的趋势越来越盛,一些公约都对此作出了规定或者进行了调整。《美洲国家组织关于在外国服刑的公约》第1条第3款对刑罚作出的定义即明确包括了缓刑、假释和其他形式的非监禁性监督。有些国家在缔约谈判过程中曾经要求将移管的范围扩大到非监禁刑的服刑人员,我国以《欧洲移管被判刑人公约》和我国对外缔结的双边公约都不包括这类服刑人员为由拒绝了。但是,这样可能会对外籍犯获得缓刑和假释的权利产生负面影响。我们宣告缓刑、裁定假释和暂予监外执行的条件之一是被告人或服刑人员有固定的住所和保证人,而这些外籍犯一般在华都难以找到固定住所和保证人,因此都难以获得这些待遇,近年来我国使领馆对此抱怨颇多。

至于剩余刑期的时间,一般都规定为至少 1 年。我国对外签订的有些条约也有规定为 6 个月的。对剩余刑期提出要求,主要是考虑实施移管程序需要的时间较长,如果剩余刑期较短,可能在剩余刑期期间走不完移管程序,因而浪费司法和行政资源。不过,有一些国家签订的双边条约允许对被判处不定期刑的服刑人进行移管。如美国与加拿大签订的《刑事判决执行条约》和泰国与美国签订的《刑事判决执行合作条约》。联合国的示范协定也提供了这样的条款供成员国参考。

三是判决应当是终审的。因为执行国执行的是判刑国的判决,所以判决必须是终审的生效判决,对被判刑人才能移管。否则,执行国没有办法处理被判刑人针对判决提出的上诉,不可能将被判刑人再送回判刑国审理。

四是必须获得判刑国、执行国和被判刑人的同意。这是移管被判刑人不可或缺的刚性条件。两国同意不难理解,因为这涉及两个国家的司法主权。被判刑人同意主要是考虑到这项制度的初衷就是为了他们的利益,有利于他们的改造和回归社会。同时,这一要求也是为了防止判刑国将被判刑人驱逐出境或变相引渡。

但是,近年来一些国际公约对被判刑人的同意不视为刚性条件了,尤其是刑满后要驱逐出境的,如欧洲《移交被判刑人公约》附加议定书和《欧洲移管被判刑人框架决定》。此外,对双重犯罪这一古老原则在一些条约中也不坚持了,而且这似乎是一种趋势。

随着我国对外开放实施和不断扩大,外国人在我国犯罪被判刑和我国人在外国被判刑的情形逐渐增多,因而我国随着国际趋势建立了被判刑人移管制度并不断发展。我国移管外国被判刑人回国服刑的实践始于 1993 年。当时,罗马尼亚向我国提出了移管在我国服刑的罗籍罪犯弗洛雷亚回国服刑的请求,我国有关部门研究形成了我国向外国移管被判刑人工作的意见,并经国务院批准,但是,由于罗方的原因该被判刑人最终没有被成功移管。1997 年,在最高人民法院、最高人民检察院、外交部、公安部、司法部 5 个部门的通力合作下,将在华犯有抢劫罪而被判刑的乌克兰公民克里米诺克·奥列格和舍夫佐杰·杰尼斯成功移管回其国籍国服刑,成为在我国被判刑人移管实践中具有开创意义的首个成功移管被判刑人的案例。

司法部在接到移管请求后,根据相关条约和我国法律进行审查,作出是否同意移管的决定。在我国主管机关同意移管的情况下,如果被判刑人本人也表示同意移管,通过缔约双方中央机关协商确定移交被判刑人的具体时间、地点、方式及相关事宜。移交工作由司法部负责组织实施。在我国向外国移管被判刑人的实践中还须遵循被判刑人移管基本条件外的一些规则。这些规则通常包括:被判刑人服刑表现良好;对我国法院所作出的判决不进行改判;被判刑人如有申诉,应向我国法院提出,审理结果通过缔约双方中央机关通知申诉人;移管后的刑罚执行适用执行国法律;向中方通报刑罚执行情况;接收方承担与移管有关的费用(交接前在移交方境内产生的除外),并采取必要措施确保被判刑人安全回到本国境内服刑;被判刑人在我国境内不存在尚未了结的诉讼,不存在尚未结清的债务,包括不存在未支付法院判决所判处的刑事罚金、没收个人财产金额或民事赔偿金;对涉及国家安全的服刑人,可拒绝移管;中方可能要求外方预先说明对我国法院判处的刑罚如何调整或转换,如果经调整或转换,我国法院所判处的刑罚折损过大,中方也可能不同意移管;犯罪行为对国家、公司或受害人财产造成重大损失的,须赔偿损失后,或由外国政府承诺移管后继续向被判刑人追偿所造成的损失,方可考虑移管;被判处死刑缓期两年执行或无期徒刑的,一般须根据法律和被判刑人表现减为有期徒刑后,方可考虑移管;等等。

(三)国际刑事司法合作的法律基础

刑事司法协助的法律基础包括国内法和国际法两个层面。许多国家都制定专门的法律来规范与外国的刑事司法协助,同时与外国签订双边条约和加入相关公约。

我国这方面的国内法基础相对薄弱,目前仅限于《刑事诉讼法》第17条关于对外相互请求刑事司法协助的原则性规定,即"根据中华人民共和国缔结或者参加的国际条约,或者按照互惠原则,我国司法机关和外国司法机关可以相互请求刑事司法协助。"此外,还有一部《引渡法》规定了引渡这一专门的司法合作形式。目前尚无一部完整的《国际刑事司法协助法》可用来规定开展刑事司法协助的原则、机构、程序等。

然而,在国际法层面,我们又比较超前。我国对外已经与39个国家签订了双边引渡条约,其中30项条约已生效;49个双边刑事司法协助条约和双边民刑事或民商刑事司法协助条约;13个被判刑人移管条约,其中9个已生效。加入《联合国打击跨国有组织犯罪公约》《联合国反腐败公约》《联合国禁毒公约》等国际公约。还有大约20多个国家希望与我国谈判缔结双边刑事司法合作条约,特别是被判刑人移管条约。

目前,我国开展国际刑事司法合作的国内法与国际法的衔接已经成为一个非常急迫的问题。自2006年起,我们就作出了制定国际刑事司法协助法的规划,但由于种种原因,至今还没有出台。

(四)国际刑事司法合作的基本原则

作为一项重要的国际合作制度,司法合作的开展必须遵循一定的原则。对于这些原则,学者们做了不尽相同的归纳。从实践中来看,主要有以下几个。

一是相互尊重国家主权原则。相互尊重国家主权是国际法的首要原则,是当代国际法律关系的基础。司法管辖权是国家主权的重要组成部分,因此无论是关于国际刑事司法合作的国际条约还是各国国内法,通常都将互相尊重国家主权规定为基本原则,这也是国际刑事司法合作得以顺利进行的前提。相互尊重国家主权原则首先体现在请求国和被请求国自主决定是否相互建立司法合作关系,或是通过缔结条约,或是通过承诺互惠。一国不得强迫另一国与其开展司法合作,也不能自行到另一国家境内进行司法活动,如收集证据、送达文书、拘捕犯罪嫌疑人等。但是,如果两国缔结了双边条约或者共同加入相关国际公约,则相互具有信守条约开展司法协助的义务。其次,这一原则还体现在请求国和被请求国相互尊重各自的法律制度上。被请求国有权根据本国法律决定是否合作和如何提供司法合作，请求国应当尊重。请求国有权根据本国法律进行诉讼和作出裁决，被请求国应当尊重，除非请求国事先就相关事项作出了承诺。最后，在司法合作的过程中，相关国家应当按照国际法的有关原则，尊重其他国家及其财产的豁免权。

二是互惠原则。"互惠"的意思是"相互给予对等的待遇"，即在司法协助中，请求国承诺在遇到类似案件时给予被请求国同样的协助。互惠可以通过两种形式体现。一种是互惠实践，即在实践中已经存在事实上的司法合作关系和先例。另一种是互惠承诺，即在无互惠实践的情况下提供关于未来实践的保证。我国对外开展刑事司法合作，实行开放的互惠原则，即不以条约关系为前提，这为所有愿意与我国开展国际司法合作的国家敞开了方便之门。

三是"一事不再理"原则。根据这一原则，如果被请求国或者第三国已经就司法合作请求所涉及的同一事实作出最终的司法裁决，被请求国可以拒绝提供合作。甚至被请求国如果正在或者打算对司法合作请求所涉及的同一事实进行诉讼，也可以拒绝协助。

四是"双重犯罪"原则。这一原则是指，刑事司法合作请求所针对的行为假如发生在被请求国司法管辖领域内，则根据被请求国的法律也应当构成犯罪。双重犯罪原则在引渡、相互承认和执行刑事判决、移管被判刑人以及诉讼移管领域一直是一项必须严格遵守的刚性原则，但是在文书送达、调查取证等合作中的适用一般不那么严格，具有一定的任择性。《联合国反腐败公约》和《联合国打击跨国有组织犯罪公约》对此原则的适用也表现出比较灵活和开放的态度。例如，《联合国反腐败公约》的表述为："缔约国可以以并非双重犯罪为由拒绝本条所规定的协助。然而，被请求国应当在符合其法律制度基本概念的情况下提供不涉及强制性行动的协助。"

五是政治犯罪和军事犯罪例外的原则。这个原则是指，如果被请求国认为请求所针对的行为属于政治犯罪或者军事犯罪，可以拒绝提供合作。我国没有政治犯罪的概念，引入这一原则是从与外国缔结双边条约开始的，是谈判中相互妥协的结果，通常是作为一种拒绝司法合作的理由来规定。

政治犯罪与政治犯是两个不同的概念，但是容易被混淆。政治犯不是一个法律概念，是指根据意识形态标准判断被当局囚禁的人，而政治犯罪是一个法律概念，是根据犯罪所侵犯的客体而划分出的一个犯罪类型。因此，一个国家宣告没有政治犯，不等于这个国家没有政治犯罪。

六是特定性原则。这一原则是对国际刑事司法合作的请求国的一项基本约束。根据这一原则，在国际刑事司法合作中，请求方只能对在请求中列举的特定犯罪对特定嫌疑人使用通过司法合作获得的证据或其他材料。在引渡合作中，这一原则表现为不得对获准引渡以外的罪行进行追诉和处罚，以及不得未经被请求方同意向第三方再引渡。在调查取证中表现为对所获取证据使用时的限制，即通过司法合作获取的文件、记录或物品只能用于司法合作请求中明确列举的诉讼目的，不得用于请求书所述以外的案件的侦查、起诉或者审判。

七是本国公民和死刑犯不引渡。对本国公民不引渡,主要基于两个考虑:坚持属人管辖原则和对本国公民的保护。在对犯罪的管辖上一般以两个原则为主,即属人管辖和属地管辖。不引渡本国公民的国家一般持属人管辖原则,认为自己对本国公民犯罪具有优先管辖权,同时出于保护本国公民的考虑,不愿意将在外国犯罪的本国公民移交给外国审判,也不愿意本国公民在他国的监狱服刑。

而持属地管辖优先原则的国家,认为犯罪嫌疑人应当在其犯罪地接受审判,以使当地受到损害的秩序和正义获得恢复和伸张,因而不禁止引渡本国公民。持这种立场的主要是普通法系国家。这些国家的国内法和双边条约一般不禁止引渡本国公民,甚至明文规定可以引渡本国公民。

我国原则上持本国公民不引渡立场,这一立场在2002年通过的《引渡法》中体现得非常清楚。该法第8条明确规定,被请求人具有中华人民共和国国籍的,应当拒绝引渡。但是,在对外缔结的一些双边条约又没有将这一原则规定为强制性的条款。如中泰和中柬引渡条约都规定为各自有权拒绝,而不是应当拒绝引渡本国公民。在中秘条约中甚至没有规定这一重要原则。这应当是因为我国与对方在这一问题上所持立场不一致造成的,暗含着我国在一定情形下可以不坚持这一原则,如在我国公民同时为请求国永久居民的情况下。我国最想与之缔约的美国实行国民引渡原则,我国《引渡法》明确规定的"国民不引渡"原则,成为美拒绝与我缔约的一个主要理由。

死刑犯不引渡是指,根据请求国法律,被请求引渡人可能因请求所针对的犯罪被判处死刑,除非请求国作出被请求国认为足够的不判处死刑或者在判处死刑的情况下不执行死刑的保证,否则被请求国应当拒绝引渡。这一原则产生、发展于两个历史背景。第一个是"二战"之后人权、特别是生命权观念的兴起和发展。第二个是国际社会于20世纪五六十年代掀起的第二次废除死刑高潮。随着废除死刑的国家越来越多,这一原则也为国际社会所接受。据联合国统计,废除死刑的国家(96个)比保留死刑的要多,现在世界上有70%以上的国家和地区已在法律上或者是事实上废除了死刑。因此,死刑犯不引渡原则基本上成为被世界各国普遍接受的原则,甚至许多保留死刑的国家也接受了这一原则。各国一般通过在国内法中规定和在国际条约中确定或认可来确立死刑犯不引渡原则。联合国1990年通过了一个《引渡示范条约》,为成员国间缔结引渡条约提供指导,其中也确立了这一原则。

我国《引渡法》没有明确规定这一原则,但是第8条规定了酷刑不引渡原则,有学者解释这可以引申为死刑犯不引渡原则。在双边引渡条约中,我国早期与周边国家缔结的条约都没有明确规定这一原则,但是2006年全国人大常委会批准的《中国和西班牙引渡条约》明确规定了这一原则,后来与法国等西方国家签订的条约也都规定了相应的条款。

按照国际法惯例,拒绝引渡的被请求国负有对被请求人进行起诉的责任,这就是所谓的"或引渡或起诉"原则。

(五) 国际刑事司法合作的中央机关和主管机关

由于我国通常称国际刑事司法合作为刑事司法协助,因而国际刑事司法合作的中央机关和主管机关也都称为刑事司法协助的中央机关和主管机关。

中央机关是指一国为实施司法合作而指定或设置的主要承担对外联系和转递职能的机关。为了更加专业高效地开展司法合作,缔约国需要确定一个机关来负责统一对外联络和对内协调。这个机关逐渐被称之为中央机关(Central Authority)。1971年美国与瑞士刑事司法协助条约最先设置了"中央机关制度"。

根据掌握的情况,目前世界上绝大多数国家都指定司法部为刑事司法合作的中央机关。我国也基本上确定司法部为刑事司法协助的中央机关,说基本上是因为有一部分条约还指定了其他相关部门为中央机关。1987年,我国司法部成立了国际司法协助局。1998年国家机构改革时,国务院批准的司法部"三定方案"把司法协助列为司法部的职责。2008年国家机构改革时,国务院批准的司法部新"三定方案"再次确认了这一职能。在我国对外缔结和加入的双边条约和多边公约中,司法部是所有双边司法协助条约和被判刑人移管条约的中央机关,同时是《联合国打击跨国有组织犯罪公约》规定的司法协助的中央机关之一。外交部为双边引渡条约的联系机关。最高人民检察院为《联合国反腐败公约》司法协助的中央机关,司法部协助其履行职能。公安部为《联合国打击跨国有组织犯罪公约》司法协助的中央机关之一。

在许多国家,中央机关一般还承担对外双边司法协助条约的缔结工作。1985年,国内刚接触司法协助问题时,外交部曾建议由司法部承担这项职能,但因种种因素,后来外交部直接承担了这项职能,并将此写入1990年颁布的缔结条约程序法。2002年,外交部提议将被判刑人移管条约谈判的职能移交给司法部行使。经国务院批准,2005年司法部正式接手这一职能,2008年国务院的"三定"方案再次予以确认。1998年机构改革后,司法部的司法协助和司法外事两项职能合并,成立了司法协助外事司。2008年机构改革时又更名为司法协助与外事司。

司法协助的主管机关是与中央机关相对应的概念,是指负责提出和执行司法协助请求的国内执法和司法机关。在我国,司法协助的主管机关主要包括最高人民法院、最高人民检察院、公安部、国家安全部。司法部由于主管刑罚执行工作,因而也是被判刑人移管的主管机关。

关于中央机关和主管机关的职能,从我国司法协助实践看,中央机关主要负责接收、初步审查和转递司法协助请求,通报请求的审查和办理结果,接收和送达相关证据材料和司法文书,安排证人出庭作证以及协商没收犯罪收益的分享,协调主管机关办理相关司法协助请求。主管机关主要负责依照在诉讼中的职能分工向外国提出司法协助请求和进一步审查办理外国提出的司法协助请求。

二、我国刑事司法合作制度的产生与发展

(一)我国刑事司法合作制度随着对外开放而产生

旧中国没有完整的主权,新中国刚成立时被敌对势力封锁,没条件也不需要国际司法合作,随着改革开放的实施和深入,对外经济交往的不断增加,以及与此相应的涉外案件的出现,法律界才开始认识到国际司法合作制度的必要性和重要性,呼吁我国尽早建立司法合作制度。国际刑事司法合作经历了从无到有,从起步到快速发展的历程。

1982年颁布的《中华人民共和国民事诉讼法》(试行)顺应了这一潮流,在最后一章规定了司法协助,共4条。当时的认识仅限于法院之间代为履行一定的民事诉讼行为,主要是司法文书送达、承认与执行判决。而此前于1979年颁布的首部《刑事诉讼法》,没有规定任何与外国相互提供刑事司法协助的内容。随着涉外刑事案件逐渐增多,国际刑事司法合作问题越来越多地受到关注。1996年全面修订的《刑事诉讼法》用一条即第17条对刑事司法协助作出了规定:"根据中华人民共和国缔结或者参加的国际条约,或者按照互惠原则,我国司法机关和外国司法机关可以相互请求刑事司法协助。"这一规定使得我国对外开展司法协助有了法律依据,尽管这条规定相当原则性。

(二)对外缔约发展迅速

1984年,法国向我国提出签订民商事司法协助协定的建议,经过双边谈判,两国于1987年5月4日签署了条约,1988年2月8日生效。这一条约的签订开启了我国通过条约与外国开展司法协助的实践。此后,我国对于与外国缔结双边司法协助条约和参加相关司法协助公约保持着开放和积极态度。1987年6月,我国与波兰签订民事和刑事司法协助条约,这是我国对外签订的第一个含有刑事司法合作内容的条约。1993年8月,与泰国缔结第一个双边引渡条约。1994年7月,与加拿大签订第一个双边刑事司法协助条约。2001年7月,与乌克兰签订首个被判刑人移管条约。2014年,与加拿大草签了一个犯罪资产返还和分享条约。

如前所述,截至2015年3月,全国人大常委会已经批准了30个刑事司法协助条约,39个引渡条约,12个被判刑人移管条约,19个民刑(或民商刑)事司法协助条约。另外,还有3个刑事司法协助条约已经签署,有待批准。

我国还相继加入一些司法协助性质或含有司法协助内容的国际公约,其中新近加入并影响广泛的两个公约是2003年批准加入的《联合国打击跨国有组织犯罪公约》(2003年8月27日由全国人大常委会批准)和2005年的《联合国反腐败公约》(2005年12月14日正式生效),还有20世纪签署的《联合国禁毒公约》等具有刑事司法协助

内容的国际公约,根据这些公约,我们可以与世界上170多个国家开展民商事和刑事司法协助合作。

(三) 国际刑事司法合作机构逐步建立

国内刚刚接触到司法合作时,司法部于1985年成立了国际司法协助办公室。在我国与外国签订第一个双边司法协助条约之后,建立了国际司法协助局,确立了内设机构,确定了编制,充实了人员。但是如前所述,这个机构经历了合并和更名,现在司法协助与外事司下保留了两个处。但是,为了弥补司法协助与外事司人力的不足,司法部于2004年又成立了一个司法协助交流中心,承担部分司法合作工作。最高人民法院、最高人民检察院和公安部在国际合作部门逐步设立了司法协助处。外交部在条法司设有一个处,主要负责司法协助工作。广东省人民检察院设立了司法协助处。尽管目前的机构设置和人员编制还不够理想,但是已经可以满足这项工作的基本需要。

(四) 国际刑事司法合作的成果不断显现

在国际刑事司法合作国际法基础逐步建立并不断健全的同时,我国对外刑事司法合作实务也快速发展。近十年来,刑事司法协助案件的数量急剧增长。司法部作为中央机关办理的案件,2003年时只有16件,2013年起增至270件左右的水平。从2003年至2014年,共接收外国刑事司法协助请求1444件,向外国提出124件。案件的类型包括杀人、诈骗、贩毒、洗钱、贪污贿赂、盗窃等各种暴力和经济犯罪。涉及的国家包括日本、韩国、老挝、伊朗、澳大利亚、新西兰、英国、法国、德国、西班牙、希腊、荷兰、瑞典、丹麦、俄罗斯、波兰、乌克兰、吉尔吉斯斯坦、阿塞拜疆、美国、加拿大、墨西哥、巴西、纳米比亚、利比里亚、也门等数十个国家。迄今已向外国移管被判刑人近百名。

三、面临的主要问题

虽然我国的国际刑事司法合作取得了可喜成果,但是与惩治跨国犯罪的实际需要和公众的期待相比,还存在着很大差距,一些突出问题制约着这一制度发挥出应有的效果。

(一) 立法问题

立法问题是我们开展国际刑事司法合作面临的首要问题。《刑诉法》第17条的规定太原则,没有可操作性,而刑诉法的具体规定,从管辖、立案、侦查、起诉、审判、执行到强制措施,都是着眼于在我国境内犯罪的,只有新增加的特别没收程序涉及逃匿的犯罪嫌疑人、被告人。《引渡法》只适用于引渡案件,在实践中这种合作形式适用率极低。虽然相关条约都规定,开展国际合作适用被请求国法律,但是条约和国内法之间缺乏衔接,使得办案机关办理外国司法合作请求没有根据,并常常因此影响国际合作。

迄今为止我们遇到过的问题包括:外国关于送达刑事法律文书的职责,公检法机关依据国内法都认为不应当由自己承担;外国请求查封、扣押、冻结财产的请求,办案的公安机关也觉得不立案就没有办法办理,不能直接执行外国的查封、扣押、冻结令;承认和执行外国刑事判决也没有依据;从外国移管被判刑人可以进行,因为我国承诺承认和继续执行我国法院的判决,但是从外国向国内移管就遇到了根据哪些国内法承认和执行外国判决的问题。协助安排证人出庭作证、甚至协助调查取证等也面临着同样的问题,不过程度不一样,有些案件我们也都办了。还有一个总是遇到的问题就是量刑承诺,我们现在实际上也没有国内法律依据,都是一事一议。请求外国协助我们查封、扣押、冻结涉案资产时,外国主管机关认为按照他们的国内法,只能由司法机关作出请求,而我们是侦查、起诉和审判机关都可以作出。当外国要求由司法机关作出请求时,我们能不能变通为由司法机关作出?关于没收的犯罪资产的返还和分享,国内法上更是没有依据。如果不健全和完善相关立法,也就是说细化《刑诉法》第17条,这些问题都很难解决。

(二) 体制、机制问题

这个问题实际上也与上一个问题密切相关。大家知道,我国的刑事诉讼法和相关机构组织法对相关执法和司法部门的分工,都是立足于国内案件办理职能上的分工,因而在机构设置和体制机制上都没有考虑国际合作的需要。而条约又是调整缔约国两国或多国之间关系的。由于没有相关立法来确立国际司法合作的体制,特别是相关部门之间的分工合作,因此国际刑事司法合作体制、机制不健全的问题特别突出。国内中央政府内部以及中央与地方政府各司法协助职能部门之间的职能相互交叉,协调和配合不畅,司法协助中央机关指定混乱,不同的条约指定不同部门作为中央机关,一些新的职能,如法律翻译管理无人承担等问题,严重制约了党和政府国际追逃、追赃能力建设。

(三) 机构和人员问题

司法协助从业队伍严重不足。1998年之后,司法部内部只有3个专职人员承担上述所有的民商事司法协助、刑事司法协助、被判刑人移管工作,但在这十几年里,国际合作请求的案件数量翻了几番,办案难度、强度以及敏感程度倍增,但司法部仅在2012年增加了1个编制,还是从司内其他处室调剂来的。其他相关部门也普遍存在这类问题。而在其他国家,韩国直接从事国家刑事司法合作的人员有15个,欧美发达国家则更多。随着进出国境越来越便利,而且网上也可以实施许多类犯罪,跨国犯罪的数量会越来越多,我们对此认识还不够。地方政法机关则多没有专门的机构和人员来从事这项工作,对这项工作也没有考核。构设不健全、人员不足严重影响到这项工作的质量和效率。

(四)财政保障问题

从整体上看,国家财政特别是中央财政的保障能力近年来有了很大程度的提高。但是,国家对"三公"经费严格限制,一直要求零增长或负增长。"三公"经费包括会议费、公务用车经费和出国费。然而,如前所述,跨国案件不断增加,国际司法合作需求大幅度上升,从业人员也需要增加另需大量经费。同时,国家财政制度和支出科目是按照国内项目支出和一般出国支出设置项目的,因此有时不能适应国际司法合作的特殊需求,有些科目列不进去,如对作证人员的补贴、必要的翻译费等。有时,甚至连收入也列不进去。例如,美国与我们分享了其没收的潘美霞非法携带入境的现金,给了我们1/4,即1万多美金,但是由于财务不知道怎么入账,半年多没去银行收款,把美国财政部的财政支票6个月的期限都拖过期了,只好又要求人家重新开了一张。

(五)缔约履约失衡问题

一方面,缔约失衡,在我国合作需求很高的一些重要国家和重要领域,目前缔约没有进展,如中美、中加引渡条约至今尚未缔结。相反,近年来,为了突出缔约成果,却与许多合作需求不高的国家缔结了大量条约。另一方面履约失衡,突出表现为外国向我国提出请求的数量和我国向外国提出请求数量的不均衡。以2014年为例,我国接收外国请求243件,对外提出请求17件,合作严重不对等。

目前,我国在这一领域面临的问题,除与其他领域一样缺乏相关立法之外,还包括移出被判刑人和移入被判刑人极不平衡。在外国服刑的我国公民有3000多人,在我国服刑的外国公民有6000多人。但自1997年与外国成功进行移管合作以来,我国与十几个国家成功合作的案例都是将在我国服刑的外籍被判刑人移管回到其籍国服刑,而没有一例是从外国移管中国籍被判刑人回国服刑的。

四、展　　望

我国开展国际刑事司法合作还面临着不少困难,还不能满足社会各界对国际刑事司法合作的厚望,但这不等于说我们对未来失望,相反我们正面临着一些历史机遇。

(一)十八届四中全会决定强调要加强涉外法律工作

十八届四中全会通过的《中共中央关于全面推进依法治国若干重大问题的决定》中明确指出:"加强涉外法律工作……积极参与国际规则制定,推动依法处理涉外经济、社会事务,增强我国在国际法律事务中的话语权和影响力,运用法律手段维护我国主权、安全、发展利益。强化涉外法律服务,维护我国公民、法人在海外及外国公民、法人在我国的正当权益,依法维护海外侨胞权益。深化司法领域国际合作,完善我国司法协助体制,扩大国际司法协助覆盖面。加强反腐败国际合作,加大海外追赃追逃、遣返引渡力度,积极参与执法安全国际合作,共同打击暴力恐怖势力、民族分裂势力、宗教极端势力和贩毒走私、跨国有组织犯罪。"这是我党在新时期对涉外法律包括国际刑事司法合作工作作出的新部署、提出的新要求。随着决定的逐步落实,相关问题应当会得到逐步缓解和解决,使国际刑事司法合作更加顺畅、更加高效,从而更好地打击跨国犯罪,更好地为我国惩治腐败、建立清明政治和拓展对外开放服务。

(二)全国人大在加快国际刑事司法合作立法进程

2013年10月,第十二届全国人大常委会将国际刑事司法协助法列入本届人大任期的立法规划的第三类项目。2015年年初,该法被列入预备项目。2016年初确定,12月的会议将审议该法初稿,并明确了该法的起草和提请审议的立法路径。目前,司法部等有关部门正在抓紧修订草案初稿,全国人大外委会正在积极推进修订进程,保证12月审议初稿的计划实现。该法拟将组织、实体和程序等内容集于一体,以解决当前国际刑事司法合作中遇到的实际问题。

(三)反腐败领域国际刑事司法合作不断加强

党的十八大以来,本届中共中央委员会和政府从关系党和国家生死存亡的高度,以强烈的历史责任感、深沉的使命感推进党风廉政建设和反腐败斗争,坚持无禁区、全覆盖、零容忍,严肃查处腐败分子包括外逃的腐败分子。加大国际司法合作力度,开展职务犯罪国际追逃追赃专项行动,已经成为我国反腐败的一项重要措施,中央领导和各相关职能部门对此都非常重视。

2014年初,习近平总书记在中纪委四次会议上指出:"国际追逃工作要好好抓一抓,各有关部门要加大交涉力度,不能让外国成为一些腐败分子的避罪天堂,腐败分子即使逃到天涯海角,也要把他们追回来绳之以法,5年、10年、20年都要追,要切断腐败分子的后路。"2014年10月9日,习近平主持中央政治局常委会,听取中纪委关于境外追逃追赃工作的汇报,进一步作出指示。

2014年10月31日,王岐山主持中央反腐败工作协调小组会议,听取贯彻落实习近平指示的情况汇报。国际刑事司法协助法制定工作在会上受到高度重视,体制、机制、队伍经费等问题也受到关注。

2015年9月,赵洪祝访问法国、匈牙利和国际刑警总部,推动加强反腐败国际合作。中纪委牵头的境外追逃追赃工作办公室得到了强化。2015年以来开展的各项职务犯罪境外追逃追赃专项行动取得了显著成果,近千名境外犯罪嫌疑人归案。

随着中央高层领导对境外追逃追赃工作的重视程度不断提高和专项行动不断取得新成果,国际刑事司法合作面临的各项问题也会被逐渐提上研究和解决的日程。

科学刑事司法模式的基本要求[*]

主讲人:谢佑平,复旦大学法学院教授、博士生导师
主持人:姚建龙,上海政法学院刑事司法学院院长、教授、博士生导师
时　间:2015年10月27日下午

一、控辩平等

(一)刑事控、辩权能属性解读

多种诉讼权能的分工与制衡,是现代刑事诉讼活动的基本特征,也是诉讼民主性和科学性的标志。控诉、辩护和审判,是刑事诉讼中的三种基本权能,任何类型的刑事诉讼,都是这三种权能相互运作而呈现的结果。在刑事诉讼中,控诉,指收集证据,查明犯罪嫌疑人、被告人及其犯罪事实,向审判机关提起诉讼,要求追究其刑事责任的活动;辩护,即被告人及其辩护人反驳控诉,提出材料和意见,证明被告人无罪、罪轻或者应当减轻、免除刑事责任的活动;审判,即根据控诉和辩护提供的证据和材料,在诉讼参与人的参加下,审理和查明案件事实,确认被告人刑事责任的有无和大小,并依法进行判决和裁定的活动;在我国,只有人民法院才有权进行审判。刑事诉讼的基本原理表明,控诉,是刑事诉讼产生和存在的前提,没有控诉,也就没有刑事诉讼;辩护,是派生于控诉而又具有相对独立性的权能,它与控诉相始终,没有辩护的刑事诉讼是纠问式或武断专横的诉讼。因此,正确认识并妥善协调刑事控诉与辩护之间的关系,对于提高刑事司法质量和维护社会主义民主与法制具有重要意义。

控诉和辩护作为刑事诉讼中两项重要权能,既是审判权能产生的基础,也是保障审判权能顺利实现和客观公正的前提。它们之间的关系具有以下特征:

1. 本能对抗性

控诉与辩护是形影相随的,只要有控诉,辩护就不可能避免。在我国,在把"被告人有权获得辩护"作为宪法原则的同时,又在《刑事诉讼法》中对被告人辩护权的行使作了详细、具体的规定,切实保障辩护权能的实现,正是基于控诉与辩护特殊关系的考虑。辩护是针对控诉而提出的,被告人只有在受到控诉后,才能进行辩护,没有控诉,

---

[*] 本讲稿由主讲人提供。

也就无所谓辩护。因此,可以说,控诉和辩护从产生之时起就具有明显的对抗性。刑事诉讼开始后,控诉方要历数被告人的罪行,列举证据证明被告人有罪、罪重或应受刑罚处罚;辩护方则要站在对立面提出被告人无罪、罪轻或减轻、免除刑罚的材料和意见。在法庭辩论中,为了澄清事实和法律问题,控诉方和辩护方要展开针锋相对的辩论,双方唇枪舌剑,相互诘问和反驳,控、辩双方表现出浓烈的对抗性。可以说,刑事诉讼的过程,也就是控、辩双方对抗的过程。

2. 目标一致性

虽然控诉与辩护相互对立,但两者所追求的最终目标是一致的,即实现案件处理的客观公正,准确惩罚犯罪,保护无辜。一般说来,辩护方观察和分析问题的角度与控诉方不同,不易囿于控诉方先前认定的事实和对案件的固有看法;他们从不同角度对案件进行调查和分析,必定形成与控诉方不同甚至相反的认识,从而发现和纠正控诉方在办案中出现的错误。因此,可以说,控诉与辩护是处在同一诉讼过程中矛盾的两个方面,它们既相互对立,也相互依存,共同构成一个矛盾统一体——刑事诉讼。在诉讼中,控诉与辩护的本能对抗,使诉讼活动真实、激烈地展开,经过控诉方与辩护方有理有据的辩论,双方对被告人的犯罪事实证据的认识发生此消彼长的变化,使复杂的案情愈辩愈明。正如东汉王充说:"两刀相割,利钝乃知;二论相订(争辩),是非乃见。"墨子也说:"夫辩者,将以明是非之分,审治乱之犯,明同异之处,察名实之理,处利害,决嫌疑"。审判机关可以从控诉与辩护两种不同观点中权衡得失,去伪存真,求取真理,作出公正裁决。可见,控诉与辩护本能对抗的目的,是要使刑事诉讼在"矛盾"和"斗争"中展开,通过矛盾和斗争,使司法人员对案件事实的认识由浅入深,由现象到本质地不断深化,逐渐接近客观真实,最后在审判的基础上实现统一,从而防止审判人员思维方式和裁判依据的孤立化和片面化,避免偏听偏信和主观臆断,保障刑事诉讼的民主性、科学性和公正性。

控诉与辩护关系的两个特征,是相互联系和统一的,本能对抗性是实现一致性目标的前提,没有控诉与辩护的对抗、辩驳和此消彼长,就不可能实现刑事诉讼的民主和公正;目标的一致性又为双方的对抗提供了保障,解除了控诉方与辩护方展开激烈对抗的顾虑,促进其在共同的目标和方向下大胆地辩论和反驳。实践表明,平等、对应的诉讼权利,是控诉与辩护进行对抗的手段和基础。如果控、辩方在诉讼中享有的权利一多一少、一强一弱,那么,双方便不可能展开有效的对抗,诉讼权利多或强的一方就会在诉讼中占支配地位,它的意见和结论就会左右审判人员对案件的认识。这样,诉讼民主就成为空谈,偏听偏信就不可避免,控诉与辩护的一致性目标就无法实现。为了保障控诉与辩护双方展开有效的对抗,从而实现双方一致的目标,法律应赋予双方平等和对应的诉讼权利。例如,控诉和辩护双方都应有相同的诉讼时间,相同的询问权、调查权、证明权、辩驳权等。在刑事诉讼中,对控、辩双方的诉讼权利应给予同等程度的重视,不能偏重控诉,轻视辩护。

(二) 平等武装与平等保护:控辩关系的基本要求

从性质上分析,控辩平等是形式平等和实质平等的统一。控辩平等要求辩护方获得与控诉方同等的对待,不能因为双方身份上的差别而有所区别,《刑事诉讼法》应当赋予双方对等的攻防手段,使双方能够展开平等有效的攻防对抗,推动诉讼进展。同时,法官对于控辩双方也应当加以平等保护,不能因为控诉方代表国家就偏向控诉方、歧视被告方,法官应当给予双方参与诉讼的同等机会,法官的判决必须在充分关注控辩双方意见的基础上才能作出,在此意义上,控辩平等追求的是一种无差别的形式平等;但是,考虑到控辩双方在力量上的现实差距,仅仅实现形式平等尚不足以保障被告方的权益,因此在实现了形式平等的基础之上,还需要在权利配置上向辩护方适当倾斜,这就体现了按比例分配权利义务的实质平等的精神。

从内容上看,控辩平等原则可以从平等武装与平等保护两方面来加以把握,前者所追求的是一种实质的平等;后者所追求的则是一种形式的平等。

1. 平等武装

刑事诉讼无异于一场攻防竞技,只有控辩双方拥有均等的攻击和防御手段,才有平等参与诉讼并最终赢得胜诉的机会和能力,因此,要实现控辩双方的平等,首先需要在立法层面赋予控辩双方平等的诉讼权利和攻防手段,这就是平等武装的内容。"平等武装"一语,最早为欧洲人权委员会所使用。该委员会在对 Offer and Hop finger v. Austria 一案的裁决中认为:"委员会认为,检察官与被告人(在刑事诉讼中)的程序平等一般可称为平等武装,这是公正审判的一项内在要素。"[①]其后,在1972年举行的第12届国际刑法学大会上,首次以"平等武装"为题对在刑事诉讼中控辩双方诉讼地位的平衡问题进行了探讨。而现在,"平等武装"一词已被广泛用来描述控辩双方之间对等的程序权利义务关系。

平等武装意味着我国《刑事诉讼法》应当为控辩双方提供对等的攻防手段,这就要求《刑事诉讼法》赋予检察院和被告人对等的诉讼权利和义务,以使控辩双方能够真正平等、有效地参与诉讼,促进纠纷的解决。具体而言,基于平等武装的要求,既然检察院作为控诉方享有攻击性权力即控诉权,那么犯罪嫌疑人、被告人也应当享有与之相对应的防御性权利,即应诉权。控诉权与应诉权,本质上都是一种诉权,即请求法院对纠纷予以裁判的权利。被告人的应诉权可以消极的方式行使,也可以积极的方式行使,前者为沉默权,即犯罪嫌疑人、被告人在诉讼中有权保持沉默;后者则为辩护权,即犯罪嫌疑人、被告人在诉讼中可以积极地展开调查、取证以及辩论,因此,沉默权也可以称为消极的应诉权,辩护权也可以称为积极的应诉权。[②] 既然控诉权与应诉权在本

[①] 转引自陈瑞华:《刑事审判原理论》,北京大学出版社1996年版,第261页。
[②] 有学者认为应诉权包括沉默权、辩护权、证据调查请求权、证人询问权等权利。参见〔日〕田口守一:《刑事诉讼法》,刘迪等译,法律出版社2000年版,第116页。笔者认为,其他权利可以归于辩护权之中,是辩护权行使的表现,因此,只将应诉权分为沉默权和辩护权。

质上都是一种诉权,那么作为权利主体的控辩双方在诉讼中的地位就应当是完全平等的。这种平等性具体表现在:在侦查阶段,侦控方可以调查、收集证据,嫌疑人及其律师也有权调查、收集对自己有利的证据;在审判阶段,控方有权向法庭提供物证、询问证人,被告人也有权向法庭出示物证、询问己方和控方证人,还可以向法庭申请强制调查对其有利的证据等。同时由于被告人本身并非法律专家,难以同精通法律的检察官展开有效的辩论,加上被告人在诉讼中的人身自由往往受到限制,难以展开有效的证据调查和收集活动,因此,被告人有权向私人法律专家——律师寻求帮助。被告人在诉讼中可以自行聘请律师为其辩护,在被告人无力负担酬金的情况下,法官还应当为其指定辩护律师为其提供免费法律援助。获得律师帮助的权利对于实现控辩平等来说具有决定性的意义,而律师辩护存在的真正意义也正在于保障被告人与检察官之间能够展开平等的对抗。将这种逻辑向前延伸,既然检察院有权获得警察机关的帮助以侦查犯罪,那么被告人也应当有权获得私家侦探的帮助以查清案情、获取证据,这样私家侦探制度的设立也在维护控辩平等原则的前提下获得了合法性基础。

必须指出的是,平等武装并不仅仅满足于追求形式上的平等,而是要寻求一种实质意义上的平等。"一个社会在面对因形式机会与实际机会脱节而导致的问题时,会采取这样一种方法,即以确保基本需要的平等去补充基本权利的平等;而这可能需要赋予社会地位低下的人以应对生活急需之境况的特权。"① 考虑到控辩双方在力量上的现实差距,仅仅赋予被告人应诉权是难以真正实现控辩双方的平等对抗的,因此,必须在权利义务的分配上适当地向被告方倾斜,赋予被告人抵御控诉权侵犯并借以自保的一些特权。从现代各国的刑事诉讼立法来看,一般都赋予被告人享有以下诉讼上的特权:(1) 无罪推定。即被告人受无罪推定的保护,不承担证明自己无罪的责任,证明被告人有罪的责任应由检察院来承担。这是通过使控方承担更多的诉讼义务、减轻辩方责任的方式来平衡控辩双方在力量上的差距。(2) 控方在庭前单方开示证据。有的国家如英国长期以来要求控诉方在庭审前向辩护方公开出示其所收集、调查到的证据,而辩护方除极少数情况以外,并不承担这种开示责任。其原因是基于所谓"自然正义",要求控诉方不得利用其资源优势而不公平地处于审判上的有利地位,为此,辩护方在审判阶段应得到某些手段的补偿以实现控辩双方的"平等武装"。② (3) 非法证据排除规则。即侦控机关非法获取的证据不能用来指控被告人。这是通过对控方证据调查手段的限制和约束,来平衡控辩双方在调查取证能力上的差距。《联合国人权委员会关于公正审判和补救权利的宣言》(草案)中指出:"公正的审判要求在程序中尊重双方当事人'平等武装'的原则。"并进一步指出:"在刑事程序中,'平等武装'原则要求在被告人与检察官之间实现下列程序上的平等:① 控辩双方有权在相同的时间内出示证据;② 控辩双方的证人在所有程序事项上应受平等对待;③ 非法获取的证据不应被用来指控被告人或其他任何涉讼之人。"

---

① 〔美〕博登海默:《法理学:法律哲学与法律方法》,邓正来译,中国政法大学出版社1999年版,第557页。
② 当然,与此不同的是,有的国家如美国实行控辩双方的对等开示制度。

有学者认为平等武装应为刑事审判程序的一项必要特征,但在审判前的程序中它却不能得到完全适用。"至于审判前阶段,平等武装只能从一个较广泛的意义上来理解……或许我们可以设想一下两位斗士之间的决斗,其中一个头戴盔甲,手握利剑,而另一个则手持渔网和渔叉。刑事审判前阶段也可以被比喻为打猎过程。而在猎手与猎物之间是谈不上平等武装的。"[①]对于这种观点,笔者不敢苟同,因为如若没有审判前阶段的平等武装,审判阶段的平等武装就将丧失基础和意义。实际上,说控辩双方之间的力量差距,主要就是针对审判前阶段即侦查阶段而言,如果平等武装不适用于侦查阶段,那么其价值也就值得怀疑了。从世界各国的规定来看,英美法系国家基于当事人主义司法模式的对抗制精神,在审判前的侦查阶段也贯彻了平等武装原则,构建起一种以控辩对抗为基础的弹劾式侦查模式;而传统的大陆法国家因循职权主义诉讼思路,在侦查阶段构建了一种审问式侦查模式,这种侦查模式的突出特点是在权力(权利)配置上偏向于国家侦控机关,比较重视侦控机关的职权运用,而对辩护方的权利限制较多,这就使得侦控方相对于辩护方处于优势地位,控辩平等难以完全实现。但是随着两大法系的相互交流和融合,在借鉴英美法国家弹劾式侦查模式的优点的基础上,大陆法系国家的审问式侦查模式也开始出现一些明显的松动和变化,突出表现为犯罪嫌疑人在侦查阶段地位的改善,律师对当事人的援助、保护作用明显增强等,这说明平等武装原则在审判前阶段的适用已逐渐得到世界各国的普遍认同。

2. 平等保护

如果说平等武装为实现控辩平等创造了均等的机会和条件,那么其真正实现还有赖于法官对控辩双方提供平等的保护。因为平等武装实际上是一项立法原则,而在立法层面赋予控辩双方对等的攻防手段,只能为双方调查取证和展开辩论提供相对平等的机会,被告是否被判有罪,最终还得取决于法官对双方提供的意见和证据的关注和采信程度,因此,实现控辩平等还需要在司法层面强调法官对双方的对等保护。

由于在诉讼结构中,法官作为纠纷的裁判者是适用法律的主体,因此而成为法律的化身,控辩平等实际上在很大程度上是控辩双方在法官面前的平等,是要求法官在诉讼中保持客观中立,不偏不倚地对待控辩双方,对控辩双方加以平等的保护。具体而言,裁判者在诉讼中应当尽力抑制自己的偏见,并给予双方平等参与诉讼的机会,对于控辩双方向法庭提供的意见和证据,法官应当加以同等的关注和评断,并在充分考虑控辩双方意见的基础之上才形成最后的判决。根据古罗马时期指导诉讼进行的"自然正义"原则:一方面任何人不得作为自己案件的法官;另一方面应当听取双方当事人的意见。后者就是对平等保护原则的直接阐述,这表明平等保护历来是程序公正理念的源泉。美国学者戈尔丁也指出,"纠纷解决者不应有支持或反对某一方的偏见",这是衡量程序公正性的基本标准。

平等保护原则使法院面临着严重的心理冲突。由于作为裁判者的法院和承担控

---

① 转引自陈瑞华:《刑事审判原理论》,北京大学出版社1996年版,第261页。

诉职能的检察院都是代表国家参与刑事诉讼的国家机构,具有同质性和同构性,加上检控方查明案件真相的能力较强这一客观事实,法官在审判中往往容易倾向于听取检控方的意见,对于检控方提交的证据,法官也更容易采信。而这事实上将造成对被告人的歧视,从而违背平等保护的基本要求。德国学者赫尔曼就曾感叹:在开庭审理程序中,尽管从法律角度更加注重到实现手段的同等性,但由于实际上的原因,特别是由于程序心理学方面的原因,手段同等性原则在这里受到严重限制。① 可见,平等保护要求法官在司法过程中,必须突破心理上的定式和倾向,努力保持对双方的不偏不倚、客观中立,对控辩双方意见和证据的平等关注与评断,否则,控辩之间的平等就无从谈起。具体而言,平等保护包括以下含义:(1)法官应当给予控辩双方参与诉讼的同等机会。控辩双方有权在相同的时间内出示证据;控辩双方的证人在所有程序事项上应受平等对待。(2)法官对于控辩双方所出示的证据和提供的意见,应当予以同等关注,法官所制作的判决应当是在充分考虑控辩双方意见的基础之上而形成的。

平等保护原则不仅体现在审判阶段,也表现在审前阶段,从国外的做法来看,由于在审前程序中贯彻了司法审查原则,因此,侦查程序实际上是由法官(侦查法官)来控制的,强制侦查措施的采用必须获得法官的审批,而平等保护原则要求法官在对强制侦查措施的采用进行审查时,必须注意在侦查机关打击犯罪的需要和保障犯罪嫌疑人人权的要求之间保持平衡,必须对双方的利益加以平等的关注。作为这种平等保护的一种体现,德国《刑事诉讼法》第115条规定,根据逮捕令逮捕被指控人后,应当不迟延地向管辖案件的法官解交。解交后,法官应当不迟延地,至迟是在第二天对被指控人就指控事项予以询问。询问时,法官应向被指控人告知对他不利的情况,告诉他有权对指控作出陈述或者对案件保持沉默。法官要给予被指控人消除嫌疑、逮捕理由以及提出对自己有利的事实的机会。

(三) 国家与个人的平等:控辩平等的理论基础

控辩平等原则是普遍意义上的平等理想在刑事诉讼领域的反映。国外刑事诉讼理论也称之为"手段同等原则",意指对于被告人,在原则上应当如同对刑事追究机关一样予以平等的对待。② 但是,与一般意义上的平等原则稍有不同的是,在现代刑事诉讼构造中的控辩平等,实质是要实现个人(被告人)与国家(检察机关)的平等,因为刑事诉讼在本质上是发生于国家与个人之间的一种权益冲突。被告人因为其犯罪行为侵犯了现实统治秩序,而应受到国家的刑事处罚;国家通过其代表——检察机关对被告人提起公诉,追究其刑事责任。由此在国家与个人之间引发了一场诉讼,控辩平等就是强调在刑事诉讼中国家与个人之间在法律地位上的平等性。

实际上,考察人类思想史,与人们寻求人与人之间的平等始终相伴随的,是人类社

---

① 参见〔德〕约阿希姆·赫尔曼:《德国刑事诉讼法典》,李昌珂译,中国政法大学出版社1995年版,序言第1页。
② 同上。

会寻求国家与个人之间平等的愿望。但是,实现国家与个人之间的平等面临着两个方面的障碍:一是在观念层面上,代表整体利益的国家与代表个体利益的个人之间应不应该平等。它揭示了控辩平等的应然性,是控辩平等实现的前提。二是现实层面上,作为整体的国家与作为个体的个人能不能够实现平等。它提出了控辩平等的实然性,是控辩平等实现的基础。

首先,实现控辩平等是现代法治国家理念的要求。传统的价值观念是一种国家本位主义观念,在这种观念的支配下,国家被视为是个人的根本或本源,个人是国家的派生,因此,国家利益永恒高于个人利益,国家与个人之间是不可能平等的。基于维护专制统治的需要,在专制社会中,统治者都趋向于夸大国家在社会生活中的作用,国家的利益被推崇到极致,个人利益却遭到贬损,被有意无意地加以忽略,国家利益永远凌驾于个人利益之上,个人的利益为国家利益所吸收,个人利益只能在国家利益中才能体现出来,除了国家利益之外,它本身没有独立存在的价值和意义。显然,在这种国家本位主义观念的支配下,国家与个人之间的地位是不可能实现平等的,个人对国家只有义务而没有任何权利。

国家本位主义观念在刑事诉讼领域的反映就是强调刑事诉讼追究惩罚犯罪的功能,而忽视刑事诉讼的人权保障功能。在制度设计上,趋向于维护和强化代表国家追诉的侦控机关的职权作用,弱化甚至根本否定被告人的辩护权利。在整个刑事诉讼构造中,代表国家利益的公诉机关在诉讼中的地位远远高于代表个人利益的被告人,控辩之间毫无平等性可言。控辩失衡的典型的例证是封建社会的纠问式司法模式。在封建纠问式司法模式下,为了实现打击、惩罚犯罪,维护专制统治秩序的任务,代表国家提起公诉的控诉机关拥有几乎不受限制的权力。为了便于追诉,封建国家甚至将控诉机关与审判机关合而为一,将追诉与审判职权交由纠问官一人行使,整个程序过程演变为纠问官单方面审问犯人的单向过程,被告人在纠问式司法模式下不享有辩护的权利,而只有供述的义务,完全沦为纠问官的工作客体。在这种被告人客体化的诉讼结构中,是不可能存在控辩平等的。

近代以来,随着资产阶级革命的胜利,自然法则论的天赋人权说得到普遍承认,由此国家与个人的关系得到重新梳理。根据自然法则论,个人的权利最初独立于国家之外;国家非但不能创造它,而且只能对它予以承认。依据当时抽象的理性主义观点断言,无论从世俗的角度还是从逻辑的角度,个人都先于国家;这种断言在认识历史方面未免粗鲁,却成功地推翻了现存政治制度的基础。首先是个人,继之有人与人之间的关系,而后才出现政治有机体。政治有机体不能摧毁他自己的创造者,相反,个人之所以涉及政治有机体,正是为了巩固和扩张自己的权力,因而这一政治有机体必须服务于个人的目的。[①] 自然法则论实际上是一种个人本位主义观念,据此,国家并非个人的本原,相反,国家是为个人利益服务的,脱离了个人利益,国家并没有自己独立的利

[①] 参见〔意〕圭多·德·拉吉罗:《欧洲自由主义史》,杨军译,吉林人民出版社2001年版,第23页。

益可言,因此,国家利益并不必然高于个人利益,国家的法律地位也并不高于个人。现代"法治国家"的基本理念之一便是要求法律平等地对待政府和公民(在一定意义上也就是国家与个人),在法律的规范体系之内,个人与国家具有平等的法律主体资格。英国著名法学家威廉·韦德曾经指出,法律必须平等地对待政府和公民,但是,既然每个政府必须拥有特别权力,很显然,就不可能对两者同样对待。法治所需要的是,政府不应当在普通法律上享有不必要的特权和豁免权。① 这一观念作用于刑事诉讼领域,就表现为被告人诉讼中地位的主体化,作为个人的被告人与代表国家起诉的检察院均被视为诉讼的主体,是平等对抗的双方当事人,②两者在法律地位上具有平等性,权利具有对等性,此即控辩平等。

其次,实现控辩平等原则是刑事诉讼机制的本质要求。应当说,作为整体象征的国家与个人之间在力量上是存在着明显差距的。国家作为暴力机器,以强制力为后盾而得以建立,个人的力量根本无法与之相抗衡,尤其是在个人与国家之间可能发生权益冲突的领域,这种力量上的差距将直接影响到个人的权利保障,在国家权力的高压下,个人权利往往无力自保。在这种情况下,如何平衡国家与个人力量上的差距?在国家与个人之间能否实现平等,直接关系到个人权利能否实现。

在刑事诉讼中,作为控诉方的国家公诉机关与作为辩护方的被告人之间在力量上是明显不平等的。作为国家公诉机关的检察院是代表国家追诉犯罪,因此,它在诉讼资源的配置方面有整个国家的人力、物力、财力作后盾,而且在技术层面,它还可以获得拥有强大犯罪侦查能力的警察机关的辅助,这些都是作为个人的被告人所不可比拟的。控辩双方之间在力量上的差距直接影响到控辩双方调查取证的能力,进而在一定程度上决定着诉讼的最终结局,处于弱势地位的被告人很可能会因为这种力量上的差距而承担败诉的后果,从而承担刑事责任。控辩双方之间这种力量上的不平等,如果不通过某种平衡机制加以扭正,刑事诉讼的结局将为力量所左右,而不是由案件的事实真相来决定。

从本质来看,刑事诉讼是一种解决纠纷的社会控制机制,国家之所以设立刑事诉讼来解决国家与个人之间的纠纷,就是希望以一种社会成本较低的方式来和平、理性地解决纠纷,以吸收当事人和社会公众的不满,防止纠纷的扩大化,危及社会法治秩序。在刑事诉讼机制中,国家并不试图使用武力粗暴地压服当事人和社会公众,使诉讼演变为一种简单的武力对决,而是希望通过设立一种平等交流的对话机制,在双方当事人平等协商、交涉、对话的基础上和平地解决纠纷。刑事诉讼所要获取的正义是一种程序的正义或曰沟通的正义。正如德国哲学家哈贝马斯曾经指出的,真正的正义只能通过沟通或交流来求取,即在理想的对话情景下,通过人们的理性对话来表达具有正当基础的"主体个性"和"合意"。在这个意义上,可以说,实现控辩平等是刑事诉讼机制的本质要求,因为只有控辩双方真正平等相待,才可能展开平等的对话交流与

---

① 转引自张文显:《二十世纪西方法哲学思潮研究》,法律出版社 1996 年版,第 613 页。
② 在我国,立法和理论上有所不同,人民检察院不被认为是当事人,而是"国家专门机关"。

沟通,只有双方都成为刑事诉讼中的地位平等的诉讼主体,才可能达成主体间的合意,并最终求取真正的程序正义。在这个意义上,可以说,实现控辩平等是刑事诉讼机制的本质要求。控辩双方在力量上的不平等不应当成为双方法律地位不平等的理由,这种力量上的不平等,完全可以通过法律手段加以扭正。具体而言,应当通过调整刑事诉讼活动的基本法律规范——《刑事诉讼法》,来对控辩双方的权利和义务进行合理分配,使代表国家追诉的检察院与作为个人应诉的被告人之间在法律上即权利、义务的配置上实现平等。

二、控审分离

(一) 刑事诉权及其意义

诉讼法学界普遍认为,诉权,是国家法律赋予社会主体在其权益受到侵害或与他人发生争执时,请求审判机关通过审判方式保护其合法权益的权利。以诉权的上述概念为研究基础,不难发现诉权与刑事诉讼之间存在着不可割裂的客观联系。

从诉权的概念看,"权益受到侵害",是社会主体享有诉权的前提条件。如果社会主体的权益处于正常状态,没有受到侵害,也就不存在"请求通过审判方式保护"的问题。因此,国家审判保护手段的运用与社会主体保护实体权益的要求是相适应的。当社会主体的权益受到侵害时,就会借助国家审判力量予以保护,制裁违法,恢复权益的正常状态,这便是行使诉权;从一定意义上说,国家审判权是基于保护社会主体的权益不致受到侵害的需要而产生和存在的。这正如马克思所说,"国家是属于统治阶级的各个个人借以实现其共同利益的形式"。[①] 社会主体在其权益受到侵害的情况下,只有通过行使诉权,请求国家用审判方式予以干预,才是保护其正当权益最有效的手段。

诉权的产生和存在,离不开"权益受到侵害"这一前提条件。然而,"权益受到侵害"的形式和种类是多种多样的,这决定了诉权也必然具有不同的表现形式,出现了民事诉权、刑事诉权以及其他诉权。诉权是社会主体在其权益受到侵害时请求国家司法保护的手段,侵害社会主体权益最严重的形式是刑事侵害,当刑事侵害发生时,社会主体请求国家通过诉讼形式保护自己权益的根据就是刑事诉权。如果不承认刑事诉权的存在,那么,国家刑事审判权的行使也就无从谈起。笔者认为,诉权作为保护实体权益之权,同样在刑事诉讼中客观存在,它是刑事诉讼活动得以存在和运转的驱动力,忽视或回避诉权在刑事诉讼中的存在,将阻碍刑事诉讼理论和实践的进一步完善与发展。

诉讼法学界对民事诉权的特征有如下共识:诉权是普遍之权、平等之权、全面之权和请求公正裁决之权。笔者认为,刑事诉权作为诉权整体中的一部分,其特征与民事

---

① 《马克思恩格斯全集》第 3 卷,人民出版社 1960 年版,第 70 页。

诉权特征并无二致。这一结论,将从"普遍""平等""全面"和"请求公正裁决"的内涵的考察中得到印证。

1. 诉权是普遍之权。所谓普遍,指诉权是国家法律赋予每一个社会主体的最基本权利。人类社会中社会主体间权益纠纷的解决由"自力救助"到"公力救助"有一个不断发展演化的过程,国家赋予权益受到侵害或存在争议的社会主体请求审判保护的权利(即诉权),是"公力救助"最重要的形式。在现代社会中,各国法律既普遍地承认有利害关系的社会主体享有诉权,同时,从公益代表的意义上赋予特定机关(如检察机关)以诉权(公诉权)。自然人的诉权,一般不受职业、性别、民族、种族、信仰、财产状况、文化程度等因素的影响。诉权作为社会主体的基本权利,一般规定于各国宪法的"法律保护条款"中。例如,《中华人民共和国宪法》规定:"国家保护城乡集体经济组织的合法权利和利益""国家保护个体经济的合法权利和利益""国家保护社会主义公有财产""国家保护公民的……所有权……继承权""公民的人身自由不受侵犯"等。宪法保护的意义是普遍的,它是社会主体权益受到保护的法律根据,当社会主体合法权益受到侵害时,便有权请求国家采用诉讼手段加以保护。社会主体的合法权益受到刑事侵害时,他(或她)有权通过自诉和公诉两种方式行使诉权。公诉,即由公益代表(检察机关)向审判机关起诉。可见,无论何种形式产生的刑事诉讼,都是以诉权为前提的。社会主体诉权的享有具有普遍性。

2. 诉权是平等之权。法学界普遍认为:与争议的法律关系具有直接的利害关系,是享有诉权的根本依据;如果没有直接利害关系,社会主体便不具有请求司法保护的前提。从诉讼法律关系的角度看,被告人是同争议的权益具有直接利害关系的主体之一,需要承担诉讼结果。具有直接利害关系的主体必须享有诉权,才能以其为手段反映自己的实体要求和主张,使诉讼结果对自己有利。因此,当争议双方无法自行解决纠纷时,任何一方当事人都有权首先向审判机关提起诉讼,请求审判机关司法解决;而一方当事人一旦起诉后,对方享有的诉权便立即转化为行使应诉和答辩的权利。起诉权和应诉权(包括答辩权)只是当事人最初行使诉权的不同表现形式而已,其实质是平等的。诉权的这一特征,可以从现代民事诉讼中当事人诉讼地位的完全平等性中得到说明。刑事诉讼具有不同于民事诉讼的个性,但在表现诉权的平等性方面仍是十分明显的。以我国刑事诉讼为例,被告人在诉讼中享有以诉权为基础的广泛权利。例如,我国《刑事诉讼法》规定"被告人有权获得辩护""被告人是聋、哑或者未成年人而没有委托辩护人的,人民法院应当为他指定辩护人""辩护人的责任是根据事实和法律,提出证明被告人无罪、罪轻或者减轻、免除其刑事责任的材料和意见,维护被告人的合法权益""严禁刑讯逼供和以威胁、引诱、欺骗以及其他方法收集证据"以及被告人有权申请复议、上诉和申诉等,都属于保障被告人平等享有诉权的条款。在刑事自诉案件中,被告人诉权的平等性尤为明显,如《刑事诉讼法》规定"人民法院对自诉案件,可以进行调解,自诉人在宣告判决前,可以同被告人自行和解或者撤回自诉""自诉案件的被告人在诉讼过程中可以对自诉人提出反诉""反诉适用自诉的规定"等。以上表明,在刑事诉讼中,不仅自诉人(被害人)和人民检察院是享有诉权的主体,而且被告人也享有和行使着诉权。实质上,二者具有平等性。

3. 诉权是全面之权。即:诉权贯穿于诉讼过程的始终,是连接各诉讼阶段的纽带。从诉权作用的具体形式来看,诉权不是狭隘地被限制在起诉、上诉等诉讼开始阶段的单一的权利,而是贯穿于诉讼全过程并具体化为全面、详尽的当事人诉讼权利,体现在整个诉讼程序中。当事人和人民检察院所进行的各种诉讼活动,都是行使诉权的具体表现。例如,在自诉案件中,自诉人提出符合法定条件的起诉,是法院受理案件开始诉讼的基础;诉讼进行中,自诉人和被告人进一步行使诉权,各自提供充分的证据以证明自己主张的事实,使法院有可能指挥诉讼进入法庭审理和法庭辩论阶段,当事人互相辩论和反驳,使案件的客观事实得以揭示,为法院作出裁决提供了依据;一审裁决后,任何一方当事人提出上诉,都可以引起二审程序。同样,如果诉讼中自诉人放弃诉讼请求、撤回起诉或者与被告人达成和解,或经法院调解达成一致,也将成为终结诉讼程序的根据。可见,诉权决定着刑事自诉程序的发生、发展和终结。公诉案件中,在人民检察院代表国家和公共利益行使诉权的情况下,不仅被害人诉权的核心部分(起诉权、上诉权)被检察机关取代,而且被告人的诉讼权利较之自诉案件被告人亦有所减少。例如,不能请求调解、不能与公诉人和解、不能反诉等。这是基于公诉案件犯罪性质较自诉案件严重而在追诉程序上必然表现出来的特殊性。但也应当看到,被害人和被告人受到局限的权利主要是刑事方面的程序意义上的诉讼权利,而在民事方面双方的权利始终存在,刑事附带民事诉讼中,原、被告双方的权利义务完全对等的事实即可充分说明这一点。无论怎样,我们都不能否认,公诉案件诉讼程序的发生、发展,是人民检察院和被告人分别行使诉权的结果。

4. 诉权是请求公正裁决之权。审判机关依法履行职责,是诉权充分行使的保障。根据国家和法的原理,审判权是国家统治权的重要表现形态,是国家权力在解决纠纷领域里的运用。国家职能发达的标志,是排斥纠纷的私力救助,而由权益争端的当事人或法定机关依法提请国家主管机关解决。诉权,就是将实体权益争端引渡到审判权面前的一种法定的中介手段或桥梁,它向审判权提供任务和作用的对象。因此,可以说,当事人或者公诉机关行使诉权,提出主张或举证所力图说服的,不是对方当事人,而是作为裁判者的法官,目的是要求法官作出公正裁决。当事人或公诉机关行使诉权可以对审判机关产生约束力,只要这种权利的行使符合法定条件,均应产生相应的法律效果;审判机关也有义务保证这种效果的发生。因此,诉权和审判权,是包括刑事诉讼在内的所有诉讼机制中彼此联系、不可分割的两个方面。法院行使审判权,是为了维护社会秩序和保证社会主体的合法权益免受任何侵害;社会主体行使诉权,是为了实现和保护自己所享有的合法权益。诉权依靠审判权来实现,审判权在当事人行使诉权的过程中充分有效地行使。因此,在刑事诉讼中,被害人或者检察机关提起诉讼,被告人进行答辩、开展辩护,以及双方由此展开的一系列诉讼行为,目的都在于:要求审判机关公正裁决,保护各自的或其所代表的合法权益。

(二) 分权制衡与控审分离

刑事诉讼本质上是国家实现刑罚权的专门性活动。国家设立刑事诉讼的最初动机就是通过国家权力的介入来查明案件的事实真相、惩罚犯罪，维护社会的秩序与安全。作为一种国家活动，国家权力在刑事诉讼中的作用广泛而深刻。从刑事司法权力体系的结构来看，刑事侦查权、刑事控诉权与刑事审判权本质上都是一种国家权力，在这一点上，可以说三种权力具有同质性。刑事侦查权、控诉权、审判权之间的同质性，使得这三项权力之间具有天然的亲合性，也为三权的集中、合一提供了基础。集中性是权力的本性，任何权力都趋向于通过扩张而膨胀成为不受制约的专断权力，刑事司法权也不例外。考察刑事诉讼制度发展的历史，国家对刑事司法权力的配置经历了一个从集中走向分立的演变过程。

在人类早期的奴隶制社会，国家形态刚刚形成，国家对社会的控制能力有限，国家权力对社会冲突的干预并不深入，对于已经发生的各种纠纷，哪怕是严重的犯罪行为，国家也不主动纠举，而是将其视为私人间的利益纷争，由当事人自行提起诉讼，国家仅仅是作为权威的仲裁者居中裁断。在奴隶制弹劾式司法模式下，国家权力在诉讼中的形式和作用单一，仅仅表现为刑事审判权，刑事侦查权和刑事公诉权的观念并不存在。

随着人类社会的发展，国家对社会的控制能力得到提升，到了封建社会，基于加强对社会生活全面干预和控制的需要，国家高度集权的现象开始出现。在封建专制时期，与政治上的高度集权相适应，在刑事司法领域也出现了刑事司法权力高度集中的司法集权现象。封建社会盛行纠问式司法模式，[①] 而纠问式司法模式的典型特征就是将社会利益放在个人利益之前，为了防止因为过分尊重个人权利而无法实现追究和惩罚犯罪分子的任务，纠问式司法模式赋予国家追诉机关强大的追诉权，被告人的个人权利则被彻底牺牲。虽然在纠问式司法模式下，国家承担起了追究犯罪的责任，但是，追诉权国有化的同时又造成控审职能的集中、混淆。在纠问式司法模式中，"任何法官都是检察官"，即法官集侦查、控诉、审判三权于一身，在自侦自查的基础上自诉自审，导致严重的控审职能不分。在权力高度集中的法官面前，被告人毫无权利可言，只是法官工作的客体、追诉的对象。德国法学家拉德布鲁赫对此评论道："纠问程序的功绩在于使人们认识到追究犯罪并非受害人的私事，而是国家的职责。其严重错误则在于将追究犯罪的任务交给法官，从而使法官与当事人合为一体。如果说此前的控告程序依循的是'没有人告状，就没有法官'，此时根据纠问程序的本质，则允许在没有人控告的情况下，由法官'依职权'干预。如果说过去的控告程序是在原告、被告和法官三个主体之间进行，则纠问程序中就只有法官和被控人两方。被控人面对具备法官绝对权力的追诉人，束手无助。对纠问程序适用的谚语是'控告人如果成为法官，就需要上帝

---

① 这一名称取自诉讼的"开始手续"——侦查与讯问。这一"开始手续"对其后诉讼的进展起着支配作用并且将对诉讼的结果产生重大影响。参见〔法〕卡斯东·斯特法尼等：《法国刑事诉讼法精义》，罗结珍译，中国政法大学出版社1999年版，第75页。

作为律师'"①。

过分强大的国家权力对于普通公民的权利来说,始终是一种威胁,为保障公民的个人权利,必须谋求对权力的制约。随着近代资产阶级革命的胜利,西方各国逐渐建立起一种以分权制约为基础的宪政制度,国家权力的结构原则由此发生了根本性变革,权力分立取代了权力集中,司法权从行政权中独立出来成为国家权力的一极。立法权、行政权和司法权被分配由不同的国家机关行使,并且相互监督和制约,避免滥用权力,以保护公民的个人权利。同时,在司法权力系统内部,刑事司法权力的配置也从集中走向分立,国家专门设立检察院承担控诉职能,而让法院专司审判之责;控诉只能由检察院提起,法院不得主动开启审判程序;法院的审判对象必须与检察院起诉指控的对象保持同一性,检察院未起诉指控的被告人和罪行,法院不得径行审理。由此实现了控诉与审判职能的分离与制衡。控审分离的诉讼架构为辩护职能的产生提供了空间,被告人的诉讼主体地位得到确认,辩护职能得以确立,以控、辩、审三大诉讼职能良性互动为基础的现代刑事诉讼结构得以塑成,而控审分离则也成为现代刑事诉讼的基本结构特征和组合原理。

(三)司法公正:控审分离的价值根基

从法文化学的意义上讲,法律作为一种解纷机制,同时也是一种传达意义的文化符号,它承载着特定的文化信息即主体的价值观念和价值追求。控审分离原则作为现代刑事诉讼的基本结构特征和运作原理,反映和体现的是人类社会对诉讼公正价值的不懈追求。

诉讼公正一向被视为诉讼活动的最高价值目标,"公正性乃是诉讼的生命"②。诉讼公正体现在诉讼过程的公正和诉讼结果的公正两个层面。所谓诉讼过程的公正,也称为程序公正。学者的研究表明,程序公正的观念是以英国法所继承的"正当程序"思想为背景而形成和展开的。程序公正作为刑事诉讼活动所追求的基本价值目标,其基本含义是指国家司法机关追究犯罪、惩罚犯罪的刑事追诉活动,必须遵循正当、合理的法律程序。程序公正的核心理念是以程序制约权力,即通过公正、合理的程序设置来限制国家刑事司法权的恣意和滥用,保障涉讼公民的基本人权。但是,作为一种观念形态的诉讼价值目标,程序公正具有相当的抽象性,它必须外化为若干具体的原则才能为人们评价或构建刑事诉讼程序提供判断的标准和依据。从内容上看,人们一般将程序的中立性、平等性、公开性以及参与性等视为衡量程序公正性的参考标准。其中,程序的中立性被视为程序的基础,是衡量一项程序是否公正的首要标准。"法官中立常常与程序公正乃至诉讼公正画上等号。""法官中立是程序公正乃至诉讼公正实现过程中最基本也是最重要的因素"③。

---

① 〔德〕拉德布鲁赫:《法学导论》,米健、朱林译,中国大百科全书出版社 1997 年版,第 121 页。
② 顾培东:《社会冲突与诉讼机制》,四川人民出版社 1991 年版,第 34 页。
③ 陈桂明:《诉讼公正与程序保障》,中国法制出版社 1996 年版,第 13 页。

程序中立的内容和要求早在古罗马时代的"自然正义"原则中即得到经典的表述。根据"自然正义"原则:一方面任何人不得作为自己案件的法官;另一方面应当听取双方当事人的意见。美国学者戈尔丁在吸收"自然正义"观念的基础上将程序中立的内容阐释为以下三项具体要求:(1)任何人不能作为自己案件的法官。(2)结果中不应包含纠纷解决者个人的利益。(3)纠纷解决者不应有支持或反对某一方的偏见。[①] 可见,所谓中立,主要是指作为裁判者的法官在控辩双方之间保持不偏不倚、客观公正的立场和距离,即法官既不能与案件结果有利害关系(因为心理学的研究表明,利益牵涉将影响裁判者作出决定时的客观公正性),同时也不能对案件形成个人的偏见或预断。

刑事司法权力高度集中的一个显著后果就是控审职能不分,而控审职能不分将严重破坏程序本身的中立性,法官代行控诉职能,将使法官形成强烈的追诉心理,造成法官对案件的偏见或预断,从而丧失裁判者应有的客观中立性。例如,在封建纠问式司法模式下,法官集控诉职能与审判职能于一身,在自侦自查的基础上自诉自审,形成一种法官与被告人直接对抗的诉讼格局。在这种诉讼格局之下,作为裁判者的法官同时也作为检察官提起诉讼,因此法官事实上既是裁判者又是一方当事人,他在以一方当事人(检察官)的身份提起诉讼之后又以法官的身份来审判自己的案件,显然违背了中立性原则中"任何人不得作为自己案件的法官"的基本要求,有悖于程序公正的价值目标。近现代法治国家确立控审分离原则的根本目的就在于通过控诉职能与审判职能的分离与制衡,来维护审判职能的中立性和消极性,防止刑事司法权的过度集中,损害被告人的基本人权。

刑事诉讼的价值目标不仅在于保证程序的公正,发现实体真实即结果公正也是刑事诉讼追求的基本价值目标。考虑程序公正与结果公正的关系,实际上是一个问题的两个方面,"程序的公正是正确选择和适用法律,从而也是体现法律正义的根本保障。首先,程序公正可以排除在选择和适用法律过程中的不当偏向……其次,公正的程序本身就意味着它具有一整套能够保障法律准确适用的措施和手段,并且由此能够形成保障法律准确适用的常规机制"[②]。也就是说,公正的程序往往具有导致公正结果的内在品性,不遵循公正的程序则很难期望达至公正的结果,诉讼结果的公正性在很大程度上依赖于诉讼过程的公正性。例如在控审不分的封建纠问式司法模式下,法官自诉自审往往导致先入为主、有罪推定,因为从逻辑上说,法官只有在形成被告人有罪的预断后,才会将案件提起审判,然而由于法官在庭前已经形成预断,庭审就变成走过场,法官审判的目的就是验证自己预断的正确性,迫使被告人招供;而一旦被告人拒不招供,法官就将动用刑讯逼供,然而通过刑讯是根本不可能获得真相的。"丝毫用不着怀疑,通过酷刑拷打取得的忏悔常常是虚假的、不真实的。在这种条件下取得的被告的供词以及收集到的证据都会使法庭走入迷途。常常发生这样的情形,一方面,无辜

---

① 参见〔美〕马丁·P. 戈尔丁:《法律哲学》,齐海滨译,三联书店1987年版,第240页。
② 顾培东:《社会冲突与诉讼机制》,四川人民出版社1991年版,第67页。

者受到有罪判决,另一方面犯罪人却没有受到惩罚而逍遥法外"[①]。可见,控审职能的集中,将导致法官对案件产生严重的预断和偏见,而法官在预断和偏见的支配下,是难以查明案件真相的。实行控审分离不仅是为了保证追诉程序的公正性,也是为了保障结果的公正性。只有通过控诉职能与审判职能的分离与制衡,才能维护法官在诉讼中的中立地位;只有保障了法官的中立地位,才能使法官排除偏见和预断,公正断案,最终才能保证判决结果的公正性。

(四) 结构与程序:控审分离的双重内涵

从内容上看,控审分离原则具有结构和程序两方面的意义。结构意义上的控审分离原则,指的是作为两种功能不同的诉讼职能,控诉职能与审判职能应当由不同的国家机构分别承担,其基本要求就是实现机构设置上和人员组织上的审、检分离,即检察院作为专门的国家控诉机关独立于作为审判机关的法院;检察官也不得同时在法院兼任审判法官。但是,需注意的是,审检分离并不意味着一定要实现审检分署,而是要求检察院在组织体制和工作业务上与法院相分离。从世界各国的规定来看,检察院的机构设置有两种模式:一是英美法系国家的审检分署制,如英国依据 1985 年《犯罪起诉法》,在中央设法律事务部,也称检察总署,其首长称总检察长。在各地区设检察署,由首席检察长负责监督所在检察署的工作,还有权任命检察官。二是大陆法系国家的审检合署制,即将检察机关设在各级法院内。如在法国,检察机关归属于司法部,由派驻各级法院的检察官员组成。在最高法院设总检察长一人,检察官若干;上诉法院设检察长;重罪法院与轻罪法院分设检察官;违警法院不设检察官,由法定官员或人员行使检察业务。尽管在法国实行审检合署,但两者在组织和业务上是完全相分离的,"检察院的司法官是为执行权力机关服务的,对预审法庭与审判法庭,享有绝对的独立地位。法官不得对检察院的司法官进行训斥与发出指令"[②]。

程序意义上的控审分离原则,则是指程序启动上的"不告不理"以及程序运作中的"控审同一"。所谓不告不理,是指刑事审判程序在启动上必须以承担控诉职能的检察院提起控诉为前提,法官"无权自行受理刑事案件,必须等待检察院提起公诉",检察院不提起控诉,法院就不能展开审判。法院主动追究被告人的刑事责任、自诉自审或者不诉而审,都是与不告不理原则相背离的,是控审职能不分的表现。而所谓控审同一,则是指在刑事审判过程中,法院审判的对象必须与检察院起诉指控的对象保持同一,法院只能在检察院起诉指控的对象范围内进行审判,对于检察院未指控的被告人及其罪行,法院无权进行审理和判决,即使法院在审判过程中发现检察院起诉指控的对象有错漏,也不能脱离检察院起诉指控的被告人或其罪行而另行审理和判决。控审同一又包括"质的同一"与"量的同一"两方面的要求。所谓"质的同一",是指法院在审判过

---

① 〔法〕卡斯东·斯特法尼等:《法国刑事诉讼法精义》,罗结珍译,中国政法大学出版社 1999 年版,第 82 页。
② 同上书,第 129 页。

程中不能自行变更审判对象,比如法院不能擅自将检察院起诉指控的被告人由甲变更为乙或者将起诉的罪行由 A 罪行变更为 B 罪行。所谓"量的同一",是指法院在审判过程中不能自行扩大审判对象的范围,比如甲有 A、B 两项罪行,但检察院提起公诉时只起诉了 A 罪行,而漏诉了 B 罪行,那么即使法院在庭审中发现了公诉有遗漏,也不能自行扩大审判对象的范围,对未经起诉的 B 罪行进行审理。从对象的性质不同的角度,又可以将控审同一区分为"人的同一"和"罪的同一"。所谓"人的同一",即被告人同一,它要求法院审判的被告人与检察院起诉指控的被告人必须是同一人,法院不能自行将甲被告变更为乙被告,也不能将检察院未起诉的其他人列为被告加以审判。例如,某甲犯罪后,某乙替甲顶罪而被起诉,在审判过程中,法庭发现了这一顶罪情况,那么法院能否直接将本案被告人由乙更改为甲呢?根据控审同一原则是不允许的;同样,如果甲、乙、丙三人共犯一罪,但检察院起诉时只起诉了甲和乙而遗漏了丙,在庭审中,法庭发现了这一情况,那么法庭能否直接将丙追加为被告呢?根据控审同一的要求,也是不允许的。所谓"罪的同一",则是指法院审判的罪必须与检察院起诉指控的罪行相同,法院不能自行将检察院起诉指控的 A 罪行变更为 B 罪行,也不能擅自对未经检察院起诉的罪行进行审判。例如检察院起诉甲犯 A 罪行,但法院经过开庭审理认为甲所犯的不是 A 罪行,而可能构成 B 罪行,那么法院也不能撇开检察院起诉指控的 A 罪行,而对 B 罪行展开审判。同样,如果乙犯了三项罪行,检察院却只起诉了其中两项,而遗漏了一项时,法院也不能将遗漏的罪行直接纳入审判的范围。

结构意义上的审检分离和程序意义上的不告不理、控审同一相互依存、相互支撑,构成控审分离原则不可分割的两个方面。结构意义上的审检分离为控审分离提供了组织上、体制上的保障,没有结构上的审检分离,程序上的不告不理和控审同一将失去根基,并最终沦为空中楼阁;而程序意义上的不告不理与控审同一,则是控审分离原则的核心内容,它直接规范和指导着刑事诉讼程序的实际运作过程,没有程序上的不告不理和控审同一,谈控审分离也就失去了目标和意义。

从世界各国的立法规定来看,控审分离原则已经得到普遍的认同与遵循。例如,《德国刑事诉讼法》第 155 条(调查范围)第 1 款明确规定:"法院的调查与裁判,只能延伸到起诉书中写明的行为和以诉讼指控的人员。"[①]日本《刑事诉讼法》第 249 条(公诉效力所及于人的范围)也规定:"公诉,对检察官指定的被告人以外的人,不发生效力。"[②]我国澳门地区的《刑事诉讼法》第 340 条(控诉书或起诉书中所描述事实之实质变更)第 1 款规定:"如在听证过程中得出结果,使人有依据怀疑发生一些事实,其系在起诉书中未描述,又或无起诉时,在控诉书中未描述,而对起诉书或控诉书中所描述之事实构成实质变更者,则主持审判之法官将该等事实告知检察院,该告知之效力等同于提出检举,以便检察院就新事实进行追诉;在正进行之诉讼程序之判罪上,不得考虑

---

① 《德国刑事诉讼法》,李昌珂译,中国政法大学出版社 1995 年版,第 107 页。
② 《日本刑事诉讼法》,宋英辉译,中国政法大学出版社 2000 年版,第 58 页。

该等事实。"①这说明审判法院的审理范围不得逾越控诉或起诉所划定的标的②,法官在庭审中即使发现了检察院未予指控的新事实,也不能就该新事实进行审判,而只能将新事实告知检察院,由检察院就新事实进行追诉后,法官才能加以审理、判决。该法第355条第1款c项还规定,法院的刑事判决书中应当指出根据起诉书,或无起诉书时,根据控诉书对嫌犯归责之犯罪。这说明审判法院在制作刑事判决书时只能就检察院起诉书中指控的犯罪作出判决,而不能对检察院未指控的犯罪事实作出判决。从实践效果来看,由《刑事诉讼法》对法院的刑事审判对象作出明确规定,有效地约束和限制了刑事审判权的膨胀和扩张,对保障被告人人权非常有利。

在一些国际法律文书中,控审分离原则也得到体现,如《欧洲人权公约》第6-1条规定:任何人都享有其诉讼案件由独立的、公正的法院公平审理权利。刑事案件中提出的任何控告是否有依据均应由法院决定之。欧洲的学者认为这一规定包含"职能分开"的原则:负责进行追诉的司法官(检察官)完全被排除出审判法院;同时,同一人在同一案件中不得既行使预审职能,又行使审判职能。③《公民权利和政治权利国际公约》第14条第1项规定:"所有的人在法庭和裁判面前一律平等。在判定时,对任何人提出的任何刑事指控或确定他在一件诉讼案中的权利、义务时,人人有资格由一个依法设立的、合格的、独立的和无偏无倚的法庭进行公正的和公开的审讯。"这里的"无偏无倚的法庭"被认为只能是实现了控审职能分离的公正法庭。《关于检察官作用的准则》第10条明确规定,检察官的职责应与司法职能严格分开。《世界刑法学协会第十五届代表大会关于〈刑事诉讼法〉中的人权问题的决议》第4条宣称:在审理和判决时,无罪推定原则要求法官对诉讼双方公正不倚。为了使这种公正确实存在,必须严格区分起诉职能与审判职能。因此负责判决的法官必须是未参与预审的法官。最可取的办法是:负责判决的法官不应与接受对嫌疑人起诉的法官为同一人。这是对结构意义上的控审分离原则的规定。第7条规定:"在确定刑罚时,法庭不得将被告人未经审判证实和认定的其他罪行考虑在内。"这就明确规定了应当遵守程序意义上的控审同一。

三、审判中立

根据审判中心主义的要求,法官作为纠纷的权威解决者,处于控、辩、审三角结构的中心位置,在控辩两造平等对抗的基础上,作为审判者的法官居于其间,踞于其上,中立听证,消极裁判。法官作为审判者在诉讼中一直是以一个中立的纠纷仲裁者的形象出现的,可以说,法官在诉讼结构中的中心地位部分来自于法官在诉讼中的恪守中立。

---

① 赖健雄:《澳门刑事诉讼法典》,法律出版社1997年版,第264页。
② 同上书,第2页。
③ 参见〔法〕卡斯东·斯特法尼等:《法国刑事诉讼法精义》,罗结珍译,中国政法大学出版社1999年版,第61页。

(一) 审判中立的法理基础

人类社会自身的存续和发展必然要求人类社会的总体结构和历史进程保持一定程度的一致性、连续性和确定性,这就是秩序。"历史表明,凡是在人类建立了政治或社会组织单位的地方,他们都曾力图防止出现不可控制的混乱现象,也曾试图确立某种适合于生存的秩序形式。这种要求确立社会生活有序模式的倾向,决不是人类所作的一种任意专断的或'违背自然'的努力。……人类的这种倾向乃深深地植根于整个自然结构之中,而人类生活则恰恰是该结构的一个组成部分"[①]。秩序的实现需要控制,人类社会对秩序的需求,促使人们自发地创设相应的社会解纷机制以化解和消除衍生自社会生活中的各种纠纷。

与人类社会的进化历程相联系,社会解纷机制的发展也经历了由野蛮到文明、由简单到复杂、由粗糙到精细的不断完善的过程。在人类社会的早期,社会公共权力阙如,社会控制能力低下,个人间的纠纷往往由双方当事人以自决或和解的方式私自加以解决。从结构上分析,作为一种社会解纷机制,自决与和解都呈现出一种"两方组合"的结构形态特征。整个解纷机制直接由纠纷的双方当事人组合而成,纠纷的解决依赖于组合双方的交互作用包括使用暴力和妥协让步。然而,和解往往难以达成,自决又容易演变为弱肉强食的恶性循环。因此,随着社会控制能力的提升,社会力量必然介入纠纷的解决过程以引导和促进纠纷的解决,从调解到仲裁,直至诉讼的出现,社会力量对纠纷解决过程的介入不断深入和常态化,并最终实现了社会解纷机制由私力救济向公力救济过渡的历史性嬗变。社会力量对纠纷解决过程的介入导致社会解纷机制发生结构性变革,本由纠纷双方当事人组合而成的"两方组合"演化为由纠纷双方和由社会力量扮演的第三方共同组合而成的"三方组合"。在内在运作机理上,这种"三方组合"对纠纷的解决依赖于第三方的中立地位与行为来引导和促成纠纷解决,可以说,这种"三方组合"机制的基本结构和机理特征就是第三方中立。

"第三方中立"就是要求第三方在纠纷解决过程中与纠纷的双方当事人保持同等的距离,对双方采取不偏不倚的态度和行为。这种现象或结构的形成有其内在的深层原因。从第三方的立场来看,社会力量之所以以第三方的身份介入纠纷解决过程,其目的不是加入一方、对抗另一方(否则这只是扩大化的自决),而是充分利用其利益无涉的超然地位来引导和促成纠纷解决。受此目的的制约,第三方在"三方组合"中的角色定位只能是在纠纷双方当事人之间恪守中立,因为第三方唯有在纠纷解决过程中保持中立,才能够分辨与纠纷相关的事实过程,并在此基础上提出相对合理的纠纷权益处置和补偿办法,以此引导和促成冲突双方解决纠纷;从纠纷双方的立场来说,基于人的自利本性,纠纷的双方当事人自然都希望第三方能偏向自己,作出于己有利的判断和处置,但是,由于双方都有同样的趋利心理,而作为纠纷双方当事人的地位和意志是

[①] 〔美〕E.博登海默:《法理学:法律哲学与法律方法》,邓正来译,中国政法大学出版社1999年版,第220页。

完全平等的,不存在谁服从谁的问题,这一矛盾的现实性迫使双方当事人清醒地认识到:只有让第三方保持中立,平等地对待双方当事人,才是对双方均无害处的理性决策。因此,可以说,第三方中立也是纠纷双方当事人基于趋利心理而作出的理性选择与妥协。美国政论家罗伯特·达尔曾经指出:"如果你能肯定你或你的团体会时时占据上风,那么,一套明确而持久的优先照顾你的幸福和利益的程序可能确实会让人心动。不过,多数人都知道这样的结果太不可能发生,至少不能肯定会发生。因此,坚持自己的利益应当和别人的利益受到同等的考虑,是一种更保险的做法。"①这是对审判中立原则生成机理的极好注明。

诉讼自产生以来便逐渐成为最常规也是最规范的社会解纷手段。从结构上分析,诉讼是典型的"三方组合":原、被告双方平等对抗,而法官作为审判者居中裁判,形成一个等腰三角的几何结构。第三方中立在诉讼机制中具体表现为法官的审判中立。诉讼本质上是一种公力救济,即国家介入纠纷解决过程以引导和促成纠纷解决,其具体形式是国家通过设立专门的审判机构来参与诉讼机制的结构组合,承担和执行审判职能,因此,审判中立实质上是国家在纠纷解决过程中保持中立。国家介入纠纷解决过程有其历史的和逻辑的必然性。从历史上看,"国家是社会在一定发展阶段上的产物;国家是表示:这个社会陷入了不可解决的自我矛盾,分裂为不可调和的对立面而又无力摆脱这些对立面。而为了使这些对立面,这些经济利益互相冲突的阶级,不致在无谓的斗争中把自己和社会消灭,就需要一种表面上驾于社会上的力量,这种力量应当缓和冲突,把冲突保持在'秩序'的范围以内;这种从社会中产生但又自居于社会之上并且日益同社会脱离的力量,就是国家。"②可见,国家本身是阶级矛盾不可调和的产物,缓和社会冲突(包括阶级冲突),维护现实统治秩序是国家产生和存在的基本目的,国家产生之后必然凭借其强制力强行介入社会冲突的解决过程,以干涉和约束各种社会冲突,将其控制在现实统治秩序允许的范围之内。

但是,从根本上讲,任何一种社会系统的合法性基础都不能单纯建立在强力之上,而必须依赖于普遍社会主体对它的认同。"如果没有某种认同的基础,任何政权都无法持久,这仅仅是因为,它必须减少赢得依从的代价。"③国家介入纠纷解决过程,作为中立的审判者解决纠纷,这种社会结构的合法性并非单纯来源于国家强制力,还根源于普遍社会主体的心理认同与支持。纠纷的产生导因于双方当事人利益的冲突,要解决该纠纷,只能由与该冲突利益无关的第三方来主持进行,因此,与冲突的利益无涉是第三方在纠纷解决过程中保持中立的基本前提,只有与冲突利益无涉的第三方才能获得双方当事人的认同和信赖,才有利于引导和促成纠纷的解决。国家产生以后,由于"采取一种和实际利益(不论是单个的还是共同的)脱离的独立形式,也就是说采取一

---

① 〔美〕罗伯特·达尔:《论民主》,李柏光、林猛译,商务印书馆1999年版,第75页。
② 《马克思恩格斯全集》第21卷,人民出版社1960年版,第194页。
③ 〔美〕诺内特、塞尔兹尼克:《转变中的法律与社会》,张志铭译,中国政法大学出版社1994年版,第61页。

种虚幻的共同体的形式",①因而取得了社会普遍利益代表者的虚幻的外观,成为社会普遍利益的化身,这就使得国家在介入纠纷解决过程、引导和促进纠纷解决时,显得与发生冲突的具体利益无涉而地位超然,国家作为纠纷解决者的中立性与公正性因此而能够获得普遍社会主体的心理认同与支持,诉讼作为一种社会解纷机制的合法性与权威性也因此而得以确立。

从结构—功能主义的角度说,审判中立是诉讼这种社会冲突处理系统的基本结构形式,根据结构决定功能的辩证原理,审判中立结构的形成与否直接关系到作为系统整体的诉讼机制的结构平衡与稳定,决定着诉讼作为一种社会冲突处理系统的整体功能的实现。审判中立性的丧失将导致诉讼机制结构失衡、运转失灵,无法正常履行其解纷止争的功能,这一结论尤其可以从刑事诉讼的发展历程中得到证明。

刑事诉讼作为诉讼的一种重要表现形式,其具体功能上区别于民事诉讼和行政诉讼而以惩罚犯罪和保障人权为使命。从历史上看,在奴隶制时期的弹劾式司法模式下,由于观念上将刑事犯罪与民事侵权一样视为私人间的纠纷,因而刑事诉讼与民事诉讼在结构上并无二致,都是原告对被告的"两造诉讼",刑事控诉由被害人或其近亲属作为原告向法院直接提起,法院本身不能在原告未起诉的情况下主动追究犯罪。原、被告双方在诉讼中地位平等、权利对等,通过相互间的对抗求证活动推动诉讼的进行,法官则居于其间,踞于其上,作为消极被动的纠纷仲裁者中立听审、居中裁判。在弹劾式司法模式下,两造对抗、审判中立的诉讼结构得以塑成。

随着封建制度的建立,国家为适应集权统治的需要而加强了对社会生活的全面干预,在统治阶级的观念中,刑事犯罪已不仅仅是对私人权益的侵犯,而已危及社会公共利益和现实统治秩序,因此国家被认为有义务主动地承担起追诉犯罪的责任。在这种观念的支配下,国家逐渐将刑事追诉权收归国有,追究犯罪的职责开始由个人向国家转移。② 但是在纠问式司法模式下,刑事追诉权的国有化却造成了刑事诉讼结构的扭曲变形。由于国家将刑事追诉权赋予本来就承担着审判职能的法官,致使法官在纠问式诉讼中集控诉与审判职能于一身,自侦自查、自诉自审,从而丧失了作为纠纷解决者的客观中立地位。法官审判中立性的丧失直接导致纠问式诉讼结构的扭曲变形,在这种诉讼结构中已无所谓原告与被告,而只有法官及其工作客体,控、辩、审三方互动的"三方组合"事实上演变为由法官及其工作客体构成的"两方组合",诉讼结构的扭曲变形,导致纠问式诉讼的功能障碍。在纠问式司法模式下,法官往往先入为主、对被告人实行有罪推定,一旦被告人拒不招供,就对被告人动用刑讯,结果往往导致被告人屈打成招,不但不能查明事实真相,惩罚犯罪,也不能保障被告人的基本人权,刑事诉讼查明真相、保障人权的基本功能出现障碍。"如果说过去的控告程序是在原告、被告和法官三个主体之间进行,则纠问程序中就只有法官和被控人两方。被控人面对具备法官

---

① 《马克思恩格斯全集》第3卷,人民出版社1960年版,第37—38页。
② 顾培东先生曾经指出,国家追诉的出现,实际上是统治者观念转化的结果。这种观念转换就是由犯罪私害观转变为犯罪公害观。

绝对权力的追诉人,束手无助"①。

正因为此,资产阶级革命胜利后即对纠问式司法模式进行了彻底改造,控审分离取代了控审合一,国家设立专门的起诉机构——检察院承担控诉职能而使法院专司审判职责,以重塑法院中立、公正的形象;同时还确立了"不告不理""控审同一"等程序原则以及相应的程序保障机制,以维护审判职能的中立性。审判中立结构的重新回复为辩护职能的发展提供了空间,而辩护职能的充分发展则使控辩平等对抗成为可能。随着真正意义上的辩护职能的形成,以控辩平等、审判中立为基础的控、辩、审三方良性互动的现代刑事诉讼的基本结构得以塑成,尽管在具体模式上存在着职权主义诉讼与当事人主义诉讼的分别,但从诉讼机制运作的总体效应上看,刑事诉讼惩罚犯罪、保障人权的功能基本上得以协调和实现。

(二)审判中立的保障机制

尽管审判中立作为诉讼机制的基本组合原理和结构原则,对于维持诉讼机制的结构平衡和功能履行具有重要意义,但是由于司法内外因素的影响,审判中立本身又是非常脆弱的,它极易招致破坏,这种情况的出现归因于以下两个基本事实:

其一,司法权在国家权力体系中处于弱势地位。为防止国家权力的高度集中,现代国家普遍实行分权制衡的权力结构原则。立法、行政、司法这三项基本权力被分配由不同的国家机构行使,并且相互监督和制约,以避免滥用权力,保护公民权利。但是,在国家权力体系中,司法权作为"第三种国家权力",虽然是一种相对独立的权力,但与立法权和行政权相比,却处于明显的弱势地位,表现在"行政部门不仅具有荣誉地位的分配权,而且执掌社会的武力。立法机关不仅掌握财产,而且制定公民权利义务的准则。与此相反,司法部门既无军权,又无财产,不能支配社会的力量与财富,不能采取任何主动的行为。"②司法权在国家权力体系中的这种弱势地位,使司法权在行使过程中,极易遭受其他权力尤其是行政权的侵犯。当其他权力机构与纠纷解决的结果利益牵涉时,就有可能利用其强势地位影响和干预司法决定过程,造成法官在审判中丧失自身意志的独立性,不是以经审判认定的事实和法律作为裁判的依据,而是以强势权力的意志和利益为依归,从而丧失作为纠纷解决者应具备的客观中立的立场。正如孟德斯鸠曾经指出的:司法权在没有与立法权以及行政权分立的时候,就不存在自由。如果司法权与立法权结合,就会导致权力对公民生命和自由的专制,那样法官即成为立法者,判决也成为法官个人的意见,人们就会生活在一个不知义务为何物的社会;如果司法权与行政权结合,法官就拥有压迫的权力。

其二,作为法律执行主体的法官有其人格缺陷。"法律不仅想成为用以评价的规范,而且欲作为产生效果的力量。法官就是法律由精神王国控制社会生活关系的大

---

① 〔德〕拉德布鲁赫:《法学导论》,米健、朱林译,中国大百科全书出版社1997年版,第121页。
② 〔美〕汉密尔顿等:《联邦党人文集》,程逢如等译,商务印书馆1989年版,第391页。

门。法律借助于法官而降临尘世。"①由于法律本身的客观公正性,作为法律执行主体的法官在社会观念中往往被视为公正的化身。同时出于社会统治的需要,历来的统治者也有美化法官人格品性的做法和倾向。早期的古典主义曾将法官誉为"法律的保管者""活着的圣谕"。但是,法官在作为社会职业工作者即法律执行者的同时也是社会生活中的自然人,他也是理性因素与非理性因素的复合体,他同样具有个人的利益需求、主观偏好和情感倾向,因此,司法决定过程并不是完全受理性因素指导和控制的完美过程,法官个人的性格、经历、信念以及价值观等非理性因素也将介入和影响司法决定过程,正如法律现实主义的代表人物杰罗姆·弗兰克所指出的:"法律规则并不是美国法官判决的基础,因为司法判决是由情绪、直觉的预感、偏见、脾气以及其他非理性因素决定的。"②受法官人格中的非理性因素的局限,当法官与案件处理结果存在利害关系时,或因主观偏好、情感倾向而对案件处理形成先入为主的预断或明显带有倾向性的意见时,法官往往就会丧失作为纠纷解决者应有的中立性和公正性。

正基于上述原因,为确保审判的中立性,维护诉讼机制的正常运作,必须建立相应的保障机制:

首先,必须确立分权制衡机制,实现司法独立。

由于司法权在国家权力体系中处于易受侵犯的弱势地位,因而必须采取措施改善司法权的处境。"司法机关为分立的三权中最弱的一个,与其他二者不可比拟。司法部门绝对无从成功地反对其他两个部门;故应要求使它能以自保,免受其他两个方面的侵犯。"③司法权借以自保的手段便是通过权力的分离与制衡,来实现司法独立。具体而言,国家司法审判权应交由法院行使,立法机关、行政机关不得行使审判权;法官独立行使审判权,不受其他机关、团体和个人的干涉、影响和控制;法官依法行使审判权,法官只服从法律。"在法官那里,降临尘世的法律还不能受到异物的侵入;为使法官绝对服从法律,法律将法官从所有国家权力影响中解脱出来。只在仅仅服从法律的法院中,才能实现司法权的独立"。④

司法独立作为保证司法稳定性与公正性的必要措施,为现代国家的宪法和法律所普遍确认,已成为现代法治国家所遵循的一项基本法治原则。《公民权利和政治权利国际公约》将其提升为一项刑事诉讼国际准则。《公约》第14条规定,所有人受到刑事指控时,应由一个依法设立的、独立的、无偏倚的法院进行审判。但是,作为一项抽象的法律原则,司法独立原则要产生预期的效果,还有赖于相关保障措施的建立。对此,1985年8月第7届联合国预防犯罪和罪犯待遇大会通过的《关于司法机关独立的基本原则》(以下简称《基本原则》)就此作出了专门规定:

---

① 〔德〕拉德布鲁赫:《法学导论》,米健、朱林译,中国大百科全书出版社1997年版,第100页。
② 〔美〕E.博登海默:《法理学:法律哲学与法律方法》,邓正来译,中国政法大学出版社1999年版,第153—154页。
③ 〔美〕汉密尔顿等:《联邦党人文集》,程逢如等译,商务印书馆1989年版,第391页,第396页。
④ 〔德〕拉德布鲁赫:《法学导论》,米健、朱林译,中国大百科全书出版社1997年版,第100页。

1. 资源保障，即司法机关应享有充足的资源。司法机关只有获得充足的司法资源后，才能确保自身的存在和职责的履行，司法机关只有在司法资源的配置上不依赖于立法机关和行政机关时，才能独立自主地行使职权。这是因为"就人类天性之一般情况而言，对某人的生活有控制权，等于对其意志有控制权。在任何置司法人员的财源于立法机关的不时施舍下的制度中，司法权与立法权的分立将永远无法实现。"①为此，《基本原则》第 7 条规定："向司法机关提供充足的资源，以使之能适当地履行其职责，是每一会员国的义务。"

2. 资质保障，即司法人员的资格、甄选和培训应有严格的要求。司法独立要求"司法机关应不偏不倚、以事实为根据并依法律规定来裁决其所受理的案件，而不应有任何约束，也不应为任何直接或间接不当的影响、怂恿、压力、威胁或干涉所左右"（见《基本原则》第 2 条）。司法的功能对司法人员的技术能力和人格品行提出了较高的要求。在技术能力方面，法官必须受过适当的法律训练并且精通法律、熟悉业务；在人格品性上，法官应当正直无私、自觉抵制各种干扰，恪守中立。这就需要加强对法官的甄选和培训。对此，《基本原则》第 10 条规定："获甄选担任司法职位的人应是受过适当法律训练或在法律方面具有一定资历的正直、有能力的人。"在甄选法官时，尤其需要注意的是甄选的平等性，衡量能否成为司法官的唯一标准应是司法的技术能力和人格品行。"任何甄选司法人员的方法，不得基于种族、肤色、性别、宗教、政治或其他见解、民族本源或社会出身、财产、血统或身份的任何歧视，但司法职位的候选人必须是有关国家的国民这一点不得视为是一种歧视。"

3. 身份保障，即司法人员应当享有保障其独立性所需的职业条件。为保障法官毫无顾虑地履行职务，必须为法官提供良好的服务条件，具体而言：(1) 法官任期固定。不可随意更换、调任法官，除非法官不称职或行为不端以致不适于继续任职，否则不得将法官停职或撤职。(2) 法官高薪制。法官应享有与他的地位、尊严和职务责任相适应的薪金和退休金。(3) 法官晋升制。法官的晋升应以其能力、操守和经验为基础。(4) 法院内部事务自主。法院向属下的法官分配案件等内部事务，应由法院自主，行政机关不得干预。尽管一些国家根据现代"责任政府"原理允许行政机关在一定程度上参与司法行政事务的管理，如法院经费预算，但是向法院属下的法官分配案件，却被认为是法院的内部事务，应由法院自主，行政机关不得参与，否则行政机关可能据此干预司法。对法官的服务条件作出规定，可以增强法官个人的抗干扰能力，为法官独立行使职权、履行职责提供制度保障。(5) 司法人员的纪律惩戒应遵循公正的程序。对法官的任意惩戒将严重影响法官独立，因而对法官的惩戒必须遵循公正程序进行。《基本原则》对此规定了四项要求：(1) 对法官作为司法和专业人员提出的指控或控诉应按照适当的程序迅速而公平地处理。法官应有权利获得公正的申诉的机会。在最初阶段所进行的调查应当保密，除非法官要求不予保密。(2) 除非法官因不称职

---

① 〔美〕汉密尔顿等：《联邦党人文集》，程逢如等译，商务印书馆 1989 年版，第 391 页，第 396 页。

或行为不端使其不适于继续任职,否则不得予以停职或撤职。(3)一切纪律处分、停职或撤职程序均应根据业已确立的司法人员行为标准予以实行。(4)有关纪律处分、停职或撤职的程序应受独立审查的约束。

4. 权利保障,即司法人员应当享有维护司法独立性所需的相关权利。包括:

(1)司法人员应当享有言论自由和结社自由。法官在审判中言论自由是法官依据自身的心证和判断作出判决的前提,只要无损于法官的职业尊严和独立性,法官的言论自由权应当得到保障。同时,法官还有权通过组织和参加法官社团组织的形式来增强整体的抗干扰能力,以维护自身独立和权益。《基本原则》第8条规定:"根据《世界人权宣言》,司法人员与其他公民一样,享有言论、信仰、结社和集会的自由;但其条件是,在行使这些权利时,法官应自始至终本着维护其职务尊严和司法机关的不偏不倚性和独立性的原则行事。"在法官的诸项权利中,法官组织和参加法官同业公会等法官社团的自由尤其应当受到重视和保护,因为"为使国家尽少使用其拥有的权力手段调整司法在国家整体中的关系,司法本身也应有所行动:即运用法官同业公会的权威,抗衡国家对司法事务的不当干预"①。可见,法官同业公会等法官社团的存在可以形成整体的权威,是抵抗其他国家权力对司法权的干扰,保持司法独立性的有效手段。为此,《基本原则》第9条专门规定:"法官可以自由组织和参加法官社团和其他组织,以维护其利益,促进其专业培训和保护其司法的独立性。"

(2)司法人员应享有民事司法赦免权。司法判决的结果关系重大,因而法官职业承受着巨大的外在和内在压力,如果法官因为怕担责任而总是"用颤抖的双手"去作出判决,那么这种判决的独立性和公正性就难以保证,因此必须为法官设置相应的减压机制,以消除法官怕担责任的顾虑。这主要是要赋予法官民事司法豁免权。《基本原则》第16条规定:"在不损害任何纪律惩戒程序或者根据国家法律上诉或要求国家补偿的权利的情况下,法官个人应免予因其在履行司法职责时的不行为或不当行为而受到要求赔偿金钱损失的民事诉讼。"

其次,是要建立程序保障机制。

如果说确立分权制衡机制,实现司法独立,其目的是使法官独立于外部势力的干扰,那么建立程序保障机制的目的则旨在使法官独立于自我偏好与偏见等内部内素的干扰,以确保法官在诉讼程序中不预断、不偏听,始终保持客观中立的立场。应当说,诉讼程序中的诸多程序原则与制度设计都与此有关,主要包括:

1. 管辖制度。管辖制度实质上是一种案件分配制度,它要求必须普遍地和事前地对每一个刑事案件确定拥有审判权的法院。管辖制度的目的是防止行政机关干预法院的案件分配权,进而干预法院的具体审判过程。因为"即使政府不去指定具体法官,如果它对法庭组成或法庭的案件分配拥有影响力,那么就仍可能对法院判决采取突袭式的干预;这样,政府就可以为一个政治性诉讼在法院安排有明显倾向性的法官,

---

① 〔德〕拉德布鲁赫:《法学导论》,米健、朱林译,中国大百科全书出版社1997年版,第103页。

或选择由这类法官组成的法庭。"① 为避免这种情况的出现,一方面管辖权必须法定,即不得有目的地任命法官去审决特定案件,对此应通过设立明确的法定管辖权规定予以规范;另一方面,合议庭一旦组成,就不可变更,即通过"合议庭的不可变动性",来摆脱政府对有管辖权法院的控制。

2. 回避制度。回避制度的基本内容是要求法官与案件有利益牵涉时,不得担任本案的审判官,因为现代心理学的研究早已表明,利益牵涉将影响裁判者作出决定时的客观公正性。回避制度设立的目的旨在保证法官与案件利益无涉,防止法官在审判中因利益牵涉而丧失裁判者的中立性。"利益牵涉应当回避"是一项古老的诉讼原则,早在古罗马时期的"自然正义"原则中就明确规定:"任何人不得作为自己案件的法官"。美国学者戈尔丁也指出中立应当包括以下三项要求:(1)任何人不能作为自己案件的法官。(2)结果中不应包含纠纷解决者个人的利益。(3)纠纷解决者不应有支持或反对某一方的偏见。②

3. 合议制和陪审制。合议制和陪审制实际上是一种集体决策机制,而集体决策机制的一个突出优势就在于可以避免个人决策的片面性。合议制的设立,一方面可以通过法官集体审理的方式增强法官抗干扰的能力,另一方面也可以避免因个别法官个人的偏好与偏见而影响审判的中立性、公正性。而陪审员的设置,则被视为具有真正意义上的独立性,因为法官独立性的保障不过在于使法官不受外来影响,但难以确保法官不受下意识的冲击。因为法官具有法律工作者、国家公务员和一定社会阶层成员的三重身份,他在政治性诉讼中尤其易受这三方面的影响。陪审员对国家权力的完全独立性,以及建立在这一基础上的信赖,促成了无疑完全与现行法律相反的民意,这也赋予国家法律的进一步独立,即在法律上作出宽恕的权限。③ 这说明,陪审制的设立有利于防止法官的职业偏见和政治偏袒。

需要指出的是,由于司法传统上的差异,英美当事人主义诉讼与大陆职权主义诉讼在如何看待法官中立的问题上存在着不同认识。英美当事人主义司法模式的形成源于决斗,因而在观念上一直将诉讼视同为竞技活动,诉讼的进行和证据的调查,都属于当事人的责任,法官并不积极、主动地介入证据调查过程,而是像竞技场上的裁判一样,居于公平第三人的立场,在两造所提出的证据和辩论的基础上作出判决。从总体上看,在英美当事人主义诉讼中,法官在诉讼中的行为空间受到限制,法官的活动始终保持相对的被动性和消极性,法官中立表现为一种"消极中立";而大陆职权主义诉讼则认为诉讼是发现真实的活动,因而不能完全取决于双方当事人在司法技术上的竞争,而必须由富有法律知识经验的职业法官依职权进行审判,积极、主动地调查证据,借以发现真实。从总体上看,大陆职权主义诉讼中的法官的活动具有积极性和主动性的特征,法官中立并不是通过限制法官在诉讼中的行为空间来实现的,而是通过法官

---

① 〔德〕拉德布鲁赫:《法学导论》,米健、朱林译,中国大百科全书出版社1997年版,第102页。
② 参见〔美〕马丁·P.戈尔丁:《法律哲学》,齐海滨译,三联书店1987年版,第240页。
③ 参见〔德〕拉德布鲁赫:《法学导论》,米健、朱林译,中国大百科全书出版社1997年版,第112页。

对案件事实真相的最终揭示来体现的,因而大陆职权主义诉讼中的法官中立是一种"积极中立"。

两种司法模式关于法官中立的不同观念和认识导致两者在具体的程序设计与制度安排上的差异:英美当事人主义诉讼依据法官"消极中立"的观念,着力限制法官在审判中的行为空间,表现在:

1. 实行起诉状一体主义。为防止法官在庭审前形成有罪的预断,当事人主义诉讼采起诉状一本主义,要求起诉时除移送起诉书外,不得附具足以使法官就该案件发生预断的书面证据及其他物证,且起诉书中也不得引用这些内容。"这是为了保障法官特别不能抱有向有罪方向的预断,以白纸状态进行公判。"①

2. 庭前审法官与庭审法官相分离。为防止庭前审法官将庭前审查中形成的观点和结论带入庭审中,影响法官在庭审中的中立听审,当事人主义诉讼实行庭前审法官与庭审法官相分离的制度,庭前审查法官一般不得参加庭审,即使参加庭审,也无权就案件事实作出判决,而只能由陪审团就案件事实作出裁决。如根据日本《刑事诉讼法》的规定,关于到起诉后第一回公判日期为止的拘留处分,原则上必须由与事件的审判有关的法官以外的法官负责处理。这是因为通过有关拘留处分,就可能对事件产生先验观。②

3. 法官在证据调查中的作用受限。主要表现在:(1) 法官不亲自调查取证,因为法官如果积极、主动地调查取证,就难免在调查活动中形成偏见,从而丧失审判者应有的中立性。(2) 法官对证据的判断、取舍受到严格的证据规则的约束。为防止法官对未经调查的证据形成偏听偏信,当事人主义诉讼规定了传闻证据排除法则,即证人在审判期日外所作的书面证言以及侦查机关在调查过程中所制作的询问笔录、勘验笔录等书面证据资料,如果不经过交叉询问进行质证,均被认为是传闻证据,法官不得采信。

大陆职权主义诉讼则根据"积极中立"的观念,赋予法官发现真实的必要权力,在程序上对法官行为空间限制较少,"在主审程序中的主审人并不满足于一个不偏不倚主持审讯的位置。它自行审理,讯问被告,询问证人,基于检察官和预审法官所提供的预审程序的案卷,它必定在主审程序开始之前,已对事实状况有一个主观印象,因而有从不偏不倚的法官角色突然滑向控告一方的危险"③。具体而言:

1. 不采起诉状一本主义而实行全案移送起诉制度。在大陆法系国家,检察院起诉时应将起诉书连同侦查卷宗及相关证据一并移送有管辖权的法院,以便法院预先了解和掌握该案件的基本情况,在庭审中积极主动地推进诉讼,有针对性地收集和调查证据。但是法官在庭审前单方面接触检察官所移送的指控被告人有罪的资料,容易先

---

① 〔日〕西原春夫主编:《日本刑事法的形成与特色——日本法学家论日本刑事法》,李海东译,法律出版社与日本成文堂1997年联合出版,第54页。
② 同上。
③ 〔德〕拉德布鲁赫:《法学导论》,米健、朱林译,中国大百科全书出版社1997年版,第125页。

入为主地形成被告人有罪的预断,而且法官的这种预断一旦形成很难再改变,这就将影响法官在庭审中的客观中立立场。庭前审法官与庭审法官不分离,主持庭前审查的法官很可能会参加庭审,并就案件作出最终判决,这就使法官有可能将其在庭前审查中形成的观点和结论带入庭审中,影响其公正断案。

2. 法官积极主动地收集和调查证据。一方面法官基于发现案件事实的必要,可以依职权主动收集和调查证据而不受当事人主张的约束;另一方面对法官判断和取舍证据的限制较少,不采传闻证据排除规则,"大陆法的法官认为自有足够的把握和理由听取、收集和评断所有的证据及其有效性,他不排斥传闻证据,而是确定对其赋予何种证明价值。如果必要,他将毫不犹豫地使用有说服力的言辞来使陪审员了解在他看来是可能歪曲的事实。"[①]

比较"消极中立"与"积极中立"两种诉讼理念,笔者认为:"消极中立"更符合审判中立的本来意义和要求,它更多地体现了诉讼对程序公正价值目标的追求;从实证的角度说,在大陆职权主义诉讼中,控诉职能与审判职能之间非常接近,法官往往重视、认同检察官的指控,在庭审前容易形成有罪预断,在庭审中容易偏听、偏信控方的意见,在某些情况下法官的主动性甚至会导致其代行部分控诉职能,从而造成一定程度上的控审职能不分,这些都违背了现代刑事诉讼的科学性、民主性要求,造成刑事诉讼结构的内在紧张关系。

[①] 〔美〕埃尔曼:《比较法律文化》,贺卫方、高鸿钧译,生活·读书·新知三联书店1990年版,第174页。

刑事判决者必须直面律师辩护

主讲人：张绍谦，上海交通大学凯原法学院教授、博士生导师
主持人：姚建龙，上海政法学院刑事司法学院院长、教授
时　间：2014年10月20日下午

"公正是法治的生命线"，对于刑事法治来说尤其如此。刑事案件判决要实现公正，其不可缺少的重要方面就是案件判决者必须能够在认真了解案情的基础上，充分听取控辩双方的控诉和辩护意见，并本着公正的原则，采纳其中合理的部分，从而达到"兼听则明"的效果。

新中国成立以来，公、检、法三家一直沿袭分工合作、相互配合的司法传统，"公安做饭、检察送饭、法院吃饭"的一条龙服务观念根深蒂固地影响着实际的刑事司法过程，因此，让办案法官听进去检察官的指控意见远不是问题，特别是在涉及罪与非罪的问题上，三家配合一般都会相当默契，抓人即起诉，起诉即有罪，基本上成了当前的司法规律。然而，要让法官充分听取并采纳律师的辩护意见，难度则要大得多，特别在涉及有罪与无罪的辩护时，无罪辩护意见被采纳的可能性实在太小，几乎可以忽略不计。

难道真的是因为我国公安、检察机关办案质量确实过关，几乎无错吗？要真这么说，估计连司法机关自己都不会相信，否则也就不会出现这些年不绝于耳的冤假错案了；也就不会每年有那么多人要申诉、上访；国家目前当然也就不会如此重视法治建设，这么急切地进行司法改革了；习总书记也就不会反复强调法律公正，努力"让人民群众在每一个司法案件中都感受到公平正义"了。

问题的关键在于，眼下我国刑事司法制度实际运作机制决定了律师的辩护意见是不可能引起真正刑事判决者的注意的，更谈不上被重视了。因为律师甚至都没有和这些判决者直面相对的机会，更不用说对他们进行直接说服了。

第一，在法院内部，审者不判，判者不审，判审分离。刑事案件的审理名义上是由庭审法官进行，律师直接面对的也是庭审法官。然而在我国，由于采取的是法院审判，而不是法官审判，案件的判决结论通常并不由庭审法官作出，充其量是由他们先拿出初步意见，然后经由庭长上报主管副院长或者院长，直至审判委员会，由位高权大者最后作裁决。其结果是，律师辩护所直接面对的庭审法官，其实只是一个无权判决的审理者，而真正有权判决的，却是藏在法庭后面的那些"长"或"委员"们。这些人在作判决时，既没有亲历庭审，更听不到律师当庭辩护的声音，甚至直到判决生效，他们也就见不着律师的面，律师当然也就没有机会对他们进行说服，法庭辩护可有可无，沦为纯

粹的表演。如果适逢旁听席无人，律师就连这种表演机会也没有了。虽然律师也都会提供书面辩护词，但只有参加庭审的法官，才能够结合庭审呈示的证据材料和当事各方的直面陈述，综合形成自己的观点，以决定哪些意见应该取舍。不参加当庭审理的人，即使看到书面辩护意见，也不能完全真正理解其应有含义，这是由法庭审理的亲历性所决定的。因此，律师当庭辩护与事后提交辩护词，其对判决者的影响作用大不相同。这样一来，如果一个律师要真想让自己的辩护影响判决，就只能想办法私下寻找、接触有权作判决者，这不但于法无据，而且必然潜藏着司法腐败的机会。在这种审者不判，判者不审，判审分离的判决机制下，审理法官的裁判权事实上被上级领导剥夺和取代了，无论审判法官判决意见是否正确，只要上级领导不同意，就不能真正成为判决结果。

第二，公诉机关面对法院处于相对强势的地位。作为公诉方的检察机关，在刑事案件中，既是一方诉讼参与人，又是国家法律监督机关，这种特殊的双重身份，使公诉机关面对法院时处于相对强势的地位。他们不但在法庭上，而且在法庭之外，还有多种合法或者虽不合法，但事实上允许的渠道，持续不断地向法院真正有判决权的人传递公诉意见，对判决施加影响。例如，政法委召开的"三长"协调会议，公、检双方领导直接接触，检察长直接列席法院审判委员会等。何况，检察机关手握的反贪大棒，随时都对法院法官起着心理威慑。因此，如果检察机关对某一案件具有坚定的态度，那么无论法院的哪个法官，甚至是领导，都不会轻易去得罪，免得引火烧身。在得罪被告人、辩护律师和得罪公诉方两者之间，法院会先哪个？不言自明。何况公、检、法三家其实是一家，同根同族，大家理应相互关照，和谐相处，何必同根相煎？面对如此强势的公诉方，势单力薄的律师的辩护意见怎么可能对法院判决产生影响？

第三，上下级法院名为各自独立，实为上下级关系。在法院体系内部，如果一审法院审判具体案件遇到问题，为了避免二审被改判，往往会通过内部请示程序向上级法院汇报，由上级法院拿出判决意见，再由一审法院判决。而二审在提出判决意见时，也是不参加庭审，当然也就听不到律师的当庭辩护。这样一来，不但仍然是审者不判，判者不审，而且将一、二审程序事实上合一，一审变成了二审，即使被告对一审判决不服，上诉也不会起作用，律师的二审辩护也就自然成了摆设。其结果是既事实上剥夺了被告人的辩护权，也剥夺了他的上诉权。

第四，法院财权、人事权受制约严重，难以独立依法裁决。虽然宪法明确规定法院依法独立行使审判权，然而，宪法并没有给这种"独立"审判提供制度性保障。审判员、法院领导依法由各级人大任免，人大在法律上掌握着法官的职业命运。人大有权对法院审判进行监督，但法律并没有规定这种权力应如何行使，因而导致任何一个人大领导，甚至一个人大代表，都可随时以监督为名，对法院审理的具体案件指手画脚。一些身兼人大代表的律师，有时也会利用这一身份，以监督为名，来为自己代理的案件向法院施加压力。法院的财政更由同级政府拨款而得，政府攥着法院的钱袋子。常言道，经济基础决定上层建筑，财权被他人控制，脑袋还能自由吗？法院院长哪敢不听政府首长的话？党对法院实行领导于宪有据，但由于没有科学的领导机制，实践中党的领导往往演变成党委中某些个人的领导，演变成党委某些个人对具体案件的直接干预和指挥。如果法院领导敢于不听党委主要领导的招呼，就可能立马丢官走人。只要得到党委主要领导的欣赏，任何一个行业的党政人员，无论是否懂法，都有可能被硬拉到法院院长的位置上。这种司法环境下，法院对案件的判决，有时就变成通过法院之口而说出背后某个党政领导、某个人大领导，甚至某个人大代表个人想要说的话，律师根本就不知道背后这个掌握公民生杀大权的人到底是谁，当然也没有机会向他们表达辩护理由。

第五，由强大的宣传媒体所操控的社会舆论，也给法院审判形成强大的社会压力。目前网络"水军"泛滥，一些职业刀笔手专营替某方当事人制造有利社会舆论之事，无视客观事实，不解法律真义，捕风捉影，凭空编造，随意解释，无限上纲，或煽风点火，误导公众，或火上添油，推波助澜，目的只有一个，先借舆论导向形成所谓强大的"民意"或者"民愤"，然后再借以向法院施加压力，进而影响判决。在维稳压倒一切这一政治目标面前，审判者当然也就很难再听到律师的辩护声音，这种不同的声音很容易被强大的社会舆论所淹没。其结果是案件判决不由法院依法决定，而是由舆论进行操控；真正的判决者不是法官，形式上是社会公众，实质上则是媒体、记者和网络水军。

由此可知，在目前这种在法院内部审、判权分离；在法院外部，上下不独立、左右受控制，法院根本无法独立行使审判权的情况下，一个案子的最终判决者到底是谁，恐怕任何人事先都无法预料，可能是某个庭长、院长、审委会委员；也可能是某个书记、市长、县长、检察长、人大主任或人大代表，甚至是某个其他关键部门的主管领导，如财政局长、组织部长等，极端的甚至可能是某些记者、网络舆论推手。总之，无论是谁，反正很少会是律师法庭上所直接面对的那个庭审法官。律师的辩护影响不了法庭幕后的判决者，当然也就影响不了判决结果。即使最终的判决结果与律师的辩护相一致，甚至辩护理由也被判决明确采纳，也无非只能说明律师的观点正好与法庭背后的那个判决者的意见相同，因而被用来作为论证根据而已。如果背后换了另一个更有影响力的人来裁决，可能完全是另一种结果，无论你辩护理由是如何的正确与充分。

面对这样的审判机制，律师辩护职能难以真正发挥就成为必然之结局。进行刑事司法改革，就必须改变目前这样的格局，必须通过司法制度的改革和司法权力运作机制的调整与重置，把案件真正的判决者拉进法庭现场，让其直面辩护律师。

一、在法院之外，必须切断各种权力或力量操控法院审判权的渠道，营造保障法院依法独立审判的司法环境

（一）在坚持党依法领导国家司法工作的前提下，建立完善、科学的领导机制。党对司法工作的领导，主要表现在确定国家司法工作的大政方针，向国家权力机关提出

合适的司法机关领导人选,协调社会各个方面支持、保障司法机关依法独立办理案件,通过党在司法机关的各级组织,保证贯彻、落实党的各项方针、政策。但是,不能允许任何党的机构(包括政法委)或党内个人,打着维护党的领导的名义干扰司法机关依法独立办案,对司法机关所正在办理的具体案件提出处理意见、下达指示、甚至发布命令。这应作为一条党内严格的纪律加以规定,辅以明确的纪律制裁方式,并严格执行。各级党委应当成为维护司法尊严,保障司法独立的表率,而不应成为干扰司法,损害法治的力量。

(二)在现行宪法框架不变情况下,各级人大仍然具有监督司法机关的职能,但是,必须将这种监督法治化,通过制订立法,完善规则,明确人大监督的主体、途径、程序和方式,使之有序进行。无论如何,这种监督都只能是由人大组织通过法定程序实施的,事后、整体、宏观、类型性的司法检查与评估,不允许人大机关借行使监督权力对审判机关施压,强制他们对具体案件作出某种的判决或裁定。人大应当规范人大代表的行为,禁止任何人大代表个人随意对司法机关行使监督权,影响他们对具体案件的决定。

(三)应当从财政上保证司法机关能够依法独立办案,将司法机关财政来源与同级地方政府相分离,转向由中央财政统一拨付,切断地方政府所控制的地方司法机关的财政命脉。

(四)理顺法院和检察院之间在刑事司法中的法律关系。应当明确,检察机关有权依法对法院的刑事审判进行监督,但这并不意味着检察院有权力强制法院接受其对某一刑事案件所提出的公诉意见。在具体的刑事诉讼中,公诉机关的法律地位与被告人的法律地位应当是平等的,公诉机关享有的诉讼权利与辩护方的诉讼权利也应是对等的,不能允许检察机关假借监督权之名,凌驾于国家审判机关之上。要对检察机关的反贪、反渎职能的履行进行适当约束,凡涉及检察机关对法官贪、渎案件的查处,应当有特殊的程序限制,不能由同级检察机关轻易决定。

(五)理顺上、下级法院之间的关系,杜绝不同审级法院之间的"内请"现象,将现在事实上存在的上、下级领导关系,回归法律上明确的独立审级关系。应明确禁止上级法院就具体案件的定性向下级法院作出倾向性判决意见。下级法院在审理案件中遇到疑难问题,如果是证据、事实问题,一律禁止请示上级法院,自行处理;如果涉及对法律的理解,确需上级法院明确的,则只能将所涉及问题抽象化,类型化,再上报上级法院研究部门寻找解决方案,而不应由上级法院对应的二审审判组织作出结论。更应禁止下级法院将一审的具体案件直接呈请上级法院的对应二审审判组织,由他们出具具体的判决意见,以免一、二审合并,侵犯被告人的辩护权和上诉权。

与此相应,修改案件审判质量考核标准,不应再将二审改判率作为衡量一审判决质量好坏的指标。法官审理的案件,只要没有出现重大事实认定错误,没有明显违反法律规定和程序,没有故意曲解法律甚至贪赃枉法,而是出于其他原因导致的二审改判,都不应再作为衡量一审判决质量好坏的指标。

（六）规范对案件的报道、评论，遏制恶意炒作案件，借以控制司法的现象。明确禁止律师或其他涉案人员，在案件侦查、审查起诉和审判期间，将涉案事实随意向外界透露，不允许媒体在没有获得充足事实、证据的情况下，根据道听途说，或臆想事实，或曲解法律，对案件进行导向性的报道或评论，不允许任何人利用案件对社会进行误导宣传甚至煽动，借以给司法机关施加压力。应当授予法院一种权力，对于明显利用炒作案件来影响司法审判的单位或个人，可以下达炒作禁令，违者给予必要的制裁，严重者可考虑在刑法中将该行为增设为犯罪行为。

总之，在法院外部，要尽力防止其他权力侵入审判领域，使任何单位、个人都不能也不敢对具体案件的审判指手画脚，使法院能够依法独立审判案件。

二、在法院内部，切断庭外权力干预法庭审理的渠道，真正实现案件审、判合一，判者权、责一致

（一）应当确立判者必审，审者能判的审判原则，真正实现审、判合一。为了体现司法审判的亲历性，强化审判者与当事方的亲自接触，必须强化庭审程序在刑事审判中的地位。国家应当明确规定，在法院内部，任何案件，都只能由直接参加开庭审理的法官才能作出判决，取消法院内部庭长、院长不审而判的权力。对于确实重大、疑难的案件，需要由庭长、院长下判的，也应由这些庭长、院长直接开庭审理。应当逐步弱化审判委员会对具体案件的判决功能，在目前不能完全取消的情况下，应明确，凡需要交由审判委员会讨论决定的具体案件，均应由法院院长亲自开庭审理。

（二）应当确立主审法官办案责任制，真正实现审判者责、权一致。主审法官直接主持开庭审理案件，并掌握着真正的判决权，同时，他们也必须对案件审判质量负责。如果由于自身重大失误而形成冤假错案，就由他们承担相应的法律责任，不允许以受到外界干扰为由而为自己开脱。这就促使法官必须对案件审理尽职、尽责，因而也就必须认真听取控辩各方的意见。

（三）强化判决说理性。法院的判决书，除了描述事实和证据之外，还应当详细、具体列明控辩双方所提出的主要观点，逐一说明采纳或不采纳这些指控或辩护的理由和根据，而不能像现在的判决这样，对律师的辩护只用短短几句话一带而过。确保公众通过阅读判决，就能够了解案件事实、判决证据、控辩双方的不同观点、争议之处、法院的态度以及理由等，从而能够对判决公正性作出准确的判断。

（四）提高法官的办案水平和责任心，加强司法人员的职业保障。这样的司法改革和审判机制调整，势必强化了审理法官在审判中的地位和职责，因而对法官的素质、职业保障当然也提出了更高的要求。因此，法官队伍建设的相应措施也得跟上。例如：首先，逐步实现法官队伍的职业化、准入门槛的高标准化、遴选程序的科学化。其次，建立起和法官职业、责任特点相适应的待遇标准和职业保障体系。在可能的情况下，延长法官退休年龄，对于资深法官，可以尝试实行任职终身制。最后，可考虑建立

法官弹劾机制,对于确有过错或者违法乱纪的法官,通过弹劾程序逐出法官队伍,而不能由某个部门、某个领导拍板决定。这样的措施,可以保证法官能够听得进、听得懂控辩双方的意见,能够正确识别各种观点的准确与失当之处,并能够秉持客观、公正、依法的立场进行取舍,并对各种取舍进行有说服力的说明与论证。

为了能够使上述措施得到落实,建议对国家相关法律进行修改和完善,例如人民法院组织法、法官法,等等,条件成熟时,国家立法机关还可考虑制订专门的《审判独立保障法》,将保障审判独立的各种措施通过立法固定下来,使之具体化、体系化、法治化,特别是应明确各种违法干扰法院依法独立行使审判行为应当承担的各种责任以及追究的程序,使审判独立成为任何机关、单位和个人都不敢碰触的红线。

通过这样的改革,就可以做到审者有权判,判者有责担,律师辩护因而就能够真正直接面对判决者,就有充分的机会来表达、阐明辩护意见,回答审判者的质疑。同时,判决者为了因避免判决错误而可能给自己带来的严重法律责任,也就必须要认真听取控辩双方的意见。让判决者能够听到,且认真对待律师的辩护意见,这是刑事司法改革必须实现的重要目标之一。四中全会刚刚通过的《中共中央关于全面推进依法治国若干重大问题的决定》中许多司法改革措施已经体现了这一目标的要求,但愿能够真正尽快落到实处。

公法契约观视野下的刑事和解协议*

主讲人：张凌，中国政法大学刑事司法学院教授、博士生导师，中国犯罪学学会常务副会长、北京市朝阳区人民检察院副检察长
主持人：岳平，上海政法学院刑事司法学院犯罪学教研室主任、教授
时　间：2014年4月21日上午

一、刑事和解协议的宏观定位

刑事和解（Victim-Offender Mediation）是近年来我国刑事司法实践中出现的一种纠纷解决模式，是指刑事案件中，允许加害人和被害人双方之间通过直接交谈和协商达成和解，使案件以不同于普通程序的途径予以终结。

对于"刑事和解"本身的概念及理念，学界研究早已详尽精深：从实体法角度看，刑事和解是刑法谦抑主义的渗透和体现，是刑罚观从报应刑向教育刑转变的必然结果；在诉讼法领域内分析，学者们也是百家争鸣，或认为是西方"恢复性司法"理念引入我国的结果，①或认为是中西和谐文化传统的交汇，②或认为是我国自生自发的本土制度。③

然而，学界对于实践中急需理论指导的"刑事和解协议"的相关问题，却没有给予足够的关注。

（一）宏观角度的基本定位——契约

刑事和解协议在种属关系上，属于"契约"的一种。

1. 契约理念及其发展——公法契约的合理性

"契约"渊源于民商事领域。梅因曾在其经典著作《古代法》中指出，人类社会发生了"从身份到契约"的转变。契约就是在维护市民社会中个人经济自由的基础上，建立起来的尊重个体私权利的制度体系。契约的精髓是平等主体间达成"合意"，遵奉的理念是"意思自治"或称"契约自由"。

---

* 本讲稿由主讲人提供，载《政法论坛》2008年第6期，合作者李婵媛（中国政法大学硕士研究生）。
① 参见宋英辉、许身健：《恢复性司法程序之思考》，载《现代法学》2004年第3期。
② 参见陈光中、葛琳：《刑事和解初探》，载《中国法学》2006年第5期。
③ 参见陈瑞华：《刑事诉讼的私力合作模式——刑事和解在中国的兴起》，载《中国法学》2006年第5期。

随着社会的发展,契约思想和精义早已渗透到对个人自由和民主权利深切关怀的国家制度中去。契约观念开始从单纯的市民社会私法领域走出来,涉足政治国家领域,"染指"社会公共生活,与宗教、伦理、文化一起,共同解释社会民主政治与国家政权制度。于是,统治契约论、社会契约论、公法契约等概念开始兴盛。可见,契约及其理论并不局限于私法。"契约不仅是私法的法律形态,而且也是公法的法律形态。"①关于公法领域内的契约,有学者指出,"公法领域里的契约被忽视,原因在于未能揭开公共利益的面纱。由于私人自治与组织的局限性,公共利益的产生是必然的,其代表权也必然被授予某类国家机关。然而,公共利益的真实主体只能是分散的个人。在国家中心主义和民主缺失的机制下,公共利益这一术语和原则,既异化了公民与政府的源流关系,也抑制了契约的适用范围。"②可见,在真正的民主社会中,契约观念在宪法和行政法领域早已日渐活跃,用契约理念认识民主宪政、解释特殊的行政管理关系,已成为一个不可缺失的分析角度。因此,只要"刺破""公共利益"的面纱,将国家机关最终分解为公共利益所代表的个人,个人与国家机关的关系本质上也应定位为一种契约。目前,公法契约的具体制度形态就包括民事和解契约、行政和解契约、行政契约、协商立法、协商性司法等。

2. 刑事和解协议的契约性体现

刑事和解协议体现了与民事契约相同的契约精神,主要表现在以下方面:

(1)追求利益最大化:民事经济领域里合同双方通过计算成本,衡量风险得失后自愿达成协议,而刑事和解的三大理论基础("平衡理论""叙说理论"与"恢复正义理论")里就包括平衡理论,即利益最大化理论,换言之,刑事和解是加害人、被害人双方认真计算诉讼成本,估量诉讼风险之后的慎重决定。

(2)强调交易方的意思自治:民事契约强调的是双方当事人意志完全自由;刑事和解同样也是一种可选择的程序,被害人、加害人任何一方不同意依和解程序处理,都将直接导致该程序不适用,转而进入传统程序。

(3)对结果利益的可预测、可控制性:民事契约是当事人处分自己权利的结果,其中包含着对利益的可预见性和期待性,双方通过合同内容体现合意,也控制着合同结果;刑事程序是国家行使刑罚权的范畴,本不允许私人意思自治干涉,刑事和解却打破了传统的刑事理念,使得被害人、加害人双方通过对程序的参与,获得了对纠纷解决结果的可预测性和控制力。

(二)宏观角度的归属定位——公法视野下的刑事契约

1. 公法视野下的刑事契约

公法契约是指以发生公法上的效果为目的的契约。

---

① 〔德〕赫费:《政治的正义性》,庞学铨、李张林译,上海世纪出版社集团2005年版,第316页。
② 于立深:《契约方法论——以公法哲学为背景的思考》,北京大学出版社2007年版,第140页。

有学者指出,刑事和解协议属性具有"两重性":"刑事和解协议首先是一种刑事契约,以刑事责任的归属为标的;同时,它也是一种特殊的民事契约,通过契约形式使侵权行为责任转化为一种契约责任,并以经济赔偿为其主要内容。"[①]笔者认为,这样界定刑事和解契约的属性,并未从表象出发深入挖掘其真正归属,有失准确性。刑事和解过程是公权力处理的私权利化,属刑事犯罪民事侵权化的意识流,但从本质上说刑事和解仍属公法之列,刑事和解协议是处在公法视野下的契约。刑事和解协议的结果影响被告人的刑罚,这涉及传统契约不得约定的"人身关系"内容。但在辩诉交易制度下,辩方律师和公诉机关也是以"刑罚"作为协议约定内容的。刑事和解与辩诉交易协议中约定的内容具有同质性,因此,在"辩诉交易"的契约性质已经被学者们认同的情况下(有学者撰文指出:"辩诉交易实际上就是一宗契约或一纸合同,是控辩双方就案件的判决所达成的合同。"[②]),承认刑事和解协议的契约性质已不再是一种障碍。事实上,刑事和解协议的"契约"性质也已经得到较为普遍的承认。有学者明确将"刑事和解"作为公法契约来讨论。还有学者作了清晰定性:"刑事和解在实质上就是一宗契约,是当事双方就案件的解决所达成的契约,也称为刑事契约。而通过刑事契约,可将指向刑罚的罪刑关系的发生、变更或消灭等问题的讨论和解决真正归结到一种可谓之实现契约正义的法律活动上来。"[③]不少学者更是希望将辩诉交易和刑事和解二者改造融合成为"刑事契约一体化"的制度。

2. "非典型"的公法契约

公法契约通常是指普通民众个人与代表国家行使权力的机关订立的契约。行政契约是目前学界承认的典型的公法契约,德日等大陆法系国家也是以行政契约为对象来研究公法契约的。

在刑事领域中,最典型的公法契约是"辩诉交易",作为契约一方的国家追诉机关对契约相对方的私人权利作出了让渡,通过控辩双方的直接协商来交换利益,将毫无折扣、不惜代价追求真实发现的刑事法律,演变成了一个双方互惠的交易。相较而言,刑事和解契约并不是典型的"公法契约",表现在契约任何一方都不是国家公权力机关,但由于一般要由国家公权力机关启动、主持这个程序,或者确认结果,协议内容才能生效,因此属于不典型的公法契约。

3. 与民事诉讼中"诉讼契约"的比较

(1) 与民事诉讼契约归属的相似性——均为公法契约

民事诉讼契约系指以产生诉讼法上的效果为直接目的的当事人之间的合意,亦称诉讼上的合意。[④]"诉讼契约"是大陆法系民事诉讼法学者提出的概念,包括程序选

---

① 向朝阳、马静华:《刑事和解的价值构造及中国模式的构建》,载《中国法学》2003年第6期。
② 汪建成:《辩诉交易的理论基础》,载《政法论坛》2002年第6期。
③ 转引自刘伟:《背景与困境:刑事和解制度的理性考察》,载《河北法学》2007年第5期。
④ 参见〔日〕三月章:《日本民事诉讼法》,汪一凡译,五南图书出版公司1986年版,第329页。

择、不起诉、诉讼管辖、证据交换、撤诉、诉讼和解的契约等等。这是民事领域主体具有民事处分权的结果。

民事诉讼中的"诉讼契约"双方当事人中没有任何一方有公权力,却也已被普遍承认为"公法契约"一种,那么相似地,刑事和解契约也不应碍于主体都不具有公权力,而否定其公法契约的性质。如上文分析,公法关系是与公益相关的关系,虽然其范围与私法契约无法比拟,但公益并非排斥契约的理由。"只要契约不违反公益,法律关系可以成为契约的对象。"①

（2）与民事诉讼契约的性质的差异性——合意的效果不同

从对诉讼结果的影响来看,刑事和解契约似乎与民事诉讼中的"诉讼契约"极为相似,但是应注意到的是,刑事领域被害人与加害人双方主体并不像民事领域那样,天然地具有处分权。第一,"民事诉讼法"本属于公法领域,但是它所依附的实体法民法是私法,民事诉讼主体间的自由合意只要不影响公共利益和程序安定,就应得到法律保护;而在刑事和解语境下,不仅所处的诉讼环境"刑事诉讼法"是公法,而且本身所依附的实体法"刑法"也是公法。如此强烈的公法基础要求刑事和解协议可约定的内容不像民事契约那样广泛。第二,民事诉讼中契约主要产生诉讼法上的效果。虽然也可能直接导致诉讼终了(例如双方和解),从实体上解决案件;但更多的是仅影响程序的约定,例如对管辖、出示证据、撤诉的合意。而刑事和解协议实质就是对实体权利的处分,不存在单纯指向程序而不指向结果的合意类型。

4. 保障"公法契约"正义的关键——正当程序

为了防止公法契约"背离"传统经典理论、对国家和社会利益造成危害,其缔结必须经过"正当程序的醇化"。正如有学者指出的,"通过法律程序,权力相对人获得了契约性的参与权、请求权和抗辩权……现代法律程序是一种格式化契约……程序既是契约精神在公法中的体现,又是公法行为契约化的主导力量,它使公法契约化成为可能。"在现代法治文明的大背景下,只有用法律的正当程序,才能实现权利的最优保护和既有制度作用的最佳发挥。公法契约的典型特点是公权力的介入,这就更需要用正当程序下的具体规则,来保障国家公权力与个人在契约签订过程中实现真正的平等。

二、刑事和解协议的微观解读

目前法学界多从宏观理论来印证刑事和解的合理性,却很少关照到刑事和解协议的细节操作和相关基础问题,这里从技术性角度作一分析,看相较于普通契约而言,刑事和解协议具有哪些公法契约的特殊性。

---

① 〔日〕田中二郎:《公法契约的可能性》,肖军译,载《行政法学研究》2002年第1期。

(一)协议功能的双重性——民事赔偿与刑事惩罚兼具

刑事案件中包含两类冲突,一是"刑事加害人和社会秩序之间的冲突",二是"当事人之间的冲突"。刑事和解恰恰是试图将两种冲突集中在一个"协议"过程中解决。作为一种解决纠纷的方式,和解协议同时承载着两个同样艰巨的任务:其一,具有双方合意的性质,有民事赔偿的功能;其二,作为惩罚的一种转处方式,具有"惩罚"的公法内容。

"一般契约仅仅实现私人目的,刑事和解契约同样实现刑罚目的。赔偿与刑事和解都是对犯罪的回应……从这一意义上来说,赔偿与刑事和解也可视为一种惩罚措施。"① 由于成功的刑事和解可以导致刑罚减轻或代替刑罚,如果犯罪人不能履行其赔偿责任,则刑罚惩罚将被启动。因此,刑事和解协议作为一种潜在危险震慑着加害人,不仅有补偿和安慰被害人的作用,还发挥着刑罚的作用——对犯罪人的特殊预防和对不特定人的一般预防。

可以看到,公法契约的特殊性就在于:它不仅具有"一般契约"本身所具有的对话、谈判、妥协和自治,而且有公法上"公益"的品质浸润其中。这正如行政契约虽由双方约定,但同时还具有实现行政管理职能、维护公共利益的功能一样。

(二)协议达成的条件先在性

典型的契约,特别是民事契约,只要达到签订合同本身所需的主体、格式、自愿性等要求即可。但刑事和解协议存在着外在于该协议(即该协议未达成前就必须存在)的前提条件:

1. 加害人作为协议一方当事人,其行为须已经符合刑法上的犯罪构成要件。刑事和解的前提必然是国家追诉机关已经作出了加害人符合刑法规定的犯罪构成要件的判断,否则的话就不是一个刑事案件,不存在刑事程序,更谈不到刑事和解。

2. 加害人认罪。加害人认罪可以作为其订立刑事和解协议的"自愿性"的一方面内容,但本质上这仍然是游离于协议之外的前提要素。

(三)协议参与主体的特殊性

1. 协议当事人身份的特定化

一般契约要求协议双方主体地位平等,但没有任何特殊资格要求,双方当事人是不特定的。而在刑事和解中,签订契约的双方身份具有天然的特定性——同一刑事案件中的加害人和被害人,任何其他主体都不可能订立此种性质的协议。

---

① 〔德〕德特拉夫·弗里希:《德国刑法中的和解与赔偿》,陈虎译,载《人大法律评论》2009年第1期。

2. 协议其他参与主体的多样化

(1) 协议的发起者具有广泛性

民事契约双方订立合同,不存在特定的协议发起者,而刑事和解协议要由国家司法机关在内的多方主体首先提议,才能进行。有的国家"不仅仅是合同当事人双方,还包括法官、检察官、缓刑官员、警察、辩方律师及被害人的代理人都有刑事和解的提案权。"[1]他们可以向刑事和解机构提出认为适格的刑事案件。我国目前协议发起主体范围还不够广泛,实践中多在公诉阶段,一般由检察机关来发起。

(2) 协议第三方的"事中组织"或"事后确认"制

一般契约只要有双方当事人参与协商、确认内容即可,无须任何第三方参与。而刑事和解协议有以下特点:

第一,大部分和解协议要有第三方"事中组织"。除少数案件中是加害方和被害方自行达成和解意愿外,大部分和解协议要有第三方"事中组织"。目前对于第三方的参与没有争议,但对该第三方的资质要求有不同见解。如果把刑事和解看作"恢复性司法"制度的一种形式,那么刑事和解本身就是"去专业化"的一个制度,因此国外的刑事和解项目中,调停人一般就是和解中介机构,如德国设立了两个特别的 VOR 作为和解中介机构。我国也有学者主张应由非专业人士来主持(如人民调解委员会),认为"公、检、法机关在诉讼中的职能和角色决定其不适合主持和解程序,办理案件的思维是'法、理、情',法律永远居于第一位;而和解程序的首要任务是解决纠纷而非适用法律,首先要考虑的因素是情理而非法律。"[2]

笔者认为,刑事和解并不仅仅是为了解决纠纷。刑事案件中的"纠纷"本来就与一般侵权性质迥异,在刑事领域我国尚且还不能接受这种较强的个人"诉权"理论。同时我国刑事和解刚在实践中试水,尚无统一规范可以遵照,具体做法还比较混乱。此时先由司法机关人员这一拥有较强素质的法律职业群体来操作,是较为合适的。因此,宜由司法机关人员作为主持者和"见证人"主导和参与这一程序。

第二,协议签订后要由第三方"事后审查确认"。刑事和解一般有三种模式:加害方—被害方自行和解、司法调解(即有司法人员参与)、人民委员会调解。[3] 无论哪种模式下,协议达成后都必须经过司法机关这一第三方审查确认,这已经得到学界共识。例如在公诉阶段,检察机关应审查双方当事人是否自愿,协议内容是否合法等。这有些类似于民法上"附条件生效的合同"或者须经有关机关批准后方生效的合同。

(3) 协议可包容的主体仍具扩展性

中国的刑事和解重点在于对被害人的民事赔偿,而并不重视对于被害人心理的真正修复以及对于社区利益的切实关怀,这种实用主义观念是推动刑事和解最直接的动

---

[1] 马静华、罗宁:《西方刑事和解制度考略》,载《福建公安高等专科学校学报》2006 年第 1 期。
[2] 史立梅:《刑事和解:刑事纠纷解决的"第三领域"》,载《政法论坛》2007 年第 5 期。
[3] 陈瑞华:《刑事诉讼的中国模式》,法律出版社 2008 年版,第 4—9 页。

力。但在恢复性司法理念下的刑事和解,不应仅仅体现为"赔偿"一种形式,为了更好的起到帮助加害人回归社会、获得被害人真心谅解的效果,社区服务以及其他形式的惩戒也应广泛采用,这意味着我国刑事和解协议涉及的主体名单仍有扩展的空间,如社区、劳动服务部门、教育卫生部门等。

(四) 契约主体之间合意的特殊性

1. 契约自由的地位更为突出

刑事和解协议中自愿性的意义比一般合同更为重要。从恢复性司法角度看,只有在自愿参与的情形之下,才会感到恢复性司法程序的公平和周到,这一程序也才会对各方都具有恢复性功用。"如果合意并不纯粹,即合意是在某种外部压力影响下得到的话,合意本身就不能使纠纷的解决正当化。"①

实证数据已说明,被害人是否感觉到程序的公平,非常重要的是其参与程序的自愿性。他有权拒绝进行刑事和解这一转处程序。那么,如果犯罪人追求弥补损害的努力没被被害人接纳,刑事和解是否还有适用余地呢?对此各国有不同见解。德国有法理认为,被害人同意不是决定性因素,只要加害人表现出极大的诚意,付出了"严肃的努力"去恢复时,即可适用刑事和解。② 笔者认为在我国应当慎采这一观点,从目前理论水平和公众的可接受程度来看,还无法走到这步,仍应将被害人同意作为和解的硬性条件。

同样,加害人也只有出于自愿,才会真正地对被害人感到歉意,在物质赔偿的同时,作出深刻的悔过与反省。这样的加害人才可能更好地回归社会。当然,也有少数观点认为无须保障犯罪人的自愿,"一些新西兰公众认为犯罪人应当被强迫参加和解,因为他们犯罪的结果就是放弃了选择的权利……而且他们可以从与伤害者之间的会面中获益。"③但笔者同样认为,我国目前实践仍应坚持契约的基本精神,不应过分突出和解协议的公法强制性,而应当保障被告人的自愿性。

2. 契约自由受到的限制更为严格

私法中契约经历了绝对的契约自由到相对的契约自由,而公法契约一产生就受到诸多限制,不存在绝对自由的阶段。公法契约天然地无法与私法契约的适用范围相比拟,刑事和解协议双方的意志自由也应受到国家制定法的限制。例如,就适用和解的案件种类和罪行轻重程度而言,各国在制定法上的规定各异,而关键问题在于:合同内容是否应受到限制,即国家权力要不要干预其协议中约定的赔偿数额。

我们知道,刑事附带民事诉讼中的赔偿只包括物质损失。被害人愿意进行刑事和

---

① 〔日〕棚濑孝雄:《纠纷的解决与审判机制》,王亚新译,中国政法大学出版社1994年版。
② 参见杜宇:《罪人—被害人和解的制度设计与司法践行》,载《法律科学》2006年第5期。
③ 刘方权:《新西兰恢复性司法概况》,http://www.fsou.com/html/text/art/3355725/335572579 4.html.,2013年2月访问。

解的原因除了真心谅解加害人、担心刑事附带民事诉讼执行不力之外,更多是因为通过和解会获得超过附带民事诉讼可能获得的赔偿数额,一般来说同时包括物质损失和精神损失,且并不进行严格计算,可以较为自由地约定数额。但因刑事和解协议具有公法契约的性质,因而应对其自由约定的内容作必要限制。鉴于加害人在此协议中处于被动地位,为了保护加害人在诉讼中的基本权利,使其不致陷入"人为刀俎,我为鱼肉"的不利境地,对被害人应有如下限制:

其一,就赔偿数额而言,国外有学者主张"被害人不得从中获利"原则。被害人应当被告知"不能从赔偿中获利",只有实际支出能获赔偿,即和解协议中金钱和劳动服务的总和应等于实际损失。此外,在国外刑事和解实践中,也有被害人知道被告人付不起钱,就不再要求赔偿的情形。被害人通过和解过程发现犯罪人是有良心的,认为他们需要获得重生、不被社会"边缘化",就原谅了被告人。此时反倒要求被害人体谅加害人了,所以只推荐作为最后的手段。

其二,第三方的监督。调停者的主要任务就应是监督双方协商过程,确保双方当事人真实地达成了协议。当然,对于协议中赔偿数额略高于应获得的有根据的损失时,第三方不必过多干预,应尊重双方的考虑。但是如果被害人漫天要价,提出没有根据的损失或数额明显地不合理时,调停者或者日后的裁断者应当舍弃这个协议。这就要求司法人员拥有较高的专业素质,认真进行利益衡量来作出裁断。

其三,被害人对损失负举证责任。被害人有义务详细提供文件记录,来证明损失金额,形式上可以是收据、发票等。无法确定损失金额时,调停者也应做出赔偿是否足够的判断。随着精神损害赔偿数额的条文出台,刑事和解也将有更规范的参照标准。

其四,因被害人原因协议失败,被害人要承担相应后果。如果客观上由于被害人"要价"过高而没有达成和解协议,对加害人单方和解的真诚和努力,司法机关处理时可作为酌情从宽量刑情节予以考虑。①

(五)协议过程与结果的平行并重性

1. 刑事和解协议取向的双面性

一般契约是以合同内容(结果)为取向,而刑事和解协议则是以结果和过程双面为取向。传统的合同签订过程,一切都是为最终的合同内容服务;只要双方有合意,就可以迅速"结束战斗"。而刑事和解协议注重的是协商过程的精神抚慰功能,侧重于悔过和谅解的情感交流,这种契约承载着更多的感性成分,而不仅仅是硬邦邦、理性的合同条款。该程序的焦点并不是达成一个公平的协商结果,而是在于交流、面对面对质、责任、治疗和恢复。

实际上不只是被害人得到心理上的抚慰,加害人在心理上也受益颇多,他们也被

---

① 参见孙保民、吴春波:《和谐检察视野下的刑事和解制度再探讨》,载《法学理论与法律实务》2007年第3期。

给予机会,真正面对自己造成的局面,获得一定程度的控制局面的感觉,这样有助于其真心悔过和用特殊方式承担责任,以求获得真正的谅解。这是传统刑事司法程序所无法实现的。

2. 协议过程对当事人的保护具有倾斜性

协议过程中侧重于对一方当事人,即被害人进行特殊保护。有外国学者指出,刑事和解与一般和解的不同点在于,普通和解程序中有个假定的前提是双方当事人对争议都有责任;而在刑事和解中,被害人是无辜的,犯罪人是对犯罪负有责任的人。这天然地就将双方置于不同的位置上。具体而言,第一,应为被害人提供述说自己故事的机会,使其情绪得到发泄,心灵的伤痕得到抚平。这也是恢复性司法基础理论"叙说理论"的要求。第二,主持和解的人员还应当对加害人进行说明,防止其报复被害人。

然而,同样从保护被害人这一观念出发,也有人提出质疑:被害人与被告人面对面交流一定好吗?当被害人并不愿意长时间面对深深伤害他的人时,可否选择"间接"参与该程序呢?新西兰的家庭群体会议是西方刑事和解制度的经典范例:

先由警方代表宣读犯罪报告的简要内容。如果加害人同意这份报告,那么被害人或他的代言人会被要求描述犯罪对他的影响,有关犯罪及其相关情况的讨论就此展开。等所有人就侵害行为的意义及损失的修复进行讨论之后,包括警方代表在内的专业人员及被害人就会离开会议室,而由被害人的亲属与加害人及其亲属私下商谈有关赔偿和再犯预防的问题。在达成口头协议之后,其他人员会返回来并重新开始会议。

笔者认为,这样允许被害人仅仅参与部分和解环节,由双方亲属或者代理人具体详谈赔偿和惩罚的方式,避免了被害人面对加害人再次受伤害的局面,不失为一种好的处理方式。总之,应赋予被害人"是否愿意参与整个过程"的选择权。

(六)协议签订形式及时空的限定性

刑事和解协议是公法上的契约形式,最终发生公法上的效力。因此,对这种协议的签订过程有特殊要求。

1. 协议应具备书面形式

协议要求书面形式是为了保障其确定性和严肃性。我国刑事和解还处在试验阶段,实践中也强调书面方式。如在审查起诉阶段,应在检察机关当场签订内容严谨的书面协议。国外学者也主张,为了今后协议的顺利履行,应当写好书面合同,措辞要非常严谨。例如,一份和解协议中明确指出,"总共本应赔偿两万美元,犯罪人赔偿被害人一万美元,并且为了折抵另外一万美元,要整理草坪5次。一旦草坪并未被整理,则剩下的一万美元必须在2003年6月30日之前赔偿。"最后一句话很重要,因为协议对各种可能出现的情况都要作出反应。

2. 协议协商过程应有时间、地点限制

为避免和解过程久拖不决,影响诉讼效率,有违该程序初衷,必须对和解过程规定一个时限。有学者认为,鉴于适用刑事和解的案件均为轻微刑事案件,双方当事人有和解诚意的话,相对较易和解成功,为与刑事案件提请批捕期限相称,和解期限宜规定为七天,庭审中的和解除外。①

为了保障协议的严肃性,一般来说,协议的签订、履行地点都应为司法机关。即使是"加害方—被害方自行和解"的模式,实践中审查起诉阶段也是由检察机关牵线联系,并提供达成、履行协议的场所。

3. 金钱赔偿为主要形式,且主要为当场履行

为了防止协议不被履行,继而恢复普通程序,我国目前可以基于比较现实的考虑,采取金钱赔偿等较好掌握的履行方式;同时,为避免出现因加害人开空头支票而导致协议不被履行的情况,可以在协议履行完之后再作从轻处理的决定。例如,审查起诉阶段中,主持和解的检察官当场见证双方交付完现金之后,再做不起诉决定,目前我国检察院进行刑事和解的试点大多是如此操作的。也有人主张可以不支付现金,通过分期履行或作出担保执行:"考虑到法律面前人人平等原则,可规定真诚悔过但经济困难的加害人可以分期履行和解协议,但必须提供相应的人保或财保。"笔者认为,"当场履行"比较符合实践要求,条件最多可以放宽到"分期履行并提供物质担保",否则实践中难以掌握。

(七) 协议履行结果的多样性

综观各国实践,发现在不同的刑事程序阶段,和解协议的履行后果也不同:在侦查阶段,侦查机关可作出不立案或者撤销立案的决定;在审查起诉阶段,检察机关可作出不起诉或者暂缓起诉的决定;在审判阶段,法院可以宣告缓刑或者减轻或免除被告人的刑罚;在刑罚执行阶段,服刑人可获假释或者减刑。

我国目前刑事和解还主要运用在审查起诉阶段,达成和解协议的结果也多是"酌定不起诉",即将达成刑事和解协议作为我国现行刑诉法规定的"酌定不起诉"的一个条件;只要加害人履行了和解协议,就不再对其进行公诉。

笔者认为,我国应该扩大刑事和解的适用面,使和解结果更加多样化。

第一,从"酌定不起诉"转变到"暂缓起诉制度"。即指保留检察官起诉的权力,给予加害人观察性负担。如果加害人在给定的时间界限内,履行了和解协议并进行了相关的复原性努力,则检察机关可不予追诉,法官亦可停止审判。反之,如果加害人仍有危害社会的倾向,表明其仍有主观恶性,则不论其是否依和解协议履行了赔偿,检察官都可以提起公诉。

第二,增加"以轻罪起诉或建议从轻处罚"的形式。事实上,和解和起诉是可以并行的。我国目前条件下适宜和解的都是轻罪,和解结果一般都是不起诉。事实上,刑事和解可以拓展到法庭审判阶段,即检察官以和解为基础提出量刑建议,让法官酌情

---

① 参见韩德胜:《刑事和解制度的设计》,载《人民检察》2007年第24期。

考虑。这又涉及检察官的求刑权等体制变动问题。正可谓:"刑事和解的适用范围大小与其效力密切相关,如果将和解作为终止刑事程序的一种根据,则不宜将和解的对象扩大,以免和解制度消解国家的公诉权;但如果将和解同时作为一种加害人人身危险性减轻的事实,从而作为法院审理案件时对加害人从宽处理的根据时,则和解在任何案件都有存在的空间,法官在裁判时可以根据加害人和解的努力及其效果给予其相当的刑法处遇。"①

第三,丰富和解结果的其他形式。我国目前和解结果过于单一,仅有不起诉一种,国外一般都有一系列配套措施。未来我们可以在恢复性司法的大背景下,为和解增加包括社区矫正在内的广泛配套机制。

三、刑事和解协议的效力

从实证研究数据来看,刑事和解的实际效果是非常成功的,突出表现在和解协议的履行率相当高。有研究结果表明,被害人、加害人和解计划比法官强制性判决更有可能被履行,通过和解达成的补偿协议的完成率较高(研究表明,履行率为70%—100%之间)。这是因为,参加和解协议过程本身就给双方一种公正的感觉:"常识告诉我们,当事人会更愿意遵守自己创造的条件和规则,因为这是一个自己构建的合同。"这些实证研究都有助于增强我们对刑事和解协议的信心,使我们敢于大胆试验和最终采纳这一制度。

当然,在看到刑事和解履行的"自愿性"程度相当高的同时,我们也应当关注其在法律上具有的强制约束力、安定性和确定力,以保证在协议当事人自觉性程度不高时,仍有法律对其予以规制,以最大程度地发挥刑事和解制度的效用,捍卫法律的尊严。以下从和解协议对司法机关和对当事人的效力两方面展开阐述,重点是对协议双方当事人进行分析。

(一) 对司法机关的效力的单一性

无论属哪种刑事和解模式,和解协议对司法机关均没有拘束力。这正是刑事和解协议公法性的体现:国家公权力理所当然的介入刑事和解的过程之中,来保证公共利益完好无损。

在国外,缓刑建议官或者法官并不受量刑请求的约束,他们可能放弃或者修改这个协议。国外的中立调停者多是社会组织而不是国家司法机关人员,协议需要再经过后者审核,这种审查促使主持者在和解过程中就确保协议双方的自愿性和协议的公平性。有美国学者指出,"我们所构建的制度中,一种是在检察官建议下的和解,一种是双方自行达成的协议,后者我们的检察官也要重新审查,检察官同样不受协议拘束。"

---

① 孙应征、赵慧:《论刑事和解在我国相对不起诉制度中的构建》,载《法学评论》2007年第2期。

在法国,和解协议不得对抗检察机关的公诉。换言之,和解协议仅对双方当事人有约束力而对检察机关没有约束力。因此,"在特殊情况下(但事实上相当罕见),共和国检察官可在追诉时效耗尽之前(追诉时效在和解程序进行过程中是中止的)对被告再次提起公诉,尤其是在有证据证明被告实施过某些未被发现的犯罪行为而被告无法提供合理解释的情况下。"

我国学者也普遍认为,"和解协议的达成只是刑事和解程序的第一步,这种和解协议能否被接受并成为免除嫌疑人、被告人刑事责任的依据,确实要取决于公安机关、检察机关和法院的最终决定。"司法机关可以自由裁量是否考虑和解这个因素,而不受任何强制性限制。"达成刑事和解并不必然产生检察机关不予起诉的法律后果,未达成刑事和解的也并不必然产生提起公诉的法律后果,检察机关最终应依据案件事实与法律作出决定"[①]。

同时,我国也有学者指出,法国刑事和解程序的一大缺陷便是只承认刑事和解协议对当事人的效力而不承认其对公诉机关的约束力,这已受到法国理论界及实务界的强力抨击。因此,主张中国在建构刑事和解程序时应取其长、补其短,承认刑事和解协议的双重效力:"一方面,承认和解协议对双方当事人有约束力,当事人必须按协议约定的内容履行职责;另一方面,承认和解协议对检察院也有约束力,在和解协议达成后,检察院应决定不予起诉。"笔者认为这一观点有失偏颇。刑事和解协议本来就是须经司法机关审查后方能生效的协议。司法机关作为和解协议的"守门人",绝不能将其负责把关的"监督者"地位降到对协议要乖乖服从的"受束缚者"地位。任何缺少监督的制度都是危险的,在私法中契约固然可以较为自由,但公法契约的特殊性要求须有凌驾于被害人与加害人之上的国家机关对协议进行确认、修正或废弃。

(二) 对当事人效力的双层次性

这里的主要焦点在于和解协议对被害人和被告人的拘束力问题。刑事和解协议作为公法视野下的契约,双方当事人任何一方反悔或违约,都不仅仅产生类似于民事合同的违约效果,而是同时存在民事与刑事程序上的特殊效力。这里刑事和解协议的公法性体现得淋漓尽致。目前对于刑事和解协议达成后双方当事人反悔的处理,尚没有形成系统的理论,笔者在此将学界为数不多的相关理论,大胆作一总结。我们可将民事效力理解为"契约性"的体现,而将刑事效力理解为刑事和解协议"公法性"的体现。

1. "迅速返回传统(普通)程序"说——不产生民事效力,仅产生刑事效力

这种观点认为,和解协议的赔偿内容对双方都无拘束力,被害人、加害人双方都可"自由违约"。这种理论强调刑事和解协议本质上属于刑事范畴,应在刑事程序理念与规则下进行处理。刑事和解作为一种刑事转处模式和分流程序,一旦不再符合适用和

[①] 周和玉:《刑事和解适用程序探讨》,载《人民检察》2007年第24期。

解的条件,就必须迅速返回普通程序。具体表现为:

(1) 加害人方面导致协议不能履行

加害人不履行协议时,与普通民事契约不同,经被害人申请或法官依职权自行裁定,该协议即丧失效力;加害人不承担违约责任,也不会被强制履行。违反协议的唯一法律后果就是刑事和解过程终止,重新开始传统的刑事程序。这样说来加害人没有任何损失风险,最多不过落入先前不进行和解程序时的处境。有外国学者也认为,加害人如果并不是这个程序的合适的候选对象,在法庭上撤销其有罪答辩,则案件重新开始,如同没有经过和解程序一样。

(2) 被害人方面导致协议不能履行

被害人如果反悔,则导致的后果也是协议无效。此时加害人无须作出赔偿,而是直接返回普通刑事程序。如果是各种其他外部原因影响了受害人,使其在签订协议时并非出于"自愿",一经发现或者由被害人提出,则和解撤销。

可见,这种主张下的刑事和解协议对被害人和被告人均无拘束力。双方均可以反悔和违反,唯一的后果是重新开启普通程序。此种处理方式似乎对于加害人最为有利,因为对他来说,似乎最坏的结果也并没有"比不和解更坏"。但这种百利而无一害的结果也不是必然的,在"恢复到普通程序后(即审查提起公诉),有关加害人的反悔能否作为日后对其判决可考虑的因素"问题上,就存在着不同观点。有人认为法庭可以将这种"违约"作为加重处罚情节予以考虑,此时反悔行为对于加害人就有不利影响,"如此可加大加害方的成本,使其不敢贸然行事",进而在签订协议时顾及,而更为审慎。

2. "和解协议对双方都有拘束力"说——同时产生民事和刑事效力

刑事和解协议作为公法视野下的契约,双方当事人任何一方反悔或违约,都不仅仅产生类似于民事合同的违约效果,这种"违约"应当在民事和刑事领域均产生效力,同时获得救济。这里刑事和解协议的公法性体现得淋漓尽致。

总体上,笔者赞同这一观点,但在细节见解上,仍将在下文进行详细讨论。

(1) 加害人方面导致协议不能履行

第一,作为一般契约体现民事拘束力。该观点认为,在考虑刑事和解协议的民事赔偿问题上,可将协议视为被害人与加害人之间的私人民事契约,除非能证明协议违反"合同自愿性"原则,否则协议可被强制履行。在恢复性司法的语境下,这种方式的优点在于和解协议可以包括法庭的常规判决所不能包括的一些要素,如让犯罪人为被害人提供劳务、清洗犯罪人在被害人房、墙上的乱涂乱画,或做其他的赔罪行为。如果和解协议的不履行情形是发生在法庭判决之后的话,被害人就不得不从"合同法"方面来寻求其所要求的赔偿。

从和解协议中的赔偿内容来看,协议的性质是单务合同。此外,"实践中协议赔偿数额往往高于一般刑事或民事赔偿,对于这部分赔偿的性质,应当视为加害人对自己财产或者民事权益的自由合法处置——一种基于道德义务的赠与合同行为"[①],因此,可用民法上的契约理论来得出:一经达成协议,除非加害人能够证明订立协议时有重大误解、显失公平或加害人乘人之危、欺诈胁迫、违背公共利益和公序良俗、损害国家利益等情形,否则不可随意主张撤销协议或协议无效。协议的这种性质就要求,法律在一般情况下应赋予协议中赔偿部分类似民事诉讼中调解书的强制执行效力。

第二,作为公法契约体现刑事拘束力。主张协议具有民事强制执行力观点的学者们,虽然也指出通过不允许随意反悔、限制当事人处分权,可维护刑事和解协议的严肃性,防止重返普通程序和降低效率,保障当事人利益;看似已经考虑了对刑事程序的影响,但却没有对和解协议的民事赔偿部分被强制执行后,刑事方面的具体处理路径作出明确设计。事实上,在肯定协议具有民事强制执行力的前提下,刑事部分的处理只能有两种选择:一是鉴于强制财产已被执行,仍可采取撤案、不起诉、从轻判决等从轻处理措施;二是应作"并行处理",因为加害人违反协议本身就说明其主观恶性尚未消除,强制执行的同时,仍应返回普通程序。例如,有学者就主张,在加害人违约之后,被害人除了申请检察官作出起诉决定(刑事契约的要求),也可以就经济赔偿问题提起独立的民事诉讼(民事契约的要求)。

笔者认为,如果加害人当初在签订协议时并无故意的欺诈行为,犯罪后并无其他恶劣行径、认罪态度良好、甚至有立功情形时,仅仅因经济条件限制,或者一时懒散的拖延,或者一时口头上表示反悔等有轻微恶意的情形时,如果民事方面被司法机关强制执行了,就应当在刑事方面予以从轻处理,而不应再返回普通程序。否则的话,与刑事和解"对双方当事人都有帮助"这种双赢的理念不符。

然而,如果加害人明显表现出主观恶性尚未消除的迹象,例如,当初签订协议时有欺诈的故意,仅是为了尽快摆脱普通程序,得到从轻处理后就恶意不履行和解协议;或者签订协议后意欲报复被害人的,都在本质上违反了适用和解的基本前提,此时加害人反悔的后果应是两个:一是民事赔偿方面仍须按照协议对被害人进行赔偿,二是刑事处罚方面应当撤销原决定,返回普通程序处理,甚至在刑事处理时可把违约当作从重情节来考虑。

(2)被害人方面导致协议不能履行

第一,被害人是受外界不当压力签订的协议。被害人家庭、单位或者和解的组织者或调停人,都可能给被害人施加外界压力,使其违背自身意愿而签订和解协议。从民事契约角度讲,这本质上违反了自愿原则,当然因属"胁迫"而导致合同可撤销;从刑事角度讲,也应撤销原决定,重新起诉。

第二,被害人欺诈的情形。有的被害人为了尽快得到加害人的经济赔偿,并不认真对待整个协议签订过程,也并未从心里真正谅解加害人,赔偿到手后又以种种理由向司法机关要求继续追究加害人的刑事责任。从民事契约角度讲,这种反悔并不是民

[①] 冯仁强、谢梅英:《刑事和解"反悔"行为的认定与处理——兼议刑事和解协议的审查标准》,载《西南政法大学学报》2008年第2期。

事方面的反悔,因为被害人并不想返还该赔偿金额,赔偿金恰恰是其欺诈的目的,因此对该部分赔偿仍应予以承认。以此为基础,在刑事方面,被害人的反悔也并不能引起任何实体处分上的改变;被害人本身有过错,他接受了加害人的赔偿,就不允许再要求协议以外的处理方式,正如有学者指出的,"应参照禁止双重危险原则,司法机关应当维持原决定。"

法官德性是为法治之力量

主讲人：王申，华东政法大学《法学》月刊社研究员、硕士生导师、中国法学会法理学研究会理事

主持人：姚建龙，上海政法学院刑事司法学院院长、教授

时　间：2014 年 3 月 19 日下午

如何做人？如何做个优秀的公职人员？这是我们走上工作岗位后便会直接面对的现实问题，是我们必须思考或认真思考的问题。司法职业伦理和法官道德问题在当代中国的提出，是缘于整个法学对当代中国司法发展进程的反思，缘于法官道德问题的论说已成为中国司法改革进程中的重要内容。

我们说，没有法官道德就没有司法伦理。伦理关系在相当程度上是道德行为的直接后果。法官作为社会道德的示范者，理应在社会中起到模范作用。但事实却并非如此。例如 2013 年 8 月上海高级人民法院 4 名法官违纪违法案；原沈阳市中级人民法院院长贾永祥包养情妇 7 人；原青岛市中级人民法院副院长刘青峰包养多名律师情人；原略阳县法官左成瑞因嫖娼被抓竟让当事人埋单；等等。这些现象似乎说明了：本应是社会公认最具道德示范的群体，如今却成为公认的道德上不满意的群体之一。

在西方法治国家，法官享有极高的社会地位，人们普遍对法官表示出最大的尊敬，甚至给予他们非常尊贵的称谓。法官也不负众望，廉政状况非常令人满意。资料显示：德国自 20 世纪 60 年代以来几乎没有法官犯案。英国全国有 250 名法官，犯案者极其罕见。美国自立国 200 年以来只有 40 名法官犯案。在日本，20 世纪初，立法和行政部门都曾发生过受贿丑闻，但法官渎职的记录却一件也没有。这不说明问题吗？

法官腐败不仅使得整个法官职业群体难以履行道德模范作用，并导致整个法官群体道德信用的丧失。而法官道德信用的丧失，必然导致我们今天所说的"道德虚伪""道德沦丧"。今天法官最大的问题，就是把"法官职业"当作一般的普通职业，缺乏法官超越一般的道德责任感与奉献精神。司法伦理和道德在法官面前悄然退隐和缺场的现实，充分说明了现有的司法伦理和道德对法官已经不能产生什么影响。而这样的结果不仅在社会上产生恶劣影响，抹黑了人民法院队伍的整体形象，而且对司法公信力造成严重的损害。因此，在通往司法伦理和法官道德保卫战的道路方面，为维护法官职业的伦理实体性和道德聚合力，我们应对如何加强法官道德、制订法官道德标准

---

* 本讲稿由主讲人提供。

展开讨论。

司法伦理的匮乏使法官很难廉洁起来。因此,如何提升法官道德使其保持在"公正"的范围内,历来是法学家所关注的重点课题。反思法官道德建设的现实内容,目的是能够制定一个满足司法伦理要求的法官道德准则,从而向广大民众展示法官的美德。如果我们的法官要成为"真正的卫士",而不是寄生虫,他们就必须理解民众对法官道德要求的善良意愿,从而敦促自己将司法公正为己任;或者说,假如法官要在社会中生存,就要尽可能地提升法官德性。

一、法官道德是现实生活中司法状况的真实反映

我确信:法官道德水平的高低与法律文化、法学教育乃至司法伦理基本制度有着莫大的关系。在一些西方国家中,为什么他们的法官总体素质比较高?他们给社会的总体印象是学问高深,为人低调;他们所作出的判词具有哲理性,得到人们的普遍尊重。对此,有人注意到:美国最高法院的一些好法官都是博览群书并受过高等教育的人,他们的学识和教养使他们能更加深刻和广泛地理解法律问题,并提出他们的建议。有西方法官认为,法官要多浏览荷马、但丁、莎士比亚、弥尔顿、柏拉图、培根、康德等人的作品,这些作品与攻读法官专业书籍同样重要。还有法官建议:法官要学习哲学,认为哲学可以使法官在作判决时有更全面的观点。

由于历史原因,我国法官的总体法律素质欠佳且知识结构不尽如人意,虽然学历越来越高。没有统计显示,我国法官在平时究竟在看些什么书籍,哲学著作有多少人会去研读,但有一点是客观存在的,我国法官读书不多,起码没有用在交际上的时间多。从我国法官的判决书现象可以看到一些问题,我国目前法院判决书说理不透、说理不清的情况是确实存在的,而且非常严重,这不得不说是我国司法建设的一大遗憾。

我们研究司法,不先研究法官的道德奥秘而想洞察司法的秘密那是根本不可能的。法官职业开端于这样一个理念:法官为公正而存在,那么反过来也可以说:失去公正的法官就是一种摆设。由于古希腊的先哲们对法官道德和司法制度有着非凡的哲学洞察力,故而我的研究便是从古希腊开始。

(一)司法伦理的道德内涵揭示了法官的道德基础

亚里士多德第一个提出了"伦理学"这一概念,伦理学也因此称为道德学或道德哲学。伦理学的本初意义是用来研究人们从社会习俗中养成的品格或品德;或者说,伦理学的研究并非主要是去建立人的行为规则或规范,而是聚焦于人的品格,即人的德性培育问题。司法伦理必须以法官道德作为其基础内涵,法官道德只有与现实进行不停顿的和客观的沟通才具有司法活力。

伦理学是关于道德的科学,即道德哲学。而道德哲学是让我们对道德的本质,道德要求我们做什么——用苏格拉底的话说,就是我们应当如何生活——以及为什么这

样生活能够达到系统性的理解。因此,伦理学的目的是使人变得善、变得有德性,而人要变得有德性,离不开习俗与法律的约束。

"司法伦理"不是偏正词组,而是复合词。我之所以使用"司法伦理"一词表达"伦理",主要是为了更突出地表达"司法伦理"的正当性、公正性特质。司法伦理是对司法、文化与法官间的协作以及一系列共同、基本的伦理价值、规范及态度之基础的寻求和建构。其主要内容大致包括两个方面:一方面,司法所蕴含的内在伦理意义和价值尺度的内容。这一问题显然预设了这样一个前提:作为司法制度基本要素的法官必定有其内在的德性价值,法官的德性不仅关乎某种外在的价值、理念,更关乎法官内在的、合乎理性的司法行为。另一方面,如果我们确立了司法伦理的规范性价值,那么,法官除了受到一般的法律规范约束之外,还要受到特殊的道德考量。无疑,前者涉及对司法道德本身符合法律正当性的追问;后者则关乎对法官法律生活及其道德生活之尺度的把握,对这两大生活领域之认识系统的法学与伦理学之间关系的理解。所有这些问题,共同揭示司法伦理的道德内涵,阐明法官的道德基础。

司法哲学的核心思想是:司法伦理体现为法官是否有能力胜任自己选择的职业;法官道德则表现为法官品德的养成或法官美德的培育。法官道德规范其实就是"法立道德"。

我们提出了"法官道德建设"这一概念,就意味着要在社会主义司法伦理规范的建构中,既把法官道德建设确认为主体,又把公正确定为司法道德建设的重点。(1)我们把道德性作为法官个体的标准与理想,指的就是法官的做人与修养,就是法官的理想人格。(2)如果把道德性作为法官职业共同体的存在标准与理想,那这就是司法伦理关系,就是公正的司法关系的理想结构。总之,如果我们把道德作为法官个体的理性产物,则揭示司法伦理不是某种经验主宰的产物,而是司法伦理的存在,其对法官自身存在的意义、目的,是法官为自己立法。

由于司法伦理探讨的是纯粹为法官创制的领域,因此法官道德可谓为司法伦理提供了价值合理性基础。正是在这个意义上,我力图探讨存在于司法伦理和法官道德背后的实践状况和精神本质。这种探索将表明:不对法官的"善"是如何而来的这个问题有所把握,那么所谓法官的自我性和善的认知,或换言之,法官的自我性和道德,将会难解难分地纠缠在一起。

(二) 每个人心中都有一个关于法官人格的完美解说

司法道德是关于法官的工作方式与生活态度合理性的稳定的共享性资源,它积淀于法官内心深处成为一种良知信念,流化为司法习惯,固化为法官日常的行为规范,并成为法官的存在意义与行为选择的价值根据。这种资源是在法官历史的发展中反思形成。因此,能否正确地认识司法伦理或法官道德的基础与本质,是关涉到当前我国法官道德建设成败的关键问题之一。

有人会说:法律其实比伦理规范更明确、更严格、更稳定。既然如此,为什么法官除了遵循法律之外,还需要一套职业伦理道德系统?其实,法官的"职业伦理"概念既是以法律为基础,同时又超越了法律。司法是人与制度结合的产物。显然,伦理所体现的是个体同整体的关联,部分与整体的完美。法律与伦理之间应该是一种很好的配合关系。因此,我们在建设司法制度的时候,也应该重视法官道德的伦理建设。司法制度的和谐与有序不仅在于法律制度的完善,而且在于法官道德建设的完满。因为法官道德之善,能够促使法律得到完善的施行。

司法伦理中的法官道德被看作为一套指导法官作出选择和采取行动的价值规范——这些选择和行动决定了法官的职业目标和发展道路。没有人会怀疑,法官在法庭内外都应当以一定的标准行事。显然,法官道德规范的核心意义在于:作为行为的指针和标准,对人们的行为起到指引作用,并在行动符合/未符合其设定的标准时发生相应的积极/消极效果。司法行为准则的目的所要表达的是:司法伦理规则不仅对法官裁决有所助益,而且对法官的司法美德、公正的洞察力以及见多识广的能力养成具有更强的作用。

在法官的美德是什么的问题上,我们常会用以下这些概念来表达,诸如:公平、正义、高尚、诚实、良心、自律、中立、慎思、谦虚、忠诚、节制、宽容,等等。虽然这些概念本身是抽象的,但我们会借助于这些概念抽象法官的人格,且在想象中将这些概念融进自己的理解。

其实,法官在经历了漫长的发展之后,在民众心里已有一种关于法官人格的完满具象(如中国人心目中的清官)。虽然,这些我们日常所使用的美德概念只是完满人格具象,但它们却并不等于这种人格的完满具象自身。也就是说,法官在民众的心目中很难有彼此完全一致的人格理想,但每个人却切切实实都有关于自身的法官人格的解说。

对于我们是否有必要要求法官成为道德楷模的问题,众说纷纭。有人认为:大可不必,因为法官的职责是适用法律而不是道德教化,其最重要的能力是准确地适用法律而不是树立道德楷模。尽管一个熟谙法律但道德败坏的法官令人厌恶,但是一个道德高尚却是超级法盲的法官更令人绝望。而那些精通法律但道德水平一般的法官无疑是称职的,因为法律不过是最低而非最高限度的道德。……如果我们要求法官道德高尚,无疑是在追求柏拉图式的"哲学王"统治,而这只存在于乌托邦式的"理想国"。那些认为法官道德水准比其职业能力更重要的人,显然犯了本末倒置的错误。我不赞同这种观点,上述观点犯了"非此即彼"的逻辑判断错误。我们完全可以反过来说,一个熟知法律但品德恶劣的法官,危害更大。

亚里士多德对善良的人与优秀的公民进行区分,虽然优秀的公民可以从善良的人的角度得到解释,但善良的人却不能从优秀的公民的角度得到解释。因此,优秀的法官不仅要遵守正确的规范,而且还必须熟悉国情,了解社情民意。品格是人类社会最强大的发展动力之一。良善的德性在人的精神素养中占据核心地位。

如何做一个"好法官"是司法伦理学的中心问题。确实,在一个运转正常的法官体系中,法官被作为伦理道德的示范群体而拥有最高信任度,因此,好法官所揭示的是"好法官"的意义及其所尊重的德性。那么,与"好法官"相关的德性是什么?

我们说,做法官就要做一个好法官,这是法官的一种内在道德的满足。道德原则在标志那些值得向往的性质方面发挥着重要作用。例如,一个好法官有一种强烈的愿望,要伸张正义,要按照法律的要求公平判案。他拥有他的职业所需要的司法美德:他执法公正,善于公平地估价证词,不因私人考虑而抱偏见或改变意见。这些特性也许并不是充分条件,但一般来说却是必要条件。

当然,这里所说的"好"与"美好""正当""善"是相同的。也就是说,要成为一名好法官,首先要是一个好人。在今天的日常语言中,"好人"总是与"有道德的人"相连。"这个人不错"常常是指他或她为人正直热情。法官不仅要做一名合格的法官,更要做一名好法官。其次,法官的名声与尊贵来自于他的真才实学,来自于他办案的能力和水平。

关于"好法官"的争论阐明了亚里士多德公正理论的伦理逻辑。如果我们不询问一个好法官受到尊敬的德性到底是什么,那么我们就不能决定谁应当获得这一称号。如果司法伦理的目的就是促进法官的善良生活,那么我们便能很容易地说:是否拥有良知,以及是否掌握专门的法律知识和审判技能是判断一个"好法官"最重要的标准。那些展示了法官最高德性的人,应当得到最高的法官职务和荣誉。一旦这种标准成为一种社会意识和价值观,那么司法的伦理与道德将为执业中的法官提供最好的活动舞台。

(三)司法道德在法官的生活中具有核心的价值地位

作为司法道德哲学范畴的价值,是来自于法官生活实践的一个理论抽象。这种理论抽象,客观上正是以法官实践和司法科学研究中各个具体领域的特殊概括为基础而形成的。在法治社会中,司法道德秩序应当是完美的,这个秩序为法官的德性规定了正当的伦理思想和观念,并且还是司法权力的运用和正义原理的根据。但是,在现实生活中,司法的完美性样式却往往最终得到人类不完美的揭示,在这个不完美的司法世界中,法官只能以实践的行为方式表达其应存在或拥有完美的道德价值。

在现实社会中,人们所希望的法官的形象与现实之间存在着明显的差距。由于我们常常听到和看到的是现实社会中的司法不公。当然,作为司法负面消息,可能在短时间内就人尽皆知。但我们对法官不满,确实是事实。人们总觉得我们的法官应该更公正、更完美。我们为什么会这么想?因为,在我们的经验世界中,有一个关于公正的理念的存在。于是,我们每当遇有对司法的质疑,便会首先质问我们的法官,对法官进行批判。我们似乎在说:现实中司法的不公正就是因为我们的法官不够格,公正的法官不应该是这个样子。

关于司法公正的观念并非简单地从经验得来,至少没有一个简便的方法可以从经验中找到它们。它更多的是从理念世界中来。而关于理念世界中更完美的法官公正,正召唤着我们,对我们说:法官世界本来可以是另外一副更好的模样,我们应该努力追求之。

关于公正的理念,就是民众和社会所寄望的,隐藏在司法背后的超越现实的始终不变的法治的本质。对于法官来说,公正是必然的、首要的要求。好的法官首先要有公正的品质,而且,司法公正不是法官德性的一个部分,而是整个德性;与之相应,不公正也不是邪恶的一个部分,而是整个邪恶。因此,亚里士多德把公正称作"完全德性"的含义之一。法官的"完全德性"包括正义本身,也包括公平、宽容、尊敬他人、忠诚、正直、真实和真诚的各种形式。这是一种为人们敬重或赞扬的品质。法官美德受司法理念统领,也可以说,是受法的道德精神所支配。休谟提出,正义是种人为制造的美德。法官接受这一美德并展现其过程。美德是使得法官之所以能够成为法官的所是。因此,要实现司法完美的过程,就要关注法官美德。法官美德由公平正义组成;或者说,公平正义就是种美德,并且是法官应具备的一种特殊美德。

由于美德体现的是人的优秀性,它所展现的是特定社会中人自身的一种价值取向。所以,社会将法官的美德当作一种超越。有人提出,司法官员无须遵守模范市民的标准,因为其代价就是使司法官员显得比普通市民更优越。也有人指出,没有品行优秀的法官来执法,那再好的法律也是脆弱的,好的法律必须由有好品行的法官来遵循。2013年新年伊始,我国湖南省长沙市天心区法院发布实施《法官作风新规十条》,不仅首次将"忠孝谨信、修身齐家"等中华传统美德引入法官作风建设,还从工作纪律、审判理念、礼仪形象、个人修养、力促节约等方面作出了严格要求。

由于德性是表现于习惯行为中的品格特征,因此,法官的德性超越是一个渐进的过程。即便在一个实在与善同一的价值世界里,法官的德性仍然是有缺陷的。至少在我们眼里,现实生活中的法官品质仍是相当不完美的。在人性的结构中,包含人的精神性和肉体性。当法官在面对关系人行贿时,他的灵魂中可能会有一种肉体性的力量命令他去接受贿赂;而与此同时,仍有一种精神性的力量禁止他去这样做。这是两种相反的力量。它们之间的对峙,其实就是灵魂深处善与恶的斗争。

在司法伦理学中,对于一个有着良好品质的法官来说,并不需要人们把美德强加于他——法官欲求达成其完美乃本性使然。这样说,其实是同义反复:"有良好品质"在定义上本是如此。在亚里士多德看来,由于人性的低劣和根本缺陷,伦理德性的培养对于法官来说是一种必要的训练和准备。

(四) 司法伦理所体现的是法官的道德本性

"伦理德性"这个词在古代希腊语中是风俗、习惯的意思。一个人的品格和品性是从社会的风俗和习性中养成的。因此,伦理德性其实是与品德、品性、品质相关的德性。法官需要学习德性,如同我们需要学习语言一样,因为法官是人,这就是人的本性。

美德是自然之事;而义务,正如尼采所言,乃人为之事。法官的法律观和道德观有一种天然的联系。如果要阐明它们之间的联系,就需要考察法官职业伦理规范的义务规定。毫无疑问,要使道德行为具有义务性,就必须由拥有制裁权力的最高主权者把它制定为法律。因此,司法伦理规范与其所依赖的司法制度有着深刻的关系。法官职业道德的基本准则是最高司法机构将司法道德理念和法官道德规范借助于立法程序以法律的形式表现出来,并使之规范化、制度化。

通过司法伦理规范,一方面,我们能够辨识出法律规范中哪些规定有助于实现法官善的品格;也就是说,司法承认什么样的品质为法官美德,与此相对的一系列缺点则为恶;另一方面,我们还必须能够辨识出哪些行为会损害并危及司法秩序。如果我们追随法官"善"的美德,那么这种善的价值施加于司法的力量是极具吸引力的;如果法官负有义务,那么它的力量是强制性的。

自改革开放以来,我国最高司法机构希望设计出一整套司法的伦理概念和原则,并用它们来描述法官的责任和义务。最高人民法院于2001年10月18日颁布了《中华人民共和国法官职业道德基本准则》,要求法官必须做到:一、忠诚司法事业。二、保证司法公正。三、确保司法廉洁。四、坚持司法为民。五、维护司法形象。法官职业道德基本准则与法律具有相同的效力。法官职业道德基本准则对于保持和强化公众对于司法体系的信心是必要的。

正如美国学者麦金太尔所言,美德与法律还有另一种至关重要的联系,因为只有那些拥有正义美德的人才可能知道如何运用法律。当然,有人认为,只有法律规范才能够使法官良知正确发挥作用。这是孰为因孰为果的问题。如先前所说的,正义本身就是一种美德,而司法的正义既是从人类灵魂的正义中派生的,同时又是制定法律规范的理念。正义的美德向法官提出了试图适用于任何时候、任何地方的普遍要求(法官在没有法律规定时可以按照法的理念来裁判)。

在司法行为的价值领域,法律与道德之间存在着直接而必然的联系。司法职业伦理更多地关注法官的价值精神层面,寻求法官的存在意义、生命价值与内心意志自由。所以,司法职业伦理本质上是法官道德的价值性存在,只有通过价值这一纽带或中介,法官道德才能合法地、理性地进入司法审判领域。

二、司法伦理与法官职业道德存在密切联系

法官司法道德目的,一方面与伦理法理论相联系,另一方面又与司法实践相联系。法官职业道德基本准则是由法官群体共同的道德目的凝聚而成的,是一定司法体系选择和积淀的结果。法官必须承认哪些品质是美德,而与此相对的则为缺点为恶。同时,法官还必须能够辨识出什么样的行为将会损害并危及法官职业的运行秩序,至少要知道在某些方面,哪些行为举措会妨碍法官善的获得,从而破坏法官职业共同体的连接纽带。我们必须确认司法的"善",并要求每一个法官都具备坚持一种确定法治秩序和法律规则的意愿。也就是说,每个法官都能够自觉遵守司法道德规范,从而自觉

地要求自己，借助于优秀人民法官的形象示范，通过司法审判来展示法官在社会中的重要意义和独立价值。

（一）化司法职业伦理为法官德性

建立法官的楷模形象，既是对司法人性和理性更深入的认知，也是对司法目的价值的拓展。但我们知道，价值思考具有扩张性，也就是说，在需要主观价值判断的时候，价值倾向对人的态度具有主导作用；在不需要主观价值判断的时候，价值倾向也并不必定遵随人的意愿，它有可能悄悄影响人的思维，由此可能影响法官的司法判断。人的认知在很多情况下会受到社会发展中各种因素的干扰，所以，应当理性地评价法官主观价值判断的实际效用。

法官之为法官的卓越之处，即在于法官的德性。法官德性指的是法官意志的道德力量，而这种力量体现在法官身上，如果没有司法独立的依托，其理性意志的发挥便会受到阻碍。就法官本身拥有的德性而言，它是由其职业共同体为法官自治理性而施加的一种道德能力。其逻辑价值是：从司法实体出发，达到法官个体道德与司法伦理的统一。我们对法官道德完善这一理想所赋予的任何赞美都不为过。法官的德性品质是在不断重复相似的审判过程中形成的。我们对法官之德性极尽赞美，为的就是激发法官的自豪感，使其更好地服务于社会。因此，化法官职业伦理为德性，就是将德性看作法官的主观法。

我们评价一个法官是不是具有德性的时候，主要看他的行为。这也说明，法官职业伦理是一种实践活动，司法不能空谈理论，法官必须身体力行。司法伦理被解释为让法官道德合乎已确立的社会主义法治观的认识论结果。因此，化法官职业伦理为德性，就需要法官在实践过程中逐渐将公平、正义的司法价值内在化，按照社会主义主导价值观的要求去培养、引导。

当我们用严格的高标准养成法官的美德习性后，法官便会拥有更好的品质。如此，他们就会懂得怎样的审判结果是顾及了全体大局的利益，懂得如何担负全社会的责任，懂得如何更好地用法律协调处理冲突，懂得如何尊重同事、书记员或司法助理人员，懂得尊重原告与被告。因此，能使司法对象得到最好的服务是法官职业道德的最高目的。

（二）司法职业伦理的指导性原则

司法伦理精神具有特殊的哲学结构和道德元素，如司法道德规律、法官道德观等，都可构成它的基本元素和基本构造。司法伦理精神的本质在于：把现实司法的伦理原则、制度规范和价值标准通过一种意向性认同内化为法官的德性品质。而这一过程是经由法官的自身心理结构来实现的。我们把司法伦理定义为以实现法官德性为目标，就意味着司法职业伦理规范并不是一般的伦理规范，它的正当性是国家给予的。国家是伦理实体的真理性存在形式，作为"地上行进着的神"这一伦理实体，国家为个体规定了道德义务与责任。如果把国家看作促进法官伦理发展的一个组织,我们就会满怀敬畏地服从国家的整体利益。

当然,我们对法官职业伦理除了关注规范外,还关注规范的理由。法官职业伦理究竟拥有哪些特征?在此,我大致地概括为:共同体原则、目的原则、行动原则和内心强制力原则。这四项原则支撑着法官伦理道德的大厦。

1. 共同体原则。在法官职业共同体中,共同体的成员在司法实践中必须从这样一点出发,即说话者和听话者对一个语法表达式是能够以同一方式来理解的。正是因为他们具有共同的知识、共同的语言、共同的思维、共同的认同、共同的理想、共同的目标、共同的风格、共同的气质,才使得他们能够以相同的法治理念为出发点,遵守相同的法律规则和准则,并且使原来已经有的规则解释和适用保持稳定;一些抽象地看似乎是不确定规则的事物,在共同体下将成为确定的。对于共同体中的法官而言,必须"学会共同生活",就是说,彼此心存赞赏与尊重。这种共处关系并非自然形成,而是通过学习获得,并且需要不断地相互熟悉,由此才会渐趋稳定并发挥其效力。法官道德的统一性和司法结构的系统性就是由立法者按照共同意志按照法的精神或理念造就的。

2. 目的原则。法官职业伦理的目的是使法官对自己在司法审判中的道德价值和意义有高度的认识。在法官的认知中,坐上审判席应是一种荣誉,而不是为谋生而从事的一般职业。法官不仅是纸面上的称呼,而且是在行为中所做成的。纸面上的法官不足以表明他作为法官的价值,他要像老百姓心目中主持正义的法官那样去行事才是一个真正的法官。因此,法官职业伦理必须获得一种区别于道德的独立性存在和发展,其实现机制应以实定法的形式确定下来,因为法官职业道德规范本身就是法律制度的一部分,具有法律的程序性和可预测性。当然,司法正义的伦理规范本身也有一个完整的体系,其实现程序可以随着规范体系展开。

3. 行动原则。伦理德性是行动的,一个人知道什么是德性不等于就具有德性。一个人也不是先成为有德性的人再去做有德性的事。相反,一个人是通过做正义的事而成为正义的人。法官作为法律的守护者与实现者,其职业伦理与一般职业相比较,是特定化而且升华了的职业道德与伦理,其行为的道德标准应高于其他社会职业:一是法官身份的荣誉感,二是审判行为的廉洁刚正,三是审判过程的独立自主性。独立审判是司法对法官的内在要求,法官在履行职业过程中保持职业的独立性非常重要,因为司法公正需要以法官的独立作为价值基础。公正的法官行为依赖于正义的司法理念作为指导,而这一理念依托的是法官独立自主的意志;司法独立是基石,是司法公正的先决条件,也就是说,司法公正只能在司法独立中存活和生长。

4. 内心强制力原则。法官的道德权利从根本上说是自律的,它意味着法官为自己立法;司法权的独立存在证明了法官的自由本性,更重要的在于法官具有优美灵魂与高尚精神。法官道德权利的提升是法官自我提升至完美境地最可能,亦是最关键的环节。因此,道德自律内蕴着法官个体的自我与自律,每个法官都是依据自己的道德品格来承担法律责任的。其实,法官道德所体现的是一个内心强大的"自律"。法官道德上的自律意味着:依照自我约定的法官职业道德守则而行为,这种道德守则促进法律所界定的法官职业道德的发展。对于法官来说,统领其职业的"宪法"就是法官职业伦理规范,关涉法官的内心信念,通过自律来实施。这种内心强制自律原则不仅是共同体强加给法官的,也是社会强加给法官的。法官通过内心确信不仅可以正确地执行法律,而且可以在法律有缺陷的时候通过对法律的理解来解释法律,弥补法律的漏洞,从而强化司法成为社会公正的最后一道防线。

三、法官职业道德的司法保障

司法伦理和法官道德价值观直接影响着司法的实践与法官的行为。对于法官而言,司法不公不廉是最大的耻辱,枉法裁判是一生的污点。让一个不讲道德、价值失落的法官,一个以"官"为中心,缺乏诚信、缺乏良知意识的法官去担任司法之职,再好的司法制度也会变形。因此,我们应立足于当代中国司法转型这一基本现实,思考中国法官价值精神发生重大变革的缘由,以及如何才能摆脱目前我国司法中出现的诸多道德失范问题,从而确立法官正确的道德价值观,提高全体法官的道德水准。

(一) 对法官职业道德立法的必要性

1887年美国阿拉巴马州律师协会制定了美国历史上第一部"道德法典"——《阿拉巴马州职业伦理规范》,该伦理规范共计56条。该"法典"从司法职业共同体角度出发,对法律职业者自身设定了一系列的义务。规范让法官远离一般社会的影响和习俗,根据经由法官职业共同体反思认可的原则来行动,并由此构成美国司法职业共同体的道德内容和价值取向。从世界范围来看,西方当代伦理思想的主要发源地是美国。20世纪60年代末,在美国兴起了关于法官道德标准的讨论,之后英国也效仿了这一做法。现在,全世界都对法官伦理道德的概念和法官的行为准则越来越感兴趣,对法官职业行为、职业道德和个人操守进行立法规范已经成为一种全球性的潮流。

从世界范围来看,责任伦理已经在许多国家的法官伦理规范与道德准则中得到规定。1985年联合国大会在罗马通过《关于司法机关独立的基本原则》,1994年欧盟部长理事会通过《关于法官独立、效率和作用的建议》;1998年欧洲理事会在斯特拉斯堡通过《国际透明度》《欧洲法官立法宪章》;1999年国际法官协会在中国台湾地区的台北市通过《国际法官宪章》;2001年2月,国际预防犯罪中心和促进国际透明度及司法公正组织起草了《法官行为准则》,该"草案"构成法官伦理道德国际化的一个有力的例证,它反映了法官良好行为标准得到越来越多的国际关注。

另外,非政府组织也参与制定了法官伦理道德准则:1981年由国际刑法协会、国际法理学家委员会(ICJ)及法官与律师独立中心(CIJL)召集的专家会起草通过《司法独立原则草案》,1982年国际律师协会通过《司法独立最低标准》,2000年2月由法官与律师独立中心召集的专家会通过《预防和根除腐败、保证司法体系公正的政策框架》。

由此可见,一方面,由国际组织,如联合国及欧盟委员会发布文件,表明这些国际组织是关注这些问题的。世界贸易组织促进良好管理及司法体系的可信性和可靠性是这一概念的重要组成部分。另一方面,类似国际法理学家委员会(ICJ)、法官与律师独立中心(CIJL)及国际律师协会等非政府组织的关注则显示,并不只有政府的政策才对法官伦理道德具有重要性。

如今,在法律与伦理的关系上,尽管这些法官伦理道德准则并不会被视为法律条款和责任(职责),但它们在对法官的约束力上仍被视为责无旁贷、无可推脱的行为标准。因此,今天讨论关于法官伦理的必要性与界限及其伦理的关系是很有意义的。

目前,我国法官伦理规则不多,主要有《中华人民共和国法官职业道德基本准则》《法官行为规范》《最高人民法院关于"五个严禁"的规定》等规范性文件。对这些文件内容进行条分缕析,法官职业道德的主要内容有六个方面,即:(1)保障司法公正;(2)提高司法效率;(3)保持清正廉洁;(4)遵守司法礼仪;(5)加强自身修养;(6)约束业外活动。2000年美国法律人协会颁布的《法官伦理规范样板》包含五条基本准则:(1)法官须维护司法的公正与独立;(2)法官须避免司法活动中有不当行为或外观上不当的行为;(3)法官须公平、勤勉地履行职责;(4)法官须使业余活动与司法职责相冲突的风险降到最小;(5)法官及候补法官须节制不恰当的政治活动。相比中美法官职业伦理,其核心观点、基本要求虽有差别,但在实现的种种机制的背后,依然存在着某些共性。从中我们可以看到,中国法官的六条职业伦理基本准则几乎全都可以在美国的"法官伦理规范样板"中找到对应的内容。

司法伦理的职业道德就是一套从事司法公职的法官所应信奉的道德准则,以及在执行职务、履行职责时所应遵循的行为规范。司法伦理追求法官道德的整体进步,并把它付诸现实。因此,法官必须是一个实践论者。而作为实践论者的法官的道德规范应当具有以下特征:第一,表现形式是将作为伦理规则的那部分法官道德规范看作应服从的法律。法律绝对规定并禁止某些行为,而这些行为属于一个有道德的人可以做或者会抑制不会去做的行为。第二,调整内容涉及法官职业共同体之间的关系,或为同行、律师等诉讼参与人之间的公认共享的善。第三,保证实施的方式主要依国家强制力或法官职业共同体的纪律的强制力对违反规则者给予驱逐出共同体或法律惩戒。

(二)法官非天使也需要监督

在某种程度上,我们可以将法官道德理解为关于法官修身的人生哲学,司法伦理则是关于司法的实践哲学。法官道德以"善"为核心,司法伦理以"公平正义"为核心。司法伦理公平正义的主观状态就是法官道德的正义感,良好的法官道德规范是维系司法伦理的基石。司法伦理作为伦理学理论体系的一个部分,具有强烈的价值属性。其实,任何关涉法官道德与不道德的论证都具有一种伦理维度。法官的崇高性、公正性和独立性能够使司法伦理的概念进一步完整起来。如果我们不曾关注司法伦理精神这一层面,不曾关注关于法官道德的内在要求,不曾关注当下司法意识形态的转换,不曾关注法官对于司法责任与道德伦理标准的应有反思,那么,我们提出的任何对于法官道德危机的解决方案都将是不彻底的。

法官当然要努力使自己成为一个有道德品质的人。法官生活在这个世界上,难免也面临诸多的诱惑,然而,无论处于何种情况下,都不能削弱自己遵循作为法官的基本原则与要求。任何利益诱惑、感官冲动,都不应当成为法官放弃道德义务的理由。法官要把欲望关进司法道德的笼子里。因此,司法道德是一种法官的自我约束,它能把法官的个人行为控制在一定范围,抑制其突破底线的冲动。一些法官之所以走上违纪违法的道路,就是从思想蜕变、道德堕落、突破底线开始的。为此,法官要给自己装上"除尘器",时常打扫思想道德上的尘埃,筑起一道拒腐防变的堤坝。

法官职业伦理惩罚机制就是确保法官监督机制有效的拦网。司法伦理监督机制主要对法官道德活动现象和道德行为进行检查、监察和揭露,而司法伦理惩罚机制则是依据伦理监督机制对法官道德活动现象和道德行为进行检查、监察和揭露,再进行评议、裁决和惩罚。通过这种机制,可以维护和论证司法伦理监督机制的权威性,发挥司法惩恶扬善的作用,也就是说,司法伦理的惩罚机制,从根本上说是对法官道德行为进行强化激励的一种机制。这种强化激励机制是通过对法官现实作用的肯定和否定,从而实现扬善惩恶,保障社会主义司法有序健康地发展。

如今我国正在加强这方面的立法,近年来已出台了不少关于法官伦理内容的规范性文件。如2009年1月最高人民法院有针对性地发布"五个严禁"的规定。法官职业行为的禁止性规定是将法官违反规则的各种情境状况予以具体化的描述和定性,并以合理、合法的司法伦理惩罚机制,来帮助司法组织对法官进行道德伦理管理。这一机制的有效执行,将对我国法官的道德伦理建设具有重大意义。

四、结　语

司法职业伦理准则所追求的最终目的是让人们去仰慕法官。虽然,法官目前已拥有较高的收入和待遇,然而这些东西与道德(德性)无涉,没有人因为法官拥有这些东西而尊重或景仰法官(因为比法官优越的工作多得很)。我们应该清醒地认识到,作为一名法官就意味着不仅仅是为了钱而工作。它还意味着在运用自己的法律技巧、聪明才智攻克了疑难案件后所获得的满足感与荣誉感,庆幸自己有机会为这个国家的民众服务,并为人民的生活进步提供了有益的影响。因此,法官道德通过公平正义的理念,为司法伦理提供了思想与灵魂。法官道德指涉司法伦理的一切领域,无论是工作还是生活,上级法官或是一般法官,都有可能从中获得益处。我们的司法需要崭新的法官道德秩序,而法官道德建设的重点,即在于建立引导法官崇德向善的司法管理机制。用德性提升法官的善性,这是因为,法官善的美德是建设社会主义司法道德体系的基础。

伦理道德需要一种建构同一性的精神力量。而精神同一性的建构,首先需要主体性力量。2014年1月4日,刘云山同志在"培育和践行社会主义核心价值观"座谈会上强调培育和践行社会主义核心价值观是凝魂聚气、强基固本的战略任务,是提升国家文化软实力的根本举措。显然,社会主义核心价值观不仅是社会诸群体伦理道德的共同话语和价值共识,而且是法官职业群体的价值凝聚点。我们从法官群体伦理道德同一性中可以寻找法理共识,而从法理共识中可以提炼和发现社会主义核心价值观。

中国必将发展成为一个成熟繁荣的法治社会,再没有什么社会比社会主义法治社会更需要法官的德性了。在社会主义司法体系中,构建一种符合现代司法理念的法官道德基础,既需要我们有直面现实的勇气,又需要我们有一种负责敬业的科学精神。对于中国最高司法机构来说,各级人民法院拥有的最重要的美德就是去推进每个法官的德性和智性。

检察权内部独立行使的模式选择[*]

主讲人：向泽选，最高人民检察院检察理论研究所副所长、法学博士、二级高级检察官、研究员

主持人：姚建龙，上海政法学院刑事司法学院院长、教授

评议人：陶建平，上海市人民检察院研究室主任

时　　间：2014年4月2日上午

检察权在检察机关内部的独立行使，既是依法独立行使检察权的题中应有之义，又是彰显检察权司法属性的必然要求。由于受"三级审批制"工作机制的影响，检察权在同一检察院的运行表现出浓厚的行政化色彩，办案检察官除了负责收集案件的证据和事实外，其独立意志很难体现。在上下级检察院"上命下从"的关系之间，下级检察院依法独立行使检察权的主体地位受到检察一体制中"上命"的侵蚀。检察权是司法权，检察机关内部又实行一体化的领导，因此检察权的内部运行既要体现检察一体的特征，又要彰显其作为司法权的独立性特征。20世纪末以来，围绕检察权在检察机关内部的独立行使，推行了一些改革措施，但这些改革措施并没有改变检察权内部运行的传统模式，检察权的内部运行依然保持着浓厚的行政化色彩。检察权要实现内部独立究竟应当选择怎样的模式？在主诉检察官办案责任制基础上诞生的主任检察官办案责任制能否弥补主诉制的不足，而完成凸显检察官作为相对独立的权力行使主体的使命？检察一体的领导体制还要进行哪些改革，才能实现既维护上级检察院的领导权威，又能凸显下级检察院作为独立执法主体的目标？在这些问题上的改革达不到预期目标的缘由是多方面的，但有关改革理论储备不足，对改革中可能遇到的问题和困难认识不清是重要因素。笔者认为，要合理建构检察权内部独立行使的模式，必须先从理论上破解当前存在的现实问题，并按照检察权运行的规律设定好检察权内部独立行使的模式。

一、其他国家检察权内部独立的模式

从其他国家法律所确立的检察独立的模式来看，检察独立包括外部独立和内部独

---

[*] 本讲稿由主讲人提供，载《人民检察》2014年第10期。

立。检察权的外部独立,即检察权的运行过程遵循其自身的规律而不受外部的非法干涉,检察机关作为一个整体独立于其他机关。外部独立的模式大体包括类同审判独立型模式和在政府监督下的有限独立模式。① 检察机关的内部独立即在检察一体的前提下,检察官在检察机关内部具有相对独立的法律地位。亦即,在检察机关内部,检察官能够按照有利于实现司法目标的要求,相对独立地行使检察权。从各国的法律制度看,检察权的内部独立大体包含三层含义:

(一)检察官是检察权的行使主体

大多数国家的检察机关设有内部领导、决策、咨议机构,检察职能机构和检察管理机构。② 但是,从其他国家检察机关履行检察权最基本的组织单元来看,几乎不存在以内设机构或者检察院的名义对外行使检察权的,大多都明确规定检察官是检察权的真正行使主体。德国、法国、意大利、日本、韩国等国家的刑事诉讼法都规定检察官是刑事诉讼的主体。在刑事诉讼中,承担检察职能的检察官作出的决定具有诉讼法上的效力,即便是根据上级的指示,作出了与自己信念不同的处理决定,也不准以依照上级的命令为由而逃避应承担的责任。检察官必须以自己的名义并由自己负责来处理分配给自己的检察事务。③ 可以说,检察官是以其个人的名义,而非以检察机关内设机构或者检察院的名义行使检察权,这是其他国家检察权运行的通例。

(二)检察官具有独立处理检察事务的权力

从检察机关内部管理体制和检察权的运行机理来看,各国法律制度均划定了检察一体与检察官相对独立之间的边界。日本法务省刑事局编著的《日本检察讲义》称:"检察官在检察事务方面,是具有自己决定和表示国家意志的独立机关,而不是唯上司之命是从地行使检察权。检察官之所以被称作独任制机关的原因就在于此。"为确保检察官的相对独立性,在日本,上级检察官对下级检察官"主要运用审查、劝告、承认的方法,行使指挥监督权",以确保"上级的指挥监督权和检察官的独立性相协调"④。日本前检事总长伊腾荣树先生指出,检察权的行使,如果受立法权或者检察权以外的行政权的不当干涉所左右,那么,司法权的独立就将完全成为有名无实。⑤ 根据法国刑事诉讼法典第三十五条的规定,只要共和国检察官认为适当,就可以直接决定发动追诉,或者采取其他替代措施,或者决定不予立案。可见,法国的检察官也拥有依法独立处理检察事务的权力。在意大利,宪法有关法官独立的规定,适用于检察官。⑥ 可见,尽

---

① 参见龙宗智:《论检察》,中国检察出版社2013年版,第61页。
② 关于法国、德国、日本等国家检察职能机构与管理机构的介绍,参见陈健民主编:《检察院组织法比较研究》,中国检察出版社1999年版,第174页。
③ 参见龙宗智:《论检察》,中国检察出版社2013年版,第65页。
④ 参见〔日〕法务省刑事局编:《日本检察讲义》,杨磊等译,中国检察出版社1990年版,第18—21页。
⑤ 参见〔日〕伊藤荣树:《日本检察厅法条逐条解释》,徐益初等译,中国检察出版社1990年版,第57页。
⑥ 参见徐鹤喃:《意大利的司法制度》,载《人民检察》2000年第5期。

管各国检察权内部行使的具体机制有差别,但都明确检察官在检察机关内部拥有独立决定和处理检察事务的职权,只不过有的是以明确检察官为诉讼法上的主体地位或者检察官为独立官厅的形式,确立检察官在检察机关内部的独立地位,有的则是从检察官责任制的角度肯定检察官在"上命下从"体制中的相对独立性。①

(三)为保障检察官的独立性,法律赋予检察官抗命权

为确保检察官相对独立地处理检察事务,其他国家的法律制度赋予检察官对上级指令的抗命权,包括消极抗命和积极抗命两种模式。消极抗命权即检察官对接到的违法指令,有权拒绝执行;而对于违反自己根据"良心与理性"而形成的内心确信的指令,有权要求上级行使事务承继和转移权。②伊藤荣树先生指出,如果上司的指挥违背了法令,就可以不服从这种指挥,这是当然的。此外的情形,检察官应当向上司要求行使事务承继和转移权。伊东胜先生则称对上司的指挥监督虽然不容许积极的不服从,但容许消极的不服从。理由是只要存在着事务承继和转移权,消极的不服从就不会扰乱检察事务的统制。如果连消极的不服从也不容许的话,就等于否定检察官职务的独立性。③法国、德国、意大利等国家,为保障检察官的相对独立性,通过法律规定确立了检察官的积极抗命权,即检察官可以不服从上级的指令而自行作出决定,上级检察官不能更改这一决定。按照法国刑事诉讼法的规定,检察院的官员在没有上级命令的情况下或者不顾已接到的上级的命令,仍然可以进行起诉,并且在没有上级指令或者不顾其已接到的指令情况下开始进行的追诉,是合法的、有效的;反过来,即使检察院的首长已接到上级下达的命令,如其仍然拒绝进行追诉,上级也不能取代他们并替代他们进行追诉。检察官在法庭上的诉讼活动在原则上不受上级指令的限制。意大利《刑事诉讼法》第53条规定,在庭审中,检察官完全自主地行使其职权。在法国、德国等国家,下级检察官虽然在其提出的书面意见中应当按照其接到的指令办理,但在法庭上仍然可以说明自己的感受与看法,并且可以提出与其书面意见不同的看法。这实质上赋予检察官对上级指令的积极抗命权。法律规范对检察官抗命权的明确,使得检察官行使相对独立处理检察事务的权力有了根本性的保障,不致因权力没有保障而使法律制度规范层面的职权在实际运作中落空。

二、检察官独立行使检察权的模式

检察官独立行使检察权,是指检察权在同一检察院内部要由检察官独立行使,对检察权在同一检察院内部的运行进行去行政化的改造。近年来,随着理论研究的不断

---

① 参见龙宗智:《论检察》,中国检察出版社2013年版,第66页。
② 同上书,第69页。
③ 参见〔日〕伊藤荣树:《日本检察厅法条逐条解释》,徐益初等译,中国检察出版社1990年版,第59页。

深化,我国对外交往的扩大以及改革检察机关办案实践中"三级审批制"弊端的呼声日益高涨,上海、北京等地的部分检察院开始借鉴域外的做法,在主诉制的基础上,探索在检察机关内部统一实行主任检察官办案责任制。高检院审时度势,在调查论证的基础上,决定自今年开始,在部分地区的部分检察院实行主任检察官办案责任制的试点,并下发了《检察官办案责任制改革试点方案》。主任检察官办案责任制是指在检察长和检察委员会的领导下,由一名主任检察官对授权范围内的事项依法独立行使决定权,并承担相应责任的制度。目前,各试点检察院正在紧锣密鼓地制定主任检察官办案责任制的具体实施方案。推行主任检察官办案责任制的本质,是要对检察机关内部传统的"三级审批制"办案模式进行改造,建立由检察官独立行使检察权的办案机制,体现检察官在检察机关的主体地位。主任检察官办案模式的建构,应以检察人员的分类管理为前提,以内设机构的改革为配套。在目前检察人员分类管理没有推行的前提下,推行主任检察官办案责任制,在制度设计层面有以下三种模式选择。

模式一:建构主任检察官办案机制,同时对现行的内设业务机构进行改革

这是一种比较彻底的推行主任检察官办案模式的改革思路。它要求重新改组检察机关现行内设业务机构的设置模式,在检察长和检察委员会以下,不再设置厅(局)、处、科等业务机构,直接设立主任检察官办公室,每一个主任检察官办公室由三名或者五名成员组成,配备一名主任检察官,二名或者四名检察官助理。主任检察官直接对分管检察长负责并报告工作,对本办公室办理的授权范围以内的案件相对独立地行使决策权,对本办公室的成员行使领导权。各检察院可以根据本院各业务口工作量的大小,决定设置主任检察官办公室的数量。每一个业务口的主任检察官办公室组成一个党支部或者党总支。支部(总支)书记的职责是负责各业务口主任检察官办公室行政、人事、队伍建设等方面的工作,组织召集案件办理以外的有关行政、人事、党务方面的会议,但不得过问各主任检察官办公室办理案件的情况。支部(总支)书记的行政级别可配置为现行内设机构正职的级别,主任检察官的级别应当配置为现行内设机构副职的级别,少数优秀且任职年限较长的主任检察官,可晋升到现行内设机构正职,即与总支(支部)书记同等级别。

在这种模式下,需要厘清主任检察官和分管检察长的职权界限。笔者认为,凡具有下列情形之一的,属于检察长的职权,主任检察官须报请分管副检察长审定:采取涉及限制或者剥夺犯罪嫌疑人宪法性权利的强制性措施;改变管辖;不起诉决定;涉案款物的处理;拟采取电视直播审理的案件的起诉;有重大政治、社会影响的案件的办理;对下级检察院提出抗诉意见的案件,经审查涉及变更罪与非罪、此罪与彼罪的;对下级检察院的抗诉意见不予支持的;对法院的生效裁判需要按照审判监督程序提出抗诉的;提出发回重审意见的;提出书面纠正违法意见或者检察建议的;等等。上述情形之外的其他事由则属于主任检察官独立决策的范畴。同时,需要明确的是,由各业务部门选举产生的检察委员会委员,只能从法律政策水平较高、政治素养较强、级别较高的主任检察官中选拔,各业务口的支部(总支)书记一般不能担任检委会委员。

模式二:设立主任检察官办公室,适当改良现行的内设机构设置模式

这种模式原则上保留现行内设机构的设置状态,但要适当合并同类业务口的内设机构,一个业务口保留一个内设机构,如省级院以下的公诉口的几个处合并为一个处,各内设业务机构只配备一行政领导,不再配备副职。再根据工作大小在各内设业务机构下设若干主任检察官办公室,每个主任检察官办公室配备主任检察官一名,检察官助理二名或者四名,主任检察官的行政级别相当于内设机构副职的级别;担任主任检察官时间较长的,如担任主任检察官5年以上,并且工作业绩突出、法律政策水平高、政治表现良好的,可以晋升到与内设机构负责人同等的行政级别。

这种模式的主任检察官办案机制设置主任检察官联席会议,负责讨论各主任检察官办案中遇到的重大疑难问题,联席会议由主任检察官向内设机构负责人提请才能召开。也就是说,主任检察官在办理重大疑难复杂案件时,只有在本办公室集体讨论中存在意见分歧,需要提请本部门其他主任检察官集体商议的,经该主任检察官提请,内设机构负责人才能召集本部门主任检察官联席会议,就相关事项提交联席会议讨论。内设机构负责人平时只能负责本部门的行政、党务和人事方面的事务,负责召集本部门的行政会议,不得过问其他主任检察官办理案件的情况。

在这种模式下,各主任检察官同样直接对分管副检察长负责并报告工作,相对独立地对本办公室办理的案件行使决策权。各主任检察官在办案中享有与上述第一种模式中主任检察官相同的职权。分管副检察长应当将案件直接批给主任检察官,而不需要经由内设机构负责人批转。内设机构负责人担任主任检察官的,在案件办理上享有与其他主任检察官同样的职权。担任主任检察官的内设机构负责人,因其也负责某一方面案件的办理,在其他条件符合的情况下,具有与其他主任检察官同等的可以被选拔为检察委员会委员的资格。

模式三:保留现行内设机构的设置模式,在内设机构下再设置主任检察官办公室

这是一种保守的主任检察官办案责任制的改革思路。这种改革模式保留现有内设机构的设置以及内设机构负责人的配备状态,只是在内设机构下面再根据本部门工作量的大小设置若干主任检察官办公室。主任检察官的职级要低于内设机构副职的级别;担任主任检察官时间较长的,如任职5年后,可晋升到与副职同等的级别。每个主任检察官办公室配备二名或者四名助理,主任检察官对授权范围内的事项相对独立地行使决策权。这种模式保留了传统"三级审批制"的运行模式,即主任检察官不能直接对分管副检察长负责并报告工作,凡模式一中确定的由主任检察官直接报请分管副检察长决定的事项,在本模式中,主任检察官需要先报请本部门负责人审核,再由部门负责人呈报分管副检察长决策。检察长批办案件也只能批给内设机构负责人,再由内设机构负责人根据各主任检察官办公室的工作情况,批给相应的主任检察官办理。内设机构负责人依然是本部门业务和行政的总抓手,主任检察官办公室只是内设机构下的子机构,主任检察官独立决策的空间有限。

纵观主任检察官办案责任制的上述三种模式,第一种模式的改革比较彻底,建立的主任检察官办案模式能够实现检察官独立行使检察权的目的,达到彰显检察权的司法属性以及检察机关为司法机关的效果,但这种模式以彻底改变现行内设机构的设置为前提,涉及现有内设机构负责人的合理安排,牵涉面太广,改革的成本高、难度大,在没有成功经验可资借鉴、主任检察官办案模式还处于试点的情况下,这种模式可以暂时搁置一旁。第三种模式实质上是在现有内设机构的底部再增加一层机构,保留了内设机构负责人一定范围的审核权,没有从根本上改变传统的"三级审批制"的检察办案模式,也不能真正实现主任检察官相对独立行使检察权的改革目标,改革的意义不大,可采性不强。第二种模式在对现有内设机构进行改良的基础上,设置主任检察官办公室,内设机构只保留一名负责人并且不能过问主任检察官办案情况,由主任检察官直接向分管副检察长报告工作这样的改革思路,既考虑了改革的可行性和内设机构存在的必要性,又能去除传统"三级审批制"带来的行政化弊端,能够实现检察官独立办案并能彰显检察权司法属性的改革目标,具有很大程度的可行性。笔者认为,可以用第二种模式进行试点,在试点成功的基础上,逐步向全国检察机关推开。经过一段时间的运行取得相应的经验后,再逐步过渡到第一种模式所设计的主任检察官办案机制,真正实现检察权由检察官依法独立行使,并且通过内设机构彰显检察机关司法属性的改革目标。

三、下级检察院独立行使检察权的路径

我国宪法和人民检察院组织法在规定人民检察院依法独立行使检察权的同时,规定上级人民检察院领导下级人民检察院,由此,依法独立行使检察权与检察一体同时成为行使检察权的基本原则。检察一体要求下级检察院服从上级检察院的领导,检察权的独立行使又意味着各下级检察院要依法独立行使检察权,两者在一定程度上似乎存在矛盾,既不能以独立行使检察权而排斥上级检察院的领导,也不能以检察一体制中的"上命下从"而否定下级检察院在行使检察权中的独立意志,如何才能找准两者的结合点,做到既服从上级检察院的领导,又能确保各下级检察院的独立意志?笔者认为,检察一体制中"上命下从"的落实应当以不妨碍各下级检察院独立行使检察权为边界,各下级检察院独立行使检察权要以不侵蚀上级检察院的领导权威为前提,以此确定各下级检察院依法独立行使检察权的模式。

(一) 合理划定上下级检察院各自的职权范围，厘定检察一体与独立行使检察权之间的合理边界

检察一体中蕴含的"上命下从"与独立行使检察权所体现的各下级检察院的独立意志是对立统一的关系，"上命下从"与下级检察院的独立意志在一定程度上是相对立的，但两者又统一于公正执法的目标。在"上命下从"与下级检察院的独立意志这一对矛盾中，下级检察院依法独立行使检察权应当成为矛盾的主要方面。上级检察院发出的指令和意旨要通过下级检察院具体的作为或者不作为得以实现，上级检察院的领导实质上是为下级检察院更好地行使检察权服务的，因此，各下级检察院依法独立行使检察权是主流和根本，检察一体是辅助和补充，检察一体中所蕴含的"上命下从"要受到法定主义的限制。这已经成为其他国家和地区在处理检察一体与检察独立关系时所遵循的基本准则。

笔者认为，在上级检察院的对下领导与下级检察院的独立意志两者的关系中，上级检察院的领导是确保检察工作坚持正确的政治方向、明确检察工作的重点、推动检察工作科学发展的保障，下级检察院自身的努力是提升检察工作质量的根本，在检察工作的发展进程中两者的地位和作用不可替代，缺一不可。同时，又要看到，检察工作向前发展的内在动力源自各级检察院扎实有效的工作，这意味着相比上级检察院的领导，各下级检察院依法独立行使检察权在检察工作发展进程中的作用更胜一筹。而要凸显检察一体前提下各下级检察院独立行使检察权的重要地位，就必须从制度规范层面厘清上下级检察院各自的职权界限，只有这样，才能确定好检察一体与独立行使检察权之间的合理边界。如此，上级检察院就可以按照对下领导权中的各项权能进行领导，下级检察院则可以依照独立行使检察权包含的权能独立决策，避免"上命下从"中的"上命"与独立行使检察权中的独立意志之间产生矛盾。根据上级检察院对下行使领导权的内容和目的，以及下级检察院独立行使检察权的价值追求，上级检察院的领导权包含的具体权能可以概括为：信息知悉权、工作部署权、业务指导与考评权、检察培训和督察权；而各下级检察院独立行使检察权的权能则应当包括：独立办案权、业务决策权、建议质疑权等。① 如果通过规范性文件明确上下级检察院各自享有的上述权能，将为检察权在上下级检察院之间纵向运行的法制化创造条件，也将为建构各下级检察院独立行使检察权的模式奠定良好的基础。

(二) 改革和丰富对下领导方式，尊重下级检察院在检察权行使中的独立意志

"领导"意即指挥、命令、协调、调遣等，领导与"服从"概念相对应。在领导与被领导之间，领导一般是主流和主导，被领导者应当服从领导者的指挥调遣，要屈从于领导者的意志。但在上下级检察院的关系中，在上级检察院具有对下级检察院领导权的同时，下级检察院还有独立行使检察权的自由。这就意味着上级检察院要在尊重下级检

---

① 参见向泽选：《检察权的宏观运行机制》，载《人民检察》2012年第1期。

察院独立意志的基础上行使领导权,在下级检察院的独立意志和上级检察院的领导之间,上级检察院的领导可能要作出某些让步和妥协,以实现上级检察院的领导与下级检察院的独立意志的协调。具体而言,就是要做到,在下级检察院独立行使检察权的事项上,上级检察院不能采取传统的行政命令式的方法进行领导;而在下级检察院独立行使检察权范畴之外的事项上,上级检察院可以采用传统的行政命令式的方法进行领导。可见,上级检察院对下领导的方式大体包括传统命令式的刚性方式和现代的协商、劝告、建议、认可式的柔性方式。

对采取刚性领导方式的事项,下级检察院只能服从,而不能讲条件,更不能敷衍塞责,必须迅速结合本地实际贯彻落实,并将落实情况以及贯彻中遇到的实际问题向上级检察院报告;而对采取柔性领导方式的事项,下级检察院则可以客观地提出建议和意见,上级检察院在法定主义的框架内要充分尊重下级检察院的意志,采取协商、劝告和认可的方式予以领导。根据检察工作所包含的要素,笔者认为,对人员管理、经费管理、业务培训、队伍建设以及检察组织机构建设等带有保障性质的事项,以及检察工作部署和法律实施等涉及检察政策方面的事项,上级检察院可以而且也应当采取行政命令式的方式对下行使领导权,下级检察院要服从上级检察院的统筹安排,因地制宜地贯彻落实,而不能消极应付或者抵触拖沓。对下级检察院独立行使检察权范畴之中的事项,尤其是涉及案件办理中的事项(包括程序和实体两方面),应当充分尊重下级检察院的独立意志,而采取柔性的协商式的领导方式,以建议、意见、批复的方式对下行使领导权。如此,就能按照方式服务目标的原理,从领导方式上协调好维护上级检察院的领导权威和尊重下级检察院独立意志之间的关系。

(三)赋予下级检察院以抗命权,确保依法独立行使检察权

上级检察院的领导是确保检察工作正确发展方向的组织保障,但如前所述,上级检察院的领导主要体现在工作部署、政策性指导、重大事项决策以及涉及检察政策的实施等事项上,而在涉及案件办理的相关事项上,只能采取协商式的指导性方式进行领导。事实上,依法独立行使检察权中的检察权指检察办案权,亦即刑事诉讼法和人民检察院组织法中确立的检察机关依法享有的侦查权、公诉权、批准和审查逮捕权、诉讼监督权等。检察机关的办案活动属于司法活动,必须按照亲历性等司法规律的要求予以办理,据此,只有参与案件审查办理的检察院才有最终的决策权,上级检察院对下级检察院的办案工作,只能采取协商式的方式予以指导性的领导。这些是从正面确保上级检察院正确行使领导权,维持下级检察院独立意志的重要措施。而唯有借鉴西方国家的做法,赋予下级检察院对上级检察院在案件办理上不规范的指令以抗命权,才是督促上级检察院正确行使办案领导权,确保下级检察院依法独立行使检察权的治本性措施。譬如,可以借鉴日本、法国、德国等国家的做法,赋予下级检察院对上级检察院违法指令的抗命权,包括消极抗命权和积极抗命权。消极抗命权即对上级违法指令不予执行的权力,或者向上级检察院提出更换管辖检察院,提请上级检察院以指定管

辖的方式,将案件移交其他检察院办理。积极抗命权即对上级的违法指令不仅不予执行,并且有权依法根据案件情势作出其认为正确的决定的权力。譬如,在涉及是否应当进行刑事追诉等事项上,可以赋予下级检察院积极抗命权,对上级检察院指令予以立案追诉的,下级检察院经审查,认为不符合追诉条件而不应当立案的,可以独立作出不予立案的决定;对上级检察院指令不予追诉的,下级检察院经审查,认为符合追诉条件而应当追诉的,可以独立自主地作出立案追诉的决定,以此确保各下级检察院在案件办理中的独立意志,真正实现检察权在检察院内部的独立行使。

检察视域下非法证据排除的适用难点与对策思考

主讲人：阮祝军，上海市嘉定区人民检察院党组书记、检察长
主持人：姚建龙，上海政法学院刑事司法学院院长、教授
时　间：2013年6月14日下午

检察机关作为国家法律监督机关，其不仅具有公诉指控犯罪的职能，还承担着通过审查批捕、审查起诉、对侦查活动的合法性进行前置监督的职能。检察机关参与非法证据排除，不仅暗合宪法、刑事诉讼法的独特制度设计，而且在防止刑讯逼供等非法取证活动上具有主动性和及时性的优势，最终也提高了打击犯罪的质量和水平。2012年《人民检察院刑事诉讼规则（试行）》（以下简称《刑诉规则（试行）》）在修改后的刑诉法基础上将检察机关适用非法证据排除规则的内容予以细化，使之更具有可操作性。然而，由于法律规定往往较为原则，司法实践对非法证据排除的具体操作层面还存在诸多需要厘清的问题，本文主要以检察工作为视角，对非法证据排除规则的适用与应对加以探讨。

一、我国检察机关在非法证据排除中的地位

检察机关在非法证据排除制度中应当处于什么地位，对其功能应如何进行定位，在我国刑事诉讼理论界尚没有统一定论。在西方国家，尤其以美国为例，其刑事司法体系与其政治架构密切相关，法院统领整个刑事司法，非法证据的确认权和排除权都由其行使，其检察机关隶属于行政机关，检察权归属于行政权之下。在我国，由于历史传统和现实因素，宪法明文规定，检察机关是国家的法律监督机关。我国的政治架构是权力机关之下的检察权与行政权、审判权的相互制衡，这正是我国检察机关法律监督的本质所在，[①]即通过检察机关的法律监督保障行政权和审判权合法运行。笔者认为，赋予我国检察机关以非法证据排除的主体地位与我国检察机关法律监督的功能和法律监督机关的地位密切相关。

---

* 本讲稿由主讲人提供。
① 参见金波：《论法律监督的方式》，载《检察实践》2005年第2期。

首先,根据我国宪法和刑事诉讼法的规定,检察机关是我国的法律监督机关,依法对刑事诉讼活动实行法律监督。在我国现行的宪政体制下,设置检察机关作为国家专门的法律监督机关,行使法律监督权,表明法律监督权是对检察机关行使权力在国家权力性质上的定性,即检察机关行使的所有权力均具有法律监督的性质。而法律监督权要在实践中得以实现,必须落实到检察机关的具体职能上,那么,对侦查活动的合法性进行监督就是检察机关法律监督的题中之义。另外,提起公诉也是检察机关的基本职能,即在检察机关行使公诉职权时,承担证明犯罪嫌疑人有罪的义务。这不仅意味着检察机关必须证明指控的犯罪事实,而且还要证明证实犯罪事实的证据是合法取得的。通过对证据合法性的审查,发现、确认并排除非法证据是检察机关侦查监督权的完整体现,也是检察机关履行其审查起诉职能的必然要求。

其次,根据刑事诉讼的基本理论,检察官负有客观公正的义务。客观公正义务主要是指检察官为了实现司法公正,在刑事诉讼中不应站在当事人立场,而应站在客观立场上进行活动,努力发现并尊重案件事实真相。① 例如,大陆法系普遍将检察官视为"法律守护人"。在刑事诉讼活动中,检察机关为充分履行其法律监督的职责,担当法律守护人的角色,要坚守其客观公正的义务。我国修订后的《刑事诉讼法》第50条规定:审判人员、检察人员、侦查人员必须依照法定程序,收集能够证实犯罪嫌疑人、被告人有罪或者无罪、犯罪情节轻重的各种证据。由此,法律规定了检察人员客观全面收集证据的义务。正是基于这样一种法定义务的存在,检察机关行使公诉职能,并不以追求对犯罪嫌疑人定罪为唯一目标,而是以保障法律的公正运行为己任。在此前提之下,为充分发挥检察机关的法律监督职能,确立检察机关在审查批捕和审查起诉阶段的非法证据排除的责任主体地位具有其正当性根据。

最后,从刑事公诉、审查逮捕等职能与法律监督的关系来看,同样体现了检察机关较为明显的监督属性。例如,在刑事公诉中,狭义上的公诉权仅指提起公诉权,但广义上的公诉权不仅包括审查起诉权、决定起诉和不起诉权,还包括公诉变更权、出庭支持公诉权和抗诉权等。审查起诉的内容不仅包括审查公安机关移送案件是否符合起诉条件、犯罪嫌疑人是否构成犯罪、所认定的罪名是否正确等,还包括监督公安机关侦查活动是否合法等内容。这些审查活动体现了检察机关对公安机关侦查活动的直接监督。正如台湾学者林钰雄所认为的,创设检察官制度,一可透过诉讼分权模式,以法官和检察官彼此节制的方法,保证刑事司法权限的客观性和正确性;二可以严格法律训练及法律拘束之公正客观的官署,控制警察活动的合法性,摆脱警察国家的梦魇;三可守护法律,使客观的法意旨贯通整个诉讼程序,既追究犯罪,又保障人权。② 可见,检察官制度设立的初衷之一即在于控制警察活动的合法性,通过刑事公诉、审查逮捕等方式实现对侦查行为的法律监督,从这个角度而言,赋予检察机关在排除非法证据规则中的主体地位正是实现其法律监督的有效途径。

---

① 参见朱孝清:《检察官客观公正义务及其在中国的发展完善》,载《中国法学》2009年第2期。
② 参见林钰雄:《检察官论》,台湾学林文化事业有限公司1999年版,第16—17页。

二、非法证据排除中检察监督权适用之难点

新刑事诉讼法完善了对侦查活动取证行为的监督制度,如确立了非法证据排除规则、讯问录音录像制度等,而非法证据排除规则也成为本次刑事诉讼法修改的一大亮点。非法证据排除规则为检察机关监督侦查活动提供保障的同时,也对检察工作的开展带来了挑战。

(一)检察机关对非法证据调查核实权的运用问题

修改前的刑事诉讼法只规定检察机关可以对侦查活动进行监督,但对于如何监督,没作明确的规定。但修订后的《刑事诉讼法》第55条明确规定:"人民检察院接到报案、控告、举报或者发现侦查人员以非法方法收集证据的,应当进行调查核实。对于确有以非法方法收集证据的情形,应当提出纠正意见;构成犯罪的,依法追究刑事责任。"可见,新刑事诉讼法赋予检察机关对侦查活动中以非法方法收集证据的行为进行调查核实的职权,为侦查行为合法性监督提供了具体途径,便于非法取证的受害人、当事人亲属或者一般公民寻求司法救济,可以说是立法层面上的创新,为检察机关及时准确地实施监督提供了法律适用依据。然而,对于新刑事诉讼法赋予检察机关的这项实质权力,实践运用中依然存在不少难题。

一方面,从启动程序看,新刑事诉讼法对检察机关接到当事人、当事人亲属或者一般公民的报案、控告或举报时,何种情况下应当启动调查核实权没有明确规定。《刑诉规则(试行)》第68条第二款规定:当事人及其辩护人、诉讼代理人报案、控告、举报侦查人员采用刑讯逼供等非法方法收集证据并提供涉嫌非法取证的人员、时间、地点、方式和内容等材料或者线索的,人民检察院应当受理并进行审查,对于根据现有材料无法证明证据收集合法性的,应当报经检察长批准,及时进行调查核实。可见调查核实权的启动标准是"现有材料无法证明证据收集合法性",但这一标准仍然过于原则,缺乏具体的可操作性。检察机关如何主动发现非法取证行为?是在审查逮捕、审查起诉节点时,还是在侦查全程主动启动,都需要进一步明确和细化。同时,新刑事诉讼法对人民检察院接到报案、控告、举报,或者发现侦查人员以非法方法收集证据而不进行调查核实的情况如何处理也未作明确规定;检察机关不进行调查核实的,投案人、控告人或举报人可以采取哪些措施予以救济也不明确,因此启动标准的进一步明确和细化显得尤为重要。

另一方面,从权力行使的效果来看,监督方式单一,监督效果不理想。新刑事诉讼法仅明确构成犯罪的,可以启动监督程序;对于一般违法的,仅需出具"纠正意见"。专家学者和实务人员都在呼吁新的监督方式的出台,原因之一在于监督形式过于单一,加上纠正意见的监督力度不强,容易导致实践中难以有效发挥监督效能的尴尬,且对于侦查机关而言,此种监督方式往往停留在被动接受层面,难以促使其真正主动规范

自身的取证行为。

综上,对于如何落实新刑事诉讼法的规定,采取适宜而有效的措施履行调查核实权,保障审查取证行为合法性,检察机关需要作进一步的思考。

(二) 检察机关多重角色对适用非法证据排除规则带来的影响

依照新刑事诉讼法的规定,在排除非法证据工作中,检察机关扮演着三种角色,一是在审查逮捕、审查起诉阶段,对证据进行审查,判断证据是否合法,是否应排除这样的排除义务主体;二是对于自侦案件,检察机关主导侦查取证,处于证据合法性被审查的角色地位;三是在审判阶段,公诉人代表检察机关出庭应诉,一旦所举的证据因非法被排除,则会影响整个案件能否成功起诉的控诉主体。这三重角色需要检察机关平衡非法证据排除规则适用与取证、审查证据等工作之间的关系。

角色多重使得检察机关在排除非法证据时可能受到多重因素的影响:一方面,基于侦查机关或自侦等部门的影响而不排除。在案件处理过程中,排除非法证据可能会使公安机关或者自侦部门的取证行为归于无效,检察机关可能会因此受到侦查机关或自侦等部门的压力,而难以有效适用非法证据排除规则;另一方面,基于内部考核的压力而"过度排除"。当前,案件公诉的成功率往往是衡量公诉人水平与公诉工作考核业绩的重要因素。根据新刑事诉讼法的规定,在法庭审理过程中,审判人员对非法证据有排除的职权和职责,如果非法证据被法院排除,可能影响案件在公诉阶段的办理质量,甚至可能导致无罪判决,这将关系到公诉部门的考核业绩。由于非法证据的界定标准难以完全统一,这也可能会导致公诉人在无法确定某一证据是否为合法证据时,出于上述考虑而尽可能将该证据予以排除,从而导致非法证据排除的人为扩大。以上因素导致"不排除"和"过度排除"的现实可能,是检察机关多重角色冲突的反映。在非法证据排除规则的适用中,检察机关如何厘清并摆正角色定位显得尤为重要。

(三) 非法证据排除程序的设计问题

检察机关与法院同是非法证据排除义务主体,但相对于审判阶段非法证据排除程序而言,审查起诉阶段的排除程序规定得显得较为单薄,检察机关需要进一步完善对侦查活动中非法证据的排除程序。

首先,如何启动非法证据的排除程序。检察机关对于非法证据排除需要主动进行,这就必然涉及主动进行的程序问题,对此,法律规定尚不明确。另外,除检察机关在审查起诉中主动启动非法证据排除规则外,对于当事人及其辩护人、诉讼代理人申请排除的,需要提供怎样的线索和材料,实践中还缺乏统一的标准。

其次,对于非法证据的标准把握问题。因为新刑事诉讼法对刑讯逼供等非法行为缺乏明确定义,即使法院审判中也面临非法证据定性难的问题,这同样是检察机关适用非法证据排除所面临的重要难题。

再次,程序标准的规范统一问题。在"两个证据规定"实施一段时间后,各地对非法证据排除的程序标准进行了一定的规范,但目前依然存在标准不一、程序欠统一等问题。随着新刑事诉讼法的实施,非法证据排除程序的统一是必然趋势,如何设定非法证据的排除程序及统一标准是检察机关急需面对的问题。

最后,对检察人员法律素养和业务素质提出更高的要求。新刑事诉讼法规定,检察机关审查起诉时应当在全面把握案件事实的基础上,根据侦查机关提供的法庭审判必需的证据材料,有针对性地核实侦查取证行为的合法性。对于存在以非法方法收集证据嫌疑的,应当要求侦查机关对证据收集的合法性作出说明;如果确认为非法证据,则应当直接决定予以排除。这就在很大程度上要求检察人员应当具备较高的法律素养和执业技能,在审查起诉过程中能够及时发现并排除非法证据。

(四)行政执法过程中收集的物证、书证等的使用问题

修改后的《刑事诉讼法》第52条规定:"行政机关在行政执法和查办案件过程中收集的物证、书证、视听资料、电子数据等证据材料,在刑事诉讼中可以作为证据使用。"但这里只是规定此类证据"可以作为证据使用",而不是"应当作为证据使用",这就意味着此类证据能否使用,仍然存在裁量的空间。检察机关在这类证据的使用上不能放弃审查的职责,同样应当严格按照证据种类的法定要求,逐一进行审查核实,才能最终确定是否作为证据使用,这也是保证证据合法性的必然要求。因此,检察机关也必然要面对此类新的实物证据审查制度的构建问题。

三、非法证据排除中检察监督权的有效适用

新刑事诉讼法以基本法形式确立并完善了我国非法证据排除规则,为有效贯彻落实新刑事诉讼法的规定,有必要对非法证据排除规则的运行机制予以深入研究。下面主要从检察工作的角度,探讨检察机关如何有效适用非法证据排除规则,并提出具体性措施。

(一)完善非法证据发现和审查机制

根据新刑事诉讼法的规定,检察机关在审查起诉中发现有应当排除的证据的,应依法予以排除,不得作为起诉意见或起诉决定的依据。同时规定,人民检察院接到报案、控告、举报,或者发现侦查人员以非法方法收集证据的,应当进行调查核实。对于确有以非法方法收集证据情形的,应当提出纠正意见;构成犯罪的,依法追究刑事责任。因此,检察机关应充分发挥监督职能,使检察机关成为非法证据排除的重要主体,形成检察机关和法院二元式的非法证据排除机制。

1. 完善告知程序

在审查批准逮捕和审查起诉阶段,检察机关第一次讯问犯罪嫌疑人时,除必须讯问其供述是否真实,并记入笔录外,在权利义务告知书中应增加告知犯罪嫌疑人享有

申请排除非法证据的权利及救济途径。对被害人和证人也应参照上述告知程序。

2. 严格审查程序

检察机关受理当事人的报案、控告、举报,或在办案过程中发现有证据证明侦查人员以非法方法收集证据,从而拟启动非法证据排除程序的,应当报经检察长批准,并及时调查核实。侦查、审查批准逮捕阶段的调查核实由侦查监督部门负责;审查起诉、审判阶段的调查核实由公诉部门具体负责。检察机关启动调查核实程序后,可以向犯罪嫌疑人、侦查人员、在场有关人员及证人等了解相关情况;书面通知侦查机关提供相关的证据材料,包括全部讯问笔录、原始的讯问过程录音录像、出入看守所的健康检查情况以及讯问过程合法性的说明等相关材料,以证明取证行为的合法性。如果犯罪嫌疑人、被害人、证人反映在取证过程中受到刑讯逼供,可对相关人员进行人身检查,必要时进行鉴定。

检察机关必须转变执法理念,强化自我监督意识,注重人权保障,通过完善非法证据审查发现机制,来增强证据合法性的甄别意识和发现途径,并在司法实践中有效运用 2012 年版《刑诉规则(试行)》第 70 条规定的八种方式,发现证据存在非法性的表现,并作出非法程度的判断。

3. 构建科学的排除机制

目前有学者认为,检察机关就非法证据问题进行审查与决定,不能单方面进行,要充分听取犯罪嫌疑人、辩护人、被害人及其诉讼代理人的意见和侦查机关的意见。故建议通过设置非法证据听证程序,为侦查与辩护方就证据合法性问题提出意见提供平台。① 笔者认为,在审查起诉过程中发现存在刑讯逼供或者暴力取证等可能的,在作出是否排除相关证据的决定之前,应当针对具体的情况进行类型化的处理。对于一些明显重大的违法证据的情形,经过调查核实,承办检察官认为属于非法证据的,应制作调查报告,写明调查核实查明的情况,并提出处理意见,交由检察长审批决定是否予以排除即可。而对于那些争议突出、情况复杂的案件,可以依职权或者依申请启动庭前证据审查程序,充分听取各方当事人的意见,然后由检察机关裁定证据的效力。

4. 严格惩戒机制

检察机关作出排除非法证据决定后,对于严重的违法取证行为,应当依法向被调查人所在的侦查机关发出纠正违法通知书;如果非法取证行为构成犯罪,则应依法立案侦查,以追究相关人员的刑事责任。

(二)探索自侦部门证据合法性专门审查制度

检察机关自侦部门可完善证据合法性专门审查制度。首先,进行专项审查。自侦部门复审人员应将证据合法性作为案件复审的一项主要内容进行专项审查,对可以补

---

① 参见谢佑平:《搭建公诉环节排除非法证据五大机制》,载《检察日报》2012 年 1 月 2 日。

正的瑕疵证据建议承办人补充完善;对存在非法证据需要排除的,由审查人员提交反贪部门负责人决定。其次,加强审批监督。反贪部门负责人或分管检察长在审批侦查终结报告时,应同时审核专门人员对证据合法性的审查情况,一旦发现证据合法性存在问题,应要求说明情况或妥善处理,从而提高审结案件的质量。再次,严格责任管理。案件承办人员对证据合法性直接负责,侦查科科长和反贪部门负责人应加强指导,发现有违法取证的情形,要严肃追究相关责任,并纳入考核管理。最后,自觉接受监督。反贪部门要主动加强与侦监、公诉等部门的配合,自觉接受侦监、公诉等部门的监督,共同促进非法证据排除规则的有效适用。

(三) 完善介入侦查和引导取证工作机制

我国现行的侦查监督模式主要为事后监督。为有效监督非法证据排除规则的适用,检察机关应进一步完善介入侦查和引导侦查取证的工作机制,引导侦查机关依法开展侦查活动,从源头上防止非法证据的产生。

侦查机关应当将立案、撤案、采取强制措施情况报送同级检察机关,以便检察机关决定是否提前介入侦查活动。侦查机关认为案情重大、复杂的,也可以主动要求检察机关提前介入侦查。对于需要介入侦查以及侦查机关要求介入侦查的案件,检察机关要及时介入侦查活动,查阅相关资料,了解案件情况,对证据的收集、固定和补充、完善提出建议,引导公安机关进行侦查取证。对于侦查机关违法收集证据的情形,检察机关应及时发现并依法提出纠正意见,将非法证据排除在批准逮捕或者审查起诉之前,从而使检察机关对侦查活动的监督从事后监督向同步监督转变。

(四) 逐步建立非法证据排除规则的救济机制

新刑事诉讼法并未规定非法证据排除规则的救济机制。笔者认为,基于认定非法证据之于侦查机关和犯罪嫌疑人、被告人及证人的重要性,有必要设置一定的权利救济机制。

首先,对侦查机关而言,如果侦查机关不同意检察机关排除非法证据的决定,有权向该检察机关提出复议,如果对决定仍然不服,可以向上级检察机关提请复核。

其次,对犯罪嫌疑人、被害人等案件当事人,如果对非法证据排除决定不服,可以在上诉或者申诉过程中一并提出。

最后,为了使非法证据排除规则有效落实,应建立被侵权人司法救济机制。如侦查机关的非法取证行为,致使诉讼当事人合法权利遭受侵害,侦查机关应先承担赔偿义务,然后再由其向实施非法取证行为的侦查人员行使追偿权。同时,侦查机关也应加强内部惩戒机制,将法律责任落实到执法者个人,并纳入业务考核,来规范侦查取证行为。

少年司法

我国少年犯罪与少年法研究发展浅论*

主讲人：徐建，中国青少年犯罪研究会原第二会长、华东政法大学功勋教授
主持人：姚建龙，上海政法学院刑事司法学院院长、教授
时　间：2013年11月19日下午

少年（我国法律通常用未成年人）犯罪和少年保护在法学领域是一个小学科，但我认为这个小学科是一门涉及众多学科的大学问，它研究一个重大复杂的社会问题，对国家、对社会具有长远战略的意义。

"少年犯罪"与"青少年犯罪"是两个不同的概念，我今天的报告中有时不严格加以区分，是包含向"小成年人"有条件扩展适用少年保护法的法理设想。有的文章撰写人常在论述或数据引用中犯不严格加以区别的错误，导出不能令人信服的结论，同学们要注意。

一、少年法学是法学的创新，是对传统刑事法学的挑战

当代少年犯罪研究与少年刑事司法、少年法研究，与传统的犯罪、刑法理论，有同一渊源，又在发展中呈现不同质的差别。研究少年犯罪与少年法是法学领域的重大创新，是对传统刑事法学的挑战、突破。当代少年犯罪研究与少年刑事司法、少年法研究的创新在哪里？挑战在哪里？

（一）对少年的看法

按传统刑事法的看法，少年就是成人的缩小版，只是人的大小，量的差别。因此法律指导原则上是与成人无差别、"平等的"。在以成人为主体制定法的天下，随着社会思想文化的进步变化，也有各种差别的考量，既有出于伦理的考量而加重惩处，也有出于怜悯、慈善而减免或轻罚。

随着近代自然科学的革命性发展和社会进步，社会学界、法学界对少年的看法出现突破。早在1899年，世界上第一部少年法庭法、第一个少年法庭（美国伊利诺伊州）诞生前，一批先进分子对少年儿童的认识和社会对少年儿童的责任提出了新的理论和

---

* 本讲稿由主讲人提供。

观念。他们从关注社会问题出发,根据生物学、生理学、心理学、人类学的新成就,认为儿童与成人不是大小的量的概念,儿童不是小大人,成人与处于发育、成熟过程中的儿童相比具有人发展中质的差异。这种差异证明儿童在生理、心理和社会发展上是与成人不同质的独立主体。

少年儿童的许多社会问题正是出于忽视或者没有注意到这种差别,对他们缺乏必要保护造成的。因此,从正义性、科学性、公平性出发,没有独立的特殊的少年法是不公正、不公平、不科学、不合理的。适合社会成人的法律不适合于少年儿童,少年儿童应该有特殊法,这是他们的权利。

(二)关于社会责任的看法

中西方历史上都认为社会对少年儿童没有必须承担的特殊责任。加重、减轻、免责,皆因人小幼弱,出于善心、怜悯、道德的考衡——犯上、不孝、大逆不道要加重、严惩;因小、幼弱、可怜,困难中应给予慈善的施舍、救助;因小、不懂事,罪错时可以宽恕、轻责或免罚等。

随着现代法律科学思想的进步,在对自然科学和社会问题原因的研究中,发现把儿童成人化对待,事实上造成不公,隔阂,矛盾,对立,在资本主义急剧发展的进步中,这种恶果凸现,社会不断对少年儿童造成伤害,产生孤儿、流浪、少年犯罪等问题,这是社会自食其果,还阻碍社会进一步发展。经过自然、社会、伦理、人权方面的深入思考、论证,得出结论,社会对儿童成长具有不可推卸责任,从而导致社会的关心、保护义务。这种社会责任是从自然、社会到法律都需要全面承担的责任。

按照新的儿童观和社会责任理念,儿童权利运动蓬勃发展,要求还少年儿童以原来的独立主体地位,明确提出保护儿童是社会的应尽责任,接受保护和照顾是儿童与生俱在的应有合法权利。少年犯罪、少年法、少年权益保护、少年司法等,都是在这个科学认识、观念指引下展开的,从无到有,独立创新,突破原有的认识和传统的处置体系。

(三)对少年法必要性、独立性的看法

儿童权利运动开拓者的重要贡献,就是在现代自然科学、社会学、生理学基础上,推陈出新,挑战、突破、改造、创新传统刑法对少年犯罪的看法,开拓出法学的一个新领域,法学体系中的一门新学科。

我个人认为,少年法学以未成年人为法律的特殊权利主体,从未成年人的特殊性出发,提出新的指导思想和理论原则,建立一系列特殊的程序和制度,调整少年与成年社会成员、少年与社会环境、少年与少年法律关系,以及其他与未成年人健康成长、社会安全可持续发展有关的问题。这是法制史上的重大创新和突破,是对以成人为中心的法律制度的无可争辩性提出的怀疑和挑战,对法学和司法制度的进步和发展起到重大的促进、推动作用。

少年法学作为一门独立的法学新学科,研究内容是丰富和独特的,至少涉及未成年人出生、成长中的条件、权益、环境、物质保障、法律关系;少年培育、教育、管理中的特殊法律要求;具有独立品格的少年法理论和法理渊源;少年法的基本理念、指导思想、政策原则、工作方针;少年立法目的内容、任务;少年法的历史、类型、分类、体系;不同类型少年法的特点、内容、结构;少年法的立法、程序规定和实体规定、处置办法、执法、监督;未成年人违法犯罪的认定和处理;少年司法制度;少年违法犯罪的预防和社会安全;实践发展与少年法的变化进步、发展趋势;少年法、少年法学与其他法律学科的区别、联系和协调;等等。少年法学将随着学科的建立发展逐步丰富、发展并完善起来,形成一个分支体系。

二、创新挑战的历史回顾

科学发展与进步是曲折的,有时平稳渐进,有时充满新与旧、革命与传统的对垒斗争。美国学者说得干脆,"少年法庭力图颠覆原有的法律传统";"将需要政府监护、教养以及不服管教、罪错儿童权益置于法律领域中的首要位置,儿童利益为先,是一种对普通法传统的激进背离法律改革运动",是新理念、新制度、新对策向传统的一整套观念、体系、办法挑战。

正因为如此,美国少年司法和少年权益法律保护制度发展中,历经激烈争论、变革。一会儿,国内外风靡一时,争相仿效;一会儿备受指责,要加以废除。一些人充分肯定,一些人认为"纵容未成年人犯罪"……1986年,我参加在青岛召开的"中美少年司法理论研讨会",目睹美国学者、少年法院法官间的激烈分歧,有的美国学者直接提出美国少年司法是失败的,另一些美国专家当即针锋相对地强调美国少年司法制度的巨大创造和贡献,言辞尖锐、直面互责,不同意见争论的激烈程度可见一斑。

创新就是挑战,我国历史的发展和经验也可以说明这一点。创新挑战就不可避免有分歧有斗争,我特别要强调一下,创新成功的前提是一定要有实践基础、必要的知识和理论基础,还要有智慧和勇气。

1981年由共青团中央发起召开的"青少年保护法座谈会"上,发生"保护权"与"处死权"之争。有人言情激昂,认为青少年犯罪容易解决,只要让法官对少年犯有最大限度的判处死刑权就能使少年不敢违法犯罪,引起激烈争议。许多与会代表用大量事实说明,给法官对青少年犯罪人最大限度的判处死刑权也绝不可能解决青少年违法犯罪问题,预防减少青少年违法犯罪的根本出路在于综合治理、保护青少年健康成长。

我从20世纪70年代末80年代初开始这个领地的调查研究,也亲身感受到这种挑战的激烈和艰苦。1982年中国青少年犯罪研究学会成立暨第一次学术研讨会在广西南宁召开,会上就社会主义制度是不是会产生犯罪展开热烈讨论。西北政法学院一位老师认为,社会主义制度会产生犯罪。就有人提出要组织批判这位老师。当时主持会议的领导明确指出,学术讨论贯彻"双百"方针,不同见解可以讲,可以争论,不批判。

但会后仍有人要求批判和处理这位敢于提出问题的老师,使其身心受到很大的压力。后来随着改革开放的深入,提出了实践是检验真理的讨论标准,这场斗争才未继续下去。

1987年,我们与上海市长宁区人民法院合作试点建立少年刑事案件审判合议庭,探索对少年犯采取教育挽救的特殊审判方式。当时试点对外保密,我经常与主持试点的李成仁副院长一起,他一边与我认真研究、谨慎试点,一边"把乌纱帽提在手里,随时准备受处分"。为什么这么紧张?因为,有人明确反对少年法庭的"教育挽救"指导思想,认为法庭不是慈善事业;少年法庭是不务正业,右倾,与中央"严打"精神背道而驰等,可见问题之严重。有同志将其概括为"审判庭"与"慈善庭"之争。当时,华政青少年犯罪研究所与上海市长宁区法院为此还合作拍摄了一部电视剧《拯救》,以回应所谓"慈善庭"之责难。后来最高法院肯定了上海市长宁区人民法院试点的少年刑事案件审判合议庭是新生事物,支持推广成为中国第一个"少年法庭",从此开启中国少年法庭之路。此后,我国少年法庭也还是在争论中曲折发展的,出现过少年法庭锐减、队伍难以坚持的少年法庭"生存危机"。

中国第一部地方少年法规——《上海市青少年保护条例》诞生。但我国刑事诉讼法修订中增加有关未成年人犯罪特别程序等,都历经曲折、斗争,不可能是一帆风顺的。

少年是一个决定着未来的很大的弱势群体,在中国18岁以下的儿童、少年人数近3.7亿。在传统的中国,他们还没有进入社会,基本上尚未独立,缺乏话语权,认知水平、社会化程度也不高,在这种情况下,提高其独立地位,真正承认其优先保护的合理性、必要性,这是认识、理念上的革命性转变。尤其是要让广大法学理论界、法律实务部门认识到,必须将少年保护置于少年法而不是一般法保护,将少年犯置于少年法庭而不是刑事法庭,将少年犯罪置于少年司法而不是一般司法程序的基本原理。让这种认识和理念成为法学界、成人社会的共识。这确实是挑战,说这是学科的创新和革命并不为过。只有新的儿童观、社会责任理念、独立少年法的科学性等在社会上得到真正的承认,在立法、司法上得到全面突破,少年保护、少年司法才会得到较为顺利的发展并会大大提高学科的水平和发展的速度。

其实历史上这种新旧之争在其他领域也时有发生,恩格斯在《自然辩证法》一书中曾写道,自然科学发展中,"它本身便是彻底革命的,它还得争取自己存在的权利。"恩格斯讲的是17世纪资产阶级革命时期,科学创新发展大挑战中发生的大冤案、大血案。哥白尼用日心说代替了托勒密的地心说,动摇了上帝创造世界的神创说,被宣布为异端邪说。布鲁诺到处奔走,支持、宣传哥白尼日心说,被送上意大利鲜花广场活活烧死。伽利略进一步证实哥白尼日心说被处终身监禁。读段话,再回顾少年法庭和少年法律保护历史时特别有启示。创新要迎接挑战,只有智慧还不够,还要有勇气,甚至于还要有牺牲。

三、中国特色社会主义少年法还不完善,也未真正形成体系

2011年3月10日,全国人大宣布,中国特色社会主义法律体系已经形成。这个法律体系,以宪法为统帅,包含法律、行政法规、地方性法规三个层次,是由宪法及宪法相关法、民商法、行政法、经济法、社会法、刑法、诉讼与非诉讼程序法七个法律部门,组成的协调统一整体,部门齐全、结构严谨、内部协调、体例科学、调整有效,保障我们国家沿着中国特色社会主义道路前进。

全国人大权威人士当时披露,截止到2011年初,我国已制定宪法和现行有效法律239件、行政法规690多件、地方性法规8600多件……形成符合改革开放和现代化建设需要的、比较科学完备的中国特色社会主义法律体系,是依法治国、建设社会主义法治国家的前提和基础,充分反映了我国社会主义法治的伟大成就,有目共睹。

但是,少年法这个新的法律部门,由于历史和现实发展的复杂原因,在世界各国都是相对落后、薄弱的。中国特色社会主义少年法起步晚,历史短,理论基础薄弱、实践积累有限。客观地说,少年法作为一个具体法律分支,在我国从20世纪90年代开始,发展速度之快,在当今世界是少有的。可是,无论在数量上还是涉及的方面,总体上还不全面、不完善,规定较为原则,尚未形成体系,这也是事实。

六十多年来,我国少年法大致经历了三个发展时期:

(一)二十世纪五六十年代,专门的少年法空白时期

新中国成立之初,刚刚从多年战争破坏中走出来的新中国,继承的是一个十分落后的千疮百孔的烂摊子,经济问题、社会问题比比皆是。少年法在当时的情况是没有条件、也没有能力提上议事日程,只能从实际出发,对群众最关心、最迫切要求解决的少年儿童权益问题,在不多的法律法规中作内容单一、分散、简要原则、临时的规定。大多通过行政法规、决定、意见、通知等形式来规定,明显具有应急性。

比较重要的法条有,1950年《中华人民共和国婚姻法》规定保护非婚生子女,禁止溺婴、残害婴幼儿,禁止继父母虐待子女等;1954年公布的《中华人民共和国劳动改造条例》专门对少年犯管教的组织机构、管理等作了专门规定;1965年公安部、教育部《关于加强少年管教所工作的意见》进一步规定,要对少年犯进行体检,绝对禁止带戒具和打骂虐待等;1955年全国人大常委会通过《关于处理违法图书杂志的决定》,规定对宣扬凶杀、淫秽及其他犯罪行为的图书杂志进行处置,保护广大人民及广大青少年的身心健康;1960年最高人民法院、最高人民检察院、公安部专门发出《关于对少年儿童一般犯罪不予逮捕判决的联合通知》;1957年最高人民法院、公安部、司法部专门规定,严惩奸淫幼女的犯罪分子,对"唆使或组织少年儿童进行犯罪的分子必须严惩";等等。这一时期的法律保护比较集中于涉及少年儿童权益的某几个方面,总体上没有统一规划,比较零散。"文化大革命"是我国法治受到严重破坏的特殊时期,要作特殊的

研究和评述,不包含在正常发展历史之中。

(二)"文化大革命"结束后的七八十年代,少年法孕育准备时期

十一届三中全会,开启了我国历史发展新时期,拨乱反正,在改革开放的推动下,我国开始了全面的法律建设,全国人大制定、颁布了一系列重要法律、法规。十余年间,涉及我国社会、经济生活各主要领域的法律逐步出台,初步适应我国社会主义社会的现实需要。少年权益保护也在相应法律法规中得到体现,最大特点是依附性,如《刑法》(1979)、《刑事诉讼法》(1979)、《民法通则》(1986)、《民事诉讼法》(1991),还有《婚姻法》(1980)、《继承法》(1985)、《治安管理处罚条例》(1986)、《义务教育法》(1986)、《妇幼卫生工作条例》(1986)等。新制定的这些法律、法规,都是从自身的完整性要求和社会实际出发,关注到少年儿童权益的保护,但没有总体规范和特殊的专门研究和设计。其中有一些明确、具体的重要规定,如刑事责任、民事行为能力、不公开审理等。这个时期仍然没有出台专门的少年法。

"文化大革命"结束了十年动乱,青少年犯罪社会问题凸现,亟须少年法调整。国家的需要,社会问题的压力,推动了理论研究起步和社会的普遍重视。我讲这个时期特点是依附性,是指保护少年法律规定依附于国家法制建设的高潮,不能不被现实关注并在法律中而得到反映。然而,尽管许多重要新法中出现大量有关少年保护的规定,但是少年法独立性的观点和理论仍未得到承认,具有独立性品格的专门法开始孕育还未能出台。从这个角度考虑,这一时间段,可以说是少年法为自己的必要性、独立性呼喊的时期。

必须指出,这个时期《义务教育法》实质上是保护未成年人受教育权的专门法律,是重大突破。1987年制定的《上海市青少年保护条例》,是我国第一部地方性青少年保护的专门法,标志着国家少年法一个新时期即将开始。

(三)九十年代开始,是明确以少年保护为宗旨的立法正式启动出台有突破性发展时期

1991制定《未成年人保防法》,1999制定《预防未成年人犯罪法》,中国进入有计划地进行少年立法的新时期,2012年我国《刑事诉讼法》增加未成年人刑事案件诉讼程序专章,加上《义务教育法》,形成"三法一章"的我国目前少年法的基本格局,向形成少年法的体系大步前进。

八十年代酝酿,九十年代开始,我国少年儿童权益保护愈来愈受到社会的关注,国家加大了这方面的支持与投入,这一领域的专门法律、法规经过多年的讨论、呼吁,终于陆续出台了。这一时段少年保护立法成为我国立法的热点之一。以我国《未成年人保护法》(1991)与《上海市青少年保护条例》为标志,全国人大与各省市人大通过一系列专门保护青少年的专门法律、法规,有全国性的《未成年人保护法》(1991)、《预防未成年人犯罪法》(1999),还有与少年儿童权益保护关系十分密切的相关法,如《收养法》

(1991)、《教育法》(1995)、《残疾人保障法》(1990)、《母婴保障法》(1994),以及《劳动法》(1994)、《妇女权益保障法》(1992)、《监狱法》(1994)中的专门规定。同时各省、市人大也普遍制定、通过了有关未成年人保护、妇女儿童权益保护、义务教育、预防未成年人犯罪与社会治安综合治理方面的地方法规。

特别是2012年3月14日第十一届全国人民代表大会第五次会议《关于修改〈中华人民共和国刑事诉讼法〉的决定》第五章特别程序增加了一章,未成年人刑事案件诉讼程序,具有特殊意义。

这个时期,最高人民法院颁布和修订《关于审理未成年人刑事案件的若干规定》、最高人民检察院颁布和修订《关于处理未成年人案件的通知》、公安部颁布和修订了《公安机关办理未成年人违法犯罪案件的规定》等。

四、任重道远

首先,《中华人民共和国未成年人保护法》与《预防未成年人犯罪法》不完善,几经修改,修改呼声仍很高。《预防未成年人犯罪法》已经列入第十二届全国人大修改议程。

其次,许多方面几乎还是空白,目前最缺儿童福利法,未成年人处于不良、不利、危险状态下的救助法,家庭教育法,未成年人犯罪的教育性特殊处置法等。

全国农村留守儿童6000万,溺水、中毒、交通事故、火灾、劳动受伤、大病治疗、残疾、无人管无力管,各种问题层出不穷。保护不能没有实在的社会物质支持和社会服务体系,缺这一大块,就不完整,许多问题就难以解决,一些保护规定难以落实。这是国家保护制度不可缺的一部分,我国经济发展水平也到了应该制定少年(未成年人)福利法的时候了。

再次,就是指导思想还没有从封建落后的传统观念影响中摆脱出来,不把未成年人看成独立权利主体、预防犯罪的积极主体,跳不出把未成年人作为被教育、被管理的从属被动角色的影响。似乎问题都在未成年人身上,而教育者、管理者、监督者却是没问题的,使保护成为单纯保护、消极保护,犯罪预防成为消极预防、管控打压预防。

最后,我认为到时候了,要全面梳理我国改革开放以来的成功经验、措施,通过立法,规范并建立积极、综合、操作性强的防治体系。例如,动态及时联防干预(保护)体系;社区青年疏导、管理、出路;重犯预防中的义务教育、职业教育与出路关注、家庭生活恢复、融入社会、歧视、犯罪记录封存;自我保护训练基地,等等。

以预防法为例,我个人认为,许多具体规定与立法指导思想严重脱离,总则的规定理念先进,如保障未成年人身心健康,培养未成年人良好品行;立足于教育和保护,从小抓起;综合治理,为未成年人身心健康发展创造良好的社会环境;加强研究等。但后面章节的不少具体规定是与总则中确立的理念、指导思想脱节的,凸现受传统和习惯的影响,从消极限制、监管、处罚方面着眼比较多,缺少积极可行的预防手段、措施,显得整个法不协调不一致。应从管控打压思路、消极维稳模式中解脱出来,转到服务、吸引、解决矛盾、引导、保护的治本、积极创稳模式上来。

《预防未成年人法》第二章中有8个条文,或教育、司法行政,或学校、家长、居委会,甚至少年活动场所都是居于上位,是高高在上的教育者。未成年人似乎都是危险分子,居于上位的部门、人员要对未成年人承担进行预防犯罪教育的任务。表面看来似乎很正面、积极,骨子里还是不放心未成年人,把他们看成要被改造、矫治的对象,而不是主人、主体。这显然与《联合国预防少年犯罪准则》强调不应把青少年看作"仅仅是社会化的或控制的对象",应把青少年作为"教育过程的积极而有效的参加者,而不仅是作为教育的对象"的规定相背离的。我认为,预防未成年人犯罪教育是要规定,教育部门如何把国家和主流社会的做人行为规则成为不同阶段学生尊重并自觉实践的行为习惯,如何加强家庭教育指导,让家长以及社会各方面保护未成年人,尊重他们,为他们创造条件,减少健康成长中的困难、障碍,消除歧视、解决未成年人发展中的实际问题和困难等。

"不良行为"是非常有创意的一章,但都是禁止、限制、不得或者报告等,没有解决问题的措施办法手段,例如,夜不归宿怎么预防?查找,请求帮助,不能随意留宿,找到怎么办?谁负责?有什么办法?如果一出问题100%没有办法,这一章就是白订,失去了法律权威,浪费立法和法律资源。后面近十条是关于未成年人成长环境,比较原则,针对性、操作性也很差。

有些规定不够成熟。如对严重不良行为的规定,科学性、创意都大打折扣,与不良行为、治安违法和犯罪的界限都没有明确界定,而且教育、预防思想完全被忽略,这部分不是预防法,成处置法了。全章都是以处理为主的条文。

简单重复,缺乏新意。重新犯罪防范,实际上是对未成年人犯罪的司法保护的简单复述。而如何帮助未成年人提高能力、水平,积极参与等积极的、重要的、必需的规定,都没有;预防领导机构,工作机构,专门人员,社工、志愿者,前后左右配套队伍也没有。事实上,实践中已有不少成功经验有重要借鉴意义。

五、未来若干年"研究课题指南"设计与总体顶层视野下的战略思考

现代社会科学技术的重大突破、重大成果,几乎百分百背后都必须有一个严密的组织协调的团队,无论自然科学还是社会科学都是如此。杰出代表、领军人物、学科带头人也是以杰出团队为后盾的,他们的杰出作用、贡献是离不开其代表、领导、带领的队伍的。20世纪八十年代初,中国青少年犯罪研究会成立,就制定了全国研究规划,并针对当时的形势和研究,提出研究课题100个,组织队伍,对我国青少年犯罪和青少年保护法、少年司法制度的研究和实践,起了重大的推动和促进作用。三十余年来,研究和实践均已发生根本性的变化,新人辈出,成果累累。

在新时期新形势下,十八大提出全面建成小康社会,从社会管理创新的新高度,有必要集国内理论和实务部门精英,对我国青少年保护与预防青少年犯罪提出新的规划和"新时期新高度课题指南",改变目前国内人员、力量分散,研究课题缺乏规划,研究和实践探索各自为政、分散、零星、重复,宝贵的人力、时间、资源浪费,缺少对国家、社会有重大贡献的现状。

汇集国内有识之士,从新时期、新高度进行课题规划设计,提出"新时期新高度课题指南",把国内力量和精力集中或汇集到对国家最重要、百姓最关心、社会最需要,对国家和谐稳定、社会发展进步有影响的重大课题上来。这是一件有战略价值的工程,希望大家一起参与来实现。

街头惯习：格拉斯哥的帮派、地域及社会变迁[*]

主讲人：阿利斯泰尔·弗雷泽（Alistair Fraser），香港大学社会学系犯罪学助理教授、博士
主持人：姚建龙，上海政法学院刑事司法学院院长、教授
评议人：王鹏，香港大学犯罪学助理教授、博士
时　间：2015 年 5 月 26 日

一、引　言

在过去五年里，英国的青少年"帮派"已经成了被反复讨论的问题，并引发一定范围内政策、治安以及媒体的反响。由于一连串引人注目的青少年死亡事件，加之"伦敦骚乱"的余波，"打击帮派"已经成为有关法律与秩序的政治讨论的核心内容。伦敦骚乱结束后不久，英国首相大卫·卡梅伦在一份声明中强调，"地域性的、有组织体系的、极端暴力的"街头帮派处于"所有暴力的核心（地带）"。[①] 暗含于这份声明中的对青少年"帮派"的解释——一种固定的、静态的街头犯罪组织，因为明确的经济目的而控制某一地区——折射出了一种对于青少年"帮派"争论核心的刻板印象。一些人认为，青少年"帮派"代表了一种新的威胁，亟待针对性的刑事司法手段的介入。另一些人则认为，"帮派文化"仅仅是为了正当化日益增多的遏制性刑事司法手段而给正常的青少年团体活动贴上的标签。

这些争论中，不同城市的青少年"帮派"之间的含义差别细微，而更宏观的社会与文化背景下出现的"帮派"的身份界定往往被忽视了。借助于在苏格兰格拉斯哥（位于

---

* 本讲稿由主讲人提供。译者：张健，荷兰蒂尔堡大学法学博士候选人，主攻法学方法论和刑法学研究。
① See Hallsworth, S. and Brotherton, D. 2011. Urban Disorder and Gangs: A Critique and a Warning. London: Runnymede Trust.

苏格兰的拥有极具特色的长久历史和地区性"帮派"暴力名声的城市)①一个叫"蓝威尔"(Langview)的城市社区进行了为期两年的"青少年'帮派'和地域空间"人类学研究,本文力图为英国现有的青少年"帮派"身份界定的情境化解释作出贡献。在愈演愈烈的全球化和社会变革的过程背景下,本文认为有必要在青少年地域依附性的背景下来理解地区性"帮派"的界定问题。本文借助于布迪厄(Bourdieu)的"惯习"概念在空间环境中对深层次的地域依附性进行探索;这概念在本文称为街头惯习。本文目的是将青少年"帮派"与地域的普遍假设问题化,然后强调对历史、结构以及文化力量进行情境化解释的必要性。

本文分为三部分。在第一部分,笔者描述了社会学中概念化的空间和身份如何来理解地域性和"帮派"活动,尤其是针对街头惯习的理解。在第二部分,笔者介绍了研究方法和参与者,并且概述了近年来发生在蓝威尔社区的种种社会变迁。在第三部分,笔者在社区的社会变化背景下对年轻人与地域空间的关系进行了考察。这种研究"帮派"的方法是为了将美国与其他地区的批判性"帮派"研究之间的裂痕联系起来,②并避免盲从关于青少年"帮派"身份识别问题的普遍定义与假设。

---

① 关于1930年代的青少年"帮派",参见 Davies, A. 1998. Street Gangs, Crime and Policing in Glasgow During the 1930s: The Case of the Beehive Boys. *Social History* 23 (3): 251—267;关于1960年代,参见 Armstrong, G. and Wilson, M. 1973. City Politics and Deviance Amplification. In *Politics and Deviance: Papers from the National Deviance Conference*, edited by Taylor, I. and Taylor, L. 61—89. Middlesex: Pelican; Patrick, J. 1973. *A Glasgow Gang Observed*. London: Eyre-Methuen, 以及 Bartie, A. 2010. Moral Panics and Glasgow Gangs: Exploring the New Wave of Glasgow Hooliganism, 1965—1970. *Contemporary British History* 24 (3): 385—408. 关于最近的展望,参见 Bannister, J. Pickering, J. Batchelor, S. Burman, M. and Kintrea, K. 2010. *Troublesome Youth Groups, Gangs and Knife-Carrying in Scotland*. Edinburgh: Scottish Government. 贯穿20世纪媒体描写的展望,参见 Damer, S. 1990. Glasgow: *Going for a Song*. London: Lawrence & Wishart. 关于格拉斯哥作为"暴力都市"文化代表的历史,参见 Fraser, A. 2010. Deviation from the Mean? Cultural Representations of Glasgow Since No Mean City. In Further from the Frontiers: Cross-currents in Irish and Scottish Studies, edited by McNair, A. and Ryder, J. 21—32. Aberdeen: AHRC Centre for Irish and Scottish Studies。

② Conquergood, D. 1994a. Homeboys and Hoods: Gang Communication and Cultural Space. In *Group Communication in Context: Studies of Natural Groups*, edited by Frey, L. 23—56. Hillsdale, NJ: Lawrence Erlbaum Associates; Conquergood, D. 1994b. For the Nation! How Street Gangs Problematize Patriotism. In *After Postmodernism: Reconstructing Ideology Critique*, edited by Simon D. and Billig, M. 200—221. London: Sage; Kontos, L. Brotherton, D. and Barrios, L. 2003. *Gangs and Society: Alternative Perspectives*. Columbia: Columbia University Press; Sánchez-Jankowski, M. 2003. Gangs and Social Change. *Theoretical Criminology* 7 (2): 191—216. doi: 10.1177/1362480603007002413; Brotherton, D., and Barrios, L. 2004. *The Almighty Latin King and Queen Nation: Street Politics and the Transformation of a New York City Gang*. New York: Columbia University Press; Hagedorn, J. ed. 2007. *Gangs in the Global City: Alternatives to Traditional Criminology*. Urbana and Chicago: University of Illinois Press; Hallsworth, S. and Young, T. 2008. Gang Talk and Gang Talkers: A Critique. *Crime Media Culture* 4 (2): 175—195.

二、帮派、地域空间与街头惯习

在最近英国的所谓青少年"帮派热"当中①,政策上的争论在没有明显证据基础的情况下发展。② 亚历山大(Alexander)注意到所谓"帮派"问题已经发展成为一种独立于任何实证基础和概念探索的公共生活——充斥着它自己的声音和愤怒,却代表不了任何意义。③ 结果,从美国传过来的关于青少年"帮派"的刻板印象已然成为(英国)公众讨论的主流。至少有一位美国学者评论说从美国向英国引进政策的做法完全搞反了——④美国的"帮派"暴力的犯罪率实际上比英国还高。进一步说,美国主流的"帮派"研究手段——频繁地使用大规模调查、普遍化的概念,以及犯罪控制政策的倾向⑤——与更加具有批判性的、倾向于亚文化研究的英国研究传统形成鲜明对比。即使关于帮派的学术研究在英国得到越来越多的注意,⑥至今关于儿童和青少年对"帮派"的解读、经验和社会意义的研究还是相当缺乏。⑦ 本文试图通过探求在格拉斯哥的地域空间与青少年"帮派"身份之间的关系,发展出一种有依据的解释,而且能够帮助理解格拉斯哥与其他地区之间的相异之处,以填补这一知识上的漏洞。

三、地域空间与"帮派"身份

稳定的地域或者"地盘"的概念被理解为一种静态的、有地理界限的、被防卫的空间,其内部活动和进入行为都被加以控制——在犯罪学相关领域最初的研究中,这已经成为定义"帮派"的核心组成部分,而且是民众和学术界对青少年"帮派"理解中必不

---

① See Hallsworth, S. and Young, T. 2008. Gang Talk and Gang Talkers: A Critique. *Crime Media Culture* 4 (2): 175—195.

② Squires, P. Silverstri, A. Grimshaw, R. and Solomon, E. 2008. *Street Weapons Commission: Knives and Street Violence*. London: Centre for Crime and Justice Studies. p.105.

③ Alexander, C. 2008. *(Re)thinking Gangs*. London: Runnymede Trust. p.3.

④ Decker, S. 2007. Dealing With Youth Gangs. Presentation to University of Manchester Conference, July 6.

⑤ Hagedorn, J. 2008. *A World of Gangs: Armed Young Men and Gangsta Culture*. Minnesota: University of Minnesota Press.

⑥ Alexander, C. 2000. The Asian Gang: Ethnicity, Identity, Masculinity. Oxford: Berg; Hallsworth, S. and Young, T. 2008. Gang Talk and Gang Talkers: A Critique. *Crime Media Culture* 4 (2): 175—195; Pitts, J. 2008. *Reluctant Gangsters: The Changing Face of Youth Crime*. Devon: Willan Publishing; Goldson, B. ed. 2011. *Youth in Crisis? Gangs, Territoriality and Violence*. London: Routledge; Hope, T. ed. 2012. *Criminal Justice Matters: Special Issue on the August Riots*. London: Centre for Crime and Justice Studies.

⑦ Alexander, C. 2008. (Re)thinking Gangs. London: Runnymede Trust; Goldson, B. ed. 2011. Youth in Crisis? Gangs, Territoriality and Violence. London: Routledge.

可少的部分。① 这些概念的内核是有组织、有凝聚力的犯罪组织,由于种种经济目的而施加地区性的暴力霸权。随着对城市中心地区的重塑和资源配置,这种定义的静态属性就变得有问题了。中产阶级化和位移导致易变的"地盘"概念和移动的边界,②而去工业化和贫民窟化加剧了很多人在空间上的固定性。③ 为了理解这些变化对区域性"帮派"活动的影响,在有关空间、社会阶层和身份等问题上进行更广泛的社会学讨论是有帮助的。

对青少年"帮派"与地域之间关系的社会结构解释结合了不少有关英国青少年与边缘社区空间的学术讨论。在本文中,"地方主义"即使与青少年"帮派"相联系,也是一种特殊的并且独立的现象,必须在人际关系与限制的和有限的社会环境的背景下来理解。④ 罗德(Loader)在对爱丁堡青少年的经典研究中,描述了没有"帮派"身份识别情况下场所的重要性:⑤

> 没有了必要的购买能力,甚至即使是到达城市的其他地方(尤其是市中心),大部分失业的年轻人只能局限在他们居住的社区……结果,这种"本地性"成了这些边缘年轻人生活的首要之地,同样是他们日常活动的据点和身份的基础。

关键是这种地域性的身份识别并不仅仅局限在儿童和年轻人身上。泰勒(Taylor)、埃文斯(Evans)和樊智达借助在当地成年人当中进行的一项"感知结构"的研究,将这种"本地性的内涵"形容为"基于空间上固化(不流动)的行动者,并随着时间不断重复的惯常化的关系"。⑥ 在这些解释中,对当地区域的依附性对于"帮派"中的青少年来说并不特殊;也确实不仅仅是对年轻人。但是,在华康德(Wacquant)所谓的"深层次边缘化"的背景中,这些解释则表明了经济上的边缘化与作为社会身份基本来源

---

① Spergel, I. A. 1990. Youth Gangs: Continuity and Change. *Crime and Justice* 12: 171—275; Klein, M., Kerner, H.-J. Maxson, C. L. and Weitekamp, E. G. M. eds. 2001. *The Eurogang Paradox*. London: Kluwer Academic Press.

② McDonald, K. 2003. Marginal Youth, Personal Identity, and the Contemporary Gang: Reconstructing the Social World? In *Gangs and Society: Alternative Perspectives*, edited by Kontos, L. Brotherton, D. and Barrios, L. 62—74. New York: Columbia University Press; Hagedorn, J. and Rauch, B. 2007. Housing, Gangs, and Homicide: What We Can Learn from Chicago. *Urban Affairs Review* 42 (4): 435—456; Aldridge, J., Ralphs, R. and Medina L. J. 2011. Collateral Damage: Territory and Policing in an English Gang City. In *Youth in Crisis? Gangs*, Territoriality and Violence, edited by Goldson, B. 72—89. London: Routledge.

③ Hagedorn, J. 2008. *A World of Gangs: Armed Young Men and Gangsta Culture*. Minnesota: University of Minnesota Press; Wacquant, L. 2008. *Urban Outcasts: A Comparative Sociology of Advanced Marginality*. Cambridge: Polity Press.

④ MacDonald, R. and Shildrick, T. 2007. Street Corner Society: Leisure Careers, Youth (Sub)culture and Social Exclusion. *Leisure Studies* 26 (3): 339—355; Kintrea, K. Bannister, J. Pickering, J. Reid, M. and Suzuki, N. 2008. Young People and Territoriality in British Cities. York: Joseph Rowntree Foundation.

⑤ Loader, I. 1996. *Youth, Policing and Democracy*. Basingstoke: Macmillan. pp. 112—113.

⑥ Taylor, I. Evans, K. and Fraser, P. 1996. *A Tale of Two Cities: Global Change, Local Feeling and Everyday Life in the North of England: A Study in Manchester and Sheffield*. New York: Routledge. p. 14.

的地域依附性之间的关系。① 在下一节内容中,借助布迪厄的有关惯习、领域、资本的概念,我们来理解在有限的空间自主性背景下青少年与地域之间的深层关系,进而发展出理论框架。②

四、街头惯习

布迪厄对惯习、领域和资本的概念化为理解当代的有力和无力的生活经验提供了强大的理论框架。在犯罪学领域中,这些概念被用来作为协调系统性和单独性解释之间的关系,用来说明奥斯陆毒贩的暴力街头社会、③英格兰"夜店药"使用者的亚文化资本、④犯下暴力犯罪的年轻女性生活中的受害与社会行动,⑤以及在东北英格兰持续不断的暴力等现象。⑥ 在本文中,笔者将这一概念用来解释格拉斯哥边缘社区青少年和地域之间的深层次关系,为前人的研究增加清晰的空间维度。

广泛地说,惯习指的是一组稳定的性格特点以及行为上的怪癖。在日常生活中每个人都有惯习。这些性格特点既是智力上的又是身体上的思维习惯以及行为习惯,通常在一种无意识或者潜意识的层面上进行着,并给人一种本能的感觉。⑦ 这些行为特点使得人们能够去协调,或者"改善"日常生活中能够体现他们自身的情况,即布迪厄所谓的"实践"(practice)。⑧ 但这些仍然受人们自身的限制,如社会阶层。尽管每个人的交互是不同的,响应的范围是无限的,我们的做法实际上还是由我们习惯性的响应范围构成的;其在早年幼儿期习得,并无限循环往复。布迪厄把这种实践比作一种"比赛的手感"(feel for the game)——以一种本能的反应去学习规则,就像一个人参加自己熟知的运动。⑨ 那些自发性的和计划外的行为,实际上是由个人历史和经历的深层

---

① Wacquant, L. 2008. *Urban Outcasts: A Comparative Sociology of Advanced Marginality*. Cambridge: Polity Press.
② Bourdieu, P. 1977. *Outline of a Theory of Practice*. Cambridge: Cambridge University Press; Bourdieu, P. and Wacquant, L. 1992. *An Invitation to Reflexive Sociology*. Cambridge: Polity.
③ Sandberg, S. 2008. Street Capital: Ethnicity and Violence on the Streets of Oslo. *Theoretical Criminology* 12 (2): 153—171; Sandberg, S. and Pederson, W. 2009. *Street Capital: Black Cannabis Dealers in a White Welfare State*. Bristol: Policy Press.
④ Thornton, S. 1995. *Club Cultures: Music, Media and Subcultural Capital*. Cambridge: Polity Press.
⑤ Batchelor, S. 2007. Prove Me the Bam! Victimisation and Agency in the Lives of Young Women Who Commit Violent Offences. PhD thesis, University of Glasgow.
⑥ Hobbs, D. Hadfield, P. Lister, S. and Winlow, S. 2003. *Bouncers: Violence and Governance in the Night-time Economy*. Oxford: Oxford University Press; Winlow, S. and Hall, S. 2009. Retaliate First: Memory, Humiliation and Male Violence. *Crime, Media, Culture* 5 (3): 285—304.
⑦ Bourdieu, P. and Wacquant, L. 1992. An Invitation to Reflexive Sociology. Cambridge: Polity; Bourdieu, P. 2005.
⑧ Bourdieu, P. 1977. *Outline of a Theory of Practice*. Cambridge: Cambridge University Press.
⑨ Bourdieu, P. and Wacquant, L. 1992. An Invitation to Reflexive Sociology. Cambridge: Polity; Bourdieu, P. 2005. Habitus. In Habitus: A Sense of Place. 2nd ed, edited by Hillier, J. and Rooksby, E. 43—52. Aldershot: Ashgate. p.128.

部分决定的。

通过描述社会化过程作为自然形成的"第二层皮肤"的方法,社会结构内化、具体化以及固化,而惯习通过描述这种过程的方式结合了结构性和代理性的解释。这种观点的核心是布迪厄的"时度"概念,其代表了惯习的外部界限:我们"所知道的世界"。用布迪厄的话来说,通过这种过程,我们所知的世界变成"错误认识"的必然的世界;并且社会的渴望和期待的齐同也反映了这种世界观。在这种观点中,个体对暴力的癖好必须同时在结构性边缘化的象征性暴力的背景之中加以理解。① 正如布迪厄和华康德注意到的:

> 累积地暴露在一定的社会条件之中灌输给了个人某些持久的和可转换的性情,其将现有的社会必需品内化,将脉络清晰的惯性和社会现实的约束深刻地刻画在有机体当中。②

桑德伯格(Sandberg)借用了街头资本的术语来描述一种具体的、市井的性情。其中身体上的资本、语言和街头智慧被用来操纵暴力的社会地带,其表现出了边缘经验的内化,以及可用资本形式的战略化。③ 街头惯习代表了处于暴力街头世界中的行为者的适应性和社会化。④ 温罗(Winlow)和霍尔(Hall)则更进一步,借助记忆和耻辱的社会心理理论来阐述看似毫无意义的暴力的"复仇为先"的惯习。⑤ 立足于这些概念,笔者使用了街头惯习这一术语来探讨青少年和空间之间深层次的、潜意识的联系,作为在后工业化城市当中对有限的空间自主性的一种回应。正如布迪厄,运用梅洛·庞蒂(Merleau-Ponty)的理论,描述了身体之外的事物如何融入成为惯习的一部分(就像使用打字机一样),所以街头惯习指的是将所熟识的区域吸收到无意识的行为当中。在关于惯习的论述中,这种研究方法可帮助理解文化与空间之间互为支撑的关系。

简言之,街头惯习指的是空间与自身的融合,并通过在物理空间中行为的重复而不断发展。利奇(Leach)用以下方式描述了这种(地域化)过程:"经过流动的惯常过程,通过覆盖和恢复相同的路径和路线,我们来熟悉某一领域,从而找到这一领域蕴含的意义。"⑥空间因此变成无意识惯习的一部分,形成扮演身份的支持。将个人与集体记忆紧密联系的当地和空间,与身份认同、家庭、友谊以及发生在那里的其他关系相融。本文中街头惯习的概念化,是为了寻求在社会结构和文化背景下重塑地域性问

---

① 关于象征性和主观性暴力之间的关系,参见 Zizek, S. 2008. *Violence: Six Sideways Reflections*. London: Profile.
② Bourdieu, P. and Wacquant, L. 1992. *An Invitation to Reflexive Sociology*. Cambridge: Polity. p. 13.
③ Sandberg, S. 2008. Street Capital: Ethnicity and Violence on the Streets of Oslo. *Theoretical Criminology* 12 (2): 153—171.
④ Sandberg, S. and Pederson, W. 2009. *Street Capital: Black Cannabis Dealers in a White Welfare State*. Bristol: Policy Press.
⑤ Winlow, S. and Hall, S. 2009. Retaliate First: Memory, Humiliation and Male Violence. *Crime, Media, Culture* 5 (3): 285—304.
⑥ Leach, N. 2005. Belonging: Towards a Theory of Identification with Space. In *Habitus: A Sense of Place*. 2nd ed, edited by Hillier, J. and Rooksby, E. 297—314. Aldershot: Ashgate. p. 299.

题,并在更宏大的当代边缘化与社会变革的过程中定位于"地域依附"。在这个框架中,"帮派"身份的表现体现出了一种"实践"形式,同时保存空间作为"自我"这一点。

五、蓝威尔社区及其内部的男孩们

(一) 蓝威尔社区

蓝威尔社区是位于格拉斯哥中心城区域的一个传统的工薪阶层社区,为了给当时的工人提供住房而建于19世纪末期,该地区从那时起就经历了显著的变化。接踵而来的后工业化、人口减少以及中产化(高档化)过程造成住宅种类的多样化:有传统砂岩造的大杂院、地方当局的规划房以及最近针对出租市场的现代住宅。随着格拉斯哥的经济在服务产业的重新配置,之前在蓝威尔社区的生产基地也随之进行了重组。工厂已被改造成别致的艺术家空间或外包呼叫中心,或让位于高档住宅的发展。然而,这一地区在苏格兰的"多重被剥夺指数"(Index of Multiple Deprivation)中仍被定义为处于苏格兰5%的"最被剥夺"的地区之一,其失业率和救济金水平远在国家平均水平之上。此外,在媒体和警方报告中,蓝威尔社区作为一个长期有着"帮派问题"的地区而久负盛名。因此该地区可作为近年来发生在格拉斯哥的后工业化、中产化(高档化)、边缘化的一个缩影。

接下来的分析是基于一项针对蓝威尔社区的为期三年、方法多元的参与观察研究。在田野作业期间(2006—2009),笔者作为志愿者、街头外展工作人员、中学辅导员在这一地区生活了18个月。这样设计本研究的目的是挖掘形形色色的儿童和青少年的经历:在街头,在青少年项目中以及在当地学校对蓝威尔社区青少年的某一剖面进行差异化理解。本文中所使用的数据源是作者为期两年的"蓝威尔社区青少年计划"(LYP)期间所做的参与观察的田野笔记;一项为期十个月的在蓝威尔社区进行的街头青少年外展计划所做的田野笔记;以及18个记录下来的讨论组,由来自蓝威尔社区青少年计划的儿童和青少年组成,年龄从13岁到17岁之间(20个男性,10个女性)。[1] 这些讨论组的成员主要是笔者在研究开始以前就认识了一年以上的青少年。在确保知情同意的情况下,讨论组通过周密的程序开展,并在适当的情况下同时与青少年及其父母就研究的目的和对象进行沟通。不论是青少年计划还是外展团队都同意在这些情况下的匿名设置的记录。[2]

---

[1] 关于蓝威尔社区的儿童和青年声音的研究,年轻人的声音用方言逐字逐句地记录下来。根据 Damer 的例子(Damer, S. 1989. *From Moorepark to Wine Alley: The Rise and Fall of a Glasgow Housing Scheme*. Edinburgh: Edinburgh University Press. p. X),作者无意于试图"澄清每一个拼写正确的词汇",却试图"在理解的基础上抓住格拉斯哥人说话的声音"。

[2] 本研究通过了蓝威尔社区青年计划主任委员会的伦理审核以及格拉斯哥伦理委员会的审核。

(二) 蓝威尔社区的男孩

本文关注的是笔者在田野调查期间结识的一群具体的男性少年,被笔者称作"蓝威尔男孩们"。这些男孩是一群 12 岁到 16 岁的白人男性流动团体,他们经常出现在蓝威尔社区青少年计划①的周边街道上,而且在青少年计划中和更广泛的社区中表现出持续不断的无奈、困惑和争端。② 就像利安(Llan)在都柏林对一组年轻男性的研究一样,③这群人被持续不断地排除在蓝威尔社区青少年计划之外,而且他们也是当地频繁投诉的来源。大多数男孩生活在离蓝威尔社区青少年计划场所非常近的地方,他们把大部分的时间都花在一片非常小的地理区域中。举例来说,在一项测绘活动中,男孩们把贴纸贴在蓝威尔社区地图上来标明自己家、朋友家和他们消磨时光的地方。值得注意的是这些贴纸都聚集在几条街的范围之内。他们很多人的父母都是亲近的朋友,而且这些男孩在一起度过了很多童年时光——在学校、其他人家里、在蓝威尔社区青少年计划,以及蓝威尔社区的街道上。不论是男孩子们之间,还是在这个群体和他们的社区之间都存在着很强的纽带。在田野调查期间,男孩子们接近 16 岁并开始离开学校。田野调查因此捕捉到了他们的生活从学校到外面世界转换之前的影像。

通过蓝威尔社区青少年计划、街头工作、生活在此区域以及在学校工作,笔者与这些男孩子们建立起了很强的联系。在田野调查时,笔者经常在外出买一品托牛奶的时候碰上他们当中的一个或者更多人。这一段建基在踢足球、游泳和打乒乓球之上的关系透过小组讨论后变得更加深。各种参与方法,如照相、地图测绘、角色扮演、野外考察等,都用来保证男孩子们制定讨论的条款,形成互动的实质和形式。渐渐地,我发现,这个群体中的很多人(有一些人过去是,有些人现在是)被鉴别为"蓝威尔社区青年组"(LYT)的一员,即在当地以此闻名的少年帮派。以他们的名字和"LYT"组成的涂鸦在蓝威尔社区随处都有,包括笔者房子的后门。虽然几个男孩承认卷入暴力纷争,但他们中没有人在研究期间因犯罪而被起诉。即使他们用各种方式表现出"帮派"身份:在小组讨论中声称成员身份,墙头涂鸦,甚至有时候参与区域间暴力。事实上,从

---

① 蓝威尔社区之中存在很小部分的少数民族,尤其是非洲裔后代。在研究期间,来自那些社群的年轻人很少出现在公共场合,在蓝威尔社区青少年计划中也仅有很少的一部分。

② 一部分是因为蓝威尔社区男孩们在公共空间的优势地位,在作者田野调查期间,发现很少有年轻女性出现在蓝威尔社区的街道上。但是这本身就是一个有趣的发现,尤其参照从 20 世纪 70 年代起兴起的年轻女性很明显的"卧室文化"(McRobbie, A. and Garber, J. 1976. Girls and Subcultures: An Exploration. In *Resistance through Rituals*, edited by Hall, S. and Jefferson, T. 209—222. London: Hutchison.)到最近研究中其在公共空间中的突出角色(Burman, M. and Batchelor, S. A. 2009. Between Two Stools? Responding to Young Women Who Offend. *Youth Justice* 9 (3): 270—285.)。遗憾的是,发现这些隐藏的经验并非本研究策略中明确的一部分。关于近期对"男流之辈"帮派研究,参见 Batchelor, S. 2009. Girls, Gangs and Violence: Assessing the Evidence. *Probation Journal* 56 (4): 399—414; Batchelor, S. 2011. Beyond Dichotomy: Towards an Explanation of Young Women's Involvement in Violent Street Gangs. In *Youth in Crisis? Gangs, Territoriality and Violence*, edited by Goldson, B. 110—128. London: Routledge。

③ Ilan, J. 2010. If You Don't Let Us In, We'll Get Arrested: Class-cultural Dynamics in the Delivery of, and Resistance to, Youth Justice Work. *Youth Justice* 10 (1): 25—39.

任何意义上来说他们都不是一种有组织的"帮派"。相反的,他们是与当地区域有着紧密联系的一群年轻人,只是通过当地形式的男子气概和"街头资本"来说明这种联系。① 在下文中,笔者借助上面介绍的街头惯习的定义来概述蓝威尔社区男孩和蓝威尔社区空间之间的关系。

六、街头惯习和蓝威尔社区的社会变革

街头是一个在家庭和学校之外,给予青少年某种程度的自主性,按照他们自己的"游戏规则"游戏的空间,在那里青少年能够获得某种程度的自主性,以及用他们自己的术语创设"交战规则"。② 远离成人的控制,青少年可以自由地在城市环境中进行创造性的游戏。③ 14 岁的威利(Willie)这样形容男孩子们的晚间活动:

> 看,说实话,我们从学校回到家,我们吃完晚饭,6 点钟我们去蓝威尔社区青少年计划,从蓝威尔社区青少年计划出去后我们在街上玩一种狩猎游戏。

当蓝威尔社区青少年计划结束的时候,在晚上和周末,蓝威尔社区男孩会花掉他们很多的时间,一起或者小部分地,在街上游荡来寻找任何有意思的消遣。威利提到的"狩猎"游戏是种非常风靡的活动。"狩猎"基本上是一种更大场景中的捉迷藏游戏,额外增加了风险和刺激;在黑暗的城市角落和缝隙中玩耍。④ 既强调集体团结又强调个体差异,这种游戏很好地表现出了蓝威尔社区男孩在公共空间活动中的玩耍、刺激和空间之间的关系。游戏场地就在男孩子家庭周边的几条街的空间范围内,因此是有空间界限的,并把内部/外部的集体编制进这些建筑之中。

马修(Matthew)、力姆(Limb)和佩西·史密斯(Percy Smith)通过分析公共空间的地理分布描绘了不同的群体通过这种方式搜寻城市环境中的隐藏空间,去寻找远离学校和家庭的身份上的安全天堂。⑤ 在空间和资源有限的情况下,年轻人创造了"微地理"和"小文化区"来获得远离成人控制的空间上的自主性以及个人和群体身份上的

---

① Sandberg, S. 2008. Street Capital: Ethnicity and Violence on the Streets of Oslo. *Theoretical Criminology* 12 (2): 153—171.

② Leonard, M. 2006. Teens and Territory in Contested Spaces: Negotiating Sectarian Interfaces in Northern Ireland. *Children's Geographies* 4 (2): 225—238. p.232.

③ Soja, E. W. 1996. *Thirdspace: Journeys to Los Angeles and Other Real and Imagined Places*. Cambridge, MA: Blackwell.

④ "狩猎"(又被称作"搜捕",有趣地聚集起来)能够涉及"搜寻者"或者"隐藏者",剩下的人则扮演相反角色。对街头游戏的进一步分析,参见 Robins, D. and Cohen, P. 1978. *Knuckle Sandwich*. Harmondsworth: Penguin,或者 Opie, I. and Opie, P. 1969. *Children's Games*. New York: Oxford University Press。

⑤ Matthews, H. Limb, M. and Percy-Smith, B. 1998. Changing Worlds: The Microgeographies of Young Teenagers. *Tijdschrift voor Economische en Sociale Geografie* 89 (2): 193—202.

认知。① 正如柴尔德里斯(Childress)提出的:

> 相对于大多数对应的成年人,青少年占据一个不同的空间:具有使用和归属意义上的空间;政治上的占用的空间;实时流动的到达、占据和离开的空间。孩子们很好地使用了社区的剩余,在积极规划和占有世界中的消极空间。②

对于蓝威尔社区男孩来说,这关系到重新占据找到的对象然后建立环境来创造刺激的游戏。垃圾箱中找到的灯管变成比武的棍子;大棍子变成战斗杆;破旧的电话亭变成足球游戏的龙门;门廊变成向路人投掷鸡蛋之后的藏身之处;购物手推车变成了赛车,被骑着以高速冲向主干道。③ 蓝威尔社区男孩们对公共空间的利用是一种在相同公共空间内的持续重复,通过不断地寻找刺激、挑战和冒险来检验个人荣誉和重申群体的凝聚力,而其中无聊和"无为"④是核心主题。

在这种情况下,街头惯习的概念体现了蓝威尔社区男孩与蓝威尔社区本地区域的深层联系,其产生于在很小的地理区域寻找刺激、但是局限于有限空间的流动性的童年。其间,虽然有一些去城中心或者参加足球比赛的集体旅行,但这种旅行是很稀少的。蓝威尔社区的地方和空间对男孩子们才是极其重要的,尤其是蓝威尔社区青少年计划。"蓝威尔社区青少年计划是我的生活"是男孩们经常表达出来的情绪。这样,当地和空间就与自我身份相融合,空间也成为自我的一个重要徽章,可以不惜任何代价来保护。当被问及他们从哪里来,打个比方,这些男孩不会说"我来自蓝威尔社区",他们会说"我是蓝威尔社区"。他们所居住的街道是他们生活中的常态化方面,即所知的"就像你的手背"——凭着直觉,不需要想或者看,它就在那里。他们在街道中行动,用布迪厄的话说,是潜意识的——一种即兴的"比赛的手感"。

这些男孩对当地社区根深蒂固的依附源于蓝威尔社区空间和大众娱乐的变化。在格拉斯哥 20 世纪 60 年代的一项调查指出,电影和跳舞是最受当地年轻人欢迎,便宜而又能轻易进行的活动。⑤ 三个当地电影院,一个大型的当地舞厅以及大量的运动场组成这个区域年轻人主要的娱乐设施,而工作一般都在毗邻区域的工厂里。电影院,在变为"宾戈"游戏房、舞厅以及酒吧之后终于变得年久失修;当地舞厅的空间,后来以超市重新开业,现在则被停车场和现代公寓所取代,运动场也是一样。青年娱乐的非本地化趋势,加之全球化和格拉斯哥城市的重新定义,导致蓝威尔社区青少年进

---

① Matthews, H. Limb, M. and Percy-Smith, B. 1998. Changing Worlds: The Microgeographies of Young Teenagers. *Tijdschrift voor Economische en Sociale Geografie* 89 (2): 193—202; Matthews, H. Limb, M. and Taylor, M. 2000. The Street As Thirdspace. In Children's Geographies: *Playing, Living, Learning*, edited by Holloway, S. and Valentine, G. 63—79. London: Routledge.

② Childress, H. 2004. Teenagers, Territory and the Appropriation of Space. *Childhood* 11 (2): 195—205. p. 204.

③ 对于城市环境中的"功能异常"空间的创造性的再解释,参见 Hayward, K. J. 2012. Five Spaces of Cultural Criminology. *British Journal of Criminology* 52 (3): 441—462.

④ Corrigan, P. 1979. *Schooling the Smash Street Kids*. London: MacMillan.

⑤ Jephcott, P. 1967. *Time of One's Own*. Edinburgh: Oliver & Boyd.

入公共和商业空间机会的减少以及可供消磨时光的地方和空间的进一步减少。

蓝威尔社区男孩展现出来的与公共空间的深层联系也是全球性社区高档化的重要故事。举例来说,其中一个与蓝威尔社区青少年尤为相关的空间是过去的初级中学旧址。该旧址在20世纪70年代被拆除后变成本区域唯一的绿地,然后又很快变成大群青少年的聚集之地。但是在过去十年里,这片开阔地被卖给了开发商,然后建造了新的高档公寓。可是就像伊莱格·安德森(Elijah Anderson)发现男人们即便在酒吧停业的时候也在其外见面一样,①在蓝威尔社区之前的那片绿地仍然是很多年轻人群体的共同记忆。蓝威尔社区男孩们尤其发现和利用了新公寓里面的"隐藏"空间——一个隐秘的废料场。在里面男孩们用沙发和从翻斗车及大块废料中拖出来的家具建造了一个小窝。在成人绝对掌控世界背景下,这是一个关于搜寻安全"微空间"的有力例证。然而正如男孩们所讨论的,这个安全天堂持续不了多久:

格雷(Gray):几年前我们有过一个小窝,就在楼上的新公寓里。
威利:有沙发还有所有东西。
格雷:那些警察进来说,"你们最好把这些东西弄走,否则我们会起诉你们,给你们罚款或者类似东西"。然后警察来了就把东西都拿走了。
樊智达:你们感觉怎么样?
格雷:我们非常生气了。我们花了多久建的那个,大概2天?
樊智达:当时有投诉吗?
格雷:我们只有投诉过一次。

格雷稍后重复了当地警官告诉男孩们的话:"你们生活在一个鬼地方,不意味着你们可以把这个地方变成另一个(鬼地方)。"

这一连串的事件使得蓝威尔社区男孩们重新回到了蓝威尔社区青少年计划周边的街道上;也使其更加重视蓝威尔社区地域空间的价值和重要性。

地方主义在格拉斯哥有着很长的历史,根源于持续的社会分化以及经济上的边缘化②,这些新的全球化进程更加剧了年轻人对地方的依附。如亚斯(Aas)注意到的,"全球化,远不是一种全球流动和去地域化的过程,同样也体现了固化(不流动性),再地域化以及局限化"③。在下节中,笔者探究了蓝威尔社区可用空间的缩小,用何种方式保持以及强化,这是蓝威尔社区和邻近社区的想象边界。

---

① Anderson, E. 2006. Jelly's Place. In *The Sage Handbook of Fieldwork*, edited by R. Hobbs and D. Wright, 39—58. London: Sage.
② Damer, S. 1990. Glasgow: Going for a Song. London: Lawrence& Wishart; Davies, A. 1998. Street Gangs, Crime and Policing in Glasgow During the 1930s: The Case of the Beehive Boys. Social History 23 (3): 251—267; Deuchar, R. 2009. Gangs: Marginalised Youth and Social Capital. Stoke on Trent: Trentham.
③ Aas, K. F. 2010. Global Criminology. In The Sage Handbook of Criminological Theory, edited by McLaughlin, E. and Newburn, T. 427—446. London: Sage. p.427.

七、街头惯习、地域空间和社会变革

在将蓝威尔社区变成具有象征性的地理上的地域时,蓝威尔社区男孩们在蓝威尔社区和周边地区之间作了明显的划分,形成斯文顿社区(Swigton),欧德顿社区(Oldtoun)和赫尔斯德社区(Hillside)(也是都是假名)。这些边界,对于随意的观察者而言并不明显,对于蓝威尔社区的儿童和年轻人来说却都是很熟悉的。罗伯特(Robert)和迈克尔(Michael)这两名辍学生,反映了这种划分:

樊智达:为什么会有这种边界?他们是怎么来的?

迈克尔:那就像是说,为什么来自英国的人不像来自德国的人,边界总是被划好的,从一开始就是。这就是你如何来定义一些东西。如果有人进入你的边界,你不会对这个感到高兴。我不知道为什么但是……

罗伯特:它就是个每个人都知道的无形边界。一旦你越过那个边界,你就知道你是在蓝威尔社区,或是你在斯文顿社区。我不知道它是怎么来的。

与格拉斯哥的其他地方一样,蓝威尔社区的边界是随着城市发展的洪流自然形成的。俯瞰之下,格拉斯哥城是随意的网格状,人口分布密集,在很大程度上是无组织的。再仔细看,那里有着分界线在城市空间中穿梭而过;河流、运河、道路以及铁路把城市细分为多块拼布床单上的补丁。就像特拉希尔(Thrasher)对20世纪20年代的芝加哥的描述,这些补丁组成了"马赛克般的小世界,其相互接触但是不相斥"[1]。讽刺的是,流动性自身对蓝威尔社区男孩来说却扮演着地理束缚的角色。道路、铁路和运河,都是为了帮助进出城中心而设计的,却承担了不同的功能——他们变成了不流动的边界,不再连接而是隔离。对一些人来说,全球化和交通的发展创造了时间和空间的新配置;对另一些人来说,这些发展却在他们的生活中放置了更多的边界——经济的、空间的、社会的。

蓝威尔社区和周边区域之间的边界,代表了安全与不安全区域、熟知与不熟知地域之间的闸限区域。在某种层次上,分隔蓝威尔社区和斯文顿社区之间的那道线是一种社会意义上的界线,其被城市风貌武断地定义着。但在另一种层次上,体现包容与排斥、自己与他人、友谊和敌意的复杂辩证逻辑。对于吉姆斯(James)和凯文(Kev)来说,这些界线区域直接和冲突与暴力相联系。

樊智达:你们怎么知道这些边界在哪里的?

吉姆斯:是大桥把它们分隔开的。

樊智达:为什么你们这么认为?

---

[1] Thrasher, F. [1927] 1963. *The Gang: A Study of 1,313 Gangs in Chicago*, 2nd ed. Chicago, IL: University of Chicago Press. p. 6.

凯文：我不知道。因为人们建造了它们，所以你能为了它们争斗。开个玩笑。

吉姆斯：因为那里有条铁路。一条高速路……因为那里有条高速路，诸如此类。

当这些界线在蓝威尔社区和周边地区成为年轻人常识的时候，有些人在他们的沟通和执行方面扮演了更加积极的角色。凯文拍了一张邻近蓝威尔社区青少年计划的铁路线的照片，那张照片表现了蓝威尔社区和斯文顿社区之间的边界。

凯文：是的！我们在蓝威尔街这边，然后那是斯文顿社区那边。等我给你看。看到那是栅栏了吗？那是斯文顿社区的尽头。

樊智达：你们是怎么知道的？

凯文：我们知道，他们知道。当他们在桥上走……看那座桥，当你走下来，你就在斯文顿社区了，你就不在蓝威尔社区了。那里有条细线表明"弗利特兰(Fleetland)"，现在是"欢迎来弗利特兰"，还有个小箭头。曾经是这样的。

吉姆斯：我记得那是我们写的。

斯伯里(Sibley)描绘了边界在身份组成部分中扮演的社会和文化角色。[1] 一方面，这些象征性边界的构建体现了自我身份的净化，建立一个人自己纯净和清洁的地区，所以周边区域是建立起来的"被污染"的区域。[2] 正如斯伯里强调的，"社区的建设和社会群体的联结是分隔自己和他人这一共同问题的一部分"[3]。另一方面，边界同时创造了侵入的空间——真正的试验和探索已知的社交世界的边缘。在这种情况下，蓝威尔社区和斯文顿社区之间的边界建设创造了儿童和年轻人试验个人和集体身份的限阈空间——通过侵入来拓展体验的边界。

除了涂鸦这样在物理上展示区域霸权，蓝威尔社区男孩们还利用他者化的语言手段来对周边区域进行语言上的诋毁。这些诋毁掺杂在小组讨论的对话、玩笑和捣乱的戏谑当中："你曾看到过一个斯文顿的院子吗？全是名字(涂鸦)；我妹妹说斯文顿社区的人会偷你的鞋"。斯文顿社区"帮派"的名称是斯文顿社区青年组，或者 SYT，但是当来自蓝威尔社区的年轻人看到斯文顿社区青年组时他们会一同叫喊："偷你的鞋(steal your trainers)。"重要的是，这种比喻和诋毁远不是蓝威尔社区男孩们所特有的，而是明显地存在于本研究涉及的更小的儿童和年长一点的青少年当中。其中一个名叫帕梅拉(Pamela)的辍学生描述了一个男性朋友对她去参加斯文顿社区一个派对的建议的反应，体现的也是当地形式的"支配性"和"从属性"的男性气概：[4]

---

[1] Sibley, D. 1995. *Geographies of Exclusion*. London: Routledge.
[2] Douglas, M. 1966. *Purity and Danger: An Analysis of the Concepts of Pollution and Taboo*. London: Routledge.
[3] Sibley, D. 1995. Geographies of Exclusion. London: Routledge. p.45.
[4] Connell, R. W. 1995. *Masculinities*. Cambridge: Polity; Connell, R. W. and Messerschmidt, J. 2005. Hegemonic Masculinity: Rethinking the Concept. *Gender & Society* 19 (6): 829—859.

我认识的某些人,就像你不在他们组织内,(他就是认为)他们都是同性恋。就像我,"去个派对",然后他们就会说,"现在,这里全部都是同性恋,他们就是证据,他们全是同性恋男孩"。就是因为他们没待在与他们平时待的一样的地方。这太荒谬了。

蓝威尔社区男孩的群体活动中有明显的内部/外部辩证逻辑,因此,表现出有界线的街头惯习。随着花在狭窄社会地理中的时间越来越多,再通过语言和身体上的手段不断强化。在将蓝威尔社区建设成象征性空间的过程中,蓝威尔社区和斯文顿社区之间的边界空间变成测试社会角色的集结地。蓝威尔社区边界周围喷涂着"帮派"涂鸦,其实具有排除与周边社区居住环境以及个人身份的广泛社会文化上的目的。达兹(Daz)、迪伦(Dylan)和凯文讨论为什么边界周围都喷涂涂鸦的原因:

达兹:他们知道不能捣乱。
迪伦:不敢惹事。因为如果他们惹事,他们就完蛋了。
樊智达:为什么那很重要?那样人们就不会进入你们区域中来?
凯文:是的,他们(其他地方的人)不会试着在你的地盘上捣乱,因为在那边有超过百个我们的名字(涂鸦)。

然而正如这段摘录表明的,差别才是"帮派"身份的核心。在这种意义上,区别出地理上地区的界线(街头惯习的外部界限),能象征性地划定空间,从而开拓在该地方的地位。像迈克尔和罗伯特描述的:

迈克尔:你想让自己出名。你不想成为无名小卒。你不想只是人群中的一张脸。
罗伯特:这都和名声有关。都是帮派斗争。除了名声什么都不是。正是如此有些人会说"他疯了"诸如此类的话。

当问及为什么人们会打架,威利逐字逐句地重复着这句话:"为了让他们自己出名。为了取得名声。取得'大家都在看我,我是个狠角色'的名声"。因此被"帮派"活动支撑着,伴随着名人一定程度的参与。事实上,蓝威尔社区区域的划定以这种方式产生了可以建立名声的空间。例如,凯文、达兹和迪伦兴奋地谈论蓝威尔社区最大的"gemmie",或者最勇敢的战士:

达兹:在每个组织中,都会有那么一个人……
凯文:在每一个组织中,总会有一个人,其他人会认为他是 gemmie 之类的。
樊智达:总有一个人你们尊重他超过其他人。
迪伦:是的。更加 gemmie,更加勇敢。
樊智达:gemmie 是什么意思?
迪伦:就是不会逃跑的人。

对蓝威尔社区男孩们来说,地域上的身份被覆盖上了强硬阳刚的身份,其类似于桑德伯格"街头资本"的描述。① 在一个以有限机遇为特点的社会环境中，不仅仅是地域空间，还有身体上的资本，都是获得差异化的资源。② 在这种情况下，格拉斯哥这种持久的"帮派"身份不应仅被置于进行中的经济边缘化的背景下来理解，同样应放在当地的文化和现状的背景下进行理解。街头惯习的概念阐述了年轻人和蓝威尔社区之间的深层联系，而这些边界达成的方式也反映了当地的阳刚男子气概背景下个人和集体寻求差异化的愿望；③④ 这在格拉斯哥手工业更换工作机会的背景下显得尤为相关。⑤

八、结　论

在目前关于英国青少年"帮派"的争论和冲突之中，将其陷入美国帮派的刻板印象——一种有组织的、有凝聚力的暴力犯罪组织，为了经济目的而占据一个具体的区域，这样的观点显得尤为突出。沿着这条路径，英国关于帮派的讨论有了一种逐渐扩大的趋势，即将现象都归结为一种"英国帮派"的看法；把各个城市不同的历史轨迹和帮派的不同含义纳入单一的解释之中。本文试图通过案例来将对"帮派"的理解置于具体的文化背景当中，同时相应地对具体含义和环境冲击等方面作出更加敏感的回应。帮派并不像大众的刻板印象中那样有着固定和静态的实体，在蓝威尔社区的帮派身份就是不固定的而且视具体情况而定。关键是，伴随着帮派身份的暴力表现，对具体含义的注意有助于明晰帮派在蓝威尔社区年轻人生活中扮演的非暴力角色，它体现的是归属感、社区、集体团结。

随着格拉斯哥年轻人的机会、空间以及未来的重新配置，场所的固定性保持了强大的空间。街头惯习反映了经济上的边缘化与空间上的固化（不流动性）——而不是将这些当地空间作为经济来源，空间自身成为身份的来源。⑥ "帮派"行为，不管是以象征形式还是暴力形式，都可能代表了最潜在的本地主义的象征。当地"帮派"的身份逐渐变成地区身份的汇聚之地：在不确定和不安定的世界中的身份、地位和狂欢的根基。

---

① Sandberg, S. 2008. Street Capital: Ethnicity and Violence on the Streets of Oslo. Theoretical Criminology 12 (2): 153—171.

② 但是本文主要侧重空间身份在帮派身份中的角色，当地形式的"街头男子气概"也发挥了重要作用，参见 Bourgois, P. 1996. In Search of Masculinity: Violence, Respect and Sexuality among Puerto Rican Crack Dealers in East Harlem. *British Journal of Criminology* 36 (3): 412—427; Anderson, E. 1999. *Code of the Street: Decency, Violence and the Moral Life of the Inner City*. New York: W. W. Norton.

③ Connell, R. W. 1995. *Masculinities*. Cambridge: Polity.

④ 于此，作者指的是本研究中年轻人的主要形式的男性气概。关于苏格兰年轻女性中尊重与名声的角色，参见 Batchelor, S. 2009. Girls, Gangs and Violence: Assessing the Evidence. *Probation Journal* 56 (4): 399—414.

⑤ 关于在英国娱乐和后工业化的男子气概的关系，参见 Nayak, A. 2006. Displaced Masculinities: Chavs, Youth and Class in the Post-industrial City. *Sociology* 40 (5): 813—831.

⑥ Pickering, J. Kintrea, K. and Bannister, J. 2012. Visible Walls and Invisible Youth: Territoriality among Young People in British Cities. *Urban Studies* 49 (5): 945—960.

在建构蓝威尔社区为一个地理上限定的地区的同时,年轻人还创造了一个能把地位和身份显现出来的边界;一个集结试验、测试边界和边缘行为的实体性和象征性的舞台。透过当地形式男性气概的棱镜,边界变成了测试个人和集体勇气的空间。

  这些结论在英国青少年"帮派"的研究领域中有着重要的应用。在问题化地方主义和本地背景下的青少年"帮派"之后,对"帮派"的单一定义(和犯罪控制策略)就变得有问题了。与此同时,在更广泛的全球化视角下来看待社会空间的边缘化和身份,对不同地理场所下"帮派"活动进行情境化解释的需求就显示出来了。面对青少年"帮派"的全球、国家和当地等角度的构建和回应以及对声称有着"帮派"经验的年轻人被赋予的街头资本,现在,对关于"帮派"活动的复杂意义和动机进行确切解释存在着紧迫需求。另外,靠着重新定义地方主义和"帮派"身份之间的关系,打开了超越传统犯罪学视角下的道路,有助于重构"帮派"研究;同时,有助于以"超越帮派"的角度来纳入更宏大的,有关于全球化、青少年、空间、阶层和身份的社会学理论。

我国未成年人犯罪及预防

主讲人:牛凯,中国预防青少年犯罪研究会副秘书长、《预防青少年犯罪研究》主编

主持人:姚建龙,上海政法学院刑事司法学院院长、教授

时　间:2014年11月24日下午

2015年10月18日下午,湖南邵东县发生一起未成年人劫杀女教师的恶性事件。10月19日,公安机关将犯罪嫌疑人小星、小绪、小书(皆为化名)抓获,嫌疑人年龄最小者仅11岁,最大的13岁。由于三名嫌疑人均没有达到刑事责任年龄,目前已被送往工读学校。新华社记者在独家采访三名嫌疑人时发现,残忍的暴力杀人案件背后是家庭教育缺位、网瘾少年犯罪等沉重的社会问题。

未成年人犯罪与吸毒贩毒、环境污染并称世界三大公害。未成年人犯罪及预防,是一个永久的、沉重的话题。未成年人犯罪,无论在法学领域,还是犯罪学领域,理论研究都很薄弱。理论是实践的先导。理论搞不透,实践就走不远。加强未成年人犯罪及预防研究,必须探索未成年人犯罪的规律,寻求预防和减少未成年人犯罪的对策,使预防未成年人犯罪工作更具科学性和实效性。关于我国未成年人犯罪及预防,我想和大家交流四个问题:一、充分认识我国未成年人犯罪预防的重要性、紧迫性;二、我国未成年人犯罪的基本特点;三、我国未成年人犯罪的主要原因;四、我国未成年人犯罪预防的对策与建议。

一、充分认识我国未成年人犯罪预防的重要性、紧迫性

我国有3.67亿未成年人,其中处于留守或流动状态的约一亿人。在违法犯罪的未成年人中,来自留守和流动群体的未成年人达70%以上,遭受侵害的未成年人多数也属于这个群体。随着我国城市化进程不断加快,农村留守儿童、进城务工人员子女以及失学、失管儿童的教育、心理健康、权利维护和违法犯罪等问题日益突出。

大量留守和流动未成年人得不到适当监护、照管,导致以下令人担忧的严重问题出现:

(一)被暴力恐怖势力、民族分裂势力、邪教势力所侵蚀,被敌对势力所利用

未成年人缺乏独立判断是非的能力,在某些利益诱惑下,很容易被洗脑。在一些

地区,这些敌对势力已经开始从未成年人中培养恐怖分子和分裂势力。在暴力恐怖犯罪、民族分裂犯罪、邪教犯罪中屡屡见到未成年人身影。

(二)成为黑恶势力等犯罪的工具

由于监护缺位,未成年人极易被黑恶势力或其他犯罪分子所利用。实践中,一些未成年人成为黑恶势力犯罪、毒品犯罪、涉财犯罪、强迫组织卖淫犯罪的工具或受害者。未成年人犯罪低龄化和作案手段成人化、暴力化倾向明显,恶性极端案件时有发生,已成为一个相当严重的问题。

(三)未成年人被侵害案件成为影响社会和谐稳定的敏感问题

近年来,奸淫、猥亵、拐卖、虐待、遗弃等以未成年人为侵害对象的刑事案件不断发生,一些案件触目惊心,触犯人伦底线,引起民众愤慨和社会高度关注。这往往成为部分人发泄不满、攻击党的领导和社会制度、煽动群众而引发群体性事件的导火索,也严重影响我国形象。

(四)校园暴力频发,校园欺凌、暴力屡屡成为媒体关注的焦点,令人担忧

综上所述,未成年人犯罪已成为影响社会和谐稳定的源头性、基础性问题之一,成为影响国家长久稳定、社会未来发展的重大隐患,加强未成年人保护和犯罪预防已成为刻不容缓的任务。因此,必须从社会稳定发展和国家安全的战略高度看待未成年人问题,将未成年人保护与少年司法体制纳入国家治理和深化司法体制改革中全盘考虑。

二、我国未成年人犯罪的基本特点

(一)未成年人犯罪的基本情况

从总体上看,我国未成年人犯罪数量的增长势头得到有效遏制,未成年人犯罪占刑事犯罪的比率持续下降。

1. 未成年人犯罪总量情况

我国未成年人犯罪总量在2009年后持续下降,法院统计数据表明,从2009年至2013年,全国法院判处的未成年罪犯人数呈递减趋势,2009年为77604人,2010年为68193人,2011年为67280人,2012年为63782人,2013年为55833人,平均每年递减7.8%。

2. 未成年人犯罪比重情况:未成年人犯罪占刑事犯罪的比率逐年下降

2009年至2013年,全国法院判处刑事犯罪总人数为5383650人,判处未成年罪犯人数占判处刑事罪犯总人数的比例为6.18%。具体年份的比例为7.79%、6.78%、

6.40%、5.44%和4.82%,呈现逐年下降的趋势。数据表明,在社会各界的努力和支持下,少年司法和预防未成年人犯罪工作取得明显成效。

考察未成年人犯罪的基本情况主要有两个指标:犯罪率与涉罪率。法院统计的是犯罪率,公安机关统计的是涉罪率。目前,公安机关的统计数据无从查找。据团中央权益部2013年统计,团中央23个试点城市青少年涉罪率试点前后比较,平均下降8.61%。

此外,未成年人犯罪的基本情况还应包括对未成年被害人的统计和分析。"少年司法对未成年犯罪嫌疑人的持续关注,使得实践中有意或无意忽视了处于弱势的被害人一方的利益。"目前,我国未成年人受害类型多种多样,主要集中在抢劫、盗窃、伤害等犯罪类型,占总数的66%。其中,暴力伤害、性侵害、侵财犯罪、拐卖儿童犯罪比较严重。

(二) 主要特征

1. 犯罪年龄趋于低龄化。进入检察环节的未成年犯罪嫌疑人虽仍以16至18周岁的为主,但受理的14至16周岁的未成年犯罪嫌疑人呈逐年上升趋势。

2. 文化程度较低,初中以下文化程度占绝大多数。以2013年为例,初中以下文化程度未成年犯罪嫌疑人占全国各级检察机关审查起诉未成年犯罪嫌疑人的90.24%,而且很多是没有完成初中教育的。

3. 外来未成年人所占比重较高。近五年,全国各级检察机关审查起诉的未成年人犯罪案件中,非户籍地人员占受理审查起诉总人数的四分之一左右。

4. 所犯罪名比较集中。从近五年的数据来看,未成年人涉嫌最多的罪名分别是盗窃罪、抢劫罪、故意伤害罪、寻衅滋事罪、聚众斗殴罪,这五种犯罪占全部受理案件人数的81%。

5. 犯罪手段呈成人化、暴力化倾向。犯罪作案手段残忍、犯罪后果严重的恶性极端案件时有发生。

6. 共同犯罪居多兼具耦合性。通过对近五年来的数据分析,未成年人共同犯罪的案件数占总案件数的一半左右,而且需要指出,这些共同犯罪里有很多是带耦合性的,就是临时聚集到一块儿实施犯罪。

(三) 未成年人犯罪值得关注的几个问题

1. 网络成瘾和网络犯罪

未成年人首次触网年龄已由2010年的10岁降低到2014年的6岁,低龄化趋势明显,且上网频率大幅提高。未成年人网络成瘾是指未成年人沉迷网络,造成身心健康问题和社会功能损害的网络使用状态,或浏览网络色情反动等不良信息,或沉溺网络游戏和低俗的网络聊天交友,行为失范,严重影响健康人格的形成。家庭学校教育滞后、网络经营者社会责任缺失和行政监管不足等因素,更是加剧了这一问题,形成恶性循环。

同时,未成年人网络犯罪呈现高发态势。未成年人网络犯罪既包括未成年人以网络系统自身为侵害对象的犯罪,如非法侵入计算机信息系统,还包括利用网络作为技术手段实施的犯罪,如诈骗、诽谤、寻衅滋事和非法经营等类型的犯罪。最高人民法院调研数据显示,网络引发未成年人犯罪占未成年人犯罪总数的比例总体呈增加趋势,2009年为6.76%,2010年为10.71%,2011年为12.38%,2012年为14.55%,2013年上半年略有下降,比例为12.78%。

近年来,未成年人网络犯罪现象除具备技术性和专业性、隐蔽性和欺诈性、广泛性和破坏性、国际性和发散性等基本特点,还呈现低龄化、戏谑性和随意性强、持续性强等趋势。

2. 女性犯罪

从世界范围来看,女性犯罪近年来呈上升趋势,课题组访谈中也发现,未成年女性犯罪现象值得关注。当前,未成年女性普遍早熟,犯罪日益增多,犯罪类型越发广泛,犯罪结构逐渐复杂,犯罪性质趋于严重。女性未成年人的不良行为、严重不良行为和违法犯罪行为普遍与家庭关系不和谐、学校教育不及时、社会关爱不到位相关联。

2009年至2013年期间,每年全国法院判处女性未成年犯人数基本保持稳定,犯罪主体呈现年龄低、受教育程度低、就业率低的"三低"现象。调研中,相当一部分在押未成年女犯和成年女犯因文化程度低无法独立填写问卷。犯罪类型趋于多样,手段更加恶劣。以往女性犯罪多以偷窃、卖淫等低水平犯罪类型为主,当前,抢劫、故意杀人、聚众斗殴、强制猥亵侮辱妇女、强迫卖淫等犯罪与日俱增,西部落后地区还存在未成年女性涉毒案件。部分未成年女性本为受害人,但遭受侵犯后未求助法律,反而由被害人转化为帮助他人实施犯罪。

未成年女性犯罪,既有传统重男轻女观念、家庭学校关爱教育缺失和家庭成员违法犯罪行为的因素,也有社会转型带来价值观扭曲、交际方式变革和情感疏导途径缺失的影响。同时,司法机关、政府部门、妇联、青少年保护组织等在进行法制宣传时缺乏针对未成年女性的内容,凸显未成年女性保护存在的不足。

国外研究者还将犯罪学与医学联系起来,研究女性对于其子女违法犯罪的影响。一个未成年时期有违法犯罪历史的女性,怀孕期间更容易出现反社会行为,更易沾染抽烟酗酒等恶习,更易产生暴力倾向,对其子女在婴儿时期和未成年时期的自我控制能力、认知能力、过激行为和不良情绪有重要影响。

3. 毒品犯罪

近年来,吸毒、贩毒和制毒犯罪数量居高不下,新型毒品犯罪案件快速增长。2014年中国禁毒报告显示,截至2013年底,全国累计登记吸毒人员247.5万名,同比上升18%。其中,滥用冰毒(含片剂)人员84.7万名,同比上升42.1%,占吸毒人员总数的34.2%。在毒品犯罪的实施者中,青少年吸毒、参与贩卖毒品等现象不断上升。

近年来中国合成毒品问题突出,合成毒品吸食滥用人群低龄化趋势明显。合成毒品以化学合成为主,直接作用于人体中枢神经系统,有兴奋、致幻、中枢抑制等作用,更易成瘾且毒性强烈。合成毒品滥用易造成暴力犯罪、艾滋病、性病传播等社会问题,危害严重。

问卷显示,72.5%的未成年人犯罪与其父母、朋友和同学有直接关系。亚文化群体间的模仿与学习对青少年毒品需求的膨胀有推波助澜作用,家庭成员和朋友间的模仿是青少年吸毒的重要原因。一方面,一些地区存在制毒、贩毒和吸毒的不良风气,毒品市场形成完整的产业链,未成年人极易沾染毒品,依赖毒品。另一方面,青少年首次吸毒多与同伴有关,如朋友聚会吸毒、朋友介绍毒品使用方法、朋友小群体一起寻求吸毒的刺激等。因此,最有力的预防措施就是通过家庭、学校、社区等微观环境进行有效控制。

4. 暴恐犯罪

近年来,以"3·1"云南昆明火车站案件、"5·22"新疆暴力恐怖袭击等为代表的恶性事件,引发国内外高度关注。

暴力恐怖犯罪的主要手段是暴力,或者是以暴力相威胁,手段残忍,破坏性强,具有政治动机和目的。犯罪的直接目的并不是受害人,而是公众舆论,所以,对施暴目标有特殊的选择;犯罪一般都具有国际性。

当前,未成年人犯罪与民族、宗教势力的暴力恐怖犯罪交织,青少年成为暴恐活动的主力军。"3·1"昆明火车站案件中的女性砍人者年仅16岁;7月30日残忍杀害宗教人士大毛拉的犯罪分子只有19岁,幕后策划者也仅18岁。这些青少年大多文化程度不高,生理心理不成熟,易受到暴力威胁或极端宗教主义和"圣战"思想的洗脑。

同时,参与实施暴力恐怖犯罪的青少年,善于利用新型的犯罪渠道和工具。他们大多通过互联网和多媒体观看暴恐影音视频,传播宗教极端思想,学习犯罪技巧,借助QQ群、短信、微信等组织策划并交流经验,隐蔽性强,增加了预防和查处的难度。

当前在新疆地区,一些青少年处于"三盲"的状态。第一个是法盲,对法律无知;第二个是文盲,整体受教育程度不高;第三点是教盲,正统宗教知识不多,听信非法宗教组织的鼓吹,坚持错误的宗教观念。因此,要抓紧出台反恐怖等相关法律,推进公共安全法制化,同时加强法制宣传教育,特别是针对青少年的法制宣传教育。

5. 涉黑犯罪

从西南地区未成年人涉黑犯罪的有关数据来看,未成年人涉黑犯罪总体形势不容乐观,应该引起全社会的高度重视。目前,未成年人涉黑犯罪主要呈现以下特点:"涉黑"未成年人多为文化水平偏低的无业人员,黑社会性质组织犯罪未显入侵校园态势;未成年人"涉黑"犯罪年龄绝大多数为17周岁;"涉黑"未成年人以初犯为主,人身危险性整体不大;绝大多数"涉黑"未成年人系"一般参加者",极个别已成组织者与领导者;"涉黑"未成年人犯罪手段暴力性强,3年以上重刑适用率高;未成年人"涉黑"犯罪绝大多数是为了获取黑社会性质组织免费提供的各种利益。

6. 富二代、官二代、星二代违法犯罪

近年来,富二代、官二代、星二代群体交通肇事、打架斗殴、吸毒贩毒和卖淫嫖娼等违法犯罪事件频发,屡次成为社会热点话题。当前特殊的社会生态导致教育资源不平等、社会竞争不对等、分配制度不完善,一些领导干部、社会名流、明星富豪对子女疏于教育,造成子女特权思想严重,骄奢淫逸甚至骄横跋扈,以身试法。

富二代、官二代、星二代群体的违法犯罪不仅反映家庭教育的问题,也折射出一系列社会问题。贫富差距和社会地位的差距,往往成为炫耀的资本,拥有广泛的受众,违法犯罪行为甚至会赢得效仿和崇拜。大众媒体也乐于炒作个别极端案例吸引关注获取利益。

当前,应创造更多公平的机会平台与更多公正的政策通道,使不同类型家庭的未成年人共享经济和社会发展的成果,共同健康成长。

三、我国未成年人犯罪的主要原因

犯罪学理论把引发犯罪的因素分为两类,即宏观因素和微观因素。宏观因素包括经济、社会、文化等全面性和整体性因素,微观因素包括家庭、学校、社区、个体等小环境、小单位因素。微观因素更具有解释力,对犯罪人家庭、社区、学校等因素的研究得出的犯罪原因相对可信度较高。宏观因素通过微观因素发挥作用,经济社会的变化反映到家庭生活、邻里社区中,对个人,尤其是青少年产生影响,导致潜在犯罪人的存在。我们主要研究微观因素对于未成年人行为规范的影响力进而研究其与犯罪的关系。同时,我们也应当看到,犯罪的因果关系不是简单的一对一的关系,具体来说,包括以下四种:一因一果、一因多果、多因一果和多因多果。

(一) 未成年人自身原因

意大利著名犯罪学家龙勃罗梭作为犯罪生物学派的奠基人,将达尔文的进化论思想和孔德的实证主义方法引入犯罪原因的研究,提出了"天生犯罪人理论"。这种理论认为,一个人之所以会选择越轨行为或犯罪,主要是由其体型特征和遗传基因所决定的。

生理学、心理学、社会学等研究表明,未成年人的心理有两个特性:首先是易感性。未成年人尚在人生起步阶段,他们十分敏感而又非常脆弱,对环境充满好奇与渴望,但没有足够的理智去甄别,是非标准模糊,容易受到家庭、社会等客观环境中不良因素的影响、诱惑而走上违法犯罪道路。其次是易变性。未成年人生理、心理尚未成熟,可塑性强,容易发生变化,即使在违法犯罪后,也易于接受教育感化,重归正途。

(二) 家庭原因

家庭是未成年人社会化的重要主体,在未成年人成长过程中起着至关重要的作用。正如专家指出的,"如将青少年问题视为一种病态现象,其病因根植于家庭,病象显现于学校,病情恶化于社会。"从未成年犯的犯罪轨迹看,很多可以从家庭功能弱化方面找到一些印记。家庭环境和教育状况对一个孩子的健康成长非常重要,如果家庭出现问题,对孩子的影响将是致命的。实践中,涉罪未成年人多来源于残缺家庭或者留守、流动、闲散、流浪儿童群体,就充分说明了这一点。

(三)学校原因

学校是未成年人教育的主渠道、主阵地、主课堂。近年来,在校未成年人犯罪在未成年人犯罪总数中占较大比例,与一些学校教育的偏差有一定的联系。

1. 一些学校教育内容欠缺。一些学校单纯追求升学率,重智育,轻德育,忽视法制教育、素质教育,导致学生缺乏"防疫"能力。对某市100名在押未成年犯的调查显示,认为学校"能够经常进行法制教育"仅占11%,"有时进行法制教育"占24%,"很少进行法制教育"占40%。他们中绝大多数在犯罪时,不知道或不考虑犯罪行为的后果和应当承担的法律责任。

2. 一些学校教育方式不当。一些教师不善于根据未成年人的生理、心理和智力特点进行教学和做思想政治工作,往往采取简单说教、训斥甚至罚款、体罚等侵害未成年人合法权益的方法来管理学生。有的教师责任心不强,缺乏对"差生"的关怀和帮助,把"差生"视为"包袱",冷嘲热讽,甚至采取劝退、开除等形式将其推向社会。

3. 一些学校管理不严。一些学校管理松懈,对学生旷课、逃学不管不问,导致一些学生游离在社会控制的边缘,甚至走上违法犯罪道路。对1793名未成年犯的调查显示,未成年犯所在的学校有20.6%对学生的纪律管理很严,65%管理一般,14.4%管理很松。

4. 学校教育与家庭教育脱节。学校教育与家庭教育脱节主要表现为:一些家长因各种理由长期不与学校联系,不参加家长会,对子女在学校的表现不闻不问;一些学校不重视家访工作,只有学生犯错误时才向家长诉苦、"告状";学校与家长之间的沟通,成为简单的"分数"交流。学生在学校的人品、思想状况及家里的表现成为双方的盲点。

5. 工读学校萎缩。工读学校是预防未成年人犯罪的最后一道防线。近年来,全国各地的工读学校普遍陷入发展困境,一些学校因师多生少、经费紧张等原因不得不关、停、并、转,全国工读学校已由原来的150多所减少到72所。

(四)社会原因

从未成年人犯罪产生的原因上看,往往是社会上各种不良因素、制度缺陷、恶劣环境等交互作用的结果,他们既是社会的危害者,也是不良环境的受害者。鲁迅先生曾说过:"孩子小的时候不把他当人,长大以后,也就成不了人。"在此,我们呼吁父母和社会给予更多的爱、更宽松的环境,尽最大的可能让自己的孩子在爱和规矩中成长,因为这样孩子才能学会谦卑和自信,才能真正预防和减少犯罪。

四、我国未成年人犯罪预防的对策与建议

(一)完善未成年人法律体系

修改完善《未成年人保护法》和《预防未成年人犯罪法》,完善儿童福利法律规范,明确政府责任。完善与未成年人相关的法律规范体系,使之成为一个有机整体,改变未成年人法律规范过于分散的状况;增强未成年人法律规范的刚性和可操作性,使之成为可操作性强,能适用于具体案件的法律。

(二)应当充分认识到未成年人保护与犯罪预防是国家治理的根本,并在体制上予以保障

首先,在体制层面应重点解决以下问题:第一,将未成年人保护和犯罪预防作为国家治理的重要内容予以考虑,各级党委、政府应对此作出规划并予以落实,将其作为绩效评价的重要内容。第二,在政府中设专门的未成年人保护机构,负责并协调相关职能部门、机构及社会资源参与未成年人保护和犯罪预防工作。

其次,在推进司法改革过程中,将少年司法体制的完善纳入其中。未成年人司法有自身规律,但现有办案体制和评价体系基本上是按照办理成年人案件来设计的。为此,应当解决以下问题:第一,进一步推进司法机关未成年人案件专门办案机构建设,将少年警务纳入公安体制改革中一并考虑。中央、省、自治区直辖市和设区县的市的司法机关应当设立独立的未成年人专门办案机构。在县一级根据区域情况可以由条件较好的区县法院、检察院实行集中管辖,探索跨区法院、检察院设专门机构办理未成年人案件,设区的市由市一级集中管辖。第二,对未成年人司法实行独立的评价体系。第三,应制订对司法人员和相关人员的培训规划。第四,对相关职能部门人员该作为不作为造成严重后果的,应当追究法律责任。

在现阶段缺乏有力的行政推动的情况下,应当以司法机关中的专门机构为中枢,推动政府职能部门、社会服务机构等相互协作,建立未成年人保护和犯罪预防工作的联动机制。

(三)通过立法落实家庭监护责任和国家监护制度,建立失管儿童安置制度

建立家庭监护监督、支持及替代监护机制。建立、提供儿童保护问题的识别、报告、干预、处置机制。明确主管机关及各类教育机构的责任。发展职业教育和社区教育机构,建立多元化教育培训体系,确保未成年人的教育问题落实到位。对于独居未成年人、事实孤儿等,建立符合其身心特点的中长期安置、托管、教育制度,费用由国家、社会、家庭分担。

(四) 加强青少年法制教育

对未成年人进行法制教育,从小培养他们的法律意识,增强他们的法律素养,是促进未成年人健康成长、预防和减少未成年人犯罪的有效途径。多年来,有关部门开展了形式多样的未成年人法制教育,取得了一定成效。同时,也应当看到,未成年人法制教育还存在一些缺陷和不足,亟须创新和完善。加强未成年人法制教育,需要转变教育观念,明确教育对象,扩充教育内容,扩展教育主体,丰富教育形式,注重效果评估。只有多措并举,多管齐下,才能取得实效。

(五) 对未成年人应当严格限制定罪和适用刑罚,代之以根据未成年人身心特点而建立的多元化的转处措施和转介机制

对于没有达到责任年龄而实施危害行为的未成年人,设置有针对性的矫治干预体系,建立特殊未成年人群的早期干预矫治制度,完善特殊教育等制度。完善收容教养制度,将收容教养作为少年司法的转处措施,并纳入司法程序。

(六) 注重运用互联网思维

根据第七次中国未成年人互联网运用状况调查报告(2013),城市未成年人互联网普及率超过92%,农村未成年人互联网普及率超过80%,互联网已经成为未成年人生活的一部分,深刻影响着未成年人的社会化进程。互联网是一把双刃剑,既给未成年人带来了福利,又不可避免地带来了负面影响。一方面,未成年人可以通过网络了解新知识,开拓新视野,丰富新生活;另一方面,"网络疾病"乘虚而入,未成年人网络社会问题应运而生,主要表现为网络沉迷、网络色情与暴力、网络欺骗、网络侵权、网络黑客及网络犯罪。其中,网络沉迷最普遍、最严重,它直接影响了未成年人的学习和身心健康。如何防范未成年人受到网络的不良影响,建立一个安全、健康、便捷的网络环境,促进未成年人健康快乐成长,已经引起社会各界的广泛关注。

随着网络经济发展,我国提出"互联网+"行动计划,并于今年7月4日发布《关于积极推进"互联网+"行动指导意见》。"谁控制了石油,谁就控制了所有国家;谁控制了粮食,谁就控制了人类;谁控制了货币发行权,谁就掌握了世界。"这是基辛格在20世纪说过的话,现在可以再加上一句,谁控制了互联网,谁就控制了道德高地。最近中央领导反复讲要有互联网思维,习近平总书记在中央深改领导小组第四次会上强调,要强化互联网思维;李克强总理在今年政府工作报告中8次提到互联网思维的问题。那么,到底什么是互联网思维?互联网以前是一个渠道,后来说互联网是一个平台,再后来说互联网是一个基础设施,现在说互联网是一个社会了。百度一天的点击量是200亿,微信一天有60亿点击量,余额宝一天交易有4500万笔,中国的网络人群已超过英、法、德、意四国人口的总和,所以说现在互联网已经变成一个社会了。互联网有哪些思维呢?主要包括:用户思维,就是说要"以用户为中心"去考虑问题;简单思维,

就是说要专注,给消费者一个选择你的理由;极致思维,就是说要把产品、服务和用户体验做到极致,超越用户预期;迭代思维,就是要快速地对消费者的需求作出反应,讲究"天下武功,唯快不破";流量思维,就是要"挟客户以令诸侯",有免费的大数据做支撑,给客户以极大的方便;等等。这些思维非常新,带来的影响也是深远的。

(七)大力发展专业社会服务机构

采取政府购买服务的方式,由专业机构依法参与到未成年人保护和犯罪预防中来。国家应通过立法和政策鼓励社会组织积极参与这项工作。应当通过立法、行政、媒体等倡导、鼓励全社会关注未成年人保护与犯罪预防问题。

(八)加强对未成年人保护与犯罪预防问题的研究

应当在高等院校设立少年司法专业和青少年社工专业,培养专业人才。应当整合相关专业资源,加大研究试点投入,鼓励学术机构相关研究,系统研究我国未成年人保护与犯罪预防的规律,为在国家治理中解决好未成年人问题提供决策依据和理论支持。

少年司法视野中的未成年人犯罪*

主讲人:朱妙,上海市高级人民法院少年法庭指导处处长,上海市法学会未成年人法研究会副会长

主持人:王娜,上海政法学院刑事司法学院副教授、法学博士

时　　间:2014年10月20日上午

1984年10月,上海市长宁区人民法院(以下简称"上海长宁法院")创建了我国第一个专门审理未成年人刑事案件的合议庭,开创了我国少年司法的先河。2010年9月,上海高院设立少年法庭指导处,在全国率先实现高院、中院和基层法院三级法院少年法庭的全覆盖。从上海法院少年审判情况看,1984—2013年的30年间,虽然未成年人犯罪起起伏伏,但是经过全社会的共同努力,少年法庭卓有成效的工作,目前,未成年人犯罪已经得到有效控制,沪籍与非沪籍未成年人受到平等法律保护,对失足未成年人的教育、感化、挽救工作取得成效。

一、未成年人犯罪趋势

(一) 未成年人犯罪已经得到有效控制

1984—2013年期间,上海法院共判处未成年罪犯33602人。其中,1984年为360人,未成年罪犯占全部刑事罪犯的2.0%。然而,上海长宁法院敏锐地觉察到未成年人犯罪开始呈现上升趋势,创设了少年法庭。至1989年,未成年罪犯上升至750人,占全部刑事罪犯的6.60%;20世纪未成年犯罪的高峰为1997年,未成年罪犯为1107人,占全部刑事罪犯的6.93%;随着人员大流动,自2004年开始,未成年罪犯增长明显,至2007年达到最高峰,未成年罪犯达2682人,占全部刑事罪犯的9.0%。在加大防控未成年人犯罪工作力度后,至2013年,未成年罪犯下降为1045人,占全部刑事罪犯的2.76%。以上皆为上海市数据总体来看,随着上海常住人口的大幅度增长,未成年人犯罪呈波浪形上升趋势,近年来持续大幅下降,目前已得到有效控制,防控未成年人犯罪工作取得成效(详见图表1、图表2)。

---

* 本讲稿由主讲人提供。

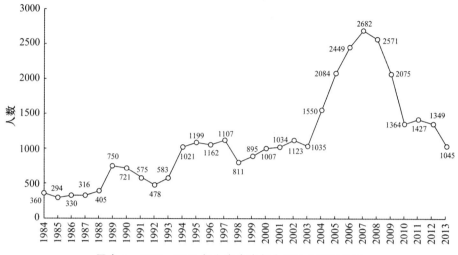

图表 1　1984—2013 年上海未成年人犯罪人数变化图

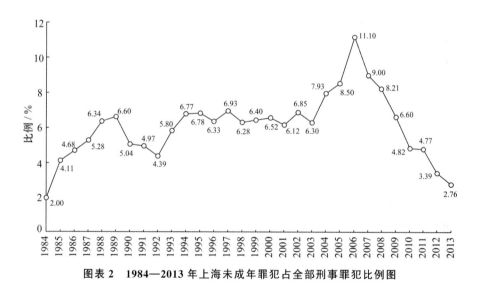

图表 2　1984—2013 年上海未成年罪犯占全部刑事罪犯比例图

（二）非户籍未成年人犯罪突出

1984—2013 年期间，上海法院共判处非沪籍未成年罪犯 17316 人。其中 1984 年 40 人，占当年上海未成年罪犯总数的 11.11%；至 1989 年，非沪籍未成年罪犯上升至 109 人，占未成年罪犯的 14.53%；20 世纪非沪籍未成年罪犯高峰为 1996 年，为 420 人，占未成年罪犯的 39.55%；自 2003 年开始，非沪籍未成年人犯罪增长明显，至 2004 年，几乎占上海未成年人犯罪的半壁江山，2008 年达到最高峰，高达 2141 人，占未成年罪犯的 83.27%。虽然目前上海未成年人犯罪已经得到有效控制，但非沪籍未成年罪犯占上海未成年罪犯的比例一直居高不下。2013 年，非沪籍未成年罪犯下降为 892

人,占未成年罪犯的85.36%。非沪籍未成年罪犯由20世纪80年代不足百人到突破百人,上升到21世纪突破二千人,目前虽回落到千人以下,但占未成年人犯罪比例仍高达85.36%。从上海未成年人犯罪近期持续下降的总体趋势看,防控非沪籍未成年人犯罪成为防控工作的重点(详见图表3)。

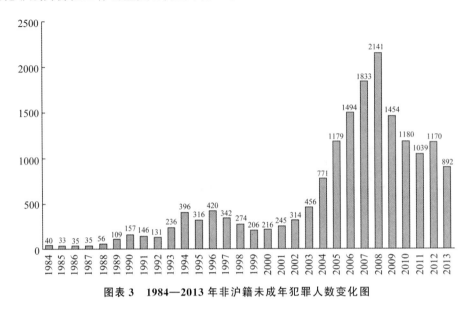

图表3　1984—2013年非沪籍未成年犯罪人数变化图

二、未成年人犯罪案件特点

(一) 犯罪类型:集中,多样化

近年来,上海市未成年人犯罪类型呈现以下特点:(1) 盗窃、抢劫等"传统犯罪"居高不下。上海未成年人犯罪主要是盗窃、抢劫、寻衅滋事、聚众斗殴、故意伤害五种类型。据2009—2013年统计,这五类罪犯占未成年罪犯总数的85.95%。其中,盗窃占34.16%,抢劫占25.70%,寻衅滋事占13.82%,聚众斗殴占7.16%,故意伤害占5.11%。盗窃、抢劫罪犯为4346人,占未成年罪犯的59.86%。(2) 罪名呈现多元化。虽然犯罪类型相对集中,但也有一些成人化的新类型犯罪出现。例如,破坏公用电信设施罪,容留他人吸毒罪,伪造居民身份证罪,非法持有、私藏枪支、弹药罪,合同诈骗罪,妨害信用卡管理罪,打击报复证人罪,生产、销售伪劣产品罪,销售假冒注册商标的商品罪等。

(二) 犯罪形式:共犯,地缘结伙

共同犯罪是未成年人犯罪的一个显著特征。据2009—2013年调查分析,参与共同犯罪的未成年罪犯占总数的比例分别为:76.58%、53.61%、52.1%、57.45%、

51.52%,均超过半数,但近年来,共同犯罪有下降趋势。涉案未成年人一般以地缘关系、工作关系及亲属关系为纽带,地缘关系更为突出,平时常有联系,作案时能够在短时间内纠集,呈现出松散型团伙犯罪特征。

(三)适用刑罚:轻缓,罪罚相当

据 2009—2013 年统计,判处的 7260 名未成年罪犯中,免刑 66 人,占 0.91%;单处罚金 60 人,占 0.83%;管制 1 人,占 0.01%;拘役 1475 人,占 20.32%;不满三年有期徒刑 3104 人,占 42.75%;拘役、有期徒刑适用缓刑 2024 人,占 27.88%;三年以上不满五年有期徒刑 254 人,占 3.5%;五年以上不满七年有期徒刑 152 人,占 2.09%;七年以上不满十年有期徒刑 63 人,占 0.88%;十年以上不满十五年有期徒刑 51 人,占 0.70%;十五年以上不满二十年有期徒刑 7 人,占 0.10%;无期徒刑 3 人,占 0.04%。

为了挽救失足未成年人,防止"交叉感染",对于罪行较轻的未成年人应当尽可能适用非监禁刑。2009 年,上海未成年人非监禁刑适用率为 20.29%,与成年人适用非监禁刑比例基本相同,甚至出现过略低的情形,主要原因是非沪籍未成年人大都不具备跟踪帮教矫治条件。这对我们提出了沪籍与非沪籍未成年人如何平等适用刑罚的现实问题。

经分析研究和采用设置"过渡性安置培训基地"等相应措施后,2009—2013 年,上海法院未成年罪犯非监禁刑适用率逐渐提升,分别为:20.29%、23.46%、31.96%、37.81%、35.21%。需要说明的是,2013 年适用非监禁刑的未成年人比例比前一年有所降低,这与新刑诉法施行后检察机关适用附条件不起诉有关,适用附条件不起诉的未成年人共 81 人。适用非监禁刑的未成年罪犯中,非沪籍未成年人比例分别为:33.73%、60.81%、67.75%、77.47%、75.14%。可以说,沪籍与非沪籍未成年人受到平等法律保护。

三、未成年罪犯特点

(一)文化程度较低,初中以下为主

据 2009—2013 年统计,7260 名未成年罪犯中,文盲 64 人,占 0.88%;小学文化程度 1784 人,占 24.57%;初中文化程度 4685 人,占 64.53%;高中文化程度 717 人,占 9.88%;大专以上文化程度 10 人,占 0.14%。总体来说系文盲、小学、初中文化程度的未成年罪犯占 89.98%,占 25.45% 的 1848 名未成年罪犯未接受完成义务教育,应当引起重视。

(二)男性居多,闲散为主

据 2009—2013 年统计,7260 名未成年罪犯中,男性 6881 名,占 94.78%;女性

379名,占5.22%。

7260名未成年罪犯中,在校生662人,占9.12%;农民3426人,辍学24人,无业2805人,农民、辍学和无业占86.16%。

(三)主要动机是图财,易冲动讲义气

上海法院未成年人刑事犯罪信息数据资料库将犯罪动机统计为九项(可以多选):图财、挥霍、生活所迫、报复、追求刺激、一时激愤、江湖义气、逞强好胜和其他。据2009—2013年统计,未成年人犯罪的动机主要表现为:"图财"占50.99%,"江湖义气"占19.14%,"逞强好胜"占11.67%,一时激愤占9.94%,"追求刺激"占8.55%,"报复"占5.11%,"挥霍"占1.65%,"生活所迫"占0.6%。这个统计数字反映了未成年人犯罪的主要动因是钱财,同时,由于身心发展尚不成熟,易冲动、讲义气,逞强好胜,往往就通过盗窃、抢劫获取钱物。

四、未成年人犯罪原因

(一)文化程度低导致立足社会难和犯罪认知度低

犯罪的未成年人普遍受教育年限较短,文化程度较低,从前文分析可知,有四分之一的未成年罪犯未完成九年义务制教育。据对上海法院2012—2013年判处的重新犯罪的未成年人的统计,未完成九年义务制教育的占35.92%。未成年罪犯中,农民、辍学和无业占86.16%,不到十分之一的重新犯罪未成年人曾有过工作或学习机会,但较为短暂且不持续。这也从一个侧面说明了为何未成年人主要是财产型犯罪。究其原因,受年龄、文化程度和社会经历等诸多条件限制,犯过罪的未成年人与同龄人间存在较大的文化水平差距和专业技能差距,必然在社会竞争中处于劣势,无法就业或就学,闲散于社会,可能导致犯罪或再次犯罪。

同时,未成年人对盗窃犯罪的认知较低,认为小偷小摸不是犯罪,即使已被处罚,但仍存在侥幸心理。如宝山区法院审理的一起盗窃案件非常典型。被告人父母离异,和母亲、姑姑、伯伯都生活过一段时间,2009年起随父在沪生活。被告人自小居无定所,家里人忙于生计疏于管教,导致被告人整天无所事事,总想着不劳而获。曾因盗窃受过三次行政处罚,犯盗窃罪受过两次刑事处罚,但出狱后仍存在侥幸心理,又萌生了盗窃歹念。

(二)家庭监护和教养方式不当导致缺乏规则意识

父母是孩子社会化过程中的启蒙老师,家庭形态和生活方式对未成年人健康成长有着较大的影响。据对上海法院2012—2013年判处的重新犯罪的未成年人的调查,与父母共同生活的占26.19%;与父母一方生活的占19.05%;与祖父母或外祖父母共同生活的占2.38%。超过半数的未成年人罪犯脱离了监护人的直接监护,相当一部分面临的是非健全的家庭关系。而在健全家庭中,如果父母和孩子之间的沟通不够,或对孩子疏于管教,那么,孩子生活中遇到困难时,也不会寻求父母的帮助,而是用不成熟的方式自己解决。他们有时候会采取不恰当的方式,如打架斗殴等;有时候会寻求朋友的帮助,如果结交的是不良朋友,就可能走上犯罪道路。溺爱型的教养方式也不利于未成年人的成长。如普陀区法院审理的一起案件,父母满足孩子一切物质要求,并缺少对他的约束,使孩子没有规则意识,任性幼稚,不会控制自己的行为,甚至不择手段地获取自己想要的东西。因此,缺少沟通,缺乏监护,不善交流,放任溺爱,忽视型和溺爱型等不恰当的家庭教养方式,都会导致未成年人易于在现实中迷失自我或为社会不良群体利用而犯罪。

(三) 社会资源或社会环境不良导致失足犯罪

上海户籍人口为1300万,常住人口则已达2400万,这给基础设施、公共文化设施、社会基础管理工作带来巨大的挑战,与上海自2004年未成年人犯罪的增长态势也具有关联性。例如,从与未成年人密切相关的学校教育来看,非沪籍与沪籍未成年人享受的教育资源存在不平等性。非沪籍未成年罪犯大部分学历为初中以下文化程度,很多人未接受完义务制教育。优质教育资源如公立学校教育尚不能满足所有非沪籍未成年人的需求,民办学校、农民工子弟学校办学质量又难以保证。而随着上海加大对教育的投入,越来越多的非沪籍未成年人进入公立学校,农民工子弟学校转为民办学校,办学条件、师资力量不断提升,职业学校逐步扩大招收非沪籍未成年人,与此同时,近年来未成年人犯罪呈下降趋势,因而不能不认为两者之间有着相应的联系。此外,未成年人比较容易受他人的影响,体现为共同犯罪占半数以上;重新犯罪案件中,未成年人结伙共同作案的占14.56%;未成年人与成年人共同作案的占58.25%。青春期的孩子,最大的特点就是冲动性,自控能力不强。有的未成年人,父母反映平时表现尚可,但是易受到同伴的不良影响,一时冲动,为了所谓的"江湖义气"而失足犯罪。因此,如果未成年人能处于健康的社会环境中,那么随着他们年龄的增长,是非观的清晰,冲动型犯罪行为会逐渐减少。

五、少年法庭的教育感化挽救工作

(一) 建立"过渡性安置培训基地"

调研表明,根据未成年人的犯罪事实、认罪态度等,判处短期刑罚本身是适当的,判处短期监禁刑尤其是一年有期徒刑以下监禁刑的,有的是公安、检察机关先期羁押后"关多久判多久",有的是非沪籍未成年人无法落实跟踪矫治工作。但是,如果是监禁刑,未成年人被羁押期间,可能受到"交叉感染",反而会沾染上一些以前没有的不良习气,甚至还会学到以前不会的犯罪手段和技巧。同时,未成年人在负能量的氛围里,容易产生道德观念的再度滑坡和廉耻之心的极度衰退。并且,在狱内结成的所谓"友谊",出狱后还可能结伴作案,形成日后的犯罪团伙。① 未成年人轻微犯罪的,系"教育、感化、挽救"工作的重中之重,羁押、监禁方式使得未成年人与社会隔绝,与家庭疏离,并可能形成"交叉感染",不利于其重新融入社会。为此,针对非沪籍未成年人犯罪占80%以上的现状,为了平等保护未成年人,对罪行较轻的被告人尽可能地适用缓刑,上海高院与市司法局协商,在2010年共同建立了六个市级"过渡性安置培训基地",各级法院少年法庭也探索建立了相应的"过渡性安置培训基地"。这些基地的建立既便于社区矫正部门进行跟踪考察帮教,也可以为年满16周岁的未成年人主要是非沪籍未成年社区服刑人员提供技能培训和学习、劳动场所。在此基础上,上海法院对未成年人适用缓刑率上升;其中,对非沪籍未成年人适用缓刑由原来占适用缓刑总数的33.73%,上升到2013年的75.14%,使非沪籍未成年人感受到了少年司法的公平和温情。到目前为止,进入"过渡性安置培训基地"的未成年人均顺利回归社会,未发现重新犯罪。

(二)建立防控未成年人犯罪工作网络

对失足未成年人的矫治并非少年法庭的法定职责,上海法院主动将对失足未成年人的教育、感化、挽救工作与未成年犯管教所、社区矫正部门对接,将防控犯罪工作适度延伸,建立了三级法院共同参与的跟踪回访工作网络。2011年,上海高院制定了《关于建立上海法院防控未成年人犯罪工作网络的实施意见》,少年审判法官跟踪回访对象不仅包括沪籍未成年人,也包括实际居住在上海的非沪籍未成年人;既包括在社区考察服刑的未成年人,也包括在未成年犯管教所服刑的未成年人,分别根据不同情况,每三个月或六个月定期回访,一直延续到其生理、心理基本发育成熟、相对稳定的25周岁。2010年,上海未成年人重新犯罪为130人,占9.53%;2011年116人,占8.13%;2012年59人,占4.37%;2013年为43人,占4.11%。可见,未成年人重新犯罪率持续下降。

(三)建立心理干预机制

部分犯罪未成年人由于个人、家庭或社会的因素,存在不良行为,或逐渐形成与社会规范和社会价值相悖的人格倾向,即"反社会人格"。如果未成年人的心理问题或心理障碍得不到矫正,则对犯罪事实的反应较为冷漠,对自身犯罪行为的罪恶感降低。针对未成年人自身及其家庭存在的种种问题,上海法院目前已经启动了心理干预机制。2011年,上海法院少年法庭建立了以获得国家二级心理咨询师资格的30余位少年审判法官为主,50位获得国家二级心理咨询师资格的其他法官担任少年审判心理辅导员为辅,华师大心理学研究生和专业心理咨询师共同参与的心理干预机制。心理

---

① 参见丛梅:《未成年人重新犯罪实证研究》,载《河南警察学院学报》2011年第5期。

干预工作广泛运用于未成年人案件庭前调查、庭后教育、调解导引、判后释明、回访帮教等各个环节。2011年至2013年,上海法院少年法庭共启动心理干预390余次。当然,心理矫正并非一次、两次可以完成,尤其是品行障碍等需要由专业心理咨询师予以治疗,甚至需要配合家庭环境、家庭教养方式的共同改变,因此,仅靠法官一己之力还远远不够。

六、防控未成年人犯罪的对策建议

一场神经科学学术会议上发表的研究成果解释了青少年,尤其是男性,犯罪率比成人还高的原因。一种解释是,作为一个群体,青少年在面对危急情况的时候比儿童或成人更加冲动,可能是因为他们的大脑很难控制自己的行为。[①] 因此,未成年人犯罪既有主体自身的特殊性,又有客观原因,防控未成年人犯罪必须多管齐下,整合公检法司和社会各方资源,一体化推进防控运行机制。从宏观角度考虑,我们既要大力推进近期举措,又要整体规划远期目标;从可行性角度入手,目前需要采取以下措施:

(一) 加强顶层设计,建立家庭、学校、社会、司法相衔接的未成年人保护体系

一是制定完善法律法规。我国目前尚未制定《儿童福利法》,有关未成年人监护、教育、就养、就医、就业等基本福利保障和保护措施散见于相关法律法规、司法解释和部门规章等,这些规定有的比较原则笼统,操作性不强;有的属于倡导性规范,执行力不强;有的相互之间未能衔接,系统性缺乏。因此,亟须在国家层面进行顶层设计,上海则有条件有必要创新制定《儿童福利条例》,明确国家的亲权责任,明确家庭、学校、社会、司法等相配套、可操作的责任。二是要构建家庭教育指导制度。正如英国教育学家尼尔所说:"问题少年是问题父母的产物"。调研结果表明,家庭沟通不畅、家庭教养方式失当、家庭失教失管等状况是未成年人违法犯罪的重要原因。许多父母并不了解自己有哪些责任,更不懂得如何教育孩子,因此,指导家长正确履行监护职责,有效进行家庭教育,即开展亲职教育或强制失职的父母等近亲属接受亲职教育,是保护未成年人健康成长的基础性工作。

(二) 系统进行文化、法治、技能培训,为未成年人立足社会创造条件

2013年底,广州市人社局局长杨秦透露,广东省正在大力推进高技能人才落户。高技能人才落户广州的门槛并不算太高,只要是国家人社部门认定的高级技师、技师、高级工,不受文凭学历的限制,即可申请并被批准入户。尽管如此,在外来人口接近800万的广州,2013年16万高技能人才落户的任务,到年底尚有10万个指标"没人

---

① 参见《为什么青少年犯罪率比成人高》,载《新华每日电讯》2013年11月29日。

要",这不免让人觉得背后问题重重。① 上海已经步入老龄化社会,但作为人员流入地,有着宝贵的"人口红利",如何使缺乏高技能人才的广州的今日不会成为上海的明日,如何培养并发挥非沪籍未成年人的作用,用好"人口红利",值得深思。笔者建议,第一,上海可进一步将更多的职校技校向非沪籍常住未成年人开放,使他们可以学习文化、法律和职业技能。第二,青少年社工要关注社会闲散青少年,尤其是非沪籍常住青少年,与他们交朋友,引导他们融入上海,找到自己的定位。第三,不断拓展"过渡性安置培训基地"的功能,由政府主导,将原来只安排文化学习、提供劳动场所和技能培训拓展为集提供就业帮助、就业指导、就业技能培训,提供社会保障和救济等全方位帮助失足未成年人的安置就业系统,倡导、支持更多的企业,尤其是国有企业承担更多的社会责任,并出台相应的减免企业税收等政策,鼓励其主动参与失足未成年人的帮教、培训和就业工作,为构建和谐社会尽一份义务。在未成年人成长过程中,增强其自立于社会的能力是根本之举,我们应当转变观念,不仅仅将防控未成年人犯罪作为维护社会稳定的社会管理工作,而且应当将未成年人作为祖国的未来、社会经济持续发展的人才和动力,加大政府投入进行教育和培训。

(三) 教育、感化、挽救失足未成年人,是全社会共同的职责

一是对失足未成年人尽可能采用社区矫正方式。公检法司都应当依据"教育为主,惩罚为辅"的原则,对轻罪未成年人尽可能采用非羁押强制措施,符合附条件不起诉条件的多适用附条件不起诉,符合适用非监禁刑条件的多适用非监禁刑,尽可能采用社区矫正方式,系统开展教育矫正工作,帮助未成年人建立正确的价值观和人生观,以健康的心态顺利融入社会。目前,社区矫正工作整体而言尚存在人力不足、职业化和专业化程度不高的问题,且矫正工作的异地委托机制尚未建立,需要在国家层面统筹建立社区矫正异地委托制度,使刑事诉讼法的规定真正落到实处。二是进一步完善轻罪犯罪记录封存制度。刑事诉讼法对未成年人轻罪记录封存作出规定后,国家层面的立法、司法部门并未对相应的法律法规进行梳理和制订操作规程,对于有些情况是否封存,目前实践中尚存在争议。如《中华人民共和国兵役法》第17条规定:应征公民正在被依法侦查、起诉、审判的或者被判处徒刑、拘役、管制正在服刑的,不征集。对于该规定,有观点认为,轻罪未成年人的档案在部队有征兵需要时不应封存;也有观点认为,不属于侦查、起诉、审判和服刑期间的轻罪未成年人档案,在部队征兵时也应当封存。因此,相关的法律、法规、规章等需要立法、司法部门修改或作出有关解释,相应放宽对失足未成年人的从业资格等的限制。

---

① 参见燕良:《广州十万落户指标"没人要"的反思》,载《新华每日电讯》2013年12月2日。

涉罪未成年人审前非羁押支持体系实证研究[*]

主讲人:宋英辉,北京师范大学刑事法律科学研究院副院长、教授、博士生导师,中国刑事诉讼法研究会副会长

主持人:姚建龙,上海政法学院刑事司法学院院长、教授

时　间:2014年10月20日上午

随着我国经济社会快速发展,人口流动日益频繁,外来人员犯罪成为司法实践中面临的突出问题,在东部发达地区尤为严重。对于涉嫌犯罪的外来人员,即便符合法定的取保候审或者监视居住条件,由于他们往往无法提供适格的保证人且交不起保证金,实践中办案机关倾向于采取逮捕措施,造成大量涉嫌犯罪的外来人员在审前被羁押。其后果是,既侵害了外来人员获得平等保护的权利,也容易造成被羁押人员"交叉感染",不利于对他们的矫治帮教和促其复归社会,还会导致司法成本的大幅增加。与成年人相比,未成年人身心尚未发育成熟,在思维观念和行为模式上容易受到外界因素的干扰。对涉嫌犯罪的未成年人(以下称"涉罪未成年人"[①])适用逮捕措施,带来的负面影响可能更加严重。他们更容易受到其他犯罪嫌疑人、被告人的影响,如果犯罪后不加以有效疏导,往往难以正确认识自身行为的危害性;而一旦中断学业和工作,复归社会遇到的障碍可能更多。针对未成年人适用强制措施存在的诸多问题,各地司法机关不断创新未成年人办案工作机制,积极探索扩大对涉罪未成年人适用非羁押措施的做法,积累了一定的经验。主要做法是,以爱心企业、学校、敬老院等机构或组织作为审前非羁押的社会支持机构,建立"观护基地"或"观护工作站"[②],为在本地不具备取保候审条件的涉罪外来未成年人提供食宿、工作、教育培训条件和保证人。在取保候审期间,基地负责对观护对象进行监督管理,包括安排学校学习、提供力所能及的工作机会、进行技能培训、心理辅导,帮助他们确立积极的生活理想和人生目标,并掌握一技之长。观护结束后,由基地对观护对象在基地期间的表现出具情况证明,提供给

---

[*] 本讲稿由主讲人提供,载《政法论坛》2014年第1期,合作者上官春光,法学博士,国家检察官学院副教授;王贞会,法学博士,2011计划司法文明协同创新中心副教授,中国政法大学诉讼法学研究院副教授。

[①] 在实践中,一些涉嫌犯罪的年满18周岁的在校学生也参照涉罪未成年人的规定处理。

[②] 有的地方叫做"观护基地""管护基地""关护基地",并无本质区别。本文统称为"观护基地",同时基于研究资料的原始性考虑,在介绍各调查地点时使用其特定名称。

办案机关。人民检察院决定不起诉、人民法院确定刑期或者刑罚执行方式时,将该情况证明作为考量因素。其后,这一机制也适用于不能提供保证人又不能交纳保证金的本地未成年人。

未成年人有其自身特点,在办理未成年人刑事案件时更应该注重教育、感化和挽救。对于未成年人刑事案件,不仅要在实体刑罚上体现区别对待原则,而且在诉讼程序上也应有所区别。刑事诉讼法确立了未成年人刑事诉讼程序的教育、感化、挽救方针和教育为主、惩罚为辅原则,规定对未成年犯罪嫌疑人、被告人应当严格限制适用逮捕措施。这意味着,对未成年犯罪嫌疑人、被告人,应当坚持以非羁押为原则,以羁押为例外。此外,刑事诉讼法区分取保候审和监视居住的适用情形,将监视居住定位为逮捕的替代措施,明确采取逮捕措施的具体情形,增加逮捕后对羁押必要性审查等内容。这些规定为扩大涉罪未成年人审前非羁押提供了法律依据。

为了及时总结实践经验,评估实践效果,发现其中存在的问题,更好地贯彻落实刑事诉讼法关于对未成年人严格限制适用逮捕措施的规定,我们于 2010 年 5 月到 2011 年 10 月共历时 18 个月,对实践中通过建立"观护基地"来扩大未成年人审前非羁押的做法作了全面系统的调查研究。

一、调查地点与研究方法

(一) 调查地点概况

我们主要在 S 市、J 省 W 市和 J 省 C 市作了调查。

1. S 市

依托社会观护体系对涉罪未成年人适用非羁押措施是 S 市创新未成年人刑事司法工作机制的重点环节之一。2003 年 5 月,M 区检察院在 S 市率先启动未成年人取保候审社会观护体系的探索。2004 年 10 月,M 区未成年人社会观护体系工作总站揭牌成立,2005 年将这一工作机制由审查起诉阶段向前延伸至侦查阶段。[①] 2007 年 4 月,M 区检察院与区公安分局、区社工站会签《关于加强对涉罪未成年人教育考察及衔接工作的规定》,形成由相关职能部门参与,依托 1 个未成年人社会观护总站,以全区 13 个社工点为工作载体,以 85 名青少年事务社工为主要力量,以居住在本区的涉嫌违法犯罪未成年人为观护对象,侧重对涉嫌违法犯罪的外来未成年人进行观护的维权帮教网络。该社会观护体系建立后,M 区涉罪未成年人被取保候审的数量大幅提升,由 2004 年的 23 人提高到 2008 年的 61 人,增幅达 165%。外来未成年人在取保候审总人数中所占的比例逐步提高,从 2004 年的 17.4% 提高到 2008 年的 65.6%,2009 年为 76.9%,2010 年达到 90%。未成年人取保候审期间脱保、重新犯罪的,由

---

① 截至 2010 年底,共有 29 名被取保候审的涉罪未成年人在侦查阶段被纳入观护体系。

2005 年到 2006 年的 17 人减少到 2007 年的 5 人,2008 年以后,再无脱保、重新犯罪现象发生。到 2010 年 12 月,S 市 18 个区县均建立了各自的社会观护体系。

2. J 省 W 市

2008 年 8 月,J 省最先在 W 市区内尝试建立涉罪外来未成年人观护基地,随后逐步推广到 W 市其他区县。① 观护对象也扩大至全部涉罪外来人员,及部分符合取保候审条件但无法提供保证人和保证金的本地涉罪人员。2010 年 9 月,W 市成立涉嫌犯罪外来人员管护教育基地工作领导小组,② 负责协调管护教育基地的相关工作。领导小组在 W 市检察院下设办公室,负责处理和协调管护教育基地的日常工作。大多区县也设立了各自辖区内的管护教育基地工作领导小组,统一负责本辖区内的管护教育工作。截至 2011 年 8 月,W 市已经建成管护教育基地 55 个,其中民营企业 42 家、社区 6 个、社会福利机构(敬老院)7 家,包括被取保候审、被不起诉和判刑后社区矫正等在内的各类涉罪人员共 239 人曾经或者正在管护教育基地接受支持、帮教和矫正,其中未成年人 55 名。

3. J 省 C 市

C 市检察院于 2007 年底开始探索以"企业帮护"模式扩大对涉罪未成年人适用非羁押措施的做法。2008 年底,专门针对未成年犯罪嫌疑人的"德春青少年帮护基地"在 C 市 X 区成立。2010 年,观护基地工作机制在 C 市全面铺开,各区县检察院与区政法委、法院、公安局、司法局、关工委等部门组成工作领导小组,有的区县还制定了专门的规范性文件。③ 截至 2011 年 6 月,C 市已经建成 17 个观护基地,包括国有企业、民营企业、社区等,有的针对涉罪未成年人,有的针对涉罪外来人员,有的针对女性涉罪人员。据统计,2010 年 C 市进入基地接受帮教的共 89 人,其中未成年人 29 名,多为外来未成年人。

(二)研究方法

1. 问卷调查。调查共发放问卷 300 份,收回有效问卷 253 份,回收率为 83.4%。其中,警察与检察官问卷 87 份、审判人员问卷 58 份、保证人问卷 38 份、未成年人问卷 43 份。

2. 访谈。对参与观护基地工作的办案人员、保证人及作为观护对象的涉罪未成年人进行了集中访谈和个别访谈:集中访谈 16 次;个别访谈 51 人次,其中警察和检察

---

① 有的叫"关护基地",有的叫"管护基地",大多出台了专门的规范性文件。例如,W 市 B 区先后出台了《关于建立关护教育基地平等保护涉罪外来人员取保候审权利的工作意见》《关于成立涉罪外来人员关护基地领导小组的决定》《关于建立首批涉罪外来人员关护基地的决定》《外来人员关护基地工作实施细则》等。

② 领导小组由社会治安综合治理委员会、人民法院、人民检察院、教育、公安、民政、司法行政、财政、人力资源和社会保障、共青团、妇联、关工委等 12 家单位负责人组成。

③ 例如,C 市 J 市制定了《关于建立管护教育基地保护涉罪未成年人取保候审权利的工作意见》《涉罪未成年人管护教育基地工作实施细则》《办理涉罪未成年人入驻管护教育基地工作流程》等。

官 14 人次、法官 4 人次、保证人 15 人次、涉罪未成年人 18 人次。

3. 文献分析。对调查过程中收集到的文献资料进行了整理、分析,包括:各地制定的规范性文件;试点单位存留的个案档案;反映试点动态与发展的简报、总结性文件;典型案例案卷;其他研究成果。

二、运 行 状 况

通过建立观护基地,可以完善审前非羁押的社会支持机制,探索对涉罪未成年人扩大适用非羁押强制措施的新路径。根据调查,实践中观护基地运行状况如下。

(一) 观护基地的类型

按照限制自由的程度不同,观护基地分为开放式和半开放式两种。开放式的观护基地,观护对象可以自由出入基地,但需要遵守基地相关纪律。S 市即采取开放式。半开放式的观护基地,观护对象在基地期间原则上不得离开观护基地外出活动;若有事确需外出,应经批准。实践中多数地区采取这种类型。根据调查,J 市除半开放式基地外,也建立了开放式的"关爱教育基地"。这种区分情况而实行不同程度的限制人身自由的观护方式,为探索多元化的监视居住、取保候审的执行方式提供了实践样本,也为我国建立强制程度不同的层级式非羁押措施体系提供了有益经验。

按照监督方式不同,可以将观护基地分为集中监督式和个别监督式两种。集中监督,是指将若干观护对象安排在一个基地进行监督,统一集中安排住处;个别监督,是指基地分别指定不同的保证人对观护对象进行一对一的监督,并对其身份保密。在个别监督的情况下,不仅一般员工不了解他们的身份,观护对象之间也不知悉彼此身份。除 S 市以外,其他调查地区普遍采取集中监督的方式。

按照是否采取分类监管,可以将观护基地分为分类式和非分类式两种。分类式的观护基地,指按照性别、是否成年或者其他可区分标准,将观护对象放在适宜其自身特点的基地,并采取有针对性的观护方法进行监督帮教。这种方式是随着实践探索而逐步发展起来的,S 市、C 市、J 市的部分基地采取了该方式。非分类式的观护基地,不对观护对象进行区分而置于同一基地,并采取相同的观护方法进行监督帮教。

(二) 适用条件

为促使非羁押措施与观护体系有效衔接,各地普遍规定了进入观护基地的条件。根据调查,各地对进入观护基地的条件设置有所差异,有的将进入观护基地的条件与取保候审的条件加以区分,必须同时满足进入观护基地和取保候审两方面的条件方可;有的则将二者合并,符合进入观护基地的条件则可以适用取保候审。

S 市采取的是两步走模式。首先办案机关对涉罪未成年人采取取保候审,然后再将被取保候审人纳入观护体系。因此,进入观护基地的条件与取保候审的条件是分别规定的,且不完全相同。相反,W市则将进入观护基地与取保候审的条件合二为一。涉罪未成年人符合观护教育条件的,则由办案机关对其办理取保候审手续,进入观护基地接受监督管理。C市观护基地的做法大体上与W市一致,未明确区分进入观护基地与取保候审的条件,只要符合进入观护基地的条件,也就表明可以对涉罪未成年人适用取保候审。

虽然各地在进入观护基地的条件上不尽相同,但内容基本一致。归纳来看,各地规定的可以进入观护基地执行非羁押措施的情形主要包括:(1)初犯、偶犯、过失犯罪的;(2)共同犯罪中的从犯、被教唆犯;(3)属于犯罪预备、犯罪中止、犯罪未遂或防卫过当、避险过当的;(4)犯罪后自首或有立功表现的;(5)犯罪情节轻微,有悔过表现,积极退赃或赔偿损失的;(6)得到被害人谅解并可能达成刑事和解的。

(三)进入观护基地前的风险评估

调查发现,各地大都规定了进入观护基地之前对涉罪未成年人的风险评估。有的地区将风险评估延伸至对已被羁押的未成年人是否具有继续羁押必要性的评估。

S市对涉罪未成年人实施动态风险评估。一是将风险评估推进至侦查阶段;二是引入多次评估的做法。侦查阶段进行风险评估之后,在检察机关审查批捕和审查起诉阶段分别进行再次评估,目的是掌握涉罪未成年人风险度的动态变化,以便及时变更为其他强制措施。例如,M区检察院区分审查批捕和审查起诉阶段分别制作了《未成年犯罪嫌疑人非羁押措施可行性评估表》和《未成年犯罪嫌疑人继续羁押必要性评估表》。前者适用于审查批捕阶段,包括犯罪行为、个人情况、家庭情况和保障支持等四项评估内容,下设犯罪类型、责任年龄、监管情况、学校教育等26项评估因素。后者适用于审查起诉阶段,包括犯罪行为、个人情况、家庭与保障支持等三项评估内容,下设漏罪或重新犯罪、刑事和解及赔偿、监管情况等20项评估因素。此外,M区检察院还制作了《未成年犯罪嫌疑人非羁押措施风险跟踪评估表》,以强化对观护对象在观护期间的非羁押措施风险变化情况进行及时跟踪评估。从2011年开始,S市进一步推进涉罪未成年人适用非羁押措施的改革探索,要求对涉罪未成年人决定取保候审和进行观护,要听取包括办案人员、被害人及其诉讼代理人在内的诉讼各方意见,以增加风险评估的客观性。

根据W市的有关规定,涉罪未成年人进入观护基地需要经过告知、申请、风险评估、审批决定等环节。办案机关在接到涉罪未成年人申请后启动风险评估程序。风险评估的内容包括社会调查和法律评估两个方面。社会调查主要是对其家庭情况、个性特点、一贯表现、管护教育条件、再犯可能性等进行调查,由司法行政机关协助办案机关完成;法律评估根据涉罪未成年人的申请理由,侧重于对涉嫌犯罪的社会危害性、人身危险性、是否会妨害诉讼进行、犯罪事实是否已经查清、可能判处的刑罚等进行评估,主要由办案机关来负责完成。办案机关根据风险评估的情况,作出是否同意涉罪人员进入观护基地的建议,报领导小组办公室批准。

C 市进入观护基地前的风险评估与 W 市较为接近,但地区在风险评估的内容上略有差别。例如,X 区主要围绕"是否影响诉讼顺利进行、是否会重新犯罪、是否有条件帮教"三项内容,从"基本情况、品行表现、悔罪表现、帮教条件"四个方面进行评估。有的地区规定对涉罪未成年人在决定取保候审和进入观护基地之前必须进行两次风险评估。例如,T 区对涉罪未成年人的风险评估程序是:首先,对涉罪人员适用取保候审开展必要的调查评估,要求案件承办人从犯罪的社会危害性、人身危险性、是否会妨害刑事诉讼的正常进行、犯罪事实是否已经全部查清、犯罪嫌疑人可能被判处的刑罚等方面进行审查评估,按照高、中、低三种风险进行综合评估,高风险批准逮捕,低风险不予批准逮捕,中风险经部门负责人审核后报分管检察长决定;其次,本着自愿原则,由本人提出申请,未成年的须征得其监护人同意,并在接到申请后,启动入驻观护基地前的调查评估程序。由领导小组办公室从涉罪人员的年龄、成长经历、家庭情况、性格特点、作案动机等方面,对涉罪人员进行风险评估,确保在管护期间不具有社会危险性。某些涉罪未成年人被取保候审后也可能不能进入观护基地。

综合来看,试点地区均积极推行严格的风险评估程序,在评估过程中力求详尽考察各种风险因素,这不仅有助于取保候审的正确适用,也有利于非羁押措施与观护体系的良性衔接。

(四) 提供保证人或保证金

有合适的保证人或者交纳保证金是对涉罪未成年人适用取保候审的前提。调查发现,各地在探索中均强调观护基地对适用非羁押措施的支持作用,例如,借助观护基地作为取保候审的社会支持机构,为那些无法提供合适的保证人且交不起保证金的人提供保证条件。有的由诉讼外第三方代为交纳保证金,有的由观护基地提供保证人,尽可能对涉罪未成年人适用非羁押措施。

对于涉罪未成年人无法提供合适的保证人且不能交纳保证金的情形,S 市检察机关尝试了"第三方担保"模式,即由爱心企业、社会团体作为诉讼外第三方代为交纳保证金,以扩大对涉罪未成年人适用非羁押措施。

在 W 市和 C 市,涉罪未成年人无法提出保证人又交不起保证金的,可以由观护基地指定合适的人担任他的保证人,由保证人来履行对观护对象在取保候审期间的监督和及时报告义务。保证人通常是观护基地的领导、保卫部门的负责人或员工,有的是观护基地的普通员工。基地设在学校的,通常由涉罪学生的班主任或辅导员担任保证人。一般情况下,保证人还要负责对涉罪未成年人进行监督教育和传授劳动技能。

在观护基地里,保证人与观护对象主要是一种监督教育的关系。保证人对涉罪未成年人进行监督教育通常采取思想汇报、工作交流、心理辅导、学习教育等方式。在访谈中,多数保证人认为比起严格的取保候审监管措施,这些有针对性的监督教育方式能够使保证人与观护对象更好地沟通交流,对观护对象的教育效果往往也更好。实践中,保证人并没有因为自己无须承担不利后果而疏于对观护对象的监督和教育,观护对象也比较愿意接受保证人的监督教育,双方关系比较融洽。根据访谈,大多数保证人都乐于担当这一职责,而且能尽职尽责地履行相应义务。有的保证人还尝试通过多样化方式增进与观护对象的交流与沟通。例如,同吃同住、一起参加劳动、举办文艺晚会等。

(五) 对涉罪未成年人进行监督教育

观护基地不仅为涉罪未成年人提供住宿和基本生活条件,还要对其进行监督教育。调查发现,有的地区保证人与对观护对象实施监督教育、心理辅导的人是同一人,有的地区则由不同人员担任。具体情况如下:

1. 根据情况适当约束观护对象的活动范围

为便于对涉罪未成年人进行监督,防止观护对象在基地期间脱逃或再次违法犯罪,各地通常对观护对象的活动范围施加一定的约束。有的要求不得离开所居住的区县,如 S 市;有的要求不得离开观护基地,如 W 市和 C 市。因正当事由确需离开的,必须提前向保证人或观护基地请假,并征得执行机关的同意。大部分观护基地都对观护对象的请假、销假等制作了格式化文件进行规范管理。如果观护对象没有按时返回基地,保证人或观护基地要及时报告执行机关。在 J 市,有完全开放式的观护基地,观护对象基本上是自由的。调查发现,多数观护对象都能认真遵守观护基地的管理规定,只有个别观护对象存在违反规定的情形。例如,在批准的假期结束后,未能按时返回基地。违反规定情节较轻的,通常会被责令具结悔过,写出书面检讨;情节严重的,由办案机关依法作出相应处罚或变更强制措施。

2. 定期进行思想汇报

思想交流和沟通是观护基地对涉罪未成年人进行监督教育的一种方式。未成年人的思想观念不够稳定,波动性较大,各地尝试以思想汇报的方式及时掌握涉罪未成年人的思想动态,以便顺利实现监督教育目标。

在 S 市,观护对象接受监督教育的时间通常为 3 到 6 个月,负责教育工作的社工每个星期都要与涉罪未成年人面谈一次,每次时间大约为 1 到 2 小时;每两个星期让观护对象提交一次书面的思想汇报,由社工负责审阅和点评。在 J 市,通常要求观护对象每 3 天记录一次工作或学习体会,每 10 天提交一份综合情况的详细记录,负责对观护对象进行教育的人定期查看记录,并写出评阅意见或个人看法,利用这种方式与观护对象进行思想交流。评阅意见的内容主要包括:(1) 写出肯定和鼓励意见;(2) 指出涉罪未成年人的错误认识;(3) 解释某些社会现象;(4) 解答问题同时也提出某些问题;(5) 在饮食、保暖、健康等方面进行关心和问候;(6) 提出进一步的要求;(7) 标出错别字。听取或查看观护对象的思想汇报是管护教育小组[①]全面了解涉罪未

---

① 管护教育小组一般由办案人员、观护基地所在街道的综治办、司法所工作人员、观护基地负责人和保证人组成。

成年人思想动态的途径。在访谈过程中,多数保证人也反映,听取或查看思想汇报(日记)是了解观护对象思想状况的主要方式,也是进行监督教育的重要形式。调查发现,J市检察院还在积极探索新的监督教育措施,推动监督教育方式的多样化。2011年J市检察院与J市共青团市委联合,组织观护对象参观革命烈士纪念园等爱国主义教育基地,通过参观学习进行思想教育。同时,J市检察院还把观护基地作为检察院青年干警社会实践的基地,全院青年干警利用业余时间与观护对象进行面对面交流,积极参与对观护对象的监督教育工作。

3. 开展心理咨询和辅导

大多观护基地都很重视对观护对象的心理咨询和辅导,有的把心理咨询和辅导作为观护工作中的必备环节。自2004年起,C市所辖的L市检察院启动对涉罪未成年人的心理咨询和辅导工作,着重对有心理疾病的涉罪未成年人进行心理辅导,2010年后,心理辅导工作走向专业化、规范化。借助《犯罪嫌疑人心理测试——个性分测验》《明尼苏达多相人格测定》等专业软件,对涉罪未成年人的气质类型、性格特点、自控能力及智力能力作出科学分析和评价。对于有心理疾病的观护对象,针对其社会背景、成长经历等具体情况,挑选合适人员与其交流,通过深度沟通消除其心理疾病,促使其从内心深处真诚悔改,复归社会。① 调查还发现,一些观护基地与周边学校展开合作,建立"校基联培"模式,由学校的心理老师对观护对象进行心理辅导;有的则聘请职业心理咨询师对观护对象进行心理辅导;等等。

4. 进行法制教育

调查发现,文化程度低、法制意识淡薄与未成年人犯罪紧密关联。试点地区把开展法制教育作为增强涉罪未成年人法制意识的重要途径。在W市C区,管护教育小组每周至少为观护对象上一堂法制课,目的是普及法律知识,增强守法意识,避免"二次犯罪"。法制课由检察机关承办案件的办案人员负责组织。C市Q区建立了"帮教导师制度",由承办案件的办案人员担任涉罪未成年人的个人指导老师,实行"一对一"的法制教育。教育方式包括面谈、电话、网络视频、QQ聊天、电子邮件等。

5. 开展劳动技能培训

观护基地通常根据观护对象的性别、年龄及个体兴趣等方面的差异,选择和安排适当的技能培训。培训内容主要包括安全生产常识以及劳动生产技能,目的是使观护对象掌握一定的劳动技能,提高其回归社会后的生存能力。调查发现,有的观护基地对观护对象发放适当的生活补贴,有的观护基地对观护对象与正式工人一样,同工同酬。② 随着观护基地实践探索的不断深入,劳动技能培训的方式也在不断创新和发展。例如,J市检察院对原有的观护基地教育培训模式进行了拓展,吸收职业学校参

---

① 截至调查时,L市观护基地接收的6名观护对象中无一人重新犯罪。
② 例如,C市X区"德春基地"对进入该基地的观护对象,均根据相应的工作岗位来发放报酬,与其他工人一样。

与对观护对象的教育培训活动,通过与厨师学校或其他技校合作共建,请职业学校对观护对象进行职业培训。职业学校的参与,使得对观护对象的劳动技能培训更具专业性和实用性。

(六)出具情况证明

涉罪未成年人进入观护基地后,基地通常都会对观护对象独立建档。帮教人员会填写跟踪考察表,定期记录观护对象的活动和教育内容。观护结束后,观护基地要针对涉罪未成年人在观护基地的表现作出情况证明。情况证明可能会对案件处理产生一定影响。主要包括三种情况:(1)在公安机关移送审查起诉时将情况证明提交检察机关,为是否作出起诉决定提供参考。尤其是在检察机关作出酌定不起诉决定时,该情况证明往往成为评估犯罪嫌疑人社会危险性的重要参考;(2)在检察机关提起公诉时把情况证明随案移送法院,作为对涉罪未成年人定罪量刑的参考;(3)在提供书面情况证明的基础上提出量刑建议,作为法院量刑的参考。

C市T区法院与新希望社会实践基地建立起联合工作机制,构筑审判前考察和审判后观护两项措施,以扩大对涉罪未成年人进行观护教育的空间。对于法院拟判处非监禁刑的未成年被告人,发出"判前观护通知书",送交新希望社会实践基地进行观护,并定期到基地了解情况,将观护基地的考察报告作为量刑的依据之一。法院对未成年被告人依法判处非监禁刑后,向其发出"判后观护通知书",送交新希望社会实践基地进行观护。法院定期到基地与观护对象开展谈心活动,了解观护对象的思想状况和学习、工作、生活情况,帮助观护对象回归社会。

(七)进入观护基地案件的办案期限

各地都对进入观护基地的案件规定了较短的办案期限,以求加快案件处理的速度。以W市C区为例,对进入观护基地的未成年人刑事案件,区公安分局应当在取保候审后7日内侦查终结;检察院经审查认为应当提起公诉的,必须在移送审查起诉后7日内提起公诉;法院应当在受理案件后15日内作出宣判。检察院经审查认为可以不起诉的,一般应当在受理案件后30日内作出不起诉决定。相比刑事诉讼法规定的办案期限,涉罪未成年人进入观护基地的案件在侦查期限、审查起诉期限和审判期限方面都明显缩短,程序运行的速度大幅提高,既有利于提高办案效率,也可以降低观护期间发生脱逃或重新犯罪的风险。

三、效 果 分 析

通过构建以观护基地为基础的社会支持体系,扩大对涉罪未成年人非羁押措施的适用,体现了对涉罪未成年人这一特殊群体的关注,符合儿童利益最大化原则和我国法律政策关于对未成年人严格限制适用逮捕措施的规定。

(一)对审前羁押的影响

根据《刑事诉讼法》第67条的规定,保证人应当具备以下条件:与本案无牵连;有能力履行保证义务;享有政治权利,人身自由未受到限制;有固定的住处和收入。保证人的义务是监督被保证人遵守有关法律规定,并在发现被保证人可能发生或已经违反法律规定时,及时向执行机关报告。在实践中,涉罪未成年人的保证人多是其法定代理人或近亲属。对于涉罪外来未成年人而言,父母或其近亲属要么不在涉案地,要么在当地无固定住所和固定收入,大大限制了非羁押措施的适用。观护基地作为非羁押措施的支持体系,扩大了取保候审保证人的来源范围。当涉罪未成年人无法提供保证人且交不起保证金时,可通过观护基地由其他合适的人承担保证人责任,从而扩大取保候审的适用。

扩大对涉罪未成年人适用非羁押措施,意味着审前羁押数量的减少。在其他条件相同的情况下,观护基地作为非羁押措施的支持体系,为涉罪未成年人提供保证人或交纳保证金,使涉罪未成年人可以适用非羁押措施,从而降低未成年人审前羁押率。例如,通过建立社会观护体系,S市M区涉罪未成年人取保候审的数量由2004年的23人升至2008年的61人,增幅达165%。其中涉罪外来未成年人在取保候审总人数中的比例由2004年的17.4%升至2009年的76.9%,大大提高了涉罪外来未成年人的取保候审率。再如C市W区和J市,自2007年探索实施观护基地的做法以来,与2006年未开展观护基地的数据相比,W区对涉罪未成年人的取保候审率从2006年的8.8%提高到2007年的17.2%,再到2010年的36.0%,尽管在2008年和2009年对涉罪未成年人的取保候审率有所下降,但仍然高于2006年,总体上有所提升。J市对涉罪未成年人的取保候审率从2007年的4.0%逐步上升,到2010年达到13.6%,与2006年未开展观护基地时的1.0%相比,增幅明显(见图1)。

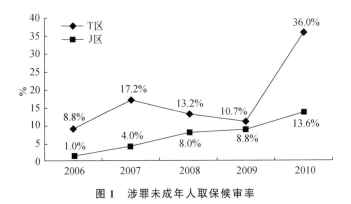

图1 涉罪未成年人取保候审率

对比观护基地试点前后类似案件在处理结果上的差别,也能发现观护基地对审前羁押的影响。

[案例一] 沈某,16岁,汉族,初中文化,河南省人。初犯,涉嫌盗窃2100

元。案发在试点观护基地以后。根据司法局的诉前调查评估报告与社区矫正工作小组的心理咨询报告,检察机关认为,沈某涉案时仅有16周岁,属于未成年犯罪嫌疑人,且无前科劣迹,犯罪情节较轻,悔改表现良好,社会危险性较小,无逮捕必要,建议安排沈某进入观护基地接受监护和帮教。观护基地经对案件情况的评估,同意接收沈某入驻基地。经过观护基地的帮教,检察机关最终对沈某作出了不起诉决定。

[案例二] 颜某某,17岁,汉族,小学文化,无业,四川省人。初犯,涉嫌盗窃2400余元。案发在试点观护基地以前。诉讼过程中,颜某某被检察院批准逮捕。法院最终判处其拘役3个月,并处罚金1000元。

对上述两个案例的处理情况进行比较,可以发现观护基地在降低审前羁押方面的作用。对于沈某,由于通过观护基地得以适用取保候审,从而避免了对其予以羁押,最终检察机关作出不起诉决定;对于颜某某,涉嫌罪名一样,情节相似,数额相近,犯罪嫌疑人的状况也无根本差别,但由于无法提供保证人又交不出保证金,又没有申请观护基地使其适用取保候审,从而被适用逮捕措施,最终被法院判处拘役3个月,并处罚金1000元。可见,观护基地的存在,可以使办案机关对无法提供保证人又交不出保证金的涉罪未成年人适用取保候审,进而减少对涉罪未成年人的审前羁押。

(二) 对定罪量刑的影响

通过观护基地使涉罪未成年人在审前不被羁押,也在一定程度上影响着法院最终的定罪量刑。我们随机抽取了5个观护基地,对在2010年到2011年期间进入这5个观护基地且已经法院审判完毕的未成年人刑事案件作了分析。分析发现,在26名已经定罪量刑的涉罪未成年人中,有24人被判处有期徒刑缓刑、拘役缓刑、管制和单处罚金,轻刑化处理的比例占到92.3%(见图2)。可见,法院对进入观护基地的涉罪未成年人通常都判处较轻的刑罚与量刑幅度,刑罚轻缓化表现较为明显。

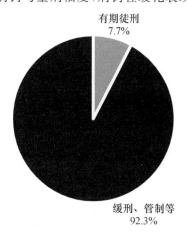

图2 26名进入观护基地的涉罪未成年人的定罪量刑

考察法官对观护基地这一做法的认知态度,也可以反映出观护基地对法院定罪量刑有无影响。与办理过未成年人案件的法官访谈发现,对于进入观护基地的涉罪未成年人,大多数法官表示在作出判决时会参考观护基地出具的情况证明,除特殊情况,通常会判处非监禁刑。有的法官是在判决书中以认罪态度好、有悔罪表现等表达方式来吸收观护基地情况证明,进而予以从轻处罚;有的法官则不仅会将观护基地的情况证明作为量刑参考,而且会在判决书中直接体现出来。

问卷调查显示,有38名法官表示会对接受观护的未成年人适用缓刑,占65.5%;有29名法官表示会对接受观护的未成年人减轻处罚,占50%;有33名法官表示会对接受观护的未成年人从轻处罚,占56.9%;有11名法官表示会对接受观护的未成年人免予处罚,占18.97%,只有2名法官表示不会对接受观护的未成年人从轻或减轻处罚,占3.45%(见图3)。根据问卷调查所反映的信息,多数法官会考虑对帮教效果较好的未成年人适用缓刑、减轻处罚、从轻处罚或免除处罚。这说明,是否进入观护基地以及在观护期间的表现与法官定罪量刑存在一定联系。

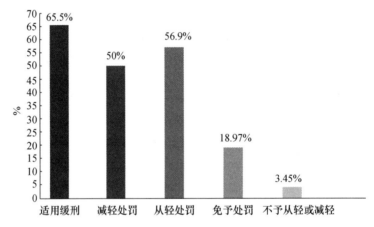

图3 法官对观护基地影响定罪量刑的态度

(三)对复归社会的影响

1. 生活技能的提升

调查发现,未成年人犯罪类型主要集中在盗窃罪、抢劫罪、诈骗罪等侵财性犯罪,占到全部未成年人犯罪的79.1%,其他犯罪占20.9%(见图4)。同时,多数涉罪未成年人的文化程度较低,43名涉罪未成年人中,仅有3人具有中专学历,占7.0%;其余40人均为初中及以下学历。其中,具有初中学历的25人,占涉罪未成年人总数的58.1%;具有小学及以下学历的15人,占涉罪未成年人总数的34.9%(见图5)。可见,文化程度较低,缺少适合的工作机会,缺乏基本的生活技能,没有稳定的经济来源,是未成年人实施犯罪行为的主要原因。如果能够帮助未成年人恢复学业或掌握一定的生活技能,就可以降低未成年人重新犯罪的几率,并帮助其顺利回归社会。

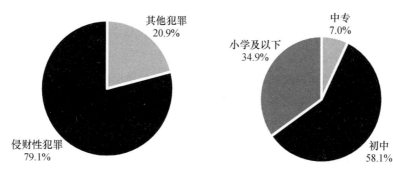

图 4　涉罪未成年人的罪名　　图 5　涉罪未成年人的学历

观护基地通过对涉罪未成年人进行生活技能培训,可以提升其满足自身生活需求的能力。问卷调查显示,超过八成的涉罪未成年人认为在观护基地学到的技能对将来的生活有帮助。43 名涉罪未成年人中,有 36 人认为在观护基地所学技能对将来的生活有帮助,占 83.7%,其中 10 人表示有很大帮助,占 23.3%;有 21 人表示有较大帮助,占 48.8%;有 5 人表示有帮助但帮助不大,占 11.6%。有 5 人表示所学技能对将来生活没有任何帮助,占 11.6%。还有 2 人表示不清楚所学技能对将来生活是否有帮助,占 4.7%(见图 6)。与羁押相比,在观护期间对涉罪未成年人进行生活技能培训,可以提高他们自食其力的能力,帮助其顺利复归社会。此外,观护基地也可以在一定程度上节省帮助未成年人重新融入社会的成本。[①]

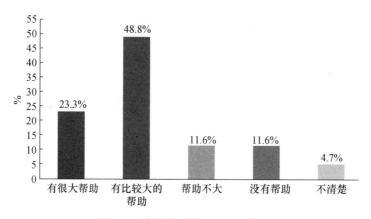

图 6　所学技能对将来生活的帮助

---

① 如刘某涉嫌盗窃案:刘某,19 岁,初中文化,非本地户籍,系初犯,案发前在某工厂打工,不符合取保候审条件。刘某因涉嫌在某工地盗窃建材被公安局拘留。公安机关向检察院提请批准逮捕后,检察院认为刘某盗窃数额较小,年龄刚满 18 周岁,且认罪态度较好,符合进入观护基地的条件,从而以无逮捕必要对其不予批准逮捕。公安机关决定对刘某采取取保候审,并送入观护基地 J 有限公司。经过管护教育,检察院依法对其作出不起诉决定。事后,刘某留在 J 公司成为一名正式员工。

2. 涉罪未成年人对未来生活的态度

涉罪未成年人对未来生活的态度也可以表明观护基地在帮助涉罪未成年人复归社会方面的效果。资料显示,进入观护基地的涉罪未成年人,个人综合素质得到一定提升,对未来生活持较为积极乐观的态度,绝大多数人以"参加工作""返回学校学习"等形式开始新的生活。通过社会观护,2011年S市有近90%的涉罪未成年人得以复学、就业。问卷调查发现,43名正在观护基地接受观护的涉罪未成年人中,有39人对未来生活持乐观态度,占90.7%;只有4人对未来生活较为悲观,占9.3%(见图7)。此外,接受访谈的18名涉罪未成年人均对未来生活持较为积极的态度,15人表示"很后悔、想回家",将来要读书或学技术;3人提出"不希望别人知道自己违法的事情"。访谈中,一些涉罪未成年人特别谈到观护基地工作人员进行的心理疏导有助于其及时反省自身行为。

对16名观护对象的回访记录也表明,绝大多数涉罪未成年人在离开观护基地以后,都以复学或参加工作的形式顺利回归社会,生活状态较为稳定,仅有1人再次犯罪被判处有期徒刑(见图8)。S市M区自开展社会观护体系以来,未成年人取保候审期间脱保、重新犯罪的数量由2005年到2006年的17人减少到2007年的5人,2008年以来无一人脱保、重新犯罪。

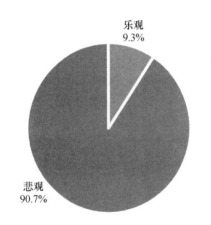

图7 涉罪未成年人对未来生活的态度

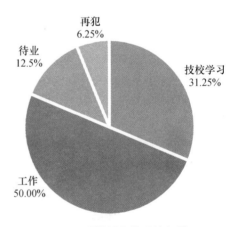

图8 观护对象的回访记录

(四)对办案人员司法理念的影响

课题组对14位办理过此类未成年人刑事案件的警察和检察官进行了个别访谈。大多数办案人员表示,观护基地的实践探索对其司法理念产生了积极影响。

观护基地的实践探索,深化了办案人员对涉案未成年人进行教育的认识。第一,未成年人刑事案件中的教育者角色可以多样化。教育者可以不只是办案人员,通过建立观护基地,使对涉罪未成年人进行教育的实施者由办案人员扩展到观护基地及其他社会组织的工作人员。第二,对涉罪未成年人进行教育的内容可以具体化和实用化。

访谈中,不少办案人员提到,对涉罪未成年人进行教育的内容不再是认识和纠正犯罪行为的危害性,还可以扩展到爱国思想教育、劳动技能培训、心理干预等诸多内容。第三,对涉罪未成年人进行教育的时间和空间可以继续拓展。观护基地的工作人员有更多的时间与观护对象接触,有更多机会进行面对面的交流。在教育的空间上,可以扩展到共同工作的车间、同住的宿舍等任何方便场所。在访谈中,很多办案人员认为,观护基地与取保候审相衔接,进一步深化了未成年人刑事司法工作的教育性,使教育的形式多样化,很好地发挥了刑事司法机制的社会效果,对未成年人的健康成长、社会和谐稳定均有积极意义。

有的办案人员表示,观护基地的实践探索使其开阔了思路,认识到对未成年人的感化可以通过多种形式进行,挽救也可以体现出不同的含义。通过观护基地扩大取保候审的适用,可以避免对涉罪未成年人的长期关押和"交叉感染",这本身就是挽救。观护基地可以让涉罪未成年人感受到社会的温暖,让涉罪未成年人与父母、社会保持较为密切的联系,从而得到更好的感化。生活技能培训可以有效提升涉罪未成年人适应社会的能力,是一种更加积极的挽救。访谈的 14 位办案人员中,有 10 人表示办理未成年人管护案件很有成就感,为自己的工作感到自豪,而这种自豪感来源于对涉罪未成年人的成功感化和挽救。

观护基地的实践探索,使办案人员认识到,对未成年人是否适用逮捕措施、是否作出起诉决定和如何定罪量刑,不仅要考虑未成年人实施犯罪的动机和目的、犯罪性质、情节和社会危害程度,是否初犯、偶犯,归案后是否悔罪等因素,还要对未成年人的成长经历、家庭环境、个性特点、社会交往等情况进行调查,从而更加全面地掌握未成年人案件情况,作出适当处理。

观护基地的实践探索,使办案人员增强了对涉罪未成年人适用非羁押措施的信心,逐步扩大适用非羁押措施。调查显示,办案人员不愿对涉罪未成年人适用非羁押措施的主要原因是担心脱逃,有的办案人员认为羁押有利于调查取证。而依靠观护基地执行取保候审强化了对涉罪未成年人取保候审期间活动的监管力度,力求通过风险评估与基地管理来降低脱逃风险。相比传统意义上的取保候审执行机制,观护基地可以降低涉罪未成年人脱逃的风险,这在一定意义上有助于消除办案人员对适用取保候审的顾虑。

四、存在问题与建议

(一) 观护基地的职能定位

实践中,观护基地大都承担了诸如扩大适用非羁押措施、对被不起诉的未成年人进行帮教和对罪犯实施社区矫正等多项职能,各项职能没有主次之分,相互之间的界限也不是十分清楚,这不仅可能造成不同观护对象间的相互影响,而且容易混淆不同观护对象的界限。因此,应当梳理观护基地的各项职能,对不同的观护对象开展差别化、有针对性的观护工作,以最大程度发挥观护基地的作用。

实践中探索观护基地这一做法的初衷是为那些不能提供保证人又交不起保证金的未成年人提供保证人和临时住所,以扩大非羁押措施的适用。对涉罪未成年人要严格限制适用逮捕措施,这一原则已经被修改后的刑事诉讼法明确规定。因此,观护基地首先应当定位为审前非羁押的支持体系,致力于扩大对涉罪未成年人适用非羁押措施。基于这一职能定位,对于既不能提供保证人又交不起保证金的未成年人,可由观护基地提供食宿、工作、教育条件和保证人。在基地期间,由基地负责对观护对象进行监督管理,包括安排学校学习、提供力所能及的工作机会、进行技能培训、心理辅导等。

除作为审前非羁押的支持体系以外,观护基地还可以承担对被不起诉的未成年人进行帮教和对罪犯进行社区矫正的职能。一方面,对于被不起诉的未成年人,由观护基地开展有针对性的帮教、心理矫治和技能培训等。刑事诉讼法规定了对未成年人的附条件不起诉,要求被附条件不起诉的未成年人应当按照考察机关的要求接受矫治和教育。将观护基地与附条件不起诉衔接起来,由观护基地协助对附条件不起诉的未成年人进行矫治和教育,对于贯彻刑事诉讼法规定具有积极意义。另一方面,对于已经判处刑罚的罪犯,进行社区矫正,包括心理矫正、行为矫正等,让其认识到自身行为的社会危害性,预防再犯。观护基地可以聘请心理咨询专家或者与心理咨询机构合作,依靠心理专家对未成年罪犯进行心理辅导。观护基地也可以与社区矫正机制相衔接,共享教育资源,强化判刑后的帮教措施。技能培训也可以作为一种预防重新犯罪的矫正措施来实施。

当然,也必须看到,被取保候审、监视居住的犯罪嫌疑人、被告人与被判处社区矫正的人不同。被取保候审、监视居住的犯罪嫌疑人、被告人,因法院尚未作出判决,他们不是法律上的犯罪人,不是服刑人员,不能采取矫正、改造的方法。观护基地及其保证人对被取保候审、监视居住的犯罪嫌疑人、被告人,主要是协助执行机关监督其遵守取保候审或者监视居住的法律规定,保证其不逃避侦查、起诉和审判,不妨碍诉讼顺利进行。而未成年人正处于接受教育的阶段,观护基地应当根据当事人的情况和意愿,有针对性地安排其学习或者接受技能培训;对于因家庭等原因存在心理健康问题的未成年人,可以进行心理疏导和治疗。

(二)观护基地与办案机关的关系

根据刑事诉讼法的规定,取保候审和监视居住由公安机关执行。实践表明,公安机关由于警力不足,往往无法承担这一任务,常常使取保候审、监视居住的执行流于形式。在各地的探索中,观护基地的工作主要是由检察机关积极推进,联合公安、法院,由企业、学校、社会福利机构等单位成立观护基地,为不能提供保证人又交不起保证金的未成年人提供保证条件。对公安机关提请审查批捕的未成年人,检察机关认为符合观护条件的,可以不予批准逮捕,而是送交观护基地进行监管教育。未成年人在观护基地期间的监督、教育和报告等事项均纳入基地的工作日程,公安机关作为取保候审和监视居住的执行机关直接参与观护基地的整体工作。在未来观护基地的建设中,应当进一步理顺观护基地与办案机关的内在关系,强化作为取保候审、监视居住执行机关的公安机关的监管作用和作为法律监督机关的检察机关的监督作用。

(三) 观护基地权利和义务的平衡

实践中,存在观护基地的权利和义务不平衡的问题。[①] 在此情况下,观护基地参与刑事诉讼程序的积极性就会大打折扣。正所谓"有权利才有责任",由于观护基地的权利和义务失衡,当基地疏于监管而造成涉罪未成年人脱逃或者再次犯罪时,就缺少追究基地及有关人员责任的正当性。既然观护基地和保证人等没有享有相应的权利,也就很难要求他们必须承担相应的责任。调查发现,责任追究机制欠缺是办案人员在实践探索中普遍担心的问题。访谈中大多数办案人员承认,观护基地和保证人没有享受足够的权利,不应要求它们承担过多义务。

应当进一步完善观护基地的权利和义务体系,规定观护基地和保证人等相关人员享有的权利,以调动企业、社会组织等积极参与其中。例如,有权获得政府提供的补助,有权在税收等方面获得适当优惠等。同时也需要明确它们应当承担的义务。例如,为观护对象提供合适的保证人,为观护对象提供日常生活必需的衣物、食宿条件,监督观护对象是否遵守法律规定和基地纪律,在未经批准离开观护基地时及时向办案机关报告等。观护基地消极履行监管职责的,办案机关可责令检讨或具结悔过;发生观护对象脱逃、再次犯罪等严重情形的,除撤销其观护基地资格外,还可以对该基地处以罚款或追究基地负责人的责任。

(四) 风险评估的落实

调查发现,对涉罪未成年人的风险评估通常是由办案人员进行的,司法行政机关在必要时予以协助。从实践情况来看,风险评估环节缺少律师和被害人等主体的参与,同时社会力量的利用也还不够充分。由办案人员负责风险评估工作,可能会受到办案时间和日常工作量的影响,难以形成客观全面的风险评估报告。而对于律师提供的风险评估报告,办案人员通常持不信任的态度。

通过访谈发现,观护基地的初衷是实现对涉罪外来未成年人的平等保护,随着实践经验的积累,观护对象的范围有所扩展。但是,对于哪些涉罪未成年人可以进入观护基地,哪些不可以,在具体操作时一直比较慎重。例如,有的未成年人虽然涉案数额不大,但办案人员认为其危险性较大,仍然不将其送入观护基地。因此,如何进一步规范风险评估的客观性和公正性,切实发挥风险评估的作用,是有待完

---

① W 市《涉嫌犯罪外来人员管护教育基地工作若干意见(试行)》规定,管护教育基地享有获得领导小组指导与帮助、获得表彰与奖励的权利;管护教育基地须履行的义务包括为观护对象推荐合适保证人、保障基本生活条件、提供技能培训、投保人身意外伤害险、私自离开及时报告、承担相应责任等。

善的问题。

办案机关可以吸纳多元化主体参与,借助社会力量开展风险评估。由办案机关负责对涉罪未成年人的法律问题进行评估,如犯罪类型、犯罪情节、社会危害性等;由司法行政机关或者委托社会力量,如律师、学校、居(村)民委员会、心理咨询机构等,进行特定事项的调查评估。涉罪未成年人的家庭背景、一贯表现、犯罪事实与悔罪表现等,都是风险评估的考量因素。必要时,可以对涉罪未成年人取保候审前的风险评估举行听证,听取涉罪未成年人、被害人、律师等诉讼参与人对取保候审的意见。还要正确看待风险评估后的脱逃问题。取保候审后的脱逃现象只要控制在一定幅度内,就不应以结果倒查风险评估的责任。

(五)对涉罪未成年人的监管

实践中,对涉罪未成年人的监管有多种方式。开放式的监管,观护对象可以自由出入基地,只需遵守基地相关纪律;半开放式的监管,观护对象原则上不得离开观护基地外出活动,经观护基地和执行机关的批准才可以外出。个别监督有利于保障涉罪未成年人不受歧视,从而更好地融入社会,但是需要投入的社会资源也相应要多,如何有效统筹社会资源是个别监督面临的主要问题。集中模式便于基地进行管理,但是容易造成"交叉感染"和受到歧视。如何避免受到歧视和信息不外泄是集中监督面临的主要问题。

对于不存在风险或风险较小的涉罪未成年人,应当采取开放式的、按照一定标准进行分类的个别监督观护方式。对于具有一定风险性但又不应当或不需要羁押的,可以采取半开放式的甚至更为严格的监管措施。

(六)技能培训效果的提升

观护基地的技能培训效果较为显著,多数涉罪未成年人能学到一定的技能,有利于其重新融入社会。调查发现,有的涉罪未成年人后来已经担任企业的技术骨干,但也有部分涉罪未成年人感觉在基地学不到什么技能或者所学技能对将来的生活帮助不大。究其原因,一方面是企业的工作岗位本身难以向未成年人提供适当的技能培训岗位;另一方面是未成年人自己对企业提供的培训岗位并不感兴趣,对学习相应的技能不够积极。应根据涉罪未成年人的自身情况,尽可能选择相应的技能培训项目。对于在校学生应当首先考虑安排其进入学校学习,接受正规教育。不愿意入校学习的,可以进行技能培训。在学习和培训期间,可以安排心理辅导,作为教育的组成部分,但这不是对未成年犯罪嫌疑人、被告人的改造矫治。愿意从事一定劳动的,可以为其安排力所能及的劳动,但不能强迫劳动,应当将其与对判处刑罚的罪犯的劳动改造严格区别开来。

(七)与办案机关考评考核机制的协调

公安机关、检察院和法院内部都有相应的考评考核机制,考评考核的目的在于督促办案人员依法履行职务,但考核结果与办案人员的奖金、晋升等切身利益相关。访谈发现,办案人员在办案时往往会顾忌考评考核指标的影响。例如,破案率不高、批捕率过低或不起诉率过高,都可能影响公安机关内部的考评考核结果。观护基地在根本上是通过观护基地扩大适用非羁押措施,降低羁押措施的适用率,与办案机关的考评考核机制存有一定冲突。

应当根据法律效果、社会效果来设定考评指标,评价进入观护基地案件的办案效果。观护基地取保候审不作为批捕率的统计数据。观护对象被不起诉的案件,不作为公安机关侦查质量的考评范围。观护对象被判处缓刑、管制的案件,不作为检察机关公诉质量的考评范围。

刑事诉讼法修改视野下的未检工作[*]

主讲人：樊荣庆，上海市人民检察院未成年人刑事检察处处长，全国检察业务专家，上海市法学会未成年人法研究会副会长

主持人：刘瑞瑞，上海政法学院刑事司法学院副院长、教授

时　间：2014年11月27日上午

少年司法制度的建设水平被视为衡量一个国家的法治文明程度和人权保障程度的重要标志之一。2013年1月1日正式施行的新修订后的《中华人民共和国刑事诉讼法》，吸收了近年来我国各地司法机关在办理未成年人刑事案件中取得的经验和成果，增设"未成年人刑事案件诉讼程序"[①]专章，对未成年人犯罪案件的刑事诉讼程序进行了特别规定，填补了我国未成年人犯罪刑事诉讼专门立法的空白，对于我国少年司法制度的发展具有里程碑意义。未成年人特别诉讼程序的确立，给未成年人检察工作的发展带来了深远影响。作为长期从事和研究未成年人刑事检察工作的检察官，笔者试图从未成年人特别诉讼程序贯彻落实的组织保证、模式延伸、人权保障、社会支撑四个方面出发，探索未成年人刑事检察工作发展的新路径，从而不断完善具有中国特色的未成年人刑事检察制度。

一、未成年人特别诉讼程序的组织保证：
未成年人刑事检察机构专业化建设

"未成年人刑事案件诉讼程序"的设置，体现了刑事程序法对未成年人独特性的认可和保护，也对未成年人案件的办理提出了更高的要求。特别是检察机关与未成年人案件的刑事诉讼程序存在全方位的联系，在政法机关中是唯一一家在刑事诉讼全过程中都负有职责的机关，成立专门机构尤为必要。[②] 上海作为未成年人刑事检察工作的发源地，抓住检察工作机制改革的有利时机，早在20世纪80年代末就开始了机构专业化的探索。从1986年，上海长宁区人民检察院率先设立的"少年起诉组"，到1992年上海市虹口区人民检察院设立的全国首个未成年人刑事检察科，再到2011年上海

---

* 本讲稿由主讲人提供。
① 以下简称未成年人特别诉讼程序。
② 参见朱孝清：《关于未成年人刑事检察工作的几个问题》，载《预防青少年犯罪研究》2012年第6期。

市检察院以及一、二分院未成年人刑事检察处相继成立,上海检察机关用二十五年的时间,构建了三级独立建制的完备的未成年人刑事检察专业化机构。专业化机构体现出前所未有的优势:一是专业化审理机制有了机构依托和保障,便于集中力量进行未成年人检察(以下简称"未检")工作的研究与探索,大大加快了未检工作的发展速度,提升了未检工作水平;二是将专业化审理的范围由审查起诉工作扩展到审查逮捕、诉讼监督、犯罪预防等环节,放大了专业化审理机制的积极作用,强化了教育、挽救效果;三是开辟了统一的未检工作对外窗口,为未检部门参与构建未成年人刑事司法体系与未成年人犯罪预防矫正体系提供了有力支点;四是未检工作的机构独立化为保持一支相对稳定的未检人才队伍提供了必要保障。① 由此可见,在未成年人特别诉讼程序的框架下,未成年人刑事检察专门机构的建设尤为重要。

(一)自上而下推动未成年人刑事检察专门机构建设

《最高人民检察院关于进一步加强未成年人刑事检察工作的决定》第7条明确提出:省级、地市级检察院和未成年人刑事案件较多的基层检察院,原则上都应争取设立独立的未成年人刑事检察机构,暂不具备设置条件的,也应当在省级院设置专门的业务指导机构。这一规定明确了最高检自上而下推动未成年人刑事检察专门机构建设的指导思想,也只有自上而下地推进专门机构建设,才能保障未检各项改革顺畅有序地进行。截至2013年底,全国三级检察机关共有独立编制的专门未检机构807个,较2012年12月的540个增加了49.44%;公诉部门下设未检工作办公室740个,较2012年12月的689个,增加了7.4%;在公诉部门下设未成年人犯罪案件办案小组1275个,较2012年12月的1346个减少了5.27%。② 未成年人刑事检察专门机构的建设,已经取得了明显的进步。

(二)理顺三级未成年人刑事检察专门机构的职能分工

省级人民检察院未检部门的主要职能:承担全省各级未检部门刑事检察和犯罪预防的业务指导和工作考核;审查不批准逮捕、不起诉决定复核案件;审查提请延长犯罪嫌疑人羁押期限的案件;办理省级人民法院决定开庭审理的上、抗诉二审案件;下级人民检察院按照审判监督程序提请抗诉的案件;下级院书面请示的案件;督办案件、上级领导交办案件以及本院检察长交办的其他案件;对侦查、审判机关的诉讼活动依法进行监督以及犯罪预防。

地市级人民检察院未检部门的主要职能:审查省级公安机关提请批准逮捕、移送审查起诉的可能判处无期徒刑的案件;审查不批准逮捕、不起诉复议、复核案件;审查提请延长犯罪嫌疑人羁押期限的案件;被害人为未成年人的刑事附带民事诉讼案件或共同犯罪案件中有未成年犯罪嫌疑人的刑事案件;出席一审、二审法庭,支持公诉、履

---

① 资料来源:上海市人民检察院副检察长余啸波在上海未检工作25周年纪念大会上的讲话。
② 资料来源:高检院公诉厅2014年7月《关于全国未成年人刑事检察专门机构建设进展情况的通报》。

行职务;未成年被告人上诉或检察机关抗诉以及书面请示案件;上级检察机关指定或本院检察长决定的交办案件;对侦查、审判机关的诉讼活动依法进行监督;对审判机关的判决、裁定进行审查,对确有错误的依法提出抗诉;结合办案开展社会治安综合治理活动。

基层人民检察院未检部门的主要职能:审查各区公安机关提请批准逮捕、移送审查起诉的普通刑事案件;审查不批准逮捕、不起诉复议案件;出席一审法庭支持公诉、履行职务;对审判机关的判决、裁定进行审查,对确有错误的依法提出抗诉;对侦查、审判机关的诉讼活动依法进行监督;结合办案预防犯罪并开展社会综合治理。

(三) 推动未检队伍专业建设

工作方法和审理的专业化,必然要求人员的专业化。未检专业化机构建立后,未检人员专业化的问题会越显迫切,为此建议继续输送年轻的未检干部进行心理学等知识的培训;另外近年招收公务员时,应考虑相关专业的未检人才;培育引进若干博士人才;加大未检人才小组建设,完善未检队伍的专业结构、性别结构、年龄结构,从而推进未检队伍的梯队化建设。

二、未成年人特别程序模式延伸:捕诉监防一体化职能的拓展

《最高人民检察院关于进一步加强未成年人刑事检察工作的决定》明确对于未成年人案件实行"捕、诉、监(法律监督)、防(犯罪预防)一体化"这一未成年人刑事检察工作的独特模式。未成年人特别程序强调了在刑事诉讼各个环节对未成年人的特殊保护,基于这一理念,建立专门的未成年人监所检察和刑罚执行监督工作模式正是"捕、诉、监、防一体化"工作模式的合理延伸。

未成年犯刑罚执行监督主要包括监外执行检察和所内检察。对所内关押的未成年人,加强分关分押的监督和对在押未成年人的心理疏导和教育改造。未检部门在审查逮捕和审查起诉时,应运用符合未成年人年龄特点的方式与在押的未成年人进行谈话和教育,对其在押期间的表现进行审查,对刑讯逼供等非法取证应及时监督纠正。对于未成年人的社区矫正,我国现行的法律法规没有作特别的规定,相关办法也仅对未成年人的社区矫正作了一些原则性的规定,使得未成年人司法制度中的矫正过程基本上无异于成年人。因此,未成年人监外执行的监督是刑罚执行监督工作的重点,有必要探索设计专门的工作模式。

(一) 探索监外未成年犯执行监督和矫正模式的原则

一是专门化原则,即一切围绕未成年犯社区矫正的教育手段、矫治措施、处置规定都必须依据未成年人心理、生理特点而专门设定,并由专门机构和专门人员来实施;二是矫正优先原则,对于社区矫正中违规的少年犯应该设立一套有层次性的制裁选择,

尽一切可能避免转处监禁;三是必要性原则,任何制裁性的执法行为只要足以接近法定矫正目的即为合理,它要求手段的运用不得超过目的所必需的"度";四是程序正当原则,即在处理涉及未成年人的重大权益时必须履行告知义务、给予申辩、举行听证、可以申请回避等,以避免执法者的恣意擅断。

(二) 监外未成年犯执行监督和矫正模式的整体设计

1. 执行监督制度的构建

"专注惩罚,将惩罚目标绝对化,有可能使刑罚适用走向非人道;而专注矫正,将矫正目标绝对化,有可能使刑罚执行走向乌托邦"[1]。我们认为,尽管社区矫正惩罚的严厉性低于监禁刑,但是它的惩罚功能是不能否认的,同时也必须清醒地认识到教育感化并非万能,因此绝不能淡化社区矫正的刑事执法性。但是在执法环节,我们可以依据矫正优先原则和必要性原则,在减刑、假释、撤销缓刑、撤销假释等刑罚执行变更的条件方面,建立有利于未成年犯社区矫正的操作细则,以引导督促未成年犯积极接受教育改造,遵守和履行法定的规则和义务,保证社区矫正的行刑效果。

(1) 放宽减刑的条件。对于减刑的具体条件,各地都是以地方司法解释性文件的形式予以具体规定的,根据矫正对象的日常监管表现和日常积分,以立功、表扬、评选社区矫正积极分子等形式积累减刑的条件。就上海的社区矫正规定来说,缓刑对象除了有重大立功表现外,必须两次被评为社区矫正积极分子或一次社区矫正积极分子并有立功表现,才具备减刑条件,而事实上社区矫正积极分子是每年评选一次的。基于监外未成年犯一般都是刑期三年以下的缓刑对象,同时这一群体在年龄层次、综合能力以及社会阅历上与成年人相比存在一定的差异,相对来说获得减刑的机会就大为减少了。监所检察实践中发现,近几年来上海市监外未成年犯没有获得减刑的案例。因此我们提出,能否对立功、表扬、评选劳动积极分子以及日常积分的条件进一步放宽,将未成年犯在校学习表现、参加公益活动情况以及被害人的意见等情况也考虑进去,并建议相对减少减刑的条件中对立功、表扬、评选劳动积极分子的次数要求。可以规定,被判处缓刑的未成年犯,缓刑考验期已过三分之一以上的,在其就读的学校或工作单位,学习成绩良好,积极参加学校或单位活动,表现突出的(受到各种表彰、奖励);或在缓刑考验期间有两次以上表扬,或有立功(即记功)表现,悔改表现突出的,可以减刑;被评为社区矫正积极分子的,或有重大立功表现的,应当减刑。

(2) 简化减刑审批程序。虽然我国法律规定缓刑考验期为五年以下,但是如前所述,司法实践中对于未成年人适用缓刑考验期较短,一般均为三年以下,同时减刑又必须有一定的表现积累,减刑报批手续也比较繁复,因此监外罪犯获得减刑的周期比较长。例如在上海的矫正试点中,监外罪犯减刑是由街道司法所提出后,提交区司法局日常行为考评小组进行讨论,通过后还要报市矫正办批准,再由街道司法所提请公安

---

[1] 翟中东主编:《自由刑变革——行刑社会化框架下的思考》,群众出版社 2005 年版,第 223 页。

机关提出减刑建议,最后经由中级人民法院依法裁定。如此周折往往至少要耗费二、三个月,甚至更长的时间,对少年犯而言,无疑浪费了他们人生中最美好、最宝贵的一段年华。因此我们建议法院对于监外未成年犯减刑,可以采用举行听证的办法,既保证执法程序的透明公开,又简化减刑的报批程序,使悔罪表现良好的未成年犯及时获得减刑,尽快重返社会生活的正常轨道。

(3) 提高收监执行的门槛。同样根据矫正优先的原则,对监外未成年犯在社区矫正过程中违反监督管理义务,发生破坏社会秩序的违法越轨行为的,应该比照成年犯的收监执行条件,适当提高收监门槛,慎用非常手段,不轻易收监执行。可以先通过训诫、延长考验期①等途径,给其一个改过的机会,尽可能避免直接将法律威胁变为现实。只有当未成年犯明显或重复违反有关监管义务和行为规则,采取其他措施不足以警戒其继续越轨时,才可以依法撤销缓刑、假释而收监执行刑罚。实践中,可以比照成年犯,如果未成年缓刑人员在缓刑考验期内,两次违反治安管理处罚规定,或擅自脱离监管4个月以上,或向他人提供毒品,胁迫、诱骗开具麻醉药品、精神药品,教唆、引诱、欺骗吸毒,非法持有毒品不构成犯罪的以及吸食毒品或注射毒品的;未成年假释人员在假释考验期内,两次违反治安管理处罚规定,或擅自脱离监管3个月以上的,或非法持有毒品不构成犯罪的以及吸食毒品或注射毒品的;暂予监外执行的未成年人运用非法手段取得继续暂予监外执行(保外就医)资格的,或以自伤、自残、欺骗等手段故意拖延暂予监外执行(保外就医)时间的,或受到行政拘留处罚的,发现以上情况可予以训诫,经教育仍不改的,应当撤销监外执行予以收监,从而积极教育挽救罪错少年。

(4) 设立多种处置措施。社会对未成年人的宽容并不代表漫无节制地放纵,必须要有足够的惩罚措施作为补充。对于不服从矫正管理的未成年犯,除情节严重应予收监外,对于其他边缘行为也应该制定相应的惩戒措施。但是现行社区矫治模式由于缺乏更多的非刑罚处置措施可供选择,导致司法实践部门对于未成年犯的出轨行为,要么升格处理——收监执行,要么降格处理——一放了之,两者均不能有效实现矫正功能,因此这种选择本身就显得很无奈。虽然在司法实践中,也采取了扣分、警告、记过等惩戒措施,我们认为这种日常奖惩积累的制度,虽然具有持续改塑矫正对象行为的功效,但也存在惩处不及时兑现而养虎成患的弊端。因此应该根据必要性原则,设立灵活多样的处置措施,例如,可采用一系列令状制度,发出社会服务令②、职业技能训练令、交纳保证金令、家庭监禁令、接受戒酒、戒毒和精神治疗等矫正型惩罚措施;如果轻微出轨行为是由于家长疏于监管造成的,可以向监护人发出监管令;等等。在未成年人不思悔改、恶意逃避法律制裁、拒不履行有关义务的情况下,执行机关可以宣布"附条件不收监",从而使非监禁刑的执行过程保持必要的张力。这种递次增进的原则

---

① 如《俄罗斯联邦刑法典》《澳门刑法典》等有关立法颇有可借鉴之处。
② 笔者认为,虽然由法院签发社会服务令的实践是否违背法律在我国现阶段还是一个值得探讨的问题,但其中体现出来的矫正思想是值得鼓励和提倡的,同时,由矫正机构将之作为非刑罚性的处置手段来实施,也许是可行的。

也是国际上未成年人司法制度中"保护优先"的直接体现。

2. 特殊矫治模式的构建

鉴于未成年人生理、心理发育不成熟,世界观、人生观还未形成,应当采取特殊矫治模式予以应对。这也正如帕尔默所说的:"我们不能强求用一种药物治愈所有的病,用一种方法矫治所有的罪犯"①。对未成年人适用社区矫正是一种成熟的国际经验和发展趋势。在特殊矫治模式的构建中已经有许多成功的做法可资借鉴。在现阶段至少可以从以下三方面探索监外未成年犯的特殊矫治模式,使之与一般化的社区矫治方式加以区分。

(1) 建立培养专业的矫正队伍。矫正者的专业水平是未成年人社区矫正取得成效的主要因素,由于这项工作具有刑事制裁性、社区参与性、教育挽救性、特殊保护性等特征,工作人员仅靠短期培训难以满足刑事执法工作的需要。而一旦社区矫正工作者不能正确履行职能,就容易违背社区矫正的特征和少年司法保护的宗旨,导致司法正义被危及。《联合国少年司法最低限度标准规则(北京规则)》在第 22 条说明中指出,对于社会工作者和缓刑监督人员"受在职专业教育应为最低条件",而在美国社区,矫正工作者的平均教育程度是学士学位。因此要在提高目前矫正工作人员的准入门槛的基础上,通过特别的考核和严格的聘任程序,择优建立一支高素质的未成年犯社区矫正队伍,并定期开展以犯罪学、教育学、心理学、精神科学、行为科学等为内容的知识和技能培训,以保证他们胜任未成年人矫正工作。

(2) 引入心理治疗矫正项目。未成年人因犯罪而受到追诉之后,其处境和心理状态往往是非常复杂的,要从根本上消除其犯罪人格离不开心理矫正项目。司法部 1999 年通过的《未成年犯管教所管理规定》第 39 条规定:"未成年犯管教所应当建立心理矫治机构,对未成年犯进行生理、心理健康教育,进行心理测试、心理咨询和心理矫治。"而目前的社区矫治工作中,尚未对未成年矫正对象作出同样的规定。事实上,未成年犯恶习不深、易转变、可塑性强,对于矫正工作者来说,对未成年人进行矫正相对容易。因此,我们主张专业的心理治疗应该成为监外未成年犯矫正中的必要的工作方法。

(3) 增加科学鉴定的工作程序。犯罪学理论中有一句名言:"犯罪原因如同一棵树上没有两片相同的树叶。"在对未成年矫正对象进行心理疏导的同时,还应该对他们进行一系列科学鉴定,包括医学鉴定、心理鉴定、人格调查以及重新犯罪的危险性评估等。增设这一工作程序将有助于查明少年犯罪的原因,特别是少年性犯罪和女少年犯罪的原因,在此基础上,才能综合选择适合他们的治疗方法、矫正方式和监管措施。

3. 规范运作机制的构建

加快社区矫正制度的本土化构建,提高我国未成年人社区矫正工作水平,必须不

---

① 〔英〕布莱克伯恩:《犯罪行为心理学理论研究与实践》,吴宗宪等译,中国轻工业出版社 2000 版,第 336 页。

断规范监外刑罚执行的运作机制,公、检、法、司各部门应该在现行法律框架之下,进一步明确各自在社区矫正工作中的权力边界,从而理顺工作关系,增强配合力度,形成分工明确、职能衔接的运作机制。

社区矫正机构作为工作主体,应自上而下设有专门科室负责和协调未成年人社区矫正管理工作。其职责包括:(1)对监外未成年犯进行监督考察,可以直接采取非刑罚性处置措施,以保护社区安全。(2)对未成年犯进行专门矫治和提供帮助服务,以利罪犯重返社会。(3)负责根据监外罪犯监管表现,及时向执行机关提出变更刑罚执行的建议,并负有提供相应材料的义务,以保证刑罚的正确实施。

公安机关作为法定的监外刑罚的执行机关,负责:(1)对未成年监外罪犯的接收列管、训诫、执行期满宣告工作等,应当采取融"教育、关怀、警诫"于一体的人性化的方式,及时将有关信息传递到基层矫正机构和检察机关监所部门。(2)根据社会人口流动现象,对监外未成年犯开展实有人口管理,体现平等保护原则,要及时排摸掌握非本地户籍但属常住人口的矫正对象,加强与矫正组织之间的情况通报和信息传递,防止脱管漏管。(3)对于矫正机构提出变更刑罚执行的建议和材料,及时审查并依法提请法院裁定。

检察机关未检部门作为未成年人刑罚执行的法律监督职能部门,应在交付执行、变更执行、执行终止和监管考察等环节进行同步检察监督:(1)要重点对未成年犯交付执行、变更执行、执行终止的及时性、准确性加以监督,发现未成年罪犯脱管、漏管、没有落实帮教措施的应当依法提出纠正意见。(2)对执行机关和矫正部门是否把未成年犯交由专业矫正人员监管,是否对未成年犯采取心理矫正以及是否采用有别于成年犯的监管方式进行监督。(3)监督对符合减刑条件的未成年罪犯,矫正部门和执行机关是否及时提出减刑建议、审判机关是否及时裁定;对不服从矫正管理的未成年犯,矫正部门是否及时采取恰当的处置措施予以教育惩戒;对未成年犯严重违反或重复违反监管规定的,矫正部门和执行机关是否及时建议撤销监外执行。

审判机关在社区矫正中负有如下职责:(1)适用非监禁刑的判决,以及刑罚执行变更的裁定生效后,应当从有利于教育矫正的目标出发,在听取未成年犯及其监护人合理意见的基础上,以书面形式确定执行管辖地。(2)及时、准确地将有关判决书或裁定书等有关法律文书送达被执行人的居住地执行机关和检察机关,以便执行机关对未成年矫正对象及时接管。(3)对于执行机关依法提出给未成年人减刑或者撤销缓刑、假释的书面意见,应当及时予以审核、裁定。

三、未成年人特别程序的人权保障:
未成年人特殊检察制度的完善

未成年人特别诉讼程序专章特别强调了对保障涉案未成年人的诉讼权利和合法权益的保护,对未成年人刑事诉讼的诉讼方针和原则、保障辩护权、社会调查、逮捕措施、法定代理人到场、附条件不起诉、犯罪记录封存等方面作出了规定,这就需要检察机关对现有未成年人特殊检察制度加以改造和完善,全面保护涉案未成年人的权益。因未成年人特殊检察制度涉及较多内容,故笔者仅选择以下三方面进行论述:

(一)完善法律援助制度,确保未成年人强制辩护制度的全面落实

修订后的《刑事诉讼法》第267条规定:"未成年犯罪嫌疑人、被告人没有委托辩护人的,人民法院、人民检察院、公安机关应当通知法律援助机构指派律师为其提供辩护"。较之修订前的第34条,该条款将未成年人的刑事辩护权覆盖到整个刑事诉讼过程。明确了未成年人不仅在审判阶段,而且是在整个诉讼程序中均有获得法律援助的权利。未成年人强制辩护制度的落实,需要高效的法律援助机制以及专业化法律援助律师资源提供支持和保障。

一是以侦查阶段为重点,保障法律援助工作的全程化和全覆盖。

上海检察机关自20世纪90年代开始探索未成年人法律援助制度,2000年,上海市人民检察院与上海市司法局签订了《关于在检察阶段对未成年犯罪嫌疑人实施法律援助的办法》,对检察阶段涉罪未成年人申请法律援助的条件、程序以及与法律援助机构的配合衔接机制进行了规范。经过多年的探索和推进,在上海的司法实践中,未成年人案件在审查起诉阶段、审判阶段已经实现了法律援助的全覆盖。但未成年人在侦查阶段获取法律援助的途径,主要还是依靠在案件的审查逮捕过程中,通过检察机关申请法律援助的模式。侦查阶段法律援助的缺失,使得未成年人难以在刑事诉讼的初期获得有效的法律帮助,不利于对未成年人诉讼权利的保护。因此,应当推动以公安侦查阶段法律援助的落实为重点,确保未成年人强制辩护制度的落实。检察机关在办理未成年人审查逮捕案件过程中,如果发现公安机关没有按照规定为涉罪未成年人落实法律援助的,应当及时进行监督,督促公安落实。

二是建立专业化的未成年人刑事法律援助队伍。

未成年人身心发展的特点,决定了未成年人对法律援助的特殊需求。随着法律援助制度的不断发展和完善,可以预见,面向未成年人群体的专门的未成年人法律援助机构将会出现并逐步增多。[①] 上海市一些基层检察院与区司法局、法律援助中心合作,在辖区内律师事务所中选取具有一定专业能力、有责任心、熟悉未成年人案件特点及法律规定的律师,组成专业团队,负责未成年人刑事案件的法律援助工作,取得了很好的成效。目前,经上海市人民检察院与市司法局协商,上海市级层面的未成年人专业法律援助律师队伍也在组建当中。笔者认为这一模式值得推广,各地检察机关应当加强与司法行政机关、法律援助中心的沟通与协作,集中优质律师资源,组建一支了解未成年人的身心特点、致力于未成年人挽救工作、拥有一定辩护经验、专门从事未成年人辩护工作的稳定队伍,并且在诉讼全过程中指定同一名法律援助律师提供法律援

---

① 参见韩冰:《论我国未成年人法律援助与司法人权保障》,载《青少年犯罪问题》2008年第4期。

助,实现未成年人法律援助工作的专业化发展。

三是建立法律援助评价机制,保障未成年人刑事法律援助质量。

刑事法律援助案件的服务质量是刑事法律援助的生命,仅仅有法律援助服务并不意味着受援助人就得到了真正的法律帮助。① 在英国,质量控制可谓其法律援助工作的重中之重,从律师个人素质、律师事务所内部监督,到律师协会的行业要求、法律服务委员会的合同标准等诸多方面均建立起了较为完整和严格的质量规范和保证体系,确保向所有人提供合格的法律援助服务。② 笔者认为可以借鉴这一经验,由司法行政部门下属的法律援助机构建立未成年人法律援助质量考核标准,采取向公安机关、检察机关、法院、涉罪未成年人及其法定代理人发放法律服务质量反馈表、案件抽查等方式,对法律援助律师的工作进行考核,对工作表现突出的法律援助律师给予一定的奖励,以激励和鞭策法律援助人员提高办案质量,保证受援助人得到优质的法律援助服务。

(二) 建立未成年人羁押必要性审查制度,降低涉罪未成年人羁押率

对涉罪未成年人慎用逮捕措施,降低羁押率,已经成为理论界与实务界的共识。虽然修订后的《刑事诉讼法》第93条,规定了羁押必要性审查制度,但未成年人的羁押必要性审查制度应当具有不同于成年人的独特属性。笔者认为,建立未成年人羁押必要性审查制度,应从以下几个方面入手:

一是明确未成年人羁押必要性审查的范围。

修订后的《刑事诉讼法》第93条规定,检察机关应当对被逮捕的犯罪嫌疑人、被告人进行捕后羁押必要性审查。同时第269条规定:"对未成年犯罪嫌疑人、被告人应当严格限制适用逮捕措施。人民检察院审查批准逮捕和人民法院决定逮捕,应当讯问未成年犯罪嫌疑人、被告人,听取辩护律师的意见。"这一规定体现了未成年人审查逮捕案件区别于成年人的审查方式。因此,对未成年人羁押必要性审查应当做广义理解,羁押必要性审查的对象为在押的涉罪未成年人,既包括侦查阶段的羁押必要性审查,又包括涉罪未成年人被采取逮捕措施后的羁押必要性审查。

二是建立未成年人羁押必要性审查的多重标准。

对未成年人的羁押必要性审查应当建立在三重标准之上,即实体性条件、程序性条件、监护帮教条件。实体性条件,即未成年人的罪行轻重条件。对于罪行较轻的未成年人,一般应当直接认定其符合无羁押必要的罪行条件。对于罪行较重但具有其他法定从宽情节或突出的酌定情节的未成年人,也可以认定其符合无羁押必要的罪行条件。程序性条件,即未成年人是否具有妨碍诉讼顺利进行或再次违法犯罪的现实可能性。对于有羁押必要的条件,应当主要采用列举式加以规定,并辅以概括式的兜底条款,即"其他可能妨碍诉讼顺利进行或再次违法犯罪的情形"。此外,对于未成年人案

---

① 参见张中:《弱势群体的法律援助》,中国人民公安大学出版社2008年版,第141页。
② 参见桑宁、蒋建峰:《英国刑事法律援助质量控制体系及启示》,载《中国司法》2007年第1期。

件,应当将是否具备监护帮教条件作为羁押必要性的关键要素。另外,检察机关的未检部门在审查未成年被告人是否有羁押必要时,可以发挥捕诉合一的体制优势,结合法院量刑标准,对可能判处的刑罚作出较为准确的判断,并据此把握有无羁押必要以及羁押时间的长短。

三是对未成年人羁押必要性审查程序进行司法化改革。

首先,要求公安机关在提请批准逮捕时,对涉罪未成年人的羁押必要性进行论证,并提供相应的证据予以证明。其次,检察机关对在押未成年人进行羁押必要性审查的过程中,应当向未成年人的法定代理人、辩护人制发听取意见通知书,全面听取其对于羁押必要性的意见。最后,对是否适用非羁押措施有重大争议的案件或检察机关认为有必要的案件,可采取不公开听证的方式开展未成年人羁押必要性审查。听证会由检察机关承办人主持,当面听取办案人员和监管人员,在押未成年人及其法定代理人、辩护人以及其他有关人员的意见,参与听证的各方人员可以充分阐述在押未成年人是否具有羁押必要性的理由并进行辩论,检察人员居中裁判,在充分听取各方意见的基础上,作出最终的决定。

(三)规范适用附条件不起诉制度,丰富未成年人非刑罚化处遇方式

未成年人附条件不起诉制度是未成年人特别诉讼程序创设的一项专门的、特殊的未成年人不起诉制度,它的建立赋予检察机关在处理未成年人案件上更大的自由裁量权。附条件不起诉制度的建立,丰富了我国的不起诉制度层次,增加了未成年人非刑罚化处遇方式,具有十分积极的意义。检察机关应当从以下几个方面规范适用附条件不起诉制度。

一是准确把握附条件不起诉与相对不起诉的关系。

附条件不起诉制度与相对不起诉制度看似在法律适用上有一定的重合,但二者还是具有明显的区别:第一,附条件不起诉仅适用于未成年人,而相对不起诉的适用不区分成年人与未成年人;第二,二者的适用范围不同;第三,附条件不起诉的结果具有不确定性,而相对不起诉决定具有终局性;第四,被附条件不起诉的未成年人必须完成一定的附加义务才能获得不起诉的结果,而相对不起诉决定直接依法作出,不需要履行附加义务。在附条件不起诉制度尚未确立前,一些地方的检察机关也对相对不起诉制度进行了改造,如上海检察机关实行的"诉前考察"制度,扩大了相对不起诉案件的适用范围,并在相对不起诉决定作出之前设置教育考察环节。"诉前考察"制度对于"教育、感化、挽救"涉罪未成年人起到了积极的作用,但在适用中也出现了实施相同犯罪行为的成年人可直接被相对不起诉,而未成年人则需要经过考察才能被相对不起诉的情况。在附条件不起诉制度确立后,相对不起诉制度的适用也应当回归法律的基本规定,严格限制其适用范围。对于未成年犯罪嫌疑人具有免除刑罚情节或者情节轻微,不需要判处刑罚的,应当优先作出相对不起诉决定。

二是建立附条件不起诉制度不公开听证程序。

修订后的《刑事诉讼法》第271条规定:"人民检察院在作出附条件不起诉的决定以前,应当听取公安机关、被害人的意见。"同时该条第三款也规定,附条件不起诉决定应征得未成年犯罪嫌疑人及其法定代理人的同意。因此,听取未成年犯罪嫌疑人及其法定代理人、公安机关、被害人意见,是适用附条件不起诉制度的必经程序。对于公安机关、被害人方对是否作出附条件不起诉决定有重大分歧的案件,检察机关可考虑采取不公开听证的方式听取意见。不公开听证程序由检察机关主持,参与范围包括公安机关承办人、被害人及其委托的诉讼代理人、未成年犯罪嫌疑人及其法定代理人、辩护律师等诉讼参与人。在听证的过程中,各方可以充分表达对是否作出附条件不起诉决定的意见,并提供相关程序,检察机关在充分听取各方意见的基础上作出最终决定。需要指出的是,虽然法律规定必须听取公安机关和被害人的意见,但公安机关或被害人的不同意见并不直接阻碍检察机关对未成年犯罪嫌疑人作出附条件不起诉决定。只要检察机关认为案件符合附条件不起诉规定的,仍然可以作出附条件不起诉的决定,公安机关和被害人则可以依据修订后的《刑事诉讼法》第175条、第176条的规定要求复议、复核和提出申诉。

三是检察机关作为附条件不起诉监督考察主体的定位。

修订后的刑事的《刑事诉讼法》第272条规定,人民检察院是对被附条件不起诉的未成年犯罪嫌疑人监督考察的主体。检察机关履行监督考察职责,可有两种模式。其一,由检察机关承办人担任帮教考察人员,直接负责对被附条件不起诉的未成年人进行教育矫治和考察帮教。其二,由检察机关将日常的教育矫治和考察帮教工作委托给专业的社工和帮教志愿者等社会组织组成的帮教小组,承办人则负责对帮教考察的过程进行监督。在第一种模式下,承办案件的检察官比较熟悉未成年人的基本情况,由其负责监督考察可以更加直观地了解到考察对象的动向,从而给出客观的评价。但这种模式给检察机关增加了大量的工作,承办案件的检察官难以与考察对象建立频繁的联系,可能导致监督考察工作变成走过场,失去其存在的意义。因此,在社会化帮教体系运行比较好的地区,如上海,可以采用第二种模式,由专业的社工、社区矫正人员或志愿者来承担具体的帮教考察工作,既能节约司法资源,又能充分发挥帮教考察的功能。在第二种模式下,检察机关应当通过积极帮教考察计划的制订,定期与考察对象、考察小组联系、会谈等多种形式强化检察机关监督考察主体的作用。

四、未成年人特别程序的社会支撑:少年司法辅助体系的构建

基于国际社会对少年犯处置的主流是非刑事化、非监禁化、轻刑化,因此少年司法制度必然会向社会延伸,而少年司法社会辅助体系是一项长期系统的综合性工程,仅凭司法人员和帮教志愿者的主观能动性和责任心,缺乏责、权、利相统一的管理运行机

制,很多工作很可能会流于形式,表现出临时性、运动性的特点,成为少年司法保护制度探索的暗礁。笔者建议从三个方面入手,在司法体系外围配置专业化少年司法社会辅助体系,理顺内外部工作关系,推进专业化建设,只有这样才能保障未成年人检察工作一体化建设取得成效。

一是出台指导性意见,规范少年司法社会辅助的范围和需求。

参照国际公约,对比一些国家少年司法探索者中的社会服务经验,并结合我国司法实际,开展比较研究,联合青保部门和政法委,积极争取地方政府的支持,出台少年司法社会辅助项目的指导性意见,列明少年司法需要的社会服务内容、社会组织参与少年司法的可行机制及对社会组织的管理、支持机制等。对于未成年犯罪嫌疑人社会调查、涉罪未成年人观护工作、涉罪未成年人心理矫护、合适成年人参与、少年案件陪审、青少年罪犯社区矫正、学校法制宣传、家庭教育指导、流浪未成年人救助、外来青少年就业指导、公益监护人等都可以纳入少年司法社会辅助工作。

二是采取政府购买服务,推动司法辅助服务的项目化运作。

建立少年司法社会辅助工作的专业社工队伍,推行未成年人权益保护和青少年犯罪预防的项目化运作,是不断提高相关人员的专业素养和工作能力,积累成熟的项目运作经验,实现各项司法保护和犯罪预防工作机制可持续性发展的有效途径。例如,上海市通过成立专业民间社工组织和政府购买服务方式,让配合少年刑事司法探索的社工服务专业化,公、检、法探索的非羁押、非监禁措施或非犯罪化分流措施实施中的社区帮教由其统一提供,实现资源的整合和帮教的连续性。

三是整合社会资源,建立少年司法辅助工作协调机构。

在政府购买服务难以实施的经济落后地区,可以由人大或政法委牵头从实际出发,建立少年司法辅助工作协调机构,联合工会、团委、妇联、青保办、关工委、居委会、法律界人士、心理专家、社会组织、社会团体等组织共同招募组建一支兼具经验性和亲和力的志愿者队伍,提供少年司法辅助的社会服务工作,对未成年人进行"一对一"或"一对多"的考察帮教,提供适时的就业指导、心理辅导等帮助,完善多层次的教育保护措施,使他们能够更好地融入社会,从而有效地预防和减少青少年违法犯罪。

矫正学

我国社区矫正工作的改革发展

主讲人：姜爱东，司法部社区矫正管理局局长、研究员、法学博士
主持人：刘强，上海政法学院社区矫正研究中心主任、教授
时　间：2013年12月13日晚

同学们，今天很高兴利用到上海政法学院参加社区矫正理论与实务研讨会的机会，以"我国社区矫正工作的改革发展"为题，与大家交流一下全国社区矫正工作情况。在此也希望大家珍惜大学生活的美好时光，认真钻研国内外刑罚理论知识，将来投身到我国社区矫正工作中，用你们的知识和智慧把我国社区矫正工作向前推进。

一、我国社区矫正工作发展形势

社区矫正工作是落实宽严相济刑事政策、完善我国刑罚执行制度的重要举措，是司法体制与工作机制改革的一项重要任务，也是加强社会建设创新社会管理的重要方面。我国的社区矫正从2003年开始在京、津、沪、苏、浙、鲁六省市试点，2005年将试点范围扩大至18个省份，2009年，司法部在全面总结社区矫正试点经验、认真调查研究、深入分析社区矫正工作面临的形势任务的基础上，提出全面试行社区矫正工作的意见。经中央批准，"两院两部"联合召开全国社区矫正工作会议，提出全面试行工作的七项主要任务，即要进一步加强对社区服刑人员的教育矫正、监督管理和帮困扶助，切实加强社区矫正经费保障，进一步加强社区矫正工作制度化、规范化、法制化建设，切实加强社区矫正工作机构和队伍建设，进一步健全社区矫正工作领导体制和工作机制等。司法部党组和吴部长高度重视，认真研究解决社区矫正实施中的重大问题，多次就积极推动全面试行工作提出要求，会同有关部门领导就加强社区矫正组织机构建设、制度建设、经费保障建设进行协调研究，并取得了重要突破和明显进展。各级司法行政机关坚持围绕中心服务大局，认真贯彻落实全国社区矫正工作会议精神，努力推进社区矫正组织机构建设、队伍建设、法制化建设和保障能力建设，社区矫正工作实现快速发展，达到了预期目标，为维护社会和谐稳定作出了积极贡献。我从六个方面介绍全面试行以来社区矫正工作的发展情况。

（一）社区矫正工作范围实现全覆盖，社区服刑人员数量增长迅速

作为刑罚执行制度改革的重大举措，社区矫正工作走的是试点先行、逐步推开的

路子。全面试行以前,全国虽然有二十几个省份开展了社区矫正工作,但大都是有选择地在一些县市、街乡进行试点。据 2009 年底的统计显示,全国有 29 个省的 1.8 万个乡镇(街道)开展社区矫正工作,占全国街乡建制数的 40%左右。中央作出全面试行社区矫正工作部署后,各地坚持积极稳妥、循序渐进的原则,在确保安全稳定的前提下,逐渐扩大试点范围,由点到面,全面试行。到 2012 年底,除西藏外,全国所有的街道乡镇都开展了社区矫正工作,这项工作在全国全面铺开。与此同时,有关部门依法扩大了非监禁刑的适用,社区服刑人员数量大幅增长。2009 年底全国社区服刑人员 21.5 万人,到今年 10 月底,社区服刑人员已达 65.8 万人,在不到四年时间里增长了 2 倍。除西藏尚在部分地区试点外,社区矫正工作在其他所有省、地、县、乡四级全辖区覆盖。截至 2013 年 10 月底,已在全国各省(区、市)和新疆生产建设兵团的 341 个地(市)、2807 个县(市、区)、40219 个乡镇(街道)(以上建制数均包含新疆生产建设兵团的师、垦区、团建制数)开展,各地累计接收社区服刑人员 166.5 万人,累计解除矫正 100.7 万人,现有社区服刑人员 65.8 万人。其中,管制 14655 人,占 2.2%;缓刑 543046 人,占 82.6%;假释 72183 人,占 11%;暂予监外执行 23337 人,占 3.5%;剥夺政治权利 4877 人,占 0.7%。自 2011 年 5 月《刑法修正案(八)》实施以来,社区服刑人员数量以月均一万多人的速度持续净增长。社区服刑人员数量较多的省份有山东省(4.8 万人)、江苏省(4.6 万人)、浙江省(4.3 万人)、云南省(3.3 万人)、安徽省(3.2 万人),以上五省社区服刑人员数量占到全国的三分之一。社区矫正工作规模的扩大,使得非监禁刑罚执行功能发挥得更加充分,优势体现得更加明显,也得到了社会各界更多的关注和支持。我们还可以看到,社区服刑人员数量占全国罪犯总数量的四分之一多。社区服刑人员与监狱服刑罪犯达到了约 1∶3 的比例,江苏、安徽、山东、山西、北京、福建 6 省(市)社区服刑人员与当地监狱在押罪犯数量的比例则达到 1∶2。这表明社区矫正在罪犯矫正工作中所占分量越来越重,监禁矫正与非监禁矫正互相衔接、相辅相成的刑罚执行工作格局已经初步形成,我国刑罚执行的整体效能将得到更好的发挥。

(二)积极推动立法,社区矫正制度化、规范化、法制化建设取得重大成就

2011 年 2 月,十一届全国人大常委会十九次会议审议通过的《刑法修正案(八)》规定,对判处管制、缓刑以及假释的罪犯依法实行社区矫正。2012 年 3 月,十一届全国人大五次会议通过的关于修改刑事诉讼法的决定,对社区矫正制度又作出了进一步规定:"对判处管制、宣告缓刑、假释或者暂予监外执行的罪犯,依法实行社区矫正,由社区矫正机构负责执行"。刑法和刑事诉讼法关于社区矫正的规定标志着我国社区矫正法律制度的确立。2011 年 5 月,司法部会同最高人民法院、最高人民检察院、公安部联合发布《关于对判处管制、宣告缓刑的犯罪分子适用禁止令有关问题的规定(试行)》,明确禁止令由司法行政机关指导管理的社区矫正机构负责执行。2012 年 1 月,司法部会同最高人民法院、最高人民检察院、公安部联合制定了《社区矫正实施办法》,

对社区矫正执行体制、执行程序、矫正措施、法律监督等主要内容作出了系统规定,统一了社区矫正从适用前调查评估、交付接收、矫正实施到解除矫正的整个工作流程,为顺利实施社区矫正提供了操作规范和具体依据,具有重要意义。2012年5月,司法部制定下发《社区矫正宣告书》《社区矫正人员外出审批表》等20种文书格式,全面规范了社区矫正执法文书的制作和使用。各地高度重视《社区矫正实施办法》的贯彻落实,及时制定或修改规范性文件,其中,省级137个、市级763个、县级3476个。北京、上海等16个省(区、市)司法厅(局)联合省(区、市)人民法院、人民检察院、公安厅(局)还制定出台了《社区矫正实施细则》,有力地保障和促进了社区矫正工作的依法规范开展。今年5月,司法部下发《关于进一步加强社区矫正执法工作的通知》,各地结合实际,积极开展社区矫正执法检查,其中省级检查172次、市级检查1713次、县级检查11984次,进一步确保了社区矫正执法规范化。目前,《社区矫正法》制定工作也在积极推进中,国务院将《社区矫正法》列入2013年立法工作计划,全国人大常委会将社区矫正法立法列为第二类立法规划项目,司法部在充分调研论证基础上,起草了《社区矫正法(草案送审稿)》,已于2013年初提请国务院审议,有关调研论证工作正在有序推进中。

(三)认真贯彻实施办法,在全国开展社区矫正执法规范化专项活动

社区矫正全面试行以来,社区服刑人员数量大幅快速增长,矫正工作强度、难度不断增大,社区矫正安全稳定的责任越来越重。面对这一形势,各级司法行政机关结合社区矫正实施办法要求,不畏艰难,大胆实践,勇于创新,较好地落实了监督管理、教育矫正、帮困扶助任务,社区矫正质量不断提高。

一是完善了监督管理机制。为每一名社区服刑人员建立矫正小组,整合司法所、村(居)民委员会、单位、学校、家庭成员、社会志愿者等多方面力量,严密监管网络,明确监管任务,落实监管责任,防止其再次违法犯罪。严格执行报告、外出请销假、居住地变更、禁止令遵守等监管制度,对于违反规定的社区服刑人员,依法落实惩戒措施。2012年,全国共对社区矫正人员给予警告8000多人次,撤销缓刑、假释、对暂予监外执行罪犯决定收监执行2000多人。开展风险和需求评估,对社区服刑人员实施分类管理,对严管对象加大管控力度,在重大节日、重要活动期间,增加教育谈话、上门走访的次数。推广运用电子定位等科技监管手段,掌握社区服刑人员行踪,防止脱管失控。一些地方还建立了突发事件应急处置、重大事项报告等制度,维护社区矫正安全稳定。

二是丰富了教育矫正方法。加强思想道德、法制、时事政治等方面的教育,确保社区服刑人员每月学习不少于8小时,帮助他们了解社会,增强法制观念和社会认知能力。根据社区矫正人员的犯罪类型、性格特点、家庭环境等情况,为每一名社区服刑人员制订矫正方案,进行有针对性的个案矫正。组织有劳动能力的社区矫正人员参加打扫公共卫生、照顾孤寡老人、绿地维护、植树造林等社区服务,修复社会关系,培养其社会公德意识和良好的行为习惯。通过聘请或者自己培养专业的心理咨询师,对社区矫正人员进行心理健康教育,为有需要的社区服刑人员提供心理咨询和治疗,增强教育改造效果。

三是加大了协调帮扶力度。积极推动把社区矫正工作纳入社会管理服务工作体系,落实相关政策和措施,协调解决社区矫正人员的就业、就学、最低生活保障、临时救助、社会保险等问题,为社区矫正人员顺利回归社会、融入社会创造条件。2012年底,全国有80%的社区矫正人员实现就业(就学)。通过各种矫正措施和方法的综合运用,社区服刑人员在矫正期间的再犯罪率一直保持在0.2%左右的较低水平,实现了社区矫正的持续安全稳定,一些社区服刑人员还成为拾金不昧、见义勇为、捐助灾区的典型,得到了社会的好评。

司法部于今年5月9日下发《关于进一步加强社区矫正规范执法工作的通知》(司法通[2013]95号),开展社区矫正执法规范化专项活动,要求各地结合实际,进一步加强对《社区矫正实施办法》的贯彻落实,按照标准明确、程序完备、文书规范、公正廉洁的要求,针对存在的执法程序不规范、履行职责不到位、超越权限审批、违规收费等问题开展自查自纠。各省(区、市)司法厅(局)党委(组)高度重视,制订了方案,确定重点,出台措施,明确责任,边整边改。陕西省在全省开展了为期3个月的社区矫正规范化管理督查指导,派出检查组,查找问题,现场指导整改,全面提升社区矫正工作的水平和质量。河南省在全省组织开展社区矫正执法规范化大检查,针对存在的问题,彻底整改,取得了明显成效。江苏省连续3年推进规范化建设,不断巩固成果,全省执法规范化水平明显提升。浙江、吉林、广西、内蒙古、新疆等省(区)也结合自身实际,扎实有效地开展了规范化建设年活动。各地结合《社区矫正实施办法》,细化执法流程和工作规范,明确执法标准,加强制度建设。北京、上海、天津、江苏、湖南、云南、河南等20多个省市制定实施细则或单项制度,进一步明确了与公检法部门的工作协作,细化了委托调查评估、移交执行、监管审批、违规惩戒、收监执行、解除矫正、接受监督等重点环节执法要求,提升了基层一线执法质量。司法部8月份在深圳举办了社区矫正执法培训班,浙江、天津、山西、山东等地开展了社区矫正执法人员《社区矫正实施办法》培训。黑龙江、广西等省(区)召开了社区矫正工作推进会,总结交流经验,分析当前形势,对进一步加强社区矫正工作进行再动员。北京、湖北、新疆等省(区、市)开展社区矫正与监狱、劳教所工作人员双向实践锻炼活动,增进社区矫正与监狱劳教工作之间的交流,增强社区矫正工作人员的刑罚执行能力。关于这方面的情况,部社区矫正管理局将在搞好抽查,认真研究各省情况报告、包括这次培训班反映情况的基础上,向部党组认真写出专题报告。

(四)积极协调,社区矫正机构队伍建设取得重大突破

机构队伍是开展社区矫正工作的组织保障。为适应全面试行社区矫正工作的新形势,2010年5月,司法部成立社区矫正工作办公室;在部领导认真协调,争取支持的基础上,2010年11月,中央编办批准司法部在基层工作指导司加挂社区矫正管理局

牌子;2012年1月,中央编办批准司法部单独设立社区矫正管理局,并明确了其指导管理、组织实施社区矫正工作的职责。在一年多的时间里,机构建设实现了三大步跨越。在各级党委政府和编制部门的重视支持下,各地社区矫正机构建设取得重要进展。2009年,全国仅上海等16个省(区、市)司法厅(局),43%的地(市、州)和32%的县(市、区)司法局设立了社区矫正指导管理机构。截至2013年10月底,全国各省(自治区、直辖市)司法厅(局)基本都设立了社区矫正局(处、办)。其中,湖北、江苏、青海、宁夏、湖南5个省(区)司法厅单独设立了社区矫正管理局,新疆生产建设兵团司法局在基层处加挂了社区矫正管理局牌子。全国共有91%的地(市、州)和87%的县(市、区)司法局单独设立了社区矫正工作机构。各级司法行政机关社区矫正机构的建立,有力地推动了社区矫正工作的深入开展。

社区矫正工作队伍建设取得了明显成效。一是加强专职队伍建设。司法所承担着社区矫正日常工作。近年来,司法部协调有关部门增加了1.5万名政法专项编制用于基层司法所;各地从本地实际出发,采取多种方式增加司法所人员编制,有的将县乡机构改革中县级司法局精简的编制、律师公证机构脱钩改制和司法院校移交后腾出的编制,以及并乡建镇调整出来的司法行政专项编制全部用于司法所,有的争取地方编制等等。目前,全国司法所工作人员已达到11万多人,平均每个所2.7人,他们在司法所从事人民调解、安置帮教、法律服务等工作的同时,努力履行社区矫正执法职责。二是壮大社会工作者和社会志愿者队伍。各地采取政府购买公益岗位、聘用社区矫正社会工作者、招募社会志愿者等方式,积极争取包括专家、学者、离退休人员、高等院校学生在内的社会力量参与到社区矫正工作中来,目前全国共招聘招募从事社区矫正工作的社会工作者7.1万余人,社会志愿者60万余人。三是提高社区矫正工作人员素质。司法部先后在中央司法警官学院、司法部深圳培训中心和浙江警官职业学院举办全国社区矫正执法培训班和全国社区矫正工作培训班,培训社区矫正指导管理人员和执法人员,为各地社区矫正工作培训起到了示范。各地采取多种形式,加大教育培训力度。2012年《社区矫正实施办法》颁布后,全国29个省(区、市)、95%的(313个)地(市、州)和92%的(2627个)县(市、区)举办了专题培训班。2013年1至9月,各地举办省级社区矫正培训班85次、市级690次、县级8800次,切实加强社区矫正人才培养,加强队伍管理,建立健全社会工作者和社会志愿者的聘用、管理、考核、激励机制,确保公正廉洁执法。

(五)研究提出社区矫正经费保障意见,保障水平明显提高

经过部领导的协调支持和工作部门的认真调研,司法部、财政部于2012年11月联合出台《财政部、司法部关于进一步加强社区矫正经费保障工作的意见》(财行[2012]402号),首次明确并细化了社区矫正经费开支范围;首次明确要求各地将社区矫正经费列入同级财政预算予以保障,通过加大投入提高社区矫正经费保障水平;强调统筹社区矫正和司法行政其他基层业务装备需求,保障好社区矫正工作所需装备配备；还为有条件的地区积极探索建立和完善按照社区矫正人员数量核定社区矫正经费的制度提供了依据，对进一步加强社区矫正经费管理提出具体要求。据统计，2013年全国各地社区矫正经费预算总计8.4亿元，创历史新高，为社区矫正工作的顺利开展提供了保障支持。社区矫正场所设施建设广泛开展，一些地方根据工作需要，建立健全社区矫正场所设施，在县一级建立"社区矫正管理教育服务中心""阳光中途之家""社区矫正中心""社区矫正监管中心"等，在乡镇建立"阳光驿站"，在村（居）建立社区矫正工作站等场所设施，在落实监督管理社区服刑人员任务的同时，为他们提供技能培训、过渡安置、就业指导等教育帮扶服务。目前，全国共建立社区矫正场所设施685个，社区服务基地22980个，教育基地8192个，就业基地7351个。场所设施建设为县级司法行政机关履行执法职责搭建了工作平台，取得了良好的实践效果，也得到了中央领导同志的充分肯定。

（六）加强社区矫正信息化建设，社区矫正工作信息化水平进一步提高

自全面试行以来，社区矫正信息化建设发展迅速，统一技术规范基本形成。以信息技术为主要特征的现代科技革命正在深刻改变着社会生活，也给社区矫正工作注入新的生机活力。各级司法行政机关认真贯彻落实"两院两部"《关于在全国试行社区矫正工作的意见》中"探索运用信息通讯等技术手段，创新对社区服刑人员的监督管理方法，提高矫正工作的科技含量"的要求和全国司法行政信息化建设工作会议的部署，积极推进全国社区矫正信息化建设，经过各地各方面的共同努力，社区矫正信息化工作已初见成效。2013年初，司法部印发了《社区矫正信息系统技术规范》和《社区矫正人员定位系统技术规范》，初步建立完善了"全国社区矫正人员信息管理系统"。目前，全国共有31个省开展社区矫正信息化工作，其中上海、北京、天津、江苏等10个省（区、市）已实现了省、市、县、乡4级联网。245个地（市）和2058个县（市、区）开展社区矫正信息化工作，分别占地（市、州）和县（市、区）建制数的73%和72%。实践中，各地探索运用GPS、手机定位等电子监控措施加强对社区矫正人员进行监督管理，对重点社区矫正人员构筑一道无形的"电子围墙"，实现随时对其定位、跟踪和进行历史轨迹查询。浙江等地还针对手机定位监管中容易出现的"人机分离"现象，引入"声纹比对"技术，有效加强了对社区矫正人员的监督管理。目前，全国实行手机定位管理的社区服刑人员共计20.5万名，占到总数的将近三分之一。运用高科技信息化手段实施对社区矫正人员的管理，科学含量高，管理效果好，解决了费时、费力的人工监管方式，节约了财政资源，收到了好的经济效果和社会效果。各地普遍感觉，社区矫正工作引入科技信息手段符合社区矫正工作的内在规律和实际情况，只有拥有先进的科技手段，占据了信息优势，才能在社区矫正工作中掌握主动，保证工作效果。此外，社区矫正理论研究和宣传工作也取得了多方面成就。

全面试行社区矫正工作取得了良好的社会效果和法律效果，我国探索建立了融监督管理、教育矫正与社会适应性帮扶为一体的新型非监禁刑罚执行制度，并建立了监

禁刑罚和非监禁刑罚统一由司法行政机关行使的刑罚执行体制,体现了中央关于"优化司法职权配置"的要求,体现了刑罚执行社会化、一体化的理念,便于执行机关通盘考虑,统筹合理安排,科学有效地执行刑罚。对符合法定条件的罪犯实行社区矫正,一旦失去了非监禁刑执行的条件,就要收监执行;刑罚执行完毕,则进行安置帮教,从而改革完善了我国刑罚执行制度。通过坚持和完善社区矫正制度,贯彻落实宽严相济刑事政策,把那些符合法定条件、可以不收监关押的罪犯,放在社会上进行监管改造,符合以人为本的执政理念,对于降低惩罚犯罪的社会成本,激励罪犯改过自新,充分发挥宽严相济刑事政策中"宽"的一面的实际效用,有效遏制和减少违法犯罪,具有积极作用。作为一种社会化的刑罚执行活动,社区矫正立足社区、依靠广大人民群众,体现广泛的群众参与性,其显著的特点就是通过人民群众的广泛参与、充分地依靠广大人民群众和社会力量把罪犯监督好、管理好、教育好,从而继承发扬群众路线的优良传统。社区矫正工作开展以来,社区服刑人员矫正期间再犯罪率一直保持在0.2%左右的较低水平。特别是在举办上海世博会和广州亚运会等重大活动、在应对地震等重大自然灾害中,社区矫正工作经受住了考验,为维护社会稳定作出了积极贡献。实践证明,它是一项符合我国国情的法律制度,它适应了现阶段我国经济社会的发展要求,符合人民群众对平安中国、法治中国建设的现实需要,党委、政府满意,社会各界、人民群众满意,服刑人员满意,服刑人员家属满意。社区矫正工作在国际上也产生了良好反响,成为展示我国民主法治建设成果和司法人权进步的重要窗口。

从2009年以来社区矫正工作快速发展的事实中可以看出,我国全面试行社区矫正工作的历史任务已基本完成,进入深入发展的新阶段。这些成绩的取得,根本在于中央的高度重视和部党组的坚强领导,在于各级党委、政府和有关部门的大力支持。广大社区矫正工作者勇于探索,顽强拼搏,开创性地开展工作,为社区矫正工作实现新发展,取得新成就作出了重要贡献。

在全面试行工作的丰富实践中,积累形成了一些宝贵经验:一是要坚持党对社区矫正工作的领导,认真贯彻中央关于司法体制和工作机制改革的决策部署,确保社区矫正工作的正确方向;二是要坚持从我国国情出发,坚持社区矫正工作的非监禁刑罚执行性质,不断完善中国特色刑罚执行制度;三是要坚持司法行政机关组织实施,各有关部门分工负责、相互支持、协调配合,确保社区矫正工作有序开展;四是要坚持专群结合,充分调动社会资源和有关方面的积极性,不断增强社区矫正工作的社会效果;五是要坚持从实际出发,分类指导,确保社区矫正工作各项措施符合实际、取得实效;六是要坚持与时俱进、改革创新,努力探索社区矫正工作方法,不断提高社区矫正工作水平。这些经验来之不易,弥足珍贵,我们要在今后的实践中继续坚持,并不断发展完善。

二、社区矫正工作存在的主要困难和问题

在调研中,得到各地反映,全面试行以来,社区矫正工作的环境条件要明显好于试点阶段,大家认识明确,行动自觉,积极探索,勇于实践,社区矫正工作取得了有目共睹的成绩。但是,也应当看到,刑法和刑事诉讼法虽然给了社区矫正"合法身份",但对社区矫正的规定还很原则,社区矫正真正"有法可依",还需要及时出台《社区矫正法》。社区矫正工作人员责任大、权力小,执法权力和承担的任务极不对等,违反监管规定不好处理等问题与法律缺乏具体规定密切相关。也有地方反映,目前社区矫正工作存在的困难问题可以概括为"四个不相适应":一是司法行政机关的执法手段与承担的法定职责不相适应——由于没有一定数量的具有警察身份的人员,对社区服刑人员的危险行为控制不够迅速有力。二是队伍力量与社区矫正工作的繁重任务不相适应。社区服刑人员数量增长快,工作任务重,管理压力大,而现有工作力量,尤其是县级社区矫正机构和基层司法所执法人员编制明显不足。三是部门协作与社会矫正的综合性要求不相适应,由于部门职责刚性约束不强,在罪犯交付衔接、收监执行等重要环节存在较多困难。四是社会参与程度与社区矫正的社会化特征不相适应。如一些地方社区组织发育不够成熟,发生社区矫正专职社工人才流失等问题。具体来讲,主要表现是:

(一)刑罚执行意识不强

根据刑法、刑诉法规定,社区矫正机构是刑罚执行机构,社区矫正工作者是代表国家执行刑罚。但有些地方的社区矫正工作人员角色转变不到位,刑罚执法意识淡薄,理解片面,将社区矫正工作等同于一般的行政工作来对待,忽视了刑罚执行的法定性、程序性、公正性,影响了刑罚执行的严肃性。

(二)工作力量不足、不强

据统计,全国省(区、市)司法厅(局)、地(市、州)司法局、县(市、区)司法局专职社区矫正工作人员的人数分别为216人、1092人和8582人。按全国4.1万个司法所计算,每所平均只有1.5个使用政法专项编制的人员从事社区矫正工作。基层司法所难以保证专人专职从事社区矫正工作,一些工作依托社会工作者和志愿者来完成,工作质量受到一定影响。一些基层社区矫正执法人员业务素质低,对社区服刑人员的奖惩不严格、不规范、不到位,该警告的没有及时警告;该治安处罚的没有提请治安处罚;该收监的,没有及时提请收监,不会执法、不敢执法和执法不严的现象比较多。

(三)经费保障和场所设施不足

虽然去年司法部、财政部联合下发了加强社区矫正工作经费保障的意见,促进了社区矫正保障水平的提高,但一些经济欠发达地区社区矫正经费依然缺乏保障,缺口

较大。目前全国已建立的社区矫正管理教育服务中心、中途之家等场所仅有 685 个,社区矫正场所建设任务仍然繁重,执法人员执法装备不足、执法交通工具缺少,影响了社区矫正工作质量,甚至还出现了社区矫正执法人员被打的事件。

(四)工作衔接配合不到位

有的地方社区矫正机构与法院、检察院、公安机关、监狱协调配合机制不完善,工作衔接不够有力,"见人不见档""见档不见人"的现象依然存在。因为有的部门机关不积极配合,司法行政机关社区矫正工作人员又不具备强制抓捕、押解等强制手段,造成罪犯不能及时收监,甚至出现极个别地方认为司法行政机关不是法定交付机关而拒绝接收的事件。

三、关于健全社区矫正制度的思考

经过十年发展,社区矫正作为非监禁执行工作被写入刑法和刑事诉讼法,成为中国特色社会主义法律体系的重要组成部分,其法律地位和司法行政机关的执法主体地位得以确立。在全面推动依法治国,建设社会主义法治国家的伟大进程中,中央启动了包括社区矫正在内的新一轮司法体制和工作机制改革,应该说,社区矫正制度将进一步完善成熟,体制性障碍将逐步得到解决。党的十八届三中全会通过的《中共中央关于全面深化改革若干重大问题的决定》(以下简称《决定》),鲜明地提出要"健全社区矫正制度",为社区矫正工作的发展指明了前进方向、确定了努力目标、规定了基本任务,为把社区矫正工作提高到新水平提供了重要指导和依据,提供了强大的动力源泉。在贯彻学习党的十八届三中全会精神时,关于健全社区矫正制度问题,我个人作了如下思考:

(一)健全社区矫正制度有着深厚的实践基础

社区矫正自 2003 年开始试点,2009 年全面试行以来,实现了快速发展。各地探索和积累了许多行之有效、定型的经验和做法,为社区矫正上升为制度并不断健全打下了坚实的实践基础。近年来,社区矫正组织建设、机构队伍建设、经费保障和场所设施建设取得重大进展,为健全社区矫正制度打下了可靠的工作基础;同时,社会各界和广大人民群众对社区矫正工作越来越理解、越来越支持,社区矫正在国际上也产生了良好反响,为健全社区矫正制度提供了广泛的群众基础和有利的外部条件。社区矫正工作的深入发展呼唤着健全社区矫正制度。健全社区矫正制度被庄严地写进党中央《决定》,并由此列入国家全面深化改革的总体部署当中,这具有里程碑意义,也是对社区矫正工作发展的充分肯定和巨大鼓舞。

(二）深化对健全社区矫正制度重要意义的认识

说到社区矫正工作的意义,过去一般讲三句话,社区矫正是为贯彻宽严相济刑事政策而进行的刑罚执行制度改革;社区矫正是司法体制与工作机制改革的重要内容;社区矫正是加强社会建设创新社会管理的重要方面。党的十八届三中全会决定,将健全社区矫正制度放到推进法治中国建设、完善人权司法保障制度之中加以部署,要求我们从更广阔的视角深化对健全社区矫正制度重要性的认识。要按照推进法治中国建设的要求,提高用法治思维、法治方式推进社区矫正工作的能力。最近,我们去各地调研,大家集中反映,社区矫正有别于其他基层司法行政业务,它是一项严肃的刑罚执行活动,直接受到检察机关的严格法律监督,在行使执法权力的同时必须时刻警惕担负的法律责任,做到言不离法、行不离法、职权法定、法无授权不可为。司法行政机关作为社区矫正执法部门,必须清醒认识到执法权力只能来自法律具体而明确的授权,执法活动必须在法治轨道上进行,无论是对社区服刑人员进行教育矫正、监督管理,还是组织帮困扶助,都必须严格按照刑法、刑事诉讼法等法律法规的规定和《社区矫正实施办法》的要求,依法依规进行。随着社区矫正工作的深入展开,社区服刑人员还将持续增加,社区矫正规模将越来越大,对社区矫正制度的健全完善要求越来越迫切。在调研中,大家还反映,虽然通过修改刑法和刑事诉讼法,确立了社区矫正法律制度,给了社区矫正一个"合法身份",但对社区矫正的规定还很原则,社区矫正要真正做到"有法可依",社区矫正工作能够顺利健康发展,还有赖于及时出台《社区矫正法》。各地反映的社区矫正工作人员责任大、权力小,执法权力和承担的任务不对等,违反监管规定难处理等问题的根源,主要就在于上位法律缺乏相应规定。这些都提醒我们要增强健全社区矫正制度的责任感和使命感。

关于《决定》把"健全社区矫正制度"放到"完善人权司法保障制度"中去部署,主要是因为,刑罚文明历来是社会制度文明的重要体现。我国社区矫正符合世界行刑社会化的发展趋势,符合联合国有关刑事司法准则的要求,在国际上已经产生良好的反响。美国、英国、日本、澳大利亚等国的政府机构、研究部门和高等院校与我国通过联合召开研讨会、考察互访等方式积极开展社区矫正领域的交流与合作。联合国人权高级专员、澳大利亚人权与机会平等委员会官员以及去年4月参加"中美人权对话"第五轮法律专家交流的美方官员等都曾专门考察我国的社区矫正工作,仅北京市就接待了30多个国家、地区的政府官员、学术代表团的参观考察,他们对我国的这项刑罚执行制度改革给予积极评价。

（三）扎实推进社区矫正制度的健全完善

要进一步加强社区矫正工作制度化、规范化、法制化建设。一是积极推进社区矫正立法。今年2月,司法部就及时将社区矫正法草案提请国务院审议,由国务院法制办发往各地征求意见,司法行政系统社区矫正部门备受鼓舞,对开展工作起到了有力的引导和推动作用。经批准,部社区矫正管理局也向全国人大法工委刑法室、中央司改办领导汇报过社区矫正工作情况,配合立法部门先后到江苏、上海、湖北等地进行立法调研,各有关方面对完善社区矫正立法十分积极。我们要坚持《社区矫正法(送审稿)》的精神,配合法制司继续向全国人大、国务院法制办等立法部门汇报司法行政机关负责执行社区矫正所取得的显著成绩,特别是要汇报"两院两部"《社区矫正实施办法》颁布以来,社区矫正快速发展,在维护社会稳定、建设法治中国、平安中国中发挥的积极作用,同时要指导各地认真总结好经验、好做法,实事求是地反映制约社区矫正发展的具体问题、具体案例,配合做好立法调研工作。有组织、有计划地联系人大代表、政协委员、专家学者,研究社区矫正发展的重要问题,凝聚共识,形成合力,努力通过社区矫正法从法律层面明确社区矫正刑罚执行的性质、社区矫正执法人员的警察身份、社区矫正场所建设、保障能力等重大问题,促进社区矫正工作健康发展。二是健全完善社区矫正工作制度。加强与公、检、法等部门的协调沟通,抓住调查评估、交付衔接、收监执行等关键环节,制定出台《适用社区矫正调查评估办法》《社区服刑人员收监执行程序规定》等制度,把好适用社区矫正的"入口关",提高非监禁刑罚的正确适用,同时对失去在社区服刑的条件、对社区构成危害的罪犯及时收监执行刑罚,畅通社区矫正的"出口",实现监禁矫正与社区矫正的互联互通。同时要建立健全社区矫正教育矫正、社区矫正重大事项报告、社区矫正安全稳定通报等制度,形成内容丰富、覆盖全面的社区矫正工作制度体系。要加强执法监督,以务实作风开展执法检查活动,力戒形式主义、杜绝搞花架子、走过场,专项检查互查与自查自纠相结合,及时纠正程序不完备、执法不规范等问题。同时,加强与检察机关的联系沟通,开展联合执法检查,共同推进工作,确保社区矫正依法实施、规范运行。

此外,要提高社区矫正工作质量,实现社区矫正持续安全稳定,这些都是健全社区矫正制度的重要实践支撑。我们实务部门一定要扎实工作,作出积极贡献。

四、社区矫正法制化建设

推进社区矫正立法是中央司法体制机制改革的重要内容。2004年中央21号文件提出"总结社区矫正试点经验,建立和完善社区矫正工作的法律制度"。2008年中央19号文件要求"推进社区矫正立法工作"。2009年中央政法委批复同意的《推进社区矫正立法工作方案》将社区矫正立法工作分为三个阶段。一是刑法、刑事诉讼法修改,二是制定社区矫正执行办法,三是制定专门的《社区矫正法》。随着《刑法修正案(八)》的制定、《刑事诉讼法》的修改以及"两院两部"《社区矫正实施办法》的出台,第一、二阶段的任务已经完成,制定《社区矫正法》是"推进社区矫正立法"司法改革项目第三阶段的任务。制定《社区矫正法》,就是要明确社区矫正的适用范围、执行机构、管理体制和工作机制、实施程序、执行保障、法律监督等重大问题。

2011年以来,国务院连续三年将制定《社区矫正法》列入立法工作计划,明确由司法部负责草案起草工作。社会各界普遍呼吁制定《社区矫正法》，全国人大代表、政协委员多次提出制定《社区矫正法》的议案和建议，基层社区矫正工作者和从事刑事法学、刑事诉讼法学研究的专家学者也对制定《社区矫正法》给予极大关注。司法部高度重视社区矫正法起草工作。2011年，司法部专门成立了社区矫正立法工作领导小组，将《社区矫正实施办法》和社区矫正法立法工作通盘考虑，统筹规划，扎实推进。部领导多次主持召开社区矫正立法工作会议，研究社区矫正法起草工作，提出具体指导意见。积极开展立法调研，赴河北、江苏、云南等8省召开座谈会，进行实地考察，全面掌握试点试行工作情况和成功经验。2011年11月，《社区矫正法（草案征求意见稿）》印发各级司法行政机关，广泛听取基层意见。2012年6月，向19个中央有关部门征求意见，对各部门所提意见逐条研究吸收。2012年6月，部领导主持召开专家座谈会，听取专家学者对《社区矫正法（草案征求意见稿）》的意见和建议。同时，组织开展比较研究，借鉴吸收国外做法。经多次研究修改，并经司法部部务会议两次审议，形成《社区矫正法（草案送审稿）》，已于2013年2月初报国务院审议。2013年3月，国务院法制办开始向全国征求意见。近日，司法部副部长郝赤勇主持召开健全社区矫正法律制度研讨会，就健全社区矫正法律制度涉及的重大理论和现实问题，与北京师范大学刑事法律科学研究院"中国社区矫正的立法发展"课题组成员赵秉志、吴宗宪、刘志伟等专家学者进行了研讨。

关于社区矫正法中的几个重要方面，也是基层普遍关注的几个问题有：

一是关于社区服刑人员。为了反映社区矫正对象的属性，同时体现社区矫正工作的特点，送审稿将社区矫正对象的称谓确定为"社区服刑人员"，并规定了相应的矫正措施。这是因为，社区矫正是非监禁刑罚执行活动，社区矫正对象是被司法机关依法判处刑罚并在社会上执行的罪犯。社区矫正体现了刑事政策"宽"的一面，但同时不能忽视社区矫正对象的罪犯地位和对其实施惩罚与改造的刑罚目的。送审稿与刑法、刑事诉讼法相协调，将社区矫正的对象规定为被判处管制、宣告缓刑、假释和暂予监外执行的罪犯以及法律规定的其他罪犯。社区矫正不是原有的这四类非监禁刑罚执行措施的简单组合，也不是简单地将执行主体由一个机关改为另一个机关，而是对非监禁刑罚执行措施的制度性重构，其制度内涵更加丰富，执行措施更加全面。无论是处于暂予监外执行、管制期间的罪犯，还是处于缓刑、假释"考验"期间的罪犯，都是在接受刑事制裁，接受惩罚与改造，都是在社会上服刑。

二是关于社区矫正机构的人民警察。社区矫正执法人员的身份问题是社区矫正立法的关键问题。执法人员身份定性准确、权责明晰，对于确保刑罚执行的权威性、严肃性具有重要意义。草案送审稿从国情出发，明确社区矫正执法队伍由人民警察和其他执法人员共同组成，规定人民警察组织执行刑罚。我们认为，这一立法思路符合我国社区矫正工作实际。社区矫正的对象是罪犯，总体而言，他们的人身危险性要高于普通公民，遵纪守法的自觉性要差于普通公民，管理的难度较大，管理人员甚至可能面临较大的人身安全风险。为了体现刑罚执行的严肃性，树立社区矫正机构的权威，保障社区矫正执法人员的人身安全,在社区矫正机构中配备一定数量的警察是非常必要的。

从社区矫正的本质属性来说,它属于刑罚执行活动,应当由国家的强制力保障实施。从各地实践看,由于社区服刑人员构成复杂、有一定人身危险性,且执行场所开放,当社区服刑人员违反监督管理规定,可能发生危害社区安全的行为时,需要对其采取制止、惩戒、收监等强制性的限制人身自由的措施和手段。同时,对社区服刑人员的交付接收、组织宣告、提请执行变更、解除社区矫正、实施电子监控等,都是体现刑罚执行严肃性的重要环节。这些强制性措施和重要执法职责,不宜由普通公务员实施。为充分体现刑罚执行的严肃性、统一性和权威性,确保社区矫正的顺利实施,维护社会安全,在社区矫正机构配备一定数量的人民警察履行刑罚执行职责,负责实施强制性措施是十分必要的。因此,送审稿规定:社区矫正机构的人民警察组织执行刑罚,对违反监督管理规定的社区服刑人员实施制止、惩戒、收监等措施。

三是关于社区矫正场所。为促进社区服刑人员顺利回归社会,世界上许多国家和地区都设有"中途之家""社区矫正中心"等专门场所,为犯罪人提供过渡性临时居所、开展行为训练和社会适应性指导,帮助他们重新回归社会。实践中,北京、江苏、江西等地探索在区、县建立社区矫正场所,设置矫正宣告室、定位监控室、教育培训室、心理矫治室等,对社区服刑人员进行接收宣告、电子定位、集体学习、心理矫治、社会适应指导和就业培训等,取得明显成效。特别是对那些"无家可归、无业可就、无亲可投"的社区服刑人员,为其提供过渡性、临时性食宿服务。同时,还可以对有一定违法犯罪风险、一定情况下可能妨害公共秩序的社区服刑人员,在社区矫正场所集中进行管理、学习和教育,使之与社会暂时脱离接触。目前,全国已经建立社区矫正场所682个。实践表明,社区矫正场所为社区矫正机构全面履行职责提供了有效的平台和载体,对开展社区矫正工作具有重要的保障作用。送审稿在总结地方实践经验、借鉴国外相关制度的基础上,规定县级人民政府应根据需要,建立社区矫正场所,保障社区矫正管理、教育和帮扶工作的开展。

四是关于收监执行。对罪犯实行监禁矫正还是非监禁矫正,关键看是否有利于罪犯的教育改造,是否有利于罪犯顺利回归社会。为此,必须构建监禁刑执行与非监禁刑执行统一协调的新型刑罚执行体系,加强社区矫正与监禁矫正的相互贯通、相互衔接,做到"出口"和"进口"都顺畅。对于在监狱服刑的罪犯,只要符合假释和暂予监外执行条件,就应依法提请假释和暂予监外执行,对其实行社区矫正,促进其顺利回归社会。同样,对于在社区中服刑的罪犯,如果违反社区矫正相关规定,可能危害社会安全的,应依法及时收回监狱,执行监禁刑罚,确保将其改造成守法公民。通过监禁刑与非监禁刑的衔接和贯通,使刑罚执行资源得到合理配置,增强刑罚效能。因此,送审稿规定了撤销缓刑、假释以及对暂予监外执行人员收监执行的机制,明确列举了四项应当撤销缓刑、假释的情形,六项应当对暂予监外执行的社区服刑人员收监执行的情形,并规定了相应的决定程序和执行方式。

五是关于社会力量参与。实行专群结合,坚持充分利用各种社会资源、广泛动员各种社会力量参与社区矫正工作,既是社区矫正的突出特色,也是实践经验的总结。征求意见稿对社会力量参与作出了规定:一是明确社区矫正人员所在单位和学校、基层组织、社会团体及其他社会组织、社区矫正人员监护人、保证人、家庭成员及其他有关人员的责任。二是明确社区矫正社会工作者和志愿者的法律地位,对其参与社区矫正工作职责作出规定。三是对专群结合的工作机制作出规定,要求社区矫正机构为每个社区矫正人员确定专门的社区矫正小组,由执法人员和社会力量各方面代表组成,充分发挥社会力量的作用,构建社会化的矫正模式。

六是关于社区影响评估。在决定适用社区矫正前开展调查评估,统筹考虑适用非监禁刑罚是否符合公共利益,是否对社区安全产生不利影响,是否可以实现有效监管,有利于决定机关依法正确适用社区矫正,有利于提高矫正工作的针对性和实效性,这也是许多国家的有效做法。社区矫正试点中,人民法院对可能适用非监禁刑罚的被告人,委托司法行政机关进行审前社会调查,以此作为量刑的参考,实践效果良好。《刑法修正案(八)》将对社区有无不良影响作为宣告缓刑和裁定假释的重要因素或条件,为确立调查评估制度提供了法律依据。征求意见稿明确规定,人民法院、人民检察院、看守所、监狱在依法决定或者提请适用社区矫正前,应当委托社区矫正机构对被告人、罪犯进行社区影响评估,社区矫正机构应当按时提出评估意见。

七是关于社区矫正严管措施。为了增强矫正效果,征求意见稿研究借鉴了国外已普遍实施的日报告、家中监禁、矫正训练计划等制度,设置了严管措施。严管措施是一种强化的监管教育方法,不是处罚措施,适用于被警告或者治安管理处罚的社区矫正人员。征求意见稿规定了三种严管措施:一是责令定期到办公场所报告活动情况,强化报告义务,加大监管力度。二是责令参加指定的教育矫正活动,增强矫正的针对性、有效性。比如,对于自控力差、酗酒闹事的,责令其接受相应的心理矫正和行为引导。三是采取电子监控等监视方法,在规定时间内限制其活动范围,社区矫正人员拒不服从的,可以强制实施。比如,对于违规外出或者逃避监管尚未达到收监条件的,可以要求其在一定期限内不得离家或者不得离开所居住的社区(第32条)。

八是关于社区服务。社区服务是当今世界许多国家采用的社区矫正措施之一。我国在社区矫正试点中,也将社区服务作为教育矫正的手段之一。在考虑社区矫正人员年龄、性别、健康状况、正常工作学习需要等情况的基础上,安排其参加清洁公共卫生、绿地维护、照顾孤寡老人等公益性服务活动,取得了较好的矫正效果。组织符合条件的社区矫正人员参加社区服务,不是惩罚,而是为了培养他们正确的劳动观念、集体意识和纪律观念,强化社会责任感,修复社会关系,进一步得到社会的谅解和接纳。征求意见稿将试点的有益做法予以巩固,规定社区矫正机构应当组织有劳动能力的社区矫正人员参加社区服务(第37条)。

九是关于社区矫正执行变更。对符合条件的社区矫正人员给予相应的刑罚执行变更,是进一步贯彻宽严相济刑事政策的体现,有利于促进刑罚目的的实现。一方面,为了调动社区矫正人员教育改造的积极性,征求意见稿对表现突出的社区矫正人员设置了奖励性变更措施,包括减刑、缩短考验期等。即社区矫正人员在矫正期间确有悔改表现或者有立功表现的,可以减刑、缩短考验期;有重大立功表现的,应当减刑、缩短考验期,同时规定了相应的变更程序。另一方面,为了体现刑罚执行的严肃性和强制性,征求意见稿对违反监管规定的社区矫正人员设置了惩罚性变更措施,包括撤销缓刑、撤销假释、暂予监外执行收监和不计入刑期。具体设置了五种撤销缓刑、假释的情形和八种暂予监外执行收监的情形,明确了不计入执行刑期的情形,规定了相应的变更程序。

目前,全国人大常委会已将社区矫正立法列入本届人大立法规划二类项目。党的十八届三中全会通过的《中共中央关于全面深化改革若干重大问题的决定》中又鲜明地提出要"健全社区矫正制度",立法部门加快了立法步伐。今年以来,全国人大内司委、法工委刑法室、国务院法制办政法司负责同志先后到司法部机关及上海、江苏、湖北、重庆等地就社区矫正立法工作进行调研,我们充分相信,随着专门社区矫正法的制定出台,中国特色社区矫正制度必将更加健全完善,我国社区矫正工作一定会迎来美好的明天!

中国社区矫正立法的基本状况与问题探讨[*]

主讲人：吴宗宪，北京师范大学刑事法律科学研究院犯罪预防研究所所长、社区矫正研究中心主任、教授、博士生导师

主持人：姚建龙，上海政法学院刑事司法学院院长、教授

评议人：王志亮，上海政法学院刑事司法学院监狱学教研室教授

时　　间：2013年12月16日上午

自2003年在我国开始社区矫正试点工作以来，我国社区矫正工作取得了一定的成绩，制定社区矫正法已经成为我国社区矫正发展中的重要工作和迫切任务，成为有关机构和人士共同努力的目标。本文介绍我国社区矫正立法的状况，探讨我国社区矫正立法中需要解决的若干问题。

一、我国社区矫正立法的基本状况

在我国开始社区矫正试点工作不久，人们就开始关注社区矫正立法问题，官方和民间都进行了一些尝试，作出了一定的成绩。

（一）官方立法概况

我国官方的社区矫正立法工作，主要由国家主管社区矫正工作的司法部以及国务院主管立法事务的国务院法制办公室组织进行。

2013年2月4日，司法部以正式文件（"司法请[2013]3号"）的形式，向国务院报送了《司法部关于提请审议〈中华人民共和国社区矫正法（草案送审稿）〉的请示》，其中包括2个附件（附件1为《中华人民共和国社区矫正法（草案送审稿）》，附件2为《关于〈中华人民共和国社区矫正法（草案送审稿）〉的说明》），全部内容大约1.1万字。这个草案送审稿设计的社区矫正法包括6章63条：第一章总则；第二章社区矫正机构；第三章刑罚执行；第四章监督管理；第五章教育帮扶；第六章附则。

这个送审稿连同附件报送国务院之后，国务院法制办发到中央相关部门征求

---

[*] 本讲稿由主讲人提供。

意见。

(二) 民间相关工作

国家主管机关之外的其他个人和机构,也进行了较多的促进社区矫正法制定的工作。在进行这类工作的过程中,提出了社区矫正法的多个版本。具有代表性的版本至少有 5 个:

1. 上海徐晓青律师的版本

2005 年前后,上海徐晓青律师事务所的徐晓青律师起草了《中华人民共和国社区矫正法》建议文稿,包括 6 章 50 条:①

  第一章 总则;第二章 社区矫正专门国家机关;第三章 社区矫正专业社会团体、社会工作者、志愿者;第四章 社区矫正实施程序;第五章 社区矫正管理规则;第六章 附则。

2. 北京罗益锋等人的版本

2006 年 3 月 5 日,第十届全国人民代表大会代表罗益锋等人在北京市朝阳区阳光社区矫正服务中心的配合下,提交了一份《建议尽快颁行〈社区矫正法〉》的提案,其中所附的《中华人民共和国社区矫正法(建议稿)》有 8 章 53 条:②

  第一章 总则;第二章 社区矫正的实施机构;第三章 社区矫正工作者;第四章 社区矫正的实施程序;第五章 社区矫正对象的义务和权利;第六章 社区矫正过程中的危险控制;第七章 法律责任;第八章 附则。

3. 江苏李强等人的版本

2010 年 3 月 5—14 日,第十一届全国人民代表大会第三次会议召开期间,全国人大代表、江苏省盐城市长李强领衔向大会提出《关于出台社区矫正法,推进非监禁刑罚执行》的议案,并提交了《中华人民共和国社区矫正法(立法建议稿)》。该建议稿认为《中华人民共和国社区矫正法》可分为 6 章 118 条:

  第一章 总则;第二章 社区矫正专门国家机关;第三章 社区矫正机构和工作队伍;第四章 社区矫正程序;第五章 未成年社区服刑人员的教育矫正;第六章 附则。

4. 王平等人的版本

2012 年 8 月,中国政法大学出版社出版了中国政法大学王平教授带领他指导的

---

① 参见《关于起草〈中华人民共和国社区矫正法〉建议文稿的说明(讨论稿)》,http://www.cctthinker.com/show.aspxid=144&cid=14,2013 年 10 月 5 日访问。
② 参见荣容、肖君拥主编:《社区矫正的理论与制度》,中国民主法制出版社 2007 年版,第 386—399 页。

两位博士何显兵、郝方昉起草的《理想主义的〈社区矫正法〉——学者建议稿及说明》。① 这个专家建议稿包括9章88条:

> 第一章 总则;第二章 社区矫正工作人员;第三章 社区服刑人员的权利;第四章 社区刑罚的执行程序;第五章 监督管理;第六章 矫正治疗;第七章 帮助保护;第八章 考核奖惩;第九章 附则。

5. 北师大刑科院的版本

从2011年下半年开始,北京师范大学刑事法律科学研究院(以下简称"刑科院")与加拿大刑法改革与刑事政策国际中心合作,在加拿大国际开发署的资助下,进行了起草《中华人民共和国社区矫正法(专家建议稿)》的工作。这个项目由北师大刑科院院长赵秉志教授牵头申报,具体工作由本人负责。项目启动后,组成了以北师大刑科院教师为主的起草小组,开始相关的准备工作。2011年11月、2012年6月还两次赴加拿大考察并与加拿大专家交流,经过起草小组的不懈努力,完成了《中华人民共和国社区矫正法(专家建议稿)》(简称"《社区矫正法(专家建议稿)》")。2012年8月30日在北京友谊宾馆举行的"《社区矫正法(专家建议稿)》发布与研讨会"上,正式发布了这个《社区矫正法(专家建议稿)》;根据与会的60余名中外专家学者在会上提出的意见,又对该专家建议稿进行了修改,最终定稿的《社区矫正法(专家建议稿)》共13章120条,条文加立法理由总计12.8万字。

> 第一章 总则;第二章 机构与人员;第三章 社区服刑人员;第四章 基本程序;第五章 监督管理;第六章 教育矫正;第七章 帮困扶助;第八章 考核与奖惩;第九章 特殊社区服刑人员的矫正;第十章 保障与促进;第十一章 监督机制;第十二章 法律责任;第十三章 附则。

2013年3月12日,以《北京师范大学刑事法律科学研究院刑事法治发展研究报告》(49号)的形式,将这个专家建议稿分送国家有关部门参考。目前,相关的书籍已经出版。②

二、社区矫正法立法相关问题探讨

(一) 社区矫正的性质

在制定社区矫正法的过程中,首先必须明确社区矫正工作的性质。对于社区矫正的性质,最高人民法院、最高人民检察院、公安部和司法部在2003年7月10日联合发

---

① 参见王平、何显兵、郝方昉:《理想主义的〈社区矫正法〉——学者建议稿及说明》,中国政法大学出版社2012年版。
② 参见赵秉志主编:《社区矫正法(专家建议稿)》,中国法制出版社2013年版。

布的《关于开展社区矫正试点工作的通知》(以下简称"两院两部《通知》")中已有涉及,将社区矫正界定为"非监禁刑罚执行活动"。这个界定是准确的,在社区矫正立法中应当坚持。社区矫正就是依法在社区中监管、改造和帮扶罪犯的非监禁刑执行制度。

(二)社区矫正法的定位——专门法律

将要制定的我国《社区矫正法》,应当是一部专门法律。

根据我国相关立法的情况以及2000年颁布的我国《立法法》的有关规定,我国国家立法机关制定的法律,实际上可以分为两类:

第一,基本法律。这是指"全国人民代表大会制定和修改"的法律。根据《立法法》第7条第2款的规定,"全国人民代表大会制定和修改刑事、民事、国家机构的和其他的基本法律。"我国每年召开一次全国人民代表大会,这个会议的重要内容就是制定和修改"基本法律"。

第二,其他法律或者专门法律。这是指"全国人民代表大会常务委员会制定和修改除应当由全国人民代表大会制定的法律以外的其他法律"(《立法法》第7条第3款)。根据我国《宪法》第57条的规定,全国人民代表大会常务委员会是全国人民代表大会的"常设机关",全国人民代表大会拥有制定"其他法律"等权力。

将要制定的《社区矫正法》,应当是由全国人民代表大会常务委员会制定和修改的其他法律或者专门法律;《社区矫正法》的地位,应当与已经在1994年12月29日通过的我国《监狱法》相类似。

区分这两类法律不仅意味着立法机关有所区别,而且这两类法律似乎也存在地位差别。从法学理论来看,"基本法律"的法律地位或者规格要高于"其他法律"。而且,根据《立法法》第7条第3款的规定,全国人民代表大会常务委员会有权"在全国人民代表大会闭会期间,对全国人民代表大会制定的法律进行部分补充和修改,但是不得同该法律的基本原则相抵触。"

(三)制定《社区矫正法》的指导思想

在起草和制定《社区矫正法》的过程中,应当体现以下指导思想:

1. 充分反映我国社会的情况

在制定《社区矫正法》的过程中,应当充分了解我国社区矫正以及相关方面的情况,充分反映我国社会的发展变化。

(1)要充分反映我国社区矫正的情况。自2003年以来,我国进行的社区矫正工作已积累了很多经验,也遇到了不少问题,《社区矫正法》应当反映这些方面的情况。

在经验方面,要充分体现和进一步完善已经作了尝试而且效果不错的做法,例如:

——工作机制:司法行政机关牵头组织开展社区矫正工作的工作机制。

——工作队伍建设模式:在司法行政系统中,各地已经普遍建立了以司法所工作人员为主、社会工作者和社会志愿者积极协助的专兼职人员结合的社区矫正工作者队伍。这是具有中国特色的社区矫正工作队伍,应当在《社区矫正法》中得到体现。

——矫正小组。这是管理社区服刑人员开展社区矫正的基本组织形式。社区矫正机构应当为社区服刑人员确定矫正小组。矫正小组成员由司法所、基层组织、社区服刑人员所在单位、就读学校有关人员和社区服刑人员的监护人、保证人、家庭成员等组成,负责落实相应的社区矫正措施。

——分类管理。这是有效管理社区服刑人员的重要方式。社区矫正机构应当根据社区服刑人员的犯罪类型、刑罚种类、矫正阶段、再犯罪风险等情况,实施分类管理。

在问题方面,要认真对待各地在社区矫正工作中遇到的一些问题和困难,例如:

——社区矫正执法者的名称。目前,在我国社区矫正工作中担任执法工作的人员,是基层司法所的工作人员,他们的正式名称是"司法助理员"。但是,这个名称不适合作为社区矫正执法者的正式名称,应当考虑采用"社区矫正官"的名称。[①]

——警察问题。在社区服刑人员的管理方面,遇到的一个突出问题是,在社区矫正工作者中是否需要包括警察?考虑到我国执行刑罚工作的复杂性,以及社区矫正工作的便利性,为了应付社区矫正工作中的一些突发事件,解决社区矫正工作中遇到的一些特殊问题,可以在社区矫正机构中配备一定数量的警察,协助社区矫正官开展工作。

——社区矫正经费的问题。社区矫正是国家的刑罚执行工作,为了保证这项工作的严肃性和权威性,国家必须充分保障社区矫正的工作经费。同时,考虑到通货膨胀等因素,对于社区矫正经费的规定,不仅要包括各个方面的开支项目,而且要规定"确立合理开支标准和动态增长机制"的内容。

(2)要充分反映我国社会的发展变化。在这方面,要充分考虑和反映下列情况:

第一,流动人口及其犯罪和社区矫正问题。我国目前正处在城乡交流的剧烈社会变化时期,每年有大量流动人口,其中主要是到城市打工的农民工。根据2011年底的统计,流动人口已达2.30亿。[②] 这些人背井离乡到城市后,会在就业、生活等很多方面面临困难,其中的一些人因此而犯罪。但是,对于他们中犯了罪的人来讲,在实施社区矫正方面存在很多问题。首先,法官在适用非监禁刑方面存在不平等问题。在同样实施了类似的、有可能判处非监禁刑的犯罪的情况下,户籍在当地的人员很有可能被判处非监禁刑,从而变成社区矫正的对象,而对那些外来的流动人员而言,由于法官担心对他们判处非监禁刑之后,非监禁刑难以执行(如不好管理等),因此不愿意判处非监禁刑,从而使这类犯罪人更多地变成了监狱罪犯。如何促进量刑方面的平等性,是需要研究的重要问题。

其次,对于被判处非监禁刑的流动人员来讲,在开展社区矫正方面存在很多问题。由于他们的家庭关系等不在当地,因而难以开展相应的社区矫正活动。对这类人中的

[①] 参见吴宗宪主编:《刑事执行法学》(第二版),中国人民大学出版社2013年版,第282—284页。
[②] 参见中华人民共和国国家统计局编:《中华人民共和国2011年国民经济和社会发展统计公报》,http://www.gov.cn/gzdt/2012-02/22/content_2073982.htm,2013年5月4日访问。

犯罪人如何开展社区矫正,也是需要研究的问题。例如,一方面,犯罪地的社区矫正机构不愿意对这些犯罪人开展社区矫正工作,千方百计地将他们遣送回原居住地或者户籍所在地。另一方面,原居住地或者户籍所在地的社区矫正机构不愿意接受这些人。为此,就向犯罪地的社区矫正机构索要费用,要求每遣送回一个社区服刑人员,都要支付一定费用。

因此,不仅要在立法过程中切实关注这些问题,而且应当在立法中对此作出合理的、具有很强操作性的规定。

第二,各地经济社会发展极不平衡问题。目前,从地域分布来看,我国的中东部地区较为发达,西部地区发展较慢。从城乡情况来看,城市地区发展较快,而农村地区发展较慢。根据2011年底的统计,在我国总人口中,乡村人口占48.7%。[①] 乡村地区地广人稀,社区建设发展缓慢,社区服刑人员数量也较少。因此,如何在乡村地区开展社区矫正工作,是我国社区矫正发展中面临的重要问题,需要在社区矫正立法中加以研究和得到体现。

第三,公民法律意识不断增强问题。已经有越来越多的公民懂得了法治的基本要求:"对于国家行政机关等'公权'来说,法无授权即禁止,凡是法律没有明确规定的权力,任何国家机关都不得行使;对于公民、法人和其他社会组织等'私权'来说,法无禁止即允许,凡是法律没有禁止的行为,任何机关都不能认为是违法的。"[②]这对社区矫正工作提出了多方面的要求。首先,必须尽快完善法律制度,使社区矫正工作的各个方面都"有法可依"。为此,必须尽快消除在社区矫正工作的某些方面存在的"立法空白",严密社区矫正的立法体系。其次,必须在实际工作中切实"依法办事"。只要是立法中规定的内容,必须严格执行。实际上,在我国社会中,这是一个更加严重的问题。虽然我们已经宣布形成中国特色的社会主义法律体系,但是,对于已经颁布的法律的执行情况,很不如人意。

第四,我国的国际地位不断提高带来的问题。例如,随着我国在国际社会中地位的逐步提高,我国在履行国际义务方面要承担更多的责任,包括履行联合国的一些公约、条约等规定的义务。又如,外国人在我国犯罪的数量增加,外籍社区服刑人员的问题会出现和增多等。这些方面的问题都需要在社区矫正立法中给予关注。

2. 考虑相关文件和立法的内容

我国社区矫正的最初发展,是通过相关文件推动的,然后,再在立法中加以规定和确认。因此,在制定社区矫正法时,应当考虑这些文件和立法的内容。

指导和推动我国社区矫正发展的文件和立法,可以用"5-1-2"表示:

——"5"指两院两部联合发布的5个有关社区矫正的文件:

---

① 参见中华人民共和国国家统计局编:《中华人民共和国2011年国民经济和社会发展统计公报》,http://www.gov.cn/gzdt/2012-02/22/content_2073982.htm,2013年5月5日访问。

② 参见《党的十六大报告学习辅导百问》,党建读物出版社、人民出版社2002年版,第182—183页。

(1) 2003年7月10日的两院两部《通知》。这是我国由中央政府发布的第一个关于社区矫正工作的官方文件。

(2) 2005年1月20日,两院两部联合发布《关于扩大社区矫正试点范围的通知》(司发[2005]3号),将河北、内蒙古、黑龙江、安徽、湖北、湖南、广东、广西、海南、四川、贵州、重庆等12个省(自治区、直辖市)作为第二批社区矫正试点地区。

(3) 2009年9月2日,两院两部发布《关于在全国试行社区矫正工作的意见》(以下简称"两院两部《意见》")。

(4) 2011年4月28日,两院两部印发了《〈关于对判处管制、宣告缓刑的犯罪分子适用禁止令有关问题的规定(试行)〉的通知》,对《刑法修正案(八)》规定的"禁止令"的适用问题作了具体规定。

(5) 2012年2月15日,两院两部联合发布了《社区矫正实施办法》,共计40条,进一步规范和细化了社区矫正制度。

——"1"指一项部门规章

为了规范司法行政机关的社区矫正工作,2004年5月9日,司法部印发了《司法行政机关社区矫正工作暂行办法》,这是中央部门发布的社区矫正方面的一个综合性文件。

——"2"指2部法律中的规定

2011年2月25日,第十一届全国人民代表大会常务委员会第十九次会议通过《刑法修正案(八)》,其中规定"依法实行社区矫正",正式在法律中确定了社区矫正制度。

2012年3月14日第十一届全国人民代表大会第五次会议修订的《中华人民共和国刑事诉讼法》第258条规定:"对被判处管制、宣告缓刑、假释或者暂予监外执行的罪犯,依法实行社区矫正,由社区矫正机构负责执行。"

在社区矫正立法中,要认真研究、不断完善和充分吸收这些文件和立法中的内容,把其中合理、科学的内容通过立法的形式固定下来。

3. 立足国情,借鉴国际社会做法

在社区矫正立法中参考国际社会的相关信息,特别是参考国际社会的良好经验和有益做法,对于制定好社区矫正法,具有十分重要的意义。

(1) 可以丰富我国社区矫正的内容

借鉴国际社会做法可以丰富我国社区矫正的内容。十年来,在各方面的努力下,我国的社区矫正不仅取得了巨大的成绩,而且发展了丰富的内容。首先,在社区矫正的基本内容方面,丰富了刑罚执行的内容。在2003年的两院两部《通知》中,就将社区矫正工作的基本内容表述为三个方面,在刑罚执行文件中正式引入帮助罪犯的内容,明确规定,社区矫正的任务之一,就是"帮助社区服刑人员解决在就业、生活、法律、心理等方面遇到的困难和问题,以利于他们顺利适应社会生活。"在2009年9月2日发布的两院两部《意见》中,不仅将这方面的内容归纳为"帮困扶助",而且进一步丰富了

具体内容。其次,在社区矫正的具体实践方面,各地创造出了大量的鲜活经验。在开展社区矫正工作的过程中,各地根据自己的不同情况,在社区矫正辅助机构的组织运行,在社区服刑人员的监督管理、教育矫正和帮困扶助等方面,都创造出了很多新鲜的、有效的经验。这些都为社区矫正工作的顺利进行,提供了重要的保障。尽管如此,也要看到,我国开展社区矫正的历史毕竟很短,与国际社会中长期的社区矫正实践相比,我国的社区矫正实践还是很有限的。为了进一步丰富我国社区矫正的内容,在立法中更好地规范社区矫正的内容,应当认真借鉴国际社会在社区矫正领域的有益做法。

(2) 可以吸收人类文明进步的成果

借鉴国际社会做法可以吸收人类文明进步的成果。如果把人类社会看成一个大的社会或者"地球村",那么,我国就是这个社会中的一员。尽管我国有自己独特的历史和文化传统、经济和社会条件,这使得我国社会区别于国际社会中的其他成员,但是,作为人类社会的成员,我国与国际社会的其他成员之间,应当有很多的共同点,这是我国在发展中与国际社会的其他成员相互交流、取长补短的重要基础。无论是在开展具体工作的过程中,还是在进行相关立法的过程中,都应当立足我国情况,放眼国际社会,吸收人类社会文明进步的成果,发展我国自己的事业。在社区矫正立法中吸收人类社会文明进步的成果,了解和借鉴国际社会在社区矫正立法中的有益经验,肯定会有助于改进我国的社区矫正工作,促进我国的社区矫正立法。

应当看到,在过去,在包括立法在内的一些领域中,由于过分强调我国社会的特殊性或者独特性,对于国际社会做法的了解不够,对于国际社会经验的借鉴也有限。希望在社区矫正立法中,能够克服这种缺陷或者问题,认真借鉴国际社会做法和经验,吸收国际社会中一切适合我国情况的良好实践和有益经验,完整我国社区矫正立法,促进我国社区矫正工作的科学发展。

(3) 可以提高社区矫正立法的质量

吸收人类文明进步的成果可以提高社区矫正立法的质量。以往的立法经验表明,认真研究国际社会中同类立法的情况,是提高立法质量的有效途径和便捷方式。我国尽管在社区矫正工作中取得了巨大的成绩,也制定和发布了很多的规范性文件,但是,就立法而言,社区矫正的历史还是显得较为短暂,已经进行的社区矫正实践还不能给科学的立法提供所需要的全部内容,已经发布的规范性文件还不能给社区矫正立法提供所应有的坚实基础,因此,要增进我国社区矫正的立法质量,不仅要认真总结我国社会中社区矫正的实践经验,仔细梳理我国已经发布的社区矫正领域的大量文件,还需要认真了解和恰当借鉴国际社会中有关社区矫正的立法和规范性文件,借此改善我国社区矫正立法的内容和形式,增强我国社区矫正立法的前瞻性等,从而制定出一部科学性较强的社区矫正法。

在这方面,可以考虑在借鉴国外的一些制度和做法的基础上,设立符合我国现状的制度。

——在借鉴国外诉冤制度(grievance system)的基础上,建议设立"社区服刑人员投诉"制度,保证社区矫正机构公平、公正、及时地处理社区服刑人员的投诉请求;

——在借鉴国际社会休克监禁(shock incarceration)制度的基础上,设立"监禁体验型教育"制度,增强监禁体验对于多次违反监督管理规定、说服教育不能奏效的社区服刑人员具有威慑和教育效果;

——在借鉴国际社会家庭监禁(home confinement)制度的基础上,在我国建立"家庭监禁"制度,通过家庭监禁与宵禁令和电子监控等监督管理措施的结合使用,增强对于多次违反监督管理规定,一般监督管理措施不能保证其服从监督管理规定和预防其重新犯罪的社区服刑人员的约束性。

——在借鉴国际社会矫正训练营(boot camp)制度的基础上,设立"集中训练型教育"制度,增强对于严重违反监督管理规定的社区服刑人员的纪律训练,促使他们形成良好的行为方式和习惯。

4. 着眼目前情况并且适度超前

《社区矫正法》是规范目前正在进行的社区矫正工作的法律,因此,在制定这部法律时,必须认真考虑目前我国社会多个方面的情况,力求使这部法律在颁布之后,能够对当前中国的社区矫正工作产生直接的指导和规范作用。密切结合目前情况,是制定《社区矫正法》时首先要考虑的问题。

当然,《社区矫正法》还应当考虑未来中国社会的发展和变化,在起草有关条文时,应当包括具有前瞻性的内容:

——关于社区矫正管理机关名称的规定。鉴于省级和县级社区矫正管理机关的名称尚不统一,在起草《社区矫正法》时,可以不使用具体的名称,而使用"省级社区矫正管理机关"和"县级社区矫正管理机关"一类的名称。

——关于基层社区矫正机构的规定。在未来,最基层的社区矫正管理工作究竟由目前的司法所承担,还是由其他机构承担或者使用其他的名称,目前尚无统一做法。考虑到这种情况,在起草社区矫正法时,可以使用"县级社区矫正管理机关派出机构"一类的名称。

——关于社区矫正辅助机构的规定。目前,围绕开展社区矫正工作的进行建立了一些社区矫正辅助机构,但是,这些社区矫正辅助机构的名称和功能都不统一。例如,仅就名称而言,一些地方使用了"中途之家"的名称,一些地方使用了"社区矫正工作站"的名称,还有一些地方使用了"社区矫正管理教育服务中心"等名称。为此,在起草社区矫正法的过程中,应当对此作出前瞻性的规定。首先,应当使用概括性的机构名称。例如,社区矫正辅助机构。其次,扩展社区矫正辅助机构的功能。这些机构虽然是为开展社区矫正工作建立的,不过,在未来可以承担更多的社会职能,以便充分利用其人力资源和物质条件,发挥更大的社会功能,包括促进社会和谐、预防违法犯罪等。

我国监狱行刑发展趋向之若干思考

主讲人：戴艳玲，司法部预防犯罪研究所监狱研究室主任、研究员
主持人：贾洛川，上海政法学院刑事司法学院党总支书记、教授
时　间：2013年12月15日晚

一、宽严相济刑事司法政策在监狱行刑领域的实践方向

宽严相济刑事司法政策在监狱行刑领域的应用主要体现在以下三个发展趋向：

(一) 体现区别，宽严相济

"体现区别，宽严相济"是宽严相济刑事司法政策指导下监狱行刑发展的一个重要方向，主要应落实在"区别对待"，并以实现刑罚目的为尺度，通过"区别对待"实施并实现"宽严相济"。贯彻宽严相济刑事司法政策，要求监狱的刑罚执行活动根据实现刑罚目的的实际需要，该宽则宽、该严则严，尽量避免可能造成的"刑罚不足"或"刑罚过剩"情况。

片面强调监狱刑罚执行的宽缓化，忽视刑罚的报应功能和人们对刑罚正义的要求，不但会造成罪犯权利欲的过度膨胀，不利于罪犯的思想矫正，而且也达不到刑罚一般预防的功能。意大利犯罪学家、犯罪人类学的代表人物加罗法洛曾指出："如果刑罚全然失去了惩罚的目的，如果刑罚真的只有教育、改造，甚至治疗的目的，那么人们不禁要问：当罪犯没有受到身体上的痛苦，其犯罪所获得的唯一后果却是免费教育的特权时，刑罚的存在还有何意义？"[①]

而从另一角度看，一味强调刑罚执行的严厉性，往往造成只看中罪犯的违法犯罪行为的性质，而忽略了罪犯的主观态度和矫正的可能性，与刑罚的人道和谦抑相背离，反而使刑罚执行的严厉难以达到预期的目的。[②]

因此，监狱行刑的改革和发展应该包括"宽"和"严"两个方面，它们是全面实施宽严相济的落脚点，要充分地考虑该"宽"的一面，同时还应考虑该"严"的一面，实践中主要体现在对服刑人员的监督控制、处遇等级、教育方式及考核奖惩等多方面的宽严

---

① 聂晶：《对监狱刑罚执行严厉性的重新审视》，载《犯罪与改造研究》2008年第5期。
② 同上。

区分度,重点是改进并完善对服刑人员的分类分级处遇制度和处遇规范。现行的监狱对服刑人员的分级管理和处遇制度从实践效果来看,一定程度上体现着宽严不同的区别处遇,对于稳定狱内改造秩序,提高对服刑人员管理和教育的针对性和有效性起到了一定效果。但是,面对当下服刑人员构成状况以及我们对监狱教育矫正工作的质量要求,这一制度显露出诸多粗泛、滞后、难以操作等不适之症,不利于"体现区别,宽严相济"的深入实施。因此,改进分类分级处遇的相关制度和实践,应该成为监狱行刑改革和发展的重点内容。

1. 改进分级管理

对于在监禁状态下的服刑人员,失去自由是对他们最大的剥夺,在监禁状态下行为自由度的扩展,则是对他们最有效的激励。在监禁状态下服刑的罪犯,其行为能力的范围根据服刑表现和悔罪程度等因素而扩展或收缩,呈动态变化,其变化与处遇状况的改变是一致的,体现着刑罚执行的惩罚和激励作用。

由此,罪犯经过一定时间的服刑改造以后,由于认真悔罪,真诚改造,取得一定成绩,得到较宽一级的处遇,行为能力的范围有所扩展。进一步地,如果其悔罪态度、改造表现及刑罚执行期限符合法律规定的假释条件,他们还有可能获得假释,从而人身自由即从完全被剥夺的监禁状态,转换为受一定限制的自由状态,离开监狱回到大众的社会生活,行为能力会有很大程度的恢复。相反,如果罪犯在监狱服刑期间不思悔改,甚至抗拒改造,则可能被降至较低一级处遇,甚至受到禁闭处分,原本能够行使的某些权利可能因为严管而不再有实现的条件,这是行为能力的进一步退减。

2. 改革分类处遇

在监禁刑执行过程中,不仅应该区别不同服刑人员的主观恶性程度、悔改情况、服刑表现等因素实施宽严不同的处遇方案,而且在他们服刑过程的不同阶段也要根据其悔改和表现情况给予宽严不同的处遇。对于监狱刑罚执行中的各种处遇和奖罚方式及内容,不仅要有明确的适用条件,也应确立完善的适用程序,通过内容和程序的保障促进各种处遇和奖罚方式得以适当、有效实施,发挥"体现区别,宽严相济"的执行意义。

因此,监狱的刑罚执行活动应以宽严相济刑事司法政策为指导,全面审视实施多年的"三分"制度和实践,以及长期以来对于未成年犯、女犯、老病残等特殊类型服刑人员的管理和矫正,既要充分肯定其中的成绩和经验,并力求在不断完善中继承下来,同时也要正确认识其中的问题和不足,朝着"体现区别,宽严相济"的改革方向,通过改进和调整增强其针对性、可操作性、科学性和有效性,这样才能更有助于促进监狱行刑的矫正效果。

(二) 彰显宽缓,保障权利

随着人类文明的进步,社会对付犯罪的刑罚手段也逐步实现着文明进化,呈现出文明、人道、轻缓的趋势。从历史上普遍使用的肉刑和死刑过渡到现代意义的监禁刑,曾被认为是人类文明的一个里程碑。从某种意义上讲,服刑人员权利保障制度的完备程度直接反映了一个国家的民主化和文明程度,同时也反映人权状况的实际水平。①贝卡利亚认为,刑罚的威慑效果并不随着刑罚残酷程度的增加而增加。他指出:"严峻的刑罚造成了这样一种局面:罪犯所面临的恶果越大,也就越敢于规避刑罚。为了摆脱对一次罪行的刑罚,人们会犯下更多的罪行。刑罚的残酷还造成两个同预防犯罪的宗旨相违背的有害结果。第一,不容易使犯罪与刑罚之间保持实质的对应关系。因为,无论暴政多么殚精竭虑地翻新刑罚的花样,刑罚终究超越不了人类器官和感觉的限度。一旦达到这个极点,对于更有害和更凶残的犯罪,人们就找不出更重的刑罚以作为相应的预防手段。第二,严酷的刑罚会造成犯罪不受处罚的情况。"②

监狱的刑罚执行活动必须适应社会发展的趋势并遵循刑罚发展变化的规律,同样沿着文明、人道、轻缓的趋势不断改革发展。基于人权和道义的原则,刑罚的目的已不再局限于对犯罪人的报应和对其犯罪能力的剥夺,更深层的价值应该是通过培养罪犯重新适应社会的素质和能力,帮助其重新社会化,成为能够在社会上正常生活的公民。通过各种人道化的和更加注重社会化的措施,将犯罪人应有的权利还给他们,以教育的、感化的力量充分调动其内在的积极因素,恢复其社会责任意识和乐观、健康的心理状态。从我国刑罚执行观念和实践的历史传承以及刑罚执行的基本现状来看,深入贯彻宽严相济刑事司法政策,宜本着下面两个目标谋求发展:

1. 通过完善制度建设,促进对服刑人员管理和矫正的宽缓趋势,强化对服刑人员权益的保障

随着"人权入宪",尊重公民权利已成为我国社会的主流认识,对公民权利的保障又成为新的社会文明标尺。与此同时,在监狱行刑领域保障服刑人员权利也已经得到了广泛认同,多年来奉行的人道主义行刑政策又被赋予更加丰富的内涵。"彰显宽缓,保障权利"的改革方向,要求监狱行刑应注重规范化标准的确立、完善和提升,包括监管、教育和劳动等各个方面的管理和矫正工作。其中的重点是抓住主要的矛盾和问题,积极探索新的改革措施,推进宽缓的行刑方式,更大程度地促进行刑文明人道。例如,监狱对服刑人员的生活管理和医疗保障,对服刑人员受教育机会和条件的保障,对服刑人员劳动权利的保障等。

2. 进一步改善监狱物态环境,宽缓对服刑人员的基本处遇条件,促进其基础权益的保障

贯彻宽严相济刑事司法政策,支撑监狱行刑方式的基础物态环境和条件应注重宽缓改善,主要表现为文明人道、安全健康、经济实用、便捷高效等。实施这方面的改革和发展需要科学的规划和相应的投入。目前的有利条件是,监狱布局调整已取得明显成效,监狱体制改革已经全面实施,"全额保障"将动态地深入监狱工作诸多具体环节,

---

① 转引自张秀夫主编:《中国监狱法实施问题研究》,法律出版社2000年版,第274页。
② 翟中东:《国际视域下的重新犯罪防治政策》,北京大学出版社2010年版,第12页。

在更加有力的经费支持和规范运行下,相关的各项投入将逐步获得改善和提高,其中监舍等服刑人员的生活设施、医疗机构及相关设备等医疗保障条件的改善将促进对服刑人员生活卫生和基本医疗的保障;劳动和教育设施以及设备的改善将有助于服刑人员接受教育和劳动技能的培训;亲属探视环境和条件的改善,将有助于保护和促进服刑人员的亲情关系;等等。

(三)开放行刑,促进回归

监禁刑的广泛应用,监禁环境对罪犯心理和行为的抑制和改变,以及"监狱人"和"社会人"在心理和行为上的冲突和对抗等弊端,也逐渐受到广泛和深入的关注。犯罪是社会多种因素综合作用的产物,矫正罪犯也必须将其置于社会关系和社会实践中,在刑罚的执行过程中应保持或者重新建立起罪犯与社会的适应性联系,在与社会保持较多联系的,甚至常态的社会环境条件下,才有助于实现其重新社会化。宽严相济的刑事司法政策要求对于那些犯罪较轻和已经实现有效矫正,基本不致再危害社会的犯罪人尽可能地采用半监禁(半开放)和非监禁措施,这就是扩大半监禁(半开放)和非监禁执行的改革方向。这种开放和半开放的行刑方式,不仅具有刑罚执行轻缓化的意义,对于犯罪者本人改过自新、回归家庭和重新融入社会创设了最真实、最便利的环境和条件,而且对于相关的家庭、社区,乃至更广泛社会关系的和谐稳定也具有实际的促进和维护作用。

1. 半监禁(半开放)执行

在现代社会,监禁刑作为除死刑以外最为严厉的一种刑罚方式,适用于那些非监禁不足以防范其再次危害社会的罪犯。监狱仍然是保障社会"机器"整体有序运行不可或缺的组成部分;监狱工作归根结底又是服务于社会的,其服务方式就是在对罪犯执行刑罚的过程中通过各种有效的管理和矫正措施,将他们再重新塑造成能够融于社会整体秩序的公民。

监禁刑社会效益的最高境界是犯罪人重新社会化,为了减弱监禁的各种消极后果,对于已经取得比较稳定的改造效果并且已处于一定的刑期末期阶段的监禁服刑人员,对他们完全放弃监禁,适用假释或者暂予监外执行或许还难以具备法定条件,但是对其实施出狱前特殊的行刑方式有相关的法律依据和积极的实践效果。

我国《监狱法》第57条第二款规定:"被判处有期徒刑的罪犯有前款所列情形之一,执行原判刑期二分之一以上,在服刑期间一贯表现好,离开监狱不致再危害社会的,监狱可以根据情况准其离监探亲。"这样的规定具有"附条件"开放式处遇的性质,或者说是半监禁(半开放)的处遇方式。

据报道,2002年湖北省沙洋监狱管理局设置了半开放式监区,对一些剩余刑期在1年以下的罪犯,允许他们进入半开放式监区服完剩余刑期,以便使他们刑满释放后能够较为顺利地适应社会生活。这无疑是十分有益的探索和尝试。① 这种"半开放"的行刑方式有助于激励服刑人员积极改造,并为他们出狱后就业谋生、适应社会奠定基础。

类似的实践探索还有,上海女子监狱于 2000 年 9 月开始尝试实行"半监禁",对于一些主观恶性较浅、在监狱内改造表现比较好、家庭确实比较困难需要人照顾的服刑人员实行半自由半监禁制度。原则上要求周一至周五在社会上参加工作或劳动,以就业谋生、维持家庭生计,并由所在地妇联、基层组织及所在的工作单位予以帮教,周末回到监狱继续服刑,每周必须向监狱上交一篇思想汇报,又被称为"准假释"。②

这样的实践探索在多年前就出现了,宽严相济刑事司法政策的深入实施要求相关实践迈出更加积极的步伐,在力度和规范性方面应有更显著的进步。

2. 非监禁执行

罪犯在监狱或其他刑罚执行设施内不犯罪、不逃跑并非意味着已经取得了可靠的矫正效果,回到社会以后能够顺利适应社会生活,才是"成为守法公民"更客观或更具有检验意义的标准。对于那些不需要、不适宜监禁或者继续监禁的罪犯有针对性地实施不与社会隔离的刑罚执行方式,最大限度地保持犯罪人与社会的联系,维护与其相关的各种社会关系,既体现刑罚执行的人道主义精神,也有效地避免了监禁执行方式对犯罪人心理和行为的负面影响,并最大限度地化消极因素为积极因素,促进其重新适应社会生活。

社区矫正是宽严相济刑事司法政策指导下,非监禁刑及非监禁刑罚执行方式改革的重要内容和方向。对符合条件的犯罪人实施社区矫正,是以开放的行刑方式,将犯罪人置于社区内,在"常态的"社会环境中,保持并增进他们与社区之间的联系,使其亲身体验并主动参与正常的社会关系,并充分利用社会各方力量和多方资源,对他们实施管理、教育、服务和必要的救助,帮助他们了解社会的发展,掌握社会生活和就业信息,学习并发展社会交往,适应社会规范和秩序。

在不适用监禁刑不足以给予犯罪人有效的"心理打击"或者不足以控制其人身危险性的情况下,应依法对其适用监禁刑。但是,在监禁刑执行过程中,对符合法定条件的罪犯应通过刑罚执行变更程序积极适用假释、暂予监外执行等非监禁执行方式,缩短对他们的监禁时间,"适时"地将他们放回社会并施以社区内的各种监督、教育和帮扶措施,促进其重新融入社会,成为守法公民。

基于当前司法体制和工作机制的改革,"开放行刑,促进回归"的改革重点主要是依法适用社区矫正,对不必须监禁执行的犯罪人尽量不实施监禁执行,或者对于监禁执行的犯罪人尽可能缩短非必需的监禁期。简言之,社区矫正,以其开放的刑罚执行

---

① 参见赵秉志主编:《形事法治发展研究报告》(2004 年卷),中国人民公安大学出版社 2005 年版,第 352 页。

② 转引自曾小滨、刘宏:《宽严相济刑事政策与监狱刑罚执行》,载《中国监狱学刊》2007 年第 3 期。

方式,使犯罪人尽可能不失去自由或少失去自由,而同时对他们执行刑罚、实施矫正。相反,对于不具备法定条件者,也不能违法适用,还要依法监禁执行。对于社区服刑人员实施科学的分类管理和矫正也是要重点关注的,对于已不适合继续在社区执行刑罚的服刑人员,应及时依法收监执行。

如何继续稳步、安全地推进社区矫正的适用,是实践"开放行刑,促进回归"要解决的问题,它包括对社区矫正的认识、适用社区矫正的条件、适用前的危险性评估、公众安全感的评价和促进等,这其中必须遵循的"衡准"原则是宽严适度、宽严相辅。

二、逐步推进监狱戒备等级制度

根据2005年6月召开的全国监狱局长会议的精神,建立监狱按戒备等级分类制度,在不同戒备等级的监狱分别关押具有相应危险程度的罪犯。我国监狱设置体系改革正在逐步推进中。首先,监狱按戒备等级分类设置,将有助于监狱职能的高效运作,人尽其才,物尽其用,从而提高监狱工作的效率,促进矫正罪犯的质量;其次,它也将促进执行过程中的"罚当其恶",有助于避免"刑罚过剩"(刑罚的加重效果),体现刑罚执行的公平原则;再次,这一制度将改善罪犯的服刑环境,包括戒备、管理、生活秩序和教育矫正等综合环境因素,进而有助于激发他们的自觉意识,促进其自尊心和自信心的恢复,从而调动其改造的积极性;复次,监狱按戒备等级分类设置将有助于扩大监狱与社会的联络,实现更具有社会意义、更体现人文关怀的监狱行刑;最后,这一改革有利于实现行刑资源的合理配置,有效地节约行刑成本。

成年男犯监狱可以依不同的安全警戒程度分为三级:高度戒备监狱、中度戒备监狱和低度戒备监狱,分别关押具有不同人身危险倾向的罪犯。具体到每一个罪犯,究竟适合在哪一类监狱服刑,应根据(关押)分类调查对服刑人员危险程度的评估结果确定。

(一) 高度戒备监狱

这应该是严密防范并控制罪犯脱逃以及狱内暴力事件的最高警戒级别的一类监狱,设置高大、厚实、坚固的围墙和一定范围的外围安全防范设施,狱内有先进的中央控制系统和严格的监控、管理制度。科学的监狱建筑结构、现代化的安全警戒设施、高科技的警戒和管理设备,高效的安全防范和紧急应变能力,先进的安全管理手段,以及具备快速反应能力的监狱警察队伍等,是高度戒备监狱的必要条件。各地可以考虑把辖区内一些设施和管理水平领先的监狱,改造或发展成高度戒备监狱,当然要考虑这些监狱在省内的地理位置和分布情况。高度戒备监狱具有高投入、高警戒、高效率的特点,因此,其设置规模可以比其他类型监狱大一些,押犯一般可以达到5000—6000人。

高度戒备监狱收押有严重人身危险倾向的罪犯。监狱依据对罪犯分类调查的结果,评估其人身危险倾向,对具有高危险倾向者,应将其送往高度戒备监狱服刑。这些罪犯可能多数是被判处 15 年以上有期徒刑、无期徒刑或者死刑缓期二年执行等重刑,累惯犯或者其他有明显危险情节的。

(二) 中度戒备监狱

这一类监狱应该是监狱中的主体部分,监狱数量及收押服刑人员总数都相对较多。其安全警戒程度介于高度戒备监狱和低度戒备监狱之间,虽不像高度戒备监狱那样实施"极端"的安全防范和严格管束,也不像低度戒备监狱给予服刑人员相当的信任,允许其有较大的活动自由。这类监狱应该有安全的围墙控制设施,有系统的监狱中央监控系统,对服刑人员实施经常的、规范的管理和监督。监狱收押服刑人员不宜过多,要少于高度戒备监狱的平均收押数,以确保监狱长能够直接管理监狱,保障监狱具有快速反应能力,保证监狱警察实际掌握并控制服刑人员的行为,以提高对服刑人员的管理和改造效能,每所监狱的设计押犯能力以 2000 人左右,不超过 3000 人为宜。

中度戒备监狱,收押那些虽没有突出的人身危险倾向,却也不能在安全和自我约束方面给予足够信任的服刑人员。他们可能直接来自新收犯监狱,也可能由其他戒备等级的监狱转入。实践中,中长刑期罪犯会成为这类监狱的关押主体。

(三) 低度戒备监狱

低度戒备监狱,顾名思义是最低安全警戒程度的监狱设施,其建筑结构与安全防范措施与高度戒备监狱,甚至与中度戒备监狱都显著不同,可以花园式的低层建筑为主,狱内可以为家属探视提供住处。对服刑人员的管理提倡自觉约束,允许服刑人员在监区、乃至监狱内有较大的活动自由。为减缓监狱的紧张气氛,进而减少纪律问题,这类监狱的规模不宜过大,设计押犯能力考虑在 1000 至 2000 人的范围。

这类监狱应设置在离大中城市较近的地区,以便于促进服刑人员与社会的联系,包括学习、劳动等多种机会,也便于监狱借助社会公共资源指导、训练服刑人员适应社会生活。监狱应给予服刑人员较高程度的信任,以更接近社会环境的多种形式对服刑人员实施管理、教育和训练,可以借鉴国外的学习释放和工作释放制度和实践,允许部分服刑人员在白天到监狱附近的社区从事劳动或参加学习或者职业培训活动,晚上返回监狱。这类监狱也可以作为过渡机构,即服刑人员出狱(包括假释和刑满释放)前的关押机构。对于即将出狱的服刑人员,监狱应当施以与社会生活相关的各种指导,包括给服刑人员较多机会接触社会、了解社会,锻炼他们自觉约束、规范自己行为的能力,实施就业、租房、购物、交友以及寻求帮助等方面的指导计划。

低度戒备监狱关押人身危险倾向较低或者已基本没有人身危险倾向的服刑人员,主要包括新收犯监狱经过分类调查认为适合在低度戒备监狱服刑的过失犯、短刑犯等,以及由中度戒备监狱的罪犯分类机构,经过周密的再分类调查,确定可以转入低度戒备监狱服刑的罪犯。

三、监狱工作对于促进社区矫正的积极作用

社区矫正是社会文明发展到一定历史阶段的必然产物,也是社会不断进步、刑事政策日趋理性化的重要标志。自20世纪以来,社区矫正越来越受到国际行刑领域的重视,已成为许多国家矫正制度中发展最快的一个领域。社区矫正采用开放的方式对犯罪人实施矫正,为他们提供一定的救助措施并促使其回归社会。刑罚走向轻缓是当今国际刑罚发展的总体趋势,社区矫正适应刑罚发展的时代需要,表现出了应有的轻缓特性——让可以不进监狱的犯罪人尽量不进监狱,让能减少监禁时间的犯罪人尽可能减少监禁时间,让可以不失去自由或少失去自由的犯罪人尽量不失去自由或少失去自由。相对于监禁刑来讲,社区矫正的执行方式明显具有人道、轻缓的特点。

我国刑罚制度虽然包含社区矫正的内容,但是,长期以来它的适用极其有限,监禁刑始终是绝对主导的行刑方式。然而,随着社会制度改革、经济发展和社会观念的变化,扩大并加强社区矫正的适用和执行,推进刑罚制度改革已势在必行,社区矫正已被列为我国司法体制和工作机制改革的内容之一。

监狱工作的主要方式及核心职责是在监禁状态下依法对犯罪人执行刑罚,这就是所谓的执行监禁刑,而社区矫正恰恰是一种与监禁矫正相对的依法予以监外执行的刑罚执行方式,是一种非监禁刑罚执行活动。从"监禁"与"非监禁"的特征来看,监狱工作与社区矫正界域分明,然而在"刑罚执行"的共性层面,这二者之间存在明显的关联性,突出表现为"承接性",即监狱工作与社区矫正之间的衔接,这是双向的关系,即相互之间有影响、有促进,也有制约。目前,监狱工作与社区矫正的"交接面"主要是在暂予监外执行和假释领域。

暂予监外执行是基于人道主义原则,对有特殊身体状况的服刑人员所实施的一种特殊的刑罚执行方式。但是,从目前的实践情况来看,监狱系统对暂予监外执行的适用率极低,一部分患有严重疾病的服刑人不能依法获得暂予监外执行,这其中虽有多重复杂原因,但监狱及其他相关机构对服刑人员可能再犯罪的顾虑和担忧也是重要因素之一。类似地,假释,作为将执行监禁刑的服刑人附条件地提前释放的一种刑罚执行制度,这种极具积极意义的现代行刑方式,在我国的适用率也很低,虽然自社区矫正试点实施以来,假释的适用有所扩大,但低适用状态尚未有根本改变。假释是旨在促进监禁服刑人员,尽早地、顺利地回归社会的一种制度,我们在追求假释制度积极作用的同时,也无法回避其中的风险,监禁中的服刑人员被假释出狱以后是否再犯罪,也是监狱及其他相关部门的顾虑和担忧所在。

对于暂予监外执行和假释的适用存在种种的顾虑和担忧,使它们的适用仍然没有走出局限,这在一定程度上影响了社区矫正的扩大适用,是促进社区矫正发展必须要解决的问题。

暂予监外执行和假释的服刑人员接受社区矫正的效果如何,是否还会再次犯罪,

取决于多方面的影响,既有监狱工作方面的因素,也有社区矫正方面的因素,对于具体个案来说,主要原因千差万别,而且各方面的原因互为影响。

(一)监狱工作促进社区矫正需注意两点

1. 把好出狱关

暂予监外执行和假释的服刑人员在社区矫正期间是否再次犯罪,受多重因素影响,既有在监内服刑期间的,也有社区矫正期间来自家庭、社会和工作等多方面的。但是,在监狱工作方面首先应"最大限度"做到"把好出狱关",在改造质量方面,在身体条件以及其他相关法律、法规的规定要件等方面,力求做到客观、适当,既不超越标准要求,也不刻意局限范围,从而使"出狱关"张弛有度,宽严相济地执掌从监狱到社区矫正的大门。

2. 建好"出狱桥"

暂予监外执行和假释的服刑人员都要经过从监禁服刑到开放式服刑的变化,经历从监狱到回归社会的过程,作为这一过程的起点,监狱搭建好"出狱桥"尤为重要。"出狱桥"是监狱与社区矫正的衔接面,是监狱工作向社区矫正的延伸,对于服刑人员来说,既有帮助和支撑的作用,也有规范和约束的意义。因此,对于获准暂予监外执行和假释的服刑人员,监狱工作应本着帮助和规范的目标建好"出狱桥",主要通过出狱前的各种教育帮助他们了解社会生活的基本状况和生活保障的基本途径;通过模拟的制度规范让他们逐步学习适应;通过与相关社会部门和机构建立常态沟通和配合机制,为他们开始并融入社会生活提供便利和保障。

(二)监狱工作促进社区矫正的主要途径和改进方向

1. 监狱工作要加强对服刑人员改造质量的阶段性评估

我国一些省市率先在部分监狱开展了罪犯改造质量评估的实证研究和实践探索,评估的阶段基本按照罪犯改造进程分为入监评估、中期评估和出监评估,依据评估结果对罪犯进行入监分流,矫正过程中矫正个案的制定、修正、改进和出监重新犯罪预测等。[①] 这样的评估主要是基于监狱对服刑人员改造进程的分段工作实施的,这三个阶段的划分具有普遍性的意义,相应的,"三段评估"也具有普遍价值,这是必须肯定和重视的。

这里提出的"对服刑人员改造质量的阶段性评估",不是泛指监狱对罪犯改造质量的评估,而是基于监狱工作促进社区矫正的目标,实施的上述"三段评估"和日常考核,但绝不能限于此。强调"阶段性"的意义在于将日常与阶段相结合、将常态与特殊相结合、将动态与静态相结合。监狱工作应逐步建立起科学的"阶段性"评估机制,对阶段

---

① 参见郑霞泽主编:《监狱整体建设问题研究》,法律出版社 2008 年版,第 229 页。

性的把握要从服刑阶段和特殊事件入手。

根据服刑阶段划分阶段性评估点,这里包括服刑进程阶段和服刑心理阶段,关于前者有上述"三段评估"的含义,但不是简单的三段划分。要特别强调,服刑进程阶段的评估要与服刑心理阶段的评估相结合,也就是"阶段"的划分既要包括服刑进程要素,也要兼顾心理进程的不同阶段特征,即参考心理冲突期、心理平缓期、心理适应期、心理冷淡期、心理焦虑期等不同阶段突出的心理特征,按照服刑时间的进展确定阶段性评估点。刑期不同,评估点的"区间"会有不同;就具体个案来说,各个评估点的"区间"也不是均匀的,不能以自然年度均等划分,而是要结合心理学的一般规律确定。对监狱服刑人员改造质量的评估,心理学应占有特殊的位置。运用心理学的理论,遵循心理学的规律是评估罪犯改造质量的重要原则。[①]

依据特殊事件做阶段性评估,主要包括服刑期间的处遇晋级、重大表现变化、肢体和心理的突发改变、家庭变故等其他特殊事件。这里要特别强调"减刑",由于现行制度下,服刑人员中减刑适用面比较宽,对于个案来说,减刑是服刑期间的"重大"事件,这样带有普遍性的特殊事件是必须要关注的,也应纳入阶段性评估特殊"事由"的范畴。上述这些特殊事件前后的一定"区间"应作为阶段性评估点。

这样的阶段性评估应该更具有特别针对性,反映服刑人员在特殊事件前后的心理素质和行为变化,它们依次形成的"评估链"对日常考核具有检验、佐证或者修正的意义,对于监狱客观、公正地提起暂予监外执行和假释的申报和审批程序有积极作用,既有利于执法监督,也有利于摆脱"追究责任"的心理压力,促进暂予监外执行和假释的扩大适用。因此,对服刑人员改造质量的阶段性评估是把好服刑人员社区矫正出狱关的基础,也是建好服刑人员社区矫正"出狱桥"的依据。

2. 监狱工作要进一步加强有针对性的出监教育

为促进社区矫正,在常规的出监教育之外,监狱工作要确立针对暂予监外执行和假释的特别出监教育。从服刑人员进入暂予监外执行和假释的申报和审批程序起,监狱就应对其未来可能的社区服刑方式做针对性教育,除了常规的出监教育内容,还应包括社区服刑方式、规范和要求、社会帮助和社会保障等相关内容。这样的教育可能有两种结果,一是服刑人员最终获准暂予监外执行或者假释,在相关决定或者裁定生效时,他们已先期接受了一定的针对社区服刑的教育内容,有了一定的心理和行为准备,更容易适应社区服刑和社会生活;另一种情况也不能排除,即有些人可能最终未获准暂予监外执行或者假释,但既然监狱是经过了对他们全面的考核和评估才启动相应程序的,尽管最终未果,相信这样的先期出监教育也是无害的。当然,对于因启动暂予监外执行和假释申报和审批程序而进入特别出监教育的服刑人员,监狱也应对可能的两种结果做必要的说明和教育。

针对暂予监外执行和假释的出监教育,除了上述实体性内容外,为了确保与社区

---

① 参见于爱荣主编:《罪犯改造质量评估》,法律出版社2004年版,第11页。

矫正的有效衔接,还应注意相应的程序性内容的教育,包括出狱的手续和方式,与社区矫正衔接的时间、地点、机构和文书等各项要求。

针对暂予监外执行和假释的特别出监教育,是监狱工作把好服刑人员出狱关的"最后"环节,是建好服刑人员"出狱桥"的指导"课程"。

3. 对暂予监外执行和假释服刑人员在社区的服刑情况建立跟踪调查机制

鉴于监狱工作对社区矫正的实施效果有不可忽视的影响力,监狱对于暂予监外执行和假释服刑人员在社区的服刑情况应保持持续的关注,这应该成为监狱工作与社区矫正"无缝对接"程序和内容的组成部分。建立这样的跟踪调查机制应分个案调查和群体普查两类,机制的建立包括必要的机构和人员设置,调查方式和内容的实施办法及程序,分析评价(特别是与在监内服刑档案中相关资料的比对分析)程序及结论的应用等。

对暂予监外执行和假释服刑人员在社区的服刑情况建立跟踪调查机制,将个案调查结论和必要的建议及辅助资料提供给相关的社区矫正机构,以利于他们参考调整矫正方案;对群体普查情况作归纳、分析,得出有一定共性的结论反馈给监狱的相关部门并提供给社区矫正机构,以利于监狱相关工作的改进和调整,利于社区矫正机构矫正策略的改进和调整。此外,跟踪调查机制还有利于促进对社区服刑人员刑事权利的保护。对符合条件者给予减刑奖励,是对其悔罪和立功行为的肯定,对其弃恶向善的鼓励。依法获得减刑也是暂予监外执行服刑人员的合法权利,不应因暂予监外执行而忽略他们依法获得减刑的权利。一方面社区矫正机构在对其实施监督考察的同时,也应告知他们可能获得减刑的条件和标准,鼓励其积极争取减刑。另一方面,监狱的跟踪调查有助于掌握第一手资料,以客观的考核结果结合狱内服刑期间的一系列"评价",适时、适当地依法呈报减刑。

总之,监狱工作对社区矫正有不可忽视的作用,因此,通过各种改革举措进一步发挥监狱工作对于社区矫正的助推作用,既是满足提升监狱工作的需求,更是促进社区矫正的必要,这将有助于促进我国刑罚执行制度的科学发展。

四、监狱体制改革下劳动改造工作的改进和发展

"劳动改造"作为监狱工作的重要内容,确切地说,作为监狱对服刑人员三大改造手段之一的工作方式和工作内容,与监狱体制改革的关系十分紧密。一方面,监狱体制改革为劳动改造方式和内容的科学发展创造了有利条件,为劳动改造功能和效率的提升夯实了根基;另一方面,监狱体制改革的全面、深入推进,也离不开劳动改造方式和内容的相关变革,也必然需要与其相应的改进和发展。

(一) 根据新体制要求,科学确立对服刑人员劳动改造的管理和考核机制

1. 在内容上,把握区别并注重衔接

"监企分开"以后,监狱和监狱企业各司其职,监狱要提供监狱企业开展生产经营活动必需的劳动力,监狱企业要提供监狱开展劳动改造工作必要的生产条件和劳动场所。为此,监狱和监狱企业对服刑人员劳动的管理和考核在内容上有所分工和区别,即以监狱体制改革所确定的目标为基准,原则上,与监管改造联系更紧密的管理和考核内容由监狱实施,与生产经营联系更密切的管理和考核由监狱企业实施。基于上述划分原则,可以实行以下基本分工:对服刑人员出工和收工的管理、对劳动时间和劳动量的管理、对服刑人员健康和体格检查的管理、对劳动现场的警戒安全管理和对携带违禁物品的检查及其各项相应的考核等,这是监狱管理和考核要实施的内容。而监狱企业的管理和考核内容可以列举出服刑人员劳动岗位的设置和调配、劳动现场的安全管理、对劳动工效和劳动质量的管理及其各项相应的考核等。

同时,在新体制下,监狱和监狱企业在分别履行监管改造和生产经营职能的同时,应注重加强双方的协调配合,二者要共同面对服刑人员劳动的管理和考核,建立起既分工明确,又协调一致的管理和考核指标体系,以不同的职责方式共同服务于改造罪犯的任务和目标。因此,对于有些内容的管理和考核需要监狱和监狱企业分步骤和程序共同实施,力求衔接有序、相互配合,主要包括对服刑人员劳动技能的培训、生产劳动安全教育、劳动报酬的管理、劳动保护和劳动工伤保险管理以及劳动态度和劳动纪律评价等。

2. 在方式上,突出特点并遵循规律

监狱和监狱企业对服刑人员劳动的管理和考核必须遵循各自的特点和内在规律,否则管理和考核将无法有效实施。监狱以监管安全和改造效益为出发点,就相关内容制定管理规则和考核方式;监狱企业围绕着生产经营效益,制定相应的管理规则和考核方式,这样才能既区分监狱和监狱企业各自对服刑人员劳动所承担的管理和考核职责,又确保有能力实现自己的职责。

3. 在监督和评价上,明确分工并配合联动

为保障监狱和监狱企业对服刑人员的劳动实施规范、有效的管理和考核,要建立起责任明确并双方联动的监督和评价机制:一方面,监狱和监狱企业共同组建对服刑人员劳动实施管理和考核的监督和评价机构,根据管理和考核的内容分工,确定双方在该机构的人员构成和职责划分;另一方面,双方共同确定实施监督和评价的程序和方式。

对服刑人员的劳动实施管理和考核的监督和评价机制,只有以监狱和监狱企业的责任分工为前提,以二者的配合联动为保障,才能做到针对、适当、可行。同时,监督和评价机制还应包括监狱和企业对管理和考核内容及结果的共同确认与认可,这是实施

共同监督和评价的基础。

(二) 根据新体制的要求,选择和确定适宜的服刑人员劳动项目

随着监狱体制改革的深入实施,监狱企业将不再背负沉重的"经济效益"压力,对服刑人员劳动项目的选择将进一步回归到劳动的矫正功能和劳动的安全保障。对于服刑人员劳动项目的确定和劳动计划的安排,要综合考虑押犯的数量及劳动和学习能力构成情况,生产劳动项目的延续和开发情况等多方面的因素,大体应把握以下原则或者标准:

1. 安全性和适宜性

选择劳动项目必然涉及与服刑人员有直接关系的适量和适度劳动、健康和安全保护、学习和熟练技能等多方面的要素,应避免高风险、高危害、高强度的劳动项目,保障服刑人员在劳动活动中的身心健康;对于服刑人员个体来说,劳动项目的适宜性体现在细节方面,在条件许可或者有特定需要的情况下,应对参加劳动的服刑人员做劳动能力测试,包括体力、耐力、技巧性及心理素质和个人意愿等内容。

2. 实用性

所选的劳动技能或是需要熟练操作的劳动项目应该具有比较广泛的社会需求,社会应用性较强,同时尽量参考服刑人员出狱后的就业谋生倾向,力求有助于他们出狱后可凭借"一技之长"就业谋生。

3. 效益性

劳动项目应该具有适当的经营价值。在监企分开、规范运行的体制下,必须充分考虑与企业有直接关系的产品开发、原材料组织以及产品销售等多方面要素,其效益价值既满足"为改造罪犯服务",又能够支撑监狱企业"不同于以营利为目的的社会企业,但也要讲效益"的经营原则。"监企分开"以后,监狱企业的特殊性质还是决定了服刑人员劳动项目的一些局限性,这就需要司法部协调各级政府部门积极推动政府采购,让监狱企业加工生产政府采购的一些公共物品和公共设施,保证监狱企业向服刑人员提供稳定的劳动改造项目。

4. 规范性

劳动项目要符合社会正当的就业规范,并符合监狱及监狱企业相关的管理和秩序要求,同时监狱对服刑人员劳动的适当管理和考核也是不能忽视的要素。因此,监狱企业要逐步建立起服刑人员劳动项目准入制度,对新引进的劳动项目进行充分的考察、论证并实施严格的审批程序。

(三) 积极推进服刑人员劳动报酬的制度建设和规范实施

一些西方国家在服刑人员劳动报酬方面的制度走在我们前面,具体规范各国不尽相同,但基本原则和趋势是一致的。在我国,服刑人员依法获得劳动报酬,这有《监狱

法》的明确肯定,并且司法部监狱管理局发布的《全国监狱工作第十一个五年规划纲要》也明确提出:"完善罪犯劳动考核体系,在全国范围内逐步推行罪犯劳动报酬制度"。近些年伴随监狱体制改革,一些相关制度中已包含服刑人员劳动报酬的初步规范,而且有些监狱的积极探索和尝试,也为科学制定服刑人员劳动报酬制度奠定了基础。

监狱体制改革的深入实施,为服刑人员劳动报酬制度建设和相关实践开创了更加有利的氛围和条件,特别是"监企分开""收支分开"的规范运行,既对服刑人员劳动报酬的制度和实践提出了规范要求,也为此奠定了基础。因此,当下,在进一步推进监狱体制改革的过程中,有必要、也有条件抓住时机积极推进服刑人员劳动报酬的制度建设和规范实施,主要包括劳动报酬的标准额度、考核定级、结算方式、支出范围和提取方法等方面的内容。服刑人员劳动报酬的制度建设和规范实施应把握三个原则:

1. 遵循适当"低标准"的原则

服刑人员的劳动具有特殊性,特别是因其中的刑罚执行意义,其劳动报酬的水平和取得方式会与同行业、同工种的普通社会劳动者有所不同。从刑罚的社会补偿意义来看,服刑人员劳动报酬宜执行适当"低标准",即适当低于同行业、同工种普通社会劳动者劳动工资的数量。但是,如何把握"适当",却需要做充分的调查和论证,相关要素包括服刑人员平均的监禁服刑时间、出狱后一定时间内的平均就业率、赡养和抚(扶)养人口、社会保障的相关条件等。

"低标准"确定的基本原则是,既要体现服刑人员劳动的价值,也要尊重刑罚执行的社会补偿意义。"低标准"确定的基本方法是,在确定服刑人员劳动报酬的平均值不能超过社会同行业、同工种劳动者工资一定比例的同时,根据劳动的工种、劳动的数量和质量以及其他劳动表现,划分出若干个等级额度,最终根据全面的劳动考核情况确定劳动报酬的发放标准。

2. 适当限制和规范"支出"的原则

服刑人员不能像普通公民一样自由支配其劳动报酬,这也具有刑罚执行的意义。但是,这种"限制"应遵循适当和适度原则,限制范围主要包括:

(1)赔偿被害人

应在服刑人员劳动报酬中留出一定份额,用于赔偿其犯罪行为的被害人。服刑人员以自己的"劳动收入"逐步赔偿被害人,这个过程也有助于培养他们的责任感,感受犯罪行为给被害人及其家属造成的痛苦和损失,从而加深悔悟,促进自觉改造。这样也有助于保护被害人的权利,提升执法的公平和正义。

(2)提取家庭补助费

多数有家庭的服刑人员渴望与家庭保持联系,希望家庭稳定。曾有学者做过相关调查,根据对两个监狱350名和684名服刑人员的问卷调查,渴望得到家庭承认的服刑人员分别占 49.4% 和 71.5%。① 有些参加了前期监狱体制改革试点的监狱,试行劳动报酬的规范已经包括这方面的内容,允许服刑人员依照规定以其部分劳动报酬资助其赡养权利人、抚养(扶养)权利人或其他有急需的亲属,收到了较好的效果。"提取家庭补助费",作为促进服刑人员劳动报酬制度的一项不可或缺的内容,将有助于减缓社会保障的压力,减少社会不安定因素,并强化服刑人员的家庭责任感,促进其与亲属之间的亲情维系。

(3) 预留出狱储备金

在联合国公约中早有这方面的内容,如《囚犯待遇最低限度标准规则》规定,应扣除犯人劳动的部分收入,设立一项储蓄基金,在其出狱时交给他。② 在许多西方国家,这方面也有比较规范的制度和有益的实践。据笔者调查,我国相关的制度和实践也在积极的探索和试行中,并且取得了比较有益的经验。如有些监狱在体制改革试点过程中,对服刑人员劳动报酬的管理已经包括预留出狱储备金的内容,规定监狱从服刑人员劳动报酬中提留一定比例,累积作为其出狱储备金,在出狱时一并交本人,以利其出狱后最初阶段的生活和谋取职业之用。

一般认为,监禁服刑人员在其出狱的最初一到两年生活和就业的压力比较突出,内心对回归社会的不适感比较明显,也因此这个阶段实施重新违法犯罪行为的可能性相对较高。监狱体制改革全面推开以后,通过服刑人员劳动报酬的制度建设,完善出狱储备金的提取、管理、计息和支付等相关内容,将有助于预防出狱人因生计问题实施不利社会、甚至重新违法犯罪的行为,这是对社会安全稳定、和谐秩序的有益贡献。

五、罪犯教育社会化实践拓展

罪犯教育是监狱制度的重要内容,它直接关系到对罪犯思想和行为的矫正和塑造,其根本目标是培养出狱人重新融入社会秩序和社会生活的能力。因而,罪犯教育应该服务于出狱人回归社会的实际需求。目前,我国监狱已开始步入"社会化"建设阶段,罪犯教育将出现更加广泛的社会化趋势并产生更加积极的社会效果。

(一) 教育内容应以社会现实为基点和目标

1. 思想教育应本着"务实"的原则,坦然面对罪犯的个人利益并关注其回归社会的实际需求

对罪犯的思想教育既要包括和谐的社会关系、道德和法律所维护的基本的公共利益等社会主流思想和行为准则教育,也要有确认和保护罪犯合法权益的教育内容,教

---

① 参见狄小华:《冲突、协调和秩序——罪犯非正式群体与监狱行刑研究》,群众出版社 2001 年版,第 60—61 页。

② 参见《联合国囚犯待遇最低限度标准规则详解》,法律出版社 1998 年版,第 248 页。

育者应坦然面对罪犯提出合法的"利己"主张。对罪犯思想教育的内容,应以基础道德和行为指导教育为"落脚点",注意取材于现实社会,也可以历史题材为现实所用,要避免空洞的说教,本着"务实"的原则,教育他们在思想认识和行为方式上接受社会主流观念,学习大众行为方式。这样的教育内容有助于罪犯基础道德观念和行为规范的养成和塑造,从而提高其对社会生活的适应能力,帮助其出狱以后顺利地融入社会。

2. 文化教育内容应与社会同等程度的文化教育基本一致

为了提高罪犯出狱后的社会适应能力,监狱对服刑人员中小学课程教育所适用的教材不能多年"一贯制",而应该在社会相关教育机构的指导下,对教材的适用情况做经常的、专门的调研分析并按年度计划作出相应的修订,在内容上与社会同等程度的文化教育基本一致。监狱对罪犯文化教育内容的社会化,将有助于缩小监狱文化教育和社会文化教育的差距,从而有助于服刑人员参加其他社会课程或项目的学习和培训,增强其在知识和能力方面的社会适应和社会竞争的能力。

3. 职业技术教育的内容应基本适合罪犯出狱以后社会生存和就业的愿望和需求

监狱对罪犯的职业技能教育须彻底转变,要服务于罪犯出狱以后就业谋生的实际需要。近些年来,我国监狱系统对罪犯职业技术教育的重视程度和实施情况都有所进步,一些监狱尝试着改变"干什么,学什么"的原则,着眼于未来的就业需求,组织罪犯学习一些实用技术,包括家电维修、理发、烹饪等。监狱应随时把握与社会就业有关的各种信息,了解各个领域的社会需求状况,包括对数量和技术程度的需求;开设简便易学、灵活多样的培训项目,力求广泛地适应有不同需求的罪犯;根据罪犯的愿望、兴趣和出狱后可能的生活方式安排技能学习和培训项目。这才是"以罪犯为本"的职业技能教育,服刑罪犯是最直接的受益者。

4. 出监教育(释放前教育)应以罪犯出狱后社会就业和生活的需要为主要内容

在我国,监狱通常在罪犯释放前三个月将其关押于"出监监区",集中进行遵守道德、法律等社会规范的教育。对罪犯的释放前教育,是促进服刑罪犯社会化的最后阶段,监狱应特别关注这一阶段的社会化教育,强调对他们出狱以后实际生活方式的指导,给予他们处理有关个人生活、求职就业、寻求社会救助以及建立邻里关系和参与社会事务等方面的建议。近几年,有些监狱设立了服刑人员就业指导机构,为即将出狱的服刑人员提供与社会就业有关的信息和咨询,甚至有的监狱在社会团体的热心协助下,邀请社会企业到监狱内举行现场招工会。类似这种社会化的出监教育形式,虽然还在探索和尝试阶段,但实践表明它们对服刑人员有明显促动。

(二) 教育主体,包括教育者和教育机构应趋向多元化

1. 社会教育管理机构安排社会职业教育工作者参与罪犯教育

罪犯教育者队伍的社会化、专业化应该成为我国罪犯教育制度改革的重要内容。监狱主要负责罪犯教育的组织和管理,监狱干警承担对罪犯的思想教育,包括个别教

育的主要工作。对罪犯的文化和职业技术教育应明确规定纳入地方社会教育管理机构的职责范围,由社会教育管理机构参考监狱提出的建议设置课程并安排相应的师资(包括专职和兼职教师)力量,监狱负责提供所需要的场地和设备,并管理教学活动,如此将解决前面提到的监狱干警教师资质、教学观念和教学信息量等方面的问题。为了保障监狱的安全和秩序,监狱可以与社会教育管理机构联合向进入监狱从事教学工作的教师提出相关的纪律要求和各种必要的规则、程序,以及监狱干警在管理和配合教学等方面的相关责任。其实,从受教育者——罪犯的自身愿望来看,也希望有相关的社会力量加入教育者队伍,他们也认为监狱聘请社会上的专业教师或者专业技术人员参与授课活动,会有更好的教育效果。

教师队伍的社会化是罪犯教育社会化的一项重要内容,教育者将以自己开阔的视野打开监狱通向社会的大门,促进罪犯在思想观念和生存能力方面的社会化。近些年,我国有部分监狱聘请社会上的技术人员对罪犯进行实用技术培训,这是罪犯教育者队伍社会化的有益尝试,当然,这与全面实现教育者队伍社会化的理想目标还有相当距离,需要监狱管理部门与社会教育管理机构共同努力推进深层改革。

2. 社会教学机构在具备条件的监狱内设置分支机构,对罪犯实施"正规的"教学活动

实践中已有监狱与当地教育管理机构协调,与社会教学机构联合办学,对罪犯开展实用技术方面的教育和培训,取得了较好的效果。监狱管理部门应该在总结这类先期经验的基础上,鼓励具备相关条件的监狱(考量包括愿意接受教育的罪犯的数量、监狱与周边社会教学机构之间的距离和交通条件、监狱的教学设施和设备等方面的条件)与当地教育管理机构和社会教学机构协商在狱内开办教学分支机构,对罪犯实施"正规的"社会化教育。乐观展望,随着我国监狱布局的逐步调整,监狱向城市附近或者交通便利的地方转移,社会教学机构与监狱之间将不再有难以克服的地理障碍,在封闭的监狱内开办教学分支机构的条件正日趋成熟。

3. 监狱聘请社会专业教育者或者社会志愿者参与罪犯教育

各地监狱可以根据具体情况,以适合本监狱的方式聘请社会专业教育者或者社会志愿者参与罪犯教育,对他们实施心理和行为矫正、法律咨询及文学和艺术修养等方面的教育和服务,并且应以一定的规范使之成为经常性的、有成效的工作。近些年,部分监狱虽然有这方面的尝试,但是,由于没有系统的制度规范,这类教育尚未得到广泛的、经常的和稳定的实施,效果还比较局限。社会专业教育者或者社会志愿者,甚至罪犯家属等直接参与罪犯教育,有助于提高罪犯教育及相关服务的专业化,这些教育者会带给罪犯更多的社会信息、更强的社会亲和力和感染力,他们的教育内容和方式更具有"面向"社会的意义。

六、监狱行刑领域"个案管理"的一些基本问题

我国监狱工作实践部门积极倡导的"个案管理"不仅继承了历史上的有益经验,更是在寻求监狱对罪犯矫正工作和矫正效果的新发展。就目前来看,关于"个案管理"的实践探索还在初步阶段,相信随着人们对"个案管理"认识的深入,定会进一步推进其实践进程。

(一)个案管理的概念和目标

在我国监狱刑罚执行领域,对于个案管理的概念性界定目前尚无比较广泛的共识,依笔者的研究和理解,个案管理不妨这样概括:它是指监狱人民警察(可以称为"个案管理人")通过计划、组织、协调、控制和决策等手段,结合人力、物力、财力、信息等资源,针对罪犯个体或者一定的类别群体,为提高教育改造质量而有序、高效地实施的约束、教育、培训和帮助等一系列职责活动的总称。可以从四个层面把握这个概念:

一是,个案管理,在监狱行刑领域不同于在医务护理和社会工作等领域,它是监狱人民警察的执法活动,其中包含一定的(并非全部)强制性要素,这是刑事执法的性质使然。

二是,个案管理需要综合运用各种手段和资源,并在总体目标下协调它们的作用,整合它们的优势。

三是,个案管理并非仅限于一对一的活动,其"管理"目标虽指向每一个个体,但是某些个案管理活动的实施方式可以根据不同内容的实施要求,针对罪犯小组或者群体开展(例如,有些矫正项目要针对个体进行,有的矫正项目则应该或者可以以小组或者群体为对象展开)。

四是,个案管理立足于罪犯个体,无论是管理、矫正还是处遇措施都是以个体的适应性为前提的,目的是提高教育改造质量并促进个体出狱后融入社会的能力。

此外,上述概念所界定的内涵以"个案管理"表述更优于"个案矫正"一词。一方面,监狱工作内容本身不仅仅是对罪犯的矫正,还包括大量的管理内容,站在以人为本的立场上,部分管理内容(如生活卫生管理等)离矫正的意义较远,相反更具有服务的本意。另一方面,管理的本意当中就包括运用各种手段和资源实施约束、教育、培训和帮助等一系列活动的内容,而且用"大管理"概念取代"大矫正"概念更加彰显行刑的人道关怀。因此,相对于"个案矫正"而言,"个案管理"是比较科学、全面,也更加体现行刑趋势的概念性用词。

有序、高效地实施各项矫正措施,促进教育改造质量的提高和巩固,具体可以分解为三大目标:

一是进一步提高对罪犯管理和矫正工作的针对性。个案管理人通过综合掌握罪犯个体的各种相关信息并实施针对个体的动态跟进,力求更加深入、真实地了解个案,

把握罪犯个体的真实情况和个人矫正需求,从而使管理和矫正方案的制定和调整的目的性和针对性更加明确。

二是进一步提高对罪犯管理和矫正工作的系统性。个案管理人根据对罪犯个体的真实情况和个人矫正需求的全面把握,计划、组织、协调各方面力量和资源对其实施管理和具体的矫正项目,力求使不同种类、不同方式、不同阶段、不同内容的管理和矫正方案置于系统的安排和实施过程。

三是进一步提高对罪犯各项管理和矫正措施的实施效率和实施效果,这是个案管理的根本目标。前面两个提高针对性和系统性的目标实际上是提高个案管理人工作效能的方式和过程,个案管理就是要通过各种手段和资源的优化应用和有机整合,实现效益最大化,也就是以节约的成本实现对服刑罪犯管理秩序和矫正效果的最佳状态,促进教育改造质量的最大化效果。

(二)个案管理的意义和作用

1. 有助于强化教育矫正工作的针对性和个别化

"个案管理"首先体现的是以人为本、因人而异的理念,较之以往的个别教育和分类教育更强调"个案"理念和个案工作方式(尽管其中包括小组的或者群体的矫正项目实施方式),也就是以"个案"为基础的系统性矫正模式,它对"针对性"和"个别化"的要求更强了。监狱人民警察通过个案管理活动能够更多地关注到罪犯的个性特点、个人需求及个体情况的"时时变化",能够反复地、经常地评估、调整、再评估、再调整针对罪犯个体的矫正方案,将灵活性、具体性和动态性随时随地融入其中,尽可能提高管理和矫正的个体适应性。

2. 有助于促进服刑罪犯对教育矫正措施的认同和参与

实现个案管理的一个基本前提是了解个案的具体情况和实际需求,在此基础上才可能有"对症"的措施和方案。这就要求"知己知彼",要求个案管理人在对罪犯的管理和矫正过程中实现双方的沟通和互动。每一个罪犯从入监到出监的全过程即服刑与矫正的全内容都要有个案管理人的跟进,包括各种调查、测试、评估,乃至制订服刑计划和矫正方案等都要求个案管理人与罪犯之间的充分互动,要有罪犯的积极参与。在互动和参与中,罪犯都有机会,或者说个案管理人也会启发、鼓励罪犯发表自己的态度、想法和建议,这样的个案管理方式,能够促进"个案管理"对象(罪犯)对"个案管理"活动的认同,并以积极的态度和行为相配合。监狱人民警察执行刑罚的法益和服刑人员的个人利益越趋近,个案管理的目标效能就会越加凸显。正所谓"外因是条件,内因是根本"。

3. 有助于促进矫正工作和矫正效果的持续性

通过动态跟进的"个案管理"方式,能够及时评估管理措施和矫正方案的实施情况和实施效果,发现矫正环境、矫正措施乃至罪犯本人出现的新情况和新问题,及时调整矫正方案,重新整合管理手段和资源,实现寓"变"于"不变"之中——提高改造质量是硬道理,防止因为应变不力而导致工作搁浅和效果滑坡。

(三) 个案管理的基本定位和实施原则

个案管理应该作为监狱人民警察针对服刑罪犯的一种基本的工作方式,贯穿每一个罪犯从入监到出监的全过程,并覆盖与其管理和矫正相关的各项内容中。我们可以从三个方面理解对个案管理的定位:

(1) 个案管理是监狱人民警察了解罪犯情况、把握其特点和需求、发现或预测其变化和动态的基本出发点;

(2) 个案管理应该作为监狱人民警察针对服刑罪犯实施各项管理和矫正活动的基本方式;

(3) 个案管理不仅要分别针对每一个罪犯,而且贯穿于每一个罪犯在监刑期的全过程并覆盖其服刑和矫正全过程。

针对个案实施管理的监狱人民警察就是该罪犯的个案管理人,实践中根据实际需求可以有一个个案管理人针对一名罪犯、多个个案管理人针对一名罪犯和多个个案管理人针对多名罪犯三种形式。在许多情况下,个案管理人实际上是个案管理小组。个案管理实施原则包括:

(1) 一般与个别相结合。个案管理,既要立足于每一个罪犯个体,重视个体差异、个体的适应性和个体的动态变化,也要遵循"一般"的原则和指导,也就是个案管理的各项措施和活动都须在遵守相关法律、法规和制度的前提下,要遵循监狱刑罚执行的根本利益和普遍规律,坚持规范化与灵活性相结合。

(2) 管理与矫正相结合。个案管理绝非普通的管理活动,可以理解为这是个"大管理"概念,是具有矫正目的、包含矫正项目的管理活动。管理是手段、矫正是目的。因此,这里既要遵循"管理"的规律,运用"管理"的手段,也要依据教育矫正事业的规律,应用教育矫正的科学手段,力求管理和矫正手段的综合运用,在刑期管理、生活管理、矫正项目管理等各项管理内容中融入矫正的目标,在矫正方案的实施过程中促进管理的秩序。

(3) 现实与未来相结合。既然个案管理是以有序、高效地实施各项矫正措施,促进教育改造质量的提高和巩固为目标,那么它虽然在狱内实施,但效果和影响力绝非止步于监狱行刑的期间和场所,我们对个案管理的目标期待是最大化地提高监狱内的教育矫正质量,并为个体出狱后的巩固打下扎实基础。因此,监狱人民警察针对罪犯的个案管理活动要兼顾狱内效果和狱外巩固,也就是既要实现狱内的管理秩序,完成教育矫正的各种任务,也要将他们出狱后回归和适应社会的能力纳入个案管理的目标和内容(例如,在各种"管理"措施和活动中融入各种引导、帮助和辅导、训练,旨在促进回归),这样才会真正促进狱内矫正效果的后期延续和巩固。

(四) 个案管理的主要特点

个案管理应该在科学性和效能性上高于传统的个别教育和分类教育,主要具有以下特点:

1. 专业性更强

基于科学"管理"的理念,这个特点主要体现在个案管理人(在目前及今后较长时间内大部分还是监狱人民警察)的专业分工和个案管理中专业工具的应用等上。传统的个别教育和分类教育也有工作人员的粗泛分工,主要是常规管理、"三课"教育以及心理矫治工作人员的分工,实践中不少监狱连这样的分工也不够明确。专业工具的应用近些年各地也在探索和实践,包括一些心理和行为测试量表,用于出、入监评估和改造质量评估等。而个案管理是一种系统的工作模式,是个案管理人通过计划、组织、协调、控制等手段统筹运用或调配人、财、物等各方面资源,实施针对罪犯个体的工作内容和工作目标。个案管理人不可能一人全能,包揽各项专业工作,他可以是某个领域的专业人员,但其他专业力量要由其根据个案矫正的需要组织和调配。因此,个案管理模式一定涉及科学的专业分工,包括对于专业人员和专业工具都有更高的要求;根据罪犯管理和矫正的实际需求参与个案工作的人员应有更专业和更规范的分工,包括管理、教育、心理、社会帮助、行为辅导、法律服务、医疗等;相应地,各专业人员的工作也会根据需要用到更加细分并有更高信度和效度的各种工具性量表。不仅如此,信息化的管理手段也具有较强的专业性,对于个案管理有十分重要的作用。因此,可以说,个案管理对个案管理人的工作提出了更高的专业性要求。

2. 整合性更佳

这个特点主要体现在手段和资源应用系统性和效率性的优化和整合。传统的个别教育和分类教育在这方面关注度不够高,特别是日常管理和针对性教育的协调配合不足。个案管理特别注重对整体效果的评估,既要充分用足各种手段和资源,也要避免不必要的人力消耗、财力浪费和时机延迟。这就要求个案管理人在对罪犯作出全面的调查、评估后,为其制订专属于个人的类似"处方"式或者说是"个人定制"式的矫正方案,其中不仅包括实质性的内容,还包含针对该个案的人力整合、手段整合和资源整合等各方面相互衔接、配合和支撑的关系。

3. 动态性显著

这个特点一是贯穿于罪犯在监服刑的全过程,二是表现为动态调整。传统的个别教育和分类教育也具有这两方面的动态特点,但是因其还是定位于"教育方法",主要应用于与教育有关的阶段和内容,实践中个别教育和分类教育的动态性跟进度差异很大。而个案管理对于动态性跟进有明确的要求,对每一个服刑罪犯既要按照常规的标准和要求全程跟进,也要在不同的阶段或者特殊事件发生前后作出适时的评估和调整,形成纵向链接。也就是从罪犯入监开始,个案管理人就要对其实施调查、谈话、测验、评估,制订服刑计划、确定矫正项目、形成一整套矫正方案,进而开始逐步实施矫正方案,在这个过程中的不同阶段还会作出再调查、再评估、再调整,直至该个案出监,并同时以文书和电子档案的方式全程记录。

4. 适应性较强

这个特点主要体现在矫正项目的针对性和可操作性上。传统的个别教育和分类教育主要还是将教育的一般原理和方法适用于不同的个体,虽然针对不同的个体会有一些个性化的区别,但是不会有"度身定制"的矫正方案。个案管理以每一个罪犯的个体差异为基本前提,要求针对个案"度身定制"矫正方案,就好比医生为病人开具的医疗处方是专属于这个病人的。个案管理人根据罪犯的特点(包括罪行特征、人身危险性、服刑表现、身心状况,以及对矫正项目的特定需求等情况),为其度身定制管理项目、教育项目和帮助项目等,具有灵活、具体和便于实施的特点,对罪犯个体具有较强的适应性。

5. 双向互动

这是个案管理人与个案管理对象(罪犯)的沟通和互动,相比过去更注重强调激发罪犯接受矫正的主动性和参与性。传统的个别教育和分类教育在实施过程中也有罪犯与监狱干警的互动,但是罪犯一般较少有主动性和参与性的表现,"服从"特征更显重要。个案管理强调双向互动的积极作用,这就要求个案管理人要有意识、有目的地激发罪犯本人的自主意识,调动其积极性和自觉性;重视个体差异性,尽力保护或者满足其合法的实际需求;培养罪犯的参与精神和参与能力,提高其认识力和判断力。特别是在服刑计划和矫正方案的制订和实施过程中,双方的沟通和互动尤为重要,罪犯主动参与是其认识力和认可度的表现,直接关系到服刑计划和矫正方案的科学制订和有效实施。

上海监狱的现状和趋势

——以南汇监狱为视角

主讲人：王毅，上海市南汇监狱党委书记、政委
主持人：贾洛川，上海政法学院刑事司法学院党总支书记、教授
时　间：2013年5月8日下午

2003年开始，司法部就监狱劳教工作做了具有里程碑意义的三件大事。第一是布局调整。2002年开始在青海、四川、湖南等6个省市试点，将偏远地区的监狱迁移到中心城市和交通干线附近，到2008年，17个省市自治区都在推进布局调整。第二是体制改革。2003年，国务院决定对监狱体制进行改革，并开展改革试点。2007年11月，司法部在全国范围内实行"全额保障、监企分开、收支分开、规范运作"的监狱体制改革，其中，全额保障2009年基本到位。第三是信息化建设。国务院五部委专门立项，花大气力在推进。这三项工程大大改善了监狱执法环境和民警工作生活条件。

一、基　本　概　况

（一）上海监狱

如何达到"首要标准"这个目标，我们要主动做到"三个适应"：体制机制要适应，方法手段要适应，能力素质要适应。"首要标准"向我们提出了新的课题。上海监狱在新任务新要求下如何实现科学发展？答案就在于"创新驱动、转型发展"，这也是上海市委给"十二五"确立的基调。局党委果断从关注现代警务入手，提出现代警务机制的实践载体。

2008年是现代警务机制理念导入、广泛发动的一年，局党委通过实地调研，召开现场推进会、座谈会、交流会及专题理论研讨会等形式，使各级领导和广大民警不断消除模糊认识，强化理念认同，最终促使了队伍思想较大的转变。2009年是现代警务机制夯实基础、打造平台的一年，局党委致力于夯实制度体系和监督制约体系"两个基础"，打造"13＋1＋1"的民警职后教育平台。2010年是现代警务机制明确重点、攻关突破的一年，在确保世博安保万无一失的严峻任务下，集中精力做了三件大事，体制上是"三定"和两级管理，机制上是场所警戒机制和警务工作评估机制，为之支撑的是"五

大实事工程"。一年的工作基调是"用心、用劲、用情"。2011年是现代警务机制全面推进、狠抓落实的一年,局党委坚持"问题导向、需求导向、项目导向",鲜明提出"五句话、十个字"的工作重点。

1. 体制改革

体制机制决定着监狱事业发展进步的活力,也决定着监狱工作的创造力和竞争力,体制优势是最有竞争力的优势,体制保障是最根本的保障,体制活则全盘活,机制新则全局新。

其中最为重大的体制改革是将三级管理模式转变为两级管理模式,从行政管理体制层面为推动监狱进一步改革铺平了道路。长期以来,监狱一直实行伴随着计划经济体制而建立起来的传统监狱管理模式,管理形态上采取"监狱—监区—分监区"三级架构。三级管理模式在一个时期内适应了原有管理体制的需要,但是随着形势、任务、要求的变化,此种体制也逐步暴露出一些不科学和不适应的方面。

两级管理并非简单的管理层级的撤销,而是着力建立权责一致、分工合理、决策科学、执行顺畅、监督有力的管理体系。推行两级管理,就其深层次意义而言,改革的是体制,凸显的是专业,搭建的是民警专业发展的平台。经"三定"工作,精简科室,淡化"监所机关"的概念。撤销5个科(处)室,更名2个机构,增挂牌3个机构,科室数量由原来的19个调整为15个;规定"一线"包括监区、警卫队、卫生所、心理健康指导室,一线警力不得低于民警总数的80%,科室警力精简到实有警力的19.5%,监区警力的警囚比提高到13.9%。

2. 机制创新

局党委提出"坚持科学发展,深化监狱体制改革,扎实推进现代警务机制",提出了规范化、信息化、集约化的目标,八大警务理念,四大机制模块和十余个子机制。

3. 取得成效

随着体制机制改革创新,上海监狱在撤销原80个三级管理监区和124个分监区的基础上,重新组建了88个两级管理监区,并成立了相应的警务组,出现了一支"1(局业务处室)+13(基层监狱/科室)+88(监区/警务组)"的崭新队伍,并通过监所"三定"工作,按照"小机关、大基层"的思路,改革优化监所机构设置,将警力下沉到基层最一线。两级管理模式在搭建起"1+13+88"的管理架构之后,立即转入"下来、进去、铺开"的实践探索。

目前,全局有20家单位,包括13所监狱、司法警官学校、农业技术推广总站、皖南2个社区和华夏宾馆等3家保障性企业。局内设机构有20个职能处室和申岳企业发展(集团)有限公司。截至目前,全局共有在职民警5289人。其中男民警4545人,女民警744人。35岁以下青年民警2121人,占到了民警总数的40%以上,并呈逐年递增的趋势。全局在册罪犯20513人,2011年实押罪犯29184人。上海监狱已连续9年实现"四无"目标。

与此同时,经过3年来的改革探索和创新实践,上海监狱科学发展的"3个3"格局已经相当清晰,那就是"三型、三化、三驾马车","三型"是方向,"三化"是目标,而"三驾马车"则是路径和方法。要朝着"集约型、矫治型、专业型"的"三型"方向转型发展,必须紧紧依托现代警务机制建设这个实践载体,必须使得现代警务理念深入人心,推动各项工作向"规范化、信息化、集约化"的"三化"目标深入推进。靠什么实现"三化"目标、达成"三型"方向发展?必须依靠"集约高效的体制机制+凸显价值的专业化+符合实战的信息化"这三驾马车来驱动,推动转型进程。

(二) 南汇监狱

1. 基本情况

南汇监狱位于浦东新区周浦镇,是全国第一家专门收押老病残罪犯,并与大型监狱医院合并建设的监狱。监狱与总医院共占地171.2亩,总建筑面积51200平方米,工程总投资2.26亿元,其中监狱建筑面积28842平方米。2005年5月28日开工建设,2007年6月6日竣工,2007年7月19日开始收押罪犯。监狱的设计、建造充分考虑到了老、病、残罪犯的生理特性,增设了诸多专用设施。

监狱实行两级管理模式,设13个科室,7个监区(其中1个女犯监区)和警卫队。现有民警339人,基层民警268人,科室民警68人,女民警67人,党员223人,团员37人;大专以上学历325人;平均年龄38岁。在册罪犯1637人,在押罪犯1580人,其中老年犯388人、病犯521人(传染病犯400人)、残疾犯314人;女犯296人,其中老病残女犯213人;立管犯为409名、专控犯为49名,长刑犯为818名,有前科劣迹罪犯为449名。警囚比为20.53%。

2. 存在困难及应对

由于老病残罪犯和各类难管难改罪犯集中在一起,使不安全、不确定、不稳定因素聚集。监狱日常管理存在监狱大门管理难,老病残罪犯收押难,罪犯正常死亡处置难,防罪犯非正常死亡难,药品管理难,卫生防疫控制难,老病残罪犯就诊管理难,罪犯外出就诊安全管理难,罪犯刑释、假释、保外就医难,罪犯涉访涉诉处置难等十难。为此,监狱积极建立和完善"八个防范"机制和长效安全"四项机制"。

2007年建监之初,监狱局党委对监狱党委提出"一流班子带一流队伍,一流队伍创一流业绩"的要求。监狱的各项工作在克服困难中前进,在解决难题中发展,先后经历了起步、探索和发展三个阶段。回顾三个阶段的工作和发展历程,监狱党委始终坚持"打造老病残罪犯监管改造工作全国一流特色监狱"的工作目标,最终形成当前独具特色的监管改造工作体系,使上海老病残罪犯监管改造工作走在全国同行业前列。

3. 取得成绩

建监近五年来,监狱在市司法局、监狱管理局党委的正确领导下,坚持监狱工作正确的政治方向,切实履职,确保了监狱持续的安全稳定。贯彻落实首要标准,不断提高教育改造工作的针对性,改造质量稳步提高。统一思想,以现代警务理念为指导,积极探索在监狱建立现代警务机制,不断加强监狱内部正规管理。加强队伍建设,不断提高队伍的政治素质和业务能力。监狱先后荣获"全国监狱劳教工作先进集体"、"上海市模范集体"、"上海世博工作优秀集体"等荣誉称号。

二、南汇监狱工作特点

(一) 推进场所警戒机制建设,着力构筑监狱安防屏障

1. 场所警戒机制

作为监狱场所警戒机制建设的一项重要内容,南汇监狱结合监狱工作实际,根据局推进现代警务机制的相关要求,充分运用现代信息技术,建设了1个指挥中心、19个分控点(7个监区指挥室)、21个操作台,搭建了监狱警务信息综合应用平台,初步达到了"通讯畅通"和"信息互通"的预期效果,实现了从单一应急处置到综合常态指挥管理的转变。监狱指挥中心的建设得到了司法部领导的肯定。

按照上海监狱场所警戒机制建设"213"运作方案,南汇监狱注重运用集约的警务理念,实现资源的全面整合。加强了警卫队、防暴队、保安、武警四种力量的有效整合利用,对七大物力资源进行全面梳理、整合,对警力分布模式、值班模式进行调整,实现每周7天和1天24小时警力全覆盖,通过选配专职人员、健全制度、赋予职权来构建指挥中心,初步形成了"指挥中心、监区指挥室(分控平台)、现场管控点"三级警戒架构,明确了指挥中心"先期指挥、狱情监控、协调警务、警戒信息管理、应急处置、检查监督",监区指挥室"罪犯现场管控、警务活动协调、日常检查督促、应急事件处置"等"6+4"职能定位。

2. 监狱安防体系

南汇监狱以指挥中心为龙头,发挥场所警戒机制的集约辐射和系统效应,进一步构筑起监狱安防体系新屏障。表现在:一是实现两级指挥系统功能融合。监狱着眼于发挥指挥中心管理中枢、整体运作和协调联动的积极效用,抓实监区分控平台分层管理、分级掌控的职能作用,突出强化分控平台对监区日常管理、监控、调度、应急处突等实战功能,实现了远距离过程管理和零距离现场控制有机融合,并切实规范警务运作现场执勤、业务工作、值班备勤三种状态的有序转换,力求达到监管动态情报信息的全面准确掌控。与此同时,重视强化监狱情报工作意识,科学合理运用现代科技手段,两级指挥系统每日针对重点部位、重要设施等进行实时动态监测,准确分析安全形势,及时发布预警信息和处置指令,努力将指挥系统建设成监狱情报中心和管理中心。二是探索十大安全运行机制建设。对照上海监狱现代警务机制建设总体要求,监狱总结梳理和探索实践安全教育、安全责任、检查考核、狱内侦查、现场控制、民警直接管理、信息分析、安全预警等十大机制。如针对监狱押犯结构特别是《刑法修正案(八)》带来的

影响,监狱主动开展罪犯死亡处置预警工作,建立常态管理的应急处置小组,基本形成了应急处置"黄金五分钟"工作机制、程序和流程。三是推进狱情犯情分析研判"六防"新模式。监狱结合民警日常执法管理中可能存在的风险危机及隐患漏洞,细化狱情犯情分析工作标准,整合罪犯日常管理、监管安全等应用系统,改进情报信息收集、分析和管理方式,在"人防、物防、技防、联防"基础上,增加"心防、侦防"两大环节,"心防"即要求民警用心、细心、精心加强安全管理,"侦防"即充分运用狱内侦查手段提升安全预测、预警和管理效能,初步形成了良性、互动、全面、可持续的"六防"工作新模式。

3. 信息化技术的运用

南汇监狱以信息化为突破口,提高警务效能,以期最终实现科技保安全的目标。如建立民警值班巡更系统、重点时间段门禁警报系统、红外线报警系统、数字监听系统等,在一定程度上减少了人力的投入,增加了安全防范的系数。监狱民警已普遍感受到场所警戒机制带来的变化,缓解了日益繁重的监管安全压力。

(二)坚持基础特色并举,努力构建监狱教育新格局

南汇监狱根据押犯结构特点,坚持走基础与特色并举的发展之路,积极探索老病残罪犯改造工作,紧紧抓住全局构建"大教育格局"的良好契机,重视"以文化人",积极打造民警公正执法平台,着力开创老病残犯改造特色工作,努力将监狱文化软实力转化为监狱发展硬实力。

1. 教育基础工作

基础方面,一是全面深入推进监狱"5+1+1"工作。通过抓教育管理制度建设、检查考核、配发录音笔等措施来进一步加强对罪犯个别教育、问题犯转化、综合治理、监区文化建设。二是积极推进个别教育工作。推行入监教育、分类教育、心理健康教育,教育形式渐趋多样化,教育内容显现针对性。三是积极运用社会力量开展帮教工作。拓展了利用社会资源教育转化罪犯的新途径。

2. 教育特色工作

特色方面,一是特色的功能监区。监狱对罪犯关押初步实现了再分类,形成了老年犯、传染病犯、新收犯、女犯的特色监区。各监区针对押犯特点有针对性地开展罪犯改造工作。二是特色的教育内容。在老病残罪犯中重点开展以"生命、健康、自信、感恩"为主线的思想教育,并针对老病残罪犯心理特点,大力开展信心教育、前途教育、希望教育。三是特色的教育理念。倡导"四心"工作理念,即用"细心、耐心、用心、恒心"教育感化罪犯;倡导"三个正确",即正确对待罪犯的切身利益,正确回应罪犯的正当诉求,正确解决罪犯的实际问题。四是特色的教育工作。将"医、康、改"相结合,提出康复性劳动概念,侧重发挥劳动的教育矫治功能;立足于应用型科研,注重将科研成果转化为工作成效,加强老病残罪犯改造工作的科研力度。五是特色的教育队伍。针对押犯特点有针对地开展民警培训,如组织民警学习手语,提高聋哑犯管理的效率;引入社会资源提高民警卫生防疫、疾病救治能力。六是特色的教育文化。专门成立罪犯监禁文化研究课题组,并从硬件设施布置、标志标识设置、监区内部颜色格调、自然及人文环境等角度着手,努力彰显以"惩戒、规训、悔罪、向上"为特征的罪犯监禁文化建设。

(三) 深化新计分考评工作,积极拓展民警公正执法载体和平台

1. 新计分考评工作

罪犯计分考评工作,是监狱执法的基础和关键环节,是规范罪犯改造行为、评价罪犯改造情况的基本手段,是监狱管理、教育改造罪犯的有力抓手,因此计分考评制度是监狱刑罚执行工作的源头性制度,是上海监狱的"当家制度"。

2011年,上海监狱修订了新版计分考评制度,南汇监狱作为先行先试的单位,高度重视此项工作,从上到下积极推动新计分考评试点工作,主动应对推进过程中遇到的风险和问题,并取得了局领导肯定的成绩。表现在:一是探索认罪悔罪评估机制。成立课题组,深入研究罪犯认罪服法的标准、内容、评估办法等问题;搭建罪犯悔罪平台,制定出台《罪犯认罪悔罪教育实施办法》,形成"十个一"的常态工作。(鼓励罪犯为自己设立一个改造忏悔日;每半年组织罪犯开展一次向忏悔金捐赠的活动;每两周播出一期由中央电视台制作的《忏悔录》节目;每月组织一次"深挖犯罪根源、清算犯罪危害"主题生检会;每年组织引导罪犯写一份忏悔书;每年对罪犯制定年度改造规划和还款计划(被判有财产刑的罪犯)开展一次个别辅导;每年组织即将刑满释放罪犯开展一次"消除再犯隐患,成功立足社会"主题交流讨论活动;每年组织一次以"亲人规劝、亲情召唤"为主题的罪犯家属规劝会;每年组织一次被害人控诉大会;每年举办一次以认罪服法为主题的"检察官对你说""法官对你说"和"警官对你说"教育活动。)二是探索执法记录机制。重点研究取证方式,探索证据搜集渠道,形成罪犯日常改造表现记载模式,编制《民警执法记录簿》,作为罪犯等级升降、处遇调整的考核要素。

2. 老病残罪犯假释和暂予监外执行专项工作

《刑法修正案(八)》、《刑事诉讼法修正案》的出台,给监狱工作带来风险和考验。南汇监狱在强化民警直接管理基础上,认真开展民警执法风险评估、等级评定和策略应对,着力加强对罪犯的正面教育引导。鼓励民警紧密结合工作实践,人人投入具体执法操作、人人参与完善新版计分考评制度,特别是在老病残犯改造中,主动加强与局业务处室、检察机关和监狱总医院等部门的沟通协调。自2011年12月8日起,先行先试老病残犯假释、暂予监外执行(保外就医)新标准,初步排摸出年内可能假释罪犯209人、暂予监外执行罪犯59人,在探索规范老病残犯刑罚执行上迈出了实质性步伐。特别要指出的是,2011年2月,市委常委、市委政法委书记吴志明视察南汇监狱时,指示要从政策层面研究推进老病残罪犯监外执行的方法和措施;同年底,沪司发[2011]1号文件《关于老病残罪犯适用假释和暂予监外执行(保外就医)的若干意见》(下称《意见》)正式出台。这是此项工作推进的政策支持。

3. "内部监督"机制

2010年,局党委旗帜鲜明地聚焦"内部监督"这个关键词,将《关于进一步加强内部监督工作的意见》和《严肃民警纪律八条禁令》分别作为局党委1号文、局行政1号文下发,搭建起纪检、监察、审计、督察"四位一体"监督制约的整体框架,明确了六个方面35项具体工作内容和要求。据此,南汇监狱加强"四位一体"监督体系建设,为公正、廉洁执法提供纪律保障。明确纪委、监察、审计、督察各自职能、监督重点及目标,尤其是加强执法监督,重点对零星会见、大账管理、重要罪犯管理等刑罚执行工作进行监督;充分发挥信息化作用,开发了罪犯会见网上监督系统,构建了"制度加科技"的网上监督平台,不断提升监督和预防工作水平。

(四)开展队伍正规化建设,切实提升警务管理效能

1. 理念先导

在南汇监狱成立之初,监狱党委开展了"我与南汇监狱共成长"主题活动。通过读一本书、种一棵树、提一个建议等"六个一"活动,激发了广大民警的主人翁意识,增强认同感、归属感和责任感。在工作实践中,还提出"打造老病残罪犯改造工作全国一流特色监狱"目标,提炼出"把大墙内的人改造好,让大墙外的人生活好"为我监民警职业价值追求,坚持"崇尚法律、尊重人格、践行公正、人文矫治"的执法管理理念,做好对老病残罪犯的教育改造工作。

2. 聚焦警务

面对当前监狱工作面临的新形势、新任务和新要求,南汇监狱密切结合队伍年龄结构、能力状况等实际,注重机制管警、文化育警、专业立警,着力培育民警执法管理能力素养,切实促进监狱警务管理效能不断提升。一是机制管警,提升岗位履职能力。监狱充分利用信息化手段,积极开发民警学分管理系统、民警电子学籍档案,初步形成了岗位练兵、培训管理、培训评估、课程开发四位一体的运作模式。启动"优师带教"工程,推进传帮带过程管理、青年民警业务技能比武、优师评比奖励等动态管理机制,最大限度地激发和调动"4050"民警及青年民警的工作动力和活力。此外,建立和完善"1+2+3"考核评估制度,促进警务工作评估机制在监狱工作中的"牛鼻子"作用进一步发挥。二是文化育警,提升执法文化软实力。监狱注重精神引领,明确将"忠诚、为民、公正、廉洁"政法干警核心价值观教育实践活动作为加强监狱执法文化建设的重要抓手,积极讨论、提炼、培养和形成具有南汇监狱特色的民警职业价值追求和职业精神,引导广大民警自觉将核心价值取向内化于心、外践于行。三是专业立警,提升民警队伍专业化水平。监狱持续推进两级管理体制下警务管理程序和流程再造,积极探索制定符合监狱实际的队伍、业务、保障、综合四大板块工作流程。突出加强民警专业团队建设,切实发挥监狱科室、监区警务组业务对接、密切衔接和上下联动作用,集中攻关、分类破解执法管理和教育改造中的突出问题,不断丰富和拓展警务组专业发展内涵和

外延,努力推动监狱工作向"集约型、矫治型、专业型"方向转型发展。

3. 存在不足

监狱工作中长期存在的"潜规则""亚文化",一些旧有的思想观念、思维习惯、行为模式影响制约着民警队伍的正规化发展,还有队伍整体能力素质的不适应,特别是青年民警专业发展空间还较为狭窄等,都是上海监狱必须正视的困难。今后工作重点:要努力教育、培养、锻造一支坚强有力、矢志创新、昂扬振奋的民警队伍,监狱党委班子成员之间,就要比一比思想解放程度、思维转变广度、开拓创新力度、理解领悟深度;中层干部之间,要比一比学习能力、领会能力和执行能力;老同志之间要比一比传帮带作用、奉献精神、工作实绩;青年民警要比一比工作状态、敬业精神、实践能力。要积极引导基层党员以本职岗位为平台,在干好工作中提升素养,在完成任务中增长才干,鼓励党员自觉地向着业务带头人、业务骨干方向努力,如此方能辐射、带动整个队伍建设。

4. 关注青年成才

(1) 青年队伍现状

当前,我局青年民警队伍的主流是积极、健康和向上的,在监狱工作不同岗位上,青年同志们正承担着一个又一个重要的工作任务,在全局重点工作推进和重大警务活动中发挥了不可或缺的作用,比如青年防暴队、督察队、讲师团、舆情观察员、科研骨干等等,都让人眼前一亮,倍感振奋。越来越多青年人成长为业务上的骨干、岗位上的能手、青年中的标兵,涌现出很多青年爱岗敬业的典范,其中有些同志已走上领导岗位,目前全局 35 岁以下青年中,处职干部 5 人,科职干部 183 人(占到全局科职干部的 24.9%)。青年同志充满着青春的气息和蓬勃的朝气,为上海监狱工作贡献着智慧和力量,在他们身上承载着监狱事业的未来和希望。

(2) 青年工作的不足

与此同时,青年工作中还存在一些矛盾,或者说是工作难点,主要有"四对矛盾",即理想愿景与现实落差的矛盾,目前体制机制改革创新尚未完全到位,"形"有了,"神"正在塑造过程中,工作现状和理想状态难免会有落差;转型发展与青年履职的矛盾,青年人对监狱工作转型有着较高的认同,但自觉主动投身其中,立足本职、自主探索还有待加强;职业要求与能力素质的矛盾,青年人有着很好的理论基础和知识储备,但面对近年来监狱工作环境和警务改革带来的巨大变化,依然存在"能力恐慌",能力素质的全面跟上显得非常紧迫;发展环境与精神状态的矛盾,当前两级管理专业发展的空间尚在拓展,青年民警个体发展渠道相对有限,针对性的激励机制尚需完善,青年同志们面临的内外部压力值得引起高度重视。

2009 年南汇监狱先后对监狱 89 名青年民警进行了问卷调查,发现青年民警心理上存在的主要问题集中在工作压力大、职业倦怠和困惑比较明显,自我期望高,个体需要无法满足,心理有所失衡;思想上的主要问题集中表现为价值观认识存在偏差,应对挫折和环境变化的能力较弱,纪律观念不强,有效执行制度不力。

为此,南汇监狱本着"青年人是未来"的理念,积极打造多种平台发挥青年民警优势,鼓励青年民警成长、成才。组建33人的青年讲师团,集合一批有专长的青年民警定期对罪犯开展法律、道德、心理等方面的授课;组建防暴队、科研攻关组和青年沙龙,打造多层次、立体化、参与广的青年成才立业的发展平台。近五年来,一批肯干事,有心理咨询资质、掌握信息技术技能、法学知识的优秀青年民警涌现出来,他们好学习、求进步、肯钻研,工作中比学赶超,追求自我发展的同时也积极推动南汇监狱各项工作的发展,展现了年轻人的活力、热情和才干。

三、结 语

下一步,南汇监狱将认真贯彻落实全国监狱劳教系统安全稳定工作电视电话会议精神,以"巩固、深化、提高"为工作基调,以"集约型、矫治型、专业型","规范化、信息化、集约化"为发展方向,以扎实开展基层基础建设年活动为载体,进一步贯彻"首要标准",着力深化政法三项重点工作,坚持围绕中心服务大局,全面推进监狱现代警务机制建设,加强和创新监狱管理,稳中求进,真抓实干,切实维护监狱安全稳定,为党的十八大胜利召开营造和谐稳定的社会环境。

法学方法

论法律至上[*]

主讲人：何勤华，华东政法大学校长、教授、博士生导师
主持人：姚建龙，上海政法学院刑事司法学院院长、教授
时　　间：2012年11月8日下午

在中国的语境下，所谓"法律至上"就是指所有的组织、机构和个人都必须在法律规定的范围内活动。我这里特别强调把组织放在最前面。中国以前一直讲人治，法治的根基太弱，现在提出法律至上，就是要突出法律的权威，法律的尊严，法律的统治。

为什么要"法律至上"？我认为有两个理由：首先，"法律至上"是人类法律文明发展的最高境界，是法律人的始终追求。其次，在调整人们行为的社会规范中，法律具有其他社会规范所不可比拟的优势。法的优势在于其四个基本属性：第一，平等性；第二，稳定性；第三，可预测性；第四，强制性。所以，我认为在社会规范中只能法律至上，不可能是其他至上。

中国近代"法律至上"的良性遗产，主要有四笔：第一笔是1901年沈家本的法律改革，引进了西方"法律至上"的理念。第二笔是1928年到1935年国民政府的《六法全书》。它是中国近代移植西方法律文化成果本土化的典范。第三笔是1954年9月《中华人民共和国宪法》的制定、实施。我认为，对于新中国的法治建设和法学的发展来说，1954年9月到1957年夏天近两年半的时间是新中国建立后前30年法治发展的黄金时期。第四笔是1978年改革开放以后到现在，"法律至上"慢慢为人们所接受，也为中国党和国家领导人所认同。2011年我们党终于提出了"宪法和法律至上"的命题。

强调"法律至上"、建设法治国家是中国的必然趋势。具体怎样操作，有七个方面。

第一，"法律至上"与"良法论"。"法律至上"和法治的前提必然是"良法"，这在亚里士多德的定义中已经包含，如是恶法，后果不堪设想，就是法西斯。什么是"良法"，我认为有五个要素：限制公共权力、保障私人权利、法律面前人人平等、追求最大多数人的最大幸福、实现社会的公平正义。

第二，"法律至上"与"法治信仰"。法律需要敬畏、信仰、权威，如苏格拉底的例子，宁死也要维护法律的权威。我认为他的死对于开创西方法治传统是有意义的。

第三，"法律至上"与"限权论"。个人的私权过于弱小，尤其在中国，所以限制公共

---

[*] 本文为演讲者提供的讲座概要。

权力,把西方《人权宣言》宣告的口号继承过来,其中有一个口号是"没有对公民权利的保障,就没有宪法"。

第四,"法律至上"与"司法独立"。在西方,司法独立与司法公正是一个事物的两个方面,司法独立了,司法有保障了,我们的司法才会公正,才有公信力。党的十八届四中全会通过的《决定》,对这个问题做了非常全面的规定和非常周密的制度安排。

第五,"法律至上"与公民权利保障的制度化。对公民权利的保障必须形成完善的制度、坚定的理念,使公民的权利保障制度化、法律化。

第六,"法律至上"与社会生活的契约化。社会生活的契约化是现代法治社会的重要标志,因为契约包含了两个基本前提。一是平等,这在马克思《资本论》中讲得很清楚;二是诚信,履行契约必须遵守承诺。

第七,"法律至上"与法律人共同体。要让"法律至上"的口号真正实现,在中国树立法律的极大权威,必须形成法律人共同体。通过法律人共同体,来影响全体民众的法律意识和法律素养,加快法治中国的建设。应该说,法律人共同体的形成,是中国法治建设的希望,也是"法律至上"目标实现的希望。

法治思维与法律方法

主讲人:陈金钊,华东政法大学教授、科学研究院院长、博士生导师
主持人:姚建龙,上海政法学院刑事司法学院院长、教授
时　间:2013年10月22日下午

一、法治思维的内涵及特征

回答什么是法治思维,首先要回答法治是什么。然而这是一件困难的事情。从不同的角度、在不同的历史文化背景下,法治有不同的含义。就世界范围法学研究的现状看,尽管思想家们有了深入的研究,但是人们所揭示的法治,仍然是一个家族相似的概念,并没有形成完全一致的看法。实际上不仅是法治,只要是经常使用的概念都含有不同的意义。在概念的认识上,能形成的只是最低意义上的共识,能接受的只是基本的核心意义。一般来说,人们在法治与人治、专制对立的这层含义上不会发生大的争议。法治要保护自由、人权,要维护公平、正义;法治是规则与程序治理的事业;法治的核心意义是限制权力等,这些构成法治的基本含义。正是在这些对法治的基本认同中,形成带有显著法治特色的思维方式。法治思维是法治原则、法律概念、法学原理、法律方法以及一些法律技术性规定等在思维中有约束力的表现,它是法治中国建设的思维基础,是法律方法运用的核心思维规则。法治思维主要表现在法律实施的过程中,法律及其基本原则对人思想的影响。但是,我们必须看到,由于主体自身的价值倾向、知识结构和文化背景等的差异性,再加上社会情境、价值等语境因素之间的竞争,使得即使是受法律约束的法治思维,在个体身上也会出现差异或意义的多样性。特别是当我们能够区分形式法治和实质法治概念以后,同样被称为法治思维的术语,可能会朝着实质和形式两个方向展开:一种思维方向是形式法治论者的思维走向。由于相信文本意义的相对固定性,因而主张法律意义的自足性、独断性,人的思维能够接受确定法律规范的约束,只不过需要运用较为复杂的法律方法。另一种是实质法治的思维走向,主张法律的开放性,认为法律应该满足政治、经济、文化、社会的要求,对法律的解释不能死板教条,而应该灵活运用。

从法治思维的特征是根据法律的思考来看,实质法治主张的开放法律的思维走向

---

① 本讲稿由主讲人提供。

的做法,在思维理路上不属于"法治思维或法治方式"。但是,由于形式法治的思维方式在许多方面存在着缺陷,如滞后性、机械性、难以与时俱进、有时很难考虑到个别正义等,因而在坚持形式法治思维为主的前提下,必须辅之以实质法治的方法。不然,形式法治的刚性就可能导致与社会之间出现紧张关系。之所以把实质法治的思维界定为辅助的方法,原因在于实质法治本身带有瓦解法治的倾向,因而需要对其保持适度的警惕,对实质法治方法的运用必须辅之以充分的论证,以防止转变为任意与专断。近些年笔者对法律思维做过一些研究,发现研究者对法律思维作本质定义的方式比较少见,一般都认为,法律思维就是像律师那样思考,或者像法官那样思考,人们更多的是在描述法律思维的特征。这也许是本质定义式的研究意义有限,也许是人们的认识水平还没有达到高屋建瓴的程度。对法治思维的认识需要从法治思维的特征说起。

(一)法治思维是受规范和程序约束、指引的思维并通过法律方法来发挥作用

法治思维在基本思路上与法律思维一致,是指根据法律的思考,因而法治思维是一种规范性思维,带有强烈的规范性和程序性特点。这一特点来自法律本身。法律与其他社会规范比较,属于明确的行为规范;法律程序的严密性也是其他行为规范难以企及的。"根据法律的思考"的法律思维在有些人看来好像很简单,但认真分析起来也是复杂的。因为,在形形色色的法学理论中,对于什么是法律争论不休。这就造就了确认法治之"法"的困难,比如一种简单的分类就可以使法治之法分裂为立法之法、司法之法和执法之法等。法治论者强调所有法律都得遵守,但是由于权力分工的存在,造成同样一部法律的意义对不同的部门有不同的意义,而并非所有部门都是执法单位。法治所要求的依法办事仅仅是宏观的原则,在具体的决策过程中依什么样的法律进行思考,还需要详细斟酌法律内容与工作性质的关联性。立法者所创立的是法律体系,司法者把其视为权威的法源,司法者所司之法是法源体系。司法者的法源体系与立法者的法律体系并不一致。无论是法律体系还是法源体系都是复杂的,以至于法律检索成了法律人必须学习和掌握的一门技术,人们可以从法律或法源体系中发现所要运用的法律。

法治思维的规范性是通过法律方法来发挥作用的。但这里法律方法不是单独的哪一种方法,而是指法律方法的综合运用。在我国,法律人基本上都是在整体意义上理解法律的,因而很容易接受融贯论、包容性的法治之法,认同法律体系只是法治之法的重要部分,但不是全部。尽管在法治问题上存在一系列具有"家族相似性"的专业术语,但是,人们在法律众多的含义之中能够识别出核心含义和边缘意义。因而在构建法治思维的过程中,不能以概念的边缘意义冲淡核心意义。法治思维不能只在法律的边缘意义上做文章,要警惕以边缘意义代替核心意义。法治之"法"主要是指文本性的法律规范。我们需要运用法律原则、规范、概念等构造法治思维,认真研究"把法律作为修辞"的运用条件、场景、策略、方法及限度,增大法治言辞的可接受性,同时把政治言辞和道德修辞与理性论证结合起来,从而得出融贯性结论。当然,我们也需要看到,

法律修辞、论辩方法对法治理论的完善是从实质法治的角度来谈的,因而对这种方法的使用必须谨慎。即使是把法律视为一般性的规范,其内部构成也不是那么简单,尤其是当法律与案件遭遇以后,各种各样的解释立场、方式也会衍生出不同的意义。所以,根据法律的思维,也只有在运用了各种法律方法(包括遵守解释规则、论证规则等)以后,才能转换成法治思维和法治方式。比如,实施法治就要贯彻"法律的清晰性原则",强调在有明确法律的场合反对解释,应该通过直接的法律推理在个案中确定其意义。法律解释方法在中国有悠久的历史,但我们对法律解释学的专门研究并不系统,基本上是随着西方法学的输入才展开的介绍性研究。法律解释学在理论上属于传统法学的核心部分,法治实现需要法律解释方法和原则的支持;在实践上,法律解释方法通过相应的法学教育和职业培训,可被型塑成法官的"前理解"和"判决感",从而在思维上引导法官作出正确的判决。法律解释的规则在总体上是限制解释权的,但是,在很多情况下,文义解释与法律价值也可能产生冲突,这就需要目的解释、社会学解释等对文义进行修补,实质法治的方法对形式法治有一定的矫正功能。然而,在法治理论中引进法律方法论,是要在思维方式上找到能够接近法治的路径,并不是对法治的全面拯救,而是对法治可能性理论的修复。这就意味着法治思维并不能解决所有的问题,但我们要相信法治能解决很多的问题,很多问题用法治方式根据规范和程序来解决会产生更好的社会效果。

(二)法治思维在现阶段主要是指限制、约束权力任意行使的思维

这一判断来自对社会矛盾的观察。目前,权力的傲慢表现在诸多方面,权力与资本的结合所出现的权力寻租、司法专横与腐败、行政权力滥用等导致人们对政党、政府、法院等的不信任,官民关系紧张,仇官、仇富的情绪加剧。要恢复人们对政府的信心,就需要约束权力的张扬,消除权力绝对化的趋势。最近推进法治建设的进程中还出现了另外一种趋势,这就是权利的绝对化苗头。即有一部分人只想着享受权利,而不愿意承担相应的法律义务。在思维方式上只讲权利,而有意忽视与其相对而存在的义务或责任。尽管权利的绝对化还没有形成气候,但如果任其蔓延下去也会出现大的问题。尤其是当权力的绝对化和权利的绝对化产生碰撞以后,矛盾的激化就不可避免,其负面效应难以估量。所以,法治思维在限制权力的同时,也必须警惕权利绝对化。一方面,应该看到,法治思维是建立在各种行为主体都遵守法律的基础上的,权利和权力都必须接受法律的约束。另一方面,在法治思维中权利与权力相互之间存在着一种平衡制约关系。法治思维和法治方式要认真研究这一平衡关系,以便更好地利用权利对权力的制约。尽管在法治之法问题上有很多分歧,但是法治有其核心意义。"法治究其本质而言,是要树立法律在社会中的最高权威,实现对权力的有效驯服,切实保障公民的自由和权利。"[①]法治要建立的是一种权利与权力之间的平衡关系。

---

① 梁迎修:《理解法治的中国之道》,载《法学研究》2012年第6期。

然而,今天的很多人还没有意识到这一问题的重要性。广东省委副书记朱国明指出:"一些地方和领导干部片面理解'稳定是压倒一切的',认为平安就是不出事……这种逻辑下的维稳,不是权利维稳,而是权力维稳;不是动态维稳,而是静态维稳;不是和谐维稳,而是强制维稳。"①权力在维稳方面确实付出了很多的努力,但是,片面地强调维稳很容易走极端。因而,我们在用法治思维约束权力的同时,还必须注意运用权力与权利之间的平衡来构建和谐社会。现在,移植于西方权利本位基础上的各种立法,使得人们在法律上已经有了很多的权利。甚至,一些搞法律研究的人也未必清楚每个人究竟有多少权利。然而,由于我国治理国家的社会化程度还很低,没有形成多样化权利保护的社会组织,社会管理创新还有很长的路要走,权利对权力的制约不仅缺乏相应社会组织的有力保障,而且现有的司法机制、理念等也没有表现出在这方面的自觉意识。用权利制约权力的法治思维还没有形成。在基本的政治体制不变的情况下,这是司法体制改革的重要方面。在我国,权力在法律解释过程中还占据主导地位,还缺乏与权力相抗衡的社会组织。人们发现,"法律解释权垄断于法律人内部,处于主导和支配地位的是法官、检察官和律师这些法律人,而法律人和普通人之间的外部关系只是派生性和依附性的,只能取决于法律人内部之间的关系。"②其实,不仅是司法过程中的法律解释,还包括在行政过程中执行所解释的法律时,权力的拥有者对法民关系、权力与权利之间的关系关心不够,更难以出现以人为本、以民为本、权利本位的法律解释,以至于出现了"机械引进的法制,缺乏法律制度与民众生活的联结,民众无法感受到法治之幸福,权利意识就无从激发。在虚化的民主天空之下,法治注定无法根植中国土壤。"③这种状况也需要通过完善法治思维来解决。

(三)法治思维在价值追求上是一种趋于实现公平、正义,保护权利、自由的思维

法治思维是规范思维,规则与程序是其显著特点。然而"规则主要体现了对某些绝对禁止的行为的约束,更多地表现为非语境化的强制性。由于规则是普遍的、非人格化的,因此,面对具体的语境时,人们难以恰当地把握规则的要求,难以把规则应用于处理现实问题。故而,个体要提升对规则之要求的把握能力,往往要强化自身的美德素养。"④与美德相比较,规则处于基础地位,规则作为引导行为的方式,需要以美德为更深层的思维根据。尊重规则是法律人的内在道德。对规则重要性的强调实际上是对法律普遍性的重视;而对各种法律价值的呼唤,是要重视情境中的正义,强调法治思维过程中语境因素。对公平正义的追求、对权利自由的保护,是法治的终极目标。但在这一目标实现的过程中,在思维路径上始终存在放弃法治的风险。因为人们看

---

① 朱国明:《莫让权利维稳变成权力维稳》,载《人民日报》2012年7月18日。
② 凌斌:《从法民关系思考中国法治》,载《法学研究》2012年第6期。
③ 付子堂、邓伟云:《民生法制论纲》,载李林、王家福主编:《依法治国十年回顾与展望》,中国法制出版社2007年版,第364页。
④ 谢惠媛:《美德与规则——从道德训诫方式的转变看现代道德中心问题的转换》,载《甘肃社会科学》2012年第6期。

到,在法律文本中本来已经包含正义等诉求,即那些普遍的、能够在法律文本中表达的正义等价值因素,成了形式性法律的组成部分,成了据以判断的标准。然而,学者们所谈论的正义价值,不是强调法律文本内涵的道德价值,更多的是语境中道德正义与法律形式的冲突。在这里,人们把法律和法律价值对立起来了。法律成了普适性的代名词,而正义成了具体情境中的因素。如果法律的解释和适用不顾及情境因素,就可能背上不讲正义的指责。因此,虽然法治思维是根据法律思考,但还必须顾及案件情景中的正义。法律人在法律与事实之间进行的思考,不仅要考虑一般的规则,还必须进行正义等衡量。与这种思维相适应的法律方法包括价值衡量、利益衡量、外部证成、社会学解释、实质推理等方法,这些都是法治思维过程中的矫正因素。

即使法治思维是根据法律的思考,也不可避免必然要涉及法律价值。这不仅是因为每一个人都会有不同的价值倾向,而且,法律文本中也有多种价值,甚至是相互矛盾的价值并存。因而在进行价值衡量以前,更主要的是价值选择。价值选择的结果不是制度和法律来安排的,而是一种主观评价的结论,不同价值理论的支持者会得出不同的结论。以价值衡量、外部证成等为主要方法的实质法治,表面上深化了法治,但给法治的实施带来更大的困难。全面的实质"法治",实际上在形式法治出现以前就已经存在,形式法治不过是在实质法治走投无路情况下的最好选择。形式法治与实质法治的争论,只不过是把立法掩盖的争论或者说已经存在的纷争重新燃起,尽管这时可能会添加一些新的语境因素,但基本的理路没有发生根本变化。"不同价值理论的支持者会就选择形式主义解释方法达成一致意见,因为,形式主义类似于一种在不同阵营之间形成的重叠共识。"[①]我们认为,在法治社会的初期,依法办事之法律是一元的——制定法或判例法,最多是两元的——制定法加判例法,不能轻易加入太多的法律外因素。但是,现在随着实质法治的兴起,法治建设中法源一元论的观点被打破。人们的设想是:当一元的法律出现难办问题的时候,不妨在多元法律上做文章,以便人们在多种可能性中进行选择;当一种方法存在问题的时候,不妨找出更多的方法,不能在一棵树上吊死,可以尝试着在多棵树上寻找活路。然而,正义、公平等价值的多变性迫使人们只能把其当成辅助手段。法律人不能不讲正义等价值,但在多数情况下,不能用价值直接代替法律。这是法治思维的基本要求。在法治建设的方法论方略中,实质法治的思维方式不能占据主流地位。

(四)法治思维是理性思维,是讲究逻辑推理、修辞论辩和解释技术的思维方式

从法律方法论的角度看,法治思维就是把法律作为修辞讲法说理,运用法律逻辑规则、法律论证规则和法律解释规则等进行思维决策,探寻用法治的方式解决现实社会中的纠纷与问题。这些规则运用的前提是尊重法律的独立性与自主性,使法律能够在思维决策中起到支配作用。从思维特征上看,法治思维是一种独断性思维,奉行的

[①] 〔美〕阿德里安·沃缪勒:《不确定状态下的裁判》,梁迎修等译,北京大学出版社2011年版,第78页。

是法律决断论。这当然不是说,法律是唯一的决定因素,而是说,其他因素对思维决策的影响需要经过法律方法论的过滤,以排除思维决策的武断和任意,防止法律意义的过度稀释,从而使权力被圈在笼子里面。权利和权力都有自我扩张的愿望与能力,都可能因为对利益的过度追求而丧失理性。法治思维因为有了法律原则、规范以及程序作为思维的根据,能够在一定范围内限制权力和权利的极度扩张,因而备受人们重视。法治成了政治正确、思维理性的标杆,对抑制各种非理性的冲动有重要意义。

尽管在近百年的法学史上,逻辑的作用受到了以霍姆斯为代表的现实主义法学等的诟病,但是逻辑是人的思维必须遵守的基本规则,法治思维亦不能例外,并且法治思维的逻辑性远远超过其他的思维形式。虽然法律要在社会中发挥作用离不开经验,法律从根本上是社会中的法律,脱离社会的法律就会失去生命之源,但是我们要在思维中搭建法律与社会、法律与其他行为规范之间的联系,就不可能不运用逻辑规则。只是在法治思维中我们不能把逻辑的作用绝对化。现实主义法学和后现代法学等对法律逻辑的批判,主要是因为在美国等一些法治国家的法律人把逻辑绝对化了,把逻辑等同于法律。这就使得法律与活生生的社会之间脱离了关系。在法治思维中,逻辑规则是法律思维重要组成部分。人们发现"现代法学对逻辑的蔑视反而造就了谦逊的魅力,因为人们打一开始就不会主张绝对的正确性。然而,这种谦逊是一种装饰,它让人感觉到舒适。它让理论家对于那些(在其他部门都会有很大效果的)逻辑指责得以免疫,并且法学界与逻辑的互动,就如我们将会看到的,是件困难和艰辛的工作。"[①]这种困难在于很多法律逻辑的研究者一直想把法律逻辑学化,这是有问题的。法律要调整的是日常的社会关系,需要的只是一些简单的逻辑规则,以避免思维的常识性错误。逻辑与法治思维的联姻有极其重要的价值,可以使法律与案件、法律与社会之间的关系更加清晰,可以使人们的思维过程不仅简洁而且少犯错误。

然而,逻辑语言是贫乏的。运用逻辑推理得出结论虽然可以少犯错误,但在很多时候由于我们所要说服的对象并不都像法律人、经济人等那样的理性人,为达到说服的目的,法治思维过程中的修辞论辩必不可少。在法治思维中讲究修辞论辩是重要的。这一点完全不同于政治上"空谈误国"的行为说服论。运用法律处理案件,不仅要合法有理,还应该把理给说清楚。说清楚的不仅是道理,更主要是法理。所以,法治思维实际上是运用法律之理进行思维,用法律言辞把判断讲清楚,而不是倾情于道德和政治说教。从思维形式上看,法治思维的特质是一种倾向于形式主义的思维,只是在近些年来随着人们对法治认识的深入,才逐步接受实质思维的优点。我们现在存在的问题是,在思维过程中不尊重逻辑规则,不重视法律的话语权,在思维方法上好似辩证的片面统一论占据了主导地位,形式法治的思维一直被一些学者诟病。"统一论"不能解决法律纷争的问题,因为在"统一论"中形式法治的优点被抹杀了,法治思维主要是基于形式逻辑的思维的基调消失了。我们主张一种形式法治与实质法治的结合论或

---

① 〔德〕英格博格·普珀:《法学思维小学堂》,蔡圣伟译,北京大学出版社2011年版,第115页。

称为融贯论。因为在各种各样的"统一论"中，政治、道德话语太强势，而融贯论可以吸纳形式法治与实质法治的共同优点。如果我们在法治思维方式上过度关注本质、真相，法治就会失去核心意义。

在法治思维中，建立在教义学基础上的法律解释方法占据重要地位。刑法学、民法学的基本原理在社会转型或这些年的改革发展中没有发生质的变化，这在一定意义上促成了在这一领域法律意义的相对稳定。基本的法学原理是在法教义学和逻辑规则的基础上形成的，根据这些原理进行思考，必须讲究逻辑，讲究法律的规范作用、尊重法律的解释规则。因而，想在民法、刑法、诉讼法等领域全面实施能动司法就会遇到一些困难。在这些领域，法律的基本原理比较完善，这一部分人群的逻辑推理、修辞论证和解释能力较强一些。部门法学中虽然也有对实质法治的诉求，但比起讲政治修辞、道德话语的思维形式和结论更接近法治。在部门法中，法学家们一般不会离开法律规范的约束空谈法律的意义，在解决法律问题的时候总是伴随着法律条文。只有那些对法律规范作选择、修正适用的政治人物，才会过分执着于追求实质法治与形式法治的统一，要求把能动司法作为司法理念。其实，能动是人的本质，即使不去倡导，它也有发挥作用的渠道。相反，要求人们克己守法，追求法律的客观性则很难。只有坚持法治思维和法治方式，人们的决断、行为才能逐渐接近法治。在法治建设的思维方向上，让法律刚性能动地、不符条件地屈从于法律外因素，就会从根本上失去法治的目标，长期稳定的社会就不可能出现。

二、法治思维对法治中国建设的积极意义

法治思维对法治建设有重要的意义。没有法治思维作为基础，法治中国建设就难以顺利推进。全面推进法治中国建设属于社会转型的重要活动，既包含法治在内的社会主义核心价值观的塑造，也牵涉人们思维方式和行为方式的转换。法治中国建设首先涉及管理体制改革，但仅有体制的改变还不足以全面推进法治中国的建设。法学研究者必须注意对法治思维的凝练以及法学教育对法治思维的普及。在法治由权力向权利、管理向治理、人治向法治的转换过程中，制度的变革与思维方式的转变应该是同步进行的。如果只有制度的变革，思维方式不能及时跟进的话，就会因思维路径的不一致而陷入困境。多年来，中国的法律制度已经发生了很大的变化，社会主义法律体系已经建成。但要想使法律制度全面发挥作用还有很长的路要走，因为法治所需要的法治思维还没有引起人们的重视。法治思维是法律文化、法治文化和法治意识形态重要的组成部分，是法律方法的思维基础，能否用法治方式化解社会矛盾，能否熟练运用各种法律方法，关键看人们是否拥有法治思维。

法治思维在法治中国建设中的积极意义在于：

(一)法治思维与法律规则一样是法治建设的前提条件

在过去的很多年,相对来说我们非常重视法律规则及其体系的建构,然而对法治思维的研究与训练不够重视,以至于在有了社会主义法律体系以后,出现了一些人(甚至包括一些法律人)不能很好地理解、解释和运用法律的现象。人们常常抱怨理解的偏差和执行的错误是因为觉悟不够高。但在很多情况下,是因为不能掌握法律方法以至于职业、执业能力出了问题。要准确地运用法律,避免或减少对法律的误解,就必须尽量多地掌握法律思维。在法律方法研究过程中,人们对法治思维有不同的界定,但从规范法学的角度看,法治思维最根本的是"根据法律的思考",即把法律当成思考解决法律问题的出发点和归宿,在思维决策过程中释放法律的意义。如果没有根据法律的思考,法律规则体系再完善也难以发挥作用。根据法律的思考说起来很简单,但实际上是一个复杂的过程。法律在立法上被简约为规则体系,在方法上试图以简约应对复杂,实现用简约的规则调整复杂的行为。然而,简约的规则与复杂的事实之间不会自动对接,必须通过人的思维才能转化为具体的符合法治的行为。

(二)法治中国建设需要法治思维,没有法治思维的把握就难以准确地理解、解释和运用法律

在中国,就多数人的思维倾向来看,规则意识比较淡泊。长期以来对任何事物都采取辩证的姿态,辩证逻辑充斥着人们的思维过程,对形式逻辑比较轻视,因而在理解法律的时候灵活性有余,而对法律意义的固定性、安全性等重视不够。比如,我们在接受来自西方的法治思维方式的时候,对与形式法治相适应的方法很难接受,但是对实质法治方法却很容易接受。这说明,我们骨子里面原本就有很多实质主义的方法。我们的知识"前见"中早已包含着实质思维。西方法治在经过多年的严格法治以后,建立在形式逻辑基础上的法治思维的缺陷已经显示出来,因而需要用非经典逻辑来校正机械司法的弊端。所以目的法学、现实主义法学、实用主义法学、法律社会学、自由法学等均主张用实质主义的方法理解、解释和运用法律,以克服形式法治的机械性。但我国的法律人是在法律还没有权威的时候就开始运用西方法学的观点对法律规则进行解构。这是因为中国传统整体性思维与西方的实质思维有很多同质性。在中国,建立在形式逻辑基础上的教义学法学或规范法学一直处在被贬抑的状态。在社会主义法律体系建成以后,我们没有来得及实施,就开始了对体现片面实质法治的能动司法的呼唤,在法律效果还没有来得及展示的时候就开始主张法律效果与社会效果、政治效果的统一。在各种"统一论"之中,法律失去了权威,对法治建设所需要的规则和程序意识重视不够。近些年来,因为要解决法律的权威问题,因而也在不断地呼吁对法律规则的重视,要求认真对待法律体系所锁定的秩序架构,但是对法治思维仍然不够重视。人们只知道不了解法律的规定是法盲,但不知道"仅仅知道法律规定而不知道如何正确地理解、解释和运用法律依然是法盲"。

（三）对法治思维的熟练把握，能够提升法律人等运用法律方法的能力

法治中国建设是一项需要全民参与的事业，其中政治人、法律人、经济人是最主要的主体。在法治中国建设过程中，需要这三种人具有共享的法治思维方式，而这种思维方式主要是由法治思维所塑造的。只有掌握了基本的法治思维，法治主体间才能共享同一个法治空间，从而进行有效的沟通与交流。虽然各种主体的行为范围以及法治对他们的要求不尽一致，但是他们的思维方式和遵循的思维规则应该是基本一致的。各种行为主体需要面对共同的法律以及相同的法治要求。对政治人的权力需要由法律制约，公共权力需要在法律的笼子里面行使，越权违法、滥用权力都是对法治的破坏，因而必须掌握法治思维。由于市场经济就是法治经济，经济人不掌握法治思维，不仅自由、平等的交易难以完成，而且其权利受到侵害以后也难以获得救济。法律人是以法律职业为生的，掌握法治思维就是他们谋生的基本手段。然而，在当下的中国，这三种人都共同面临着能力需要提升的问题。这种能力主要包括对法律运用的逻辑推理能力、论辩修辞能力和理解解释能力。法律能力的提升有多方面的要素，但基本的是对法治思维的把握。没有对法治思维的把握难以成就法治中国的建设。

三、法律方法是法治思维的技术支撑

对法律方法论的探究在于指出遵循法律规则和程序确定的思维路线，更重要的理论意义在于充分地探讨法治实现的途径。法律本身是社会关系的综合反映，法律方法也不可能只有一种方法。法律方法对法治的意义不在于它的独特性，关键是必须得出有解释力的理论，发现法律实现的思维方法，开启运用法律的技巧与智慧。无论人们怎样探索法律方法论，目的都是尽最大可能协调人的思维，使纷争的问题得到恰当的解决。从研究的出发点来看，法律方法论是铸成法治实现的理论。虽然各种法律方法论之间也存在着理论争论，甚至存在着瓦解法治的各种学说，例如，逻辑与修辞、修辞与解释等之间就存在着不同的研究旨趣，都程度不同地引导着人们摆脱法律的约束。但只要我们基于法治的目标，就会找到它们之间共同的契合点。

（一）法律发现

狄摩塞尼斯曾说："每一种法律都是一种发现，是神赐予的礼物——明智的戒律"。这句话即证明法律发现是一个古老的观念。然而这种法律发现与我们在本文中所论述的法律发现不同。本文中所讲的法律发现是指司法过程的法律发现，区别于法官造法或者对法律的所谓自由发现，是为限制法官裁判时法源选择的任意性而产生的一种法律方法。这种方法为法官裁判案件限定了其发现法律的大致场所，即各种形式的法律渊源。虽然立法过程中的法律发现是发现权利和义务的真正源泉，但这种发现基本上属于事物的本性，没有框定发现的方法和立场，因而不属于法律方法论探讨的范围。

司法过程首先要使用的方法就是法律发现。需要指出的是,这里的法律指的是针对个案的法律,而不是由立法机关创立的体系性法律。由立法者所创设的法律,在法律适用者眼中仅仅是法官等发现法的地方,属于法律渊源的一种形式。我们把法律发现聚焦在如何寻找正当的个案裁判,发现针对个案的解决方式,成文法律只是解释该方法的适当论据。法官和律师在处理个案时,并没有与个案完全吻合的现成法律,成文法中不可能直接规定解决案件纠纷的详细法律。共性的法律与个案结合,必须有法官等主动性、能动性的发挥,没有法官等的谨慎思维,反映事物共性的法律不可能与案件自动结合。法官等处理案件时,在弄清事实的基础上,必须进行针对个案的法律发现,哪怕是进行简单的部门法识别、法规识别,其实也是进行法律发现的过程。

在司法实践过程中,很多法官和律师似乎并没有经过法律发现,就已经知道有些案件应该适用什么样的法律。出现这种情况主要是由于许多法官是经过专业训练的,即使有些法官没有经过系统训练,但在长期的司法磨炼中,也掌握了大量的法律和方法。因而,他们在听完许多简单的案件事实后,似乎并没有经过法律发现,却已经知道了关于该问题的答案。据此许多人认为,并不是在所有案件中都需要法律发现。但实际上,这种观点并不一定能站住脚。因为,部分法官的感觉可能与他们对法律特别熟悉有关。这就好比在现实生活中,有许多案件都是典型案件,人们对这些案件是如此熟悉,以至于似乎不用法律发现就能找到案件结果。

我们认为,法官在搞清事实的基础上,马上就能找到处理案件的条文,这本身也是一种法律发现。因为在现代社会,立法机关所创设的法律很多,但从没有哪一个法律规定在某一具体案件中适用哪几条法律。法官简单地确认适用哪几条法律本身就是法律发现的过程。之所以要设定在司法过程中发现法律,有许多原因。其中最重要的原因就是反对法官造法,实现法治的目标。"我们已经渐渐懂得,司法过程的最高境界并不是发现法律,而是创造法律,所有的怀疑和担忧,希望和畏惧都是心灵努力的组成部分。在这里面,一些曾经为自己时代服务过的原则死亡了,而一些新的原则诞生了。"[①]但我们应清楚地意识到,卡多佐法官所处的美国法治已经走过了形式主义法学的初级阶段,先例的拘束力原则以及对成文法的严格解释原则已经成为法官生活的一部分。而在我国,大部分法官还没有经过概念法学的严格训练,离高水平的法官造法阶段还有相当的差距。另外,即使走过了法律形式主义的初级阶段,法官造法也是与人类关于法律的普适化方向相背离的,只要存在法治,就必然要求法律效力的普遍性。人类不可能回归到一事一法的个别调整阶段。当然,我们并不否认法官在发现法律时的创造性,这是法官开展其司法工作的前提。

面对个案,法官发现法律有三种情况,这就是明确的法律、模糊的法律和法律的空缺结构。我认为,面对明确的法律,法官可以直接把其作为法律推理的大前提,径直向判决转换;对模糊不清的法律则需要进行法律解释;对存在空缺结构的法律则要进行

---

① 〔美〕卡多佐:《司法过程的性质》,苏力译,商务印书馆2000年版,第105页。

漏洞补充。这其中：(1) 在法律解释问题上可能会出现多解。因为只要有理解，人们总是在使用不同方式理解，因而只要有理解，理解便会不同。对不同的解释结果就需要进行法律论证，在各种不同的理解中寻求最好的理解，发现可以被接受的答案。(2) 对法律进行漏洞补充属于法官造法的范畴。在这里，法官拥有较大的自由裁量权。因而对法官所补充的针对个案的法律，法官必须进行法律论证，以排除法官的任意裁量行为。(3) 在以上各种法律方法中，其实都存在着关于法律的价值衡量问题。法律论证过程的多数理由，都与法律的精神、价值有关系。因为法律价值问题是法官行为正当性的理论基础。上述是我对法律方法依次递进关系的一种看法。

（二）法律解释

法律解释是针对法律本身和事实的法律意义不清楚时才使用的方法。从广义的角度讲，法律发现、法律推理、法律论证都属于法律解释的范畴。但从法学方法论本身的分类来讲，法律解释只是众多的法律方法中的一种。法律解释与其他法律方法相比较，虽然也带有创造性的特点，但法律解释要受解释对象——法律文本的限制。一般来说，法律如果是明确的规范，那就不需要解释。如果对明确的规范进行解释，实际上是一种重复性的劳动。只有当法律本身不清楚，或者司法者对法律的文字出现多解、歧义，或者出现对事实的法律意义存在疑义、异议时，才需要法律解释。

我们认为，我国关于法律解释的研究存在着转向的问题。其中最主要的转向要求体现在以下两个方面。第一，由机关解释向法官解释的转向。长期以来，我国法学界和司法制度不承认法官有解释法律的权力。在1981年公布的《关于加强法律解释的决定》中，只承认全国人大常委会、最高人民法院和最高人民检察院拥有法律解释之权。这种情况一方面表达了立法者对司法者的不信任，另一方面也是国家主义的政治观在法律领域的体现。但这种情况与司法过程的实际情况有很大的出入。从法律规定来看，我国的法官似乎都在依法办事，但实际上却享有很大的任意解释法律的权力。因为法官如果没有解释法律的权力，那么在制度上和理论上就不用设计对法官解释法律的限制。西方法学家早就注意到了法官适用法律其实就是针对个案立法，说得温和一点就是法律解释。我们认为，机关解释的制度应当完善，而法官对法律的解释我们也要认真对待，这是法律解释的最主要部分。

第二，由独断型解释向整合型解释的转向。按哲学解释学的说法，解释学和法律解释学都属于独断型解释。按我的理解，法律解释的独断性主要表现在两个方面：一是解释主体的单一性。有效的法律解释只能由法官作出，而不能由所有的法律人或其他诉讼的参加人决定（司法权是一种判断权，但这种判断权的最终行使者只能是审案法官）。二是解释的结果不应脱离文本的规范意旨。但随着参与意义上的民主理想的实现，法学家们向法律解释独断性提出了新的要求，即法律解释虽然是独断型解释，但其解释过程应是在民主参与基础上的整合。在法官法律意识形成过程中，法官应认真听取当事人、律师、检察官及其他诉讼参加人的意见，在各方面意见进行充分论证的基础上，找出可被接受的意见。这样法官裁判案件的过程被视为一种民主对话的商谈过程，以克服法官解释法律的任意性，从而为法律推理找出最佳的大前提。在这里，法律解释与解释法律是不同的，有效力的法律解释只能由审案法官来进行，而无效力解释法律任何主体都可以进行。但是，法律解释的独断性并不意味着法律解释是单向的。实际上，法律解释过程也像其他解释一样，是一个循环的过程，这一过程牵涉到解释的主体与事实、解释主体与法律、法律与事实的互动过程。事实可能影响主体对法律的认识，而法律也会影响主体对事实的认识。实际上，法治（法律）思维方式的主要内容就是人们根据法律分析事实。哲学解释学上所讲的只要有理解，便会有不同的观点同样适用于法律解释。这就是说，不同的法官站在不同的角度对法律进行解释，就会出现不同的解释结果。这样看来，法律解释并不能解决哈贝马斯所讲的主体间认识的一致性问题。[①] 这是不是意味着像波斯纳所讲的解释也没有用的情况呢？

法律解释是法律方法论中最重要的方法，在司法实践中发挥着重要作用。王亚新教授曾说："事实上，无论是西方还是我国的学术界，法学的主流都是或者说应该是解释法学，应该是那种积极进取地介入影响社会、参与运作的学术态度。"[②] 贺卫方教授说："法律解释的过程蕴含了法律发展的内在机理，同时保证了法律的连续性、稳定性和可预期性。法律家群体在追求利益的同时，发展出一套行业伦理准则。由于法律职业共同体构筑良好，所以，这套规则有很强的约束力。"[③]

法律解释的作用主要表现在，有了法律解释才能克服法律本身的机械性和僵化性，才能在共性的法律和个性案件之间架起一座桥梁，从而使法律个别化多了一条途径，才能在变革的社会与稳定的法律之间建立起协调和谐的关系。这是从法律与社会的关系看法律解释的意义，然而即使从法律解释本身来观察，我们仍可以看到法律解释的作用。虽然通过法律解释寻求法律问题的答案并不能找出唯一正确答案，但法律解释与法律推理不同，它原本就不是为寻求正确答案而来的。法律解释只是为法律论证提供了命题，命题本身的正确与否不是靠命题来完成的，它只能通过法律论证的方法来加以解决。通过法律论证，法官们可以进行比较与鉴别，从各种解释结果中找出最好的答案。最好在这里仅仅是一种比较的结果，但这也足以说明法律解释的意义。法律解释方法的重要性还在于，法律解释是以对法律的理解为前提的，按海德格尔的说法，没有理解就没有解释和应用。而法律解释在一定程度上就是对法律运用的一种方式。如果我们从理解的意义上认识法律解释，那么我们甚至可以说，法律解释乃法律的生命之所在。因为没有人理解、解释和运用法律，法律便没有任何价值。另外，法律本身的开放性以及法律人关于法律的前见、前识和前有构成了法律解释在哲学上的

[①] 哈贝马斯指出："交往行为揭示出语言的参与者出于理性动机而达成的对社会规范的认同。"在此基础上他提出理性的即语言行为的主体，为了达到理解的一致性而自觉采取的立场，其本质和衡量标准只能是"主体间性"，即主体间理解的一致性。参见章国锋：《关于一个公正世界的"乌托邦"构想》，山东人民出版社2001年版，第28页。

[②] 王亚新：《社会变革中的民事诉讼》，中国法制出版社2001年版，"序言"第8页。

[③] 文池主编：《北大访谈录》，中国社会科学出版社2001年版，第32页。

可能性。

法律解释有多种方法。按梁慧星教授的总结不下十种：文义解释、体系解释、法意解释、扩张解释、限缩解释、当然解释、目的解释、合宪解释、比较法解释、社会学解释等。① 对于这些方法是否属于法律解释方法，有时也存在争论，如拉伦兹教授就认为，当然解释属于对法律的漏洞补充。②

（三）法律推理

法律推理是司法过程中必须应用的一种方法。法律推理是西方法学中的一个常兴不衰的话题，法学家也对法律推理进行了多种多样的定义。但近来关于法律推理的研究似乎有泛化的趋势。如王晨光教授说："法律推理这一概念来自西方国家，它也被称为法律论述、法律论证或司法论证。"③他还说："法律推理的概念要比法律解释的概念广。这主要是因为：(1) 法律推理包括解决法律争议或案件纠纷的整个过程。(2) 法律推理包括除法律规范外的诸多其他因素，而法律解释则仅涉及法律规范的因素。"④其实，法律推理是以法律规范为中心的推理活动，是对法律规范的推理过程，它的直接目标是推理结论，而法律论证仅是法律推理的准备工作。法律论证与法律推理是法律方法中的不同方法。在法律推理中，推理占据着中心地位，合法性是其基本要求。关于这一点，我们应该区分司法活动中的推理形式与法律推理的区别。并非所有的推理都是法律推理。另外还有学者把法律推理与法律解释、漏洞补充放到一起进行研究，把法律推理分为形式推理与实质推理，似乎法律推理可以取代其他的法律方法。例如，我国著名的法理学教授沈宗灵先生认为实质推理有五种情况：(1) 法律规定本身意义含糊不清时，需要进行不拘泥于文字的对法律规定的实质内容、法律的精神或价值的解释。(本文作者认为，对这种实质推理我们不如把其称为法律解释和法律论证。)(2) 在法律中对有关主题本身并无明文规定（由于事先未加规定或事后出现了难以预料的新情况，即现出了"法律空隙"），需要用实质推理加以填充（这实际上是法律漏洞的补充）。(3) 法律规定本身可能有抵触。(4) 法律中可能规定两种以上可供执法者、司法者选择适用的条款。(5) 出现了通常所说的"合法"与合理之间的矛盾。⑤我们认为，这种用实质推理把法律解释、法律论证、价值衡量等法律方法"一网打尽"的概括方式虽然不无道理，但不利于法律方法的深入研究。法律解释、法律论证、价值衡量以及漏洞补充，其实只是对法律推理大前提的确认，这里面虽不乏推理的运用，但很难称为法律推理。因为在推理前面加上法律的限制并不是任意之举，法律推理并不是指任何推理在法律领域中的运用，它仅意味着只要是法律推理，其大前提就应当是

---

① 参见梁慧星：《民法解释学》，载《黄河口司法》2001年第3期。
② 参见〔德〕拉伦兹：《法学方法论》，陈爱娥译，五南图书出版公司1997年版，第299—300页。
③ 王晨光：《法律推理》，清华大学当代中国研究中心、中国人民大学法律社会学研究中心印，第13页。
④ 同上书，第41页。
⑤ 参见〔美〕波斯纳：《法理学问题》，苏力译，中国政法大学出版社1994年版，第576页。

法律。

  英国法学家拉兹把法律推理分成两类：一类是有关法律的推理，即确定什么是可以适用的法律规范的推理；另一类是根据法律的推理，即根据既定的法律规范如何解决问题或纠纷的推理。前者在超出现有的法律规范的范围时，受道德规范和其他社会因素的指导。① 我们在这里所谈的法律推理显然属于根据法律进行推理的那一类。这种意义上的法律推理具有相对独立性，其主要表现为法律推理具有一定的规则和理论。需要指出的是，并非三段论式的演绎推理都可以称为法律推理，但法律推理只能是三段论式的演绎推理。当然，我们业已看到现实主义法学、后现代法学以及温和和保守主义法学家波斯纳等都在批判三段论式的法律推理，认为三段论式的法律推理并没有形式主义法学所倡言的那种神秘的功能，因为世界上没有法律推理这种东西。② 它只能带来法律适用的僵化或机械性。张保生博士也说："在司法审判中，法官和律师都不是简单、死板地固守一种推理方法，而是根据案件和审判发展的需要，不断地变换地使用多种多样的推理方法。即使在不同的法系中，各种推理方法也常常是相互结合使用的。"③ 但这里的问题在于，对法官和律师所使用的推理手段，我们是否都能称其为法律推理。这是值得研究的。法律推理需要借助于普通逻辑的规则，但法律推理不同于一般的推理形式。它是对法律命题所进行的以三段论为基础的形式推理。这种推理形式的作用在于使判决等获得合法性，具有逻辑性和说服力。如果我们从推理的有效性认识法律推理，其主体只能是法官，律师等虽然也能进行法律推理，但他们所做的推理没有直接的约束力。④ 这实际上是说，法律推理演绎出的只能是法律的意义。法律推理与一般的推理存在着是否具备合法性的区别。美国的一些法官说："我们总能看到法官推理。法官推理首先要决定法律规则是什么，其次决定与规则有关的事实，第三将法律适用于事实。做出这样的决定是法官每天工作的一部分。"⑤ 实际上许多法学家在思维方法上总是坚持三段论式的推理方法。因为只有这样法律人才能做到根据法律进行思维。我们还应注意到，依法办事的法治理论在技术上就是靠三段论来支撑的。没有三段式的法律推理，法治理论在技术上就站不住脚。

  当然，有学者可能指出，三段论的法律推理并没有保证法官的判决都是正确的判决，冤假错案时有发生，并且三段论式的法律推理造成法条主义的僵化和机械论的缺陷，它只能保证推理过程的正确性，而不能保证结论的真理性，也不能解决疑难案件的许多问题。⑥ 但这更只能说明法律方法并非仅是法律推理一种，还需要其他的法律方法。我们认为判决的错误主要不是法律推理过程错了。哲学解释学告诉我们，方法并

---

① 参见王晨光：《法律推理》，清华大学当代中国研究中心、中国人民大学法律社会学研究中心印，第37页。
② 参见〔美〕波斯纳：《法理学问题》，苏力译，中国政法大学出版社1994年版，第576页。
③ 张保生：《法律推理的理论与方法》，中国政法大学出版社2000年版，第240页。
④ 参见井涛：《法律适用的和谐与归一》，中国方正出版社2001年版，第135页。
⑤ 宋冰编：《程序、正义与现代化：外国法学家在华演讲录》，中国政法大学出版社1998年版，第329—330页。
⑥ 张保生：《法律推理的理论与方法》，中国政法大学出版社2000年版，第237页。

不能保证每一个运用方法的人都达到真理,有时,方法还可能遮蔽人类认识真理的眼睛,甚至延缓人们对真理的发现。但是,我们也很清楚,法治条件下的司法过程并不是发现真理的过程,它只是法官等发现法律的过程。季卫东教授说:"法律家的思考方式以三段论推理为基础,力图通过缜密的思维把规范与事实、特殊与普遍、过去与未来织补得天衣无缝。它要求对决定进行诸如判决理由那样的正当化处理以保障言之成理,持之有据,富于说服力。但是,与数学论证不同,在大多数场合法律论证不可能得出'放之四海而皆准'的必然结论。因此,法律决定的妥当与否取决于当事人各方及其代理人自由地对抗性议论的程度。法律家们在相辅相成的辩论中,以当事人适格为由排斥一部分参加者,以本案关联性为由淘汰一部分论据,以合理性为由筛选一部分解决方案,通过一步一步的证伪过程,使结果尽量接近正义……在具体操作上,法律家与其说追求绝对的真实,毋宁说是根据由符合程序要件的当事人的主张和举证而重构事实作出判断。"[①]而这一重构事实的过程,实际上也是发现法律、论证法律推理大、小前提的过程。所以,我们认为真正的法律推理就是以法律作为大前提,以事实作为小前提的三段论推理的过程。而这一过程所解决的就是判决的合法性问题。判错案(如果我们排除法官的枉法裁判的话)实际是发现法律、解释法律和论证法律的错误,也即法官等构建三段式的法律推理的大前提错误,而不是法律推理方式的错误。正是从这一角度出发,我们认为德沃金关于在法律问题上有唯一正确答案的观点是正确的。只不过德沃金与我们对法律的认识有所不同。

德沃金认为,法律有明确法律与隐含法律之分,其中隐含的法律有时也称为法律原则,有时称为公共政策。[②]而实际上,他的这套理论与美国的格雷大法官关于法律的非正式渊源并没有质的区别。法官等在个案中找不到针对案件的唯一正确答案,德沃金认为这是法官能力的匮乏,并不意味着没有唯一正确答案。而我们在这里讲法律有唯一正确答案,是因为我们认为,法律适用最终都有必要落脚在法律推理上。演绎式的法律推理与作为小前提的事实之间是一种包容、涵盖关系,只要大前提正确,判决就不可能有什么问题,关键的问题是我们如何论证法律,以及我们如何解决作为大前提的法律是正确的。这一问题是法学理论到目前仍没有解决的,并且也可能是最难以解决的问题。我们在这里试图说明的是,运用法律方法对作为个案的大前提的法律进行充分的论证,是解决法律是否正确的有效途径。如果法官对法律方法有娴熟的掌握,并加以正确地运用,则在个案中可以找到唯一正确答案,这无疑是给法治论者撑腰打气。但这只是一种姿态,是法律人努力的方向。依据这种认识我们认为,所谓法律推理中的实质性推理,乃至于归纳推理,其本身不属于法律推理,它们属于作为法律推理的大前提的论证。

至于如何克服法律推理的机械性,是法学方法论研究的重点问题。我们认为,法律解释(尤其是那种倡导创造性的解释)、法律论证、法律的漏洞补充以及价值衡量正

[①] 季卫东:《法治的秩序建构》,中国政法大学出版社1999年版,第200—201页。
[②] 参见谢晖:《解释法律与法律解释》,载《法学研究》2000年第5期。

是克服法律推理形式僵化的有效工具。克服法律推理形式的僵化不能靠改变法律推理的内涵。如果我们非要那样做,那将只能以消解法律推理的权威和立法者的权威为代价。德国原联邦法院院长 Heusinger 在离职致辞中说:"作为法官,我们并不想攫取立法权,但是我们也深切地意识到,于此界限内,仍有宽广的空间提供法官作有创意的裁判,共同参与法秩序的形成。"①

(四) 法律论证

王晨光教授说:"众所周知,不同的人对于同一或相同事物的判断常常会得出不同的结论。因此,推理应当考虑的一个主要问题就是有没有保证推理结果正确无误的规则和程序。一般认为,这种规则和程序由形式逻辑和辩证逻辑来确定。但是,这种逻辑规则就不能自动地保证推理的正确性。"确实,法律推理并不能证明作为大前提的法律的正确性。这一任务就落到了法律论证身上。拉伦兹说:"被发现的法命题并非已既存者,它最多只是可能的法,而并非已经是当前的法,质言之,随时被适用的法。只有当法院将之明白表达出来,或者至少在一个事件中采之为裁判基础时,它才变为当前的实际上被适用的法(行动中的法)。"②法律论证的主要任务就是论证作为法律推理大前提的合法性和合理性,是法律推理能否得出正确判断和结论的保障。法律论证一方面能使论证者清晰法律背后的原则、政策、原理,另一方面可以解决现行法中模糊和空缺的部分。另外,法律论证也是法律人阐明自己所认定法律的理由,从而不仅说服自己也说服当事人。经过充分的法律论证,才能在公众中树立起法治的信心。因此,作为论证话语程序的正确性的过程,是值得认真研究的。法律论证不是要简单地宣布什么样的法律结果,而是要说出判决的理由和根据。它使得法律不仅呈现出其强制力,而且还显现出法律中的道德和理性的感召力。法律论证并非仅仅给法律加上了王冠,而且为法律奠定了坚实的理性基础。

法律论证是对法律解释、漏洞补充所确认的作为法律推理大前提的法律的正当性所做的说明。新兴起的法律论证理论是建立在命题学基础上的,命题学强调任何命题都必须是证成的,必须经得起理性追问,因而证成某一命题必须经过全面的论证。司法中的法律是作为法律推理的大前提而存在的。对这一前提,传统的法学理论认为是由立法机关在成文法中命名的,似乎不用经过论证可以直接拿来为法官所用。但复杂的司法实践提示我们,即使在简单的案件中,哪怕仅仅是经法官选择的针对个案的法律,人们也可以进行追问,这就是法官为什么在这个案件中适用这几条而不是另外的几条规定。对此法官也必须以论证的姿态予以回答。另外,对经过法律解释和漏洞补充所确认的针对个案的规范,法官更得进行详细的论证,否则判决的大前提也会受到质疑,由此而推出的结论的正当性、合法性就会受到挑战。法律论证的方法会改变我们以往对法律的认识。以往我们可能认为法律是立法机关制定的,但法律论证理论中

---

① 〔德〕拉伦兹:《法学方法论》,陈爱娥译,五南图书出版公司 1997 年版,第 280 页。
② 同上书,第 311 页。

的法律不是指那种体系性法律,而是作为法律推理大前提的法律,这种法律并不是现成的,而是需要经过论证的法律。法律论证是法律推理不可缺少的环节。对法律论证方法的运用可以限制法官的任意裁判,增大判决的说理成分,从而使人觉得司法权不是一种权力的行使,而更像是一种说理的过程,这可以在一定程度上消解许多人认为的法官判案是一种强权者的强盗式的裁判的观念。法律论证的内容可体现在判决书的说明理由部分。具体法律论证的方法多种多样,既可以运用公平正义观念、公序良俗,也可以运用法理学说、科学道理。当然在法治原则下,更主要的是应用法学原理、法律价值和法律精神。

总之,法律论证理论是排斥非法和任意的有效工具。而论证的过程按哈贝马斯的说法,应是一个协商对话的民主式活动。在论证过程中,当事人、律师(或其他代理人)、检察官都应有充分的发表意见的机会,而法官对这些建议应认真听取,并进行整合,尽量寻求各种参与主体见解的一致性。当然,由于冲突双方的利益可能是背离的,因而,法官有时也确实找不出让各方都满意的答案,但法官却可以寻求一种可以被接受的最好的答案。可以被接受意味着法官的选择应遵循论证法律的合法性、客观性和合理性原则。这几种原则不是并列关系,而是依次递进的关系,即首先是合法性论证,然后是客观性论证,最后是用自然法学所倡导的理性对所论证的法律进行修正,以避免法律僵化和机械,从而达到公平的结果。

(五)价值衡量

价值衡量是各种法律方法中的最高境界,但也是应该经过慎思后才能运用的方法。法律价值是反映法律与人关系的范畴,体现着人类对法律的目标追求,具有目的的属性。司法过程实际上也是法官等价值考量的过程。格梅林说:"表现司法决定和判决中的国家意志就是以法官固有的主观正义感为手段来获得一个公正的决定,作为指南的是对各方当事人利益的有效掂量,并参照社区中普遍流行的对于这类争议的交易的看法。"[1]可作为法律目标的价值很多,如公平、正义、自由、民主、人权、安全、秩序、效率等。因此在个案中必须进行法价值的衡量。但是到目前为止,关于这些法律价值间仍没有能探讨出其位序关系。另外,法学家关于法律普适化的努力与在个案中衡平正义也会产生一些冲突,因而法律适用过程中既要照顾到普遍正义,又得考虑到个案中所反映出的其他价值。其实,如果离开条件和语境,空洞地探讨各种价值间的位序也是困难的。另外,法律的各种价值虽然有不同的内涵,人们也能感觉到这些价值的存在,但是,各种价值的内容在不同语境中又是多变的。所以,与法律本身相比较,法律价值具有更大的不确定性。这就为法官利用法律价值处理案件带来不少的困难。然而,法律价值体现着法律的目标,它作为一种应然法或自然法,对国家制定的成文法是一种衡量标准,它是高于成文法的东西。一切成文法如果和法律的价值发生冲

---

[1] 参见〔美〕卡多佐:《司法过程的性质》,苏力译,商务印书馆2000年版,第45页。

突,法律本身的正当性就会受到质疑。这就是自然法学所言说的"恶法非法"。许多国家的民法也都规定了诚实信用的原则。这一原则"实际上是依靠不断变化的社会一般伦理价值,解决法律疑难问题。"①,是价值衡量法的法律规定。

长期以来,分析法学排斥法学和法律中的正义因素,认为如果在实在法之上再加上自然法,很可能会影响实在法的效力和权威,出现法治在技术上的混乱。因为实在法(或成文法)与自然法(法律价值)的二元论,很可能会使法官在具体案件中茫然不知所措。但我们认为,法律价值问题是法学研究和法律适用过程中不能回避的问题。就司法过程而论,关键是找出法律价值切入司法操作的契机。立法者在制定法律的时候,肯定会考虑自身的目的和法律可能实现的价值。因而我们可以说,成文法已体现部分法律价值,但问题是法律价值在这里并不一定能贯彻到底。因为,成文法归纳的是一类情况中的共性规则,它不可能反映事物的所有属性,更不可能预料到具体案件的特殊情况。这样就可能导致法官在严格依法办事时候出现合法不合理的现象。我们认为,当出现这种现象时应区别对待。为维护法治的权威和尊严,当出现轻微的合法与合理发生冲突时,还是应严格按法律办事。这可能是实行法治所必须付出的代价。但当合法与合理发生严重冲突时,就必须用法律的价值对成文法进行修改。但做这种工作时必须慎重。就判案来说,法官如果用法律价值修正成文法,必须进行详细的法律论证,并在判决书中详加说明,以便于职业法律群体和当事人对这种行为的监督。从价值衡量是对法律修正和补充的角度看,每一种法律方法其实都可能运用价值衡量的方法。因而,这一方法也被有些法学家称为黄金方法。这种方法如果运用得当,可能是各种方法中最好的。但由于此种方法的运用增大了法律的不可预测性,因而在法治原则下,它只能是一种必须谨慎使用的方法,即只有按照法律办事出现判决结果与社会所奉行的正义有严重冲突的时候才使用的一种方法。

(六) 法律修辞

随着法律修辞学研究的兴起,法律修辞逐渐发展成为一种独立的方法。本来对修辞的研究离形式化、抽象化最远,修辞学更多的是研究具体场景中的语言运用和说服技巧,但现在也开始做一些形式化的研究了。各种实质推理的研究也开始在复兴修辞学的旗帜下倡导一些规范性原则。古典修辞学重在对修辞术进行研究,重在选择使用什么样的语词进行说服,而现代修辞学重在论证基础上说服,强调了语词使用与逻辑的关系。修辞有三个层面的功能:一是清理整饰作为话语建构方式,二是美丽文章作为文本建构方式,三是美好形象参与人的精神建构。② 在新修辞学的基础上出现了法律修辞学。"法律修辞学是一个实践学科,它关心的是从法律适用时对创造性自由空

---

① 董茂云:《比较法律文化:法典法与判例法》,中国人民公安大学出版社2000年版,第117页。
② 参见谭学纯、朱玲:《广义修辞学》,安徽教育出版社2009年版,第20页。

间的理解中抽出结论。"①在填补法律空间与自由创造的问题上,法律解释作出了很多的贡献。然而法律解释是有法律限制的思维,法律人的创造空间不能脱离法律文本太远。总的来说,法律修辞与法律解释相比有很大的灵活性,法律解释有更多的规范性,而法律修辞是法律语言的运用艺术。在法律修辞中,法律与情感结合的机遇部分地出现了。借助法律修辞学,法律解释获得了更大的表达空间。人们发现,根据法律思维的逻辑,推理只能解决对错的问题,解决不了恰当性或正当性的问题。所以一些非形式逻辑的方法被运用在法律方法论系统中。修辞原本是一个狭窄的语言表达技巧,但新修辞学把它和逻辑结合起来,从而拥有了更多的说理成分。修辞造句反而被放到了一边,论证的吸引力使得讲法说理更加清楚,司法过程成了展示其功能的地方。法律与修辞学走到一起完全是因为新修辞学重视论证,而法治要求司法判决必须进行有礼有节的论证,以达到"讲理说法、胜败皆服"的目标。

法律修辞学重点研究的是修辞表达,但真正恰当的修辞是建立在恰当法治思维基础上的谋篇布局。法律修辞表面上要研究有理说得清的艺术,但实际上没有对法律意义和具体语境的全面把握,没有审时度势的高屋建瓴,难以有合理性的表达。认识上的合理性是与理性密切相连的,是人的理性能力的体现;所表述的是恰当的不是荒谬的;属于深思熟虑的、有可靠的逻辑基础和正当的理由。但就法律判决来说,表述的合理性是由逻辑和语言来促成的,这就是所谓方法的合理性。实践上的合理性主要是指判断和表达的合理性。这一方面是由经验来支撑,另一方面则是由判断的根据即本体和价值意义上的合理性来支持的。本体意义上的合理性是描述性的,因而能够证成,而价值的合理性则是无法证成的。与法律修辞学联系密切的合理性,与上述合理性都有联系,但主要是对判断的合理性进行证成和表达,即把人们所认识到的合理性用恰当的语词予以清晰地表达,有理不仅要说得清楚,而且要能够被人们接受,达到说服的效果。我们不敢断言法律修辞就是研究合理性问题的,但是源自新修辞学的法律论证理论有一个重要的目标,就是要解决裁判合理性的问题。合理性的问题可以通过许多角度解决,但对判断和理性的证成与恰当表达则非法律修辞莫属。

对中国的学者来说,法律修辞经常运用,但对法律修辞的研究却是一个全新的领域。把修辞学理解为一种修文饰词的技巧,这是对修辞学的误解。尽管修辞学的确与语言的使用相关,但是它的目的在于通过话语论辩的方式来获得某种可接受的结论以便使问题和争议得到解决。修辞学并非仅仅是表达的方式和手段,也是一种推理的方法。如果运用得当,它可以有助于弘扬真理和正义。当然运用不好也可以传播邪恶。修辞学是一种能够在任何一个问题上找出可能的说服方式的学问,注重的不是说服的结果而是获得结论。也就是说服的过程,其结果是寓于过程之中的。由于修辞学能在法律或事实不确定之时,通过或然性推理和可接受的说服性论证使问题获解决,因此,法律与修辞学的结合打破了形式逻辑的单向的、保守的、二元对立的推理方式等对法

---

① 〔德〕考夫曼、哈斯默尔主编:《当代法哲学和法律理论导论》,郑永流译,法律出版社2002年版,第309页。

律思维的垄断。在论证成为一种普遍性的诉求的时代背景下,法律修辞将修辞学的理论和方法应用到法律领域,为法律领域提供了一种新的说理和论证的方法和理论。它所关注的是在法律论辩中通过言词和话语的力量在论辩双方的对话和沟通之下,经过相互的说理和论证,寻求有说服性的、可接受的法律判断结论以获得法律问题的解决。法律修辞虽然表达的是一种宣泄,但并不是一种纯粹诉诸感情的论证形式。修辞从本质上看也许是一种为了让某一个听众相信言说者早已清楚的东西。法律修辞则是从修辞的角度研究法律思维的方法,法律修辞也是一种思维方式。

通过修辞学进行法律论辩实际上是论辩双方相互说服的过程。每一方不仅是言说者而且也是听众。修辞是在言者与听众之间架起的桥梁。听众的存在使相互竞争的言者,难以超越合乎理性和情理的辩论边界。理想的论辩情境,是具有共同知识背景者之间进行的论辩,听众的专业知识可以防止言者滥用修辞学方法发表谬论,同时也可以保证论辩的理性化。法律修辞就是法律人运用法律专业知识和语言进行说理和论证的方法。它一方面为法律人进行适当的价值判断提供了一条通道;另一方面又通过对听众观点的关注和相互说服的方式限制了价值判断的恣意性。法律人运用法律修辞学方法进行说理和论证,获得法律决定的合法性与正当性,从而得出有说服力的、可接受的结论,最终实现法律问题的圆满解决。